Frühe Neuzeit

Band 61

Studien und Dokumente zur deutschen Literatur
und Kultur im europäischen Kontext

In Verbindung mit der Forschungsstelle
„Literatur der Frühen Neuzeit"
an der Universität Osnabrück

Herausgegeben von
Jörg Jochen Berns, Klaus Garber, Wilhelm Kühlmann,
Jan-Dirk Müller und Friedrich Vollhardt

Philologie und Erkenntnis

Beiträge zu Begriff und Problem
frühneuzeitlicher ›Philologie‹

Herausgegeben von Ralph Häfner

Max Niemeyer Verlag
Tübingen 2001

Die Deutsche Bibliothek – CIP-Einheitsaufnahme

Philologie und Erkenntnis : Beiträge zu Begriff und Problem frühneuzeitlicher ›Philologie‹ / hrsg. von
Ralph Häfner. – Tübingen: Niemeyer, 2001
   (Frühe Neuzeit; Bd. 61)

ISBN 3-484-36561-7   ISSN 0934-5531

Satz: Carsten Behle, Hamburg, und Ralph Häfner, Berlin
Druck: AZ Druck und Datentechnik GmbH, Kempten
Einband: Buchbinderei Koch, Tübingen

Inhalt

Vorwort

Mit der geringfügigen Emendation eines Satzes, den Immanuel Kant 1766 im Blick auf die Bestimmung von dem »Begriff eines Geistes« formulierte, könnte man wohl sagen: ›Von der Erklärung, was der Begriff eines *Philologen* enthalte, ist der Schritt noch ungemein weit zu dem Satze, daß solche Naturen wirklich, ja auch nur möglich sein.‹ Man könnte einwenden, daß schon das schiere Vorhandensein von λόγοι, von geschriebenen oder gesprochenen Wörtern und Reden, auf das Dasein von Liebhabern schließen lasse, die sich eben diese λόγοι zum Objekt ihrer Begierde ausersehen haben, ja daß die ›Hochzeit Merkurs und der Philologie‹ nur als rechtskräftiger Akt natürlicher Personen begriffen werden könne; allein die Frage, welche Merkmale zur Bestimmung des Begriffs der Philologie wesentlich erfordert werden, wenn er nicht überhaupt (wie nach Kant der des Geistes) »eine Art von Undenklichkeit« enthalte, ist durch den Begriff des Gegenstandes, mit dem sich der Philologe zu beschäftigen pflegt, nichts weniger als gelöst. Man muß nicht so weit gehen wie der Jesuit Jean Hardouin, der annähernd die gesamten λόγοι der Antike als Fälschungen des 13. Jahrhunderts ausgab und damit den Philologen in der Tat in jenes »Paradies des Phantasten« verbannte, der sich in nicht endender Produktivität ein »Schattenreich« der Fiktionen errichtet – und in welchem Kant den unerfreulichen Anblick des Geistersehers gewahrte –: wenn aber Eunapios den Rhetor Longin wegen einer vielfältigen Gelehrsamkeit als »lebendige Bibliothek« preisen durfte und Plotin von demselben behauptete: »Philologe ist Longin wohl, Philosoph aber auf keine Weise«, so gab er mit dem Zusatz, daß Longin ein »Meister der Beurteilung« (κριτικώτατος) sei, eine präzise Anzeige für einen wesentlichen und wahrscheinlich den hervortretendsten Charakterzug des Philologen. Demnach ginge in den Begriff des Philologen zuerst und vor allem gar nicht ein bestimmter Gegenstandsbereich ein, er begriffe sich vielmehr selbst durch ein gewisses sich-Verhalten zu den Dingen, das Plotin durch das Merkmal der ›Kritik‹ auszeichnend charakterisiert hatte.

Der vorliegende Band versammelt die Beiträge, die anläßlich der Internationalen und interdisziplinären Tagung »Zu Begriff und Problem der Philologie (ca. 1580–ca. 1730)« vom 19. bis 23. Juli 1998 in Wolfenbüttel zur Diskussion gestellt wurden. Bei aller sachorientierten Zerstreuung ist es das Merkmal der Kritik, das die Abhandlungen – durch unterschiedlichste ideen- und gesellschaftsgeschichtliche Kontexte mäandrierend – wie ein gemeinsames Band durchzieht. Die Einsicht in das ›kritische‹ Verhalten zu den ›Dingen‹, das den Philologen gegenüber dem Rhetor, Sophisten, Theologen etc. offenbar auszeichnet, kann als ein wesentliches Ergebnis der Tagung angesehen werden. Die Kritik der verbalen und realen Zeugnisse der heidnischen Antike erzeugte aber in der Konfrontation mit dem frühchristlichen Altertum einen ungeheuren Spannungsbogen, der die konfessionellen Auseinandersetzungen im 17. und frühen 18. Jahrhundert in zunehmendem Maße überschatten sollte. Es war die Intention der Tagung, durch den Einblick in jeweils genau bestimmte Sachfelder und Lebenszusammenhänge etwas von jenem Reichtum kritischer Philologie in den Jahrzehnten nach Joseph Justus Scaliger beispielhaft zur Anschauung zu bringen. Es versteht sich von selbst, daß sich die vier Teile des Buches – »Antiquarianismus, Kritik, Skepsis«, »Epistemologie, Sprache, Grammatik«, »Philologie, Humanismus, Platonismus«, »Patristik und Konfessionalismus« – wechselseitig durchdringen. Die weitgehend chronologische Anordnung der Beiträge könnte zudem einiges von jenen Umbrüchen, Verschiebungen und Wandlungen, aber auch von der Kontinuität und Persistenz der Auffassungen wiederspiegeln, die sich aus dem Problem kritischer Philologie von der Antike her für den historischen Binnenraum des 17. und frühen 18. Jahrhunderts ergeben haben. Besonderer Wert wurde auf die Einbeziehung der Forschungsliteratur gelegt, die der Leser entweder in den Anmerkungen oder in eigenen bibliographischen Anhängen finden wird. Der Index der Namen verzeichnet alle historischen Persönlichkeiten bis etwa 1830, das Sachregister soll, ohne den Anspruch auf Vollständigkeit, zu einigen wesentlichen Problemfeldern der Abhandlungen anleiten.

Mein besonderer Dank gilt der Deutschen Forschungsgemeinschaft in Bonn, die das Tagungsprojekt durch ihre finanzielle Unterstützung allererst ermöglicht hat. Der Herzog August Bibliothek in Wolfenbüttel und dem Leiter der Forschungsabteilung, Herrn Professor Dr. Friedrich Niewöhner, bin ich zu verbindlichstem Dank verpflichtet, daß die Tagung in der bekanntermaßen angenehmen Atmosphäre des Bibelsaals der Bibliothek stattfinden konnte. Constance Blackwell und Peter N. Miller, die an der Tagung nicht teilnehmen konnten, möchte ich für ihre Bereitschaft danken, daß sie ihre Beiträge für den Druck zur Verfügung gestellt haben. Ohne die Gewährung eines großzügigen Druckkostenzuschusses durch die Foundation for Intellectual History (London) und deren Präsidentin, Frau Constance Blackwell, hätte der Band nicht in der vorliegenden Form gedruckt werden können; ich bin Frau Blackwell dafür zu tiefstem Dank verpflichtet. Desweiteren danke ich Herrn Carsten Behle, Hamburg, der die Beiträge in eine druckfähige und vorzeigbare Form gebracht hat, Frau Susanne Mang vom Max Niemeyer Verlag in Tübingen für die sorgfältige Begleitung der Herstellung des Bandes, sowie insbesondere der Cheflektorin des Verlags, Frau Birgitta Zeller, und den Herausgebern der »Frühen Neuzeit«, die der Aufnahme der Tagungsakten in ihre Reihe zugestimmt haben.

Berlin, im Juni 2000   Ralph Häfner

I. ANTIQUARIANISMUS, KRITIK, SKEPSIS

Luc Deitz

Gerardus Joannes Vossius' *De philologia liber* und sein Begriff der »Philologie«*

Die kurze Abhandlung *De philologia liber* des niederländischen Gelehrten Gerardus Joannes Vossius (1577–1649) erschien zum ersten mal postum im Jahre 1650 in einem Sammelband mit dem bezeichnenden Titel *De quatuor artibus popularibus, de philologia, et scientiis mathematicis, cui operi subjungitur chronologia mathematicorum, libri tres*.[1] Bezeichnend ist dieser Titel deshalb, weil hier ein Traktat über ›Philologie‹ mit solchen über die vier freien Künste, über die Mathematik und über die Chronologie zusammengebracht wird, mit denen er nach heutigem Wissenschaftsverständnis nichts mehr zu tun hätte. Daß sich indes kein zeitgenössischer Leser an dieser Zusammenstellung störte, zeigt die zweite, um eine Darstellung der Logik und eine solche der Philosophie erweiterte Auflage des *De quatuor artibus* aus dem Jahre 1697. Hier ist, in größerer semantischer Konzentration und Knappheit, bereits von *Tractatus philologici de rhetorica, de poetica, de artium et scientiarum natura ac constitutione* die Rede.[2] Und als ebendieses Werk vier Jahre später (1701) als Band 3 der *Opera omnia* nachgedruckt wird, trägt es nur noch den schlichten Titel *Philologicus*.[3]

Um diese singuläre Zuspitzung der Bestimmung der Philologie zu einer Art übergreifender Wissenschaft – wenngleich nicht zu einer Universalwissenschaft – zumindest ansatzweise zu verstehen, soll hier der Versuch unternommen werden, Vossius' Darstellung dieser Disziplin kurz zu erläutern, ihre Prämissen und Grenzen darzutun und ihren wissenschaftsgeschichtlichen Kontext zumindest in groben Zügen zu umreißen. Einen wesentlichen Bestandteil unserer – durchaus

---

* Dank gebührt: Irena Backus für die kritische Durchsicht einer frühen Manuskriptfassung sowie zahlreiche Hinweise und Verbesserungsvorschläge; Philippe Hoch für das bereitwillige Überlassen eines Sammelbandes mit einer Reihe von Vossius' kleinen pädagogischen Schriften; Godefroid de Callataÿ und Christopher Ligota für großzügige bibliographische Hilfestellung; und nicht zuletzt Ralph Häfner, ohne dessen Geduld und zahlreiche Ermutigungen dieser Aufsatz nie geschrieben worden wäre.

[1] Grundlegend zu Vossius die – auf niederländisch geschriebene – Dissertation von C. S. M. Rademaker: Gerardus Joannes Vossius (1577–1649), Zwolle 1967 (= Zwolle reeks van taal- en letterkundige studies; 21); erweiterte und überarbeitete englische Fassung hiervon unter dem Titel: Life and Work of Gerardus Joannes Vossius (1577–1649), Assen 1981 (= Respublica literaria Neerlandica; 5). Hinweise auf dieses Werk beziehen sich im folgenden, wenn nicht anders vermerkt, auf die englische Ausgabe. Rademakers Studie enthält eine vollständige Bibliographie aller veröffentlichten und unveröffentlichten Schriften von Vossius; wir zitieren den De philologia liber (= De philol.) nach der Ausgabe Amstelaedami: ex typographeio Ioannis Blaeu, 1660 (vgl. Rademaker, S. 371, n° 32).

[2] Rademaker: Life and Work (wie Anm. 1), S. 376, n°47.

[3] Rademaker: Life and Work (wie Anm. 1), S. 377, n°50.

fragmentarischen – Überlegungen bildet die heute oft verpönte und als »positivistisch«, d. h. als am Text überprüf- und ggf. durch ihn widerlegbar, verhöhnte Quellenanalyse, wobei wir unter diesem Begriff nicht etwa die Identifikation der Herkunft der verschiedenen Zitatfetzen, mit denen Vossius' Abhandlung durchsetzt ist, verstehen, sondern eher Quellen in struktureller Hinsicht, also solche, die den terminologischen Unterbau und eben dadurch mit einer gewissen Zwangsläufigkeit auch das Fortschreiten des Gedankens des *De philologia* mitgeprägt haben. Zum anderen sei hervorgehoben, daß die Bestimmung dieser Quellen nicht etwa einem Selbstzweck dient, sondern uns dem Verständnis von Vossius' Philologie-Begriff einen entscheidenden Schritt näher bringt, mit anderen Worten: daß die von Vossius benutzten Quellen für ihn nicht nur Vorlagen, sondern Autoritäten waren, deren Auswahl ein aussagekräftiges Zeugnis über sein Philologieverständnis abzulegen vermag. Den Abschluß unsere Skizze bildet ein kurzer Ausblick auf Vossius' Nachleben.

*

Für Vossius ist die Philologie im Gesamtgefüge des Wissens neben der Mathematik und der Logik ein Teil der sog. Polymathie oder, mit einem Begriff, der bei Athenaios als Hapax für den Sillendichter Timon von Phleiús (3. Jh. v. Chr.) belegt ist, der sog. Polymathemosyne.[4] In engem Anschluß an einen Teil der antiken, bes. griechischen, Tradition ist diese Form der Polymathie für Vossius nun keineswegs, wie es die Wortbestandteile nahelegen könnten, mit allumfassendem, möglichst breit gestreutem Wissen identisch, sondern entspricht ziemlich genau den Lehrinhalten der ἐγκύκλιος παιδεία, jenes Bildungskanons also, der, aufbauend auf dem (Grammatistik genannten[5]) Elementarunterricht in Lesen, Schreiben und Rechnen, in gewisser Weise propädeutische Funktion hatte und den Schüler – nach Seneca, Quintilian u. a. – auf den Unterricht beim Redelehrer oder, eher im Sinne einer Protreptik als einer Propädeutik, nach anderen Theoretikern, wie etwa Philon oder Klemens von Alexandrien, auf die höheren Weihen der eigentlichen Philosophie vorbereiten sollte.[6] Auf dieses, durchaus nicht unproblematische Verhältnis zwischen Polymathie und Philosophie wird

---

[4]   Vossius: De philol. 3, 1, S. 20; vgl. Athenaeus: Deipn. 13, 610 B = Poetarum philosophorum fragmenta, ed. H. Diels, Berlin 1901 (Ndr. Hildesheim angekündigt [1999]), S. 189: Timon, fr. 20, 2 (dort in der epischen Form πουλυμαθημοσύνη): »[...] πουλυμαθημοσύνης τῆς οὐ κενεώτερον ἄλλο.« Bei Vossius steht πολυμαθησύνη (so auch 1, 7, S. 4), was wohl auf ein Setzerversehen zurückzuführen ist. – Es sei bereits an dieser Stelle auf Appendix III am Schluß dieses Beitrags hingewiesen, die hauptsächlich die pädagogische Absicht verfolgt, eine leichtere Orientierung im Dickicht der Dihäresen und Hypodihäresen von Vossius' De philologia zu ermöglichen.

[5]   Zum Unterschied zwischen Grammatistik und Grammatik vgl. Vossius: De philol. 4, 4, S. 24 (mit Hinweis auf den Kanon bei Laktanz: Div. inst. 3, 25).

[6]   Zu den verschiedenen Bedeutungen, die man in der Antike dem Begriff der »Enkyklios Paideia« beilegte, vgl. die detaillierten Ausführungen von H. Fuchs s. v. in: Reallexikon für Antike und Christentum, Bd. 5, Stuttgart 1962, Sp. 365–398 (mit ausführlichem Literaturverzeichnis).

noch einmal zurückzukommen sein,[7] doch wollen wir uns zunächst Vossius'
Einteilung der Polymathie als solcher zuwenden.

Es entspricht Vossius' Verständnis der wissenschaftlichen Einzeldisziplinen
als eines zusammenhängenden Ganzen, dessen einzelne Teile eng miteinander
verknüpft sind, wenn er sich zu Beginn seiner Ausführungen auf einen Text aus
den *Chiliaden* von Johannes Tzetzes (12. Jh.) beruft:[8]

> [...] Zweitens aber nennt man ἐγκύκλια μαθήματα den Kreis, der alle Wissensgebiete
> umfaßt – die Grammatik, die Rhetorik, selbst die Philosophie [d. h. besonders die Dialek-
> tik] und die vier ihr untergeordneten Künste: Arithmetik, Musik, Geometrie und selbst die
> am Himmel einherschreitende Astronomie. ἐγκύκλια μαθήματα sind alle diese an zweiter
> Stelle, wie Porphyrios in seinen Lebensdarstellungen der Philosophen geschrieben hat, und
> außer ihm noch zahllose andere berühmte Männer.

Soweit das Zitat bei Vossius; es lohnt sich aber, auch noch die von ihm nicht
wörtlich wiedergegebenen, sondern nur paraphrasierten letzten beiden Zeilen des
Tzetzes-Fragments anzuführen, da sie eine wichtige Präzisierung hinsichtlich des
Verhältnisses von ἐγκύκλιος παιδεία und Grammatik enthalten:[9]

> Jetzt aber habe ich die Grammatik als ἐγκύκλιος παιδεία bezeichnet, allerdings nicht im
> eigentlichen Wortsinne, sondern katachrestisch ausgedrückt.

Die Grammatik, die hier katachrestisch mit der ἐγκύκλιος παιδεία bzw. der
Polymathie ineins gesetzt wird, ist nun keineswegs mit Formenlehre, Syntax
oder Bedeutungslehre im engeren Sinne zu identifizieren, sondern hat es ganz
allgemein mit den γράμματα, dem geschriebenen Wort und insbesondere dem
auf dem geschriebenen Wort beruhenden gesprochenen zu tun:[10] Vossius nennt
sie *philologia*[11] und bestimmt ihre Eigenart, im Anschluß an Seneca, als Beschäftigung mit der *cura sermonis* und der *historia.*[12]

Für die übrigen beiden Teile der Polymathie – Mathematik und Logik bzw.
Dialektik – beruft sich Vossius, ohne genaue Stellenangabe, auf Philon von
Alexandrien ἐν προπαιδεύμασι, also auf die Abhandlung, die auf lateinisch
unter dem Titel *De congressu eruditionis gratia* bekannt ist.[13] Es wäre möglich,

---

[7] Vgl. unten S. 24f.
[8] Vossius: De philol. 3, 1, S. 21 = J. Tzetzes: Historiarum variarum chiliades, ed.
  T. Kiessling, Leipzig 1826 (Ndr. Hildesheim 1963), S. 422: Chil. 11, Hist. 377, Z. 525–
  533; unsere Übersetzung.
[9] Ebd., Z. 534–535.
[10] Vgl. Vossius: De philol. 4, 4, S. 24 (mit Hinweis auf Sextus Empiricus: Adv. gramm. [=
  Adv. math. 1,] 44). Vossius unterscheidet, im Anschluß an Sextus, einen weiteren und einen engeren Begriff von Grammatik: Jener bezeichnet allgemein die γραμμάτων εἴδησις
  (= Vossius' »vulgaris illa [grammatice], quae est legendi, scribendique ars«), dieser im besonderen die gelehrte Beschäftigung eines Krates von Mallos, eines Aristophanes von Byzanz oder eines Aristarch (= Vossius' »doctior illa [grammatice], quae est bene loquendi
  ars«, eine Bestimmung, die allerdings im Vergleich zu der grundlegenden textkritischen
  Tätigkeit der drei genannten Gelehrten an den Werken der großen Klassiker von einer stark
  eingeschränkten Auffassung der *doctior grammatice* zeugt).
[11] Dies geht aus der Überschrift zu Kapitel 3, 1, S. 20, hervor.
[12] Vossius: De philol. 4, 1, S. 23 (mit Hinweis auf Seneca: Ep. 88, 3). Zur *historia* vgl. unten
  S. 16–23.
[13] Vossius: De philol. 3, 1, S. 21, mit Hinweis auf Philon: De congressu 15–18: Hier wird die
  Magd Agar, mit der Abraham einen Sohn zeugte, nachdem Sarah ihm keinen gebären

hierfür auch auf andere Werke aus dem Corpus der philonischen Schriften zu verweisen[14] – ganz abgesehen davon natürlich, daß man die im Zitat von Tzetzes genannten vier Wissenschaften der Zahl ohnehin mühelos dem Oberbegriff »Mathematik« unterordnen könnte. Daß gemäß dem Tzetzes-Referat hierfür bei Porphyrios dagegen der Oberbegriff »Philosophie« auftauchen soll, wird von Vossius zu Recht mit dem Argument kritisiert, daß die Philosophie gerade nicht ein Teil der ἐγκύκλιος παιδεία ist, sondern lediglich ihren »Gipfel« darstellt.[15]

Diesem Argument könnte man entgegenhalten, daß in der späteren griechischen Literatur, wenn von den Einzeldisziplinen die Rede ist, die »Philosophie« häufig mit der »Dialektik« gleichgesetzt wird, so etwa wenn Gregor von Nazianz etwas kühn von Basilius behauptet, es habe kein Gebiet der Bildung gegeben, das er nicht durchmessen, keines, das er nicht im Übermaß gekannt habe, als ob es gleichsam das einzige sei; und daß es in »Rhetorik, Grammatik und Philosophie« seinesgleichen nicht gegeben habe.[16] Hier ist, wie die Fortsetzung des Textes zeigt, mit »Philosophie« κατ᾽ ἐξοχήν die »Dialektik« gemeint – eine späte semantische Entwicklung, über die sich Vossius vor allem deshalb nicht im klaren gewesen sein dürfte, weil sein Philosophieverständnis eher über die Schulzugehörigkeit der einzelnen Philosophen denn über die technischen Details der einzelnen Disziplinen vermittelt war.[17]

Hiermit wären, zumindest in einem raschen Überblick, die drei Grundpfeiler der Polymathie Vossiusscher Prägung eingeführt. Wir werden uns im folgenden ausschließlich dem ersten hiervon zuwenden, nämlich der Philologie.

*

konnte, in allegorischer Deutung mit den ἐγκύκλια, den niedrigen Dienst- oder Hilfswissenschaften, gleichgesetzt, die die junge, unerfahrene Seele zunächst einmal kennenlernen muß, bevor sie sich mit der Philosophie (= Sarah) vereint. Wer zu lange bei der Magd verweilt, läuft Gefahr, den Sophisten Ishmael zu zeugen, der dann zusammen mit seiner Mutter vertrieben werden muß. Wer es dagegen versteht, in der Magd immer nur die Dienerin ihrer Herrin, nicht aber die Herrin selbst zu sehen, weiß einerseits um ihre Unabdingbarkeit, andererseits aber auch um ihre untergeordnete Stellung in der Hierarchie. Zur philonischen Deutung dieses Textes und zu Philons Verständnis der ἐγκύκλιος παιδεία im allgemeinen vgl. I. Hadot: Arts libéraux et philosophie dans la pensée antique, Paris 1984, S. 282–287. Einen Überblick über die ältere Literatur hierzu bei S. Gersh: Middle Platonism and Neoplatonism: the Latin Tradition, Bd. 1, Notre Dame, Indiana, 1986, S. 158, Anm. 8.

[14] Vgl. die ausgezeichneten Erläuterungen von M. Alexandre in der Einleitung zu ihrer Ausgabe des De congressu (= Les Œuvres de Philon d'Alexandrie; 16), Paris 1967, S. 29–72.

[15] Vossius: De philol. 3, 1, S. 21 (»apex«). Zum Verhältnis zwischen ἐγκύκλιος παιδεία und Philosophie vgl. unten S. 24f.

[16] Gregor von Nazianz: Or. 43, 23, in: Patrologia Graeca, ed. Migne, Bd. 36, Sp. 493–606, hier Sp. 525; Hinweis bei H. Fuchs: »Enkyklios Paideia« (wie Anm. 6), Sp. 369. Zur Ineinssetzung von Philosophie und Dialektik ebd., Sp. 373.

[17] Vgl. etwa De philosophorum sectis mit De logices et rhetoricae natura et constitutione (Rademaker: Life and Work [wie Anm. 1], S. 374, n°38–39).

Der erste der beiden Teile der Philologie, der die *cura sermonis* zum Inhalt hat, umfaßt seinerseits wieder drei Äste, die Vossius als »Grammatik (im engeren Sinn)«, als »Rhetorik« und als »Metrik« bestimmt. Sie haben es jeweils mit der sprachlichen Reinheit, dem sprachlichen Schmuck und dem Rhythmus der gebundenen wie der ungebundenen Rede zu tun.

Wenden wir uns zunächst der – ebenfalls dreigeteilten – Grammatik im engeren Sinn zu, die Vossius nach den Gesichtspunkten der »Grammatistik«, der »methodischen« (oder »technischen«) und der »exegetischen Grammatik« auffächert. Hiervon ist lediglich das erste Glied unproblematisch – Elementarunterricht als Vorbedingung jeglicher Beschäftigung mit Texten überhaupt[18] –, während die Gegenüberstellung der beiden anderen Glieder nicht ohne weiteres verständlich ist.[19] Dionysius Thrax (2. Jh. v. Chr.) etwa, der philosophisch anspruchsvollste und noch bis ins 18. Jahrhundert in hohem Ansehen stehende alexandrinische Gelehrte, hatte sechs Bestandteile der Grammatik unterschieden, die er als »prosodisch korrekte Lektüre«, »Erläuterung der dichterischen Figuren«, »Erklärung der Einzelwörter und der geschichtlichen Anspielungen«, »Auffinden der Etymologie«, »Darlegung analoger Strukturen« und »Beurteilung der einzelnen Dichtungswerke« definierte.[20] Varro (116–27 v. Chr.) dagegen, auf dessen Autorität man sich nicht weniger häufig berief, sprach von nur vier wesentlichen Bestandteilen der Grammatik: der *lectio*, der *enarratio*, der *emendatio* und dem *iudicium*,[21] während der besonders im Mittelalter viel gele-

---

[18] S. oben S. 4 mit Anm. 5.

[19] Dieselbe Unterteilung in methodische (= technische oder horistische) und exegetische (= historische) Grammatik findet sich auch in anderen Schriften von Vossius; vgl. etwa seine Grammatica Latina (Erstausgabe Leiden 1626: Rademaker: Life and Work [wie Anm. 1], S. 364, n° 19; hier zitiert nach der Ausgabe Leiden 1644, S. 1 mit der Anm. 2 z. St.): »Partes Grammaticae sunt quattuor: Orthographia, Prosodia, Etymologia, et Syntaxis.« – [Anm. 2:] »Puta Methodicae [scil. grammaticae], quae artis praecepta continet. Praeter quam et altera est Grammatices pars: nempe Exegetice, quae vocum significationes exponit ac Lexicis traditur.« Vgl. auch ders.: De arte grammatica libri septem (Erstausgabe Amsterdam 1635; Rademaker: Life and Work, S. 368, n°23; hier zitiert nach der Ausgabe Amsterdam 1662, S. 13, Überschrift von Kapitel 4): »Grammatices divisio in μεθοδικὴν et ἐξηγητικήν.« Ebd. zwei wichtige Präzisierungen (S. 20): »Ac ἐξηγητικὴν quidem dixere, quia in scriptorum interpretatione versetur: ἱστορικὴν autem, quia ad auctorum enarrationem, quam ἱστορικὴ promittit, opus est cognitione historiae tum fabularis, tum verae, uti etiam notitia locorum«; ferner (S. 21): »autorum explicatio non subjicitur Grammaticae, cum nullius sit, nisi Versati in omni ἐγκυκλοπαιδείᾳ. Nec tamen diffiteor, enarrationem quoque Grammaticorum quodammodo esse: sed tantum, cum verba enucleat, sive propria, sive figurata. [...] Nimis e contrario coarctant, qui solam μεθοδικὴν agnoscunt. Nam ad recte loquendum non sola opus observatione praeceptorum, sed et vocum omnium significationem nosse convenit. Quare duas quidem, et appellatione easdem, sed alia mente, statuimus Grammaticae partes: quarum illa quidem, ut diximus, artis praecepta exponit; haec vocum significationes enarrat.«

[20] Dionysius Thrax: Ars grammatica 1, in: Grammatici Graeci, ed. G. Uhlig u. a., Bd. 1,1, Leipzig 1883 (²Ndr. Hildesheim 1979), S. 5–6; französische Übersetzung mit ausführlichem Kommentar von J. Lallot: La grammaire de Denys le Thrace, Paris 1989 (Coll. Sciences du langage), hier S. 41.

[21] Varro bei Diomedes: Ars grammatica 1, in: Grammatici Latini, ed. H. Keil u. a., Bd. 1, Leipzig 1857 (Ndr. Hildesheim 1961), S. 426, Z. 22. Varros Vierteilung beruht auf einem älteren griechischen System unbestimmter Provenienz, von dem Spuren in den Scholien zu Dionysios Thrax greifbar sind. Schon in der Antike hat man sich erfolglos um eine Har-

sene Marius Victorinus (4. Jh. n. Chr.) vier andere Aspekte, nämlich *scribere*, *legere*, *intelligere* und *probare* für wesenskonstitutiv hielt.[22] Hier hätte also durchaus eine Reihe antiker, zudem durch lange Tradition verbürgter, Einteilungsgesichtspunkte zur Verfügung gestanden, auf die Vossius ohne weiteres hätte zurückgreifen können. Vor diesem Hintergrund erscheint die von ihm eingeführte Opposition daher in doppelter Hinsicht befremdlich: Zum einen gibt es, soweit wir sehen, für die seltene Junktur »methodische Grammatik« in der antiken Fachschriftstellerei nur einen einzigen Beleg (wenngleich an prominenter Stelle[23]); zum anderen hat die von Vossius vorgenommene Polarisierung von »technischer/methodischer« Grammatik auf der einen und »exegetischer« Grammatik auf der anderen Seite in der antiken Tradition offenbar überhaupt kein Vorbild. Wo immer von »methodischer« oder »technischer« Grammatik die Rede ist, grenzt sie sich in der Regel gegen die sog. »historische« Grammatik ab,[24] während die »exegetische« Grammatik meist im Gegensatz zur »horistischen« steht.[25]

Vossius selbst gibt keinen Hinweis auf den Ursprung seiner Dichotomie, sondern führt sie als selbstverständlich und allgemein bekannt ein. Wir vermuten, allerdings ohne diese Vermutung *sensu stricto* beweisen zu können, daß ihr Ursprung in einem zeitgenössischen Werk zu suchen ist, dem Vossius' eigene Darstellung über weite Strecken verpflichtet ist: der *Tractatio de polymathia* (1603) des Hamburger Gelehrten Johannes Wower.[26] In dieser, in ihrer Wirkungsmächtigkeit häufig unterschätzten Abhandlung heißt es nämlich an einer Stelle, Quintilian habe die »ratio recte loquendi« als »[grammaticam] τεχνικήν ... sive μεθωδικήν« [sic!] definiert, wobei ebendieses Begriffspaar direkt auf ein Zitat aus dem Epiktetkommentar des Simplikios folgt, in dem die »exegetische« Grammatik als einer der Teilbereiche der Grammatik überhaupt genannt wird (»μέρος ἕν τῆς γραμματικῆς τὸ ἐξηγητικόν ἐστιν«).[27] Nur unter Zugrunde-

---

monisierung des sechsteiligen Systems mit dem vierteiligen bemüht; vgl. M. Glück: Priscians Partitiones und ihre Stellung in der spätantiken Schule, Hildesheim 1967 (= Spudasmata; 12), S. 17–23.

[22] Marius Victorinus: Ars grammatica 1, in: Grammatici Latini, ed. H. Keil u. a., Bd. 6, Leipzig 1874 (Ndr. Hildesheim 1961), S. 4, Z. 7. Auch diese Einteilung scheint letztlich auf Varro zurückzugehen; vgl. Glück: Priscians Partitiones (wie Anm. 21), S. 21.

[23] Quintilian: Inst. or. 1, 9, 1.

[24] Vgl. die in Anm. 23 genannte Stelle. Ein »technischer« Teil (im Gegensatz zu einem »historischen«) wird etwa bei Sext. Emp.: Adv. gramm. [= Adv. math. 1,] 91f. erwähnt und als derjenige definiert, der es mit »den Buchstaben, den Redeteilen [= Silben?], der Orthographie, dem Hellenismos u.s.w.« zu tun hat.

[25] Vgl. Marius Victorinus: Ars (wie Anm. 22), S. 4, Z. 3.

[26] J. Wower: De polymathia tractatio, s. l. [Hamburg] 1603. Zu Wower vgl. Verf.: »Ioannes Wower of Hamburg, Philologist and Polymath. A Preliminary Sketch of his Life and Works«, in: Journal of the Warburg and Courtauld Institutes 58 (1995), S. 132–151. Wowers Abhandlung trägt den Untertitel »de studiis veterum ἀποσπασμάτιον« (etwa: »Kleine Abhandlung über die Art, wie die Alten Wissenschaft trieben«); Verf.: »Ioannes Wower of Hamburg«, S. 144, Anm. 98, deutete »veterum« irrtümlicherweise als einen objektiven Genetiv, was hiermit richtiggestellt sein möge. Für eine Gegenüberstellung von Wowers Einteilung der *grammatica* und derjenigen von Vossius s.u., Appendix I und III.

[27] J. Wower: De polymathia (wie Anm. 26), S. 54. Das Zitat aus Simplikios findet sich im Kommentar zum § 67 des Enchiridion (in der Ausgabe von I. Hadot: Simplicius: Com-

legung dieses Textes – und der Annahme einer gewissen Verkürzung auf seiten von Vossius – lassen sich u. E. sowohl die von ihm vorgenommene Einteilung als auch die von ihm gebrauchte Terminologie erklären, die demnach eher einen Reflex zeitgenössisch-idiosynkratischen als eine Übernahme klassisch-kanonischen Lehrgutes darstellen.

Wie dem auch immer sein mag, Vossius hält zwei Hypodihäresen der technischen Grammatik für möglich, von denen die erste durch das Gegensatzpaar »vulgaris vel philosophica«, die zweite durch das Gegensatzpaar »legendi scientia« und »scribendi scientia« umrissen wird.[28] Von diesen Untergliederungen ist die erstgenannte zweifellos die interessantere und schwierigere, da sie nach Vossius' Überzeugung in ihrem philosophischen Teil die Schaffung von sog. *notiones* oder *intentiones secundae* beschreibt, d. h. von abstrakten Allgemeinbegriffen ohne objektives Wahrnehmungskorrelat, die nicht als *entia realia* in der Außenwelt und in der Seele, sondern lediglich als *entia rationis* bzw. *secunda intellecta* im Verstand existieren.[29] Hierzu gehören Kategorien wie Vokal, Diphthong, Nomen, Verb, Substantiv, Adjektiv, Deklination, Konjugation, Zeugma, Enallage usw., mithin das gesamte Arsenal der grammatischen Terminologie einschließlich der Wort- und Gedankenfiguren. Der allgemeiner zugängliche, »vulgäre« Teil der ersten Einteilung dagegen bezieht sich hauptsächlich auf die Verbal- und Nominalflexion, sowie die Genera der Substantive.

Vossius ist offensichtlich weder an den psychologischen Vorgängen interessiert, die zur Bildung abstrakter Allgemeinbegriffe führen, noch an den epistemologischen Prämissen, die ihre Erkennbarkeit legitimieren, sondern beruft sich für die von ihm vorgebrachte Betrachtungsweise kurzerhand auf Julius Caesar Scaligers *De causis linguae latinae* (Lyon 1540), eine philosophische Grammatik der lateinischen Sprache, die ihrerseits auf Spekulationen hochmittelalterlicher Modistik zurückgreift.[30] Dies ist insofern bemerkenswert als Scaligers

---

mentaire sur le ›Manuel‹ d'Épictète, Leiden u. a., 1996, S. 445, Z. 25–26), wo der Grammatiker dem Philosophen entgegengestellt wird: jener verstehe sich auf die Wortexegese, dieser auf die praktische Lebensführung. Zum Nachleben des Enchiridion von Simplikios vgl. P. Hadot: »La survie du commentaire de Simplicius sur le ›Manuel‹ d'Épictète du XVe au XVIIe siècles: Perotti, Politien, Steuchus, John Smith, Cudworth«, in: I. Hadot (Hg.): Simplicius – Sa vie, son œuvre, sa survie (Actes du colloque international de Paris – 28 sept.–1er oct. 1985), Berlin/New York 1987, S. 326–367.

[28] Vossius: De philol. 4, 7, S. 26 und 4, 8, S. 27.

[29] Ebd., 4, 5, S. 25. Vossius präzisiert, daß man anstelle von *notiones secundae* auch von *notiones notionum* oder *conceptus conceptuum* sprechen könne und es sich hierbei um »voces artificiales ab intellectu humano fabricatae, ut sint instrumenta inservientia cognitioni primarum notionum« handle (ebd.). Die so verstandene Abstraktion ist demnach weder Selbstzweck noch Derivatprodukt, sondern sie dient indirekt der Wirklichkeitserkenntnis. – Zum genauen Gebrauch und der Bedeutungsvielfalt des Begriffs der *intentiones secundae* in einem grammatischen Zusammenhang (*intentiones secundae orthographicae*, *intentiones secundae grammaticae* und *intentiones secundae in metalogica*) vgl. besonders J. Caramuel y Lobkowitz: Praecursor logicus complectens grammaticam audacem, Frankfurt 1654 (Ndr. Stuttgart-Bad Cannstatt 1989 = Grammatica universalis; 20) , S. 95 [recte 98]–94 [recte 100].

[30] Scaligers De causis wird De philol. 4, 7, S. 26, erwähnt. Vgl. zu diesem Werk die grundlegende Arbeit von K. Jensen: Rhetorical Philosophy and Philosophical Grammar. Julius

Grammatik im praktischen Sprachunterricht, der Vossius zumindest mittelbar
doch auch immer wieder am Herzen liegt, so gut wie überhaupt keine Rolle
spielte. Man wird den Rekurs auf seinen anspruchsvollen Traktat demnach wohl
mit einem gewissen Recht als eine bewußte Distanzierung von den übelriechen-
den Öllämpchen muffiger Klassenzimmer verstehen.

Leichter zu verstehen als die eben genannte ist die Einteilung der technischen
Grammatik in Orthoepie und in Orthographie. Zur Orthoepie der Einzelwörter
gehören Fragen der Akzentuation, der Aspiration und der Prosodie; zu der der
Wortfügungen namentlich solche, die Probleme der Kongruenz betreffen (τὰ
ζῷα τρέχει / τὰ ζῷα τρέχουσιν[31]). Interessant ist in diesem Zusammenhang
eine Detailbemerkung von Vossius zur Orthographie, von der es heißt, daß man
sie nicht nur analog aus der Etymologie erschließen dürfe, sondern daß man
auch und vor allem alten Schreibweisen in Inschriften und Manuskripten, auf
Münzen und Gemmen und dergleichen mehr folgen soll.[32]

Den zweiten Hauptteil der Grammatik, den exegetischen, definiert Vossius
zunächst negativ, indem er festhält, daß es sich hierbei keineswegs darum handeln könne – und zwar nicht einmal dem Anspruch nach –, *alle* Schwierigkeiten
zu erläutern, auf die man bei der Lektüre antiker, besonders poetischer Texte
stoßen kann. Auch die engere, von Dionysius Thrax gegebene Definition, es
handle sich hierbei um eine ἱστοριῶν ἀπόδοσις (was offenbar soviel wie »Erläuterung historischer Anspielungen« bedeutet[33]), wird mit dem Hinweis abge-
tan, daß dies dem zweiten Hauptteil der Philologie, nicht aber einer Unterabtei-
lung der Grammatik entspreche.[34]

Grob gesagt identifiziert Vossius die Exegese der Einzelwörter mit ihrer
Etymologie, wobei er Etymologie im klassischen Verstand mit »vera nominis
ratio« übersetzt und als ihre Wesensbestimmung angibt, sie müsse »die Ursachen offenlegen, warum die Dinge die ihnen jeweils entsprechende Bezeichnung
erhalten hätten; warum die Wörter eine bestimmte erste und eigentliche Bedeutung besäßen; und wie das später einsetzende Phänomen des übertragenen
Wortgebrauchs zu erklären sei.«[35] Die Wörter sind »Symbole der Dinge«, die
wahre Bedeutung der Wörter dagegen so etwas wie ihre »Seele«.[36] Es ist demnach nur folgerichtig, wenn Vossius behauptet, die genaue Kenntnis der exegetischen Grammatik sei in gewisser Weise wichtiger als die der technischen: Wenn
jemand »oportuebat« oder »reminisco« sagt, wird man ihm folgen können, selbst

---

Caesar Scaliger's Theory of Language (= Humanistische Bibliothek. Reihe 1: Abhandlungen; 46), München 1990.

[31] Vossius: De philol. 4, 10, S. 28.

[32] Ebd., 4, 11, S. 29.

[33] Vgl. oben S. 7 mit Anm. 20. Vossius zitiert im Anschluß an J. Wower: De polymathia (wie
Anm. 26), cap. 9, S. 57, wie überhaupt das fünfte Kapitel des De philol. wenig mehr als
eine Paraphrase des neunten von Wowers De polymathia ist.

[34] Vossius: De philol. 5, 1, S. 30.

[35] Ebd., 5, 10, S. 34: »etymologiae est caussas aperire, cur rei cuique vocabulum ejusmodi sit
datum, et cur quid proprie, ac primario, hoc significet; ad aliud vero, atque aliud postea sit
translatum.«

[36] Ebd., 5, 4, S. 30: »verba, rerum symbola«; »vocum significationes: quae sermoni sunt instar
animae«.

wenn die korrekten Formen »oportebat« und »reminiscor« lauten. Wer dagegen »palma« anstelle von »buxum«, »luscus« anstelle von »strabo« oder gar »humilitas« anstelle von »modestia« sagt, kann nicht mehr darauf hoffen, noch verstanden zu werden – und zwar nicht etwa, weil er ein falsches Wort gewählt hätte, sondern weil er sich nicht über das Wesen des beschriebenen Gegenstandes im klaren ist: das Mißverständnis beruht auf ontologischer, nicht auf sprachlicher Ebene.[37] Ebenso wie der jüngere Scaliger ist Vossius davon überzeugt, daß zahlreiche Streitereien, insbesondere auch solche religiöser Natur, auf einer schändlichen Ignoranz der exegetischen Grammatik beruhen: Wer dieser nicht mächtig sei, schreibt er, einen Satz von Rabbi David Kimchi (gen. Radak; 1160?–1235?) zitierend, und dennoch die Geheimnisse der Hl. Schrift ergründen wolle, gleiche einem Bauern, der Pflugochsen anschirrt, ohne über eine spitze Rute zu verfügen, um sie anzutreiben.[38]

Als Hilfsmittel für das Erlernen der exegetischen Grammatik ist nach Vossius im lateinischen Bereich besonders die Festus-Epitome (2. Jh. n. Chr.) des Glossars von Verrius Flaccus in der Ausgabe von Fulvio Orsini (Rom 1581) zu empfehlen, da sie als erste den Buchstaben V enthalte, dessen Kenntnis Orsini einem Manuskript aus dem Besitz von Pomponio Leto verdankte.[39] Zustimmend wird das Urteil Joseph Scaligers zitiert, das dieser im Vorwort zu seiner eigenen Festus-Ausgabe formuliert hatte: »Festo scriptorem utiliorem lingua Latina non habet.«[40]

Weniger geeignet als Festus scheint Vossius dagegen die Schrift *De compendiosa doctrina* von Nonius Marcellus (3. oder 4. Jh. n. Chr.) zu sein, »nec eruditione, nec judicio laudabilis«, während den *Origines* Isidors von Sevilla (c. 600–636) zumindest eine gewisse Nützlichkeit zugesprochen wird.[41] Nur beiläufig erwähnt werden Fronto (2. Jh. n. Chr.) und Fulgentius Planciades (5. Jh. n. Chr.), über die Vossius allerdings ausführlicher im ersten Buch seiner

---

[37] Ebd., 5, 5, S. 31.

[38] Ebd., 5, 6, S. 31: »Itaque in omni studiorum genere primum est proprietatem vocum nosse: indeque multas tollere controversias datur. [...] Vnde R. David Kimchi: ›Qui studet Legis divinae scientiam sibi comparare, neque discit fundamentum literaturae; similis est aratori, qui agit boves, nullámque in manu habet virgam, aut stimulum aculeatum.‹« Es ist uns nicht gelungen, die Schrift David Kimchis, auf die Vossius sich bezieht, zu identifizieren. Zu J. J. Scaligers vergleichbarem Dictum vgl. R. Pfeiffer: Die Klassische Philologie von Petrarca bis Mommsen, München 1982, S. 147.

[39] Vossius: De philol. 5, 12, S. 36: »Nec frustrandus suâ gloriâ Fulvius Vrsinus: qui Festi fragmentum longè accuratiùs postea cum Mso contulit: ac praeterea alterum Festi fragmentum, quod Pomponii Laeti quondam fuerat, adjecit. Festi fragmentum in litera M coepit; in T desiit. Illud Laeti item incipit in M; et terminatur in V.« Vgl. hierzu Sextus Pompeius Festus: De verborum significatu quae supersunt cum Pauli Epitome, ed. W. M. Lindsay, Leipzig 1913 (²Ndr. Hildesheim/New York 1978), S. XI–XII. XIV. XXIV–XXV; bei dem im Text genannten Manuskript handelt es sich offenbar um Lindsays *W*.

[40] Ebd. Das Zitat aus Scaliger konnten wir nicht überprüfen; daß es aus dem Vorwort zu seiner Festusausgabe stammt, entnehmen wir der Randglosse z. St.

[41] Ebd., 5, 13–14, S. 36: »Nihil ad Festum Nonius: scriptor, quod mirum, etiam Prisciano laudatus: at, si verum dicere licet, nec eruditione, nec judicio laudabilis.« – »Vtilis etiam opera est, quam Isidorus, Hispalensis Ecclesiae Episcopus Metropolitanus, praestitit in XX Originum libris.«

Abhandlung _De arte grammatica_ handelt.[42] Aus dem griechischen Bereich werden Pollux (2. Jh. n. Chr.), Harpokration (2. Jh. n. Chr. ?), und die _Suda_ (10. Jh. n. Chr.) genannt; an zeitgenössischen Schriften das lateinische Wörterbuch von Ambrogio Calepino (1440–1510/11) und das griechische von Varinus Phavorinus (Anf. 16. Jh.).[43]

Für den modernen Leser erstaunlich ist die Rolle, die Vossius der exegetischen Grammatik auf dem Gebiet der »voces coniunctae« zuschreibt. Sie ist nämlich nicht etwa, wie man vermuten könnte, allgemeine Texthermeneutik – z. B. eine Theorie des vielfachen Schriftsinns –, sondern beschränkt sich auf die Forderung, ein Philologe müsse die Paroemiographen studieren – Zenobios, Diogenian und Michael Apostolios im griechischen Bereich; Erasmus und alle, die nach ihm an den _Adagia_ weitergeschrieben haben, im lateinischen.[44] Vossius gibt keine Erklärung für diese letztlich sehr reduktionistische Sichtweise;[45] will man versuchen, sie zu verstehen, kann man sich im Grunde genommen nur von der Stellung des Kapitels über die παροιμίαι im Werkganzen einerseits und von dem Verständnis der Beschaffenheit der Sprichwörter in der rhetorisch-poetischen Literatur der Spätrenaissance andererseits leiten lassen.[46]

Vossius führt die Paroemiographen gegen Ende des ersten Hauptabschnittes seiner Abhandlung ein, der zugleich den Übergang zum zweiten, der Rhetorik gewidmeten bildet. Dementsprechend sagt er denn auch, daß die »Kenntnis der Sprichwörter« nicht nur »zum besseren Verständnis der antiken Schriftsteller überaus dienlich ist, in welcher Hinsicht sie der Grammatik angehören«, sondern daß »ihr Gebrauch zudem zum Schmuck der Rede beiträgt, in welcher Hinsicht sie der Rhetorik unterstehen«.[47] Daß mit diesem Satz eine Art von stilistisch-inhaltlichem Brückenschlag zwischen Grammatik und Rhetorik intendiert ist, liegt auf der Hand; unklar ist dagegen, warum gerade die Sprichwörter, die ja notorisch knapp, änigmatisch und paradox sind, zum Schmuck einer an der Regel des _decorum_ gemessenen Rede beitragen können oder überhaupt rhetorischer Analyse zugänglich sein sollen.

---

[42]   Ebd., 5, 15, S. 36 (mit Hinweis auf De arte grammatica 1, 5).

[43]   Ebd., 5, 17, S. 37. Zur Verbreitung von Calepinos Dictionarium (über 200 Auflagen zwischen 1502 und 1779) vgl. die grundlegende Arbeit von A. Labarre: Bibliographie du Dictionarium d'Ambrogio Calepino (1502–1779), Baden-Baden 1975 (= Bibliotheca bibliographica Aureliana; 26), S. 7. Zu Phavorinus s. C. G. Jöcher: Allgemeines Gelehrten-Lexicon, Bd. 3, Leipzig 1751 (Ndr. Hildesheim 1961), Sp. 1504–1505. Sein Magnum ac perutile dictionarium erschien zuerst 1523 in Rom bei Zacharias Kallierges.

[44]   Vossius: De philol. 6, 2–5, S. 39–40. Das Corpus paroemiographorum Graecorum, ed. E. L. von Leutsch und F. G. Schneidewin, 2 Bde., Göttingen 1839–1851 (²Ndr. Hildesheim 1965), wird jetzt teilweise ersetzt durch die großartige Ausgabe von W. Bühler: Zenobii Athoi proverbia, Göttingen 1982ff.

[45]   Man könnte die Tatsache ins Feld führen, daß auch J. Wower: De polymathia (wie Anm. 26), S. 63–64, über παροιμίαι handelt, doch scheint dies als Erklärung nicht auszureichen.

[46]   Eine Übersicht über die wichtigsten Sammlungen bei P. Hummel: Philologica lyrica. La poésie lyrique grecque au miroir de l'érudition philologique de l'antiquité à la Renaissance, Louvain-Paris 1997, S. 227–228. 492–502.

[47]   Vossius: De philol. 6, 6, S. 40: »[P]roverbiorum notitia plurimum confer[t] ad meliùs intelligendos veteres scriptores; quae res ad Grammaticen pertinet: etiam usus eorum ornatum adfert orationi; quâ parte inservit arti Rhetoricae.«

Die Antwort auf diese Frage ist u. E. in einem Text zu suchen, mit dem Vossius sich erwiesenermaßen schon früh in seiner Karriere beschäftigt hat und auf den er sich auch in *De philologia* beruft: in Julius Caesar Scaligers (1484–1558) hochberühmten *Poetices libri septem*, der wohl einflußreichsten normativen Dichtungslehre der Renaissance.[48] Scaliger behandelt das Sprichwort in einem der zahlreichen Kapitel, die er der Figurenlehre widmet, nämlich in dem Abschnitt über die Allegorie.[49] Hier setzt er sich in für ihn ungewöhnlich gewissenhafter Manier mit den verschiedenen von Erasmus gegebenen Definitionen des Sprichwortes auseinander (die er selbstverständlich alle ablehnt), um schließlich selbst zu der nicht eben bahnbrechenden Erkenntnis zu gelangen, daß ein »Sprichwort eine allgemein verbreitete allegorische Rede« sei.[50] Auf diese Weise wird die literarische Gattung (wenn man denn von einer Gattung reden kann) des Sprichworts – neben dem Apolog, dem Ainos und dem Mythos – u. W. zum ersten Mal der Allegorie als Gedankenfigur untergeordnet, wodurch das Sprichwort Teil des Arsenals rhetorischer Figuren wird und ihm zugleich über den Oberbegriff der Allegorie eine präzise exegetische Verweis- und Deutungsfunktion zugeschrieben wird.

Wenn diese Deutung zulässig sein sollte, hätte der stilistische Brückenschlag von Vossius auch einen sachlichen Grund: Als Spielart oder Form der Allegorie hat das Proverb vor dem Hintergrund des vierfachen Schriftsinns ein festes Standbein im exegetischen Teil der Grammatik; da die Allegorie aber zudem nach herkömmlichem Verständnis Bestandteil der rhetorischen Figurenlehre ist, hat das Proverb zugleich ein behendes Spielbein im Bereich der allgemeinen Rhetorik. In dieser Doppelperspektive ließe sich das – aus heutiger Sicht unerwartete – Auftauchen des Sprichwortes als Summum der exegetischen Grammatik an der Übergangsfuge zur Rhetorik im Rahmen der Voraussetzungen der Zeit erklären. Selbst wenn diesem Interpretationsversuch zugegebenermaßen etwas Spekulatives anhaftet, scheint er uns doch gerade angesichts der ausdrücklichen Bezugnahme von Vossius auf Scaligers *Poetik* nicht gänzlich unmöglich zu sein.

Was nun die Stellung der Rhetorik selbst zwischen Grammatik und Metrik anbetrifft, so begründet Vossius sie damit, daß die Natur uns drei Arten des Umgangs mit Sprache verliehen habe: korrekt zu sprechen, schmuckvoll zu sprechen und rhythmisch zu sprechen. Diese Arten verhielten sich zueinander

---

[48] [Genf] 1561; Ndr. mit einer Einleitung von A. Buck, Stuttgart-Bad Cannstatt 1964 und 1987; kritische zweisprachige Ausgabe unter dem Titel: Iulius Caesar Scaliger: Poetices libri septem – Sieben Bücher über die Dichtkunst. Unter Mitwirkung von M. Fuhrmann hgg. von L. Deitz und G. Vogt-Spira, Stuttgart-Bad Cannstatt 1994ff. (bislang 4 Bde.). Vossius hatte bereits 1598 anläßlich seiner Disputation zur Erlangung der Magisterwürde an der Universität Leiden eine Reihe von Thesen verteidigt, die er den Anfangskapiteln von Scaligers *Poetik* entnommen hatte, massive Übernahmen finden sich in seinen Oratoriarum institutionum libri sex (vgl. Verf.: »Einführung« in die kritische Ausgabe, Bd. 1, Stuttgart-Bad Cannstatt 1994, S. IL, sowie Rademaker: Life and Work [wie Anm. 1], S. 355–356, n° 2–3). Die Anspielung auf die *Poetik* in De philol. 4, 6, S. 26, bezieht sich auf B. 3, Kap. 29, Sp. 121 a = Bd. 2, S. 374, Z. 26 der kritischen Ausgabe.

[49] J. C. Scaliger: Poetices libri septem, B. 3, Kap. 83 = Bd. 2, S. 534, Z. 24 – S. 540, Z. 18 der kritischen Ausgabe.

[50] Ebd., S. 538, Z. 23–24: »Proverbium est oratio vulgata allegorica.«

wie konzentrische Kreise: als Voraussetzung für eine korrekte Ausdrucksweise
bilde die Grammatik die unverrückbare Mitte; hierum lege sich in einem größeren Kreis die Rhetorik als Lehrmeisterin für schmuckvolles Reden; beide würden
ihrerseits wiederum von der Metrik (*ars versificatoria*) umfaßt, die dem
Schmuck noch den angenehmen Rhythmus hinzufüge.[51] Diese Abfolge ist nicht
völlig beliebig, spiegelt sie doch die Auffassung des Pädagogen Vossius wider,
daß beim Erlernen der lateinischen wie der griechischen Sprache zunächst mit
einfachen Prosatexten – den *Colloquia familiaria* von Erasmus, Cicero, Caesar
und Terenz im lateinischen, Aesop, Lukian, Aristophanes, Herodot, Isokrates
und Demosthenes im griechischen Bereich – begonnen werden müsse und das
Studium der Dichter erst ganz am Ende des Curriculums stehen dürfe.[52] Auf
diese Weise entspreche die Sequenz nämlich genau der Reihenfolge, die auch
das antike Bildungssystem kannte, mit dem Unterschied, daß sie zeitlich um
einige Jahre versetzt ist: Ein junger Römer lernte die Umgangssprache (*lingua
vulgaris*) eben »a teneris unguiculis«, während wir erst als »grandiusculi« und
infolge des eingehenden Studiums ausgewählter Prosaschriften in diesen Genuß
kommen. Es ist demnach nur folgerichtig, wenn die Auseinandersetzung mit den
Schriften der Dichter, mit der das antike Lektüre-Curriculum häufig begann, an
zweiter Stelle, auf jeden Fall aber zeitlich nach dem Studium der Rhetorik anzu-
setzen ist.[53]

Die Rhetorik selbst bestimmt Vossius als eine »ars«, nicht als eine »facultas«, wobei der Unterschied zwischen beiden Begriffen darin besteht, daß die
»ars« ausschließlich allgemeine Fragen des »inneren Redeschmucks«, also der
Stilisierung (des *ornatus*) zum Inhalt hat, während sich die »facultas« auch auf
die restlichen vier Arbeitsstadien des praktizierenden Redners – *inventio, dispositio, memoria* und *actio* – erstreckt und angemessener durch die Begriffe »oratoria« und »eloquentia« bezeichnet wird.[54]

Die von Vossius gegebenen Beispiele legen die Vermutung zumindest nahe,
daß er bei seinen Überlegungen zur Rhetorik primär, wenn nicht sogar ausschließlich, von geschriebenen oder zur privaten Lektüre bestimmten Texten
ausging, nicht aber an die öffentlich vor einem Publikum vorgetragene Rede
dachte. Hier wie dort gilt selbstverständlich als oberstes Gebot das *decorum*, die
situationsbedingte Angemessenheit, die von Vossius zwar nicht namentlich
erwähnt wird, sich aber der Sache nach mit den von ihm genannten »praecepta
specialia pro diversitate materiae ac characteris« deckt.[55]

---

[51] Vossius: De philol. 7, 7, S. 43.
[52] Ebd., 7, 2–3, S. 42. Das ebenfalls empfohlene Studium der Hl. Schrift dagegen fügt der
»linguae notitia« noch die »pietas« hinzu.
[53] Ebd., 7, 6, S. 43.
[54] Ebd., 8, 1, S. 45–46.
[55] Ebd., 8, 2, S. 46. Mit »character« ist vermutlich – im hermogenianischen Sinn – eine
»Stilqualität« gemeint. – Um einen Eindruck davon zu gewinnen, wie man sich solche
»praecepta«, die von Vossius inhaltlich nicht weiter ausgeführt werden, vorzustellen hat,
kann man sich etwa in J. C. Scaligers Poetik die – auf Consultus Chirius Fortunatianus beruhenden – Kapitel über die Peristasen (B. 3, Kap. 11–23) oder diejenigen – auf Menander
Rhetor fußenden – über die kleineren Gattungen (oder »Silven«: B. 3, Kap. 99–122) an-

Verhältnismäßig unscharf bleiben dagegen die Konturen für die »generalia elocutionis praecepta«, die einerseits Randgebiete der rhetorischen Stilistik wie Hiat, Elision, Assonanz, Periode und Klausel abdecken, andererseits aber auch – unter dem wohl der Terminologie des *Auctor ad Herennium* verpflichteten, selten in dieser Bedeutung gebrauchten Oberbegriff der *dignitas* – die Lehre der Wort- und Sinnfiguren zum Inhalt haben sollen.[56] Unscharf sind die Konturen deshalb, weil Vossius kein Wort über die Zusammenhänge verliert, in denen diese rhetorischen Mittel zum Einsatz kommen sollen, also keine Verbindung zwischen bestimmten Rhythmen oder Figuren und der Zweckmäßigkeit oder Unzweckmäßigkeit ihrer Anwendung im Verein mit bestimmten Ausdrucksnuancen, literarischen Gattungen oder Stilarten herstellt.[57] Interessant ist allenfalls die Feststellung, daß Vossius ebenso, wie er im grammatischen Teil der Polymathie darauf insistiert hatte, daß eine genaue Kenntnis der Etymologie Voraussetzung für ein präzises Verständnis des Wortsinns ist, im rhetorischen Teil darauf insistiert, daß ein präzises Verständnis des Wortsinns Voraussetzung für ein adäquates Verständnis der Sinnfiguren ist. So rühre einer der Gründe, warum so zahlreiche Interpreten der Hl. Schrift sich nicht über ihre genaue Bedeutung einigen könnten, daher, daß sie eine Metonymie nicht von einer Metapher oder einer Synekdoche zu unterscheiden wüßten, letztlich also nicht zu einer adäquaten rhetorischen Analyse imstande seien. Hierüber hätte man gern Näheres erfahren, doch leider bleibt Vossius weitergehende Auskunft schuldig.[58]

Ebenso knapp sind Vossius' Ausführungen zur *ars metrica*, in denen er sein Vorgehen einmal mehr mit einem Zitat aus Senecas 88. *Brief* rechtfertigt, man aber insgesamt nicht viel mehr als die Namen einiger antiker Grammatiker (Hephaestion; Terentianus Maurus, Diomedes, Marius Victorinus, Marius Plotius Sacerdos u. a.) erfährt, deren Abhandlungen über Metrik mehr oder weniger vollständig erhalten sind.[59] Vossius ist sich sehr wohl darüber im klaren, daß nicht alle antiken Theoretiker das Studium der Metrik – und hiermit zusammenhängend das der Dichtkunst – als Teil der Grammatik ansahen, doch scheint ihm

---

schauen, wo die Erfordernisse des *decorum* in den verschiedensten Stilsituationen mit großer Ausführlichkeit und Detailfreude dargelegt werden.

[56] Vossius: De philol. 8, 2, S. 46. Den Hinweis auf den idiosynkratischen Gebrauch von *dignitas* beim Auctor ad Herennium 4, 13, 18 verdanken wir H. Lausberg: Handbuch der literarischen Rhetorik, Stuttgart ³1990, S. 278, § 539. (Im Historischen Wörterbuch der Rhetorik fehlt das Lemma.)

[57] Wie dies etwa in der Poetik Scaligers geschieht: vgl. B. 4, Kap. 44–49.

[58] Vossius: De philol. 8, 6, S. 47–48: »Haec [= die verschiedenen Sinnfiguren] in significationibus vocabulorum exponendis sedulò distinguere debet Grammaticus; quandò plurimùm ea res facit ad naturam vocum melius intelligendam; cùm eadem vox aliud possit significare propriè, aliud κατὰ μεταφορὰν, aliud κατὰ μετωνυμίαν; aliud κατὰ συνεκδοχήν. Vnde tantus saepe interpretum dissensus; praesertim in Hebraeis.« Mit »in Hebraeis« sind wohl die jüdischen Exegeten des Alten Testaments gemeint, für eine knappe Darstellung ihrer vielfältigen exegetischen Methoden (und der damit einhergehenden interpretatorischen Differenzen) vgl. etwa B. D. K[lien], s. v. »Baraita of 32 Rules«, in: Encyclopaedia Judaica, Bd. 4, Jerusalem [cop.] 1971, Sp. 194–196, mit den Querverweisen.

[59] Seneca: Ep. 88, 3; zitiert bei Vossius: De philol. 9, 2, S. 49: »Grammaticus circa curam sermonis versatur; et, si latius vagari vult, circa historias; jam, ut latissimè fines suos proferat, circa carmina.« Vgl. oben S. 5 mit Anm. 12.

die Haltung derer, die es explizit hiervon ausschließen wollten, nicht viel mehr
als eine eitle »Logomachie« zu sein, auf die er sich nicht einlassen möchte.[60] Da
die knappen Abschnitte über die Metrik dementsprechend auch im weiteren
Verlauf von Vossius' Untersuchung keine herausragende Rolle mehr spielen,
lohnt es sich nicht, an dieser Stelle ausführlicher auf sie einzugehen; wir kommen demnach gleich zum zweiten Hauptteil der Vossiusschen *philologia*: der
historia.[61]

Hier wäre zunächst einmal darauf hinzuweisen, daß Vossius sich in *De philologia* nicht mit der grundlegenden (und auch sonst in humanistischer Geschichtsschreibung recht verbreiteten) Einteilung der Geschichte nach den drei
Gegenstandsbereichen »göttlich«, »natürlich« und »menschlich« auseinandersetzt, auf die er in anderen Werken – wohl im Anschluß an Jean Bodin – mehrfach zurückgreift,[62] sondern an dieser Stelle ausschließlich die *historia humana*
behandelt wissen möchte. Diese Entscheidung mag insofern gerechtfertigt erscheinen, als nur die *historia humana* den philologischen Studien im engeren
Sinne zugänglich ist, während die *historia divina* den Kompetenzen des Theologen und die *historia naturalis* denjenigen des Naturwissenschaftlers untersteht.
Das Gerüst, das Vossius seinen Betrachtungen zur *historia* zugrundelegt, besteht
– hierin demjenigen, das den ersten Hauptteil der Philologie strukturiert, durchaus vergleichbar – wiederum aus einer Reihe von Kerntexten, von denen der
erste antiken, genauer gesagt: byzantinischen Ursprungs ist, der zweite auf einen
in seiner Deutung sehr umstrittenen Passus bei Sextus Empiricus zurückgeht und
der dritte keinen geringeren als Francis Bacon zum Verfasser hat.

Für die übergreifenden Gesichtspunkte, gemäß derer sich jede historische
Betrachtung einteilen läßt – hier *geographia*, *chronologia*, *genealogia* und *historia pragmatica* genannt – greift Vossius zunächst auf die Erläuterungen zu
einem Lehrgedicht zurück, das sich einst großer Beliebtheit erfreute, heute aber
nahezu vergessen ist: auf den Kommentar des Eustathios von Thessalonike
(12. Jh. n. Chr.) zu dem kurzen, 1186 Hexameter umfassenden Gedicht *De situ*

---

[60] Vossius: De philol. 9, 3, S. 49. – Soweit wir wissen, hatte als erster Dionysius Thrax die
      ἐμπειρία τῶν παρὰ ποιηταῖς in seine Definition der Grammatik aufgenommen (vgl. oben
      S. 7f. mit Anm. 20); über Varro gelangte sie dann nach Rom. Pikanterweise war für Sextus
      Empiricus ebendiese Definition der Grund, warum er das Studium der Grammatik über-
      haupt für überflüssig erklären konnte: gute Dichtung bedürfe keiner weitergehenden Er-
      läuterung, da sie an und für sich »klar« (σαφές) sei; schlechte Dichtung dagegen bedürfe
      ebenfalls keiner Erläuterung, da sie unklar (ἀσαφές) und daher verwerflich (μοχθηρόν) sei
      (Adv. gramm. [= Adv. math. 1,] 319). Vgl. hierzu R. H. Robins: »The Initial Section of the
      Tékhne grammatiké«, in: Ancient Grammar: Content and Context, ed. by P. Swiggers and
      A. Wouters, Leuven 1996 (= Orbis/Supplementa; 7), S. 3–15.
[61] Vgl. die richtungsweisende Untersuchung von N. Wickenden: G. J. Vossius and the
      Humanist Concept of History, Assen 1993 (= Respublica literaria Neerlandica; 8), der un-
      sere Darstellung im folgenden viel verdankt. – Die Bedeutung von *historia* oszilliert zwi-
      schen (chronologisch bestimmtem) »geschichtlichem Ablauf« und einer in der Regel durch
      »Geschichtsschreibung« vermittelten »Geschichtsdeutung«; der Einfachheit halber wollen
      wir den lateinischen Terminus beibehalten. (Vossius' eigene Definition der »historia« als
      einer »cognitio singularium, quorum memoriam conservari utile sit ad bene beateque vi-
      vendum« [zitiert nach Wickenden: G. J. Vossius, S. 65], wird der von ihm selbst prakti-
      zierten semantischen Vielfalt des Begriffs nicht gerecht.)
[62] Vgl. Wickenden: G. J. Vossius (wie Anm. 61), S. 71 und 73.

orbis von Dionysios Periegetes (2. Jh. n. Chr.). In der Übersicht über Leben und Werke des Dionysios, die Eustathios seinem Kommentar von *De situ* vorausschickt, heißt es unter anderem:[63]

> Vorliegendes Gedicht nennen die Alten ein »historisches« (ἱστορικόν), da es Betrachtungen zu Orten, Handlungen, Zeiten und Familienstammbäumen enthält (ἐκ τοπικοῦ καὶ πραγματικοῦ καὶ χρονικοῦ καὶ γενεαλογικοῦ): Man sagt nämlich, daß sich die Geschichtsschreibung (ἱστορία) in diese Bestandteile zerlegen lasse. Betrachtungen zum Ort enthält das Gedicht, weil der ganze Zweck des vorliegenden Buches darin besteht, die Orte der Welt zu beschreiben. Auf Handlungen bezieht es sich insofern, als der Verfasser u. a. die Charaktereigenschaften der verschiedenen Völker darlegt. Chronologisch ist das Werk dann, wenn der Autor an die Zeit erinnert, zu der er selbst gelebt hat [...].[64] Den genealogischen Gesichtspunkt findet man, wenn es heißt, daß die Sarmaten von den Amazonen und die epizephyrischen Lokrer von Sklaven abstammten.

Die Angemessenheit dieser Vierteilung der Geschichtsschreibung, die Vossius ohne weitere Diskussion als vorgegebene Größe übernimmt, findet sich in seinen Augen dadurch bestätigt, daß auch Varro und »Asklepiades« ähnliche Schemata vertreten haben sollen.[65] Vossius präzisiert lediglich, daß von den vier Teilen, die er für wesentlich erachtet, lediglich die *historia pragmatica* Geschichte »im eigentlichen Sinne« (*proprie*) ist, während Geographie, Chronologie und

---

[63] Übersetzt nach Dionysios Periegetes: Graece et latine [...] ex recensione et cum annotatione G. Bernhardy, Bd. 1, Leipzig 1828, Ndr.: Hildesheim, New York 1974, S. 81, 10–13 (auch in: Geographi Graeci minores [...] recognovit C. Mullerus, Bd. 2, Paris 1861, Ndr.: Hildesheim 1990, S. 215a); Bernhardy hält den Teil des einleitenden Briefes von Eustathios, dem dieser Satz entnommen ist, für einen späteren Zusatz von fremder Hand. – Die Identifizierung dieser Stelle, auf die Vossius De philol. 10, 3, S. 52, nur anspielt, verdanken wir Ralph Häfner.

[64] De situ orbis enthält Z. 513–532 ein Akrostichon, aus dem hervorgeht, daß das Gedicht 124 n. Chr. verfaßt wurde.

[65] Vossius: De philol. 10, 3, S. 52; vgl. Varro, De lingua Latina 5, 1, 12: »Quare fit, ut ideo fere omnia sint quadripertita et ea aeterna, quod neque unquam tempus, quin fueri[n]t motus: eius enim intervallum tempus; neque motus, ubi non locus et corpus, quod alterum est quod movetur, alterum ubi; neque ubi is agitatus, non actio ibi. Igitur initionum quadrigae locus et corpus, tempus et actio« (zitiert nach A. Traglia [Hg.]: Opere di Marco Terco Terenzio Varrone [coll. Classici Latini], Ndr. Turin 1979, S. 58). – Der Hinweis auf »Asklepiades« (bei Sext. Emp.: Adv. gramm. [= Adv. math. 1,] 252–253; dieser Asklepiades wird von der modernen Forschung meistens mit A. von Myrlea identifiziert), ist insofern problematischer, als dieser a.a.O. keine Vier-, sondern eine Dreiteilung vornimmt und die Geschichte nach den Gesichtspunkten »wahr« (ἀληθής = πρακτική), »falsch« oder »fikiv« (ψευδής) und »quasi-wahr« (ὡς ἀληθής) einteilt, wobei die »wahre« Geschichte das Leben und die Taten der Götter, der Helden und der berühmten Männer, sowie die Orte und Zeiten, zum Inhalt hat, während die »fiktive« u. a. die mythologischen Göttergenealogien behandelt. Vossius ist an dieser Stelle nicht an dem, was man den alethischen Wert historischer Erzählungen oder Darstellungen nennen könnte, interessiert, sondern verweist bloß auf die augenfällige terminologische Ähnlichkeit, die zwischen Eustathios und Asklepiades besteht. Es ist indes unklar, ob Eustathios direkt auf Asklepiades bei Sextus zurückgreift; wahrscheinlicher ist die Verwendung tralatizistischen Schulgutes aus der Tradition der Grammatikerexegese. (Zur Identifizierung des Asklepiades, zur überaus kontrovers diskutierten Interpretation des Referates bei Sextus und nicht zuletzt zu den textlichen Schwierigkeiten vgl. W. J. Slater: »Asklepiades and Historia«, in: Greek, Roman and Byzantine Studies 13 [1972], S. 317–333, und G. Rispoli: Lo spazio del verisimile: il racconto, la storia e il mito, Napoli 1988, S. 170–204.)

Genealogie so etwas wie ihre »Augen« oder »Fackeln« sind.[66] Erwähnenswert ist
zudem die Tatsache, daß Vossius ebenso wie er für das Studium der Etymologie
die Miteinbeziehung der epigraphischen Dokumente gefordert hatte auch in
diesem Punkte ausdrücklich festhält, die geschichtliche Polymathie dürfe sich
nicht auf ein von allem anderen losgelöstes Studium der *res gestae* beschränken,
sondern sie müsse auch die »Altertümer« (*antiquitates*), die »Sitten- und
Rechtsgeschichte« (*ritus ac jus antiquum*) sowie die »mythologischen Erzählungen« (*fabulosae narrationes*) mitberücksichtigen.[67] In dieser Forderung,
die die antike Überlieferung als ein Ganzes betrachtet, das weit mehr als den
geschlossenen Kanon der überlieferten historischen Quellentexte umfaßt, scheint
mir das Konzept einer einheitlichen und umfassenden Altertumswissenschaft
Wolfscher Prägung zumindest *in nuce* angelegt zu sein – und zwar unbeschadet
der Tatsache, daß wichtige Teilbereiche, die sich erst später als eigenständige
wissenschaftliche Disziplinen konstituierten, hier selbstverständlich noch fehlen
oder allenfalls andeutungsweise vorhanden sind.

Den philologischen Nutzen der Geographie, oder besser gesagt: des geographischen Schrifttums, sieht Vossius vor allem darin begründet, daß solche
Werke das Verständnis der Hl. Schrift ebenso wie das der Profanschriftsteller
erst ermöglichen: Babylon, Assur, Moab; Nazareth, Bethlehem, Capharnaum;
Ninive, Ecbatana, Persepolis; Marathon, Salamis, Mykale – klingende Namen,
die aber erst und allein durch genaue Kenntnisse in der historischen Geographie
zum Sprechen gebracht werden können.[68] Vossius gibt eine erstaunlich vollständige Übersicht über antike wie zeitgenössische geographische Quellentexte,
wobei nicht nur Geographen im eigentlichen Sinne wie Strabon, Ptolemaios oder
Pomponius Mela berücksichtigt werden, sondern auch die weitaus weniger
bekannten Itinerarientexte, etwa die beiden unter dem Namen Antoninus Augustus (gemeint ist Caracalla) überlieferten *Itineraria* oder das berühmte, ebenfalls aus dem späten dritten Jahrhundert stammende *Itinerarium Hierosolymita-
num*.[69] Erstaunlicherweise fehlen in Vossius' Darlegungen die ab 1473 immer
wieder neu aufgelegten *Mirabilia Romae* sowie alle *Onomastica sacra*. Im Gegenzug ist dafür von den zeitgenössischen Entdeckern, von Kolumbus, Amerigo
Vespucci und Magellan die Rede, sowie von den herrlichen Atlanten von Wilhelm und Johannes Blaeuw (= Janszoon), die an drucktechnischer Pracht und
wissenschaftlicher Genauigkeit alles bis dahin Dagewesene in den Schatten
stellten.[70]

---

[66] Vossius: De philol. 10, 3, S. 52.
[67] Ebd., 10, 1, S. 51.
[68] Ebd., 11, 5, S. 53.
[69] Ebd., 11, 17–18, S. 59–60. Vgl. zu diesen Itinerarien R. Herzog (Hg.): Restauration und
      Erneuerung: die lateinische Literatur von 284 bis 374 n. Chr. (= Handbuch der Altertums-
      wissenschaft. Achte Abteilung: Handbuch der lateinischen Literatur der Antike; 5), Mün-
      chen 1989, S. 95–99, §§ 517–518.
[70] Vossius: De philol. 11, 27–28, S. 63–64. Man könnte hervorheben, daß Vossius bereits
      ohne zu zögern den Namen »America« verwendet, der zum ersten Mal 1507 in dem in
      Saint-Dié von Gauthier (oder Vautrin) Lud u. a. herausgegebenen Gemeinschaftswerk:
      Cosmographiae introductio cum quibusdam geometriae ac astronomiae principiis ad eam
      rem necessariis zur Bezeichnung des neuentdeckten Kontinents vorgeschlagen worden war

Auf dem Gebiete der Chronologie sodann sind die epochalen Leistungen eines Joseph Justus Scaliger und eines Denis Pétau Vossius nicht verborgen geblieben, deren Studium er mit großem Nachdruck empfiehlt.[71] Allerdings geht er bedauerlicherweise mit keinem Wort auf die durchaus nicht zu vernachlässigenden sachlichen und methodischen Unterschiede zwischen beiden Gelehrten ein, obwohl ihm beispielsweise Pétaus Kritik an Scaligers Leugnung der Präzession der Äquinoktien durchaus bekannt gewesen sein dürfte.[72] Für Anfänger empfiehlt Vossius in dieser schwierigen Materie gleichwohl ein anderes Werk, für das Scaliger seinerzeit nur Hohn und Spott übrig hatte, nämlich den *Index chronologicus* (Görlitz 1580) des protestantischen Gelehrten Abraham Bucholzer (1529–1584), sowie die *Chronologia* (Leipzig 1605) von Seth Calvisius (1556–1615), dem Scaliger größere Sympathien entgegenbrachte.[73] Man kann sich hier nur schwer des Eindrucks erwehren, daß Vossius auf dem Gebiete der Chronologie die Spreu nicht recht vom Weizen zu trennen wußte, da er ansonsten die Autoritäten, auf die er sich beruft, wohl kaum zusammen, gleichsam in einem Atemzug, genannt hätte. Andererseits gereicht es ihm durchaus zur Ehre, daß er auf keine der damals zirkulierenden Fälschungen hereinfällt, wie etwa auf das berüchtigte *Chronicon Dextri*, das allerdings eher Katholiken als Protestanten zu verführen vermochte und möglicherweise aus diesem Grunde ungenannt bleibt.[74]

Überaus knapp handelt Vossius den sog. »genealogischen« Teil der *historia* ab, den er – nunmehr wohl in bewußter Abwendung von Asklepiades – weniger im Sinne von Göttergenealogien als vielmehr in demjenigen der »Abfolge von

---

(und sich gegen das obd. genannte Hybridkompositum »Amerige« = »Americi [des Amerigo] terra« durchsetzte).

71 Vossius: De philol. 12, 6, S. 67.

72 Vossius' Chronologia mathematicorum (vgl. Rademaker: Life and Work [wie Anm. 1], S. 371, n° 32) war uns leider nicht zugänglich; seine Introductio in chronologiam (vgl. Rademaker, ebd., S. 373, n° 35 [*ad* 1658]) dagegen hat die verschiedenen Strukturierungsversuche der weltgeschichtlichen Epochen und deren respektive Dauer zum Inhalt. Zu Scaligers schwer nachvollziehbarem Irrtum vgl. A. Grafton: Joseph Scaliger: a study in the history of classical scholarship, Bd. 2: »Historical chronology«, Oxford 1993, S. 459–488.

73 Vossius: De philol. 12, 6, S. 67. Zu den von Vossius benutzten Ausgaben von Bucholzer und Calvisius vgl. Wickenden: G. J. Vossius (wie Anm. 61), S. 204–205; zu Scaligers Einschätzung dieser Gelehrten vgl. Grafton: Joseph Scaliger (wie Anm. 72), S. 397–403 und S. 10, 727.

74 Bei dem unter dem Namen »Chronicon Dextri« bekannten Werk (Text in: Patrologia Latina, ed. Migne, Bd. 31, Sp. 9–574) handelt es sich um eine Fälschung des spanischen Jesuiten J. R. de la Higuera (1538–1611), die dieser als das verlorene Werk Omnimoda historia des Adressaten von Hieronymus' De viris illustribus, Flavius Lucius Dexter, ausgegeben hatte und in dem er den Nachweis zu erbringen suchte, daß der spanischen Kirche gegenüber der römischen historisch gesehen die Vormachtstellung gebührt hätte (vgl. etwa den Eintrag zum Jahr 36 [PL 103–104]: »Hispania prima Provinciarum mundi, post Galilaeam, Judaeam, et Samariam in partibus occidentalibus Christi fidem amplexa est: ejusque Gentilitas ad fidem conversa fuit; verae primitiae caeterorum Gentilium.«). Zu Higuera und dem Problemkomplex der *falsos cronicones* vgl. die Literaturübersicht bei J.-L. Quantin: »Combat doctrinal et chasse à l'inédit au XVIIᵉ siècle: Vignier, Quesnel et les sept livres contre Fauste de Fulgence de Ruspe«, in: Revue des Études Augustiniennes 44 (1998), S. 269–297, hier S. 274, Anm. 30.

Herrschaftshäusern« verstanden wissen möchte.[75] Vossius begnügt sich in diesem Kapitel im Grunde genommen mit einer recht sterilen Aufzählung von zeitgenössischen Autoren, deren Werke entweder antike oder moderne Stammbäume nachzeichnen und erläutern: Reinhard Reineck (1541–1595), Antonio Agustín (1516–1586), Fulvio Orsini (1529–1600), Richart Strein (Streinius, 1538?–1601?), Johann Glandorp (1501–1564) und Ubbo Emmius (1547–1625).[76] Daß hier kein eigener methodischer Ansatz bzw. keine weitergehende Auseinandersetzung mit den Schriften der genannten Verfasser erkennbar wird, mag unter anderem damit zusammenhängen, daß die wissenschaftliche Genealogie sich erst im Laufe des 16. Jahrhunderts entwickelte und zur Zeit von Vossius eine vergleichsweise noch junge Disziplin war.

Den Abschluß von Vossius' Werk bilden seine Darlegungen zur *historia pragmatica*, also zum »wirklich Geschehenen«, die insofern eine Sonderstellung im Werkganzen einnehmen, als der Schlußparagraph des *De philologia* ebenfalls – mit geringfügigen, hauptsächlich die Hinzufügung bzw. Weglassung einzelner Sätze betreffenden, Abweichungen – als eigenständige Abhandlung unter dem Titel *Dissertatio particularis de ratione et ordine universam legendi historiam* veröffentlicht wurde, und zwar meist, was für die Deutung der *Dissertatio* durchaus aufschlußreich ist, zusammen mit dem *De cognitione sui libellus*.[77]

Die Vossiusschen Ausführungen zur *historia pragmatica*, dem eigentlichen Kernstück seiner historiographischen Betrachtungen, sind aus einer Reihe von

---

[75] Vossius: De philol. 13, 1, S. 67: »familias eorum, qui in imperio fuere.« Nach Asklepiades bei Sextus: Adv. gramm. (= Adv. math. 1,) 253, entspricht gerade der genealogische Aspekt der Geschichtsschreibung ihrem »lügenhaften« oder »unwahren« Teil.

[76] Vossius: De philol. 13, 8–10, S. 69. Von Reineck gibt es mehrere Werke über Familien und Genealogien; vgl.: VD 16, Bd. 17, Stuttgart 1991, bes. R 856–R 906, und, zu Reineck selbst, die Allgemeine Deutsche Biographie, Bd. 28, Leipzig 1889, S. 17–19. – Der Hinweis auf Agustín und Orsini bezieht sich vermutlich auf das Werk, das unter dem Namen Orsinis und unter dem Titel: Familiae Romanae quae reperiuntur in antiquis numismatibus ab urbe condita ad tempora divi Augusti. Adjunctis familiis XXX ex libro Antonii Augustini 1577 in Rom erschien. Grundlegend zu Agustín jetzt M. H. Crawford: Antonio Agustín between Renaissance and Counter-Reform, London 1993; zu Orsini ist P. de Nolhac: La bibliothèque de Fulvio Orsini, Paris 1887 (Ndr. Genf/Paris 1976) unersetzt. – Von R. Strein gibt es eine Abhandlung De gentibus et familiis Romanorum, Venedig 1571 (wieder abgedruckt in Bd. 7 von J. G. Graevius: Thesaurus antiquitatum Romanarum, 12 Bde., Utrecht 1694–1699); wir konnten leider nicht feststellen, wie dieses Werk sich zu Streins Gentium et familiarum Romanarum stemmata, [Genf oder Paris] 1559, verhält; möglicherweise sind beide Werke textidentisch. Zu Strein s. Jöcher: Gelehrten-Lexicon (wie Anm. 43), Bd. 4, Sp.878–979. – Von Johannes Glandorp kennt Vossius die Descriptio seu genealogia gentis Antoniae, Lübeck 1557, sowie das (postum von Reineck herausgegebene) Onomasticon historiae Romanae, Frankfurt 1589; zu ihm vgl. man die Allgemeine Deutsche Biographie, Bd. 9, Leipzig 1879, S. 208–210. – Unter den zahlreichen Schriften von Ubbo Emmius hebt Vossius besonders das Opus chronologicum, Groningen 1619, und die Appendix genealogica, Groningen 1620, hervor. Zu Emmius vgl. A. J. van der Aa: Biographisch woordenboek der Nederlanden, Haarlem 1852 (Ndr. Amsterdam 1619), Deel 2, E 39b–41a.

[77] Vossius: De philol. 14, 15, S. 76–80 = Rademaker: Life and Work (wie Anm. 1), S. 372, n°35.2; die Identität der Dissertatio mit dem Schlußteil von De philol. wird von Rademaker freilich nicht hervorgehoben. Eine eingehende Interpretation dieser Schrift bei Wickenden: G. J. Vossius (wie Anm. 61), S. 200–210.

Gründen nicht unproblematisch.[78] Wir haben bereits darauf hingewiesen, daß er für die dreifache Auffächerung der pragmatischen Geschichte in *vera, ficta* und *media, ac quasi vera* explizit auf das Asklepiades-Referat bei Sextus Empiricus zurückgreift.[79] Diese Einteilung bleibt aber insofern folgenlos, als Vossius für die Deutung »fiktiver« Geschichtsschreibung, wie er sie in der epischen Dichtung und in Werken wie Xenophons *Kyrupädie* vorzufinden glaubt, die Entschlüsselung der »allegorischen Interpretation« (*mystica interpretatio*) einfordert und sowohl das geschichtliche Geschehen an sich wie die Form seiner Darstellung als *speculum providentiae divinae* deutet, m. a. W.: das »Fiktive« oder das »Halb-Fiktive« auf das »Wahre« zurückführt.[80] Geschichte ist demnach in letzter Instanz Heilsgeschichte; Geschichtsschreibung dagegen der mehr oder minder verzerrte Reflex dieses »Spiegels der göttlichen Vorsehung«. Hieraus ergibt sich selbstverständlich, daß das letzte Ziel jedweden historischen Studiums nur die Gotteserkenntnis sein kann – ein Ziel, das nach dem Bodinschen Schema, das Vossius' Ausführungen sonst zugrundeliegt,[81] doch eher dem Bereich der *historia divina* als der *historia humana* zugerechnet werden müßte.

Unklar bleibt auch, warum die Dreiergruppe »wahr-erfunden-halb wahr und halb erfunden« nur als strukturbildendes Element der *historia pragmatica* auftritt und keine Anwendung auf die drei anderen historischen Gesichtspunkte findet, die Vossius von Eustathios entlehnt hatte. Es wäre ja durchaus vorstellbar, daß man etwa auf dem Gebiet der Chronologie das jeweilige Tagesdatum als ein wahres, das des Kampfes der Kentauren gegen die Lapithen als ein fiktives und das der Gründung Roms als ein halb wahres und halb erfundenes bezeichnen könnte (wobei *mutatis mutandis* dasselbe auch für Geographie und Genealogie gälte). Beide Einteilungen überlappen, anstatt daß die eine, wie es Vossius suggeriert, aus der anderen hervorginge: Die Formel von Eustathios hat es mit Gegenstandsbereichen zu tun, die von Asklepiades mit Wahrheitswerten. Vossius übersieht, daß eine fiktive Geographie ebensowenig topographische Kenntnisse zu vermitteln vermag wie eine erfundene Chronologie Auskunft über tatsächliche Geschehensabläufe geben kann.[82]

Vollends konfus wird Vossius' auf den ersten Blick so klare Darstellung schließlich dadurch, daß neben, oder vielmehr unter die Einteilungen der *historia* nach dem (hier nicht ausgeführten) Vorbild von Bodin, dem von Eustathios

---

[78] Vgl. zum folgenden Wickenden: G. J. Vossius (wie Anm. 61), S. 70–75.

[79] Vgl. Vossius: De philol. 10, 3, S. 52 mit ebd. 14, 1, S. 69: »Historia πραγματικὴ superest; quae vel vera est; ut eorum, qui proprie magis historici dicuntur; velut Thucydidae, ac Livii: vel ficta; qualis epicorum, atque etiam Xenophontis in Cyri παιδείᾳ; vel media, ac quasi vera; ut in comoediis et mimis.« Zu Asklepiades vgl. oben S. 17f. mit Anm. 65.

[80] Vossius: De philol. 14, 12, S. 73: »Ex fictis etiam eruenda est mystica interpretatio: sub cujus involucro, nunc naturae mysteria, nunc prudentiae praecepta, continentur«; ebd., 14, 14, S. 74: »Ac magnum inprimis illud est historiae bonum, quod speculum sit providentiae divinae.« Wir interpretieren den Begriff »historia« an der letztgenannten Stelle in der doppelten Bedeutung von »geschichtlichem Geschehen« und »historiographischer Darstellung«.

[81] Vgl. oben S. 16.

[82] Auf die zusätzliche Schwierigkeit, die sich daraus ergibt, daß Vossius den Wahrheitswert einer literarischen Darstellung im Anschluß an Asklepiades auch noch an bestimmte literarische Gattungen bindet, sei hier nicht eigens eingegangen.

und dem von Asklepiades noch eine vierte, diesmal aus Francis Bacons *De augmentis scientiarum* entlehnte, tritt, die die *historia vera* in *historia sacra*, *historia civilis* und *historia literaria* einteilt[83] – wobei Vossius allerdings keinerlei Anstalten macht, die drei nunmehr eingeführten, wiederum über ihren Gegenstandsbereich definierten, Geschichtstypen mit den bereits erwähnten in Einklang zu bringen. Bei dieser letzten Untergliederung entspricht die *historia sacra* in etwa dem, was man heute als »Kirchengeschichte« bezeichnen würde, während die *historia literaria* die Bereiche Literatur- und Kulturgeschichte abdeckt.[84] Aufschlußreich für Vossius' Verständnis der *historia justa*, dem wichtigsten Teil der *historia civilis*, ist seine Bemerkung, daß sich die historischen Studien des Philologen bzw. des Grammatikers in einem entscheidenden Aspekt von denen des Philosophen unterscheiden:[85]

> Die Art und Weise, wie der Philologe mit der *historia* umgeht, unterscheidet sich von der des Philosophen. Dieser nämlich hat die umsichtige Lebensführung (*prudentia civilis*) zum Ziel, weshalb er sich auch mit den einzelnen Ursachen abgibt und auch im einzelnen untersucht, auf welche Weise etwas geschehen ist. Dem Grammatiker dagegen genügt es in der Regel, das Resultat zu kennen; zumindest verlangt er nicht mehr als das, was zum Verständnis der Schriftsteller, und zwar insbesondere der Dichter, vonnöten ist.

Hier klingt noch einmal Vossius' Überzeugung an, daß die enzyklopädisch-philologischen Studien an erster Stelle protreptischen Charakter haben, daß sie keinerlei über sich selbst hinausweisende philosophische Ursachenforschung betreiben sollen und daß sie im Hinblick auf die am Tugendideal der *prudentia* ausgerichtete praktische Lebensführung zwar notwendig, aber keineswegs ausreichend sind.

*

---

[83]   Hierauf hat offenbar zum ersten Mal A. Momigliano hingewiesen: vgl. Wickenden: G. J. Vossius (wie Anm. 61), S. 80, Anm. 80. Nur zwei Beispiele für die Übernahme von Bacon: man vgl. Vossius: De philol. 14, 2, S. 69: »Historia vera dividitur in sacram civilem, literariam«, mit Bacon: De augmentis scientiarum, London 1623 (zitiert nach der kritischen Gesamtausgabe der Werke von J. Spedding u. a., London 1857–1874 [²Ndr. Stuttgart-Bad Cannstatt 1989–94], hier Bd. 1), 2, 4, S. 502: »Partitio Historiae Civilis in Ecclesiasticam, Literariam, et (quae generis nomen retinet) Civilem«; Vossius, ebd. 14, 4, S. 70: »Historia civilis comprehendit antiquitates, memorias, et historiam justam«, mit Bacon, ebd., 2, 6, S. 505: »Partitio prima Historiae Civilis in Memorias, Antiquitates, et Historiam Justam.« Vgl. auch unten Appendix II.

[84]   Vgl. Wickenden: G. J. Vossius (wie Anm. 61), S. 73; zum Unterschied zwischen *historia sacra* und *historia divina* ebd., S. 173.

[85]   Vossius: De philol. 14, 11, S. 72: »Aliter autem historiam tractat Philologus; aliter Philosophus. Hic prudentiam civilem sibi proponit; eoque attendit ad caussas singulas, et in modo etiam, quo quid gestum, minutatim singula considerat. At Grammatico satis fere est, eventum nosse: saltem non ultra requirit, quam ad intelligendos scriptores, maximeque poetas, opus est«; vgl. hierzu Wickenden: G. J. Vossius (wie Anm. 61), S. 80–82. Der bei Wickenden S. 80, Anm. 84, nach De artium et scientiarum natura et constitutione zitierte Text ist an dieser Stelle identisch mit dem von De philologia.

Versuchen wir zusammenzufassen und die Resultate noch einmal in den übergreifenden wissenschaftsgeschichtlichen Zusammenhang zu stellen.

(1) Von den beiden Hauptteilen, in die Vossius' Darstellung zerfällt, läßt sich der erste bis auf terminologische Idiosynkrasien auf Johannes Wowers *De polymathia tractatio* zurückführen,[86] dem wir als mögliche Erklärungshilfe einige Kapitel aus Julius Caesar Scaligers *Poetices libri septem* zur Seite gestellt haben. Wie ein Blick auf die in Appendix I gegebene Inhaltsübersicht von Wowers *Tractatio* lehrt, unterscheidet sich Vossius' Darstellung allerdings in einem entscheidenden Punkt von derjenigen seines Vorbildes, nämlich dem Fehlen der sog. »kritischen Grammatik«. Wie Herbert Jaumann zurecht hervorgehoben hat, liegt dieses Fehlen nun keineswegs darin begründet, daß Vossius ›unkritischer‹ als Wower gewesen wäre, sondern läßt sich zunächst dadurch erklären, daß er in seinem sprachtheoretischen Hauptwerk, der Schrift *De arte grammmatica*, »für eine Abtrennung der *Critice* von den Bestandteilen der Grammatik und für ihre Zurechnung zu den Vermögen des Subjektes« plädierte.[87] Da Vossius darüber hinaus in der Praxis durchaus philologische Kritik (Textkritik, Echtheitskritik, Datierungskritik u.s.w.) betrieb,[88] läßt die von ihm postulierte, bzw. in *De philologia ex silentio* tatsächliche vollzogene, Loslösung der kritischen Grammatik von den beiden anderen traditionellen Teilen der Grammatik und ihre Unterordnung unter die Vernunftvermögen des Subjekts eine doppelte Deutung zu:

(a) *Historisch* gesehen ist sie am ehesten als eine embryonale Vorform jener in den Enzyklopädien der Barockzeit gipfelnden Tendenz zu interpretieren, für die das Element der philologischen Kritik in der Anordnung des Gegenstandes selbst begründet liegt. Hierbei gelten Topik und *ordo* als Methode der Kritik schlechthin, wie Johann Albert Fabricius dies explizit in seiner Vorrede zur dritten Auflage von Morhofs *Polyhistor* aus dem Jahre 1732 festhält, indem er das kritische, an eine sachliche Ordnung gebundene oder in einer sachlichen Ordnung gründende Vorgehen mit der chronologischen, der alphabetischen, der

---

[86]   Es sei an dieser Stelle darauf hingewiesen, daß unmittelbar nach dem Erscheinen der *Tractatio* gegen Wower der Vorwurf des Plagiats erhoben wurde: Er habe, so hieß es, die leitenden Ideen, wenn nicht gar die ganze Abhandlung, bei Casaubon abgeschrieben (bei dem Wower im Jahre 1598 einige Monate in Montpellier verbrachte). Es ist nicht mehr genau festzustellen, inwiefern diese Anschuldigung gerechtfertigt war; Casaubon selbst schien nach dem Erscheinen der *Tractatio* nur zu bedauern, daß Wower sich des Themas, dem er selbst eine Studie widmen wollte, nicht ausführlich genug angenommen hatte (vgl. Verf.: »Ioannes Wower« [wie Anm. 26], S. 143). Sollte Wower tatsächlich bei Casaubon abgeschrieben haben, so würde das aus heutiger Sicht hauptsächlich bedeuten, daß dieser, nicht jener, der geistige Vater eines überaus einflußreichen Philologieverständnisses war (wodurch diesem Verständnis wohl auch ipso facto mehr Aufmerksamkeit von Seiten der Wissenschaftsgeschichtsschreibung zuteil würde). – Casaubons Vorarbeiten zu seinem geplanten Buch De critica befinden sich in Oxford, Bodleian Library, MS Casaubon 60, in-16°; wir hatten keine Gelegenheit, sie einer eingehenderen Prüfung zu unterziehen.

[87]   H. Jaumann: Critica. Untersuchungen zur Geschichte der Literaturkritik zwischen Quintilian und Thomasius (= Brill's Studies in Intellectual History; 62), Leiden etc. 1995, S. 172. Anders Rademaker: Life and Work (wie Anm. 1), S. 294 (wohl wegen einer anderen Interpretation des Begriffs *judicium*).

[88]   Zur Typologie vgl. Wickenden: G. J. Vossius (wie Anm. 61), S. 90–104.

gattungsorientierten und der geographischen Darstellungsweise kontrastiert.[89]
Auf Vossius übertragen heißt das, daß sich die im eigentlichen Sinne kritische
Betrachtungsweise auf dem Gebiete der philologischen Studien mit einer gewissen Zwangsläufigkeit dann – und nur dann – einstellt, wenn der Schüler (und
damit potentiell der zukünftige Gelehrte) den in pädagogischer Hinsicht zusam-
mengestellten *orbis* der restlichen grammatischen Studien ordnungsgemäß
durchlaufen hat. In hegelianischer Terminologie stünde dann am Ende des *orbis*
ein »Umschlag von Quantität in Qualität« oder, anders ausgedrückt, von »Philologie in Kritik«.

(b) Wichtiger als die historische Interpretation scheint uns indes ein *systema-
tischer* Grund, den man für Vossius' Abtrennung der »Kritik« anführen könnte.
Die sowohl von Vossius als auch von anderen Theoretikern, wie etwa Wower,[90]
immer wieder geäußerte Vorstellung, daß den philologischen Studien – oder,
wie es in anderen Zusammenhängen heißt, der ἐγκύκλιος παιδεία – eine propädeutische Funktion als Vorstufe zur wahren »Philosophie« zukomme, *impliziert* geradezu die Loslösung der »Kritik« von der »Philologie«.[91] Die Fort-
schritte der historischen Chronologie ebenso wie die der *critica sacra* in den
Jahren nach 1600 hatten ja gerade erst bewiesen, daß eine Reihe der alther-
gebrachten und jahrhundertelang für unanfechtbar gehaltenen theologischen
›Wahrheiten‹ revisions- und korrekturbedürftig waren, und die Kritik somit, und
zwar unabhängig vom jeweiligen Philosophieverständnis,[92] in ein direktes Kon-
kurrenzverhältnis zu Vossius' erklärtem Ziel der philologischen Studien treten
konnte:[93]

---

[89] J. A. Fabricius: »Praefatio« zu D. G. Morhof: Polyhistor, Literarius, Philosophicus et
    Practicus (hier zitiert nach der 4. und vollständigsten Auflage, Lübeck 1747), fol. (a)1ᵛ–
    (a)2ʳ: »Ante Morhofium quadruplex via ac methodus historiam litterariam sive universam
    sive partes ejus tradendi atque paulo uberius explicandi in mentem eruditorum venerat, una,
    quam Chronologicam dixeris, Lexica altera, sive alphabetica, scriptoribus recensitis per
    literarum ordinem: tertia realis sive classica, quae per rerum genera & classes eosdem
    enumerat: & quarta denique Geographica per linguas diversas ac nationes. Primus Morho-
    fius quintam Criticam viam ingressus per rerum capita ac disciplinarum classes digestos
    scriptores examini subjicere atque ita in universalem eorum notitiam studiosos introducere
    instituit.« Fol. (a) 3ᵛ: »Quam igitur a laudato Morfhofio quintam methodum tradendae lit-
    terariae notitiae prae caeteris quatuor delectam dixi Criticam, hanc ornatam ab eo primo
    omnium per omnes eunte rerum classes ac disciplinarum praesentibus comprehensam vo-
    luminibus vides [...].«
[90] Vgl. Verf.: »Ioannes Wower« (wie Anm. 26), S. 149–150.
[91] Dieses psychagogische, in der Tradition massiver Allegorisierung stehende Programm geht
    auf Philon von Alexandrien zurück: vgl. oben S. 6 mit Anm. 13 und 14. Es wäre ein loh-
    nendes Unterfangen, würde an dieser Stelle aber zu weit führen, dem Einfluß Philons in
    Vossius' pädagogischen Schriften im Detail nachzuspüren.
[92] Summarische Darstellung von Vossius' Philosophieverständnis etwa in dem bereits er-
    wähnten (vgl. oben S. 20) De cognitione sui libellus, Hamburg 1658, S. 8 (= Rademaker:
    Life and Work [wie Anm. 1], S. 371, n°34). Programmatisch etwa eine Äußerung wie die
    folgende: »Nam cur Deus te condidit? Nonne ut eum in terris agnoscas, ames, colas:
    posteaque in coelis perpetuo et ineffabili gaudio fruaris?«
[93] Vossius: De arte grammatica, Amsterdam 1635, S. 26–27; hier zitiert nach Jaumann:
    Critica (wie Anm. 87), S. 173.

At valde falluntur, qui inde colligunt, Criticen esse scientiam re unam, sed omnium dominam, etiam philosophiae, ac theologiae.

Dieser für den heutigen Verstand wohl schockierende Verzicht auf das, was späteren Generationen als das Kernstück der philologischen Beschäftigung überhaupt galt (und z. T. auch heute noch gilt), scheint uns geradezu das charakteristischste Merkmal des Vossiusschen Philologie-Begriffs zu sein: Die Philologie kann ihre propädeutisch-psychagogische Mission nur dadurch erfüllen, daß sie bewußt auf das verzichtet, was später als Philologie *par excellence* gelten sollte, während sich das heutige Konzept der Philologie umgekehrt nur nach der Abwendung von der von Vossius explizit eingeforderten Zweckbestimmung etablieren konnte. (Daß Vossius nach der hier vorgeschlagenen Interpretation die philologische Kritik zwar einerseits der Sache nach intendierte, sie andererseits aber zugleich explizit aus seinem System verbannte, darf nicht verwundern, deutet der Widerspruch doch auf nichts anderes denn auf eine ungelöste Spannung im Wissenschaftsverständnis der Zeit, in der die ›Verortung‹ der Einzeldisziplinen gerade erst begann.)

(2) Der zweite Hauptteil von Vossius' Abhandlung dagegen läßt sich quellenanalytisch folgendermaßen resümieren:

(Jean Bodin)
    |— Eustathios von Thessalonike
        |— Asklepiades bei Sextus
            |— Francis Bacon

Die unerwarteten Interdependenzverhältnisse völlig heterogener Quellen, die unsere Analyse zutage gefördert hat, erwecken zunächst den Eindruck völliger Beliebigkeit, handelt es sich doch um Ableitungen, die weder einer sachlich noch einer systemtheoretisch begründbaren Zwangsläufigkeit entspringen. Den Pädagogen Vossius scheint vor allem die knappe, einprägsame Form und die universelle Anwendbarkeit dieser topologisch verstandenen Kategorien interessiert zu haben, die hermeneutisch weit über das Erklärungsraster der *octo capitula* von *intentio, utilitas, ordo, divisio, proportio, via doctrinae, nomen libri* und *nomen authoris* der Scholastik hinausführten und zudem einen direkten Bezug zum Zeitgeschehen erlaubten.[94] Als Modell für die *enarratio auctorum* stellen die von Vossius aufgeführten Gesichtspunkte demnach hauptsächlich eine Methode des erklärenden Zugriffs auf antike wie auf zeitgenössische Texte dar.

Wollte man Vossius' Vorgehen mit einem Wort charakterisieren, so böte sich hierfür sein Konzept der Eklektik an, wie er es in der postum erschienenen Abhandlung *De philosophorum sectis* historisch begründet hatte, ein Verfahren, das

---

[94] Vgl. hierzu R. W. Hunt: »The Introductions to the ›Artes‹ in the Twelfth Century«, in: Studia mediaevalia in honorem...R. J. Martin, Brügge [1948], S. 85–112, der die »capitula« auf Boethius' Kommentar zur *Isagoge* von Porphyrius zurückführt. Die im Text genannte Reihenfolge findet sich etwa bei Averroes: Prooemium in libros Physicorum Aristotelis, in: Ders.: Aristotelis opera cum Averrois commentariis, Bd. 4, Venedig 1562, fol. 1ʳ. Daß sie auch in der Renaissance noch Anwendung fand, bezeugt u. a. A. Maioraggi: Praefatio in P. Vergilii Maronis Aeneidos librum quartum (entstanden ca. 1550), in: Ders.: Orationes et praefationes, Venedig 1582, fol. 178ʳ.

knapp einhundert Jahre später in Johann Jacob Bruckers (Leipzig 1742–1744) *Historia critica philosophiae* gipfeln wird.[95] Obwohl es zweifellos übertrieben wäre, in Vossius methodisch einen »Vorläufer« Bruckers zu sehen, muß doch auf die strukturelle Ähnlichkeit hingewiesen werden, die den Umgang mit dem vorgefundenen Textmaterial im Werk der beiden Gelehrten kennzeichnet. Gerade weil Vossius zumindest auf dem Gebiet der Philologie einerseits die in seiner Zeit angelegten Entwicklungen wie in einem Schmelztiegel zusammenführt, andererseits aber auch methodisch bereits auf erst später einsetzende Tendenzen vorausweist, vermögen wir Rademakers abschließende Einschätzung, er habe hinter sich »ein Tor zugemacht«, nicht zu teilen.[96]

Ebenso unangemessen erscheint uns die Beurteilung von Rudolf Pfeiffer, »Vossius' [und Gronovius'] Beitrag zur klassischen Philologie [habe] eher in einer Erweiterung und Festigung als in Originalität [bestanden].«[97] Einmal ganz davon abgesehen, daß die häufig beschworene Kategorie der »Originalität«, auf die man bei wertenden Urteilen in den Geisteswissenschaften am besten ganz verzichten sollte,[98] den Vossiusschen Anliegen ohnehin nicht gerecht wird, muß man Pfeiffer doch auch noch entgegenhalten, daß die Synthesen, die Vossius in der Abhandlung *De philologia* vornimmt, durchaus »originell« (im Sinne von »noch nicht dagewesen«) sind: wollte man wirklich nach Pfeiffers Kriterium urteilen, würde sein Verdikt einer genauen Prüfung nicht standhalten.

Daß Vossius kein Spätling war, vergleichbar einer letzten, farbigen Herbstblüte an einem welken Ast eines morschen Baums, läßt sich indes auch noch anders als durch den soeben gemachten Versuch einer wissenschaftsgeschichtlichen Einordnung beweisen. So gibt es etwa von dem fränkischen Universalgelehrten Johann Heinrich Boecler (1611–1692), der sich u. a. als kritischer Herausgeber einer Großzahl antiker Texte ausgezeichnet hat, eine *Bibliographia historico-politico-philologico-curiosa*, wobei es sich letztlich um Schülermitschriften von Boeclers Straßburger bibliographischen Kollegien handelt. Den eigentlichen Titellisten der ein spezielles Thema behandelnden Werke schickte Boecler jeweils eine *rerum divisio* voraus, also eine – durchaus pädagogisch zu verstehende – Einteilung des Gegenstandsbereiches, so wie er sie in den maßgeblichen Abhandlungen seiner Zeit vorfand bzw. selbst für angemessen hielt. Wie nun ein Blick auf die Inhaltsübersichten von *philologia* und *historia* lehrt, entsprechen die von Boecler für diese Bereiche in der *Bibliographia* dargelegten Strukturen genau den von Vossius in *De philologia* entworfenen.[99] Es ist dies nur ein besonders frappierendes und evidentes Beispiel für die Übernahme Vos-

---

[95] Vgl. auch W. Nieke s. v. »Eklektizismus«, in: Historisches Wörterbuch der Philosophie, Bd. 2, Darmstadt 1972, Sp. 432–433.

[96] Vgl. das englische Resümee von Rademakers Gerardus Joannes Vossius (wie Anm. 1), S. 325: »But Vossius was a man, who walked at the end of a file and closed the gate behind it. The work he did was what was most necessary in his own time, but it could not occupy the same pre-eminence again.«

[97] Vgl. R. Pfeiffer: Die Klassische Philologie (wie Anm. 38), S. 162.

[98] Vgl. hierzu P. O. Kristeller: »›Creativity‹ and ›Tradition‹«, in: Journal of the History of Ideas 44 (1983), S. 105–113; Ndr. in Ders.: Renaissance Thought and the Arts. Collected Essays, expanded edition, Princeton, NJ, 1990, S. 247–258.

[99] Vgl. die Appendix IV am Schluß dieses Beitrags.

siusschen Lehrgutes, und es ist sicherlich keine Übertreibung zu sagen, daß er in *De philologia* einen Philologiebegriff prägte, der bis weit ins 18. Jahrhundert hinein Gültigkeit hatte.

Boecler ging es ebensowenig wie Vossius um das Herausarbeiten des kritischen Potentials der Philologie. Auch auf ihre genaue Wesens- und Zweckbestimmung im Vergleich zu den Nachbardisziplinen wie Geschichte, Archäologie, Epigraphie, Numismatik usw. legten diese Gelehrten keinen Wert – und konnten es wohl auch noch nicht. Diese Festlegungen blieben einem späteren Text vorbehalten, der meist als das Gründungsdokument der Philologie im modernen Verstand angesehen wird: Friedrich August Wolfs *Darstellung der Alterthums-Wissenschaft nach Begriff, Umfang, Zweck und Wert*.[100] Daß indes von Vossius zu Wolf ein direkter Weg führt, der sich noch weit über Vossius hinaus bis in die Spätantike zurückverfolgen läßt, wird hierbei häufig übersehen. Wenn es uns gelungen wäre, den Verlauf dieses Weges zumindest etwas genauer zu bestimmen, hätte dieser Aufsatz sein Ziel erreicht.

Appendix

Ziel dieser Appendix ist es, eine schematische Übersichtsdarstellung der beiden wichtigsten zeitgenössischen Quellen von Vossius – Wowers *Tractatio* und einige Kapitel aus Bacons *De augmentis* –, einen Überblick über Vossius' *De philologia* selbst und ein besonders augenfälliges Beispiel einer Übernahme des von Vossius vorgeschlagenen Gerüstes zum Studium der philologischen Wissenschaften – Boeclers Colleg – zu geben. Die (zugegebenermaßen plakative) Gegenüberstellung der Schlüsselbegriffe, ihrer Artikulation und ihrer Interdependenz erlaubt es u. E. leichter, sich einen genauen Überblick über Art und Grad der Abhängigkeit der verschiedenen Texte voneinander zu bilden, als es die im Haupttext gemachten Andeutungen vermochten. Entscheidend ist hierbei zum einen der Nachweis, daß Vossius' Harmonisierungs- bzw. Synkretisierungsbestrebungen viel weiter gingen, als dies üblicherweise angenommen wird; zum anderen aber auch die Tatsache, daß er mitnichten am Ende einer (aus heutiger Sicht) »unwissenschaftlichen« philologischen Beschäftigung mit der Antike steht, sondern trotz, oder vielleicht gerade wegen, seines Synkretismus ein Paradigma geschaffen hat, das bis ins frühe 18. Jahrhundert hinein nichts von seiner Gültigkeit einbüßen sollte.

---

[100] Berlin 1897 (Ndr. Berlin [DDR] 1985); auch in: Ders., Kleine Schriften (hrsg. G. Bernhardy), Bd. 2, Halle 1869, S. 808–895. Vgl. schon oben S. 18.

I. Ioannes WOWER: De polymathia tractatio. Integri operis de studiis veterum ἀποσπασμάτιον, s. l. [Hamburg]: s. n., 1603.[101]

Gesamteinteilung der Polymathia:

Polymathia, cuius duae partes:
    I. Doctrina, sive artes liberales, cuius
        1. tres logicae:
            a. Grammatica.
            b. Dialectica.
            c. Rhetorica.
        2. quattuor mathematicae:
            a. Arithmetica.
            b. Musica.
            c. Geometria.
            d. Astronomia.
    II. Scientia, inquisitione et peregrinatione parata.

Einteilung der Grammatica:

Grammatica, cuius duae partes:
    I. antecursoria grammatistice, quae dirigit
        1. vocem
            a. ad lectionem.
            b. ad pronuntiationem.
        2. manum
            a. ad scriptionem.
            b. ad computationem
               α. per collationem calculorum.
               β. per agitationem digitorum.
    II. in se ipsa, cuius tres partes:
        1. τεχνική sive μεθοδική, cuius duo officia:
            a. lectio, id est
               α. cognitio litterarum et syllabarum.
               β. accentus.
            b. emendata locutio, quae constat
               α. ratione.
               β. auctoritate veterum.
               γ. consuetudine doctorum.
        2. ἐξηγητική, quae interpretatur obscuritatem sitam
            a. in verbis usurpatis
               α. proprie.

---

[101] Vgl. Verf.: »Ioannes Wower« (wie Anm. 26), S. 146; ein vereinfachtes Schema bei Jaumann: Critica (wie Anm. 87), S. 171.

β. figurate.
b. in rebus. Hoc facit grammatica historica sive proprie dicta
φιλολογία. Historia triplex:
    α. vera circa
        1. personas (= historia proprie apppellata). Cuius partes duae:
            aa. historia divina.
            bb. historia humana.
        2. res. Cuius partes duae:
            aa. historia universalis.
            bb. historia particularis.
        3. locos. Cuius partes duae:
            aa. historia totius orbis.
            bb. historia certarum regionum.
    β. quasi vera de
        1. comoedia.
        2. tragoedia.
    γ. mythica seu fabularis de
        1. personis.
        2. rebus.
        3. locis.
3. κριτική, cuius partes duae:
    a. iudicium
        α. sua cuique opera vindicat.
        β. vera et germana a suppositiciis discernit.
        γ. omnium scriptorum quasi censum quendam agit.
    b. emendatio
        α. perperam ab auctoribus scripta ἀθετεῖ et ὀβελίζει.
        β. ἐμβολιμαῖα et νοθεύοντα nota apposita damnat.
        γ. corrupta et vitiosa emendat.
        δ. ambiguas lectiones recenset.

II. Francis BACON: De augmentis scientiarum, Londini : in officina Joannis
Haviland, 1623, Buch 2, Kapitel 2–7 (zitiert nach der kritischen Gesamtausgabe
der Werke von J. Spedding u. a., London: Longman u. a., 1857–1874 [[2]Ndr.
Stuttgart-Bad Cannstatt: Frommann-Holzboog 1989], hier Bd. 1, S. 495–511]).

Einteilung der historia:

Historia partitur in
    I. naturalem.
    II. civilem. Haec dividitur in
        1. sacram sive ecclesiasticam.
        2. civilem, quae generis nomen retinet. Tripartita est et dividitur in

    a. memorias, quae sunt historia inchoata aut prima et rudia historiae lineamenta. Continent

        α. commentarios, qui nudam actionum et eventuum seriem ac connexionem proponunt, praetermissis causis rerum et praetextibus.

        β. registra, quae duplicis naturae sunt. Complectuntur

            1. titulos rerum et personarum in serie temporum, quales dicuntur fasti et chronologiae.

            2. actorum solennitates, cujus generis sunt principum edicta, senatuum decreta, judiciorum processus, orationes publice habitae etc.

    b. historiam justam. Trium est generum pro ratione objecti quod sibi proponit repraesentandum. Appellamus

        α. chronica sive annales, cum portionem aliquam temporis

        β. vitas, cum personas singulares memoria dignas

        γ. relationes, cum actiones aliquas sive res gestas ex illustrioribus repraesentat.

    c. antiquitates, quae sunt historia deformata sive reliquiae historiae, quae casu e naufragio temporum ereptae sunt.

  3. literariam, quae inter desiderata referre visum est.

III. Gerardus Joannes VOSSIUS: De philologia liber, Amstelaedami: ex typographeio Ioannis Blaeu, 1660.

Gesamteinteilung der Polymathia:

Polymathia comprehendit

  I. Philologiam, quae est

    1. circa sermonis curam:

      a. Grammatica, quae attendit sermonis puritatem. Dividitur in

        α. grammatisticen, quae est legendi scribendique ars.

        β. technicen sive methodicen, quae est de sermonis veluti corpore. Haec artis praecepta tradit et fabricat notiones secundas, quod commune habet cum logica, rhetorica, poetica et historica.

            1. Cujus divisio prima est in

              aa. vulgarem, cum de alicujus nominis genere aut de verbi cujuspiam inflexione informandus est rudis animus.

              bb. philosophicam, cum ad obrussam logicae accurate omnia definit ac dividit, atque omnium caussas adfert.

            2. Cujus divisio secunda est in

              aa. legendi scientiam sive ὀρθοέπειαν

                αα. tum de vocibus singulis. Tractat de

αααα. vocum classibus.

ββββ. de classium singularum affectionibus.

ββ. tum de vocibus coniunctis. Considerat
structuram congruam

αααα. tum naturalem.

ββββ. tum contra naturam.

bb. scribendi scientiam sive ὀρθογραφίαν.

γ. exegeticen. Haec tradit vocum significationes, quae sermoni
sunt instar animae. Tractat

   1. de vocibus singulis, ubi et de etymologia. Sunt

      aa. tum indigenae et sumuntur

         αα. significatione propria.

         ββ. significatione tralaticia.

      bb. tum peregrinae.

   2. de vocibus coniunctis.

b. Rhetorica, quae attendit ornatum. Cujus partes duae:

   α. prior tradit generalia elocutionis praecepta, non habita ratione
materiae vel characteris

      1. partim de compositione, quae juncturam, periodum et
numerum comprehendit.

      2. partim de dignitate, quae tropos et schemata adsumit.

   β. posterior continet praecepta specialia pro diversitate materiae
ac characteris.

c. Metrica, quae attendit metrum. Cujus partes duae:

   α. communis sive eorum, quae omni metro competunt.

   β. propria sive eorum, quae certi sunt metri.

2. circa historiam:

a. Geographia. Cujus partes duae:

   α. chorographia.

   β. topographia.

b. Chronographia.

c. Genealogia.

d. Historia proprie = historia pragmatica. Est

   α. vel vera, ut eorum qui proprie magis historici dicuntur, velut
Thucydidae, ac Livii. Dividitur in

      1. sacram, quae

         aa. vel vere ejusmodi est. Ratione

            αα. auctoris dividitur in

               αααα. divinam, quae Scripturae Sacrae canone
continetur.

               ββββ. humanam, quae de rebus ecclesiae est
perscripta.

            ββ. argumenti dispescitur in

               αααα. Iudaicam.

               ββββ. Christianam.

        bb. vel errore hominum talis censetur.

    2. civilem, quae comprehendit

        aa. antiquitates, quae sunt reliquiae antiqui temporis.

        bb. memorias, quae sunt initia legitimae historiae.

        cc. historiam justam, quae addit personarum characterem, consiliorum trepidationem, praetextus, imperii arcana.

    3. literariam sive scholasticam, quae est

        aa. de viris doctis eorumque scriptis.

        bb. de scientiarum incrementis.

        cc. de artium inventoribus earumque progressu.

  β. vel ficta, qualis epicorum.

  γ. vel media, ac quasi vera, ut in comoediis et mimis.

II. Mathesin.

III. Logicam.

IV. Iohannes Henricus BOECLER: Bibliographia critica scriptores omnium artium atque scientiarum ordine percensens. Nunc demum integra et emendatius edita accessionibusque ex reliquis scriptis Boeclerianis aucta recensuit Io. Gottlieb Krause qui etiam praefationem animadversiones et indices adiecit, Lipsiae: sumtibus heredum Io. Grossii, 1715 (= Überarbeitung der [anonym erschienenen] Bibliographia historico-politico-philologico-curiosa [recens. Samuel Schottelius], Germanopoli [= Duisburg; der Katalog der British Library sagt gleichwohl »[Frankfort]«: s. n. 1677; [2]1696, der Nachschrift eines von Boecler in Straßburg gehaltenen Kollegs).

Gesamteinteilung der artes (fol. d5[v]):

Artes, scientiae et disciplinae sunt vel

  I. vulgares, seu illiberales.

  II. populares, ut

    1. grammatistice, quae exercetur

      a. scribendo.

      b. typis imprimendo.

    2. gymnastice.

    3. musice.

    4. graphice.

  III. liberales.

  IV. philosophicae.

Einteilung der artes liberales (fol. d_6^r):

Artes liberales comprehendunt
  I. philologiam, quae exhibet vel
     1. separatim
        a. grammaticam eiusque scriptores
           α. Graecos, qui excoluerunt partem vel
               1. technicam.
               2. exegeticam, ut
                   a. scholiastae.
                   b. lexicographi et paroemiographi.
           β. Latinos, qui sunt
               1. technici.
               2. exegetici, ut
                   a. commentatores.
                   b. lexicographi, particularum item et paroemiarum collectiones.
           γ. utriusque linguae criticos.
        b. rhetoricam, ubi de
           α. rhetoribus Graecis, Latinis et recentioribus.
           β. oratoribus Graecis, Latinis et recentioribus.
           γ. epistolographis Graecis, Latinis et recentioribus.
        c. poesin, ubi
           α. artis poeticae scriptores.
           β. poetae
               1. Graeci.
               2. Latini.
               3. recentiores.
           γ. critici poetarum.
        d. historiam.
     2. promiscue varia opera philologorum.
 II. mathesin.
III. logicam.

Einteilung der historia (fol. d_6^v):

Historia est vel
  I. separatim
     1. temporum sive chronologia.
     2. locorum sive geographia.
     3. familiarum sive genealogia.
     4. actionum, quae est vel
        a. universalis.

    b. particularis, et quidem vel
       α. ecclesiastica.
       β. civilis, eaque aut
          1. antiqua ut
             a. Iudaica.
             b. Graeca.
             c. Romana.
             d. Byzantina.
          2. recentior ut
             a. Europaea.
             b. Asiatica,
             c. Africana.
             d. Americana.
       γ. literaria.
    c. specialissima personarum.
II. promiscue varia.

Lorenzo Bianchi

Erudition, critique et histoire chez Gabriel Naudé (1600–1653)

1. Gabriel Naudé, érudit et bibliothécaire, lié à la tradition sceptique de Montaigne et de Charron, entretenait aussi des rapports étroits avec la pensée italienne de la Renaissance. Sa vie personnelle d'ailleurs peut expliquer cette disposition, car il séjourna à Padoue de 1626 à 1627 pour y étudier la médecine et, plus tard, il retourna en Italie pour y rester onze ans – de 1631 à 1642 – dans l'entourage du cardinal Gianfrancesco Guidi di Bagno. Naudé, secrétaire et bibliothécaire du cardinal de Bagni, précepteur de ses neveux – pour lesquels il écrivit des livres comme le *Syntagma de studio liberali* ou le *Syntagma de studio militari*[1] – rentra en France après la mort du cardinal. Bibliothécaire de Mazarin dès 1645, il ouvrit au public la bibliothèque du cardinal et, en 1648, il y avait recueilli déjà plus de 40.000 volumes imprimés ou manuscrits, dont 14.000 provenant d'Italie. Les événements politiques de la chute de Mazarin suivie de la vente de sa bibliothèque – par décret du Parlement du 29 décembre 1651 –, causèrent à Naudé la grande affliction de voir dispersée cette riche collection, à laquelle il avait dédié travail et recherches; aussi, lors de la mise en vente des livres de Mazarin, il racheta tous les fonds de médecine.[2]

---

[1]   Cf. G. Naudé: De studio liberali syntagma. Ad illustrissimum adolescentem Fabritium ex comitibus Guidiis a Balneo, Urbini, apud Mazzantium et Aloisium Ghisonum, 1632; Id.: De studio militari syntagma. Ad illustrissimum juvenem Ludovicum ex comitibus Guidiis a Balneo, Romae, typis Joannis Facciotti, 1637. Sur Naudé et le milieu du »libertinage érudit« voir R. Pintard: Le libertinage érudit dans la première moitié du XVIIᵉ siècle, Paris, 1943 (nouvelle édition, Genève-Paris, Slatkine, 1983). Parmi les nombreuses études critiques consacrées à Naudé on se bornera à rappeler: C.-A. Sainte Beuve: »Gabriel Naudé«, dans: Portraits littéraires, Paris, 1876, t. I, p. 467–524; J. V. Rice: Gabriel Naudé 1600–1653, Baltimore, Maryland, 1939; C. Bissel: Die »Bibliographia politica« des Gabriel Naudé, Erlangen, 1966; D. E. Curtis: Progress and eternal recurrence in the work of Gabriel Naudé, University of Hull, 1967; J. A. Clarke: Gabriel Naudé 1600–1653, Hamden, Connecticut, 1970; P. O. Kristeller: »Between the Italian Renaissance and the French Enlightenment: Gabriel Naudé as an editor«, in: Renaissance Quarterly, XXXII (1979), p. 41–72; L. Bianchi: Tradizione libertina e critica storica. Da Naudé a Bayle, Milano, Angeli, 1988; Y. Ch. Zarka: »Raison d'Etat, maximes d'Etat et coups d'Etat chez Gabriel Naudé«, dans: Raison et déraison d'Etat, sous la direction de Y. Ch. Zarka, Paris, Puf, 1994, p. 151–169; R. Damien: Bibliothèque et Etat. Naissance d'une raison politique dans la France du XVIIᵉ siècle, Paris, Puf, 1995; L. Bianchi: Rinascimento e libertinismo. Studi su Gabriel Naudé, Napoli, Bibliopolis, 1996 (pour une bibliographie sur Naudé voir p. 21–23).

[2]   Sur Naudé bibliothécaire, cf. J. W. Courtney: »Gabriel Naudé, M. D. Preeminent Savant, Bibliophile, Philanthropist«, in: Annals of Medical History, VI (1924), p. 303–311; R. Blum: »Bibliotheca Memmiana. Untersuchungen zu Gabriel Naudés ›Advis pour dresser une Bibliothèque‹«, in: Bibliotheca docet. Festgabe für Carl Wehmer, Amsterdam, 1963, p. 209–232; J. A. Clarke: »Gabriel Naudé and the Foundations of the Scholarly Library«,

Invité en Suède en qualité de bibliothécaire par Isaac Vossius dès décembre 1651 et ensuite par la reine Christine même,[3] Naudé passa à Stockholm: quittant Paris au mois de juillet 1652, il arriva dans la capitale suédoise le 13 septembre. Il demeura à la cour de Suède jusqu'au mois de mai 1653, lorsqu'il décida – à cause de désaccords avec Bourdelot, »premier médecin« de la reine – de rentrer à Paris. Mais il ne rejoindra pas sa ville natale; attaqué par une fièvre il meurt le 29 juillet à Abbéville.

Cette vie mouvementée – au point de vue du moins des déplacements (de l'Italie à la Suède) – et apparemment contradictoire avec l'idée de stabilité et d'immobilisme associée à la profession de bibliothécaire, ne l'empêcha pas d'avoir une production intellectuelle vaste et variée. En effet Naudé est l'auteur non seulement de livres de critique historique ou antimagique comme l'*Instruction à la France sur la verité de l'Histoire des Frères de la Roze-Croix* (1623) ou l'*Apologie pour tous les grands personnages qui ont esté faussement soupçonnez de magie* (1625), ou d'un classique de la bibliothéconomie comme l'*Advis pour dresser une bibliothèque* (1627), mais aussi de textes de médecine comme la *Quaestio iatrophilologica de fato et fatali vitae termino* (1639) ou les *ΠΕΝΤΑΣ Quaestionum Iatro-philologicarum* (1647) et de méthode critique tel le *Syntagma de studio liberali* (1632). A cette vaste production on doit ajouter des écrits d'histoire comme le *De antiquitate et dignitate scholae medicae Parisiensis panegyricus* (1628) ou l'*Addition à l'histoire de Louis XI* (1630) et les grands textes politiques, du *Marfore*, œuvre de jeunesse (1620), à la *Bibliographia politica* (1633), aux *Considérations politiques sur les coups d'Estat* (1639), au *Mascurat* (1650).[4]

Bien que les relations entre Naudé et la tradition sceptique soient indubitables – et Sainte-Beuve déjà soulignait la veine sceptique de l'érudit parisien, qu'il plaçait entre Montaigne et Bayle l'appelant »un sceptique moraliste sous masque d'érudit«[5] – il nous semble nécessaire de mettre en évidence le rapport étroit qui unit Naudé à la pensée italienne de la Renaissance, un trait singulier de ce représentant du »libertinage érudit«. L'attitude critique de Naudé est liée à une position théorique profondément enracinée dans la tradition naturaliste de la

---

in: The Library Quarterly, XXXIX (1969), p. 331–343; M. Bray: »La nascita della biblioteca libertina«, in: G. Naudé: Consigli per la formazione di una biblioteca, a cura di M. Bray, presentazione di J. Revel, Napoli, Liguori, 1992, p. 1–19; R. Damien: Bibliothèque et Etat, cit.; U. Rozzo: »L'›Advis‹ di Gabriel Naudé e la nascita della biblioteconomia«, in: La Bibliofilia, XCVII (1995), p. 59–74. Je renvoie enfin à L. Bianchi: Rinascimento e libertinismo, cit., chap. VI »Per una biblioteca libertina: G. Naudé e Ch. Sorel«, p. 203–251.

3   Cf. G. Naudé: Epistolae, Genevae, sumptibus Ioh. Hermanni Widerhold, 1667, p. 809 sqq. et R. Pintard: Le libertinage érudit, cit., p. 382 et 634.

4   Pour un catalogue des œuvres de Naudé, voir: Naudaeana et Patiniana, ou singularitez remarquables prises des conversations de Mess. Naudé et Patin. Seconde édition revue, corrigée et augmentée d'additions au Naudaeana qui ne sont point dans l'édition de Paris [par P. Bayle], Amsterdam, chez François vander Plaats, 1703. Ces pages sont reproduites en appendice dans L. Bianchi: Rinascimento e libertinismo, cit., »Appendice IV. Catalogus omnium operum Gabrielis Naudaei, Parisini, Eminentissimi Cardinalis Mazarini Bibliothecarii«, p. 275–293.

5   C.-A. Sainte-Beuve: »Gabriel Naudé«, dans: Portraits littéraires, Paris, 1876, p. 489.

Renaissance, et son intérêt passionné pour la culture italienne est également attesté par sa bibliothèque personnelle à Paris, dont existe à la Bibliothèque Nationale de Paris (ms. Fr. 5681, ff. 1–31) le *Catalogue des livres qui sont en l'estude de G. Naudé, à Paris*, remontant au commencement des années quarante (probablement aux années 1642–1644).[6]

L'analyse de ce *Catalogue* offre des pistes différentes, mais si nous nous bornons à deux seules directions de recherche – la philosophie, d'un côté, la politique et l'histoire, de l'autre – la présence d'auteurs italiens y est considérable. Ainsi, à côté de Platon et d'Aristote, d'Alexandre d'Aphrodisias et d'Averroès, d'Avicenne et de Galien, de Cicéron et de Senèque, de Saint Thomas et de Raymond Lulle, on trouve les commentateurs d'Aristote, les philosophes de la Renaissance – sceptiques (Montaigne et Charron) ou naturalistes – et de nombreux »novateurs«, comme Paracelse, Kepler, Francis Bacon (en différentes éditions et traductions), Basson, Gassendi. Et, parmi les auteurs italiens, on découvre les œuvres de Ficin et Patrizi, de Machiavel et Pomponace, de Cardan et Cremonini, de Campanella et Vanini, de G. Bruno et Galilée. Et en outre: Achillini et Vimercati, Calcagnini et Palingenio Stellato, Della Porta et Nifo, Césalpin et Fracastoro.

L'autre direction de recherche, historique et politique, est également instructive. L'auteur des *Considérations politiques* nous offre une gamme très ample de textes qui, de Suétone et Plutarque, arrive jusqu'aux débats sur Machiavel et la raison d'Etat. Ainsi, à côté de Machiavel, de Bodin (*La République* et la *Methodus*) et de Lipse, nous découvrons aussi Dante (*De Monarchia*) et Savonarole, le *Discours...contre Machiavel* de Gentillet et D. Hérauld (*Fragment de l'»Examen du Prince de Machiavel«*), Lucinge et Louis le Roy, La Noue et Crucé, Marnix, Riolan, Kaspar Schoppe. Et pour nous borner aux seuls auteurs italiens, nous voyons, entre autres, G. Botero et P. Paruta, L. B. Alberti et L. Zuccolo, G. Contarini et G. Frachetta, A. Calderino et F. Albergati, P. Giovio et G. Pontano; c'est-à-dire des auteurs et des œuvres qui tournent autour des débats sur l'»ars historica«, sur Machiavel et sur la raison d'Etat.[7]

Cet intérêt pour la culture italienne de la Renaissance s'exprime aussi à travers l'activité de Naudé dans le domaine de l'édition de textes – non seulement Cardan ou Campanella, mais aussi Leonardo Bruni, Rorario et Nifo –, ce qui fait

---

[6] Cf. à Paris, Bibliothèque Nationale, Ms. Fr. 5681: Catalogue des livres qui sont en l'estude de G. Naudé à Paris. Cf. aussi L. Bianchi: Rinascimento e libertinismo, cit., chap. VI, § 3 »Il *Catalogue des livres* di Naudé«, p. 219–228 et »Appendice I«, p. 253–270, où l'on trouve une transcription partielle de ce *Catalogue*.

[7] Ce *Catalogue* contient en outre des livres qui parlent de la conduite qu'il faut tenir à la cour et dans la vie sociale. Ainsi nous découvrons des textes comme: »Camillo Baldi introduttione alla virtù morale et al modo di parlare lodevolmente«, »Paulo Rosello del modo di far la scelta d'un servitore e della vita di Cortigiani«, »Pelegro de Grimaldi del ufficio de li gentiluomini per acquistar la gratia de lor Signori«, »Alessandro Picolomini instituitione del huomo nato nobile«, »Le Gouverneur parfait«, »Discours de l'institution des jeunes Seigneurs«, »Le parfait ami«, »Les quatres vertus necessaires à un prince«, »Le genie françois, qu'il faut philosopher pour bien regner«, »Institution de la Noblesse par Pontemiry« ou le »Dialogue de la noblesse par Torq. Tasso« (f. 11^{r-v} et f. 15 pour la référence au »Dialogue« de Tasso).

de notre érudit, comme l'a affirmé Paul Oskar Kristeller, un trait d'union nécessaire entre la Renaissance italienne et les Lumières en France.[8]

Mais la fonction culturelle exercée par Naudé en qualité de bibliothécaire et
d'éditeur de textes ne doit pas éclipser la profondeur d'une pensée qui, en alliant
les instances critiques des pensées sceptique et naturaliste, parvient à des résultats proprement originaux. Il suffit de citer ici sa critique de la magie et des
erreurs et des préjugés transmis par l'histoire, qui est la marque particulière de
son »rationalisme critique«, pour reprendre l'expression de René Pintard.[9]

2. Or, cette attitude critique de Naudé – dans le domaine de l'histoire comme
dans celui de la politique – caractérise une position philosophique, qui n'est pas
toujours stable et cohérente, et que l'on peut ramener à une sorte d'éclectisme
naturaliste. Naudé, qui a étudié médecine dans la citadelle péripatéticienne de
Padoue, conçoit la tradition aristotélicienne comme un modèle de rationalisme
scientifique, et il utilise la philosophie italienne de la Renaissance comme un
complément et un instrument heuristique, critique et empirique, pour intervenir
dans le débat politique et religieux ou dans la critique historique.

Par sa formation médicale, commencée à Paris sous la direction de René Moreau et poursuivie à Padoue, Naudé embrasse et défend la tradition classique et
galiéniste contre toutes les nouveautés des alchimistes, des paracelsiens et des
partisans de l'antimoine. Cette vision orthodoxe de la médecine, basée sur la
continuité entre l'antiquité classique (Platon, Aristote, Galien, Alexandre
d'Aphrodisias), la tradition arabe (Averroès) et les philosophes italiens du XVIᵉ
siècle comme Nifo, Pomponace ou Cardan, émerge clairement dans un long
manuscrit d'»Institutions médicales« daté de 1629 et conservé à la Bibliothèque
Nationale de Paris.[10]

Dans les années trente Naudé publie cinq opuscules – ou mieux, cinq
»quaestiones iatrophilologicae« – où il traite différents problèmes conformément

---

[8]   Cf. P. O. Kristeller: »Between the Italian Renaissance and the French Enlightenment:
      Gabriel Naudé as an Editor«, cit. Pour les relations entre Naudé et la pensée italienne de la
      Renaissance, cf. R. Pintard: Le libertinage érudit, cit., passim; G. Mirandola: »Naudé a Pa-
      dova. Contributo allo studio del mito italiano nel secolo XVII«, in: Lettere italiane, XIX
      (1967), p. 239–247; A. L. Schino: »Campanella tra magia naturale e scienza nel giudizio di
      Gabriel Naudé«, in: Physis. Rivista internazionale di storia della scienza, XXII (1980),
      p. 393–431; A. L. Schino: »Incontri italiani di G. Naudé«, in: Rivista di storia della
      filosofia, XLIV (1989), p. 3–36. Je renvoie enfin à L. Bianchi: Rinascimento e libertinismo,
      cit.
[9]   R. Pintard: Le libertinage érudit, cit., troisième partie, chap. I »Naudé, ou le rationalisme
      critique«, p. 442–476.
[10] Voir à Paris, Bibliothèque Nationale, Fonds Latins, 7004: Diexodicae Institutiones Phy-
      siologiae, Diaetae sanorum, Pathologiae et Therapeutices generalis, collectae a G. N. P.,
      Parisiis, A. D. 1629, ff. 1–284. Pour des références à Pomponace et Cardan, cf., entre au-
      tres, f. 4ʳ »Caput 2. Nomen et definitio medicinae« et f. 15ʳ⁻ᵛ. Pour la critique de Naudé à
      l'alchimie, voir L. Bianchi: »Gabriel Naudé critique des alchimistes«, dans: Alchimie et
      philosophie à la Renaissance, sous la direction de J.-C. Margolin et S. Matton, Paris, Vrin,
      1993, p. 405–421 (maintenant dans L. Bianchi: Rinascimento e libertinismo, cit., chap. V,
      p. 173–202).

à la tradition médicale classique: si les poisons sont un danger sérieux pour les hommes (1632); si la vie des hommes est maintenant plus brève qu'autrefois (1634); si les études du matin sont plus salubres que celles du soir (1634) et si le médecin peut tromper le malade (1635). Enfin dans sa cinquième et dernière »quaestio«, en 1639, Naudé participe au débat lancé par le médecin néerlandais Jan van Beverwijck sur le problème du rôle du destin dans la détermination de la mort.[11] Ici Naudé combat les leurres (»nugae«) des platoniciens et des stoïciens qui croient au destin et à l'astrologie et, se rattachant à la conception aristotélicienne, il refuse de croire au Destin et propose l'idée d'un sort qui coïncide avec les événements naturels et qui laisse une place à l'exercice de la profession médicale.[12]

Malgré ses études de médecine et de philosophie, Naudé est un érudit proprement dit qui, en sa qualité de secrétaire ou de bibliothécaire, passa toute sa vie au service des »grands«. Mais s'il n'est ni philosophe, ni médecin au sens strict du terme – bien qu'il ait écrit des œuvres de médecine et qu'il soit devenu docteur en 1633, pendant son séjour romain – il possède une vaste érudition qu'il profuse dans tous ses écrits. L'érudition devient donc instrument de la critique, et ces deux termes chez Naudé sont strictement liés. Cependant il s'agit d'une érudition qui s'interroge sur le sens et la valeur de la connaissance historique et qui, étudiant les sources et les moyens de la transmission du savoir, parvient à une conscience nouvelle du passé et de l'histoire. Le dispositif critique mis en œuvre par Naudé se transforme alors en attitude sceptique par rapport aux historiens du passé et il aboutit à la mise en doute des opinions communes et des préjugés populaires.

Le rapport avec le passé – soit dans le jugement porté sur les traditions historiques, soit par le travail d'édition de textes – est alors le terrain privilégié où s'exerce la critique naudéenne. Ainsi, parmi la production riche et variée de l'érudit parisien, nous nous bornerons à suivre deux directions de recherche: sa contribution à la nouvelle critique historique du XVIIᵉ siècle et son travail d'éditeur de textes.

Le lien entre critique libertine, érudition et connaissance historique est typique de Naudé qui, dans ses écrits, porte un jugement sévère sur les opinions du passé, et trouve dans la seule raison le critère de vérité qui lui permet d'évaluer le degré de validité des informations et des notions acquises et héritées de ses

---

[11] Les cinq »quaestiones« ont été ensuite publiées ensemble en 1647, cf. Gabriel Naudé: ΠΕΝΤΑΣ Quaestionum Iatro-philologicarum. I. An magnum homini a venenis periculum? II. An vita hominum hodie quam olim brevior? III. An matutina studia vespertinis salubriora? IV. An liceat Medico fallere aegrotum? V. De fato et fatali termino, [Genevae] apud Samuelem Chouët, 1647. Sur l'idée et la pratique du »medicus philologus« je renvoie à l'exposé de Monsieur Herbert Jaumann (»Iatrophilologia. *Medicus philologus* und analoge Konzepte in der frühen Neuzeit«) publié dans ce même volume.

[12] Sur cette dernière »quaestio«, cf. L. Bianchi: Rinascimento e libertinismo, cit., chap. IV, § 2 »Aristotelismo ›contra‹ stoicismo: la *Quaestio iatrophilologica de fato*«, p. 148–153. Dans cet écrit, Naudé, s'appuyant sur de nombreux auteurs, comme D. Hensius ou C. Gesner, nie, entre autre, que le livre »de mundo ad Alexandrum« soit d'Aristote (§ 18) et se demande qui en pourrait être l'auteur (§ 19). Sur ce texte cf.: G. Reale – A. P. Bos: Il trattato »Sul cosmo per Alessandro« attribuito ad Aristotele, Milano, Vita e Pensiero, 1995.

prédécesseurs. Il est donc utile de rappeler le programme que Naudé se proposait de mettre en œuvre dans une lettre à Cassiano dal Pozzo en 1637, programme que notre érudit n'a jamais accompli, et qui consistait à écrire un *De censura veri* puis, ensuite, un *Elenchus rerum hactenus falso creditarum*, texte qui devait contenir un répertoire et une synthèse de toutes les principales erreurs et faussetés que l'on nous a transmises.[13] Le même esprit critique émerge dans les œuvres les plus importantes de notre érudit: l'*Instruction à la France* et l'*Apologie*, les *Considérations politiques* et le *Mascurat*, traitent les deux thèmes qui intéressent le plus notre auteur – celui de la critique de la tradition magique et celui de l'analyse et du dévoilement du mécanisme politique – et la façon dont la critique érudite se transforme en instrument de connaissance et en inventaire des erreurs du passé.

L'érudition en tant qu'outil critique capable de mieux définir le sens de l'histoire et de la tradition émerge déjà dans deux textes centraux des années vingt: l'*Instruction à la France* et l'*Apologie*. Publiée en 1623 à Paris, l'*Instruction à la France sur l'histoire des Frères de la Roze-Croix* est en polémique – philosophique et politique – contre la secte des Rose-Croix et contre la tradition hermétique toute entière. Dans son introduction »Au lecteur«, Naudé expose immédiatement son dessein: »abbattre les tayes et cataractes du mensonge, et vous faire recognoistre la verité que vous devez suivre pour vous instruire en l'histoire des Rozecruceens [...] ou Freres de la Roze-Croix«, en montrant »combien toutes ces fabuleuses narrations ont tousiours esté dangereuses et preiudiciables à ceux qui les ont nourries et fomentees«.[14]

Dans les dix chapitres de ce livre, Naudé dénonce la crédulité des Français, rappelle comment ils acceptent les opinions les plus aberrantes et examine l'histoire des Frères de la Rose-Croix, »plus absurde que toutes les precedentes«. Une analyse des différentes assertions des Rose-Croix aboutit, au chapitre IX, à la considération des »absurditez et impertinences [...] de cette Compagnie« et, au chapitre X, à la conclusion »Que tous les faux bruits, et principalement de cette Compagnie, sont preiudiciables à tous les Royaumes, Estats et Monarchies«.[15] L'hypothèse critique de Naudé s'appuye donc sur l'équivalence entre Rose-Croix et imposture, mais elle se développe en cherchant des généalogies et des origines théoriques à ce mouvement mystérieux. Naudé, lui, se place »au niveau de la raison«, comme il l'écrit au commencement du troisième paragraphe du chapitre VII – »Pour moy desirant esquarrer toutes choses au niveau de la raison« – et il fait suivre cette déclaration de principe par une liste des extravagances répandues par les Rose-Croix, qui profitent de l'ignorance du peuple.[16]

---

[13] Cf.: Les Correspondants de Peiresc, XIII, Lettres inédites écrites d'Italie à Peiresc, 1632–1636, par Tamizey de Larroque, Paris, 1887, p. 19–22, p. 22.

[14] G. Naudé: Instruction à la France sur la verité de l'histoire des Frères de la Roze-Croix, A Paris, chez F.rançois Iulliot, 1623, »Au lecteur«.

[15] Cf. les conclusions du dernier chapitre, G. Naudé: Instruction à la France, cit., chap. X »Que tous les faux bruits... «, p. 106–115.

[16] Cf. G. Naudé: Instruction à la France, cit., p. 64–65: »il est bien aisé de discourir de la quint'essence, Medecine universelle, pierre des Philosophes, signature des choses, thresors, planettes, intelligences, Magie, Cabale, Chymie, et mysteres les plus cachez devant une

En fait, Naudé replace les Rose-Croix au coeur d'une tradition magique et hermétique qu'il se propose de critiquer et il distingue les croyances de cette compagnie de la pensée de philosophes tels que Pic de la Mirandole, Cardan ou Scaliger. La philosophie de la nature de la Renaissance, même quand elle adhère à la magie naturelle, a une dignité et une solidité théoriques que l'on ne retrouve pas dans les discours vains et ridicules des Rose-Croix.[17] Les Rose-Croix n'appartiennent pas à une véritable école philosophique; ce sont des charlatans qui prêchent des absurdités en s'inspirant d'une tradition hermétique, magique et cabalistique qui prétend prendre origine dans l'antiquité égyptienne et range au nombre de ses continuateurs l'imposteur Paracelse, »le Luther de la Medecine«.[18]

Les origines hermétiques de cette Compagnie sont représentées emblématiquement par »Conrard«, c'est-à-dire par Heinrich Khunrath, l'auteur de l'*Amphitheatrum sapientiae aeternae* (s. l., 1605; Hanoviae, 1609), qui était peut-être un frère des Rose-Croix et qui a toujours considéré Paracelse comme son maître. Mais dans la pensée de Khunrath et des Rose-Croix on ne trouve aucune solution aux prétendus mystères qui sont pris en considération et leurs vaines spéculations aboutissent à des non-sens et à des énigmes.[19] Naudé condamne donc les songes ridicules des Rose-Croix qu'il apparente à la tradition de la pensée hermétique, tradition qu'il connait assez bien, comme il le montre au chapitre II où, rappelant la variété des opinions humaines, il cite, entre autres, Pantheus, Fludd et Khunrath, Trithème et John Dee, le Pimandre dans la traduction française de François de Foix de Candale, et encore Francesco Giorgi, Pontus de Tyard, Giordano Bruno, Raymond Lulle et Paracelse.[20]

---

populace et troupe d'ignorans qui pour ne les entendre les admirent, ou en presence de ceux qui auroient la capacité de respondre, si la liberté ne leur en estoit déniée par ces oracles Encyclopediques, qui ne veulent estre contredits en leurs theses et propositions«.

[17] Cf. G. Naudé: Instruction à la France, cit., p. 66: »Et ce sont toutes les merveilles que l'on a iamais veu esclater du foudre de cette Fraternité, lesquelles si nous venons à comparer avec celles d'un Cardan, Scaliger, ou Pic de la Mirandole, il faudra de nécessité que nous confessions que ces Freres illuminez ne sont que des buffles et gros asnes, dignes plus veritablement de porter sur leur dos croisé la Bibliotheque de ceux-cy, que non pas de paroistre et tenir rang au concert des gens doctes«.

[18] Cf. G. Naudé: Instruction à la France, cit., p. 75.

[19] Cf. G. Naudé: Instruction à la France, cit., p. 105: »Ainsi se peut-il faire que cette façon de faire de Conrard, lequel au dire de plusieurs estoit un des Freres de la R. C. soit le style duquel use cette venerable Compagnie, quand, à l'imitation de Paracelse, qui est la pierre fondamentale de toute cette Congregation, ou des Chymistes, Magiciens et Astrologues, sous ombre de nous declarer les sectes pretendus de sa chimerisée doctrine, elle nous en faict totalement perdre la cognoissance par la multitude des enigmes et difficultez sous l'adveu desquelles elle fait hardiment couler l'ineptie de ses conceptions«.

[20] Cf. G. Naudé: Instruction à la France, cit., p. 14–16, et notamment p. 15–16: »Mais quoy, c'est trop s'arrester à un coin de cette piece; venez à cet autre, et obligez de votre favorable audience une troupe de ces Messieurs lesquels vous veulent interpreter leurs œuvres, Conrard son Amphitheatre, Tritheme sa Steganographie, Dee sa Monade hieroglyphique, George Venitien son Harmonie du monde, Bouvelle l'excellent traicté qu'il a composé *de plus quam nihilo*, Augustin Panthée son *Voarchadumia*, Becan ses origines, Candale son Pimandre, Thyart sa Musique, Gemma sa Cyclognomonie, Brunus les umbres de ses Idees, Raymond Lulle sa Dialectique, Paracelse son Commentaire de Magie qu'il a composé sur l'Apocalypse, Cayer historien du Juif errant sa traduction du *Guildiu Schatz und Kunst*

Mais à côté de cette critique philosophique, Naudé avance aussi une critique politique, qui est très intéressante puisque dans cet écrit de jeunesse, elle montre déjà l'esprit du futur auteur des *Considérations politiques*. Dans le premier chapitre, Naudé analyse les effets politiques produits par l'apparition des affiches des Rose-Croix en France et par les rumeurs créées par l'existence de cette Congrégation. Il met en évidence le grand pouvoir exercé par la religion dans l'Etat et souligne que les troubles religieux sont toujours proches des agitations politiques. L'auteur de l'*Instruction* apporte de nombreux exemples historiques – les conquêtes de Ferdinand Cortés au Mexique ou celles de François Pizarro au Pérou (exemples auxquels il fera recours aussi dans les *Considérations politiques*)[21] – pour montrer que, de l'antiquité romaine jusqu'à son époque, les superstitions et les prophéties ont toujours été dangereuses pour la stabilité politique. Pour cette raison il faut »bannir et reietter loing de nous tous les contes et faux bruits qui depuis quelques iours ont mis en vogue parmy les plus credules cette creance que beaucoup ont de l'existence et verité des articles de ces iluminez Freres et venerable Societé, laquelle, combien que ce ne soit qu'une pure Chimere, s'est toutesfois efforcee de nous faire ressentir et participer les dangereux effects de sa noire malice«.[22] De fait, cette lecture politique des Rose-Croix réapparait dans les *Considérations*, où l'histoire de la congrégation sert d'exemple pour montrer l'ignorance et la crédulité d'une »populace« qui, privée de l'usage de la raison, croit à toutes sortes de prédicateurs, imposteurs et prophètes.[23]

Naudé, qui a écrit l'*Instruction* pour prêcher la nécessité de défendre la tranquillité de la France contre des troubles possibles dus aux Rose-Croix, y met en évidence le lien entre politique et érudition, qui lui offre l'opportunité d'une double censure, philosophique et politique, du mouvement des Rose-Croix.

3. Notre érudit apporte d'autres éléments à la critique de la magie dans son *Apologie pour tous les grands personnages qui ont esté faussement soupçonnez de magie* (1625), qui fournit en même temps des indications de méthode historique. Texte central pour la critique des idées magiques, démonologiques et astrologiques, qui s'accomplit entre le XVIe et le XVIIe siècle, l'*Apologie* dénonce toute une tradition historique qui avait accusé de nombreux penseurs et philosophes de pratiquer la magie.

Dans ce texte, Naudé affirme de vouloir »combattre et renverser« les »opinions communes [...] enracinées dans la fantaisie de quelques Historiens«. Et bien que la croyance à la magie soit liée à »la haine, l'ignorance du siécle, la trop grande legereté de croire beaucoup de choses fabuleuses, et le peu de soin et de

---

Kamuer«. F. A. Yates met en évidence les rapports que Naudé a retrouvés entre tradition hermétique et doctrine des Rose-Croix. Cf. F. A. Yates: The Rosicrucian Enlightenment, London, 1972, p. 108.

[21]   Cf. G. Naudé: Considérations politiques sur les coups d'Estat, A Rome, 1639, p. 165 et G. Naudé: Instruction à la France, cit., p. 108–109.

[22]   G. Naudé: Instruction à la France, cit. p. 111.

[23]   Voir G. Naudé: Considérations politiques, cit., p. 155–156.

jugement des Autheurs et des Escrivains«, Naudé est convaincu qu'il est possible de rétablir un idéal de vérité.[24] Cette recherche de la vérité que l'auteur de l'*Apologie* se propose d'atteindre n'est pas simple, car elle, la vérité, »ne nous paroît jamais que voilée des passions de ceux qui la desguisent soit par ignorance ou pour favoriser leur interest particulier«; ainsi, si l'on veut »venir en sa cognoissance et jouyr de l'entiere possession d'icelle«, il faut »que nous l'allions chercher [...] aux lieux où elle se cache«, c'est-à-dire sous »la sotise des ignorants, l'envie des passionez, la folie des temeraires, l'aveuglement des inte-ressez et sous une infinité d'opinions fabuleuses, estranges et ridicules«.[25]

Ces affirmations de l'*Apologie* – tirées de la »Préface« et du premier chapi-tre, »Des conditions necessaires pour juger des Autheurs, et principalement des Historiens« – se réfèrent à des problèmes propres aux auteurs du libertinage érudit et de la tradition sceptique, dont l'écho arrive jusqu'au début du XVIIIe siècle. Selon l'avis de François La Mothe le Vayer et, après lui, de Pierre Bayle, ceux qui écrivent d'histoire cachent toujours les vérités au-dessous de leurs préjugés, de leurs passions et de leurs intérêts.

Certes, il est difficile de trouver chez les auteurs du libertinage érudit un dis-cours critique systématique, et Naudé n'échappe pas à cette caractéristique. Mais dans l'*Apologie* il analyse les causes qui fondent et qui maintiennent en vie les croyances à la magie et à la sorcellerie et il parvient à la conclusion que les accusations de magie contre de nombreux personnages de l'Antiquité sont histo-riquement fausses. Il élabore donc un système de réfutation qui rejette tous les faits contraires à la raison, refusant même le critère de l'approbation générale et du »consensus gentium«.

Bien que le programme historique et critique de l'*Apologie* soit déjà exposé dans le premier chapitre – relatif aux conditions nécessaires pour juger des au-teurs et des historiens[26] – le vingt-deuxième et dernier chapitre nous offre une synthèse méthodologique, en analysant les raisons par lesquelles les »faussetez se maintiennent«.[27] Il s'agit d'un chapitre central où Naudé énonce un discours structuré sur quelques facteurs historiques qui portent à la diffusion et au main-

---

[24] G. Naudé: Apologie pour tous les grands personnages qui ont esté faussement soupçonnez de magie, A Paris, chez François Targa, 1625, »Preface«. Dans ces pages Naudé énonce son idée de vérité qui doit s'opposer aux »opinions communes et erronées«: »l'estime que tu n'espereras un moindre effect de cette Apologie, et que tu ne desnieras ton consentement à la verité que je veux enseigner et établir en icelle, pour la faire servir comme d'un Phare haut eslevé et grandement necessaire à tous ceux qui se laissent emporter avec si peu de discretion et resistance aux bourrasques et tempeste des opinions communes et erronees«. On trouve cette même opposition entre mensonge et vérité dans la »Préface« de l'*Instruction à la France*. Cf. G. Naudé: Instruction à la France, cit., »Epistre«: »Comme mon dessein n'a iamais esté autre en cette instruction, que d'opposer aux tenebres palpables du mensonge le soleil de la verité, qui par les rayons de sa lumiere fit recognoistre à la plus noble partie de son Hemisphere le perilleux labyrinthe dedans lequel elle s'estoit envelopee durant son absence«.

[25] G. Naudé: Apologie, cit., p. 3–4.

[26] Cf. G. Naudé: Apologie, cit., chap. I »Des conditions necessaires pour iuger des Autheurs, et principalement des Historiens«, p. 1–21.

[27] Cf. G. Naudé: Apologie, cit., chap. XXII: »Par quels moyens toutes ces faussetez se main-tiennent, et ce que l'on doit attendre d'icelles si on ne les reprime«, p. 634–615 (mais 649).

tien des erreurs. En outre, il s'agit d'un des rares morceaux où notre auteur classe et unifie ses idées et ses indications sur la méthode historique, autrement disséminées parmi les pages de ses œuvres.

On découvre dans ce passage trois causes qui maintiennent en vie l'absurde croyance à la magie et à la sorcellerie: la première relève du consentement universel, la deuxième de la façon d'écrire des historiens – qui cherchent en général plus la gloire littéraire que la vérité historique – et la troisième de la »polymathie« – c'est-à-dire l'érudition inutile – qui pousse les écrivains à rassembler des nouvelles inutiles et disparates plutôt que des certitudes historiques.

Mais suivons mieux ces trois moments. Le »consensus gentium« – un des bastions de la tradition que Pierre Bayle mettra en état d'accusation dans ses *Pensées diverses sur la comète,* dans le but d'invalider toute croyance à l'astrologie – est chez Naudé la première cause d'erreur. En effet, »tout le monde croit et se persuade asseurément que la plus forte preuve et la plus grande asseurance que l'on puisse avoir de la verité depend d'un consentement general et approbation universelle«; mais, ainsi faisant, les »demonographes« et les historiens »ne tiennent conte d'examiner ce qu'ils voyent avoir esté creu et presupposé pour veritable par tous ceux qui les ont precedé et qui ont escrit auparavant eux sur un pareil sujet, la fausseté duquel s'accroist ainsi par contagion et applaudissement donné non par iugement et cognoissance de cause, mais à la suitte de quelqu'un qui a commencé la danse, sans considerer que celuy qui veut estre iuge sage et prudent doit tenir pour suspect tout ce qui plait au peuple, *pessimo veritatis interpreti,* et est approuvé du plus grand nombre, prenant bien garde de ne se laisser emporter au courant des opinions communes et populaires«.[28]

Ce premier point souligne alors la nécessité de contrôler la crédibilité des faits rapportés par les écrivains prédécesseurs, faisant recours au »iugement« et à la raison, et nous invite à l'exercice du doute et de la prudence envers les opinions populaires, car »il est tres-certain que quand nous suivons l'exemple et la coutume sans sonder la raison, le merite et la verité«,[29] nous nous trompons. Une fois de plus, dans ce passage la raison et la vérité s'opposent donc aux opinions communes et aux croyances populaires.

En deuxième point, Naudé analyse une erreur très commune chez les historiens, mais qui, à cause de sa diffusion, mérite un examen attentif. A son avis, les écrivains poursuivent leur propre ambition plutôt qu'une fatigante recherche des faits, »comme ils n'écrivent pas tant pour profiter au public, par une exacte recherche de la vérité, que pour satisfaire à leur vaine ambition, ou à la necessité qui les contraint de servir, *fami non famae,* comme disoit M. de Thou, aussi ont-ils coustume de ne travailler que le plus legerement et au moins de frais qu'ils peuvent, sans qu'ils veulent s'amuser à la recherche longue et difficile des premiers Autheurs«.[30] Naudé invite alors les historiens à revenir aux sources – aux »premiers Auteurs« – et à soumettre tout récit »à l'estamine de la raison, et en

---

[28]   G. Naudé: Apologie, cit., p. 636–637.
[29]   Ibid., p. 637–638.
[30]   Ibid., p. 638.

tirer une resolution solide et veritable«.[31] On doit donc soumettre à critique les faits rapportés par les historiens et douter »des temoignages imprimez et rencontrez à tastons«. De plus, affirme Naudé, se montrant conscient d'appartenir à une époque historique pleine de nouveautés culturelles et scientifiques, on doit tout particulièrement recourir à une attitude critique dans »ce siècle, qui est plus propre à polir et aiguiser le iugement, que n'ont esté tous les autres ensemble, à cause des changemens notables qu'il nous a faict veoir, par la descouverte d'un nouveau monde, les troubles survenus en la Religion, l'instauration des Lettres, la decadence des sectes et vieilles opinions, et l'invention de tant d'ouvrages et artifices«.[32] L'époque nouvelle qui s'est ouverte par la Renaissance est donc pour Naudé capable d'apporter des contributions décisives dans l'étude des auteurs du passé et dans la recherche de la vérité historique.

La troisième cause d'erreurs est enfin la »Polymathie«, »coustume introduitte depuis quelque temps«, qui n'est autre chose que l'attitude à »parler à chaque sujet de toutes choses, et à chaque chose de tous sujets, et n'avoir point d'autre but en escrivant que de ramasser et recueillir tout ce que l'on peut dire, et ce que s'est jamais dict sur le sujet que l'on entreprend de traicter«.[33] Cette attention superficielle aboutit à la compilation de gros volumes dépourvus de crédibilité[34] et conduit à l'acceptation de toute sorte de croyance, comme on voit chez des historiens tels Del Rio ou Bodin qui, bien qu'ils soient »encore personnes de credit et de merite«, ont écrit »si passionnément sur le sujet des Demons, Sorciers et Magiciens«, pour »n'avoir iamais rebutté aucune histoire, quoy que fabuleuse et ridicule de tout ce grand nombre de fausses et absurdes qu'ils ont peslemeslé sans discretion parmy les vrayes et legitimes«.[35] On doit donc attendre »quelque esprit plus libre et moins retenu« pour »examiner avec beaucoup plus de diligence et circonspection« les contes et les histoires qui se trouvent dans les livres des »demonographes«.[36]

Selon Naudé, il faut exercer un esprit critique capable de parvenir à la »manutention et esclaircissement de la verité«, et l'auteur de l'*Apologie* invite ceux qui écrivent sur ces sujets à être »d'oresnavant plus religieux à n'advancer aucune Histoire ny authorité qu'après en avoir soigneusement examiné toutes les circonstances« et à »balancer toutes choses à leur iuste prix et valeur, pour ne pas se laisser induire à faire un jugement sinistre de quelqu'un sans grande occasion, et à forger ces accusations frivoles sans raison, pleine de vents et de mensonges«.[37]

---

[31] Ibid., p. 639.

[32] Ibid., p. 639–640.

[33] Ibid., p. 607 (mais 641).

[34] Cf. G. Naudé: Apologie, cit. p. 607–608 (mais 641–642): »De façon que ce n'est point mervellle si ceux qui suivent exactement une telle methode se trouvent chargez comme les marchands qui veulent tout enlever de beaucoup de choses de non valeur, et qui ne servent qu'à corrompre et faire despriser les autres, lesquelles se conserveroient bien mieux en leur credit, si l'on voyoit qu'elles fussent choisies et triees du chaos et de la confusion de ces gros volumes«.

[35] G. Naudé: Apologie, cit., p. 608 (mais 642).

[36] Ibid., p. 610 (mais 644).

[37] Ibid., p. 614–615 (mais 648–649).

Plus en général, on trouve dans plusieurs passages de l'*Apologie* un examen attentif et philologique des auteurs précédents, qui montre les liens entre Naudé et l'issue la plus positive de la critique de la Renaissance. Par exemple, il montre que les deux Pico – Giovanni et Gian Francesco – ont prouvé la fausseté de l'attribution de quelques traités de nécromantie à Platon, à St. Jérôme et à St. Thomas[38] et il défend l'autorité et le prestige de l'édition érasmienne des pères de l'Eglise.[39] Ou encore, comme Casaubon, Naudé ne croit pas qu'Orphée et Hermès Trismegiste soient les auteurs des œuvres qu'on leur attribue,[40] bien que l'attitude de l'érudit parisien par rapport au »corpus hermeticum« soit ambiguë, car dans l'*Advis pour dresser une Bibliothèque* (1627) il affirme que la philosophie de Trismegiste est la plus ancienne et doit être placée avant celle de Platon et d'Aristote.[41]

La philologie et la critique textuelle parviennent donc – entre autre par le rétablissement de la chronologie – à la révision d'une tradition historique qui très souvent n'est pas digne de foi. Par conséquent, Naudé réfute toute une tradition, bourrée de lieux communs, qui attribuait des pratiques de magie à de nombreux auteurs et philosophes du passé, tels Zoroastre ou Pythagore, Démocrite ou Empédocle, Numa Pompilius ou Virgile, ou encore, entre autres, Pierre d'Ailly, Roger Bacon, Savonarole, Paracelse ou Pico della Mirandola.

4. Bien que les indications méthodiques que l'on trouve dans l'*Intruction à la France* et dans l'*Apologie* soient dictées par une intention polémique, elles parviennent quand même à renverser toute une tradition historique qui avait cru à la magie et à la sorcellerie, constituant une pratique historiographique qui suit un critère de crédibilité et de solidité. Réfuter tout événement qui s'oppose à la

---

[38] Cf. ibid., p. 99: »que les deux Picus n'advoüent pour legitimes, les Traictez de Necromantie de S. Hierosme, S. Thomas et Platon«.

[39] Cf. ibid., p. 101.

[40] Cf. ibid., p. 101: »Car pour ne point parler des Œuvres d'Orphee, de Trismegiste, de Berose, et Manethon, qui sont totalement fausses, des livres Apocryphes de la saincte Escriture, des Traictez douteux d'Hippocrate, Galien, de ceux qui ont esté revoqué en doute par Erasme à l'impression des Peres, des petits livres de Gerson, Fenestella, Pythagore et Caton, et de tous ceux qui sont suspects parmy les Humanistes«.

[41] Cf. G. Naudé: Advis pour dresser une Bibliotheque, A Paris, chez François Targa, 1627, p. 100–101: »En Philosophie, commencer par celle de Trismegiste qui est la plus ancienne, poursuivre par celle de Plato, d'Aristote, de Raymond Lulle, Ramus, et achever par les Novateurs...«. Pour la critique de Casaubon au »corpus Hermeticum« et sa datation du temps de Jésus Christ, voir I. Casaubon: De rebus sacris et ecclesiasticis exercitationes XVI, Londini, 1614 (autre édition, Francofurti, 1615). Sur la question cf. E. Garin: »Nota sull'ermetismo«, dans: La cultura filosofica del Rinascimento italiano. Ricerche e documenti, Firenze, Sansoni, 1992 (3), p. 143–154; A. Grafton: »Protestant versus prophet: Isaac Casaubon on Hermes Trismegistus«, in: Journal of the Warburg and Courtauld Institutes, XLVI (1983), p. 78–92; Id.: »Higher criticism ancient and modern: the lamentable deaths of Hermes and the Sibyls«, in: The uses of Greek and Latin. Historical essays, edited by A. C. Dionisotti, A. Grafton and J. Kraye, London, 1988, p. 155–170. On trouve maintenant ces deux articles dans A. Grafton: Defenders of the text. The traditions of scholarship in an age of science, 1450–1800, Cambridge-London, 1991, »5. Protestant versus Prophet: Isaac Casaubon on Hermes Trismegistus«, p. 145–161; »6. The strange deaths of Hermes and the Sibyls«, p. 162–177.

raison, retourner aux sources et les vérifier, critiquer le »consensus gentium« et les opinions populaires, faire recours à la seule raison dans tout jugement: voilà le programme historique de Naudé au cours des années vingt. Certes, dans ces textes l'effort critique ne parvient pas à des règles générales capables de fonder une véritable épistémologie historique – il faudra attendre pour cela la fin du XVII⁽ᵉ⁾ siècle, soit Bayle, qui dans son *Projet d'un Dictionnaire critique* (1692)[42] aborde les débats postcartésiens liés au statut de la connaissance historique –, mais Naudé donne en tous cas des indications très utiles pour écrire l'histoire d'une façon plus digne de foi d'après l'analyse philologique des sources, la réfutation des opinions communes et l'usage critique de la raison à l'égard de la tradition.

Dès ces premiers ouvrages, l'auteur de l'*Apologie* adopte l'attitude critique qu'il va exercer non seulement dans la pratique historiographique, mais aussi aux dépens de toute la tradition culturelle et philosophique. Naudé a conscience de vivre dans une époque nouvelle et pleine de changements, et il critique le principe d'autorité par l'emploi d'une sorte de doute méthodique. Quelques années après, en 1632, il énonce de nouveau sa position dans le *Syntagma de studio liberali*, un traité pour les nobles qui est aussi un exemple de méthode critique, écrit pour le conte Fabrice, neveu du cardinal de Bagni. Le *Syntagma* énonce des préceptes utiles pour bien conduire son esprit, et Naudé y expose sa propre conception philosophique influencée par le naturalisme et par le scepticisme.

Les affirmations conclusives de ce texte proposent en effet un projet philosophique qui, utilisant la raison d'une manière sceptique et pragmatique, aboutit à une sorte d'éclectisme naturaliste, qui englobe Aristote et les stoïciens, Platon et Epicure. Il s'agit d'une idée souple et malléable de la philosophie, qui souligne la fonction pratique du savoir et de la raison: »itaque si quid in Platonis sermonibus, aut Archesilea Epoche commodum tibi, et utile est, illud accipe; si quid boni in hortis Epicuri virescit, hoc collige; si quid melius Lycaeum profert quantum quomodo videtur assume; si magis sunt vendibiles Zenonis, quam Aristotelis merces, ad istius Porticum diverte [...] uni tantum veritati consequendae undecumque illa haberi possit addictus [...] sed liber, ac velut omnium iudex, et arbiter constitutus«.[43] De plus, ce passage nous montre que la circonspection de l'*Apologie* envers les récits historiques devient dans le *Syntagma* une attitude culturelle qui désavoue toute abstraction philosophique ou métaphysique pour suivre une raison concrète et critique. Ainsi, après avoir déclaré la crise des

---

[42] Cf. [P. Bayle:] Projet et fragmens d'un Dictionaire Critique, A Rotterdam, chez Reinier Leers, 1692. Sur ce texte et son importance du point de vue de l'épistémologie historique, cf. C. Borghero: La certezza e la storia. Cartesianesimo, pirronismo e conoscenza storica, Milano, Angeli, 1983, ch. VI »Il pirronismo storico di P. Bayle«, p. 217–252, en particulier p. 217–229 et L. Bianchi: Bayle, i dizionari e la storia, dans P. Bayle: Progetto di un dizionario critico, a cura di L. Bianchi, Napoli, Bibliopolis, 1987, p. 11–156. Sur l'idée d'histoire chez Bayle cf. R. Whelan: The anatomy of superstition: a study of the historical theory and practice of Pierre Bayle, Oxford, Voltaire Foundation, 1989.

[43] G. Naudé: Syntagma de studio liberali [...] Secunda editio, Arimini, per Io. Symbenium, 1633 (première édition Urbini, 1632), p. 106–107.

systèmes philosophiques, Naudé termine par une critique des fausses croyances du peuple, des vains rêves des prophètes et des promesses trompeuses des astrologues et des alchimistes, et par l'énonciation d'une méthode fondée uniquement sur la raison – »uni tantum evidentissimae, ac constantissimae Rationi«.[44]

Cette critique rationnelle des sources historiques et de la tradition aboutit chez Naudé à des réflexions nouvelles, parfois dérivées des résultats de la critique de la Renaissance. Ainsi, par exemple, l'érudit parisien met en circulation dans la culture française la thèse qui attribue la »Renaissance des lettres« à l'écroulement de l'empire romain d'Orient devant les Turcs. Déjà dans l'*Apologie* on lit que du temps »de la derniere prise de Constantinople, apres lequel tout le monde a commencé de changer de face, le Ciel à rouler sur des nouvelles hypotheses [...] la terre à nous descouvrir un autre Hemisphere, les hommes à s'entrecommuniquer par les navigations, les Arts à produire ces merveilles du Canon et de l'Imprimerie, et les Sciences à reprendre leur premier lustre, en Allemagne par Reuclin et Agricola, en Suisse par Erasme [...] en France par Faber et Budee, en Italie par Hermolaus, Politian, Picus, et tous les grecs qui s'y estoient refugiez de Constantinople, et finalement en tout le reste de la terre par le moyen des nouveaux Caracteres de l'Impression«.[45]

Ici Naudé ne nous donne pas la source de ces affirmations sur les effets extraordinaires produits par la chute de Constantinople, et il faut lire l'*Addition à l'histoire de Louis XI* (1630) pour trouver à ce propos des références plus précises. Naudé y expose sa conception cyclique et naturaliste de l'histoire qui, à travers l'opposition entre ténèbres et lumières, entre barbarie et renaissance, conduit à l'apparition de François Petrarque;[46] il y manifeste aussi la conviction que le recommencement des lettres a été produit par la chute de Constantinople en 1453. S'appuyant sur le témoignage de François Philelphe qui, après un séjour de neuf ans à Constantinople, savait parler et lire facilement soit le latin soit le grec, il en conclut que »pour cette raison il y avait bien d'apparence que ce restablissement ne se fust guere avancé si Constantinople« n'avait été »prise et sacmentée par Mahomet II. en 1453«.[47] En effet, tous les doctes Grecs – comme le cardinal Bessarion, George de Trébisonde ou Théodore Gaza – se

---

[44] Ibid., p. 110 et cf. p. 109–110: »quare ut huic malo obviam eatur, effingendus est animus ad exemplar heroicae fortitudinis, qui res omnes attento despiciat, intrepide exploret, acute discutiat; non Multitudini credens, qui non tam bene cum rebus humanis geritur, ut meliora pluribus placeant; non Prophetis, nisi qui signa dederint, quoniam pauci Spiritu Sancto agitantur: omnes ferme humore melancholico, fastu, vel intempestiva devotione; non Astrologis, quia tot iacula cum emittant, mirum non est aliquod tangere; non Alchymistis, quoniam ab iis drachmam petunt, quibus thesauros pollicentur; non Famae, quia tam ficti, pravique, tenax, quam nuncia veri describitur a Poetis; sed uni tantum evidentissimae, ac constantissimae Rationi«.

[45] G. Naudé: Apologie, cit., p. 113–114.

[46] Cf. G. Naudé: Addition à l'histoire de Louys XI. contenant plusieurs recherches curieuses sur diverses matieres, A Paris, Chez François Targa, 1630, p. 177–178: »ainsi cette grande et furieuse tempeste de la Barbarie ne dura pas tousiours, et les divers roulemens des siecles qui font regner toutes choses à leur tour, firent en fin paroistre François Petrarque«. Sur l'*Addition*, voir L. Bianchi: »Politique, histoire et recommencement des Lettres dans l'›Addition à l'histoire de Louis XI‹ de Gabriel Naudé«, in: Corpus, n. 35, 1999, p. 61–87.

[47] G. Naudé: Addition, cit., p. 183.

refugièrent en Europe, apportant avec eux tous les auteurs classiques grecs et latins, et Angelo Camillo Decembrio (1415–1470) soutint avec raison dans sa *Politica litteraria* que le rétablissement des lettres fut une conséquence de la chute de Constantinople.[48] Ainsi, Naudé utilise le témoignage de François Philelphe et un texte peu connu de l'humaniste italien Decembrio pour assimiler la conception historique des humanistes et son schéma traditionnel à propos du commencement de la Renaissance, et il met en circulation dans la culture française la thèse qui associe étroitement la Renaissance des lettres à l'écroulement de l'empire romain d'Orient.[49] Il s'agit d'une hypothèse qui reçut en France un accueil favorable, illustré par Bayle qui, dans son *Dictionnaire*, à l'article »Takiddin«, parle »des Beaux-Esprits, et des savans Humanistes, qui brillèrent en Italie, lors que les Belles-lettres commencèrent à renaître, après la prise de Constantinople«,[50] et aussi par d'Alembert dans son *Discours préliminaire* à l'*Encyclopédie*.[51]

5. Mais la grande dette de Naudé envers la pensée italienne de la Renaissance et son attention philologique pour les écrivains du passé n'est pas temoignée seulement par sa conception critique et historique, mais aussi par son activité d'éditeur de textes. Naudé éditeur contribua puissamment à la connaissance en France et en Europe des auteurs de la Renaissance italienne, puisqu'il publia non seulement des œuvres de Cardan et Campanella, mais aussi de Leonardo Bruni,

---

[48] Cf. ibid., p. 184: »A quoy s'accorde Angelus Decembrius, lors qu'il parle d'un tel restablissement en ces termes, [lib. I polit. literaria parte 8] ›Nam postea quam vastata à Barbaris Constantinopoli civitate, caesoque eius Imperatore, Despotis frater Romam cum gentis eius reliquiis confugisset, vix credibile est quam multi nostrorum pene Graeci effecti sint, quasi in Attica vel Achaia consueti, facultatemque compererint Graeca volumina pertractandi‹«. Selon l'avis de F. Simone, Naudé dans l'*Addition* a assimilé la conception historique des humanistes à propos de l'idée de »Renaissance des lettres«. Cf. F. Simone: Il Rinascimento francese. Studi e ricerche, Torino, ESI, 1961, p. 300.

[49] On trouve cette même idée dans les *Considérations politiques*. Cf. G. Naudé: Considérations politiques, cit., p. 144–145: »Et en effect c'est une chose hors de doute, qu'il s'est fait plus de nouveaux systemes dedans l'Astronomie, que plus de nouveautez se sont introduites dans la Philosophie, Medecine, et Theologie, que le nombre des Athées s'est plus fait paroistre, depuis l'année 1452. qu'aprés la prise de Constantinople tous les Grecs, et les sciences avec eux, se refugierent en Europe, et particulierement en France et en Italie, qu'il ne s'en estoit fait pendant les mille années precedentes«.

[50] P. Bayle: Dictionnaire historique et critique, Amsterdam, Leyde, La Haye, Utrecht, 1740, art. »Takiddin (Auteur Mahométan)«, rem. A. Dans cette même remarque Bayle lie, sur le sillage de Naudé, la Renaissance des lettres avec l'irreligion et l'atheisme, mais il souligne aussi l'apport de la nouvelle philologie humaniste à la Réforme.

[51] Cf.: Encyclopédie ou dictionnaire raisonné des sciences, des arts et des métiers [...], A Paris, 1751, tome premier, »Discours préliminaire des éditeurs«, p. xx: »Aussi fallut-il au genre humain, pour sortir de la barbarie, une de ces révolutions qui font prendre à la terre une face nouvelle: l'Empire Grec est détruit, sa ruine fait refluer en Europe le peu de connoissances qui restoient encore au monde; l'invention de l'imprimerie, la protection des Medicis et de François I. raniment les esprits; et la lumiere renaît de toutes parts«.

Agostino Nifo et Girolamo Rorario, ce qui fait de lui en France le trait d'union principal entre la Renaissance italienne et les Lumières.[52]

De plus, Naudé médecin et auteur de livres de médecine, fut aussi éditeur de textes médicaux. Ainsi, dans l'édition faite par Guy Patin en 1628 des *Opera Omnia* du médecin français André du Laurens (mort en 1609), on trouve un texte sur Galien – *Annotationes in artem parvam Galeni* – qui vient »ex Musaeo Gabrielis Naudaei«.[53] Encore, en 1631, Naudé publia un commentaire sur Galien par Jean Riolan père (1539–1606),[54] en 1637 une *Disquisitio iatro-physica* sur un texte d'Hippocrate du médecin italien Baldo Baldi,[55] et en 1643 des »commentarii« du médecin français Barthélemy Pardoux (Perdulcis, 1545–1611).[56] En outre, il fit publier à Paris en 1641 le *De atra bile quoad mores attinet* de Scipione Chiaramonti, qui traite de la mélancolie et des rapports entre tempérament et comportement.[57]

D'ailleurs, même la correspondance de notre auteur témoigne de ses relations avec le milieu médical. Si l'on consulte l'édition des lettres de Naudé du XVIIe siècle, on y trouve de nombreux correspondants médecins: entre autres Alsario Della Croce et Baldo Baldi, Jan van Beverwijck et Pompeo Caimi, Giacomo Clavio et Giovanni Colle, Cesare Crivellati et René Moreau, et encore Jean Riolan, Antonio Santorello et Paolo Zacchia.[58]

La contribution de Naudé à la diffusion de la philosophie italienne de la Renaissance assume une importance exceptionnelle. Il fait imprimer à Paris en 1635 le *De praeceptis ad filios libellus* de Cardan avec une préface dédiée à René Moreau, le fils homonyme de son vieux maître. Une courte préface de l'éditeur Thomas Blasius au lecteur nous informe que Naudé a trouvé ce texte manuscrit à Urbin.[59] En 1642, il publie à Paris une nouvelle édition du *De studiis*

---

[52] Sur Naudé éditeur cf. P. O. Kristeller: »Between the Italian Renaissance and the French Enlightenment: Gabriel Naudé as an Editor«, cit.

[53] Cf. A. Du Laurens: Opera omnia [...] studio et opera Guidonis Patini, Parisiis, apud A. Taupinart, 1628, 2 vol. Et cf. au commencement du deuxième tome l'avertissement de Patin au lecteur – »Lectori benevolo« –: »His etiam addimus [...] brevem quendam *Commentarium*, in librum *Galeni*, qui *Ars parva* dicitur [...]; excerptum ex eius praelectionibus Monspelij dictatis annis 1589. et 1590. a D. *Ioanne Auberio* Molinensi, Andreae Laurentii discipulo; cuius quidem commentarij, propria D. Auberij manu exerati copiam mihi fecit D. G. *Naudaeus*, Parisinus, iuvenis eruditissimus, et in bonorum auctorum, tum Philosophorum, tum Medicorum lectione versatissimus«.

[54] Cf. J. Riolan: In artem parvam Galeni commentarius, ex bibliotheca G. Naudaei, Parisiis, excud. D. Langlaeus, 1631.

[55] Cf. B. Baldi: Disquisitio iatro-physica ad textum XXIII. libri Hippocratis de aëre, aquis et locis, Romae, ex typographia L. Grignani, 1637.

[56] Cf. B. Pardoux: In Jacobi Sylvii Anatomen et in lib. Hippocratis de natura humana commentarii. Nunc primum prodeunt ex Bibliotheca Gabrielis Naudaei, Parisiis, apud H. Du Mesnil et O. de Varennes, 1643.

[57] Cf. S. Chiaramonti: De atra bile quoad mores attinet, Parisiis, apud N. et J. de La Coste, 1641. Naudé publiera en France un autre texte de ce penseur italien: cf. S. Chiaramonti: De altitudine Caucasi liber unus, cura Gabrielis Naudaei editus, Parisiis, apud S. et G. Cramoisy, 1649.

[58] Cf. G. Naudé: Epistolae, cit., *passim*.

[59] Cf. G. Cardano: De praeceptis ad filios libellus, ex Bibliotheca Gabr. Naudaei, Parisiis, apud T. Blasium, 1635, »Lectori«: »Cum in posteriori sua peregrinatione Italica Urbini manuscriptum hoc opus nactus esset«. Cette même préface est publiée dans les *Epistolae*,

et literis de Leonardo Bruni,[60] avec une préface à Lucrezia Barberini datée de Paris, le 1er Juin 1642 (»Kalend. Iun. M.DC.XLII«). Il s'agit d'un petit livre écrit entre 1423 et 1426 et dédié par Bruni à Baptista Malatesta, femme de Galeazzo Malatesta de Pesaro – et non à Isabella Malatesta, comme affirme Naudé –, et qui garde son importance dans l'énonciation de la nouvelle conception humaniste du savoir et dans la défense des »studia humanitatis«. Ainsi, le *De studiis et literis* transmet – comme l'*Addition à l'histoire de Louis XI* – l'idéal humaniste de l'antiquité comme exemple à égaler et la notion historique d'une coupure entre antiquité et Moyen-âge, suivie par la »Renaissance des lettres«.

Toujours en 1642, Naudé publie, chez le même éditeur parisien, le *De libris propriis et recta ratione studendi syntagma* de Tommaso Campanella.[61] Dans sa préface à l'abbé René Marescot, datée de Paris, le 2 Juin 1642, il rappelle que ce texte, jusque là inédit, lui a été dicté par Campanella lui-même;[62] bien que le *De libris propriis* ait paru trois ans après la mort du philosophe italien (1639), il est très utile pour la chronologie des œuvres du Stilese et pour sa fortune en France au XVIIe siècle.[63]

L'intérêt naudéen pour la philosophie de Cardan est aussi témoigné par l'impression à Paris en 1643 du *De propria vita liber*, publié sur le manuscrit, qui est l'autobiographie du philosophe milanais, une des plus belles de la Renaissance. De toute façon, dans sa préface à Elic Diodati, Naudé ne nous donne aucune information sur sa source manuscrite.[64] Le *De propria vita liber*, publié

---

cit., XLIV »Rarae indolis adolescenti Dn. Renato Moreau, Renati Moreau Doctoris Medici filio, Gabriel Naudaeus S. P. D.«, p. 341–347.

[60] Cf. Leonardo Aretino: De studiis et literis. Ex Bibliotheca Gabrielis Naudaei, Parisiis, apud viduam Gulielmi Pelé, 1642.

[61] Cf. T. Campanella: De libris propriis et recta ratione studendi syntagma, Parisiis, apud viduam Gulielmi Pelé, 1642. Les deux livres de L. Aretino et de T. Campanella sont reliés ensemble dans le volume que nous avons consulté à la Biblioteca Nazionale Braidense de Milan (cote QQ. II. 49).

[62] Cf. T. Campanella: De libris propriis, cit., »Illustrissimo Domino D. Renato Marescot ... Gabriel Naudaeus S. P. D.«: »[...] si libellum hunc, quem [ille (Campanella)] mihi successivis horis dictaverat, fidei atque authoritati tuae committerem«.

[63] Sur la fortune de Campanella en France au XVIIe siècle, cf. M.-P. Lerner: Tommaso Campanella en France au XVIIe siècle, Napoli, Bibliopolis, 1995, p. 33–43, 61–63, 108–118 (et cf. mon compte rendu de ce volume dans: Bruniana et Campanelliana I (1995), p. 318–320). Sur les relations entre Naudé et Campanella, voir L. Amabile: Fra Tommaso Campanella ne'castelli di Napoli in Roma ed in Parigi, 2 vol., Napoli, 1887, vol. II, p. 50–51, 155–158; R. Pintard: Le libertinage érudit, cit., p. 253–257; A. L. Schino: »Campanella tra magia naturale e scienza nel giudizio di Gabriel Naudé«, cit.; L. Bianchi: »Tra informazione scientifica e critica storica: il Discours sul Vesuvio di G. Naudé«, in: Giornale critico della filosofia italiana LXVI (1987), p. 459–498 (maintenant dans L. Bianchi: Tradizione libertina e critica storica. Da Naudé a Bayle, cit., p. 59–106); L. Bianchi: Rinascimento e libertinismo, cit., chap. I, § 4 »Naudé e Campanella«, p. 62–70.

[64] Cf. G. Cardano: De propria vita liber. Ex Bibliotheca Gab. Naudaei, Parisiis, Apud Iacobum Villery, 1643, f. 1r/v: »Nobilissimo clarissimoque viro Aelio Diodato Ic. et Philosopho doctissimo. Gabriel Naudaeus S. P. D. Passa tandem est exorari se modestia tua, (Clarissime Diodate) ut praefationem, quam apparere sub tuo nomine in Cremonini libello volueram, nunc demum cum istis Hieronymi Cardani de vita sua commentariis acciperes«. Une lettre de Naudé à Diodati datée du 25 août 1629 nous informe que Naudé voulait dédier à son ami une édition du De semine de Cremonini. Cf. G. Naudé: Epistolae, cit., »XVIII. Clarissimo Sapientissimoque Viro Domino D. AEliae Diodato«, p. 94–108,

pour la première fois, est précédé d'un long jugement de Naudé sur l'auteur –
Gabrielis Naudaei de Cardano iudicium –, qui est une critique historique exemplaire et qui se termine par la liste des œuvres imprimées et manuscrites de
l'italien. Naudé dédie à l'histoire des textes cardaniens une attention très philologique: on voit qu'il connaît aussi les vicissitudes de ces manuscrits, qui passè-
rent des mains de Rodolfo Silvestre, »medicus Bononiensis« et élève du philosophe milanais, à celles de Fabrizio Cocanario, »medicus Tyburtinus«, après la
mort duquel ils furent dispersés.[65] Naudé enfin souhaite que l'on puisse publier
les œuvres complètes de Cardan, dont il donne la liste. Son vœu ne fut exaucé
qu'en 1663, avec l'édition lyonnaise de Charles Spon en dix tomes, qui repro-
duit, à la tête du premier tome, le *Iudicium* de Naudé.[66]

Dans son *Iudicium* sur Cardan, Naudé défend le philosophe italien contre les
différentes accusations qui lui ont été faites. Il reconnaît que Cardan fut un per-
sonnage difficile, poussé par sa mélancolie naturelle vers l'égocentrisme et
l'orgueil, mais que, malgré tout, il fut un grand naturaliste, philosophe et ma-
thématicien. En outre, bien que Naudé voie dans l'astrologie une imposture et
une fausse science, il ne condamne pas Cardan qui, dans ses tentatives de pré-
diction, déploie une force mentale exceptionnelle et extravagante qui lui permet
de se perfectionner facilement en différentes sciences. D'ailleurs cette justification des erreurs de Cardan permet à Naudé d'aborder un argument central et
brûlant de la polémique astrologique et religieuse de la Renaissance: celui de
l'horoscope du Christ, que l'on trouve dans le commentaire cardanien sur le
Quadripartitum de Ptolomée, publié à Bâle en 1554.[67] Naudé, qui s'est aperçu

---

p. 107–108. Naudé avait déjà publié un autre texte de Cardan, cf. G. Cardano: De praeceptis ad filios libellus, ex Bibliotheca Gabr. Naudaei, cit. Sur les relations entre Naudé et
Cardan, cf. L. Bianchi: Rinascimento e libertinismo, cit., p. 48–54; Th. Cerbu: »Naudé as
editor of Cardano«, in: Girolamo Cardano. Le opere, le fonti, la vita, a cura di M. Baldi e
G. Canziani, Milano, Angeli, 1999, p. 363–378. Sur la fortune de Cardan en France et sur
l'article »Cardan« dans le *Dictionnaire historique et critique* de Bayle – et les legs à ce
propos de Naudé à Bayle –, cf. E. Di Rienzo: L'aquila e lo scarabeo. Culture e conflitti
nella Francia del Rinascimento e del Barocco, Roma, Bulzoni, 1988, chap. 5 »La fortuna di
Cardano in Francia tra Libertinismo erudito e Illuminismo radicale«, p. 195–258 et
L. Bianchi: »»Beaucoup plus fanatique qu'athée‹. Cardan dans le *Dictionnaire* de Bayle«,
dans: Mélanges en l'honneur d'Olivier Bloch, édités par M. Benitez, A. McKenna,
G. Paganini et J. Salem, Paris (sous presse).

65   Cf. G. Naudé: »Vita Cardani ac de eodem iudicium«, in G. Cardano: De propria vita liber,
cit., f. 43^{r/v}: »Sed quicquid de illo fuerit, valde rationi consentaneum est, libros omnes Cardani quos habebat [Roberto Silvestri], in Fabritii Medici Tyburtis manus con-
cessisse. Nam praeterquam ille *librum de vita producenda*, sub annum 1617, ex Thesauris
illis eruit, et Romae in lucem protulit: memini me XX. ferme M. S. codices operum Cardani, penes fratrem eius vidisse; quos hic, ex Fabritii haereditate devolutos ad se conten-
debat«.

66   Cf.: Hieronymi Cardani Mediolanensis [...] Opera Omnia tam hactenus excusa; hic tamen
aucta et emendata; [...] cura Caroli Sponii, Lugduni, sumptibus Ioannis Antonii Huguetan
et Marci Antonii Ravaud, 1663, 10 vol. Charles Spon était en relation d'amitié avec
G. Naudé et Guy Patin. Pour la correspondance entre Patin et Spon, cf. G. Patin: Lettres [...]
Nouvelle édition augmentée de lettres inédites, par J. H. Reveillé-Parise, 3 vol., Paris, 1846.

67   Cf. G. Cardano: In CL. Ptolemaei Pelusiensis IIII de astrorum iudiciis aut [...] Quadri-
partitae constructionis libros commentaria, Basileae, 1554, p. 163–166, où l'on traite de la
»Christi nativitas admirabilis«.

de l'impiété de ces pages qui soumettent le créateur des cieux aux cieux mêmes, défend Cardan des accusations portées par De Thou et Joseph Scaliger,[68] observant que Cardan n'a pas été le premier à parler de l'horoscope du Christ: un siècle avant lui déjà Tiberio Russiliano Sesto, Calabrais, en avait parlé, et ce thème avait été traité aussi par Pierre d'Ailly dans son *Elucidarium* et avant lui par Albert le Grand dans son *Speculum astronomiae* et par Albumasar.[69] Ainsi Naudé unit érudition, critique textuelle et connaissance historique pour répandre une théorie dangereuse et hétérodoxe, sous prétexte d'en diminuer l'originalité.[70]

Naudé publie aussi à Paris en 1645 les *Opuscula moralia et politica* d'Agostino Nifo, le philosophe aristotélicien du XVIᵉ siècle. Il s'agit de dix textes – six »moraux« et quatre »politiques«[71] – qui montrent les relations du philosophe italien avec la tradition humaniste, plutôt qu'avec l'école aristotélicienne, et qui, dans le cas d'un texte politique tel que le *De regnandi peritia*, montre une grande affinité – à la limite du plagiat – avec la pensée de Machiavel. Même les œuvres de Nifo son précédées par un jugement de Naudé – *Gabrielis Naudaei de Augustino Nipho iudicium* –, où l'on retrouve, à côté de l'appréciation sur le philosophe italien, l'intérêt typique de l'érudit parisien pour l'édition de textes. Ainsi, les dernières pages du *Iudicium* se terminent par une liste des œuvres de Nifo, relatives soit à ses commentaires des textes d'Aristote et d'Averroès, soit à ses autres écrits.[72] En outre, Naudé souligne qu'il a publié ces textes pour l'utilité des hommes de lettres – »literatorum commodis« –,

---

[68]   J. A. De Thou: Historiae, Lutetiae, 1620, I, p. 155 et G. G. Scaliger: Prolegomena de astrologia veterum Graecorum, in M. Manilius: Astronomicon, Lugduni Batavorum, 1599, f. B 3ᵛ.

[69]   Cf. G. Naudé: Vita Cardani ac de eodem iudicium, cit., f. 24ʳ/ᵛ–25ʳ.

[70]   La conception naturaliste de l'horoscope du Christ – l'idée que tous les grands événements historiques et même les religions dépendent d'une régularité naturelle liée à la conjonction des astres – est une hypothèse qui réapparaît plusieurs fois même au XVIIᵉ siècle: on la trouve aussi chez Vanini et chez le *Theophrastus redivivus* (cf. G. C. Vanini: Amphitheatrum aeternae providentiae, Lugduni, 1615, »Exercitatio VII«, p. 47–50 et: Theophrastus redivivus, edizione prima e critica a cura di G. Canziani e G. Paganini, 2 vol., Firenze, La Nuova Italia, 1981–1982, p. 398–405) et elle contribue, à l'origine de la modernité, à mettre en question la notion classique du »sacré« (cf. T. Gregory: Theophrastus redivivus. Erudizione e ateismo nel Seicento, Napoli, Morano, 1979).

[71]   Cf. A. Nifo: Opuscula moralia et politica, Parisiis, sumptibus Roleti le Duc, 1645, 2 vol. (vol. I: »Moralia«, vol. II: »Politica«: I,1: De vera vivendi libertate, p. 1–54; I,2: De divitiis, p. 55–104; I,3: De iis qui apte possunt in solitudine vivere, p. 105–146; I,4: De sanctitate atque prophanitate, p. 147–189; I,5: De misericordia, p. 190–204; I,6: De pulchro et amore, p. 205–442; II,1: De regnandi peritia, p. 1–88; II,2: De his quae ab optimis principibus agenda sunt (de principe), p. 89–148; II,3: De rege et tyranno, p. 149–234; II,4: De re aulica, p. 235–358).

[72]   Cf. G. Naudé: De Augustino Nipho iudicium, in A. Nifo. Opuscula moralia et politica, cit., f. 5ʳ–35ᵛ, f. 33ʳ: »attamen, quia primum istituto meo, deinde etiam curiosorum hominum votis, Bibliothecarumque commodo satisfaciam; en singulos in medium affero, eo ordine quo vel in Aristotelem illos, aut Averroem, vel Marte proprio conscripsit«. Cf. aussi f. 34ʳ–35ᵛ: »Augustini Niphi librorum omnium editorum Catalogus. Prima classis commentarior. in Aristotelem et Averroem [...] Classis secunda librorum quos Niphus proprio Marte composuit«. Sur les pages de Naudé relatives à Nifo, cf. L. Bianchi: Rinascimento e libertinismo, cit., p. 54–62.

puisque certains parmi eux n'existent que manuscrits ou en éditions rares ou introuvables.[73]

Mais le jugement sur Nifo est très utile pour analyser la position critique et historique de Naudé par rapport à la philosophie italienne de la Renaissance. L'érudit parisien déclare dans un passage de son *Iudicium* que les Italiens, en philosophie, ont toujours été supérieurs aux Français. Selon Naudé, l'Italie est une terre très féconde pour les philosophes, soit pour des causes naturelles et climatiques, soit par volonté de Dieu,[74] et notre érudit fait suivre cette affirmation par une liste très longue d'auteur italiens. Il s'agit de philosophes liés à l'école aristotélicienne et à la médecine (Vernia, Achillini, Nifo, Pomponace, Zimara, Marta, Simone Porzio, Tiberio Russilliano, Montecatini, Scaino, Zabarella, Boccadiferro, Liceti, Bonamici, Baldi, Cremonini) où à la philosophie de la nature (Fracastoro, Cesalpino, Della Porta, Telesio, Persio, Cardan, Bruno, Campanella), plutôt que de théologiens ou d'auteurs de la tradition platonique.[75] Certes, Naudé dit qu'il est possible de trouver aussi en France des auteurs très célèbres comme Gassendi, Mersenne, Boulliau, Descartes ou Bérigard, mais, à son avis, il n'est pas facile de découvrir dans sa patrie des esprits philosophiques, tandis qu'en Italie cela arrive fréquemment et facilement.[76]

Enfin, il faut au moins signaler l'édition du dialogue sur la raison des animaux de Girolamo Rorario (1485–1556), publié sur le manuscrit, en 1648, à Paris.[77] Ce texte, avec une préface de Naudé dédiée aux frères Pierre et Jacques Dupuy,[78] datée du mois d'avril 1645, a été composé en 1547 par un humaniste presque inconnu de Pordenone, en Frioul, qui fut nonce apostolique et corres-

---

[73] Cf. G. Naudé: De Augustino Nipho iudicium, cit., f. 5[r]: »Cum anno superiore, celeberrimi Philosophi Augustini Niphi Opuscula Moralia et Politica, quae variis in locis hactenus edita fuerant, Bibliopolae cuidam amico meo tradidissem, ut ea simul collecta publici iuris facerent, eo me putabam esse defunctum officio, quod nonnullorum librorum editione, qui vel M. S. in Bibliothecis latent, vel typis exerati, minus tamen frequenter videntur, literatorum commodis impendere soleo«.

[74] Cf. G. Naudé: De Augustino Nipho iudicium, cit., f. 6[r]: »sic Italiae proprium sit philosophos habere (sive id coeli temperatione proveniat, sive quod hoc ei munus a Deo concessum fuerit)«.

[75] Ibid., f. 6[r/v].

[76] Cf. ibid., f. 6[v]–7[r]: »tam facile, tam frequenter et expedite ex Italis hominibus [...] ut in ulla re magis quam in ista, naturae vis, ad fingendos hominum animos, summaque potestas elucescat«. Sur ce passage de Naudé relatif à la philosophie italienne de la Renaissance, cf. B. Croce: »La grande superiorità della filosofia italiana del Rinascimento rispetto alla francese secondo Gabriele Naudé«, in: Quaderni della critica, IV (1948), quad. 10, p. 116–117 (maintenant dans B. Croce: Aneddoti di varia letteratura, 4 vol., Bari, Laterza, 1953, vol. 2, p. 160–162). On trouve le passage entier du *Iudicium* de Naudé dans P. O. Kristeller, »Between the Italian Renaissance and French Enlightenment: Gabriel Naudé as an editor«, cit., »Appendix II«, p. 68–72.

[77] Cf. G. Rorario: Quod animalia bruta ratione utantur melius homine libri duo, Parisis, apud Sebastianum Cramoisy et Gabrielem Cramoisy, 1648.

[78] Cf. G. Rorario: Quod animalia bruta, cit, p. 3–4: »Amplissimis et integerrimis viris Petro et Iacobo Puteanis fratribus Claudii filiis. Gabriel Naudaeus S. P. D. Cum in procinctu essem ut ex Italia reverterer, in quam vestro, clarissimi Puteani, munere, cum optimo S. R. E. Principe Ioanne Francisco a Balneo decennium ante, profectus fueram; nescio quo casu, sed optimo tamen, mihique gratissimo contigit, ut in hunc Hieronymi Rorarij manu-scriptum codicem inciderem«.

pondant de Gianfrancesco Pico della Mirandola, ce dernier neveu de Giovanni Pico et auteur d'un écrit sceptique, l'*Examen vanitatis doctrinae gentium* (1520). Il s'agit d'un dialogue sceptique qui démontre chez certains animaux l'usage d'une raison naturelle et que Naudé, estimateur de Montaigne et de Charron – Montaigne avance des arguments semblables dans son *Apologie de Raimond Sebond* –, devait fort apprécier, l'utilisant peut-être en fonction polémique contre les nouvelles théories cartésiennes de l'animal machine. Ce texte de Rorario, remis en circulation par Naudé, connaîtra une certaine renommée entre le XVIIe et le XVIIIe siècles (on en connaît trois réimpressions: Amsterdam 1654, 1666; Helmstedt 1728). Mais la fortune de cet ouvrage est liée surtout à l'article »Rorarius« du *Dictionnaire historique et critique* de Bayle, où le philosophe de Rotterdam se réfère au *Quod animalia bruta* pour débattre de la raison des animaux en polémique avec la théorie leibnitienne de l'harmonie préétablie.[79]

Cet exemple nous permet deux considérations. Premièrement, il montre l'influence de Naudé, de sa critique érudite et de ses éditions sur le *Dictionnaire* de Bayle – où, par exemple, les articles dédiés à »Cardan« et à »Niphus« découlent directement des deux »iudicia« de Naudé –;[80] deuxièmement, il montre la continuité et la flexibilité du scepticisme: l'exercice proprement humaniste d'une raison sceptique se transforme entre les mains de Bayle en arme critique contre le nouveau système métaphysique de Leibniz, tandis que la tradition sceptique est revue à l'intérieur des nouveaux débats postcartésiens.

Ainsi l'exemple de Naudé, par le rapport étroit que l'érudit parisien entretient avec la pensée italienne de la Renaissance en tant que critique et éditeur de textes, nous montre que l'association entre critique, histoire et philologie, propre à l'expérience du »libertinage érudit«, est devenue l'instrument d'une nouvelle »raison« dont l'influence arrive jusqu'à Bayle et au XVIIIe siècle.

---

[79] Cf. P. Bayle: Dictionnaire historique et critique, cit., art. »Rorarius« et cf. L. Bianchi: »Pierre Bayle face au meilleur des mondes«, in: Studia leibnitiana, Sonderheft 21, 1992, publié par A. Heinekamp et A. Robinet, p. 129–141.

[80] Sur les auteurs de la philosophie italienne de la Renaissance dans le *Dictionnaire* de Bayle et sur l'influence exercée à ce propos par Naudé, cf. G. Canziani: »Les philosophes de la Renaissance italienne dans le *Dictionaire*« et L. Bianchi: »Pierre Bayle et le libertinage érudit«, dans: Critique, savoir et érudition à la veille des Lumières: le »Dictionaire historique et critique« de Pierre Bayle, publié par H. Bots, Amsterdam & Maarssen, APA – Holland University Press, 1998, p. 143–164 et p. 251–267. Cf. aussi L. Bianchi: »»Beaucoup plus fanatique qu'athée«. Cardan dans le *Dictionnaire* de Bayle«, cit.

Peter N. Miller

The Antiquary's Art of Comparison: Peiresc and *Abraxas**

A century ago, writing in honour of Theodor Mommsen, Jacob Bernays observed that it was the »more discerning philologists« of the late sixteenth and early seventeenth centuries who had pioneered the comparative study of texts and inscriptions, a practice that was subsequently so thoroughly forgotten that it seemed to some of his contemporaries as if newly-invented in the nineteenth century. Bernays showed how early seventeenth-century antiquaries solved a textual puzzle in Juvenal by using Jewish inscriptions (in Greek) whose context explained the pagan poet's words (in Latin).[1] In this article, Bernays drew attention to one of the most characteristic, if generally glossed-over, features of early modern European intellectual culture: comparison.

The early modern scholars who figured most prominently in Bernays' account were Nicolas Rigault (1577–1654), the successor of Isaac Casaubon as the *garde de la Bibliothèque du Roi*, and John Selden (1584–1654), historian of medieval English law and ancient Mediterranean religion. The aspect of their work highlighted by Bernays was, indeed, characteristic of antiquarian scholarship. Girolamo Aleandro the Younger (1574–1629), Roman correspondent of both Rigault and Selden, explained, »We call philologists, principally, certain wondrous or skilled examiners who hunt with great skill in the ancient learning of books, antique coins, engraved gems, worked marbles, and carved reliefs.«[2] The antiquaries' approach dominated historical thought in Europe in the six-

*   I am grateful to Anthony Grafton, Ingo Herklotz, Thomas DaCosta Kaufmann, Jill Kraye, and Françoise Waquet for their comments on earlier recensions, to Agnès Bresson and Jérôme Delatour for invaluable assistance with seventeenth-century hands, and to Carlo Ginzburg, Krzyzstof Pomian, Peter Reill, and Alain Schnapp for stimulating questions after a lecture at the Clark Library in Los Angeles. Other versions were presented at the Director's Seminar, Warburg Institute, and at the Metropolitan Museum of Art in New York. Original spelling has been preserved throughout.

[1]   Jacob Bernays: »Die Gottesfürchtigen bei Juvenal«, in: Commentationes philologae in honorem Theodori Mommseni scripserunt amici (Berlin, 1877), pp. 563–69, reprinted in Gesammelte Abhandlungen von Jacob Bernays, ed. H. Usener, 2 vols. (Berlin, 1885), II, pp. 71–80. I wish to thank Anthony Grafton for his generosity in providing this reference.

[2]   »Philologos praesertim, qui variam multiplicemque in veterum libris eruditionem venantur, antiqua nomismata, gemmarum scalpturas, exculpta marmora, caelaturas tabulas mira quadam solerti perscrutantes cernimus« (Aleandro: Antiquae tabulae marmoreae solis effigie symbolisque exculptae accurata explicatio. Qua priscae quaedam mythologiae, ac nonnulla praeterea vetera monumenta marmorum, gemmarum, nomismatum illustrantur [Rome, 1616; Paris, 1617], sig. Aii^r).

teenth and seventeenth centuries and often remains, as Bernays observed, the point of reference for modern scholarship in a variety of fields.[3]

Rigault, Selden, Aleandro, and their many friends had no ›scholarly literature‹ to fall back upon for answers to basic questions of dating, provenance, and style. They often had little more to work with than the ancient texts and objects themselves. ›Comparison‹ helped them establish secure knowledge in this sea of uncertainty. Later in the century, the English antiquary, John Aubrey, wrote that »by comparing those that I have seen one with another, and reducing them to a kind of Aequation« he was able »to make the stones give evidence for themselves«. This was especially necessary when dealing with antiquities that were not discussed in books – such as Stonehenge. »This inquiry«, in Aubery's words, »I must confess is a groping in the dark [...] These antiquities are so exceeding old, that no books do reach them: so that there is no way to retrieve them but by comparative antiquity, which I have writ upon the spot, from the monuments themselves, *Historia quoque modo scripta bona est*«.[4] Because of its openendedness – what could not be compared with something else? – comparison was a perfect tool for an age whose horizons were constantly being expanded, outwards in space as well as backwards in time.[5] For travellers to new worlds who described their encounter with the unfamiliar in familiar terms were also demonstrating how inevitable was the recourse to comparison.[6]

---

[3] The classic work on the subject is Arnaldo Momigliano: »Ancient History and the Antiquarian«, in: Journal of the Warburg and Courtauld Institutes XIII (1950), pp. 285–315; »L'eredità della filologia antica e il metodo storico«, in: Secondo Contributo alla Storia degli Studi Classici, (Rome, 1960), pp. 463–80. More recently there has been an intensification of interest from scholars in different fields. See Ancient History and the Antiquarian: Essays in Memory of Arnaldo Momigliano, eds. M. H. Crawford and C. R. Ligota (London, 1995); Anthony Grafton: Defenders of the Text: The Traditions of Scholarship in an Age of Science 1450–1800 (Cambridge, MA, 1991); idem.: Joseph Scaliger. A Study in the History of Classical Scholarship, (Oxford, 1983, 1993), 2 vols; Bruno Neveu: Erudition et religion aux XVIIe et XVIIIe siècles (Paris, 1994); Francis Haskell: History and its Images: Art and the interpretation of the past (New Haven and London, 1993); Alain Schnapp: La Conquête du passé. Aux origines de l'archéologie, (Paris, 1993); Krzysztof Pomian: Collectionneurs, amateurs et curieux. Paris-Venise, XVIe–XVIIIe siècle, (Paris, 1987; Stuart Pigott: Ruins in a Landscape. Essays in Antiquarianism (Edinburgh, 1976); Cassiano dal Pozzo. Atti del Seminario Internazionale di Studi. Napoli, 18–19 dicembre 1987, ed. Francesco Solinas, (Rome, 1987); and Ingo Herklotz: »Das Museo Cartaceo des Cassiano dal Pozzo und seine Stellung in der Antiquarischen Wissenschaft des 17. Jahrhunderts«, in: Documentary Culture. Florence and Rome from Grand-Duke Ferdinand I to Pope Alexander VII, eds. E. Cropper, G. Perini, F. Solinas (Bologna, 1992), pp. 81–125.

[4] Monumenta Britannica or a Miscellany of British Antiquities, 2 vols. (Knock-na-cre, Miltorne Port, 1980) I, p. 32). (Monumenta Britannica, I, p. 25. For further discussion of Aubrey's use of comparison, see Michael Hunter: John Aubrey and the Realm of Learning (London, 1975), pp. 180–83.

[5] For an examination of the role of the ›tool-kit‹ see Howard L. Goodman and Anthony Grafton: »Ricci, the Chinese, and the Toolkits of Textualists«, in: Asia Major, 3rd series, III, 2 (1990), pp. 95–148.

[6] See, for example, Anthony Pagden: European Encounters with the New World: From Renaissance to Romanticism (New Haven and London, 1993); Stephen Greenblatt: Marvelous Possessions: the Wonder of the New World (Chicago, 1991) and ed.: New World Encounters (Berkeley, Los Angeles and London, 1993); Joan-Pau Rubiés: »Hugo Grotius's Dissertation on the Origin of the American Peoples and the Use of Comparative Methods«,

Comparison was so central a feature in the intellectual culture of the time as to have been incorporated as the distinctive feature of the truly wise man. Pierre Charron explained that the sage knew »to examine all things, to consider them individually, and then to compare together all the laws and customs of the world that can be known, and to judge them in good faith and dispassionately, at the level of truth, reason and universal nature«.[7] Its necessity was recognized by Descartes in his reformulation of contemporary practice as the fourteenth of his *Rules for the Direction of the Mind.* »All knowledge whatever«, he explained, results »from a comparison between two or more things. In fact, the business of human reason consists almost entirely in preparing for this operation.«[8] Not by coincidence, the contemporary skeptic seeking to overthrow this intellectual regime took as his target nothing less than the certainty of knowledge based on comparison. Pierre Nicole, the famous Jansenist, entitled a chapter of his treatise *On Human Weakness,* »The Difficulty of knowing things which one must judge by comparison of likenesses«. It begins: »La découverte du vrai dans la plupart des choses dépend de la comparaison des vraisemblances. Mais qu'y a-t-il de plus trompeur que cette comparaison?«.[9]

Comparison may have been ubiquitous, but calling attention to it has the added benefit of clarifying two other aspects of seventeenth-century scholarly method. First, scholars regularly drew on visual, textual and material sources when crafting their arguments.[10] Because so much of the revival of interest in early modern antiquaries has been led by art historians it is the use of images that has attracted attention. I intend, rather, to focus on the notion of comparison itself; how early seventeenth-century scholars understood it, and how they actually did it. Second, the importance of comparison reflects the importance attached to understanding other cultures. For while ancient Rome could be approached as a familiar, if long-lost, relative, the contemporary East and West could not. Here was where comparison showed its value.

---

in: Journal of the History of Ideas 52 (1991), pp. 221–44; idem: »New Worlds and Renaissance Ethnology«, in: History & Anthropology 6 (1993), pp. 157–97; idem: »Instructions for Travellers: Teaching the Eye to See«, in: History & Anthrolopology 9 (1996), pp. 139–90.

7   »[...] d'examiner toutes choses, considerer à part et puis comparer ensemble toutes les loix et coutumes de l'univers que luy viennent en conoissance, et les juger [...] de bonne foy et sans passion, au niveau de la verité, de la raison et nature universelle« (Pierre Charron: De la Sagesse, II. 8, p. 500).

8   »Omnem omnino cognitionem, quae non habetur per simplicem & purum unius rei solitariae intuitum, haberi per comparationem duorum aut plurium inter se. Et quidem tota fere rationis humanae industria in hac operatione praeparanda consistit« (Regulae ad directionem ingenii, Oeuvres de Descartes, ed. Charles Adam and Paul Tannery, 12 vols. (Paris, 1986), X, p. 440).

9   Pierre Nicole: Essais de morale, (Paris, 1715), I, p. 30.

10 For the generally received view that more rigorous comparative methods were a feature of later seventeenth-century antiquarian culture see Blandine Barret-Kriegel: Jean Mabillon (Paris, 1988); Michael Hunter: »The Royal Society and the Origins of British archaeology«, in: Antiquity 65 (1971), p. 113; and Pomian: Collectionneurs, amateurs et curieux, p. 112, 80.

If comparison was the tool wielded by these »more discerning philologists«, a close look at one of the most famous of them in action offers the prospect of a more precise appreciation of its use. Nicolas-Claude Fabri de Peiresc (1580–1637), close friend of Aleandro, Rigault, and Selden, was called by Pierre Bayle, some fifty-odd years after his death, the »procureur-général« of the Republic of Letters and by Arnaldo Momigliano, three hundred years later, »that archetype of all antiquarians«.[11] Few of the epoch's learned discussions or discoveries escape mention in his correspondence or notes. In what follows, I shall explore one of the less important, but typical, scholarly projects that left its trail in his papers, the study of the *Abraxas* gem, in order to show the richness of the antiquaries' art of comparison.

i. Learning to compare: Peiresc's training as an antiquary

Born near Toulon into an aristocratic, parlementary family, educated at Avignon by the Jesuits and buried in Aix in the Church of the Dominicans, Peiresc owed his European fame to the network of friendships he forged with leading scholars during his trips to Italy (1600–02), the Netherlands and England (1606), and during his residence in Paris in the entourage of the Keeper of the Seals, Guillaume du Vair (1616–1623).[12] Across the vast range of his interests, from metrology to natural history, to astronomy, Peiresc used comparison to establish more certain knowledge.

While still a young man, Peiresc identified an unknown food served him by Du Vair as flamingo's tongue by comparing what he saw on the plate and what he tasted, with what he knew from Martial's verse: »My ruddy wing gives me a name, but my tongue is a treat to epicures«.[13] Later, he sought to establish the meaning of long-forgotten ancient weights and measures – one of his four great projects – by acquiring the objects and comparing them with one another and

---

[11] Arnaldo Momigliano: The Classical Foundations of Modern Historiography (Berkeley and Los Angeles, 1990), p. 54. The first pages of chapter three, »The Rise of Antiquarian Research« (pp. 54–57) are devoted to Peiresc.

[12] Still the best biography is Pierre Gassendi: Viri Illustris Nicolai-Claudii Fabricii de Peiresc [...] Vita, (Paris, 1641) (henceforth *Peiresc*); translated by William Rand as The Mirrour of True Nobility and Gentility (London, 1657) (henceforth Mirrour). Modern works on Peiresc include Cecilia Rizza: Peiresc e l'Italia (Turin, 1965); Sydney Aufrère: La Momie et la tempête. N.-C. F. de Peiresc et la »curiosité egyptienne« en Provence au début du XVIIe siècle (Avignon, 1990); Peiresc. Lettres à Claude Saumaise et à son entourage, ed. Agnès Bresson (Florence, 1992); and David Jaffé: »Peiresc – Wissenschaftlicher Betrieb in einem Raritäten-Kabinett«, in: Macrocosmos in Microcosmo, ed. Andreas Grote, (Opladen, 1994), pp. 301–22.

[13] »Dat mihi pinna rubens nomen, / sed lingua gulosis nostra sapit«; Epigrams, tr. and ed. D. R. Shackleton Bailey, 3 vols. (Cambridge, MA, and London, 1993), XIII. 71, III, pp. 200–1). See Gassendi: Mirrour, year 1611, p. 152. (All references to this work will include the year except those which refer to the non-annalistic ›book 6‹.)

with the often conflicting textual sources.[14] He was able to establish that a tooth sent to him by Thomas d'Arcos from Tunis had not, in fact, belonged to a giant but an elephant after comparing it with the cast of a tooth that he had taken from an elephant passing through Toulon en route to Paris whose shape exactly matched the one that came from Tunis.[15] Peiresc collected astronomical tables prepared by Kepler and Galileo so that »by comparing of them, the Hypotheses might be perfected«.[16] He believed that the study of geography could not proceed from words alone; visual supplement by way of maps was necessary for conserving the »memoire locale«.[17] Responding to the efforts of William Camden's English friends to find Welsh origins for Provençal place-names, Peiresc found more plausible explanations by carefully examining the lay of the land and comparing topography with toponyms.[18] Plants newly-come from Canada and the Indies could be named, Peiresc wrote, »by comparison with other plants«.[19] Peiresc's efforts on behalf of the Paris Polyglot Bible – a comparative project if ever there was one – were justified entirely in terms of comparison.[20] The most elaborate example of Peiresc putting comparison at the centre of his intellectual practice is his effort to organise eclipse observations across the Mediterranean so as to compare their results, calculate longitudes, and make more accurate maps.[21]

Peiresc's description of his regular practice of comparison verged closest on the theoretical in a letter he wrote to a Capucin missionary in Egypt, P. Agathange de Vendôme. After thanking him for a manuscript of the Evangelists in Arabic and Coptic, Peiresc declared that he had found in the prefatory notice on the time and place of the texts »de très belles choses à remarquer pour la vray synchronisme«.[22] What is »synchronism«? This was a term of art used by Peiresc's friend John Selden to mean strict adherence to the requirements of chronology and context when framing an historical argument. Selden advanced this claim most decisively in his *Historie of Tithes*, a book whose publication Peiresc had anxiously awaited – and which he must surely have possessed.[23]

---

14 Gassendi: Mirrour, year 1632, p. 83; Peiresc to Dupuy, 31 January 1633, Lettres de Peiresc, ed. Tamizey de Larroque, 7 vols. (Paris, 1888–98), II, p. 428.
15 Gassendi: Mirrour, year 1631, p. 60.
16 Gassendi: Mirrour, year 1610, p. 145.
17 Peiresc to Holstenius, 30 December 1627, Lettres de Peiresc, V, p. 260.
18 Peiresc to P. Anastase de Nantes, 27 December 1636, Correspondance de Peiresc avec plusieurs Missionaires et Religieux de l'ordre des Capucins, ed. P. Apollinaire de Valence (Paris, 1892), pp. 283–5.
19 Peiresc to Baron d'Alegre, 22 June 1630, Lettres de Peiresc, VII, p. 21.
20 Peiresc to Dupuy, 23 May 1631, Lettres de Peiresc, II, p. 231; 10 January 1633, II, pp. 409–10.
21 Gassendi: Mirrour, year 1600, p. 146; year 1612, p. 156; year 1628, p. 26; year 1635, p. 132.
22 Peiresc to P. Agathange de Vendôme, 10 August 1635, Correspondance de Peiresc avec plusieurs [...] Capucins, p. 162.
23 Peiresc to William Camden, 4 March 1618, Lettres de Peiresc, VII, p. 773. For further discussion, see D. R. Woolf: The Idea of History in Early Stuart England. Erudition, Ideology and »The Light of Truth« from the Accession of James to the Civil War (Toronto, 1990), pp. 213–34; Paul Christianson: Discourse on History, Law and Governance in the Public Career of John Selden 1610–1635 (Toronto, 1996).

When reproached by a visitor for devoting so much time and effort to obscure matters, Peiresc responded by explaining that even a broken fragment could help make sense of the past, and then, by »producing divers Monuments of antiquity, he demonstrated the same; so as by this means to clear up most of the obscure passages in Authors, and such places, as were by no other means intelligible«.[24] Gassendi decribed Peiresc's practice upon coming across an unusual object: »he consulted with his Books, compared it with the like thing, and called to mind what ever he had observed, that might give light thereunto; and by all possible Art, he enquired into the capacity, weight, or shape thereof«.[25]

How did Peiresc come to this way of thinking? Because books 1–5 of Gassendi's very reliable biography are strictly chronological we can follow the development of Peiresc as a scholar. At the age of fifteen he discovered a golden coin of Arcadius on the family property in Belgentier. His uncle rewarded his interest with books and other ancient coins. »And from this time forwards«, Gassendi wrote, »his most curious mind began to burn like fire in a wood for he began eagerly to seek out, and collect all the ancient Coines which he could come by being eagerly bent to read and Interpret their Inscriptions, upon which occasion also he began to seek out all kind of Inscriptions, whether belonging to sepulchers or others, and studiously to observe them«.[26]

Peiresc's fascination with artifacts and recognition of their historical value grew with time. In his appreciation of Peiresc's habits of mind, Gassendi attributed to him the view »that many things omitted by our Historians« could be supplied from »Charters, Letters, Seals, Coates of Arms, Inscriptions, Coins«, all of which »were incorrupted witnesses of antiquity«.[27] The accounts of »our historians« were, however, to be supplemented by other perspectives. Peiresc's interest in acquiring Arabic historians writing about events also described by Europeans followed from the belief »that, at least, by comparing both together, a more probable narration might be framed«.[28] Peiresc pursued this same activity away from home, too. When travelling, he carried ancient coins to help him learn to identify sculptures, »searching out the Age of every one, and for the most part discerning the hand of the Workman for his Acuteness was such that he could discern in a moment what was truly ancient, and what only by imita-

---

[24] Gassendi: Mirrour, bk. 6, pp. 204–5.

[25] Gassendi: Mirrour, bk. 6, pp. 206–7.

[26] Gassendi: Mirrour, Year 1595, p. 13; later, he collected Imperial Roman coins and matched the portraits to the catalogue of legislation that he compiled to assist his legal studies (Mirrour, Year 1597, p. 16 and bk. 6, p. 201).

[27] Gassendi: Mirrour, bk. 6, p. 203. On the seventeenth-century use of charters as historical sources see H. A. Cronne: »The study and use of charters by English scholars in the seventeenth century: Sir Henry Spelman and Sir William Dugdale«, in: English Historical Scholarship in the Sixteenth and Seventeenth Centuries. A record of the papers delivered at a Conference arranged by the Dugdale Society to commemorate the tercentenary of the publication of Dugdale's »Antiquities of Warwickshire«, ed. Levi Fox (Oxford, 1956), pp. 73–92.

[28] Gassendi: Mirrour, bk. 6, p. 203.

tion«. Already the arch connoisseur, Pereisc claimed to know coins »as men are wont to know the Lion by his claw«.[29]

As a teenager studying in Avignon, Peiresc first came into contact with the works of Hubert Goltzius (1526–1583).[30] Goltzius had set out in 1563 to reconstruct the history of the Roman emperors »from ancient coins«. He offered a classic justification of their historical value as both a more contemporary and more trustworthy type of evidence than that provided by historians who generally lived later than the events they described and whose works depended on unreliable human transmission in order to reach their audience.[31] In the preface to a reconstruction of Roman festivals and triumphs, Goltzius insisted upon the utility for the modern historian of ancient objects and images whose textual descriptions had not survived.[32] »There is nothing whatever memorable«, Goltzius declared, »that is not expressed in coins, and other ancient monuments, and set before the eyes to be seen as if in a painted picture«.[33]

Goltzius's lesson was reinforced through Peiresc's friendship with the antiquary and numismatist Pierre-Antoine Rascas de Bagarris (1562–1613), who was later called to Paris by Henri IV as the first keeper of the royal collection. Both Gassendi, and surviving correspondence, paint the picture of a relationship between teacher and student that evolved into one between colleagues.[34] Bagarris's view of the historical value of coins and medals is set forth in *La Necessité de l'usage des medailles dans les monoyes* (1611), originally delivered as an address before the king.[35] As Goltzius before him had suggested, Bagarris ar-

---

[29] Gassendi: Mirrour, year 1600, p. 32, 34. For comparison and connoisseurship, see Carlo Ginzburg: »Morelli, Freud and Sherlock Holmes: Clues and Scientific Method«, in: History Workshop 9 (1980), pp. 5–36 esp.15–23; for the affinity between the practice of the antiquary, the connoisseur, and the inter-disciplinary cultural historian see Ginzburg: »Vetoes and Compatibilities«, in: The Art Bulletin 77 (1995), pp. 534–36. Determining authenticity was an important issue in the early modern scholarly world and was directly related to the practice of comparison. On this see Anthony Grafton: Forgers and Critics: Creativity and Duplicity in Western Scholarship (Princeton, 1990).

[30] Gassendi: Peiresc, year 1598, p. 18.

[31] Hubertus Goltzius: C. Iulius Caesar sive Historiae Imperatorum Caesarumque Romanorum ex antiquis numismatibus restitutae (Bruges, 1563), sigs. C2ᵛ–C3ʳ. This is the argument that Momigliano singled out in his 1950 article as the core of the antiquaries' historical ideology.

[32] Hubertus Goltzius, Fasti magistratuum et triumphorum romanorum ab urbe condita ad Augusti obitum (Bruges, 1566), sig. C4ʳ.

[33] Goltzius: Fasti, sigs. C4ʳ⁻ᵛ: »Nihil est usquam memorabile, quod non in numismatibus, aliisque antiquitatis monumentis exprimatur, & tanquam in tabula picta spectandum proponatur.«

[34] Gassendi: Mirrour, pp. 16–17. Fourteen letters from Bagarris to Peiresc were published by Tamizey de Larroque as fascicle XII of his Les Correspondants de Peiresc, 2 vols. (Geneva, 1972, rpt.), II, pp. 749–862.

[35] The oration was delivered in 1608. According to Tamizey de Larroque (Les Correspondants de Peiresc, I, p. 765n1) the copy in the Bibliothèque Nationale, Paris, is a *unicum*. For discussion see Thierry Sarmant: Le Cabinet des Médailles de la Bibliothèque Nationale 1661–1848 (Paris, 1994), pp. 11–12; Mark Jones: »*Proof Stones of History*: the Status of Medals as Historical Evidence in Seventeenth-century France«, in: Medals and Coins from Budé to Mommsen, eds. M. H. Crawford, C. R. Ligota and J. B. Trapp (London, 1990), pp. 53–55.

gued that coins were less amenable to forgery because their sheer number made it easy to spot tampering.[36] Coins offered historical evidence similar to »that which is represented in books by discourses«. As »abridged« histories, they spoke »as much through portraiture as through writing«.[37]

Bagarris's discussion of coins and medals focused on their utility as documents of public history, and the value of images as evidence. But he also knew a great deal about engraved gems and amassed an extensive collection. Unlike coins and medals, which were public documents, gems shed light on the history of private life. Moreover, because they lacked both the official character of coins and their intrinsic chronological ordering, gems forced the collector to develop a new taxonomy. Bagarris's gems were organised under the following headings: ancient religious rituals (including astrological imagery), mythological figures and heroes, political leaders, historical events, important families, inventors of arts, princesses and famous women, lawgivers, philosophers and poets, legal customs, the hieroglyphs of ancient peoples, and early Christian material.[38] If coins offered a non-literary perspective on ancient politics, gems offered access to culture. The organization of Bagarris's collection resembles the classification scheme suggested by Justus Lipsius in a fragment on »how to read ancient historians« preserved in Peiresc's papers that is a shorter and rearranged version of themes dealt with in a well-known set-piece by Lipsius on historical method in a letter addressed to Nicholas Hacquevillius.[39] Bagarris's gems also fell into Lipsius' four categories of *memorabilia*, *ritualia*, *politica* and *ethica*. It has, of course, been known for some time that the organisational principles of late sixteenth-century syllogae of inscriptions served as the prototype for a variety of taxonomic schemes, including collections and common-place books.[40]

In March of 1603 Bagarris sent Joseph Scaliger, in Leiden, sketches of thirty-six of his favourite gems for Scaliger's delectation. In a bravura response that Bagarris described to Peiresc as »plustost un commentaire ou discours que mis-

---

[36] Pierre-Antoine de Rascas de Bagarris: La Necessité de l'usage des medailles dans les monoyes (Paris, 1611), p. 7.

[37] Rascas de Bagarris: Necessité, p. 12.

[38] Curiositez pour la confirmation et l'ornement de l'histoire, tant Grecque & Romaine, que des Barbares & Goths, consistans en anciennes Monnoyes, Medailles, & pierres precieuses, tant gravées en creux, que taillées en bas relief (Aix, n.d.), pp. 29–35.

[39] »Quomodo legendi auctores«, in: Via ac methodus legendi cum fructu historiam. J. Lipsio auct., B. N. MS. Dupuy 488, fols. 104ʳ–106ᵛ; for comparison see Justi Lipsii Epistolarum (Antwerp, 1618), Cent. III, no. lxi, pp. 451–57. I thank Anthony Grafton for this reference. See also Grafton: »The new science and the traditions of humanism«, in: The Cambridge Companion to Renaissance Humanism, ed. Jill Kraye (Cambridge, 1996), pp. 219–20.

[40] See G. B. de Rossi: »Delle sillogi epigrafiche dello Smezio e del Panvinio«, in: Annali dell'Instituto di corrispondenza archeologica, 54 (1862), pp. 221–44; Ida Calabi Limentani: »Note su classificazione ed indici epigrafici dallo Smezio al Morcelli: antichità, retorica, critica«, in: Epigraphica 49 (1977), pp. 177–202; Ann Blair: »Humanist Ideas in Natural Philosophy: The Commonplace Book«, in: Journal of the History of Ideas 53 (1992), pp. 541–51; Anthony Grafton: Commerce with the Classics: Ancient Books and Renaissance Readers (Ann Arbor, 1997).

sive«, Scaliger gave a remarkable demonstration of connoisseurship.[41] Interestingly, Bagarris observed to Peiresc that he thought Scaliger had difficulty in analysing what he took to be early Christian gems because his religion made it difficult to appreciate the continuity between Christian and pagan imagery.[42] A copy of Scaliger's discourse was sent by Bagarris to Peiresc for his judgement.

If Peiresc learned much about being an antiquary from Bagarris, he learned from Scaliger how philology lay the foundation for cultural history.[43] Their personal relationship began in Padua in 1602. Peiresc happened to be in the home of the just-deceased Gian-Vincenzo Pinelli when a letter of Scaliger's arrived which he took it upon himself to answer. Their exchange of letters was especially prized by Peiresc, who struck the pose of honored client, and they had a warm, if rather bizarre, meeting in Leiden in 1606.[44]

It was none other than Scaliger, according to Gassendi, who provided Peiresc with a letter of introduction to Abraham Gorlaeus (1549–1609), the famed gem collector in Delft, though surviving minutes of a letter of February 1606, preceding his trip to the Low Countries, show Peiresc already making contact with the older man. It was the pleasure he had experienced at seeing the *Dactyliotheca*, and Gorlaeus' published invitation to his readers to supply him with further information that had encouraged him to write.[45] This study of the images on ancient rings and seals contains a strongly programmatic assertion of the value of comparison. This makes it an important source for understanding the conceptual foundations of Peiresc's own study of ancient material remains. »Thus«, Gorlaeus wrote, »not only will we most diligently compare our antiquities with history, coins with rings and rings with gems but individual items with one another...we will take care that from this diligent comparison of two things, rings and coins, a third is born, the full light of history«.[46]

---

[41] Scaliger: Opuscula varia antehac non edita (Paris, 1610), pp. 574–82. This same letter survives in a later manuscript copy in the Bibliothèque Méjanes with Peiresc given as the adressee (Aix-en-Provence, Bibliothèque Méjanes, MS. 212 (1030) p. 46).

[42] »...il détorque à mon advis, mais cela je le donne aux fondemens de sa religion qui n'advouent pas l'antiquité des images« (Bagarris to Peiresc, March 1603, Les Correspondants de Peiresc, fasc. XII, p. 49).

[43] For this large theme see Grafton: Joseph Scaliger, vol. I, ch. 7: »From philology to cultural history«. For Peiresc's relationship to Scaliger see this author's »An Antiquary Between Philology and History: Peiresc and the Samaritans«, in: History and the Disciplines: The Re-organization of Knowledge in Early Modern Europe, ed. Donald R. Kelley (Rochester, NY and London, 1997), pp. 163–84.

[44] Gassendi recounts the extraordinary tale of how Peiresc visited the great man in disguise, bearing a letter of recommendation from Peiresc. After a long conversation and much examination of books Peiresc asked for pen and paper to take some notes. Once he began to write Scaliger recognised the handwriting and the ruse was enjoyed heartily by them both (Mirrour, year 1606, p. 102).

[45] Peiresc to Gorlaeus, 15 February 1606, Carpentras, Bibliothèque Inguimbertine, MS. 1809 fol. 451^r.

[46] »Ibi namque non antiquitates modo cum historia nostra, numismata cum annulis, annulos cum gemmis, sed & singula inter se diligentissime conferemus. Cum enim nudae rerum harum considerationes per se, vel nihil quibusdam, vel parum ad pleniorum authorum utriusque linguae intellectum conferre videantur, operam dabimus ut ex hac duarum rerum, nummorum annulorumque, diligenti comparatione tertium quid nascatur HISTORIARUM LUX plena.« »Abrahamus Gorlaeus Candido Dactyliothecae Suae Lectori«, Abraham Gorlaeus:

The Roman antiquary Lelio Pasqualini was another older scholar – Peiresc called him the »unquestionably the prince of Italian antiquaries«[47] – with whom he studied images and who influenced the younger man's practice. It was he who had reminded Peiresc, in a letter of 1608, that »there is a very great difference between learning something from writers or seeing the thing itself«, and that long-running disputes among the »grammarians« could swiftly be resolved by an antiquary examining a few artifacts.[48] Chief among the objects they discussed were those with images requiring analysis, such as found on coins or gems.[49] A long discussion of Charlemagne's appearance involving comparison of coins, manuscript paintings and mosaics shows how seriously Peiresc was engaged in this particular practice and also the extent of his interest in medieval history, unusual among his contemporaries.[50] To Pasqualini, he wrote that he wished to obtain medals of the early French rulers (Merovingian and Carolingian) but especially »those« others which the antiquaries call Gothic«. He was most attracted to those »of such poor workmanship« that they could only be identified after comparison with other, similar pieces.[51] Peiresc, like other con-

---

Dactyliotheca seu annulorum sigillarium quorum apud priscos tam Graecos quam Romanos usus (Antwerp, 1601), sigs. *2v–*3r. For further information on Gorlaeus see Archäologie der Antike. Aus den Beständen der Herzog August Bibliothek 1500–1700. Wiesbaden, 1994. This same image of ›the light of history‹ is also used by Gassendi to describe the purpose of antiquarian research in his dedication of the *Vita Peireskii* to Louis de Valois: »Similis enim crepusculo vespertino est rerum fama, quae initio clarissima, ita paulatim evanescit, ut abeat tandem in tenebras; opusque adeo historia est, quae facis instar illam producat« (sig. *3ʳ).

[47] »Simulque ectypos duos Roma ad me missos a R. D. Lelio Pasqualino inter rei antiquariae in Italia peritos facile principe [...].« (Peiresc to Camden, 2 May 1608, Bodleian Library MS. Selden Supra 108, fol. 197ʳ).

[48] »Insomma se per poter trattar delle cose antiche bastasse lo studio, sarebbe pazzia, non che cosa superflua il radunar tante cose et spendere tanti denari in anticaglie, ma è troppo gran differenza dall'imparare una cosa dalli scritori o veder la cosa stessa: vegga V. S. per cortesia quanta questione è fra gramatici nostri circa la forma del Tripode d'Apollo; et con meno di due quelli se ne da sentenza finale dalli antiquari;« (Pasqualini to Peiresc, 3 June 1608, Carp. Bibl. Inguimb. MS. 1831, fol. 60ᵛ).

[49] David Jaffé: »Aspects of Gem Collecting in the Early Seventeenth Century: Nicolas-Claude Peiresc and Lelio Pasqualini«, in: Burlington Magazine 135 (1993), pp. 103–20 is the best treatment of their intellectual relationship.

[50] Peiresc to Pasqualini, 2 November 1608, Aix Bibl. Méjanes, MS. 209 (1027), pp. 86–98. The discussion of Charlemagne is found in this copy and the autograph draft on which it is based (Carp. Bibl. Inguimb. MS. 1809, fols. 300ʳ–305ᵛ; it follows the end of the letter and was marked by Peiresc for insertion in the body of the text) but not in the letter as sent (Montpellier, Bibl. de l'Ecole de Médecine, MS. H. 271 vol. I, fol. 7ᵛ; was it simply forgotten or a Peireskean afterthought?). See also Peiresc's letters to Aleandro of 5 September 1617 (Correspondance de Peiresc & Aleandro, eds. Jean-François Lhote and Danielle Joyal, 2 vols (Clermont-Ferrand, 1995), I, p. 132) and 6 February 1625 (Vatican City, Biblioteca Apostolica Vaticana, MS. Barb.-Lat. 6504, fol. 189ᵛ). On Peiresc's ›medievalism‹ see Jean Schopfer: »Documents relatifs à l'art au moyen âge contenus dans les manuscrits de N. C. Fabri de Peiresc à la bibliothèque de la ville de Carpentras«, in: Bulletin archéologique du comité des travaux historiques et scientifiques 20 (1899), pp. 330–95; Edward S. Peck: Peiresc Manuscripts Aiding the Reconstruction of Lost Medieval Monuments, Unpubd. Ph.D, (Harvard University, 1964).

[51] Peiresc to Pasqualini, 2 November 1608, »In scambio di che ho da pregaro V. S. M. Ill.ʳᵉ di mandarme de gli impronti di tutte le monete ò medaglie d'oro et d'argento che potranno

noisseurs, seems to have adapted the practice of Apelles, who collected a bevy of beauties in order to combine their best parts to make the »perfect« woman, except that he sought misshapen examples to explain other wretched ones. Thus, in a letter to Peter-Paul Rubens two decades later, Peiresc explained that he was particularly interested in those medals »of that sort which the antiquaries call Gothic, which are ordinarily of such poor workmanship that it is necessary to see them sometimes more than 5 or 6 times in order to understand the intention of the artist«.[52]

Where no texts survived knowledge could only be made by comparing objects with other objects. And this meant that the purpose of collecting was stretched from the beautiful or wondrous to the historically valuable though possibly ugly. This helps to explain why Momigliano's »Age of the Antiquaries« was also the great age of collecting. The larger the collection the greater the number of objects that could be compared and, therefore, the more certain the resulting conclusions.[53]

The most acute problem involving comparison was also raised in the Peiresc-Pasqualini correspondence. »Since the material of antiquity is so vast and vague«, Peiresc wrote, »to treat it in an orderly way one would need to encompass an infinite number of things for which, perhaps, public and domestic occupations would not allow time, apart from many other impediments.«[54] This was work with no obvious end; as a contemporary theorist of philology – and acquaintance of Peiresc – put it: »The task is one of immense, infinite and most

---

ritrovarsi in man sua, ò delli suoi amici battutte a'tempi delli nostri Re Francesci della prima et seconda Famiglia, et non solo di quelle, ma ancora di certe altre che gli Antiquarii sogliono chiamare Gothiche delle quali havendone io radunato piu di docento fra oro, argento, et rame, ho comminciato di cavarne qualche costrutto, ma non hardisco palesiarlo, Ch'io non ne habbia messo insieme maggior quantità, per maggior confirmatione del mio concetto. Massime sendo alle per lo piu di si goffa maestria che niente a pieno difficilmente vi si può riconoscervi niente a pieno senza haverne tre ò quatro simili con le istesse impronte et inscrittioni« (Montpellier, Bibliothèque de l'Ecole de Médecine, MS. H. 271 vol.I, fol. 5ᵛ). Peiresc was using this term as early as 1602. In a letter to Marcus Welser, for example, Peiresc explained that because his Phoenician coins were of »si goffa maestria per il più bisogna indovinare, il che non so ne posso fare« (Peiresc to Welser, 31 January 1602, B. N. Nouvelles acquisitions françaises, MS. 5172, fol. 21ʳ).

52   »[...] di quella natura che gli antiquarii chiamano Gothiche, le quali sono ordinariamente di assai goffa maestria, in maniera che bisogna vederne talvolta piu di 5 o 6 per sorte per riconoscere l'intentione dello scoltore« (Peiresc to Rubens, 26 November 1621, Codex Diplomaticus Rubenianus. Correspondance de Rubens et documents épistolaires concernant sa vie et ses oeuvres, ed. Charles Ruelens and Max Rooses, 6 vols. (Antwerp 1887–1909), II, p. 295 (henceforth Rubens Correspondance). Charles Patin: Histoire des médailles ou introduction à la connaissance de cette science (Paris, 1695, p. 111) noted that »Ce mot Gothique est assez commun chez les Curieux, et c'est ainsi qu'on appelle tout ce qui paraît ancien et mal fait« (quoted in Pomian. Collectionneurs, amateurs et curieux, p. 326 *note* 212.

53   Momigliano: »Ancient History and the Antiquarian«, p. 68.

54   »Imperoche è si ampia e vagga la materia dell'antiquità, che per trattarla con ordine, bisognerebbe abbracciare infinite cose insieme di che non le darebbono forse il tempo necessario, le sue occupationi publiche, è domestiche, oltre molte altre impedimenti« (Peiresc to Pasqualini, 20 December 1609, Montpellier, Bibl. de l'Ecole de Médecine MS. H. 271 vol. I, fol. 13ʳ).

uncertain labour, and one needs more than an Ariadne's thread to emerge from it«.[55]

This particular problem was a concern of another of Peiresc's early teachers, the Vicentine emigré legal scholar and Aristotelian philosopher, Giulio Pace.[56] Peiresc was his student at Montpellier in 1603, lived in his household, and became a lifelong friend of both Pace and his son.[57] The question which Pace analyzed was strikingly similar to that articulated by Peiresc: if Roman law was to be understood as a product of historical circumstances, as the French school of interpretation taught, would adjudication be held hostage to the endless pursuit of an ever-thickening historical context?

In *De juris methodo*, an inaugural lecture delivered at Heidelberg in 1585, Pace sought to reconcile historical research with the demands of present-day use, and more specifically, the *mos Gallicus* with the status of Roman Law as the law of the land.[58] It could not be denied that there were difficulties with the text of the *Corpus Iuris* as it had been transmitted, and Pace offered three general explanations. First, the laws were fixed in antiquity and in an age of great discoveries – *rerum novarum inventio* – their application became increasingly peril-

---

[55] »Res est immensi, infiniti et incertissimi operis, opusque est filo plusquam Ariadnaeo, ad emergendum« (Alexandre Fichet: Arcana Studiorum, quoted in Helmut Zedelmaier: Bibliotheca Universalis und Bibliotheca Selecta. Das Problem der Ordnung des gelehrten Wissens in der frühen Neuzeit (Cologne, Weimar, Vienna, 1992), pp. 295–96 note 900). Fichet actually knew Peiresc, having taught philosophy at Aix-en-Provence. He dedicated to him a volume of spiritual treatises. The original dedicatory letter was so embarrassing to Peiresc that he had it omitted from later copies, though Gassendi reproduces it in part: »Your Table, your House, your Study, are a Starry firmament of all wits, wherein the Heavenly Constellations, the Stars of all Learning and learned men do briefly shine; so that all things therein are not guilt with Gold or Silver, but shine as Stars: the Desks are filled with Stars, where the Books stand like Constellations; and your self sitting in the midst, and embracing all, give light to all, add grace to all, bestow life as it were, and eternity upon all; so that to you all well-writ Books throughout the World, as the sacred fires of good minds, do strive to mount as to their heaven, to receive light from you, and shine again upon you, &c.« (Gassendi: Mirrour, year 1627, p. 24). Two letters from Fichet to Peiresc are found in B. N. MS. Fonds français 9540, fols. 153ʳ, 154ʳ.

[56] For biographical information see: M. Revillout: »Le jurisconsulte Jules Pacius de Beriga avant son établissement à Montpellier 1550–1602«, in: Académie des sciences et lettres de Montpellier. Mémoires de la section des lettres, 7 (1886), pp. 251–78; F. Lampertico: »Materiali per servire alla vita di Giulio Pace giureconsulto et filosofo«, in: Atti del Reale Istituto veneto di scienze, lettere ed arti, ser.VI, 4 (1885–86); A. Franceschini: Giulio Pace da Beriga e la giurisprudenza dei suoi tempi. Memorie del Reale Istituto veneto di scienze, lettere ed arti, 27, 2 (Venice, 1903) and Alfred Dufour: »Jules Pacius de Beriga (1550–1635) et son *De Juris Methodo* (1597)«, in: Genève et l'Italie, ed. Luc Monnier (Geneva, 1969), pp. 113–47.

[57] Peiresc later tried to obtain for Pace a teaching position at the University in Aix and Pace dedicated his Institutionum imperialium analysis (1605) to the young Peiresc.

[58] This approach is often seen as a reflection of Pace's study with Jacopo Zabarella in Padua. See Cesare Vasoli: »Giulio Pace e la diffusione europea di alcuni temi aristotelici padovani«, in: Aristotelismo veneto e scienza moderna, ed. Luigi Olivieri, 2 vols (Padua, 1983), II, pp. 1009–34, and Helmut Coing: »Zum Einfluss der Philosophie des Aristoteles auf die Entwicklung des römischen Rechts«, in: Zeitschrift der Savigny-Stiftung für Rechtsgeschichte, Rom. Abt. 69 (1952), pp. 24–59.

ous.[59] Second, the fact that all things in the world were in a constant state of flux – *rerum mutatio* – made it difficult to work with a fixed canon.[60] Finally, the simple fact of ›normal‹ historical change – *circumstantiarum varietas* – risked turning Roman Law into one great anachronism.[61] The only way to deal with the problem of historical change, Pace thought, was to seek out the original intent of a law. If the same purpose were served by its modern application, even under unanticipated conditions, the law could be used according to the rule *ubi eadem ratio, idem jus*. Establishing clear intent, however, required detailed philological research into the usage of the time. This required the broad erudition that led Pace to appropriate for legal scholars the title of »polymathes«.[62]

Peiresc's interest in antiquities began and advanced in step with his legal studies and the relationship between antiquarian and legal scholarship was a close one.[63] Peiresc felt constrained to justify to his father and uncle the utility of antiquities for his legal studies, and Gassendi thought the »confession« worth conserving:

> And that he likewise knew, that the study of antiquities was not unuseful towards the knowledge of the Lawes, seeing without that, most places of the Digests and the Codes could not be understood; and that they themselves might find so much by experience, seeing for example sake Interpreters knew not what to make of those *Viriolas ex Smargadis* often mention'd by *Ulpianus* and *Paulus* which himself could understand, by meanes of some which he had got at Rome out of certain Ruines, and which he would send to them: A thing which had not been seen now for many Ages together.[64]

According to Gassendi, Peiresc believed that there were many passages in Roman legal texts that could no longer be understood without the help that antiquities offered, such as weights, measures, jewelry, and clothing.[65]

Letters written to his family from Montpellier show that Peiresc found Pace's method congenial. In a letter of late October 1602 to his uncle, the lawyer, whose seat in the parlement he was to occupy for the rest of his life, Peiresc

---

[59] All references are to G. Pace: De iuris methodo libri II (Speyer, 1597). The example of artillery and printing is found at p. 47.

[60] The depreciation of currency, a subject that was to fascinate Peiresc (see Gassendi: Mirrour, year 1609, pp. 131–33; year 1624, p. 17) is found at pp. 48–49. Peiresc also copied out excerpts from »Julii Paci J. C. tractatibus de mutatione monetarum« (Carpentras MS. 1775, fols. 283–34).

[61] Pace: De juris methodo, p. 49. Even discerning change was made more difficult by the tradition of glossing that required the historically oriented reader first to peel off a layer of medieval comment and another of late antique language before the original Roman context stood revealed (pp. 51–3).

[62] De juris methodo, pp. 57–58, 62–65, 70. On polymathy see Zedelmaier: Bibliotheca Universalis, ch. 4; Luc Deitz: »Ioannes Wower of Hamburg, Philosopher and Polymath. A Preliminary Sketch of his Life and Works«, in: Journal of the Warburg and Courtauld Institutes 58 (1995), pp. 132–51.

[63] For the relationship between antiquarianism and legal scholarship see J. G. A. Pocock: The Ancient Constitution and the Feudal Law (Cambridge, 1986, 2nd edition revised; 1st edn. 1957); Donald R. Kelley: The Foundations of Modern Historical Scholarship (New York, 1970).

[64] Gassendi: Mirrour, year 1602, p. 69.

[65] Gassendi: Mirrour, year 1604, p. 80.

enthusiastically described Pace's method.[66] The latter's insistence on historical context, he wrote, offered a justification for the antiquary's practice since many passages of Roman Law that had become impenetrable with the passage of time could be recovered with better understanding of daily life in ancient Rome. And so, upon the occasion of his doctorate of law in January 1604 Peiresc lectured on the history of academic ceremonial garb »out of innumerable other Monuments; he shewed how the use of these ornaments came from the Greeks to the Latines, and so down to us... All which he confirmed by frequent Citations of Councells, Fathers, Poets, Historians, and Orators«.[67] Of course, to suggest that polymathy was the ›solution‹ to the problem of an expanding horizon of information only begged the question of how one could know everything.

ii. *Abraxas*, Mithras and the survival of ancient religion

Looking over an antiquary's shoulder can help us appreciate the sophisticated construction of contexts and formulation of questions that constituted his scholarly activity and marked his originality. Peiresc's glyptic studies have received a great deal of attention in recent years; in what follows, we will look over Peiresc's shoulder as he and his friends studied the bizarre gem called *Abraxas*.[68]

The *Abraxas*, or *Abrasax*, gem (inscriptions use both spellings) depicted a strange figure with the head of a cock, the torso of a soldier in body armor, and the legs of a serpent, holding a whip in one hand and a shield bearing the Greek letters IAΩ in the other. The numerological value of the Greek characters added up to 365, suggesting a solar theme. Fathers of the Church, Jerome, Irenaeus, and Epiphanius, in particular, provided the most comprehensive contemporary explanation of the imagery and its meaning. They identified the gems as tokens produced by Gnostics in order to propagate their ideas, a sort of ideologically-charged advertising. The question of whether these followers of the second-century heretic Basilides were Christians who borrowed from paganism or pagans who borrowed from Christianity, or whether their teaching was theology, philosophy or magic was, and remains, a matter of debate.[69]

---

[66]   Peiresc to Callas, October 1602, in: Lettres de Peiresc, VI, pp. 6–7.
[67]   Gassendi: Mirrour, year 1604, p. 77.
[68]   See Marjon van der Meulen: »Nicolas-Claude Fabri de Peiresc and Antique Glyptic«, in: Engraved Gems: Survivals and Revivals, ed. Clifford Malcolm Brown (Washington, D.C., 1997), pp. 194–227; idem: Petrus Paulus Rubens Antiquarius (Alphen aan der Rijn, 1975), esp. ch. 2; idem: Rubens' Copies after the Antique (London, 1994), 3 vols.; David Jaffé: »Reproducing and Reading Gems in Rubens Circle«, in: Engraved Gems: Survivals and Revivals, pp. 181–93; idem: »Peiresc and New Attitudes to Authenticity in the Seventeenth Century«, in: Why Fakes Matter. Essays on Problems of Authenticity, ed. Mark Jones (London, 1993), pp. 157–73; idem: »Aspects of Gem Collecting in the Early Seventeenth Century: Nicolas-Claude Peiresc and Lelio Pasqualini«, in: Burlington Magazine 135 (1993), pp. 103–20.
[69]   For discussion of these gems, called ›gnostic‹ or ›magical‹ for reasons similar to those invoked by Scaliger and Bagarris, see P. Post: »Le génie anguipède alectro-céphale: une divinité magique solaire; une analyse des pierres dites Abraxas-gemmes«, in: Bijdragen,

Peiresc seems to have been interested in these gems for his whole life. Why? In part, of course, the obscurity and complexity of the gem and its peculiar graven image made it a challenging peak for the great connoisseur to conquer. But the presumed late antique, Egyptian provenance of the *Abraxas* also accounts for its importance in an age particularly fascinated by Egyptian symbolism. Peiresc's letters to older luminaries such as Vincenzo Contarini, Ulisse Aldrovandi and Marcus Welser dating from his Italian trip show an early interest in the language and religion of the ancient Near East, in hieroglyphs, the »mystica di Egitti«, and Phoenician coins struck in Tyre.[70] Peiresc's pursuit of the connection between the languages and religions of the eastern Mediterranean in his maturity shows that his interest did not flag. The study of *Abraxas* must be seen as part of this broader focus. Yet, reconstructing the history of Peiresc's *Abraxas*-studies is most valuable for the glimpse it affords us of an antiquary's comparison of texts, objects, and images.

By the time he left for Italy Peiresc seems already to have made himself something of an expert in these gems, and evidence scattered through his surviving papers shows that his collection of, and familiarity with, these gems rivalled, if it did not surpass, that of his older contemporaries. Bagarris, it will be recalled, had sent Peiresc a copy of Scaliger's ›commentary‹ on some of his gems. This had included a discussion of the *Abraxas*. Bagarris, after reviewing Scaliger's interpretations, differed precisely on the attribution to them of a magical, rather than a broadly philosophical, content. »M. de la Scala l'estime talisman; je la croiroy plus tost philosophique, comprenant soubs ce mot tout le subject ou dessains qu'on y a enclos, physique ou naturel, moral ou emblématique et historique ou fabuleux«. Bagarris also asked Peiresc for sketches of some of his gems, »mesme les chrestiennes magiques«.[71]

Gassendi describes how, during his visit to Rome in October of the Jubilee Year 1600, the twenty-year old Peiresc lectured an »astonished« Cardinal Baro-

---

Tijdschrift voor filosofie en Theologie 34 (1980), pp. 173–210; Campbell Bonner: Studies in Magical Amulets, chiefly Graeco-Egyptian (Ann Arbor, 1950); A. A. Barb: »Abraxas-Studien«, in: Hommage à Waldemar Déona, Collection Latomus 28 (Brussels, 1957); idem: »Diva Matrix: a Faked Gnostic Intaglio in the Possession of P. P. Rubens and the Iconology of a Symbol«, in: Journal of the Warburg and Courtauld Institutes 16 (1953), pp. 193–238; Peter Zazoff: Die antiken Gemmen (Munich, 1982), ch. 13 »›Gnostische‹ Gemmen (Magische Amulette)«; Roy Kotansky and Jeffrey Spier: »The *Horned Hunter* on a Lost Gnostic Gem«, in: Harvard Theological Review, 88 (1995), pp. 315–37.

[70] Mention of the »mystica di Egitti« occurs in the postscript of one letter to Aldrovandi (28 November 1601, Carp. MS. 1809, fol. 379^v), »lettere Hieroglyphiche« in a second (30 October 1601, fol. 379^v), the Phoenician inscription on a Tyrian medal in letters to Contarini (21 October 1601, B. N., N.a.f. MS. 5172, fol. 21A^r) and Welser (31 January 1602, N.a.f. MS. 5172, fol. 210^{r-v}) with a full discussion in »Della Colonne d'Hercole in medaglie di Tyro. Discorso di N. F. a Monsig. L. P. [Lelio Pasqualini]«, Carp. Bibl. Inguimb., MS. 1809, fols. 277–82; Aix Bibl. Méjanes, MS. 209 (1027), pp. 117–24. A description of Peiresc's ›Tyrian‹ medals is found in B. N. MS. Latin 9340, fols. 38–40.

[71] Baggaris to Peiresc, 13 January 1605, in: Les Correspondants de Peiresc vol. I, fasc. 12, p. 56. Peiresc seems to have adopted something of Scaliger's typology. Writing to Thomas d'Arcos in Tunis, he noted that the natives were prone to belief in the occult power of engraved stones »which they take nearly all for Talismans« (Lettres de Peiresc, 10 May 1631, VII, p. 97).

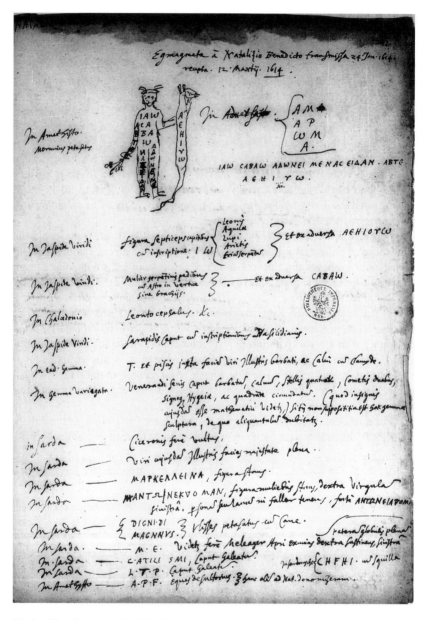

Fig. 1   List of gems received from Benedetti in 1614. Paris, Bibliothèque Nationale,
MS. Fonds français 9530, fol. 232ʳ. Cliché Bibliothèque Nationale.

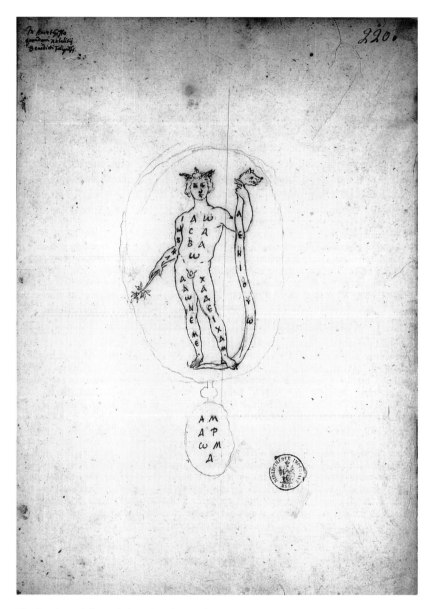

Fig. 2   An artist's rendering of the figure of the gnostic Mercury. Paris, Bibliothèque
Nationale, MS. Fonds français 9530, fol. 220ʳ. Cliché Bibliothèque Nationale.

nius on this engraved gem, which Baronius had used to illustrate his discussion of the history and theology of Gnostics in the second volume of his *Annales Ecclesiastici* (1597). Peiresc showed Baronius the collection of Basilidian and Valentinian gems that he had put together and which he believed offered a firmer documentary foundation than the single amethyst that Baronius had relied upon.[72]

Gassendi mentions that the substance of Peiresc's remarks to Baronius was preserved in a letter to Natalitio Benedetti, a well-known gem collector from Foligno whom he had met on that Italian trip. A copy of this letter, which Gassendi summarized, survives in draft. Peiresc provided Benedetti with a potted version of the account found in patristic heresiologists like Epiphanius.[73] The letters they exchanged over the next decade offer tantalizing traces of an extensive commerce in Gnostic gems.[74] Peiresc sought, for a long time after Bene-

---

[72] Baronius: Annales Ecclesiastici, II, year 120, paragraphs vii–xxvi; here parag. xvii. Ingo Herklotz has pointed to the importance of Baronius's use of coins for the genre of ecclesiastical history (»*Historia Sacra* und mittelalterliche Kunst während der zweiten Hälfte des 16. Jahrhunderts in Rom«, in: Baronio e l'arte. Atti del convegno internazionale di studi, eds. Romeo Maio et al. (Sora, 1987), pp. 23–74, esp., p. 64). For Baronius as scholar see the essays in: Baronio storico e la Controriforma, eds. Romeo de Maio et al. (Sora, 1982), and now Stefano Zen: Baronio storico. Controriforma e crisi del metodo umanistico (Naples, 1994). For the amethyst of *Abraxas* used by Baronius see Pierre de Nolhac: »Les collections de Fulvio Orsini«, in: Mélanges d'archéologie et d'histoire 4 (1884), p. 154.

[73] »Fu error mio lo scriver à V. S. che'l primo autore della parola ABPACAΞ fosse vissuto à tempi di Giuliano, poscia ch'egli morì sotto Hadriano, e si chiamò Basilides. è ben vero che la sua heresia repullulò in que'tempi, e durò anco fin a Valentiniano e più abasso. accresciuta di quelle de'Nicolaiti, Gnostici, Carpocratiani, Valentiniani, Heracleoniti, Ophiti, Arcontici, Heusiani, Samrasaei, Bardesianisti, Cathari, Marcosij, e molte altre, le quali nacquero tutte quasi in medesimo tempo, e se bene ci era qualche diversità trà loro, volevano nondimeno tutti che'l mondo fosse fatto da gli Angeli, ò da certe potentie angeliche imaginate da loro, e battezzatto di certi nomi Barbari, tratti quasi tutti, in senso occulto, d'alle fintioni poetiche di Hesiodo, e degli altri Greci, e molte volte osservando la maniera del parlare Ebreo ò Syriaco. Insomma, sarei troppo longo se volessi raccontarle minutamente gli articoli delle loro heresie sarà meglio che V. S. vegga lei stessa tutto il 2,3,4 tomi di Epiphanio contra le 80 Heresie« [Epiphanius: Contra octaginta haereses opus, Panarium appellatam] (Peiresc to Benedetti, 8 March 1602, Carp. Bibl.Inguimb., MS. 1809, fol. 396ʳ. Gassendi's summary is in: Mirrour, year 1600, p. 28).

[74] The following letters survive: from Peiresc to Benedetti, 8 March 1602, 26 November 1612, 3 April 1613, 14 August 1613, 29 October 1613, 25 March 1614, 6 June 1614 (Carp. Bibl. Inguimb., MS. 1809, fols. 397–405), 13 October 1614 (MS. 1872, fol. 254), and from Benedetti to Peiresc 1 March 1613; 20 May 1613; 24 January 1614; 12 March 1614 (B. N. F. fr. 9542, fols. 149–54). Among the ›intagli antiqui‹ that he sent to Benedetti on 26 November 1612 was a »Iaspo verde con l'Erictonio, a capo humano, pedibus serpentini &c.« (Carpentras MS. 1809, fol. 397ʳ). At the end of his letter of 3 April 1613 Peiresc sketched, amid a secretary's transcription, one of the gems he sent, a bearded canopus surrounded by stars and letters with a reverse showing »instrumenta varia geometrica« (400ʳ). This gem was reprinted in Ioannes Chifflet's *Abraxas Proteus* (1657), p. 123, with a commentary that linked it to the one primordial Creator in the Basilidian cosmogony. It is now believed to be a seventeenth-century forgery. (I thank Jeffrey Spier for this information.) Benedetti sent Peiresc a number of stones on 25 January 1614 (received 12 March), including four whose surviving descriptions by Peiresc seem to identify them with the magical-gnostic amulets: three were typical animal-headed, serpent-footed and IAΩ-inscribed, while a fourth, in green jasper, was described as »Sarapidis caput cum inscriptionibus Basilidianis« (B. N. MS. F. Fr. 9530, fol. 232ʳ. This list is followed by another which included four additional

detti's death, to obtain sketches of the stones in his collection.[75] *Abraxas* retained enough of a hold on Peiresc's imagination for him to record the chance discovery, in a Church while on other business, of one such gem incorporated into a reliquary.[76]

Peiresc's relationship with Benedetti bore fruit almost immediately. Lorenzo Pignoria warmly acknowledged Peiresc's assistance in his *Vetustissimae tabulae aeneae...explicatio* (1605), a study of the famed *Mensa Isiaca* that draws extensively on ancient gems for iconographical evidence and is a model of antiquarian comparison.[77] Pignoria specifically acknowledged Peiresc's help in obtaining from Benedetti gems that illustrated Epiphanius's and Irenaeus's observations on ancient Christian sects. These had inspired Pignoria to add an *Auctarium* and the engravings at the rear of the volume.[78] Pignoria argued, following Baronius (to whom the book was dedicated), but with more support from visual evidence, that *Abraxas* and its makers, including Basilides, were part of an ancient and native Egyptian tradition of idolatry. The Basilidian and Valentinian heresies were to be understood as late antique manifestations of that still-fertile imagination.[79] Pignoria's engravings of *Abraxas* gems were crude, but represented more

---

Abraxas gems, fol. 234). Peiresc seems to have most prized the amethyst of »Mercury covered in letters with a branch and serpent« (Peiresc to Benedetti, 14 August 1613 Carp. Bibl.Inguimb, MS. 1869 fol. 400ᵛ) that Peiresc thought unusual enough to draw alongside the list [Fig. 1]. The serpent with lion head is the Egyptian solar god Chnuphis and the seven vowels refer to the seven heavens. The Mercury bears the inscription IAω CABAω AΔωNEI, invoking the Gnostics' typical use of Hebrew names of God (B. N., MS. F. fr. 9530 fol. 232ʳ). A more precise drawing is at fol. 220ʳ [Fig. 2].

[75] See Peiresc to Pignoria 20 September 1616 (Carp MS. 1875 fol. 331ᵛ); Peiresc to Aleandro 4 November 1620 (Correspondance de Peiresc & Aleandro, II, p. 223); Peiresc to Claude Menestrier 25 April 1629 (Lettres de Peiresc, V, p. 569).

[76] Observed in the Church of the Dames Religieuses de St. Louis of the order of St. Dominique, Carp. Bibl. Inguimb. MS. 1791, fol. 71ᵛ.

[77] Its subtitle tellingly located this case study within the framework of early seventeenth-century accounts of comparative religion, such as Pignoria's own addition to Vincenzo Cartari's *Imagini delli dei de gli antichi* (1615): »in qua antiquissimarum superstitionum Origines, Progressiones, Ritus ad Barbaram, Graecam, Romanamque Historiam illustrandam enarrantur«.

[78] »[...] eidem FABRICIO acceptum ferri debet omne id quod e NATALITII BENEDECTI preciosis loculis evulgamus. e quibus Auctario nostro cum robore & incremento spiritus accessit. ea enim omnia, quae ad illustrandam Epiphanii, Irenei, & aliorum Patrum historiam Sectarios antiquos exagitantem attulimus, inde profecta sunt« (Vetustissimae tabulae aeneae [...] explicatio, Venice, 1605, fols. 8ᵛ–9ʳ; also quoted by Gassendi for the year 1602). Some of these gems may have remained in Pignoria's collection where their presence was recorded in the inventory of Pignoria's Museum: »Gemmae annulares insignes non paucae, sive ex promiscuo signandi usu, sive ex mysteriis Aegyptiorum & veterum haereticorum.« (J. P. Tomasini: Laurentii Pignorii Vita, Bibliotheca & Museum, found in the late seventeenth-century reprint of *Mensa Isiaca* (Amsterdam, 1669), p. 88 separately paginated). A letter from Pignoria to Peiresc of 17 May 1602, the period in which he was working on Mensa Isiaca, contains a postscript ›De IAΩ‹ that discusses sources including »Theoretus [sic] in sermone secundo de principiis in Porphyrio«, Diodorus Siculus, bk. II, ch. 5 »Moses ab Iαω, quem Deum vocant«, and Bellarmine's reference in his Hebrew Grammar to Clement of Alexandria's *Stromateis bk.* 5 and Macrobius' *Saturnalia bk.* 1, ch. 18 (Aix Bibl. Méjanes, MS. 209 (1027), p. 343).

[79] »Sectariorum veterum Hieroglyphica, nugas verius, adiunxi permotus doctorum Virorum adhortatione, & impulsus exemplo Illustrissimi Viri CAESARIS BARONII Card. qui historiam

types than had thus far been published.[80] Peiresc, in any event, had his own way of increasing their precision: by coloring in Pignoria's engravings in their appropriate shades of red, green and grey.[81]

Abraxas was a relic of the pagan background of early Christianity. Peiresc was also very familiar with the most elaborate contemporary attempt to retrieve this complex intellectual context made concrete in the image. Jean L'Heureux, ›Macarius‹ (1540–1614) was among the pioneers of *archaeologia sacra* in the Roman circle of Alfonso Chacón, along with his countryman Philips van Winghe and the young Antonio Bosio.[82] His work went well beyond Pignoria's rather simplistic category of ›idolatry‹. We know from published correspondence the respect which Peiresc had for the younger, and more famous, Antonio Bosio. In a letter to Paolo Gualdo of 1615, long before *Roma Sotterranea* (1632) was finally published, Peiresc asked after Bosio, pledged his service and acknowledged that he had been inspired by him to make his own investigations of the Alyscamps in Arles, where he had found many marble tombs along with relics »con note del Paganesimo piuttosto che del Christianesimo«.[83]

Peiresc's unpublished and unexamined correspondence with Macarius shows how familiar he was with the work of the other members of this first generation

---

anni CXX scalpta huius generis Amethysto exornatam voluit, & locupletatam. & sane plerique Principes eius scolae, qui nomine tenus Christiani olim iurarunt in magistri Diaboli verba, Aegyptij natione fuerunt. in his Marcus, qui Hispanias infecit; Basilides magister luxuriae, turpissimorumque coplexum; & Carpocrates inquinati, & coenosi dogmatis assertor. alij Aegyptiorum doctrinis imbuti, ut Cherintus pestilens ille novator. ut minime mirum videri debeat si Lotum, Harpocratem, & reliqua Aegyptiorum somnia in eorundem symbolis conspiciamus. nec defuerunt qui Pythagorae & Platonis axiomata ex Aegypto plurimum exportata in usus converterent dogmatum insanorum« (Pignoria: Vetustissimae tabulae aeneae, fols. 42^v–43^r). This is the kernel of the argument for the diffusion of culture from Egypt that Pignoria elaborated in the *Seconda Parte delle Imagini de gli Dei Indiani Aggionta al Cartari* (Venice, 1615), p. 361.

[80] Gorlaeus's *Dactyliotheca* has only two representations of the *Abraxas* gem: ring no. 183 and pt. II, no. 137. The tremendous increase in knowledge about these gems over the course of the seventeenth century is reflected in the quantity in which they are found in Jacob Gronovius's expanded version of *Dactyliotheca* (1695). Drawing on published material he added many more illustrations. See Dactyliothecae. Pars Secunda, seu variarum gemmarum quibus antiquitas in signando uti solita, scalpturae, triplo quam fuerint, partim antehac ineditarum, partim ex scriptis eruditorum, virorum collectarum numero locuplatiores cum succinta singularum explicatione, nos. 325, 328, 331, 332, 333, 334, 336, 338, 340, 342, 344, 361, 362, 364. By the late seventeenth century even a courtesy book (albeit one destined for learned aristocrats) included a chapter on Abraxas. See Baudelot de Dairval: De l'utilité des voyages, et l'avantage que la recherche des antiquitez procure aux sçavans, 2 vols. (Paris, 1686), vol. I, pp. 323–31.

[81] Peiresc's copy of Pignoria's book is in Paris, Bibliothèque Nationale, Res. J. 1302. This was not unusual for him: see Peiresc to Valavez, 14 June 1626, in: Lettres de Peiresc, VI, pp. 555–56; Peiresc to Pasqualini, 26 January 1622, quoted in van der Meulen: »Nicolas-Claude Fabri de Peiresc and Ancient Glyptic«, p. 211.

[82] See Gisela Wataghin Cantino: »Roma sotteranea. Appunti sulle origini dell'archeologia cristiana«, in: Rivista di storia dell'arte 10 (1980), pp. 5–14 and the appended bibliography; Barbara Agosti: Collezionismo e Archeologia Cristiana nel Seicento (Milan, 1996).

[83] Peiresc to Paolo Gualdo, 30 November 1615, in: Lettere d'uomini illustri, che fiorino nel principio del secolo decimosettimo, non piu stampate (Venice, 1744), pp. 255–56. See Ingo Herklotz: »Cassiano and the Christian Tradition«, in: Quaderni Puteani 2 (Milan, 1992), pp. 31–48 on Bosio's tangled posthumus publication history.

of sacred archaeologists, Macarius and van Winghe. In the summer of 1611 Macarius sent Peiresc a copy of his *Abraxas, seu Apistopisti*, the most substantial study of the gem yet attempted. Peiresc acknowledged its receipt in a letter to Jérôme de Winghe, Philips' brother, a canon at the cathedral of Notre-Dame de Tournai, whom Peiresc had met there on his Grand Tour. Peiresc promised to reply as soon as possible with »some curiosities *à propos* his Abrasax«.[84]

Nearly a year passed before Peiresc wrote directly to Macarius. He belatedly and apologetically acknowledged receipt of the discourse and conveyed his desire to reply in kind with engravings of some of his own gems and with the observations that he had prepared some time before. Yet, his professional and personal responsibilities had prevented him from doing this and made him feel »more embarrassed than I ever was«. Jérôme had informed him of Macarius's desire to recover the manuscript as soon as possible and so he was returning it without the learned commentary that he hoped, eventually, to include. In the meantime, Peiresc wanted Macarius to know how much pleasure he had taken in the »clarifications of one of the most obscure and rare pieces of antiquity«.[85]

Macarius replied immediately, thanking Peiresc for reading his *Abraxas* and hoping one day to have the opportunity to discuss his observations in person. Macarius was sorry both that Peiresc did not visit him when in the Low Countries, and that they had not met in Rome since he, too, was a frequent guest in the house of Lelio Pasqualini, where Macarius thought he might once have seen him. Macarius concluded by mentioning that he had composed his discourse on

---

[84] Peiresc to de Winghe, 17 September 1611, Carp. Bibl. Inguimb., MS. 1876, fol. 680^r: »J'ay enfin receu les discours de Mr Macarie ou j'ay bien prins de plaizir. Je luy remercyeray au premier jour avec quelques curiossités a propos de son Abrasax ou je m'assure qu'il treuvera quelque goust, s'il plaist a dieu.« I follow Peiresc's usage in referring to Jérôme by his French name.

[85] Peiresc to Macarius, 28 July 1612, Carp. Bibl. Inguimb., MS. 1876, fols. 659^{r-v}: »Je pansoys tousjours treuver le loisir de ranger une centayne de Graveurs antiques que j'ay du mesme temps avec des Inscriptions convenables a ce que disent les anciens peres de ces premiers heretiques basilidians, valentins gnostiques & aultres quy ont tant donné de trouble a la primitive esglize meslans des misteres du judaisme & de cristianisme dans leur paganisme & esperoys par mesme moien d'y pourvoir adjouster quelques petites observations que j'y avoys faict dessus aultreffois: Mais les occouppations du Palais & les afferes domestiques m'ont insensiblement conduict jusques a ceste heure sans que je me soy acquitté de ce debvoyr. & le prix est que je me treuve en ceste cour le plus embarrassé que je feust jamais de sorte qu'il me seroyt du tout impossible a ceste heure d'y satisfere. Je vous supplie donc d'avoyr agreable que je le differe jusques a ce que je sois de retour en Prouvence. Cepandant parce que Mr Winghe m'escript que vous desiriez recouvrer vostre discours je le vous renvoye avec mille remerciemens d'aultant plus grandz que j'avoys moins merité ceste faveur envers vous ne pouvant vous en dire aultre choze si ce n'est que i'y y ay trouve de si belles // & curieuses recherches & de si beaux esclaircissemens d'aulcunes des plus obscures et plus rares pieces de l'Antiquitte que je ne pouvoys que prendre un singullier plaisir a la lecture de tant de erudition«. This letter was sent to de Winghe, as Peiresc explained to him in the letter that accompanied it, »parce que je ne sçay pas ses quallitez ny bonnement de lieu de sa residence je vous supplie d'adjouster lesdictes quallitez au dessus de mon pacquet & de le luy faire tenir seurement parce que son discours y est enclos auquel j'eusse adjousté vollontiers quelque choze. Mais mon malleur ne m'a pas permis d'en treuver le loisir a mon trez grand regret« (Peiresc to de Winghe, 29 July 1612, Carp. Bibl. Inguimb., MS. 1876, fol. 684^v).

Abraxas before seeing Scaliger's *Opuscula varia* with its publication of the letter to Bagarris about these gems. He wished to know Peiresc's view of that correspondence.[86] In reply, Peiresc agreed that it was possible that they might have seen each other *chez* Pasqualini and apologized for being unable to give a precise opinion on the Scaliger-Bagarris exchange because he did not have his copy of the book with him in Paris.[87]

Abraxas, seu Apistopistus was not published until 1657, but Peiresc's papers preserve two manuscript copies of the book.[88] In it, Macarius explained the meaning of the ›monstrous‹ cock-headed anguipede in terms of that cultural hinterland where paganism and Christianity mingled. The book can be read as an interpretation of Gnostic theology based on the comparison of texts and artefacts.[89] Macarius summarised patristic accounts of the Basilidian cosmogeny with its 365 heavens, angelic hierarchies, and supreme deity named Abraxas (II. 10–11). After mentioning the numerological equivalence of Abraxas and Mithras (also 365 in Greek), he observed that the Basilidians ought, therefore, to

---

[86]   Macarius to Peiresc, 1 September 1612, Aix, Bibl. Méjanes, MS. 206 (1024), p. 336: »Je vous dois infiniment remercier de ce qu'il vous a pleu parcourir mon discours sur *Abraxas*, esperant qu'un jour nous communiquererons ce qu'en avez observé. Car confessons bien que n'avons peu voir toutes les pieces d'antiquité qui concernent ce monstre, et par ainsy n'avons sceu faire nostre discours accompli, et si parfait que desirions. Je pense de n'en avoir veu en la maison de Lelio Pasqualino, lequel me semble avés fort frequenté. Je suis fort marry que quand avés esté en ce Pays Bas, n'avés visité nostre petite maison en Aire; Je vous eusse montré un autre discours sur une nouvelle matiere d'antiquité [...] Depuis avoir achevés et escript mon discours d'*Abraxas* ay veu au livre des opuscules posthumes de Scaliger iunior, le iugement de luy sur nostre monstre; et ne l'a reconnu pour *Abraxas*. Je desire que lisés les deux epitres qui sont sur ce point, et qu'il vous plaise m'envoyer vostre advis«. This information provides a definite *terminus ad quem* of 1610 for the date of Macarius's composition.

[87]   Presumably, Peiresc could have laid hands on another copy of the book, but not the one containing his annotations, suggesting what we know from elsewhere, that Peiresc's debt to Scaliger was expressed also in this kind of active reading. For Peiresc's annotation of his copies of Scaliger's *Thesaurus Temporum* and *De re nummaria* see Peiresc to Dupuy, 18 December 1632, in: Lettres de Peiresc III, p. 396 and Henri Omont: »Les manuscrits et les livres annotés de Fabri de Peiresc«, in: Annales du Midi 1 (1889), pp. 316–39. Peiresc went on to mention the impending publication of a manuscript entitled *Sibila Magica Zoroastri Salomonis* that contained a »grand nombre des superstitions fort convenables aux figures monstreuses de votre Abrasax«: (Peiresc to Macarius, 20 October 1612, Carp. Bibl. Inguimb. MS. 1876, fol. 658ᵛ).

[88]   One is found in a volume on gems that belonged to Peiresc and probably entered the Dupuy collection in 1648 as Dupuy MS. 667 (I thank Dr. Jérôme Delatour for this information), and another is found in Carp. MS. 1831 fols. 2–19. The Carpentras version has marginal notes in the same hand as the copyist's, identifying the places where the gems mentioned in the text could be found: with Alexander Reniers, Vincentius Coligerus (identified as »pictoris Belgae Romae«), Pasqualini, or in Pignoria's *Auctarium*. These references are not found in the Paris copy, nor in the printed version of *Abraxas*, suggesting, perhaps that these are Macarius's own marginalia. The failure to include any reference to Gorlaeus' *Dactyliotheca* or Benedetti's gems makes sense only if the author of the marginalia were Macarius, not Peiresc, who was familiar with both men and their collections. The posthumous inventory of Peiresc's papers lists Macarius's *Abraxas* (Carp. Bibl. Inguimb., MS. 1870 fol. 292ᵛ).

[89]   Ioannes Macarius: Abraxas, seu Apistopistus; quae est antiquaria de gemmis Basilidianis disquisitio, (Antwerp, 1657), I. 9. All subsequent references are to section (Roman numerals) and page.

be considered as worshippers of Mithras and Abraxas a Mithraic emblem. Macarius's ability to explain Mithraic imagery, such as the sun, lion, bull and moon, was made easier by archaeology. He had actually seen Mithraic remains in which human and leonine figures were interchangeably used, as in the gems (V.14–15).[90] On this reading, Abraxas was a composite representation, or allegory, of Mithraic beliefs (VII. 15).

But this raised a much more complex question of syncretism. Macarius described the Abraxas as »like a Trojan Horse, for just as the Greek heroes emerged from its womb, so Abraxas hides in its womb all the family of the gods, whether Egyptian, Greek, Latin or Persian«.[91] In *De diis Syris*, completed by 1605, though not published until 1617, and declared by Momigliano to be a pioneering effort in comparative religion, John Selden set out to document what many, like Macarius, only implicitly suggested: that the many pagan gods were versions of a one God who was worshipped under different names and attributes in different places at different times.[92] Selden discusses the *Abraxas* gem in his account of *Teraphim*, the small family idols stolen by Rachel when leaving the house of Laban. Selden quoted from a letter of Scaliger to Casaubon (»Veteres haeretici praesertim Valentiniani & Marcosiani multa eiusmodi reliquerunt, quae hodie in Antiquariorum voculis asservantur cum eorum Deo *Abrasax*«) and summarised the major patristic authorities, noting in passing St Jerome's identification of Abraxas with Mithras in his Commentary on Amos.[93] Indeed, Macarius's claim that Mithraic religion shared with Christianity the rituals of baptism, eucharist and belief in resurrection, not to mention its one ›invincible‹ god (III. 12), raised the possibility of a pagan monotheism with implications for the understanding of natural religion too complex to enter into here.

After Macarius' death in 1614 his papers passed into the care of Jérôme de Winghe, with whom Peiresc had maintained, all these years, an active correspondence dominated by botanical questions. In a letter to Peiresc of 8 July 1618, de Winghe explained that Macarius's executors had sent him the text of *Abraxas* for publication. De Winghe suggested that it be published along with Peiresc's own commentary on the gems. If Peiresc thought that *Abraxas* was worth publishing, other works by Macarius had also been delivered into his possession. Peiresc's filing note on the flyleaf of the letter summarized its con-

---

[90] Lorenzo Pignoria published one of these »altars« which he claimed to have seen in Rome in 1606 on the Capitoline Hill in his supplement to Vincenzo Cartari's *Imagini delli dei de gli antichi* (1615). For Mithras and its imagery see F. Saxl: »Mithras. The History of an Indo-European Divinity«, in his Lectures (London, 1957), I, pp. 13–44; Leroy Campbell, Mithraic Iconography and Ideology (Leiden, 1968).

[91] Macarius: Abraxas, XI. 19: »ut tandem verum sit, Abraxam instar esse equi Troiani, qui ut Heroes Graecos utero gerebat, ita Abraxas utero condat omnium Deorum familias, seu Ægyptii, seu Graeci, & Latini, & Persici«.

[92] See A. Momigliano: »La nuova storia romana di G. B. Vico«, in: Sesto contributo alla storia degli studi classici e del mondo antico (Rome, 1980), p. 197.

[93] John Selden: De diis Syris (London, 1617), p. viii, xx, p. 37. Comparison with Max Weber's remarks on the *Teraphim* (Ancient Judaism, tr. Hans H. Gerth and Don Martindale (New York & London, 1952), p. 138) shows how the antiquary's tools and vision had changed in being made into sociology. G. J. Vossius briefly lists the *loci* of ancient discussions of *Abraxas* in *De Theologia Gentili*, (Amsterdam, 1641), bk. I, ch. 8, p. 60.

tents as: »Edition de l'Abrasax de Macarius«.[94] On 22 August, in reply to a letter
of Peiresc's now missing, de Winghe expressed his regret at not possessing
Peiresc's own ›notes and observations‹. Meanwhile, he asked Peiresc to discover
whether the Parisian printer Sebastien Cramoisy was interested in a book of this
sort while he would do the same with Balthasar Moretus in Antwerp.[95] On 20
September, de Winghe acknowledged that both Cramoisy and Moretus had
turned down the manuscript because they were too busy. De Winghe still desired
Peiresc's notes on *Abraxas* to which he hoped to add those of Denys de Villers.[96]
A few days later Peiresc sent Lorenzo Pignoria a copy of Macarius's essay which
he had received from Villers in Tournai.[97] In May 1619, de Winghe was still
asking Peiresc for his »notes sur Abraxas«.[98]

In a postscript to that letter of July 1618 de Winghe mentioned the existence
of another manuscript by Macarius, *Hagioglypta sive picturae et sculpturae
sacrae antiquiores*. As he had in *Abraxas*, Macarius here set about explaining

---

[94] De Winghe to Peiresc 8 July 1618, B. N. MS. F. fr. 9539, fol. 31^r: »Monsieur, [...] ceste va
seulement pour vous dire, que les Executeurs testamentaires de feu Mons. l'Heureux m'ont
envoyé l'Abraxas dudit L'Heureux pour le faire imprimer mais devant que ce faire, vous ay
bien voullu prier primierement, de me envoyer les notes et observations qu'avez sur ce
suiet, aultres que celles dud. L'Heureux, pour les faire voir au Publicq avec led. Abraxas,
soubs vostre nom si ainsy il vous plait [...].
[PS] Si i'ay bonne memoire, au libvre des antiquetez de mon feu frere, qui est chez vous, y
a quelque chose concernant le dit suiect; vous [me] ferez de m'en envoyer l'extrait, se il
vous est possible.
De grace vostre jugement, si iugez led. libvre d'Abraxas estre digne de voir la lumiere. Il en
suyvra encor d'autres, assavoir ung intitulé Agioglypta, et un des Antiquitez de Romme.«

[95] De Winghe to Peiresc, 22 August 1618, B. N. MS. F. fr. 9539, fol. 33^r: »Monsieur, Voz
avis sur l'Imprimerie de l'Abraxas me semblent bons, et vous en remercye, mais suys marry
que voz notes sur le mesme subiect ne vous sont presentement a la main. Si ie pensoy que
dans quelque moys, deux, ou trois vous iriez en Provence chez vous, i'en differeroy plustot
l'Impression iusqu'a ce que m'auriez communiqué ce qu'en avez observé. Je suys en
doubte ou ie le veux faire imprimer, a Paris chez Cramoisy, ou en Anvers chez Moretus.
Sur quoy seroy bien aise d'avoir vostre avis, et qu'il vous pleust d'en parler a iceluy
Cramoisy, luy faisant entendre quel libvre que c'est. Je vous prie de ne plus parler du libvre
de feu mon frere, lors que serez en vostre maison, et aurez moyen de me le renvoyer, le
pourrez faire a vostre belle commodité.«

[96] De Winghe to Peiresc, 20 September 1618, B. N. MS. F. fr. 9539 fol. 34^r: »Led. Cramoisy
m'a escript quil ne peult entendre a l'impression de l'Abraxas, a cause qu'il a sur les bras 2
ou 3 autres oeuvres. Moretus m'a dit de mesme. Je varie de le faire imprimer en ceste ville,
ou ie seray tous iours sur les bras de l'imprimeur, et y serviray de correcteur. Mais je desi-
reroy premierement avoir les notes qu'en a Monsr de Vilers estant encor en Anvers, et sur
tout les vostres, en cas qu'il vous plait de faire tant de d'honneur au defunct l'Heureux, et
de bien au public.«

[97] In a letter to Pignoria dated 25.vii.1618 in which he reports Villers' finding of the small
Sabazian hand covered in ›hieroglyphics‹, Peiresc adds that he had been sent a »discorzo
molto curioso« concerning Abraxas which he would immediately send along and which he
hoped could soon be published (Carp.Bibl.Inguimb, MS. 1875 fol. 352^v). Two months later
Peiresc reminded Pignoria that he had sent the discourse of »Sr. Macario« on the Abrasax
along with the hand (354^r). Pignoria dedicated the book that resulted from the gift of the
hand, *Magnae Deum matris Idaeae Attidisque initia* (Paris, 1623) to Peiresc.

[98] De Winghe to Peiresc, 20 May 1619, B. N. MS. F. fr. 9539, 20 May 1619, fol. 47^v: »Quant
serez a Aix, ie vous prie d'avoir memoire de vos notes sur Abraxas, affin que ie m'en
puisse servir [?] (si me le permettez) sur [?] l'Abraxas du feu Monsr L'heureux, sub tuo
nomine.«

images historically. For this reason it is now considered a treatise of »pioneering importance« for the iconographic study of Christian symbolism.[99] In the preface, Macarius offered a comprehensive statement of the practice of comparison, beginning by adapting Horace to the needs of the historian of images: »I would say, more generally, that speech is like a picture: just as the one paints with words, the other speaks with colors and lines«.[100] Trying to justify the serious study of images, Macarius argued that these paintings flowed from the same source as the ancient Christian literature which was so respected.[101] The task that Macarius set for himself was nothing less than explaining »the reason for their having been painted in this way and the meaning of composing the images in this way«.[102] He concluded the preface by describing a practice that explicitly involved the comparison of books and stones in order to determine their sacred, ancient meaning: »the books and the pictures can shed light on, and assist each other, and things that are obscure in the authors are often made clear in the stones, and what is frequent in the latter but rarely or hardly at all mentioned in the former.« The wisdom of the early Christians, likewise, often survived »not only on paper but also on walls and stones«.[103] The interpretation of images required a sophisticated practice of comparison in a historical context that Macarius and his colleagues had, literally, to excavate from the ground.

Macarius's book drew on the work of his older and younger colleagues, Chacón and Philips van Winghe. Macarius had supervised the return to Jérôme of Philips's literary remains, and so had ample opportunity to study his work.[104]

---

[99] Herklotz: »*Historia sacra* und mittelalterliche Kunst«, p. 61n; see also Wolfgang Wischmeyer: »Die Entstehung der christlichen Archäologie im Rom der Gegenreformation«, in: Zeitschrift für Kirchengeschichte 89 (1978), pp. 136–49, at p. 146.

[100] Macarius: *Hagioglypta*, p. 1: »Ego in universum dixero; ut pictura oratio est; quod haec pingat sermone, illa coloribus loquatur et lineamentis« (quoting Horace: De arte poetica, 361).

[101] Ibid., p. 1: »Quod si veterum Ecclesiae Patrum, scripta librosque miramur, cum ob insignem pietatem, tum propter excellentem et singularem doctrinam et sapientiam, quae in iis relucet, quidni eorum picturas non suspicimus, quae idem pigmentis enuntiant, quod scripta litteris et lineis, et ab eodem fonte religiosi animi et sapientis profluxerunt?«

[102] Ibid., p. 2: »In quibus [the images and pictures in the churches, cemeteries and sculptures of Rome] quae ratio ita pingendi, qua significatione suas ita imagines componerent conabor explicare.«

[103] Ibid., p. 5: »Et dum obiter conjiciunt visum in projecta per viam et domos saxa antiqua, aliquando recognoscant sacrum esse, quod profanum crederent, et si qui erunt qui libros veterum sacros profanosque penitius inspexerunt, habebunt quod magna cum voluptate notent, eadem marmoribus et picturis exhiberi, quae sententiis inclusa viderant, et mutuam sibi lucem operamque praestare libros picturis, picturas libris, et marmoribus saepe clara fieri quae in auctoribus obscura erant, aut ibi frequentia, quorum hic rara vel paene nulla mentio: simul veterum etiam christianorum elucescet et abstrusa sapientia et pietas eximia, quorum non solum in chartis, sed etiam in parietibus et saxis impressa reliquerint argumenta.« This argument remained a central feature of antiquarian scholarship. It is, for example, repeated almost word-for-word in Thomas Burgess: Essay on Antiquities (Oxford, 1782), p. 32: »Thus also the ancient manners of a people are illustrated by their laws: and their laws reciprocally by their early monuments. Coins and Marbles frequently throw great light on Poetry: as Poetry will sometimes reflect a similar light on the obscurities of a Coin.«

[104] The work of Cornelis Schuddeboom: Philips van Winge (1560–1592) en het Onstaan van de Christelijke Archeologie (Groningen, 1996), supercedes G. J. Hoogewerff: »Philips van

Peiresc seems to have seen a surviving notebook, entitled *Inscriptiones sacrae et prophanae*, when visiting Tournai, for in February 1607, not long after returning, he wrote to Jérôme explaining that »J'oubliay de marquer dans le livre de feu Mr. Philippe vostre frere un feuillet ou deux qu'il y a de Ponderibus antiquis« and asked if copies could be made of »les aultres desseins de Christianisme«.[105] Sometime before August of 1612 Jérôme had sent Peiresc the notebook for further study. On 30 August Peiresc explained that »Je faict travailler avec plus du dilligence qu'il m'est possible à la Coppie de vostre livre. Mais celluy qui la entreprise va si lentement qu'il me faict perdre patience parceque je desirerois de vous renvoyer vistement pour avoir l'autre.«[106] By return post Jérôme assured him that there was no hurry. »Touchant le livre de mon feu frere ie suis marry que ie vous veye en peine de me le renvoyer bien tost, ie n'en suis en aucune peine, et suis tres content que le tenés, et portés en vostre pais tant que vous plaira, et que le tout soit achevé a l'ayse, sans vous haster ou precipiter qui pourroit estre cause de gaster peut estre l'ouvrage«.[107] The notebook would remain in Peiresc's hands for another *eleven* years.[108]

Hagioglypta was first mentioned in 1618, but it is only in April 1621, while reporting a new effort to publish all of Macarius's works, that de Winghe actually described its contents to Peiresc. It was »a nice piece treating the images used by the Christians in the primitive Church, drawn from ancient cemeteries and the churches of ancient Christians«. It would, he thought, work well with the images that his brother had collected at the same time in Rome.[109] Peiresc's reply

---

Winghe«, in: Mededeelingen van het Nederlandisch Historisch Instituut te Rome 7 (1927), pp. 59–82. Some traces of Philips' activity have been preserved in the correspondence of Abraham Ortelius. Ecclesiae Londino-Batavae Archivum. Abrahami Ortelii et Virorum eruditorum ad eundem [...] epistulae. Tomus Primus, ed. Joannes Henricus Hessels (Cambridge, 1887): no. 170 van Winghe to Ortelius 24 December 1598; no. 185 van Winghe to Ortelius 1 September 1590; no. 186 van Winghe to Denis Villers 1 September 1590; no. 187 Carolus Brooman to Ortelius 11 September 1590; no. 215 Villers to Ortelius 1 July 1592; no. 217 van Winghe to Ortelius 13 July 1592. Also Godelieve Denhaene, »Un témoignage de l'intérêt des humanistes flamands pour les gravures italiennes: une lettre de Philippe van Winghe à Abraham Ortelius«, in: Bulletin de l'Institut historique Belge de Rome 62 (1992), pp. 69–137. I thank Jeff Spier for this reference.

[105] B. N. MS. N.a.f. 5172, Peiresc to de Winghe 27 February 1607, fol. 211ʳ. This page, also marked 666 at the upper right, belongs to Carp. MS. 1876, which contains a continuous collection of minutes of Peiresc's letters to de Winghe; pagination there is continuous except for a missing page between 665 and 667.

[106] Peiresc to de Winghe, 30 August 1612, Carpentras, Bibl. Inguimb. MS. 1876, fol. 685ᵛ. Schuddeboom (p. 99) comments that the identity of this »other« manuscript cannot be determined with certainty.

[107] Jérôme de Winge to Peiresc 17 September 1612, Aix Bibl. Méjanes, MS. 213 (1031), p. 332.

[108] In the same letter of July 1618 that mentions the effort to publish Macarius' *Abraxas* and the existence of *Hagioglypta*, Jérôme wondered aloud if »the book of my late brother's on antiquities« contained anything relevant to Macarius' argument (De Winghe to Peiresc 8 July 1618, B. N. MS. F. fr. 9539, fol. 31ʳ).

[109] De Winghe to Peiresc, 1 April 1621, B. N., MS. F. fr. 9541, fol. 36ʳ: »[...]n des nepeux de feu Monsr l'Heureux, alias Macarie, docteur en medicine prattiquant a Cassel en Flandre, est ces iours passé par icy pour Anvers en intention d'y faire mettre sur la presse l'Abraxas dud.ᵗ Macarie, et un autre libvre sien, intitulé Agioglypta, seu sculpture[s] et imagines sacrae, qui est un belle piece, traittant des images usitees par les iʳˢ· Chrestiens et en la primi-

of 17 April, in which he expressed his pleasure at news of what he assumed was its impending publication and frustration at being unable to send the long-sought notes on the Abraxas,[110] crossed with de Winghe's of 26 April which restated the plans for the publication of Macarius's works and asked if his brother had commented on the Abraxas in the manuscript that remained in Peiresc's possession.[111] In a longer reply of 3 May, Peiresc again explained that he was unable to lay his hands on Philips' material, though, unlike Jérôme, he did not believe that it contained anything that substantially altered Macarius's account.[112] In his letter of July 1621 Peiresc showed how works like *Hagioglypta* could have been used, asking de Winghe if either Macarius' or Philips' works discussed the fish which ancient Christians had used as a symbol of Jesus.[113] In October Peiresc repeated his question, this time indicating that without an answer he would be unable to complete a »discours« of his own, otherwise unidentified.[114] All this indicates that Peiresc never saw *Hagioglypta*.

---

tive eglise, tirees des anciens cemitieres et eglises des anciens Chrestiens, A quoy viendront merveilleusement bien a point les figures cemiteriales de feu mon frere qu'avez veu chez moy lesquelles ils ont recuilly parensemble a Romme« (underlinings are Peiresc's).

[110] Peiresc to de Winghe, 17 April 1621, Carp. Bibl. Inguimb. MS. 1876, fol. 691^r: »Je suis tres aize d'entendre qu'on imprime les oeuvres de feu Mr Macarius et bien marry de n'estre en Provence pour y adiouster mes observations de l'ABRASAX. Mais d'icy je ne scaurois rien faire qui vaille.«

[111] De Winghe to Peiresc, 26 April 1621, B. N., MS. F. fr. 9541, fol. 37^r. »Je pense que l'un et l'autre oeuvre sera aggreable et bienvenu a tous gents curieux et amateurs des antiquités ecclesiastiques. Je serois tres aise de vous ce que mon frere peult avoir annotté d'Abraxas au libvret que vous ay laissé de luy« (underlinings are Peiresc's).

[112] Peiresc to de Winghe, 3 May 1621, Carp. Bibl. Inguimb. MS. 1876, fol. 691^v: »Je suis trez aize que l'on [se] resolve enfin à l'edition des opuscules du S^r L'Heureux tant de l'Abraxas que de l'Agioglypta est que les figures que M^r vostre frere en avoit receuillis ayent esté inserees mais bien marry de me voir encor absent de la patrie et par consequent [...] des moyens de vous renvoyer les papiers de M^r vostre frere a cause de l'opinion que vous avez qu'il y ayt quelque observation de l'Abrasax qui ayt esté omise au discours de M^r L'Heureux. Sur quoy je vous diray qu'il me souvien[t] bien d'y avoir veu quelque figurettes avec l'inscriptions d'ABRASAX, comme il s'en trouve une infinité et entre aultres celles mesmes que Baronius a faict imprimer, lesquelles ilz recognoit tenir de M^r vostre frere si je ne me trompe et pense que M^r vostre frere y ayt annotté quelque petit passage des autheurs anciens mais je ne tiens pas pourtant qu'il y ayt rien de fort important qu'y ayt esté obmis par M^r L'heureux.«

[113] Peiresc to de Winghe, 24 July 1621, Carp. Bibl. Inguimb., MS. 1876, fol. 692^v: »Je vouldrois bien sçavoir [si] les oeuvres de Mr Macarius et de feu M^r vostre frere seront bientost achevees et s'ilz n'ont rien escript l'un ou l'autre touchant les images d'un ou de plusieurs poissons pour symbole de nostre Seign^r et des Chrestiens que s'ilz en ont escript quelque chose et que l'edition soit pour estre entendue [sic: attendue?] encores longtemps vous me feriez bien plaisir de me faire transcrire seulement cet endroict ou ilz en parlent car possible j'y adiousterois quelque chose. Sy n'ont ce que vous m'avez ordonné et s'ilz n'en parlent point mais qu'ilz ayent representé entre les figures et images [ ]« Peiresc seems to have ignored de Winghe's continuing request for his notes on Abraxas: »Lors que serez de chez vous, seray tres aise s'il vous plait m'envoyer ce qu'avez observé sur Abraxas« (de Winghe to Peiresc, 16 June 1621, B. N., MS. F. fr. 9541, fol. 41^r).

[114] Peiresc to de Winghe, 6 October 1621, Carp. Bibl. Inguimb. MS. 1876, fol. 694^r: »Pour le regard de mes observations sur le poisson Misterieux des Chrestiens j'aurois mauvaises graces de vous en rien mettre par escript que je ne voye ce que Mr Macarius en aura dict et quelle figures il en aura representé par ce que possible aurat il observé les mesme chose[s]

In this last letter Peiresc amplified his disappointment at the news that publication of Macarius's works was deferred, referring to his »great esteem for the conceptions and observations of this author«. Nevertheless, he noted that they were never close friends. Peiresc suggested, in a typical illustration of how he used comparison as a tool, that the publication of these ancient images could be made even more useful if accompanied by others from an ancient manuscript of *Genesis*, referring here to Robert Cotton's codex which Peiresc had borrowed on behalf of Fronton le Duc and which also had not yet been returned.[115] But he recognised that the number of illustrations and the cost of such a project militated against its being undertaken.[116] It took Peiresc two more years to return Philips van Winghe's notebook.[117] Macarius's *Hagioglypta* would remain unpublished until 1856. Van Winghe's *Inscriptiones* is still in manuscript.

Peiresc's long familiarity with the iconographical research of two pioneers of sacred archaeology not only contributed to the shaping of his own method but also brought him into close contact with the syncretic world of late antique religion that Macarius revealed behind the image of *Abraxas*. At the same time that he was exchanging letters with de Winghe, Peiresc had been corresponding with his Roman eyes-and-ears, Girolamo Aleandro. In 1616 Aleandro had published an essay interpreting a solar relief that marked the beginning of an exchange of letters between them about the survival of paganism in general, and solar cults like Mithras in particular.[118] The following year, the same one in which Selden published his treatise on solar worship in ancient Syria, *De diis Syris*, Peiresc mentioned to Aleandro that he had seen a Mithraic figure of ›Cronos‹ among drawings of Roman antiquities by one »Stephano du Perac« which

---

que moy auquel cas je travaillerois en vain et puis je ne scay pas comment se pourroit enchasser mon discours si je ne vois l'image des figures sur lesquelles il le peult attacher.«

[115] Peiresc received the priceless tome in March 1618 and returned it in the spring of 1622. See Schuddeboom: Philips van Winghe, p. 69 n279; Linda van Norden: »Peiresc and the English Scholars«, in: Huntington Library Quarterly, 12 (1948–49), p. 386. Gassendi also described it as »written in the dayes of Theodosius« (Mirrour, year 1618, p. 158).

[116] Peiresc to de Winghe, 6 October 1621, fol. 693ʳ–694ᵛ: »Et suis bien marry d'entendre le retardement de l'Edition de Agioglyptes de Mʳ Macarius que je vouldrois bien voir imprimez pour la grande estime que je fais des conceptions et observations de ce personage avec l'humeur et inclination duquel je me recontrois en tout plain de chose. Sy j'eusse eu le bien de le voir jamais je pense que nous eussions esté merveilleusement grands amys. Si l'imprimeur qui a entrepris cette edition la avoit assez de courage pour entreprandre l'edition des figures anciennes de toutte la Genese. L'un ne se vendroit possible pas malaisement avec l'aultre et l'ouvrage seroit bien curieux car ce sont des figures d'un manuscrit fait comme l'on croit du temps de Theodose ou les habillements et facons de faire respondent fort fidellement a la vraye antiquité d'ou il se peult tirer d'infiniment belles consequances et notions de l'Histoire etc. Mais le nombre est grand, et de grandes despences.«

[117] On 22 July 1623 Peiresc recorded sending a letter »à Mʳ Winghe avec son livre« (Paris, B. N. MS. N.a.f. 5169 fol. 5ʳ). De Winghe's last letter to Peiresc was dated 4 February 1622.

[118] G. Aleandro: Antiquae tabulae marmoreae solis effigie symbolisque exculptae accurata explicatio. Qua priscae quaedam mythologiae, ac nonnulla praeterea vetera monumenta marmorum, gemmarum, nomismatum illustrantur, (Rome, 1616; Paris, 1617).

he had come across only »these past days«. Peiresc identified this Dupérac as the creator of a »dissegno della Roma Antiqua«.[119]

This Mithraic figure is one of several found in a collection of Dupérac drawings that has long been known, but whose relation to Peiresc has not.[120] It can now with certainty be identified and it aspires to be a handbook of ancient religion documented by visual material. The full title of Bibliothèque Nationale, MS. Fond français 382, *Illustration des fragmens anticques, appartenant à la religion et ceremonie des antiens romains*, presents the collection as the visual analogue to other sixteenth-century works such as Guillaume Du Choul's *Discours de la religion des anciens romains* (1556).[121] The first book contains Egyptian imagery, including a drawing of the *Abraxas* gem, and the second Roman objects, including several Mithraic figures [Figs. 3a and 3b]. The collection's very structure makes a historical argument through images about cultural exchange in the ancient Mediterranean. But what marks its antiquarian aspirations is the introductory text that offers a brief history of Egyptian and Roman religion. Dupérac worked closely with Pirro Ligorio and Onofrio Panvinio, though this earned his antiquarian skills no more respect from Peiresc. In a letter to Lelio Pasqualini discussing the appearance of the Porta Trajana, depicted by Dupérac in one of his already available engravings, Peiresc wrote: »Et non fare gran conto di quello ch'ha stampata indritto, Stephano du Perac Architetto, ben ch'egli affermi che sià curatiss.^me delineato (iuxta antiqua vestigia)«.[122]

---

[119] Peiresc to Aleandro 28 March 1617, in: Correspondance de Peiresc & Aleandro, I, p. 87: »Io viddi questi giorni passati un libro curiosissimo di molte Anticaglie, raccolte et dissegnate in Roma, da Stephano du Perac, assai celebre Architetto et Antiquario, authore del dissegno della Roma Antiqua, che si trova communemente intagliata in rame sotto'l suo nome. In questo libro trà l'altre cose c'è un foglio nel quale è dissegnata una figura humana circondata da un serpe, con i vestigij di certi segni celesti, et altre cose che puonno servire di supplemento, al fragmento di quella che fù trovata in Arles, che le mandai ultimamente.«

[120] For a summary of the received view, see Jean-Louis Ferrary: Onofrio Panvinio et les Antiquités Romaines (Rome, 1996), pp. 136–7 n103; Lhote and Joyal: Correspondance de Peiresc & Aleandro, vol. I, pp. 86–9 nn86–89. I am grateful to Ingo Herklotz for discussing this point with me.

[121] Two of Peiresc's inventories, the first from 1623 and his return from Paris to Provence, and the other posthumous, list a »Livre des antiquités de Rome de Pérac« (Carp. Bibl. Inguimb. MS. 1869, fol. 94^r) and a »recueil des antiquitez de Rome par Dupérac en 2 cayers« (Carp. Inguimb. MS. 1870, fol. 111^v). This copy, unlike the very similar one in the Louvre, contains prefatory remarks, presumably by Dupérac, summarising the theology and deities of the Egyptians and the Romans. Bound into the rear of this volume are pages of different size and shape with drawings of two nesting bowls that belonged to Peiresc and are identified in his handwriting (fols. 100, 101, 104). The drawing of a giant stone phallus with a note describing its discovery is dated »July or August 1636« (fol. 90^v). Peiresc presumably bound this additional material at the rear of the volume as was his custom. A copy of Dupérac's preface to Bk. I, on Egyptian antiquities, is also found in Carp. MS. 1789, fols. 426–31.

[122] Peiresc to Pasqualini, 20 December 1610, Montpellier Bibl. de l'Ecole de Médecine MS. H. 271 vol. I, fol. 13.

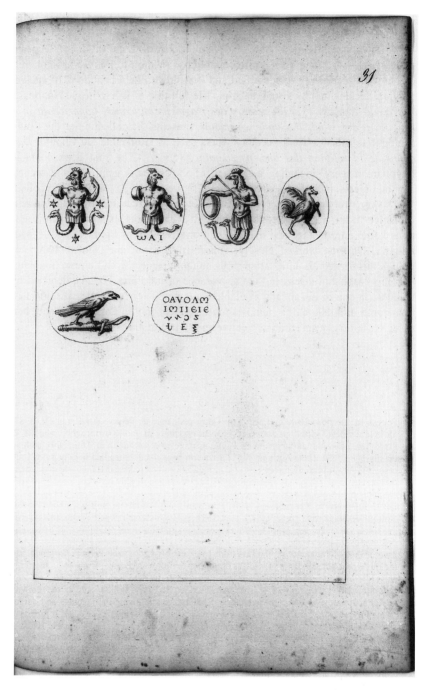

Figs. 3a and 3b   Du Perac's drawings of (a) Abraxas gems and (b) the Mithraic bull are found
                   in Bibliothèque Nationale, MS. Fonds français 382, *Illustration des fragmens
                   anticques, appartenant à la religion et ceremonie des antiens romains,*
                   fols. 31 and 44. Cliché Bibliothèque Nationale.

Peiresc's exposure to the world of Mithras continued the following year when Aleandro presented him with another example of comparative scholarship on ancient Mithraic religion, a ›discorsetto‹ that sought to identify the god called *Invictus* in a poem by the third-century Christian writer Commodian. This brief essay, on a text that would be published by one of Bernays's heroes, Nicolas Rigault, in 1650, is another demonstration of comparison, using epigraphy, objects and images to explain a hitherto obscure poem.[123]

Aleandro drew on the existence of inscriptions bearing the legend ›Deo Soli, Invicto Mithrae‹ and literary identifications of the sun with Mithras to identify positively Sol Invictus as Mithras. Invincibility was often ascribed to both the sun and the lion, hence the monstrous nature of the deity referred to by the poet. The image is made concrete with the sketch of a coin showing the Deus Invictus with his lion head.[124] Invoking the theory that the gods reflected natural properties, Aleandro explained that just as Demeter referred to the grain harvest, Dionysus to the grape, and Isis to both, so Mithras' sun stood for fire and its procreative force.[125] In his immediate reply, Peiresc declared that he »could not admire enough the felicity of his concepts and the justness of his conjectures« in this »most erudite discourse«.[126]

Comparison with the interpretation of ›Invictus‹ produced by an intellectual giant of the preceding generation, Abraham Ortelius, offers another opportunity to mark off the methodological advance represented by the work of Macarius and Aleandro. In his study of ancient gods depicted on ancient coins, *Deorum dearumque capita* (Antwerp, 1602), Ortelius gave two interpretations of the claim that the sun was invincible. The first, referring to a coin of Constantine, identified the sun with Christian justice and, therefore, with invincibility. The second, assuming the coin to antedate Constantine's conversion, explained that

---

[123]   A copy of Commodiani veteris scriptoris versus quidam prolati in iis quaesitum quis fuerit Deus Invictus was sent to Peiresc (Aleandro to Peiresc, 18 September 1618, Correspondance de Peiresc & Aleandro, I, p. 222) and is conserved in B. N. MS. Dupuy 746 fols. 217^r–220^v. The original is found in B. A. V. MS. Barb.-Lat. 1987, fols. 3–6 and a rough draft is in Barb. Lat 2036, fols. 42–46. Peiresc mentions this »observation concerning Sol Invictus« in a letter to Jérôme Bignon of 6 December 1623 and describes it as »extremement gentile et rare« (Peiresc Correspondance, VII, p. 630). G. H. Halsberghe, The Cult of Sol Invictus (Leiden, 1972) omits Commodian from his reprint of ancient sources mentioning Sol Invictus. Bernays would, no doubt, have smiled at the irony of the modern scholar ›forgetting‹ precisely that source which early modern scholars had used to make the definitive identification on which the modern's work is founded.

[124]   Aleandro: Commodiani, fols. 217^v, 218^{r-v}.

[125]   Aleandro: Commodiani, fol. 218^v: »Nemini non est cognitum, fabulosa illa veterum mysteria ad res naturales respexisse, veluti Eleusinia ad stationem frugum, & germinationem, Bacchica ad vendemiam, Isiaca ad utrumque. Itaque & Mithriaca ad ignem referri videntur, eiusque, ut sic dicam, procreationem. Ignem enim persae deorum primum & praecipuum venerabantur«.

[126]   Peiresc to Aleandro, 23 October 1618, in: Correspondance de Peiresc & Aleandro, vol. I, p. 226. Aleandro was delighted by this response and felt comfortable enough to proclaim himself satisfied »d'haver dimostrato alibi, *Deum, qui apud Romanos Invictus dicebatur, Mithram esse Persarum*« (11 December 1618, Correspondance, vol. I, p. 250).

the sun was called *invictus* because it never tired from its constant course.[127] The range of textual sources is limited to Homer and Virgil, there are no references to epigraphy or archaeology, and only a lone engraving of a man crowned by the sun's rays. Ortelius communicated no sense that understanding the image might require first understanding the culture and society in which it was produced.

The originality of Macarius and Aleandro, and their intellectual accomplishments, did not, however, go unnoticed. In Filippo del Torre's early eighteenth-century study of the inscriptions of Antium there is a long discussion »De Mithra ejusque tabulis symbolicis«, in which Aleandro's ›discorsetto‹ is cited as the first account to explain correctly the meaning of ›Invictus‹.[128] Del Torre reprinted a large chunk of Aleandro's essay, commenting that he hoped that this worthy work would soon be published in its entirety.[129] Having upheld Aleandro's identification of ›Sol Invictus‹ with Mithras, he then explicitly endorsed Macarius's interpretation of *Abraxas* in terms of Mithraic theology.[130] Del Torre argued that while Mithras began as a Persian deity, the cult soon spread under many different names, »unde explicantur gemmae Basilidianorum«.[131]

The ancient religion made accessible through artifacts like the *Abraxas* gem blurred the difference between pagan and Christian.[132] If the Basilidian Gnostics represented a survival of the pagan in the early Christian, late Christianity seemed to some of its scholars to preserve traces of this paganism. In his first letter to Benedetti, Peiresc had sketched a genealogy of heresy from Basilides to the Cathars that seemed to represent Gnosticism as an undying heresy. This ›structuralist‹ framework seems to inform an exchange of letters with Rubens from the late summer of 1623.[133] He informed Rubens that »La nuova di quei de Basilidiani di Seviglia non era ancora pervenuta sino a me«. But in the following sentence he reported having information about »certi altri sectarii nuovi della Rosea Croce, assai celebre in Germania, che forzi son gli medesimi di Sevi-

---

[127] A. Ortelius: Deorum dearumque capita, ex antiquis numismatibus collecta, ed. F. Sweerts (Antwerp, 1602), sig. C4ᵛ: »Solem autem invictum appellari crediderim, cum quod, etsi diuturno nocturnoque cursu laboret, tantoque hactenus tempore laborarit, indefatigabilis permanet«. Peiresc's copy is in Houghton Library, Harvard University, shelf-mark Typ 630 02.657.

[128] Filippo del Torre: Monumenta Veteris Antii hoc est Inscriptio M. Aquilii et tabula solis Mithrae variis figuris & Symbolis exsculptam (Rome, 1700), p. 163: »At Hieronymus Aleander Junior in prima ex dissertationibus philologicis quae manu ipsius exaratae, ut alibi memoravi, extant in Bibliotheca Barberina, Invictum hunc deum esse Mithram pro certo habet«.

[129] Del Torre: Monumenta Veteris Antii, p. 163: »Ita Aleander: cujus opera inedita licet brevi lucis usuram adeptura speramus [...]«. He reprints Aleandro's essay from fol. 218ᵛ to the end (220ᵛ).

[130] Del Torre, Monumenta Veteris Antii, p. 171.

[131] Del Torre, Monumenta Veteris Antii, p. 161.

[132] See, for example, Peiresc's comments on ancient Roman calendars in letters to Aleandro of 25 July 1618 (Correspondance de Peiresc & Aleandro, vol. I, p. 198) and 18 December 1620 (II, p. 252). For a discussion of this theme with specific reference to the *Abraxas* see Bruno Neveu, »Archéolâtrie et modernité dans le savoir ecclésiastique au XVIIᵉ siècle« in his Érudition et religion aux XVIIᵉ et XVIIIᵉ siècles (Paris, 1994), pp. 365–84.

[133] For a modern version of this argument see Ioan Coulianou: Tree of gnosis. Gnostic theology from ancient Christianity to modern nihilism (New York, 1992).

glia«.[134] Rubens, in his reply, noted that the decree of the Inquisition against the »Basilidiani in Sevilla« had not reached him either.[135] By the middle of September, Peiresc could report that he had finally received »una relatione minutissima di tutti gli interrogatorii fatti dagli inquisitori alli Adombradi [sic] o Denudi di Lisboa« who performed obscene acts under the cover of piety, and by February 1624 he had sent Rubens the document on the »*Alombrados*«.[136] Peiresc's assimilation of the Alombrados and Rosicrucians to the Basilidians reflects the continuing power of patristic heresiologies and, more broadly, *historia sacra*, with its typological or structural bias.

Peiresc's own, growing collection of Gnostic gems testifies to his continuing interest in the world of late antique paganism – or early Christianity.[137] Surviving notes and letters provide a more detailed and nuanced picture of the motives for expanding his collection. In comments on the *tetragrammaton* preserved as reading notes filed under the heading *L'ESCHASSIER* (the Scottish-Gallican jurist, Jacques), Peiresc wrote that the third letter, *vau*, was the origin of »le diphthonge ZEU̲C̲ et I̲O̲V̲IS, à quoy j'adjousterois le ιαω des Basilidiens & Gnostiques« (underlinings in original).[138] A second memo, drawing on papers belonging to Jacques-Auguste de Thou and describing a funerary urn, noted that »Mithra est le soleil en Langage Persan«.[139] The link between Jove, the Basilidian IAΩ, and

---

[134] Peiresc to Rubens, 3 August 1623, in: Rubens Correspondance, III, p. 221.

[135] Rubens to Peiresc, 10 August 1623, in: Rubens Correspondance, III, p. 228.

[136] Peiresc to Rubens, 17 September 1623, in: Rubens Correspondance, III, p. 244; 11–12 February 1624, III, p. 277.

[137] By 1621 Peiresc already owned 80 of these gems (Peiresc to Rubens, 26 November 1621, in: Rubens Correspondance, II, p. 293). The number remained constant through the 1620s (Peiresc to Aleandro, 26 October 1628, B. A. V. MS. Barb.-Lat. 6504, fol. 224^r), but by 1633 it had climbed to 200 (Peiresc to Saumaise, 14 November 1633, in: Peiresc Lettres à Claude Saumaise, p. 33). In the discussion of Peiresc's collection of antiquities that passes as a posthumous descriptive inventory, gems were treated under the second heading, »concerning stones« (François Chapard: Fabriciani Cimeliarchii promptuarium triceps (Aix, 1647), p. 8. The three parts were texts, stones and metallica. This is a very rare piece: I cite from the copy in the Bibliothèque Nationale, J. 5057). These, in turn, were divided into stones of public or private commission with gems among the latter. Many of the pieces mentioned in the Pasqualini and Rubens correspondence appear, along with »aliisque huius generis quamplurimi Deorum Dearumque facies & symbola referentes, veluti Isidis, Osiridis, Apollonis, Bachi: Heroum praeterea veterum & Heroinarum nomina & epitheta sculptaque animalia quamplurima sacris AEgyptiorum simulachris adhiberi solita, quibus priscarum superstitionum ritus ad Barbaram, Graecam, Romanamque historiam continentur expressi [...] Multa tandem cernuntur amuleta, bonis (si fas sit credere) comparandis, malis autem averruncandis aptissima, Copticis, Arabicisque characteribus insignita, quorum ethymon vulgatum fecit Talismani vocabulum [...] Et quidquid veterum falsis numinibus ob ancillantium mentibus indidit superstitiosa religio; quibus annumerantur portentosa Basilidanorum amuleta«. (Carp. Bibl. Inguimb. MS. 1870 fol. 38^v describes the content of »Une petite boitte quarré cotté BASILIDIS« as engraved gems and copies of inscriptions from engraved gems.)

[138] »Le Vav de la troisiesme lettre, est prononcé, tantost en demis consonnante, d'V, tantost en voyelle U, ou diphthongue OV. ou bien un ω.Omega. d'ou vient le diphthonge ZEU̲C̲ et I̲O̲V̲IS, à quoy j'adjousterois le ιαω des Basilidiens & Gnostiques« (Carp. Bibl. Inguimb. MS. 1864, fol. 252^r).

[139] B. N. MS. Latin 8957 fol. 178^r: »Mithra est le soleil en Langage Persan, l'urne est de crystal faicte à l'antique, remplie des oz bruslez, & des cendres dudit Kyndonax, et

Mithras describes the arc from Persia to Egypt to Rome that directed the researches of scholars for the next two centuries.

Peiresc's letters to Rubens from the period in which they planned to publish a book of ancient gems are full of references to *Abraxas*.[140] In a letter of 1627, for example, Peiresc used a particular gem with its image of a winged Jove as the jumping-off point for a broader assessment of the ancient Near Eastern pantheon. He claimed to possess a gem showing a deity clearly recognisable as Jove but with the inscription IAO »under which name was confounded the Jehova of the Hebrews, and under this mask those early heretics confounded the divinity worshipped by the Hebrews and Christians with that of the Baal or Balsamen of the Tyrians and orientals and that of Jupiter and Saturn«.[141] A subsequent digression on the polymorphousness of ancient Near Eastern paganism and the all-inclusive character of solar worship, underlined how, for Peiresc, as for Macarius, Selden, and Aleandro, Mithras could have taken on the Egyptian features of *Abraxas*.[142]

For antiquaries like Peiresc, the history of religion was linked to the history of language. The way in which the *Abraxas* gem prompted Peiresc's connection between the two illustrates the larger questions that often impinged upon the narrower domain of the connoisseur. Letters dating from the Autumn of 1628 show a marked intensification of Peiresc's interest in the history of the languages of the ancient Near East, stimulated, in part, by the beginning of the Polyglot Bible project in Paris.[143]

---

l'inscription est gravée au tour de la pierre qui enferment le vase./ E schedis Jacobi Augusti Thuani«.

[140] See Peiresc to Rubens, 26 November 1621, in: Rubens Correspondance, II, p. 295; Peiresc to Rubens, 9 June 1622, in: Rubens Correspondence, II, p. 435; Peiresc to Rubens, 10 August 1623, in: Rubens Correspondance, III, p. 233; Peiresc to Rubens, 13 November 1623, in: Rubens Correspondance, III, p. 261; Peiresc to Rubens, 25 May 1624, , B. N. MS. N.a.f. 5172, fol. 119; Peiresc to Rubens, 4 June 1624, N.a.f. 5172, fol. 120^v–121^r; Peiresc to Rubens, 16 August 1624, N.a.f. 5172, fol. 125^r. The glyptic, though not Mithraic, content of their correspondence has been examined by van der Meulen: Petrus Paulus Rubens Antiquarius, esp. ch. 2; Nancy T. de Grummond: »A Seventeenth-Century Book on Classical Gems«, in: Archaeology 30 (1977), pp. 14–25); David Jaffé: »The Barberini Circle: Some exchanges between Peiresc, Rubens and their Contemporaries«, in: Journal of the History of Collecting 1 (1989), pp. 119–47. Jaffé is preparing an edition of the as yet unpublished correspondence of Peiresc and Rubens.

[141] Peiresc to Rubens, 7 June 1627, MS. N.a.f. 5172, fol. 141^v: »Et io ho visto fra gli intagli di que'Basilidiani & gnostici una figura d'un Giove con il fulmino in mano la barba promissa & ale grandissime con inscrittione IAΩ sotto le cui nome confondevano il Jehova de gli Hebraei, & sotto la cui persona que'primi heretici confondevano la divinita adorata da gli hebraei & christiani quella del Baal o Balsamen degli Tyrii & orientali & quelle di Giove di Saturno & molte altre. Et'l peggio è che cotesti heretici passavano allora quasi tutti sotto l'nome di Christiani come si vede in S. Epiphanio & altri St. Padri antiqui et che si valevano detti heretici spesse volte di arti magiche delle quali si accusavano poi similmente i Christiani senza distinguerli da quelli scelerati.«

[142] Peiresc to Rubens, 19 May 1628, in: Rubens Correspondence, IV, p. 414.

[143] For Peiresc's Samaritan studies see my »An Antiquary Between Philology and History: Peiresc and the Samaritans«; for his Coptic studies see Francis W. Gravit: »Peiresc et les études coptes en France au XVIIe siècle«, in: Bulletin de la société d'archéologie copte, 4 (1938), pp. 1–22; Agnès Bresson: »Peiresc et les études coptes: prolégomènes au déchiffrement des hiéroglyphes«, in: XVIIe Siècle 158 (1988), pp. 41–50.

In an especially rich letter to Aleandro, Peiresc speculated that Coptic, or »Lengua Aegyttia«, with its mixture of Greek and other, perhaps Egyptian, characters, could help decipher hieroglyphics.[144] He surmised that the inscriptions on the gems were in Greek characters but that the »Greek, Hebrew and Barbarian words« could be Egyptian, or Coptic – a language just being discovered by European travellers and erudites in the 1620s and whose study Peiresc was keen to advance.[145] In a contemporary letter to Pietro della Valle, Peiresc suggested that Coptic could be useful for making sense of the puzzling inscriptions on his Gnostic gems.[146] The mixture of Greek and barbarian characters in the Coptic alphabet – like that of Hebrew and Phoenician in Samaritan – fascinated Peiresc as a concrete example of cultural mingling that Peiresc investigated through his sponsorship of Athanasius Kircher and Claude Saumaise, and the Capucin missionary *cum* antiquities agent P. Gilles de Loche.

In a letter of 1629 to the Dupuy brothers in Paris, Peiresc repeated his description of amethyst with an image of Mercury, noting that it was »covered in writing similar to that which Baronius had given in Volume II for one of the Basilidian deities«. He had already deciphered half of the inscription; it contained Hebrew, Greek, Latin and maybe ancient Egyptian for which Coptic, »I am certain«, would help.[147] In a later letter to Claude Saumaise dominated by Coptic questions, Peiresc suggested that the language could help to unravel the mysterious inscriptions on the gems, in Greek characters but in a pastiche of Hebrew, Syriac, Phoenician and Egyptian sounds. The images were of Egyptian

---

[144] »Ma ho inteso con gusto grande que'particolari che V. S. m'accenna de quelli voci Greche mescolate in quella Lengua AEgyttia del Pentateucho, il che conviene beniss^mo al tempo del Christianesimo, ò de que'Re AEgyptii successori d'Alessandro magno, sotto i quali si fece la Version Greca delle 70 Interpreti. Sopra tutto è notabile quella forma de'Caratteri Greci la maggior parte alla quale par che fossero costretti, que'popoli, poi che con le lor Hieroglyphici, si potevano esprimere in certo modo gli concetti humani, ma non già le parole precise come era necessario in una Versione esatta de detto Pentateucho« (Peiresc to Aleandro 25 September 1628, B. A. V. MS. Barb. Lat. 6504, fol. 219^v).

[145] Peiresc to Aleandro, 26 October 1628, B. A. V. MS. Barb. Lat. 6504, fol. 224^r: »Io ho piu di ottanta intagli antiqui di que'Gnostici, e Basilidiani, & altri settarii di que'primi secoli ch'havevano fatto una certa Religione à lor posta, piena di Mysterii Judaici, Christiani, et Gentili con inscrittioni in caratteri Greci, ma voci Greche, Hebraiche, et Barbare ch'io ho sempre giudicato essere Egittia. la maggior parte, per la mescolanza che c'è delli mysterii Hieroglyphici dell'Egitto. Massime havendone una dove Mercurio è rappresentato co'l caduceo, et con lo spoglio di Volpe in testa, & il suo nome Thoth Egittio in caratteri Greci. Et forzi che chi potesse vedere quel vocabolario, se ne cavarebbono parechie interpretationi di quelle voci barbare scolpite in que'intagli che potrebbono dar gran lume all'interpretatione ancora delle figure che vi si trovano rappresentate«. Garth Fowden's comments on the link between gnosticism and Hermetism seem apposite: The Egyptian Hermes: A Historical Approach to the Late Pagan Mind, 2nd edn (Princeton, 1993), pp. 113–14, 188).

[146] Peiresc to della Valle, 26 November 1628, Carp. Bibl. Inguimb MS. 1871, fol. 243^r: »Io mi ritrovo sino à ottanta et più intagli antichi con Iscrittioni Greco-Barbare dependenti dalli superstitioni di che primi Heretici Basilidiani Gnostici et altri, che prevalsero prencipalmente nell'Egitto delle quali si potrebbe farci tirar qualche costrutto con l'aiuto di questa Lingua Egittia, già che vi si trovano parechie voci veramente Greche et Hebraiche, et altre incognite, che sonno più tosto Egittie, che di qual si voglia altro Idioma« (also Aix Bibl. Méjanes, MS. 213 (1031) p. 65).

[147] Peiresc to Dupuy, 3 August 1629, in: Peiresc Correspondence, III, pp. 147–48.

gods, »altered«, or adapted, by the Basilidians.[148] »Quite often«, Peiresc concluded, »the figures serve very well to decipher the inscriptions and, conversely, the inscriptions to identify the figures«.[149]

The study of the *Abraxas* gem in the circle of Peiresc presents us with a picture of the antiquaries' comparative practice in all its sophistication and messiness. We have seen objects being clarified by comparison with texts, and texts made sense of in the light of artefacts. Peiresc's friends, such as Isaac Casaubon, acknowledged his mastery of this practice. In a letter thanking him for helping with the identification of some ancient coins and preserved in Gassendi's *Vita*, Casaubon commented: »Doubtlesse that way which you have undertaken to clear up the dark passages of Antiquity is the most sure and only way. I eagerly expect what the great Scaliger will observe touching these kind of Antiquities: but I foresee, there will be place for your gleanings after his Harvest. For it was a happie thing that you should meet with these Coins, which have given you light in such dark passages«.[150]

In a stunning letter to Rubens towards the beginning of their correspondence, Peiresc summed up the attitude behind his study of objects like the *Abraxas* gems. The historically-minded inquirer, he explained, had to place greater weight on documentary worth than, as was generally customary for those who collected gems, on beauty. His metaphor – one that extends to how Peiresc lived his life – was that when lacking better, one had to be content with what lay to hand, just as the sailor in the midst of the ocean had to be satisfied with dried biscuit. This was the fate of all those who wished »to have uninterrupted notice of ancient history and prove it by contemporary, public authority«. Peiresc explained that he once had »the same fastidiousness about many things of crude workmanship« but when travelling in »those lands« – referring to Rubens' Flanders – he had found no decent wine and so been constrained to drink beer. Within a few days he found the taste so much to his liking that »from then on I have held it amongst other pleasures and above any sort of the best wines, which are not lacking«, he added pointedly, »in these lands«. This was how Peiresc had developed his taste for the things of poor workmanship that were yet necessary »to fill in many lacunae in ancient history in the most babarous and unknown centuries«. Even these »*poverette*«, he observed, »sometimes opened the road to go beyond«. Indeed, and here Peiresc showed again the close conceptual link between archaeology and anthropology before they went their separate disciplinary ways, »the clothing worn by the natives of India, Peru and Africa, made of the barks of trees, or quills or pelts, or other things of very little worth, do not cease to be viewed with pleasure by the greatest and most curious, and with good reason... I say all this to excuse my delight in these *gofferie* and specifi-

---

[148] Peiresc to Saumaise, 14 November 1633, in: Lettres à Claude Saumaise, p. 33.
[149] Lettres à Claude Saumaise, p. 33:. »Et bien souvent les figures servent fort à deschiffrer les inscriptions et au contraire, les inscriptions à recongnoistre les figures, qui y sont gravées, car il y en a plusieurs où des parolles purement grecques et hebraiques sont entremeslées avec les aegyptiennes.«
[150] Gassendi: Mirrour, year 1605, p. 93.

cally in the Christian or pseudo-Christian intaglios from which we can derive information about things most obscure in Epiphanius and other ancients.«[151]

---

[151] »Ma bisogna nondimeno tal volta ricorrere a tal violenza quando mancano cose migliori et contentarsi dell'alimento del pane biscotto quando si sta in mezzo al mare et che non puonno havere alimenti piu delicati, se si vuol havere notitia non interrotta delle historie antique et farne la prova con publica autorita contemporanea, il che non e di poco diletto a chi si da quella prima violenza di cavarne il primo gusto. Io haveva havuto altre volte quasi il medesimo fastidio di molte cose di goffa maestria, non per la medesima caggione di quello di V. S. ch'io non haveva la capacità di giudicare ne stimare le cose buone o migliori, anzi per debolezza d'ingegno, bastandomi ogni cosa buona per trattenermi senza lasciarmi tempo di essaminare dell'altre, ma si come facendo il viaggio ch'io feci altre volte in coteste bande, ne trovandovi del vino che s'accomodasse alla mia sanita, fu costretto di mettermi alla biera, la quale se ben mi riusci da principio di gusto tanto acerbo che mi conveniva turare le narrene per beverla come se fosse stata una medecina. Fra pochi giorni, sendomi avezzato, la trovai piu gustosissima; di maniera che da quel tempo in poi, l'ho tenuta in delitiis e quasi sopra ogni sorte di vino di piu eccellenti, come non ce ne manca in queste bande. Cosi appunto quando per sorte mi furono capitate certe antiquità di goffa maestria, che mi convenne serbare qualche tempo, per rispetto di certi miei parenti ch'avevano voluto ch'io le tenessi per amor loro, m'avenne un giorno d'indovinare a caso certo particiolare che mi diede qualche diletto et m'apri talmente la strada a passar piu oltre, che m'ha quasi fatto perdere la dilettione delle piu nobili, alle quali non mancano padroni che le tengono in pretio et le sanno far valere, accio non restino del tutto abbandonate queste poverette, delle quali si ponno riempire et restituire molte lacune dell'historia antiqua ne'secoli piu barbari et non cogniti [...] Cosi e certo che molte cose s'hanno da stimare nonostante qualsi voglia goffezza di maestria, per essempio le veste delli Barbari dell'India et del Peru, o dell'Africa, le quali sono di scorza d'alberi, o di penne, o di pelli, o altre cose di pochissimo momento, non lasciano d'esser vedute volentieri dalli piu grandi et piu curiosi, et con molta raggione [...] Questo si a detto per farmi scusare nella dilettatione di quelle gofferie et specialmente di que'tagli christiani o pseudo-christiani dalli quali si cava la notitia di cose oscurissime in Epiphanio et altri antiqui« (Peiresc to Rubens, 23 December 1621, in: Rubens Correspondence, II, pp. 317–18).

Ralph Häfner

Das Erkenntnisproblem in der Philologie um 1700

Zum Verhältnis von Polymathie und Aporetik bei Jacob Friedrich Reimmann, Christian Thomasius und Johann Albert Fabricius*

Johann Albert Fabricius (1668–1736), der Hamburger Philologe und langjährige Professor am Akademischen Gymnasium, legte im Jahr 1718 eine Ausgabe der Werke des spätantiken Gelehrten Sextus Empiricus (*fl.* 180–200 n. Chr.) vor, die noch weit ins 19. Jahrhundert hinein verbindlich bleiben sollte. Die editorische Leistung, die man seit je daran bewunderte, verdeckt aber leicht die besonderen denkgeschichtlichen Bedingungen, die ihn veranlaßten, sich mit einem Schlüsseltext der antiken Skepsis über Jahre hinweg zu beschäftigen. Wenn Fabricius in der Einleitung seinen Autor dem Leser so nachdrücklich empfahl, weil der um die antike Philosophie bemühte Gelehrte kaum irgendwo mehr lernen könne,[1] so zeugt diese Aussage von einem tiefen Interesse an der Dogmengeschichte der antiken Wissenschaften, in dem sich zwei sehr unterschiedlich akzentuierte Konzeptionen gelehrter Erkenntnis verbanden: Die polyhistorische Verzeichnung des Wissens, wie sie seit den frühesten antiken ›Blütenlesen‹ und zumal seit Isidor von Sevilla auch für die christliche Polymathie bestimmend geworden war, trat hier in ein produktives Verhältnis zu einem von neuem erwachten Interesse an der Traditionsgeschichte der überlieferten Lehrmeinungen.

Die Darstellung der diachronen Abfolge philosophischer Dogmen konnte, solange sie die historischen Persönlichkeiten und ihre Werke zum Gliederungskriterium erhob, ebenfalls auf eine Tradition zurückblicken, die mindestens bis zu des Diogenes Laertios Geschichte berühmter Philosophen zurückreichte. Insbesondere seit dem 17. Jahrhundert erschien eine große Anzahl derartiger Geschichten antiker Philosophen und Gelehrter; man denke an einschlägige Werke von Gerhard Johann Vossius, Georg Horn oder Thomas Stanley.[2] 1659 veröffentlichte Johannes Jonsius seinen Traktat *De scriptoribus historiae philosophicae*, mit dem sich der junge Fabricius selbst in einer Entgegnung kritisch auseinanderzusetzen hatte.

---

*   Die vorliegende Abhandlung ist die überarbeitete Fassung eines Vortrags, den ich im Rahmen des von Christopher Ligota geleiteten Forschungsseminars »History of Scholarship (from the Renaissance onwards)« am 10. November 1995 im Warburg Institute, London, zur Diskussion gestellt habe. Herrn Dr. Christopher Ligota bin ich hierfür zu herzlichem Dank verpflichtet.

[1]   Vgl. Johann Albert Fabricius: »Ad lectorem«, in: Sextus Empiricus: Opera, graece & latine [...], Leipzig 1718, nicht paginiert: »[...] licet pauci exstant scriptores è quibus studiosus veteris Philosophiae plura discere, atque si sano judicio instructus ad lectionem ejus accedat, majorem fructum capere possit.«

[2]   Vgl. Mario Longo: Historia philosophiae philosophica. Teorie e metodi della storia della filosofia tra Seicento e Settecento, Mailand 1986.

Was aber, so ist zu fragen, brachte Fabricius dazu, sich über kostbare Jahre
seines Lebens hinweg mit dem prominentesten Werk der antiken Skepsis auseinanderzusetzen, dessen ganzer Reichtum des Wissens nur darum ausgebreitet
worden zu sein schien, um die Defizienz eines gültigen Maßstabs zur Beurteilung wahrer Erkenntnis aufzuweisen? Bereits in der Abhandlung über den ›Platonismus‹ Philons von Alexandrien von 1693[3] stand die Frage nach dem Verhältnis der christlichen Lehre zu dem »exoterischen« Wissen, wie es der Kanon
der sieben freien Künste seit den antiken Wissenschaftsklassifikationen bereitgestellt hatte, im Zentrum einer Reihe von Überlegungen, die Fabricius im Blick
auf die mögliche Vereinbarkeit von Christentum und heidnischer Gelehrsamkeit
im einzelnen zu begründen versuchte. Diese Konstellation einer Problemgeschichte des Wissens also war es, wenn er nun, 1718, Sextus Empiricus als einen
Skeptiker vorführte, der sich vorgesetzt habe, alle Lehrmeinungen zu bestreiten,
indem er sie zumeist »auf scharfsinnigste Weise« (*acutissime*) widerlege mit der
ausgesprochenen Absicht, den Lernenden vor der unbesonnenen Zustimmung zu
völlig ungewissen Sachverhalten zu bewahren und ihn zu ermahnen, bei der
Aufstellung dogmatischer Lehrsätze unterschiedlichster Art nur mit größter
Vorsicht vorzugehen.[4]
   Betrachtet man Fabricius' Absicht einer Präsentation des bei Sextus überlieferten polyhistorischen Wissens in diesem Lichte, so gewinnt seine Edition eine
über die handwerkliche Gediegenheit der philologisch-kritischen Textedition
hinausreichende Brisanz gerade zu einer Zeit, in der man die Hoffnung auf eine
Konziliation der christlichen Konfessionen, insbesondere von Lutheranern und
Calvinisten, noch nicht gänzlich aufgegeben hatte. Denn die Skepsis gegenüber
den heidnischen Wissenstraditionen betraf zumindest implizit und in analoger
Weise auch eine dogmatische Kodifikation von Glaubensinhalten, die weder aus
dem Text der Heiligen Schrift hinreichend begründet noch auch im Blick auf das
Seelenheil des Einzelnen verbindlich vorgeschrieben werden konnten. Nehmen
wir daher einige hervortretende Tendenzen des denkgeschichtlichen Umfeldes
um 1700 in Augenschein, die Fabricius' Interesse an der antiken Skepsis und
dem davon abgeleiteten Erkenntnisproblem der philologischen Disziplinen auf
der Höhe seines reichen philologischen Schaffens motivieren können. Wir werden hierdurch, so steht zu hoffen, Aufschluß erhalten über die Reichweite und
Tragfähigkeit des seit Joseph Justus Scaliger und zumal seit Jean Leclerc entwickelten Instrumentariums kritischer Philologie im Kontext von pietistischem
Anti-Rationalismus und christlicher Dogmatik sowie über den Begründungszusammenhang einer ›vernünftigen‹ Erkenntnis Gottes, um die sich Fabricius in
der Spielart der Physikotheologie mit zunehmender Intensität bemüht hatte.

---

[3]   Johann Albert Fabricius: Exercitatio de platonismo Philonis Judaei viro doctissimo Johanni
      Jonsio opposita, et indultu amplissimi facultatis philosophicae in posterioris pro loco
      dissertationis argumentum proponenda, Leipzig 1693.
[4]   Vgl. Johann Albert Fabricius: »Ad lectorem«, in: Sextus Empiricus: Opera (wie Anm. 1):
      »Nam dum scepticus omnia instituit oppugnare, multaque oppugnat acutissime, impetum
      cohibere temere assentiendi incertis, & cautius in statuendis dogmatibus incedere utique
      monet.«

I. Salomo Aporeticus (1704)

Noch 1725 wird sich Fabricius auf eine anonyme Abhandlung beziehen, die 1704 in dem Halleschen Periodicum *Observationes selectae* unter dem Titel »An Salomon fuerit Scepticus« publiziert worden war. Der Autor dieses polemischen Traktats, Jacob Friedrich Reimmann,[5] setzte sich darin mit der Frage nach dem Wesen einer Weisheit auseinander, die mit dem Namen Salomons seit langem verknüpft worden war. Noch zu einer Zeit – so argumentierte er im Horizont der biblischen Überlieferung –, als der junge König Salomon über das zarte Alter des Epheben bereits hinausgewachsen war, legte man ihm gewöhnlich eine schwache Geistesgabe bei, und so galt er denn bei seinen Zeitgenossen als »parvus puer« (III Rg 3,7). Mit frommen Seufzern richtete er sich an Gott und wurde durch ihn einer Weisheit teilhaftig, deren zuvor niemand in ähnlichem Maße besessen hatte (III Rg 3,12). Vor dem Hintergrund der biblischen Rede über den »parvus puer« folgerte Reimmann, daß Salomons »sapientia« also bereits in ihrem Ursprung von der »Philosophie«, durch die ›heute‹ die Welt betrogen werde *(qua mundus hodie decipitur)*, völlig verschieden gewesen sei[6] und daher nicht als Norm für die menschliche Erkenntnisfähigkeit schlechthin aufgestellt werden könne. Salomons anfängliches Unvermögen war vielmehr auf eine allzu geringe Urteilskraft zurückzuführen, die ihn in der alltäglichen Lebenspraxis als wunderlich erscheinen ließ, weil er das Ziel seiner Handlungen nicht voraus- schauend abzuschätzen vermochte. Was seine Seufzer erwirkten, war dem- gegenüber ein Wissen, das weder gelehrt noch durch fortgesetzte Übung im Sinne eines lebenspraktischen Erfahrungswissens erlangt werden könne, denn, so fügte Reimmann mit einiger Emphase hinzu, das »Licht der Natur« leuchte nach dem Sündenfall nurmehr sehr schwach; die Weisheit, der Salomon teilhaf- tig wurde und die »von oben herabsteigt« (ἄνωθεν κατερχομένη, Iac. 3,15), hat ihren Ursprung vielmehr allein in Gott, der nach dem Pauluswort als einziger und in einem eminenten Sinne »weise« genannt werden kann (μόνος θεός ἐστι σοφός nach Rom. 16,27).[7]

Der ausgesprochen polemische Rahmen, in den Reimmanns Ausführungen gestellt sind, öffnet einen komplexen denkgeschichtlichen Zusammenhang, in dem neben einer sehr lebhaften zeitgenössischen Diskussion über die Begrün- dung unseres Wissens zumal die Konzepte der antiken Skepsis und deren rina- scimentale Verwandlungen durch Denker wie Gianfrancesco Pico, Francisco Sanchez und Agrippa von Nettesheim wieder präsent sind.[8] Die besonderen

---

5 Zu Reimmanns Gesamtwerk vgl. die Beiträge in dem Band: Skepsis, Providenz, Polyhisto- rie. Jakob Friedrich Reimmann (1668–1743), hg. v. Martin Mulsow, Helmut Zedelmaier, (Hallesche Beiträge zur Europäischen Aufklärung. Bd. 7.), Tübingen 1998.

6 Jacob Friedrich Reimmann: »An Salomon fuerit Scepticus«, in: Observationum selectarum ad rem litterariam spectantium tomus VIII, Halle 1704, S. 327–367 (Observatio XIII), hier: S. 334.

7 Ebd., S. 335.

8 Unter der inzwischen reichen Forschung zur Geschichte der Skepsis in der frühen Neuzeit vgl. v. a. Richard H. Popkin, *The History of Scepticism from Erasmus to Spinoza*, Berke- ley, Los Angeles, London 1979; Charles B. Schmitt, »The Rediscovery of Ancient Skepti- cism in Modern Times«, in: ders., *Reappraisals in Renaissance Thought*, ed. Charles Web-

Bedingungen, die zu dieser abermaligen Erneuerung der antiken Skepsis im frühen 18. Jahrhundert geführt haben, sind zu einem ganz wesentlichen Teil durch apologetische Argumentationsstrategien über die ›Wahrheit der christlichen Religion‹ insbesondere seit Hugo Grotius geschaffen worden. In einer eigenartigen Oszillation zwischen dem libertinistischen Lager und einer philosophisch gebundenen Mystik, der wir uns in verschiedenen Beleuchtungen noch zuwenden werden, eröffneten skeptische Argumente im Blick auf die menschliche Erkenntnisfähigkeit gegen Ende des 17. Jahrhunderts einen höchst ambivalenten und in seiner Stringenz stets gefährdeten argumentativen Denkraum. Die Tatsache, daß gerade zu diesem Zeitpunkt der Beweis Gottes aus seiner Schöpfung in der Spielart der englischen Physikotheologie Richard Bentleys, William Derhams und John Rays die fortgesetzte Aufmerksamkeit des Philologen Fabricius erregte, muß als ein Indiz dafür gesehen werden, daß die Physikotheologie zumindest als *ein* Ventil bei der Widerlegung skeptischer Argumente angesehen werden konnte.

Blicken wir jedoch zunächst noch einmal auf die Ausführungen Reimmanns zurück.[9] Die radikale Disparität einer Wissenschaft, die von Gott mitgeteilt wurde, zu einem Wissen, das sich der Mensch durch fortgesetzte Übung anzueignen imstande ist, führte ihn auf den Gedanken, daß die Weisheit der Hebräer im Blick auf die genuin menschlichen Erkenntnismöglichkeiten *nach* dem Fall durchaus nur *als skeptische* charakterisiert werden könne. Die Weisheit der Patriarchen bestehe gerade nicht darin, daß man sie zu »Meistern der ganzen philosophischen Enzyklopädie« mache, indem man den vorsintflutlichen Führern des jüdischen Volkes die Erfindung der Philosophie, der Kunst des Schachspiels oder gar der »Parruqven=macher=Kunst« beilege.[10]

Damit wird die Stoßrichtung von Reimmanns Polemik sogleich deutlich: Der lebenspraktische Wert des Wissens, auf das allein sich der Mensch nach dem Sündenfall zu richten hat, besteht ausschließlich in der Frage nach dem rechten Gottesdienst, der von jeglichem dogmatischen Wissen im Sinne einer schulmäßigen Kodifizierung unberührt bleibe. Wer etwa eine Dogmatik am Leitfaden der Frage aufzustellen versuche, ob Gott »methodo synthetica vel analytica« verehrt

---

ster, London 1989, S. 225–251 (zuerst in: *The Skeptical Tradition*, ed. M. Burnyeat, Berkeley, Los Angeles, London 1983); ders., *Cicero Scepticus: A Study of the Influence of the Academica in the Renaissance*, (Archives internationales d'histoire des idées. Bd. 52.), Den Haag 1972; Don Cameron Allen, *Doubt's Bountless Sea* [1964], Reprint: New York 1979; außerdem sei auf die einschlägigen Abhandlungen in folgenden beiden Tagungsbänden verwiesen: *Scepticism from the Renaissance to the Enlightenment*, hg. v. Richard H. Popkin, Charles B. Schmitt, (Wolfenbütteler Forschungen. Bd. 35.), Wiesbaden 1987; *Scepticism and Irreligion in the Seventeenth and Eighteenth Centuries*, hg. v. Richard H. Popkin, Arjo Vanderjagt, (Brill's Studies in Intellectual History. Bd. 37.), Leiden, New York, Köln 1993.

9 Zu vergleichen ist Martin Mulsow: »Asophia philosophorum. Skeptizismus und Frühaufklärung in Deutschland«, in: Transactions of the Ninth International Congress on the Enlightenment, Bd. 1, Oxford 1996, S. 203–207, der die Problemlage im Ausgang von Reimmanns ungedruckter Abhandlung »De ignorantia philosophorum in genere, et in specie, de ignorantia metaphysicorum et physicorum« entwickelt.

10 Jacob Friedrich Reimmann: »An Salomon fuerit Scepticus« (wie Anm. 6), S. 329.

werden wolle,[11] überschreitet in dem Maße die dem menschlichen Verstande gesetzten Grenzen, als er sich über die Grundlosigkeit des menschlichen Wissens außerhalb der Offenbarungsgewißheit keine Rechenschaft mehr ablegt. Der Irrtum aller Dogmatik gründe vielmehr darin, daß sie die Forderung, »gottesfürchtig zu leben« (*Theologicè vivere*) mit dem Anspruch, »aus Gründen zu wissen« (*Philosophicè scire*), verwechsle oder ineins setze. Jeder Versuch, die cartesianische oder die aristotelische, die atomistische oder die eklektische Philosophie aus den biblischen Schriften zu beweisen,[12] sei daher bereits im Ansatz verfehlt, und die in den gängigen Philosophiegeschichten anzutreffende Meinung,[13] die Patriarchen seien Dogmatiker gewesen, entbehre daher jeglichen Wahrheitsgrundes.

Reimmann negierte alle derartige Dogmatik, das heißt ein aus der Heiligen Schrift gezogenes lehrhaftes Wissen, weil der geoffenbarte biblische Text in Rücksicht auf seine Wissensgenese allem menschlichen Wissen als *geradezu entgegengesetzt* aufgefaßt werden mußte. Diese Aporie führte ihn zu dem Schluß, daß die Patriarchen im Blick auf die Reichweite des menschlichen Verstandes vielmehr eine reine Skepsis oder Ephektik vertreten hatten. Wie anders hätte sonst Hiob sich in seinen Klagegesängen darüber betrüben können, daß weder Weisheit noch Wissenschaft und Gelehrsamkeit »in terra viventium« aufzufinden seien, da alles vermeintliche Wissen vielmehr wie ein trüber Schleier vor unseren Augen stehe? Dieses Nichtwissen (»nil sciri«), diese Unfähigkeit des menschlichen Verstandes, wahrhaft zu erkennen, stellte sich ihm als von so grundsätzlicher Art dar, daß sie sich nicht allein auf den erhabenen Bezirk der »supernaturalia«, auf die Geister, die Engel und Gott, sondern ebenso sehr auf den gesamten Bereich des enzyklopädischen oder polyhistorischen Wissens erstrecke.[14] Der Kreis wahrer Weisheit und Gelehrsamkeit erschöpfe sich vielmehr, nach Hiob, »in der Furcht Gottes und dem Abscheu vor dem Bösen« (Iob 28,28).

Aber hatte nicht derselbe König Salomon den ganzen Kreis der Wissenschaften (*disciplinae*) ausgemessen und ein derart umfassendes naturkundliches Wissen an den Tag gelegt, wie man es seit dem Sündenfall nicht mehr vernommen hatte?[15] Worin genau bestand also die salomonische »Unfähigkeit zur Wesenserkenntnis« (ἀκαταληψία *sceptica*), von der Reimmann sprach?

Reimmann argumentierte, daß Salomons Kenntnis der *naturalia*, die Dendrologie und Zoologie, die man aus seinen Werken zu ziehen pflegte, allein von Gott her begründet werden könne, denn der »parvus puer« war von Gott selbst unterwiesen worden (θεοδίδακτος).[16] Salomons Physiologie, das naturge-

---

[11] Ebd.
[12] Ebd., S. 331.
[13] Reimmann denkt hier wohl vor allem an Georg Horn: Historiae philosophicae libri septem, Leiden 1655, Johann Franz Budde: Introductio ad historiam philosophiae Ebraeorum, Halle 1702, und Joachim Lange: Medicina mentis, Berlin 1704.
[14] Jacob Friedrich Reimmann: »An Salomon fuerit Scepticus« (wie Anm. 6), S. 332.
[15] Vgl. Flavius Josephus: Antiquitates Judaicae VIII 24 ed. Niese.
[16] Jacob Friedrich Reimmann: »An Salomon fuerit Scepticus« (wie Anm. 6), S. 333. – Zum Begriff: 1 Thess. 4,9; Joh. 6,45.

schichtliche Verzeichnis, das von der hohen Zeder des Libanon über alle
Baumarten und Sträucher bis herab zu den Kräutern reichte, die Beobachtungen
über die Vögel, Reptilien und Fische intendierten zudem nichts weniger als eine
Wissenschaft »in genere«, die den gewöhnlichen Gegenstand unserer dogmatischen Wissenschaft ausmache, sie verweisen vielmehr nur auf eine Kenntnis von
einzelnen Arten, die Salomon zudem nicht »theoreticè«, sondern ihres lebenspraktischen Wertes zuliebe im einzelnen aufgeführt habe. Wenn der Mensch
kein Geschöpf unter der Sonne seinem Wesen nach »klar und deutlich« (*clare &
distincte*) erkennen könne, so sei die Kenntnis der natürlichen Arten allein um
ihrer praktischen Brauchbarkeit willen, also nicht in ihrem wesenhaften, nach
dem Sündenfall aber gänzlich verborgenen Seinsgrunde, sondern nur in Beziehung auf den Menschen, zu schätzen.[17] Zu diesem Ergebnis komme auch Flavius
Josephus, wenn er in seinen ›Jüdischen Altertümern‹ den parabolisch-didakti-
schen Wert herausstelle, den allein Salomon einer Kenntnis der Baumarten
zugemessen habe.[18]

Reimmanns Abhandlung über den Skeptiker Salomon erschien zu einem
Zeitpunkt, als die Kritik an den cartesischen Prinzipien der Wahrheit in
Deutschland noch im Gange war, zugleich aber John Lockes Theorie über den
menschlichen Verstand noch kaum eine merkliche Wirkung entfaltet hatte. Aber
das eigenartige Verhältnis, in dem Reimmanns Ausführungen über die Weisheit
Salomons zu dem Mystiker Pierre Poiret, zu François de La Mothe Le Vayer und
Joachim Lange stehen, wirft, wie wir sehen werden, einiges Licht auf die
denkwürdige intellektuelle Konstellation, die sich aus der Konfrontation eines
polyhistorischen Sachwissens, um das sich die Philologie der frühen Neuzeit
unablässig bemühte, mit Descartes, dem Cartesianismus und der Frage nach den
Erkenntnisprinzipien ergeben hatte.

Werfen wir deshalb einen Blick auf die Genese von Reimmanns Traktat.
Reimmann legte seine Auffassung über den aporetischen Kern der Weisheit
Salomons in privaten Unterredungen seinem Freund Joachim Lange, einem
Pietisten aus dem Umkreis August Hermann Franckes,[19] dar.[20] Er mußte sich
zurecht brüskiert sehen, als Lange in seiner *Medicina mentis* (1704) nicht nur
den dogmatischen Gehalt der Weisheit Salomons verteidigte, sondern darüber
hinaus alle diejenigen, die in dem jüdischen König einen Pyrrhonisten erblicken
wollten, mit einem starken Ausdruck als »gottlose und verkehrte Philosophen«

---

[17] Ebd., S. 336–338.
[18] Ebd., S. 338f., mit Zitat aus Flavius Josephus: Antiquitates Judaicae VIII 44 ed. Niese: καθ'
      ἕκαστον γὰρ δένδρου εἶδος παραβολὴν εἶναι ἀπὸ ὑσσώπου ἕως κέδρου. – Zur
      Stellung Salomons in den *Antiquitates* vgl. Louis H. Feldman: »Josephus as an Apologist to
      the Greco-Roman World: His Portrait of Solomon«, in: Aspects of Religious Propaganda in
      Judaism and Early Christianity, hg. v. E. Schüssler-Fiorenza, Notre Dame, London 1976,
      S. 69–98.
[19] Vgl. Martin Brecht: »August Hermann Francke und der Hallische Pietismus«, in: Ge-
      schichte des Pietismus, Bd. 1: »Der Pietismus vom siebzehnten bis zum frühen achtzehn-
      ten Jahrhundert«, hg. v. Martin Brecht, Göttingen 1993, S. 439–539, hier: S. 505.
[20] Darüber berichtet Reimmann: »An Salomon fuerit Scepticus« (wie Anm. 6), S. 344f.

(*impii praeposterique philosophi*) kennzeichnete.[21] Die skeptische Philosophie stehe der wahren Weisheit im Wege und führe von der Ehrfurcht gegen Gott und von der Pflicht, die einem weisen Menschen obliege, ab. Weder die philosophischen Schulen, unter denen Lange ausdrücklich die Aristoteliker polemisch aufgriff, noch auch die Eklektiker seien in der Lage, zu diesem Ziel hinzuführen.[22] Die Verfallsgeschichte der Gelehrsamkeit setze gerade in dem Augenblick ein, in dem die bei den »alten Weisen« noch ungeschiedenen Tätigkeiten des Philosophen und des Staatsmannes auseinanderbrachen. Damals, zur Zeit des Aristoteles, habe die Philosophie aufgehört, »vornehm und höfisch zu sein, so daß beinahe niemand ein guter Höfling und ein guter Politiker sein kann, wenn er nicht entweder gar kein Philosoph ist oder zu seinem Glück aufhöre es zu sein.«[23] Lange richtete seine Kritik zumal gegen die Schulen, diese »Pflanzstätten der Kirche«, die ebenso zu wahren »Werkstätten des Irrtums« geworden seien wie die Kirchen gleichsam zur Zuflucht der Gottlosen und Heuchler.[24] Den Grund für diese Entwicklung erblickte er in der Tatsache, daß die meisten Gelehrten sich nur auf menschliche Belehrung verlassen, die von allem Geist und aller Wahrheit entblößt sei, so daß sie endlich mehr dem »Dienst ihres Bauches als dem Christi ergeben« seien. Daraus ergab sich das Ziel einer Untersuchung, anhand der Erkenntnisprinzipien Poirets und der Hofphilosophie des Christian Thomasius den Menschen durch eine »Arznei für seinen Geist«, »von dem ich erkannte, daß er weit verdorbener ist, als ich anfangs glaubte«, wiederherzustellen.

Lange verfolgte auf diese Weise ein Unternehmen, mit dem er die Gelehrsamkeit (*res literaria*) für den geselligen Lebenszusammenhang wieder fruchtbar machen wollte. Indem er auf den *Pflichten* des Menschen insistierte, machte er deutlich, daß er eine auf die christliche Lebenspraxis gerichtete Gelehrsamkeit, folglich eine theologisch-dogmatische Begründung sozialen Verhaltens zum Funktionieren des Staates für unabdingbar hielt. Reimmann beharrte demgegenüber auf einer radikalen Skepsis, indem er erwiderte, daß die höchste Pflicht des Menschen vielmehr durch Salomons Prinzip der Weisheit, γνῶσαι σεαυτόν, »d. h. zu erkennen, daß wir Menschen nichts wissen«, genau umschrieben sei, denn diese Skepsis sei kein ungelehrtes Nichtwissen, sie falle vielmehr mit dem äußersten Wissen, das dem gefallenen Menschen noch erreichbar sei, zusammen.

---

21 Joachim Lange: Medicina mentis, qua praepostera philosophandi methodo ostensa ac rejecta, secundum sanioris philosophiae principia, aegrae mentis sanatio, ac sanatae usus in veri rectique investigatione ac communicatione, in gratiam traditur eorum, qui per solidam eruditionem ad veram sapientiam contendunt, Berlin: (Auf Kosten des Halleschen Waisenhauses, Drucktypen Johannes Wessels), 1704, S. 393 (=Pars V, cap. I, § 13). – Vgl. Jacob Friedrich Reimmann: »An Salomon fuerit Scepticus« (wie Anm. 6), S. 344.

22 Vgl. Joachim Lange: Medicina mentis (1704) (wie Anm. 21), »Praefatio«.

23 Ebd., Widmungsschreiben (nicht paginiert): »Sed postea, inde ab Aristotelis potissimum tempore, Philosophorum plurimi philosophiam perdiderunt. Unde haec adeo desiit esse illustris atque aulica, ut nemo fere possit esse bonus Aulicus, bonusque Politicus, nisi Philosophus aut non sit, aut esse feliciter desierit.«

24 Ebd., »Praefatio«.

Auf welchem Wege gelangte Reimmann zu dieser auf den ersten Blick para-
doxen Aussage? Es gehört zu den erstaunlichen Tatsachen der Geschichte des
Libertinismus,[25] daß zumindest einige Spielarten desselben mit einer sehr mar-
kanten fideistischen Struktur unterlegt sind. Diese Beobachtung bestätigt sich
etwa im Werk von François de La Mothe Le Vayer, dessen *Traité de la vertu des
païens* (1642) Reimmann durch ausgiebige Zitate für sein Beweisverfahren
nutzte.[26] Lange mochte die fideistischen Implikate in La Mothes Denken nur für
den wohl kalkulierten Vorwand seines Libertinismus halten und sah sich deshalb
dazu berechtigt, Reimmanns biblische Herleitung der Skepsis mit dem Atheismusvorwurf zu kontaminieren.

La Mothe Le Vayer benannte die Herkunft des Konzepts einer »belehrten
Unwissenheit« (*docta ignorantia*) mit dem Namen des Nicolaus Cusanus[27] und
verknüpfte es mit dem Gedanken einer Bestimmung der Reichweite oder der
Grenzen des menschlichen Verstandes. Im Blick auf die Pflichten des Menschen
und die Stellung des Skeptikers im Gemeinwesen gab er zu bedenken, daß der
Skeptiker sich aus freien Stücken den einmal angenommenen Gesetzen und
Gebräuchen unterwerfe, auch wenn er sie ohne Beharrlichkeit (*sans opiniâtreté*)
und »ohne von der skeptischen Indifferenz abzulassen«, verfolge.[28] Die War-
nung vor den »navigations spirituelles« der Dogmatiker war hier aber nicht nur
mit einer Kritik an den ›weltlichen‹ Wissenschaften im Sinne der paulinischen
Katechese verbunden; sie stand vielmehr in unmittelbarem Zusammenhang mit
einer fideistischen Reduktion unseres Wissens auf das »übernatürliche Licht des
Glaubens« sowie mit der von Ps.-Dionysios Areopagites ausgearbeiteten neu-
platonisch-mystischen Theologie, deren Wesen La Mothe Le Vayer konsequent
in die Einsicht in die Unmöglichkeit einer *adäquaten* Gotteserkenntnis setzte:
»So nämlich erläutert dieser große Gelehrte, was Gott selbst durch den Mund der
Propheten mitgeteilt hat, daß er sein Haus in der Finsternis aufgeschlagen
habe.«[29]

---

[25] Immer noch grundlegend: René Pintard: Le libertinage érudit dans la première moitié du
     XVIIe siècle, Paris 1943. Neudr.: Genf, Paris 1983.

[26] Reimmann ließ auch eine deutsche Übersetzung von La Mothes Abhandlung über den
     historischen Pyrrhonismus erscheinen: vgl. Curieuser Discours von der Ungewißheit, die
     sich in der Historie befindet, 1704. – Vgl. Astrid Witschi-Bernz: »Bibliography of Works in
     the Philosophy of History. 1500–1800«, in: History & Theory, Beiheft 12, 1972, S. 1–50,
     hier: S. 18f.

[27] François de La Mothe Le Vayer: De la vertu des païens, in: ders.: Oeuvres, Nouvelle
     édition, 15 Bde., Paris 1669, Bd. V, hier: S. 228. – Vgl. Jacob Friedrich Reimmann: »An
     Salomon fuerit Scepticus« (wie Anm. 6), S. 350.

[28] Ebd., S. 225. – Vgl. Jacob Friedrich Reimmann: »An Salomon fuerit Scepticus« (wie
     Anm. 6), S. 353f.

[29] Ebd., S. 231: »Ce n'est donc pas sans sujet que nous croyons le Systeme Sceptique, fondé
     sur une naïfe reconnoissance de l'ignorance humaine, le moins contraire de tous à notre
     creance & le plus approprie à recevoir les lumieres surnaturelles de la foi. Nous ne disons
     en cela que ce qui est conforme à la meilleure Theologie, puisque celle de Saint Denys
     n'enseigne rien plus expressement que la foiblesse de nôtre Esprit, & son ignorance à
     l'egard sur tout des choses divines. C'est ainsi que ce grand Docteur explique ce que Dieu
     meme a prononcé par la bouche de ses prophetes qu'il a etabli sa retraitte dans les tene-
     bres.« Vgl. Iob 17,13. Vgl. Jacob Friedrich Reimmann: »An Salomon fuerit Scepticus« (wie
     Anm. 6), S. 357. – Zur frühneuzeitlichen Wirkung des Ps.-Dionysius Areopagita vgl. John

Die Aufnahme der antiken Skepsis, die wir bei La Mothe Le Vayer beobachten, beruht also auf einer sehr ambivalenten und in ihrer Intention bereits
vorbestimmten Instrumentalisierung skeptischer Argumente, die insbesondere im
Blick auf eine mögliche naturrechtliche Fundierung der Handlungen des civilen
Menschen an Brisanz gewinnen. Gerade die Beziehung auf die philosophische
Mystik des Areopagiten ist aber von hoher Signifikanz, weil sie innerhalb dieses
erkenntniskritischen Klärungsprozesses noch zu Beginn des 18. Jahrhunderts in
der Tat eine Schlüsselstellung einnimmt. Der Zusammenhang zwischen
philosophischer Mystik und heidnisch-jüdischer Aporetik war implizit bereits in
dem von Cusanus entfalteten Gesamtkomplex einer »docta ignorantia«
hergestellt worden, an deren Beginn er *Sokrates* und *Aristoteles* sowie *Salomon*
und *Hiob* als Zeugen für die Beschränktheit der »humana ratio« aufgerufen
hatte: »cunctas res difficiles et sermone inexplicabiles [esse]«.[30] Neben der durch
Cusanus geleisteten Vermittlung des *Corpus Dionysiacum* zu einer
eigenkräftigen Denkform[31] waren die Schriften des Areopagiten dem Jahrhundert La Mothe Le Vayers insbesondere durch die detaillierten Kommentarien
gegenwärtig, die Charles Hersent 1626 herausgegeben hatte.[32]

Allein der Rekurs auf die mystische Theologie erfüllte bei La Mothe Le
Vayer und Reimmann nicht sowohl die Funktion eines produktiven Nachvoll-
zugs der ihr eigenen Denkgestalt, sie diente vielmehr ausschließlich der Bekräftigung eines radikalen Fideismus, der als solcher jeden Ansatz für eine sinnvolle,
d. h. auf evidenten Prinzipien gegründete Wissenschaft zu destruieren schien.
Reimmann legte ein weiteres Mal dar, daß die Unentschlossenheit und Ungewißheit der Dogmatiker über die ersten Grundsätze des Wissens auf der allent-
halben herrschenden Finsternis des menschlichen Verstandes *post lapsum* beruhe. Dieser Ungewißheit entgehen auch die Eklektiker nicht,[33] die bei der Auswahl der »prima cognita« ebenso disharmonieren, »wie die Uhren in einer gro-

---

Monfasani: »Pseudo-Dionysius the Areopagite in Mid-Quatrocento Rome«, in: Supplementum Festivum: Studies in Honor of Paul Oskar Kristeller, hg. v. J. Hankins,
J. Monfasani, F. Purnell, Jr., (Medieval and Renaissance Studies. Bd. 49.), Binghampton,
N.Y., 1987, S. 189–219 (auch in: ders.: Language and Learning in Renaissance Italy. Selected Articles, Aldershot 1994, N° IX). – Zur Aufnahme im 17. Jahrhundert, insbesondere
auch im Blick auf die Entfaltung einer ordensgebundenen Mystik, vgl. Thomas Leinkauf:
»Philologie, Mystik, Metaphysik. Aspekte der Rezeption des Dionysius Areopagita in der
frühen Neuzeit«, in: Denys l'Aréopagite et sa postérité en Orient et en Occident, Actes du
Colloque International Paris, 21–24 septembre 1994, hg. v. Ysabel de Andia, (Collection
des Études Augustiniennes. Série Antiquité. Bd. 151.), Paris, 1997, S. 583–609.

30 Cusanus: De docta ignorantia I 4,4–5.
31 Cusanus' Werk war durch die Edition von Lefèvre d'Étaples (1514) ziemlich verbreitet; zu
    seiner Wirkung vergleiche Stephan Meier Oeser: Die Präsenz des Vergessenen. Zur Re
    zeption der Philosophie des Nicolaus Cusanus vom 15. bis zum 18. Jahrhundert, (Buch-
    reihe der Cusanus-Gesellschaft. Bd. X.), Münster 1989. Zum Verhältnis La Mothe Le
    Vayers zu Cusanus: ebd. S. 352f.
32 Charles Hersent: In D. Dionysii Areopagitae de mystica theologia librum apparatus,
    interpretatio, notae, commentarii, paraphrasis [...], Paris 1626.
33 Vgl. hierzu auch Martin Mulsow: »Eclecticism or Skepticism? A Problem of the Early
    Enlightenment«, in: Journal of the History of Ideas, 1997, S. 465–477.

ßen Stadt«.[34] Damit waren aber auch alle philologischen Bemühungen, die sich
auf eine kritische Sammlung und Rekonstruktion des überlieferten Wissens im
seinem ganzen Umfange richteten, ja das Fundament aller *eruditio*, in höchstem
Maße diskreditiert. Vergleichbar mit der Schärfe der Skepsis Sanchez', der die
Gelehrsamkeit unter die vergeblichen oder gar schädlichen Tätigkeiten (»inutiles
labores«) rechnete,[35] kam Reimmann zu dem Schluß, daß der Inhalt aller Enzyklopädien, Pansophien und Polyhistorien aus ganz nichtigem Scheinwissen
zusammengefügt sei, wenn man sie nicht schlechthin als »gelehrten Betrug«
(*erudita impostura*) bezeichnen wolle.[36]

II. Eruditio superficiaria (1694/1708)

Die Radikalität dieser Konzeption lag nun gerade darin, daß sie aufgrund des
fideistischen Arguments einen praktischen Indifferentismus zur Folge hatte, wie
ihn La Mothe Le Vayer ausdrücklich benannte und der sich aus der dem
menschlichen Verstand nurmehr eröffneten »oberflächlichen und falschen Gelehrsamkeit« notwendig ergeben mußte.[37] Reimmanns Abhandlung erhält durch
diese Anspielung[38] eine neue Beleuchtung, denn er griff damit auf sehr feinsinnige Weise auf die Schrift des Mystikers Pierre Poiret, *De eruditione solida,
superficiaria et falsa* zurück, die seit ihrem Erscheinen im Jahr 1692 und insbesondere durch die zweite, von Christian Thomasius mit einer bio-bibliographischen Nachricht begleitete Auflage von 1694 heftig umstritten war. Dieser Zusammenhang ist deshalb so entscheidend, weil Thomasius darin sein Verhältnis
zur fideistisch begründeten Skepsis über die philosophische Mystik Poirets zu
klären versuchte, ein Unternehmen, das erst mit der folgenden Auflage von
Poirets Schrift im Jahr 1708 zu einem vorläufigen Abschluß gelangen sollte.[39]

---

[34] Jacob Friedrich Reimmann: »An Salomon fuerit Scepticus« (wie Anm. 6), S. 352: »Nec est
      quod dicas, distinguendum inter Sectarios & Eclecticos. Siquidem ex inductione demon-
      strari potest, Eclecticos quoque dissidere inter se in primis cognitis, & non magis in iis
      quam horologia in magna quadam urbe conspirare.«

[35] Vgl. Francisco Sanchez: Quod nihil scitur, hg. v. S. Rabade, J. M. Artola, M. F. Perez,
      Madrid 1984, S. 218.

[36] Jacob Friedrich Reimmann: »An Salomon fuerit Scepticus« (wie Anm. 6), S. 364. (Ich fasse
      hier Reimmanns detailliert ausgebreitete Argumente ins Kurze.)

[37] Ebd., S. 335.

[38] Reimmann nennt am Ende seines Aufsatzes Poiret ausdrücklich und schließt mit einem
      Zitat aus der Vorrede zu dessen *Oeconomie divine* (1687).

[39] Zu vergleichen sind folgende drei Ausgaben von Poirets Schrift: 1. Editio princeps: De
      eruditione solida, superficiaria, et falsa, libri tres. In quibus ostensa veritatum solidarum via
      & origine, cognitionum scientiarumque humanarum, & in specie Cartesianismi,
      fundamenta, valor, defectus & errores deteguntur. Praemittitur tractatus de vera methodo
      inveniendi verum, confutationem fundamentorum libri belgici de mundo fascinato in fine
      obiter exhibens. Subnectuntur nonulla apologetica, Amsterdam: Andreas Petri, 1692; –
      2. De eruditione solida, superficiaria, et falsa, libri tres [...]. Editio nova cui accessit
      Christiani Thomasii, JCti dissertatio de scriptis autoris, Frankfurt, Leipzig: Johann
      Friedrich Zeitler, 1694; – 3. De eruditione triplici solida, superficiaria et falsa libri tres, hac
      nova editione auctiores et correctiores, in quibus veritatum solidarum origo ac via

Die philosophische Mystik Poirets (1646–1719)[40] zählt sicherlich zu den scharfsinnigsten Versuchen, die Aporie, die sich aus Descartes' methodischem Zweifel für die Begründung überlieferten Wissens ergeben hatte, aufzulösen. Dieser Versuch kam bereits in dem monumentalen Werk einer *Oeconomie divine* (1687) zur Vollendung, dem Poiret in den folgenden Jahrzehnten eine Reihe von erläuternden und auf Einwände seiner Gegner antwortenden Streitschriften folgen ließ.[41] Der Kern dieser reghaften literarischen Produktion erschließt sich jedesmal mit der Frage nach dem ersten Grund unseres Wissens, nach den »prima cognita«, aus denen sich allererst der Umfang dieses Wissens bestimmen könne. Der von Reimmann allegierten Schrift *De eruditione* liegt der Gedanke zugrunde, daß alle wahrhafte Erkenntnis (*eruditio solida*) auf einem Seelenvermögen beruhe, in dem sich die Wirksamkeit Gottes in der Seele unmittelbar manifestiert. Alle andere Erkenntnis, von der Philosophie Descartes' bis herab zu den *artes liberales*, dem Kreis der Polymathie also, dem sich die Philologie im Sinne des Martianus Capella mit Vorliebe widmete, erschien demgegenüber als bloß oberflächliches oder aber verfehltes Wissen, dessen Inhalt aus der nach dem Sündenfall verblendeten menschlichen Vernunft (*ratio*) hervorgegangen sei.

Christian Thomasius hatte wohl niemals das System der *Oeconomie divine* vollständig gelesen,[42] aber seine teilnehmende Beschäftigung mit Poirets dreißttiger Auffächerung der *eruditio* fiel in eine Lebensepoche, die durch die Berufung an die *in stadio instaurandi* befindliche Universität in Halle, durch seinen freundschaftlichen Umgang mit den Pietisten Philipp Jacob Spener und August Hermann Francke und durch eine – durch den Pietismus vermittelte – geradezu leidenschaftliche Hinwendung zur mystischen Tradition gekennzeichnet ist.[43]

---

ostenditur; tum cognitionum scientiarumque humanarum, & in specie Cartesianismi, fundamenta, valor, defectus, & errores deteguntur. Praemittitur vera methodus inveniendi verum. Accedit Christiani Thomasii, JCti nova praefatio, Frankfurt, Leipzig: Johann Friedrich Zeitler, 1708. – Zu Thomasius' Auseinandersetzung mit Poirets Schrift vgl. Felice Battaglia: Cristiano Thomasio. Filosofo e giurista, Rom 1936. Neudr.: Bologna 1982, S. 80–84.

40 Vgl. Gianluca Mori: Tra Descartes e Bayle. Poiret e la teodicea, Bologna 1990; Marjolaine Chevallier: »Pierre Poiret«, in: Grundriss der Geschichte der Philosophie [Ueberweg], Die Philosophie des 17. Jahrhunderts, Bd. 2: »Frankreich und Niederlande«, hg. v. Jean-Pierre Schobinger, Basel 1993, S. 848–859.

41 Zu vergleichen sind etwa: Pierre Poiret: Fides et ratio collatae, Amsterdam 1707; Vera & cognita omnium prima, sive, de natura idearum ex origine sua repetitâ, Amsterdam 1715.

42 Vgl. Christian Thomasius: »Dissertatio« (1694) (wie Anm. 39), S. 40: »Oeconomiae divinae volumina, ut supra dixi, non perlegi, quamvis in lectione cursoria multa exquisite bona ibi deprehenderim.«

43 Zum Kontext vgl. Liselotte Neisser: Christian Thomasius und seine Beziehungen zum Pietismus, (Philos. Diss. Heidelberg), München 1928; Alfred Rausch: »Christian Thomasius und August Hermann Francke. Eine schul- und kirchengeschichtliche Studie. Ausgewählte Kapitel aus einer Schrift gleichen Titels hier vorläufig veröffentlicht«, in: Festschrift zur zweihundertjährigen Jubelfeier der Franckeschen Stiftungen und der Lateinischen Hauptschule [...], Halle/S. 1898, S. 1–15; Erich Seeberg: »Christian Thomasius und Gottfried Arnold«, in: Neue Kirchliche Zeitschrift 31 (1920), S. 337–358, sowie insbesondere Wilhelm Kühlmann: »Frühaufklärung und chiliastischer Spiritualismus – Friedrich Brecklings Briefe an Christian Thomasius«, in: Christian Thomasius (1655–1728). Neue

Damals befand er für gut, dem Drängen des Leipziger Verlegers Johann Fried-
rich Zeitler nachzukommen und die neuerliche Ausgabe des Poiretschen Werkes
mit einer erläuternden Abhandlung zu versehen.[44] Er bekannte sich zu dem
Gewinn, den er aus der Lektüre dieses »gründlichen und nützlichen Büchleins«
gezogen habe und setzte sich zum Ziel, dem Leser die von Poiret aufgezeigten
»Wahrheiten, die zur Erlangung der Glückseligkeit von Vorteil« seien sowie die
»Irrtümer, die ins Unglück führen«, vor Augen zu stellen.[45] Kein geringerer als
Jean Leclerc hatte inzwischen eine Rezension der *Oeconomie divine* in seinem
Periodicum *Bibliothèque universelle et historique* erscheinen lassen und Poiret
offen mit dem polemischen Prädikat eines »Schwärmers« oder Enthusiasten
belegt.[46] Poiret antwortete auf diese Stellungnahme in einer umfangreichen
Entgegnung, die der Zeitlerschen Edition beigefügt ist.[47] Auf dem Frontispiz[48] zu
dessen Abhandlung war die *falsa eruditio* durch eine Höhle allegorisiert, in der –
ganz im Sinne der moralisierenden Kupferstiche der Zeit – eine Reihe von
Gelehrten zu erkennen ist, deren Tun sich in der fortgesetzten Bildung von Sei-
fenblasen als Zeichen der Nichtigkeit menschlichen Wissens[49] erschöpft. Leclerc
mußte sich hierdurch in besonderer Weise herausgefordert sehen, da eines der
Bücher, die vor diesem gelehrten Zirkel ausgebreitet sind, mit der Titelaufschrift
»Ars critica« nicht nur die philologische Methode in der Tradition Scaligers,
Caspar Schoppes und anderer, sondern auch bereits seine eigenen Forschungen
einer ›kritischen‹ Philologie, um die er sich damals intensiv bemühte, desavou-
ierte.

Diese facettenreiche Diskussion liegt der Auseinandersetzung zwischen
Reimmann und Lange also zugrunde, als sie 1704 mit völlig entgegengesetzter
Intention auf Poirets Konzept der »eruditio superficiaria et falsa« zurückgriffen,
indem Reimmann insbesondere den skeptischen Grundzug der salomonischen
Weisheit mit der außerordentlichen Wirksamkeit eines »übernatürlichen und
göttlichen Lichtes« motivierte. Der Schlußfolgerung Reimmanns kam entgegen,

---

Forschungen im Kontext der Frühaufklärung, hg. v. Friedrich Vollhardt, (Frühe Neuzeit.
Bd. 37.), Tübingen: Niemeyer, 1997, S. 179–234, mit reicher Bibliographie.

[44] Christian Thomasius: »Dissertatio ad Petri Poiret libros de eruditione solida, &c.«, in:
Pierre Poiret, De eruditione (1694), S. 1–46 (eigene Paginierung). – Vgl. Martin Pott:
»Thomasius' philosophischer Glaube«, in: Christian Thomasius 1655–1728. Interpretatio-
nen zu Werk und Wirkung, hg. v. Werner Schneiders, (Studien zum 18. Jahrhundert,
Bd. 11.), Hamburg 1989, S. 223–247, hier: S. 234–236; Martin Gierl: Pietismus und Auf-
klärung. Theologische Polemik und die Kommunikationsreform der Wissenschaft am Ende
des 17. Jahrhunderts, (Veröffentlichungen des Max-Planck-Instituts für Geschichte.
Bd. 129.), Göttingen 1997, S. 449f.

[45] Ebd., S. 3f.: »[...] quantum mihi profuerit lectio & elegantissimi & utilissimi hujus libelli,
[...] aliis etiam, quacunque occasione se offerente ostendere vel veritates ad felicitatem
obtinendam proficuas, vel errores noxios & ad infelicia quaeque abducentes.«

[46] Vgl. Bibliothèque universelle et historique de l'année M.D.C.LXXXVII, Tome cinquième,
Amsterdam 1705, S. 412–442.

[47] Pierre Poiret, De eruditione (1694), S. 443–551: »Epistola ad auctorem Biblioth[ecae]
univers[alis]« (Kolumnentitel).

[48] Der Ausgabe von 1694 ist eine »Explicatio tabulae libri titulo praefixae, eruditionis triplicis
imaginem repraesentantis« beigegeben. – Vgl. unsere Abbildung 1.

[49] Zur Persistenz dieses Motivs im 17. (und bis ins 19.) Jahrhundert vgl. Christopher Brown:
Holländische Genremalerei im 17. Jahrhundert, München 1984, S. 38–42.

Abb. 1   Frontispiz zu Pierre Poiret: De eruditione solida, superficiaria, et falsa, libri tres, Frankfurt, Leipzig 1694.

daß Poiret selbst die »Methode der Pyrrhonisten und Skeptiker«, die die »Zweifel der schwankenden Vernunft« offenlege und auf die Einsicht in die »excellens stultitia« des Menschen führe, mit Anerkennung vorwies[50] und am Ende aus Salomons Sprüchen zitierte: »Dominus dat sapientiam, ex ejus ore scientia est atque prudentia.«[51] Freilich: Auch Lange konnte sich mit der Koppelung von »Wissenschaft« und »Klugkeit« darin bestätigt fühlen, daß sein Projekt einer praktischen Philosophie gerade nicht in die Skepsis münde, sondern sich vielmehr aus der göttlichen Weisheit selbst herleiten lassen müsse, indem er sich zugleich deutlich von Poirets Verdammung eines praxisunabhängigen und bloß anthropogenetischen Wissens kritischer Philologie distanzierte.[52]

Thomasius seinerseits wurde sich in diesen Jahren klar darüber, welche Folgen diese von Poiret entwickelte Theoriebildung zeitigen konnte. Denn Reimmanns Rückgriff auf La Mothe Le Vayers Indifferentismus barg, wenn auch fideistisch abgesichert, geradezu die Gefahr einer Vernachlässigung der *Pflichten* des civilen Menschen, insofern diese bloß negativ, als Produkte einer korrupten Vernunft, bestimmt waren. Eine naturrechtlich, d. h. durch die »recta ratio« ermöglichte verbindliche Kodifizierung der Pflichten mit allen völker-, kriegs- und zivilrechtlichen Implikaten, die Hugo Grotius und Samuel Pufendorf, wenn auch mit unterschiedlicher Begründung, inzwischen aufgezeigt hatten, war von dieser Vernunftkritik aus unmöglich.

Das Argument der stets veränderlichen Sitten des Menschen im Blick auf die mangelnde Verläßlichkeit der menschlichen Vernunft war selbstverständlich nicht neu; im Kontext skeptischen Denkens hatte sich auch Francisco Sanchez seiner bedient.[53] Jean Bodin, dessen handschriftlich weit verbreitetes *Colloquium heptaplomeres* Leibniz und Polycarp Leyser zu Beginn des 18. Jahrhunderts vergeblich zum Druck befördern wollten, hatte in der Figur des »Senamus« die Konsequenzen, die dieser praktische Indifferentismus für das Gemeinwesen nach sich ziehen konnte,[54] ausgemessen, und Shaftesbury erläuterte 1705 in seiner Schrift *The Sociable Enthusiast; a Philosophical Adventure Written to Palemon* – bekannter unter dem Titel *The Moralists* – den Ertrag eines Skeptizismus, der die *überkommenen* Grundsätze der Moral und der Gotteslehre gleichwohl anerkenne, denn die Skeptiker »wissen nichts und glauben alles«.[55]

---

[50]   Pierre Poiret: De eruditione (1708), S. 500.
[51]   Ebd., S. 788. Vgl. Prov. 2,6.
[52]   Joachim Lange: Medicina mentis (1704) (wie Anm. 21), S. 580.
[53]   Vgl. Francisco Sanchez: Quod nihil scitur (wie Anm. 35), S. 138, Marginaltitel: »Variae hominum conditiones, varii mores« und zugehöriger Text. Vgl. Cusanus: De docta ignorantia III 189,9–14.
[54]   Vgl. Ralph Häfner: »Die Präsenz des Origenes in Jean Bodins Colloquium heptaplomeres«, in: Jean Bodins Colloquium heptaplomeres, hg. v. Günter Gawlick und Friedrich Niewöhner, (Wolfenbütteler Forschungen. Bd. 67.), Wiesbaden 1996, S. 73–97; zur gescheiterten Drucklegung des Colloquium vgl. Winfried Schröder: »Jean Bodins Colloquium Heptaplomeres in der deutschen Aufklärung«, ebd., S. 121–137.
[55]   Anthony Ashley-Cooper, Third Earl of Shaftesbury, Standard Edition, Bd. II,1: Moral and Political Philosophy, Stuttgart-Bad Cannstatt 1987, S. 56: »In short, you who are *Rationalists*, and walk by Reason in every thing, pretend to know all things, whilst you believe little or nothing: We for our parts *know* nothing, and *believe* all.«

Theoretisches Nicht-Wissen und praktische Klugheit traten hier in ein den Überlegungen Bodins durchaus analoges Verhältnis.

Auf der anderen Seite aber war der extreme Intellektualismus Poirets, wie er ihn in einer der Abhandlung *De eruditione* vorangestellten »Vera methodus inveniendi verum«[56] umrissen hatte, nur durch eine prinzipielle Negation des Wertes der menschlichen Vernunft im Hinblick auf die göttliche Weisheit zu begründen. Die »ratio« und der aktive Intellekt waren, weil sie nur auf den Irrweg eines sich zerstreuenden, scheinhaften Wissens führten, gänzlich außer Kraft zu setzen, damit sich der »intellectus passivus« dem *Geschenk* einer göttlichen Offenbarung öffnen konnte.

Da Thomasius durch seine Vorrede maßgeblich zur Kenntnis und Wertschätzung des Traktats in Deutschland beigetragen hatte, mußte ihm daran gelegen sein, anläßlich der dritten Ausgabe von Poirets Schrift die Motive für seinen inzwischen stark veränderten Standpunkt im einzelnen darzulegen.[57] Verfolgen wir deshalb kurz seinen Argumentationsgang. In den 1690er Jahren war er demnach darum bemüht, die Grenzlinie zwischen Natur und Gnade, zwischen menschlicher Vernunft und göttlicher Offenbarung zu bestimmen; denn er hatte beobachtet, daß der menschliche Verstand sehr oft den Kreis seiner Wirksamkeit überschreite. Diese Grenze glaubte er am sichersten in der mystischen Theologie zu finden, deren Wert er nun, signifikant genug, *ausschließlich* in die Aufdeckung der Irrtümer der älteren scholastischen und der neueren cartesianischen Philosophie setzte. Thomasius begründete seine Auseinandersetzung mit Poiret also nicht mehr mit einem genuinen Interesse an der mystischen Theologie, sondern nur noch mit ihrer gleichsam heuristischen oder vielmehr kathartischen Funktion zur Beschreibung der Grenzen des menschlichen Verstandes. Denn unter der Lektüre der Schriften der Mystikerin und Heiligen Theresa von Avila (1515–82; 1622 heiliggesprochen) wurde er sich bewußt, daß die von Poiret empfohlene Unterdrückung des »Lichtes der Vernunft« einer »blinden Abhängigkeit von der Autorität anderer, oft sehr unvernünftiger Menschen« Vorschub leiste und damit implizit die Ziele des »politischen Papismus« fördere.[58] Mit Poiret setzte er die »falsa eruditio« in den Glauben an eine scholastische Terminologie, deren Ausdrücke und Begriffe »gleichwie Götzen der Wahrheit« (*tanquam idola veritatis*) verehrt werden; diese Polemik gegen die zeitgenössische, vornehmlich neu-aristotelische Scholastik lag im übrigen auch Poirets harscher Pedantismus-Kritik zugrunde.[59]

---

[56] Pierre Poiret: De eruditione (1694), S. 1–199 (zweite Paginierung).

[57] Christian Thomasius: »Dissertatio ad Petri Poiret libros de eruditione solida, superficiaria & falsa«, in: Pierre Poiret: De eruditione (1708), S. 1–40 (eigene Paginierung).

[58] Ebd., S. 36. Die Nennung der heiligen Theresa von Avila verdankt sich offenbar ihrer Erwähnung in Jean Leclercs Rezension von Poirets *Oeconomie divine* und dem Problemhorizont eines Wissens aus göttlicher Erleuchtung; vgl. Bibliotheque universelle et historique de l'année M.D.C.LXXXVII., Tome cinquième, Amsterdam 1705, S. 412–441, hier: S. 436. Neudr.: Genf 1968. Bd. 2, S. 116–123, hier: S. 122.

[59] Vgl. hierzu Wilhelm Kühlmann: Gelehrtenrepublik und Fürstenstaat. Entwicklung und Kritik des deutschen Späthumanismus in der Literatur des Barockzeitalters, (Studien und Texte zur Sozialgeschichte der Literatur. Bd. 3.), Tübingen 1982, Zweiter Teil, Kap. I (Bedeutungsgeschichte des »Pedantismus«) und Kap. IV (Poiret-Thomasius).

Thomasius umschrieb jedoch den Inhalt der »wahrhaften Gelehrsamkeit« nun
ganz unabhängig von Poirets Prämissen als eine Wissenschaft von den Grenzen
des menschlichen Verstandes: diese wisse darum, daß vieles nicht erkannt oder
nur als wahrscheinlich konjiziert werden könne und daß sehr weniges eines
sicheren Beweises fähig sei. Sie richte sich daher darauf, die Irrenden vielmehr
durch Vernunftgründe denn durch die Berufung auf Autoritäten zu überzeugen
und gestehe anderen die Freiheit zu philosophieren (*libertas philosophandi*) zu,
solange sie dem Gemeinwesen keinen Schaden zufüge.[60]

Reimmann hatte in seinem Disput mit Joachim Lange ausdrücklich dessen
Toleranzgebot im Blick auf Andersdenkende hervorgehoben;[61] die Supposition
der Toleranz hinderte Lange allerdings nicht, auch gegen Thomasius öffentlich
zu Felde zu ziehen. Lange, dessen *Medicina mentis* insbesondere in der zweiten
Auflage (1708) Teil einer pietistischen Kampagne gegen Thomasius war, hatte
diesen bereits 1703 in einer anonym erschienenen *Nothwendigen Gewissens-
Rüge* traktiert und ihm einen »Skeptizismus« vorgeworfen, der in einem »Mißbrauch der Denk- und Meinungsfreiheit« (*abusus libertatis philosophandi &
sentiendi*) bestehe. Und er rügte an ihm, daß er, »sobald nach dem Ungewitter
Jhme die Sonne des äußerlichen Glücks wieder nach Wunsch angestrahlet, wieder ad ingenium vetus umgeschlagen sey, d. i. daß Er zu folge seines spietzigen
und scoptischen Natur-Geistes nur Lust habe immer zu tadeln und zu wieder-
sprechen, und dabey offte aus einem extremo ins andere falle, ein praejudicium
anzeige und ablege, dagegen aber aus wiedrigem affect ein anders wieder selbst
annehme und einführe«.[62] Es frage sich deshalb, ob Thomasius in der Lage sei,
seine Schriften gegenüber diesem Vorwurf derart zu rechtfertigen, »daß er auch
deßfals künfftig vor Christi Richter-Stuhl sich nichts zu befürchten habe?«[63] Ein
ungenannter Thomasianer, der Langes Schrift mit ausführlichen Widerlegungen
begleitete, beharrte darauf, daß Thomasius »alle mahl mit Raison« widerspreche
und er gewann aus Langes fortgesetzter Befragung den Eindruck, »daß man
meynen solte, es wäre ein gewisser Ketzer in der Spanischen Inquisition zuver-
hören.«[64] Die von Thomasius beobachtete Gefahr eines »politischen Papismus«
war also auch von dieser Seite wohl begründet.

---

[60] Christian Thomasius: »Dissertatio« (1708) (wie Anm. 39), S. 15: »Vera eruditio autem scit,
plurima esse circa naturas rerum, quae ignorentur, aut quarum notitia saltem sit verosimilis,
paucissima vero esse, quae certo demonstrari possint. Unde magis intendit, errantes
rationibus convincere, quam autoritatibus & coactione, & libertatem philosophandi aliis
permittit, modo damnum inde non patiatur Respublica.« – Vgl. auch Günter Gawlick:
»Thomasius und die Denkfreiheit«, in: Christian Thomasius 1655–1728 (wie Anm. 44),
S. 256–273.

[61] Vgl. Jacob Friedrich Reimmann: »An Salomon fuerit Scepticus« (wie Anm. 6), S. 345.

[62] [Joachim Lange:] Nothwendige Gewissens-Rüge, an den Hällischen Prof. Juris, Herrn
D. Christian Thomasium, wegen seines abermahligen Unfugs, so er im neulichsten teutschen Programmate seiner künfftigen Winter-Lectionum, angerichtet, nach der Wahrheit
und Liebe ohne Schmähungen angestellet, von einem Diener des Göttlichen Worts in der
Marck Brandenburg. Nunmehro aber durch nothwendige Anmerckungen abgewiesen, von
eine[m] Freunde der Warheit, Frankfurt, Leipzig 1703, »Vor- und Anrede« (fol. A 5ʳ).

[63] Ebd., S. 1f.

[64] Ebd., Anm. a.

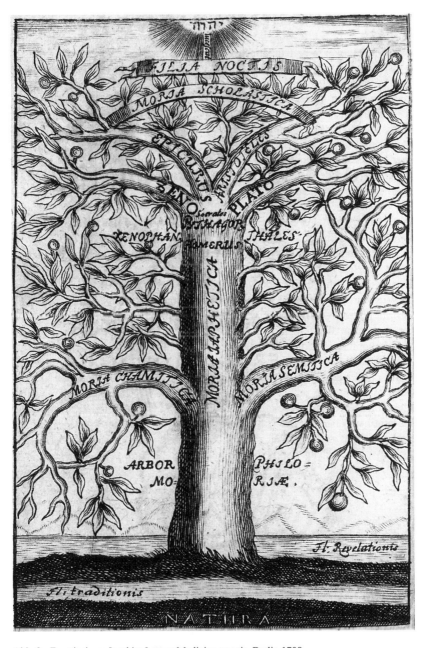

Abb. 2   Frontispiz zu Joachim Lange: Medicina mentis, Berlin 1708.

In einem sehr schönen Frontispiz zur zweiten Auflage der *Medicina mentis*
ließ Lange seine Auffassung von der Stellung, die dem menschlichen Selbstden-
ken einzuräumen war, allegorisch darstellen.[65] Es korrespondierte in gewisser
Weise mit Poirets dreifacher Differenzierung der wahrhaften, oberflächlichen
und falschen Gelehrsamkeit. Langes »arbor philomoriae«, die sich in ihrem
Stamm und den beiden tragenden Ästen aus den drei post-diluvianischen Ge-
schlechtern des Noah, Cham, Japhet und Sem, in eine Vielzahl heidnischer
Philosophen verzweigt, ist umgeben von dem mäßig fließenden »Fluvius tradi-
tionis« und dem einem Meer gleichenden »Fluvius Revelationis«. Demgegenüber ist der menschlichen Erkenntnisfähigkeit (»Natura«) nur der geringste Ort
am unteren Rande des Bildes zugewiesen. Man könnte in Poirets und Langes
Frontispiz eine durchaus gleichgerichtete Intention erblicken; allein der spekulative Gehalt, den Poiret im Rückgriff auf die älteren Traditionen der philosophischen Mystik entfaltet hatte, trat in der zweiten Auflage von Langes *Medicina
mentis* noch viel deutlicher als in der Fassung von 1704 explizit in Konkurrenz
zu einer Betrachtung der »Philosophiegeschichte« (*historia philosophica*), deren
Inhalt gänzlich durch eine Korruption des revelativen Wissens und der davon
abgeleiteten Ehrfurcht vor Gott (*timor Domini*) gekennzeichnet war.[66]

Wie sehr auch Lockes Kapitel über den Enthusiasmus in seinem *Essay Concerning Human Understanding* (IV,19) auf Thomasius gewirkt haben mag,[67] so
fügt sich seine Verteidigung der »recta ratio« doch zugleich in eine seit langem
lebhaft geführte Diskussion ein, die um die Geltung und die Reichweite der
Autorität der frühen Kirchenschriftsteller kreiste. Thomasius' Empfehlung des
Poiretschen Werkes nimmt sich von dieser Warte einigermaßen merkwürdig aus,
wenn man bedenkt, daß er darin seine grundsätzliche Übereinstimmung nicht
allein mit Locke, sondern implizit auch mit Jean Leclercs kritischer Sichtung der
patristischen Literatur deutlich machte. Er verwies den Leser zudem auf die
Vorrede, die er zu der im Jahr zuvor (1707) erschienenen deutschen Übersetzung
des juristischen Hauptwerks von Hugo Grotius, *De iure belli ac pacis* (zuerst
1625), beigetragen hatte und in der er die Elemente seines Sinneswandels aus-

---

65   Joachim Lange: Medicina mentis, qua, praemissa medica sapientiae historia, ostensaque ac
     rejecta philomoriae, secundum verae philosophiae principia, aegrae mentis sanatio, ac
     sanatae usus in veri rectique investigatione ac communicatione, in gratiam traditur eorum,
     qui per solidam eruditionem ad veram sapientiam contendunt, Berlin: (Auf Kosten des
     Halleschen Waisenhauses), 1708, Frontispiz. – Vgl. Abbildung 2.
66   Anders als in der ersten Auflage (vgl. oben Anm. 21) beginnt Lange 1708 auffälligerweise
     mit einer Untersuchung »De historia philosophica« (=Pars I). Im Jahr 1704 bildete dieser
     Abschnitt noch das erste Kapitel des fünften Teils, »De sapientiae historia«, die Lange fol-
     gendermaßen unterteilte: »1. ab Adamo usque ad Noachum. 2. a Noacho usque ad Mosen.
     3. a Mose usque ad Christum. 4. a Christo usque ad nostra tempora.« Es handelt sich also
     bei beiden Ausgaben um völlig unterschiedlich angelegte Entfaltungen des Grundgedan-
     kens einer »medicina mentis«, die einmal eines eingehenden Vergleichs unterzogen werden
     müßten.
67   Christian Thomasius: »Dissertatio« (1708) (wie Anm. 39), S. 38: Locke »cautelas ostendit
     evitandi enthusiasmum, cuius adeo elegantissimum caput de enthusiasmo, quoties se offert
     occasio, auditoribus meis commendare soleo.« Vgl. S. 39 (»Deffensio Cl. Lockii adversus
     imputationes Poireti«).

einanderlegte.[68] Thomasius' Polemik gegenüber der scholastischen Theologie wurde hier ergänzt durch eine ebenso scharfe Kritik an der gesamten Geschichte der philosophischen Mystik, die eine erstaunliche Parallele zu der Sichtung beider Traditionslinien aufweist, die sein Vater Jacob Thomasius in einem *Schediasma historicum* 1665 erstmals vorgelegt hatte.[69]

Allein die Intention, die Christian dieser parallelgeführten Geschichte beilegte, unterschied sich wie zu erwarten ganz grundsätzlich von der neu-aristotelischen Orthodoxie seines Vaters. In der Vorrede zur Grotius-Übersetzung führte er aus, daß die »theologischen Irrthümer«, die durch Mystik und Scholastik aufgehäuft worden seien, Teil einer mit Konstantin dem Großen einsetzenden kirchenpolitischen Strategie waren, die zu den »geheimesten Kunst-Stücken des politischen Pabstthums« rechne und die eine planmäßige »Unterdrückung der gesunden Vernunfft« zum Ziel hatte. Seine Kritik an dem geringen oder aber schädlichen Beitrag der gesamten Patristik zur *Sittenlehre* gleicht im übrigen weithin einer Paraphrase der Einleitung in die Geschichte des Naturrechts, die Jean Barbeyrac seiner 1706 erschienenen Übersetzung von Samuel Pufendorfs Abhandlung *Le droit de la nature et des gens* vorangestellt hatte.[70]

Handelte es sich also auch in diesem Kontext wieder um die Frage nach der Möglichkeit einer theoretischen Begründung der Pflichten des Menschen, so ging Thomasius nun aber einen entscheidenden Schritt weiter. Aufgrund der Einsicht in die Möglichkeit und praktische Notwendigkeit einer Rechtstheorie, die das gesellige Verhältnis der Menschen und Völker zueinander regelte, beschränkte er seine Polemik gegen die *falsa eruditio* diesmal nicht mehr auf eine (bloß negative) Bestimmung der Grenzen des menschlichen Verstandes; er verknüpfte sie nun vielmehr mit der Frage nach dem *Inhalt* des der »recta ratio« eröffneten Wirkungskreises. Dieser Ausgangspunkt war mit der von Sanchez exponierten autoritätskritischen Eklektik zumindest formal identisch.[71] Insbesondere im Blick auf die »Sitten-Lehre« war die mystische Theologie nämlich

---

68 Christian Thomasius: »Vorrede von der Historie des Rechts der Natur bis auf Grotium; von der Wichtigkeit des Grotianischen Wercks, und von dem Nutzen gegenwärtiger Übersetzung«, in: Hugo Grotius: Drey Bücher vom Rechte des Krieges und des Friedens, darinnen das Recht der Natur und der Völcker, wie auch die vornehmsten Sachen desjenigen Rechtes, welches von der Regierung eines Staates handelt, erkläret, und die Anmerckungen des Verfassers hinzugefüget werden [...], Leipzig 1707, S. 1*–45*.

69 Ebd., S. 34*. Christian Thomasius hatte diese Abhandlung unter dem Titel *Origines historiae philosophicae & ecclesiasticae* (Halle 1699) neu herausgegeben. Zu diesem Text vgl. Ralph Häfner: »Jacob Thomasius und die Geschichte der Häresien«, in: Christian Thomasius (1655–1728). Neue Forschungen im Kontext der Frühaufklärung, hg. von Friedrich Vollhardt, (Frühe Neuzeit. Bd. 37.), Tübingen: Niemeyer, 1997, S. 141–164.

70 Vgl. Jean Barbeyrac: »Preface du traducteur«, in: Samuel Pufendorf: Le droit de la nature et des gens, ou systeme general des principes les plus importans de la morale, de la jurisprudence, et de la politique, Amsterdam 1706, Bd. 1, S. I–XCII.

71 Vgl. Francisco Sanchez: Quod nihil scitur (wie Anm. 35), S. 54: »Cum iis igitur mihi res sit, qui nullius addicti iurare in verba magistri, proprio marte res expendunt, sensu, rationeque ducti.« Ebd., S. 56: »[...] dum plurima cogitando elicimus, quae a veterum decretis abscedunt, sic ad Veritatis [sc. decreta] accedere videntur.« – Zu Thomasius vgl. Wilhelm Schmidt-Biggemann: »In nullius verba iurare magistri. Über die Reichweite des Eklektizismus«, in: ders.: Theodizee und Tatsachen. Das philosophische Profil der deutschen Aufklärung, Frankfurt/M. 1988, S. 203–222.

nach Thomasius an dieser Frage zum Scheitern verurteilt, indem sie nur die Irrtümer der Wissenschaften (*disciplinae*) aufdecke, den naturrechtlichen Grund des Staats- und Völkerrechts aber, wie er scharfsinnig darlegte, wegen ihres Hanges zu mönchischer Einsamkeit nicht einmal habe berühren können. Einem Mystiker vom Schlage Poirets, so die Unterstellung, fehlte es also an einer praktischen Erfahrung geselliger Lebensverhältnisse. Mit Beziehung auf Johann Valentin Andreaes Staatsprojekt einer *Christianopolis* (1619) resümierte er: »Jn Entdeckung des gemeinen Verderbs und Elends, und in Vorstellung der Thorheit der Scholastischen Lehr-Art sind sie [sc. die Mystiker] unvergleichlich; in diesem Stück auch höchlich zuloben, daß sie auf ein tugendhafft, Christliches Leben treiben, und solches einschärffen; aber wenn es hernach zur Ausbesserung selbst kömmt, sind die consilia nicht zulänglich, sondern betrüglich, oder doch impracticable.«[72] Die Skepsis gegenüber den *disciplinae* artikulierte sich in dieser Vorrede folgerichtig nicht mehr durch Poirets dreifältigen *eruditio*-Begriff, sondern über die maßgeblichen Kritiker der Scholastik im Zeitalter des Renaissance-Humanismus, über Johannes Aventinus, Juan Lodovico Vives, Johannes Cornelius Agrippa von Nettesheim, Johannes Reuchlin und Erasmus von Rotterdam.[73]

III. Sextus redivivus (1718)

Es könnte zunächst irritieren, daß Thomasius nicht einmal beiläufig den Namen des Sextus Empiricus (2. Hälfte 2. Jh. n. Chr.) nennt, der als der wohl bedeutendste und argumentativ feinsinnigste Kritiker der Wissenschaften und der Sitten der Völker aufgetreten war und der seit dem frühen 16. Jahrhundert durch lateinische Übersetzungen von Teilen seines Werkes weithin präsent war. Aber der Selbstdenker Thomasius mochte sich daran stoßen, daß zum einen paradoxerweise gerade durch Sextus ein erheblicher Teil der antiken, zumal der stoischen Gelehrsamkeit wieder zur Geltung gelangt war und daß dessen skeptisches Denken zum anderen zwar nicht auf eine Feindschaft, aber doch auf eine praktische »Indifferenz« gegenüber den Gesetzen und der öffentlichen Moral hinauslaufen konnte, ohne daß deren Grundlagen im Sinne der *prima cognita* einer gegründeten Sittenlehre erforscht worden wären. Immerhin hatte doch Barbeyrac die »große Verschiedenheit der Meinungen« (*diversité d'opinions*) und die »Gegensätzlichkeiten« (*contrariétez*) der Sitten durch die Beispiele des Sextus Empiricus erläutert. Allein der »Geist des Pyrrhonismus« dürfe nicht, so Barbeyrac, so weit getrieben werden, wie dies Montaigne bei einer im übrigen großen Zahl von schönen und richtigen Bemerkungen getan habe.[74] Einer derartigen Überschreitung der *Grenzen des Pyrrhonismus* hatte sich offensichtlich auch Reimmann schuldig gemacht, als er 1704 anläßlich von La Mothe Le Vayers

---

[72]   Ebd., S. 39*f.
[73]   Ebd., S. 33*f.
[74]   Jean Barbeyrac: »Preface du traducteur« (wie Anm. 70), S. XIV.

Empfehlung einer »skeptischen Indifferenz« in Beziehung auf die einmal ange-nommenen Sitten, seien sie löblich oder tadelhaft, ausdrücklich auf Sextus ver-wies.[75] Als sich Fabricius nun 1725 mit Reimmanns Abhandlung über Salomons Weisheit auseinandersetzte, beobachtete er, daß Reimmanns Versuch, in den Schriften Salomons und Hiobs eine reine Skepsis allem menschlichen Wissen und Tun gegenüber zu erkennen, einen blinden Fideismus zur Folge hatte, der mit der kalamitosen Grundthese von Sanchez' *Quod nihil scitur* völlig überein-stimmte.[76] Es hätte folglich so scheinen können, als sei Reimmanns Position durch Thomasius' naturrechtliche Begründung der Sittenlehre hinfällig gewor-den,[77] wenn nicht Thomasius mit ebendieser Beschränkung auf die Sittenlehre ein nicht unmittelbar auf die Lebenspraxis des Bürgers im Staat ausgerichtetes Wissen, insbesondere also die Disziplinen des artistischen Quadriviums (Geo-metrie, Arithmetik, Astronomie, Harmonie und die mit ihnen verbundenen ›Na-tur‹-Wissenschaften), aus seinem Blickfeld herausgesetzt hätte. Gerade diese Bereiche des Wissens im Sinne der *artes liberales* sind es aber, die Fabricius zumindest partiell retten und für sein Konzept einer ›natürlichen Theologie‹ nutzbar machen wollte.

Nehmen wir daher Fabricius' 1718 erschienene Edition der *Opera graece et latine* des Sextus Empiricus etwas genauer in den Blick. Gemäß einem alten Verfahren des kumulativen Kommentars stellte er seiner eigenen Einleitung die beiden Vorreden voran, mit denen Henri Estienne (1562) und Gentien Hervet (1569) seinerzeit ihre Ausgaben des Sextus eingeleitet und damit das Erkennt-nisinteresse des 16. Jahrhunderts umrissen hatten. Er übernahm zudem deren lateinische Übersetzungen, die er aufgrund eines sorgfältigen Handschriftenver-gleichs berichtigte, und begleitete den griechischen Text mit einem detaillierten Sachkommentar.

Zu dem Zeitpunkt, zu dem Estiennes Ausgabe erschien, war das Werk des Sextus durch eine Vielzahl von Manuskripten lateinischer Teilübersetzungen bereits hinreichend bekannt.[78] Der französische protestantische Gelehrte Petrus Faber machte von ihm ausgiebigen Gebrauch, als er 1611 Ciceros *Academica*

---

[75] Vgl. Jacob Friedrich Reimmann: »An Salomon fuerit Scepticus« (wie Anm. 6), S. 353.

[76] Vgl. Johann Albert Fabricius: Delectus argumentorum et syllabus scriptorum qui veritatem religionis christianae adversus atheos, epicureos, deistas seu naturalistas, idololatras, ju-daeos et muhammedanos lucubrationibus suis asseruerunt [...], Hamburg 1725, S. 482f. – Die von Fabricius empfohlene Edition von Francisco Sanchez: Quod nihil scitur, durch Daniel Hartnaccius (Stettin 1665) – »cum confutatione & brevi historia Scepticismi« – war mir nicht zugänglich.

[77] Zu dieser vgl. Werner Schneiders: Naturrecht und Liebesethik. Zur Geschichte der prakti-schen Philosophie im Hinblick auf Christian Thomasius, (Studien und Materialien zur Ge-schichte der Philosophie, Bd. 3.), Hildesheim, New York 1971.

[78] Vgl. Luciano Floridi: »The Diffusion of Sextus Empiricus's Works in the Renaissance«, in: Journal of the History of Ideas 56 (1995), S. 63–85. – Zu Estiennes Ausgabe vgl. dens.: »The Grafted Branches of the Sceptical Tree: ›Noli altum sapere‹ and Henri Estienne's Latin Edition of Sexti Empirici Pyrrhoniarum Hypotyposeon libri III«, in: Nouvelles de la République des Lettres 11 (1992), S. 127–166.

edierte und kommentierte.[79] Das Interesse, das man den Schriften des Sextus im
16. Jahrhundert entgegenbrachte, richtete sich auf eine möglichst genaue Kenntnis der Zeugnisse jenes »orbis disciplinarum«, der von einem christlichen
Standpunkt aus auf seine mögliche Übereinstimmung mit der konfessionell
inzwischen stark umstrittenen ›Wahrheit der christlichen Religion‹ zu überprüfen war. Das komparativ entwickelte Leitthema der patristischen Literatur ›Contra gentes‹ oder ›Adversus nationes‹, vorzüglich repräsentiert durch die Kat-
echetenschule in Alexandrien[80] bis hin zur lateinischen Apologetik eines Laktanz, klang zu einer Zeit wieder mächtig an, als das in sich selbst geteilte Christentum durch die Herausforderung der islamischen Expansion in seiner Inte-
grität dauerhaft gefährdet schien. Als Gianfrancesco Pico della Mirandola 1520
sein *Examen vanitatis doctrinae gentium et veritatis christianae disciplinae*
publizierte, konnte er mit seiner skeptischen Rezension des heidnischen Wissens
im Dienste christlicher Glaubensdogmen mit der Aufmerksamkeit seiner Zeitgenossen rechnen,[81] ja dieses Werk fügte sich mit seinem pyrrhonistischen Osti-
nato in die komplexe Struktur von Montaignes *Essais*,[82] als deren Zentrum immer die ›natürliche Theologie‹ des Raymund von Sabunde erkannt worden ist.
Dieser Zusammenhang ist zumal im Blick auf Fabricius' Physikotheologie im
Auge zu behalten. Montaigne war mit der antiken Skepsis neben dieser Vermittlung aber nicht nur durch die Schriften des Sextus selbst vertraut,[83] er
eignete sie sich vielmehr – und hier durchaus vergleichbar mit Gianfrancesco
Pico, dem Übersetzer der Justinus Martyr zugeschriebenen ›Cohortatio ad
graecos‹ – auf dem Umweg über die jüdische Apologetik Philons von
Alexandrien an, der die akademische Skepsis bereits in markanter Weise
umgeformt hatte.[84]

Henri Estienne (1528–98) bekannte in seiner Vorrede, daß er durch die Lektüre des Sextus zum Skeptiker geworden sei. Denn wenn man die Skeptiker, so

[79]   Fabers Kommentar wurde wiederholt gedruckt, so noch in der von John Davies heraus-
       gegebenen Ausgabe: Cicero: Academica. Recensuit, variorum notis suas immiscuit, et
       Hadr. Turnebi Petrique Fabri commentarios adjunxit Joannes Davisius, Cambridge 1725,
       S. 250–335. – Zur Eigenart von Fabers Kommentierung vgl. Charles B. Schmitt: Cicero
       Scepticus (wie Anm. 8), S. 76f.

[80]   Vgl. hierzu Étienne Vacherot: Histoire critique de l'école d'Alexandrie, 3 Bde, Paris 1846,
       Reprint: Amsterdam 1965.

[81]   Vgl. Charles B. Schmitt: Gianfrancesco Pico della Mirandola (1469–1533) and His Criti-
       que of Aristotle, (Archives internationales d'histoire des idées. Bd. 23.), Den Haag 1967,
       bes. Kap. VI (»The Influence of the Examen vanitatis on Later Thought«); ders.: »Who
       Read Gianfrancesco Pico della Mirandola?«, in: Studies in the Renaissance 11 (1964),
       S. 105–132.

[82]   Vgl. Fortunat Strowski: »Une source italienne des ›Essais‹ de Montaigne. L'›Examen
       vanitatis doctrinae gentium‹ de François Pic de la Mirandole«, in: Bulletin italien 5 (1905),
       S. 309–313. Zum weiteren Kontext der Skepsis bei Montaigne vgl. auch Lorenzo Bianchi:
       »Scetticismo ed esperienza mondana in Montaigne e Charron«, in: Studi filosofici 20
       (1997), S. 31–50.

[83]   Vgl. Jean-Paul Dumont: »Démocrite, Sénèque, Sextus Empiricus et les autres. La ›Praepa-
       ratio Philosophica‹ de Montaigne«, in: Bulletin de la Société des Amis de Montaigne, VIIe
       Série, N° 21–22, 1990, S. 21–30.

[84]   Vgl. Martin Gonzalez Fernandez: »Philon d'Alexandrie et Michel de Montaigne«, in:
       Bulletin de la Société des Amis de Montaigne, VIIe Série, N° 37–38, 1994, S. 23–36.

argumentierte er, mit den Dogmatikern im Blick auf die rechte Auffassung Gottes vergleiche, so sei es offensichtlich, daß die Dogmatiker durch ihre »unbändige Kühnheit im Urteilen« (*effrenata judicandi audacia*) der Gottlosigkeit verfallen seien, indem sie sich zu Richtern über die göttliche Vorsehung aufwerfen und deren Wirkung nach ihrem Belieben abschätzen. Der skeptischen ἐποχή, die vor einem übereilten Urteil abhalte, entspreche demgegenüber in lebenspraktischer Hinsicht ein »natürlicher Antrieb« (*naturalis instinctus*), das Dasein eines Gottes zu glauben, dessen Vorsehung alles lenke. Ziel seines philologischen Bemühens um das Werk des Sextus Empiricus sei es demnach, so Estienne, die gottlosen Dogmatiker seines Zeitalters durch die Ephektik zu heilen und zugleich – in durchaus humanistischer Tradition – einen reichen Schatz an polyhistorischem Wissen bereitzustellen.

Gentien Hervet (1499–1584) präzisierte in dem Widmungsschreiben zu seiner Edition, daß die Widerlegung der Argumente der »Häretiker« seiner Zeit am besten durch die von Sextus geübte Erkenntniskritik an den heidnischen und nicht-christlichen Philosophen (*gentiles & externi philosophi*) gelingen könne. Wie nämlich schon die der Vernunft zugänglichen Sachverhalte (»mere naturalia«) nur sehr schwierig erkannt werden können, so übersteigen die »supernaturalia« bei weitem die Fassungskraft des menschlichen Verstandes. Was nur durch den Glauben erkannt werden könne, sei nicht durch »Vernunftgründe« (*naturales rationes*) zu erforschen; den Dogmatikern warf er vor: »non intelligunt, quia non credunt«.

Hervet entwickelte diese apologetische Strategie ausdrücklich im Rückgriff auf Gianfrancesco Pico[85] und er verwahrte sich gegen »gewisse neue Akademiker« (*novi quidam Academici*), die alle Möglichkeit einer wahrhaften Einsicht in den *orbis disciplinarum* verwürfen. Das Werk des Sextus Empiricus diente also offensichtlich gerade auch der Bekräftigung polyhistorischen Wissens, dessen argumentativ-eklektische Struktur allem blinden Autoritätsglauben zuvorkam. Indem Fabricius auf Hervets Überlegung zurückgriff, vermochte er die philologischen Disziplinen wieder in ihr Recht zu setzen, weil sie als spezifisch menschliche Erkenntnisformen zwar fallibel sind, aber dennoch eine durch Vernunftgründe überprüfbare Wahrscheinlichkeit für sich beanspruchen können, ohne zwangsläufig in eine aporetische »Gleichwertigkeit« (ἰσοσθένεια) widerstreitender Meinungen zu münden.

Unter dieser Perspektive wiederholten also gewissermaßen die Auseinandersetzungen zwischen Reimmann und Lange, zwischen Thomasius, Poiret und den Pietisten eine bereits im 16. Jahrhundert forciert betriebene Diskussion, die Fabricius unter den Bedingungen der von dem artistischen Disziplinenkanon sich lösenden ›Natur‹-Wissenschaften bewußt aufgriff. Wenn die extreme Haltung, die Reimmann zu einem frühen Zeitpunkt seiner literarischen Wirksamkeit eingenommen hatte, durchaus in der Art von Sanchez als eine alles menschliche Wissen negierende Skepsis verstanden werden konnte, so insistierte nämlich bereits Hervet mit einer Auslassung gegen die Calvinisten auf der Möglichkeit

---

[85] Vgl. hierzu auch Charles B. Schmitt: Gianfrancesco Pico della Mirandola (wie Anm. 81), S. 168f.

eines christlich-apologetisch motivierten polyhistorischen Wissens. Die Schärfe dieser Diskussion gewinnt noch um einiges an Prägnanz, wenn man bedenkt, daß der nicht allzu bekannte Reinhard Heinrich Roll (1683–1768), gerade zum Magister der Theologie in Rostock promoviert, sich 1710 in einer polemischen Abhandlung mit Reimmanns These auseinandersetzte und sich dabei ausgerechnet den Jesuiten Juan de Pineda (1557–1637) zum Kronzeugen nahm. Pineda wirkte in maßgeblicher Stellung am spanischen Inquisitionsgericht und reiste mit dem Auftrag durch Spanien, die Bibliotheken von unerwünschter Literatur zu säubern.[86] Man sieht, wie weit die Nachsicht des orthodoxen Protestanten Roll reichte, der sich nur darüber beklagte, daß Pineda den Umfang von Salomons Weisheit »in excessu« erweitert, wo ihn Reimmann »in defectu« verkleinert habe.[87] Roll erneuerte dieser Grundhaltung entsprechend den – allerdings durch Christian Kortholt (d. Ä.)[88] und Morhofs *Polyhistor* vermittelten – Atheismusvorwurf gegenüber Campanella und Vanini, gegen Herbert von Cherbury, Hobbes und Spinoza.[89]

Offenbar war also auch hiervon wieder die Frage nach den Grenzen des menschlichen Verstandes oder vielmehr: nach dem Inhalt der *prima cognita* berührt, eine Frage, die Hervet mit dem Vorwurf gegenüber den Dogmatikern, »non intelligunt, quia non credunt« auf eine Problemstellung zurückführte, die durch den paulinischen Begriff der »Erkenntnis« (γνῶσις) gekennzeichnet ist. Der eminente Gehalt der paulinischen Gnosis eröffnet sich dem Menschen demnach allein im »Glauben«, da der Offenbarungscharakter der göttlichen Weisheit alles menschliche Wissen schlechthin übersteigt. Göttliche Weisheit und christlicher Glaube sind unter diesem Gesichtspunkt verhältnismäßig aufeinander zugeordnet. Jacob Thomasius hatte dieses Verhältnis in dem bereits genannten *Schediasma*, das sich der Geschichte des Begriffs einer γνῶσις τῶν ὄντων widmete, im einzelnen erläutert und zur Grundlage einer Geschichte der Häresien gemacht, die er schließlich auf den sogenannten ›Pantheismus‹ des frühen 13. Jahrhunderts hinauslaufen ließ.[90] Dieser Kontext der paulinischen Gnosis ist für uns deshalb von einigem Interesse, weil noch Christian Thomasius sich mit bemerkenswerter Oberflächlichkeit in seiner Vorrede zu dem Grotiusschen Hauptwerk *De iure belli ac pacis* auf den vorgeblichen »Spinosismus« Amalrichs von Bène, eines der vorzüglichsten Exponenten dieses mittelalterlichen

---

[86] Vgl. Nouvelle biographie générale (ed. Hoefer) Bd. 40, Paris 1862, Sp. 261–262. Pineda legte die Ergebnisse seiner Reise in einem Index novus librorum prohibitorum et expurgatorum, Sevilla 1631, nieder.

[87] Reinhard Heinrich Roll: Salomo a scepticismi crimine contra injustam Observatoris Halensis imputationem cum consensu superiorum defensus, Rostock 1710, S. 2. – Roll bezog sich auf Pinedas enzyklopädischen Traktat: Ad suos in Salomonem commentarios Salomon praevius, id est, de rebus Salomonis regis libri octo, Lyon 1609. Vgl. dort v. a. Buch III (S. 85–159): »De rebus Salomonis regis. Qui est De sapientia illi divinitus infusa«.

[88] Vgl. Christian Kortholt: De tribus impostoribus magnis liber, Kiel 1680.

[89] Reinhard Heinrich Roll: Salomo a scepticismi crimine [...] defensus (wie Anm. 87), S. 5.

[90] Vgl. Ralph Häfner: »Jacob Thomasius und die Geschichte der Häresien« (wie Anm. 69), S. 157ff.

›Pantheismus‹, bezogen hatte.[91] Aber er leitete nun umgekehrt aus den verschiedenen Formen platonischer Mystik – gemäß seiner Kritik aller philosophischen Mystik im Ausgang von Poiret – eine unwillkürliche Neigung derselben zur Autoritätsgläubigkeit her.

Nicht zuletzt vor diesem Hintergrund ist die ausführliche sachliche Kommentierung zu sehen, die Fabricius dem Abschnitt über die Götter im ersten Buch von Sextus' »Adversus physicos« beifügte. Mit seinen philologischen Erläuterungen bot Fabricius nicht nur eine Rettung von wesentlichen Traditionslinien des heidnisch-antiken Wissens im Sinne der *artes liberales*; er nahm vielmehr zugleich auch eine Reihe von *neueren* Autoren, die dem Vorwurf des Atheismus ausgesetzt waren, in Schutz. Diese erstaunliche Tatsache fand ihre Rechtfertigung in dem paulinischen Gnosis-Begriff und in einer davon abgeleiteten negativen Theologie, der zufolge Gott und das innere Wesen aller Dinge nicht adäquat begriffen, sondern nur »ab effectibus« eingesehen werden können.[92] Ein Ergebnis der Auseinandersetzungen um die philosophische Mystik des Dionysios Areopagites, wie sie von Reimmann im Rückgriff auf La Mothe Le Vayer und Poiret thematisiert worden war, bestand also in dem skeptischen Vorbehalt gegenüber dem *spekulativen* Gehalt der negativen Theologie des Areopagiten. Von hier aus wird sich uns nun das nachdrückliche Interesse, das Fabricius der englischen Physikotheologie entgegenbrachte, erschließen.

IV. Campanella und die »sciendi cupiditas« (1725)

Es gehört zu Fabricius' intellektuellen Vorzügen, daß der gesamte Kreis der heidnischen Bildung in ihm einen *gütigen* Ausleger gefunden hat. Die der skeptischen Tradition geläufige Zurückhaltung gegenüber einem übereilten Urteil verband sich in ihm mit dem christlichen Gebot der *indulgentia*, die er in den theologischen Gefechten seiner Zeit nur allzu schmerzlich vermißte. In der Zeit ernsthafter Versuche einer Annäherung der christlichen Konfessionen setzte er seine Hoffnungen auf eine durch die paulinische Gnosis verbürgte natürliche, durch Vernunftgründe ermöglichte Erkenntnis Gottes, die im Ausgang der philologischen Wissenschaften (der *artes liberales*) zu einer die Völker überspannenden grundsätzlichen Einsicht in das Dasein Gottes führen sollte. Zumal die Gotteslehre des Protagoras erschien in seinen kritischen Annotationen zu dem Werk des Sextus daher in einer Beleuchtung, die Protagoras geradewegs zum Vorkämpfer eines wahren, d. h. ausschließlich negativ bestimmten Gottesbegriffs machte.

---

[91] Christian Thomasius: »Vorrede von der Historie des Rechts der Natur bis auf Grotium« (wie Anm. 68), S. 37* (Johannes Scotus Eriugena und seine Übersetzung des Ps.-Dionysius setzt er irrtümlich in 12. Jahrhundert!).

[92] Vgl. Johann Albert Fabricius, in: Sextus Empiricus, Opera, graece & latine [...], Leipzig 1718, S. 128 (*nota* K): »Equidem à perfecta & adaequata DEI essentiae conceptione longissime absumus omnes, ut à conceptione intimae essentiae omnium rerum. At ab effectibus causam admirandam colligimus concipimusque.«

Nach dem bei Sextus überlieferten Testimonium aus des Protagoras Schrift über die Götter[93] lehrte dieser (in der von Fabricius übernommenen lateinischen Übersetzung Hervets):»De Diis autem neque an sint, neque quales sint, possum dicere. Multa enim sunt quae me prohibent.«[94] Von diesen Hinderungsgründen nennt Diogenes Laertios die Dunkelheit der Angelegenheit (ἀδηλότης) und die Kürze des menschlichen Lebens.[95] Fabricius begegnete dem wiederholt erhobenen Atheismus-Vorwurf zunächst mit einem Hinweis auf eine Bemerkung Philostrats,[96] der Protagoras in ein Verhältnis zu den»Weisen« oder»Magiern« setzte und schloß, daß Protagoras aufgrund des esoterischen Gehaltes seines Wissens nicht wagte, über die Götter öffentlich vor dem Volk zu sprechen. Diese Zurückhaltung dürfe ihm nicht als Atheismus ausgelegt werden, so Fabricius, da doch selbst Minucius Felix in seinem Gespräch _Octavius_ von ihm sage, daß er doch wohl»eher mit Bedacht als gottlos über die Gottheit sich vernehmen ließ« (»hinc consulte potius quam profane de Divinitate disputasse«).[97]

Nun konnte Fabricius nicht entgangen sein, daß Minucius diese Äußerung keinem anderen als dem _Heiden_»Caecilius« in den Mund gelegt hatte, der anschließend von seinem christlichen Gesprächspartner»Octavius« in gehöriger Weise widerlegt werden wird; aber diese Entgegnung des»Octavius« war doch sehr bestimmt in den Rahmen einer ›natürlichen Theologie‹ eingefügt, innerhalb deren die heidnische»Physiologie« im Sinne einer Erkenntnis Gottes»ab effectibus« partiell eine Rechtfertigung fand und die in die christlich-apologetische Grundintention ihres Autors Minucius mündete:»Entweder sind die Christen von heute Philosophen oder die Philosophen waren schon einst Christen« (»aut nunc Christianos philosophos esse aut philosophos fuisse iam tunc Christianos)«.[98]

Welchen Zweck aber verfolgte Fabricius, als er Minucius' Überlegung im Anschluß an Philostrats Bemerkung über die ›esoterische‹ Gotteslehre des Protagoras einführte? Sextus legte dar, daß der Gottesbegriff der Perser, Ägypter und anderer Völker sehr vielgestaltig und stets von sichtbaren Naturerscheinungen hergenommen sei, so daß in ihm nichts Gewisses gefunden werden könne.[99] Fabricius nahm diese skeptische Aufdeckung des heidnischen Aberglaubens (_gentium superstitio_) zum Anlaß, sie in eine Tradition komparatistischer Philologie einzufügen, die bei ihm durch die einschlägigen Werke Giglio Gregorio

---

[93] Nach Diogenes Laertius IX 54.
[94] Sextus Empiricus: Adversus physicos I,56 (ed. Fabricius). Vgl. Suidae Lexicon, hg. v. Ada Adler, Pars IV, Leipzig 1935, 247: περὶ θεῶν οὐκ ἔχω εἰδέναι, οὔτε ὡς εἰσιν, οὔτε ὡς οὐκ εἰσί. Vgl. Diogenes Laertius IX 51; Cicero: De nat. deor. I,29.
[95] Diogenes Laertius IX 51.
[96] Vgl. Philostratus: De vitis sophistarum, I,10, S. 494.
[97] Vgl. Minucius Felix: Octavius 8,3. – Minucius verfaßte dieses Gespräch nach 200 n. Chr. François Baudouin erkannte 1560 als erster, daß es sich bei dem bei Arnobius, _Adversus gentes_, als ›Liber octavus‹ überlieferten Text um Minucius' verloren geglaubten Dialog handelte. – Für eine differenzierte Betrachtung des Atheismus-Begriffs vgl. jetzt Winfried Schröder: Ursprünge des Atheismus. Untersuchungen zur Metaphysik- und Religionskritik des 17. und 18. Jahrhunderts, Stuttgart-Bad Cannstatt 1998.
[98] Ebd., 20,1.
[99] Vgl. Sextus Empiricus: Adversus physicos I,29 (ed. Fabricius).

Giraldis, Gerhard Johann Vossius' und Herberts von Cherbury gegenwärtig ist[100] und in deren Kontext die physikotheologischen Studien von Fabricius ihren genauen Ort haben. Den vielfältigen Formen der heidnischen Idololatrie gegenüber, die eine völlig verwerfliche ›Wissenschaft‹ von den Göttern tradierten, blieb die negative Gotteslehre des Protagoras beständig *innerhalb* der Grenzen des menschlichen Verstandes, und ihr Inhalt war bloß durch eine ›natürliche Theologie‹ zu ergänzen, deren Weg Paulus im Römerbrief mit der *via negativa* gewiesen hatte, wenn er schrieb: »invisibilia dei per ea quae facta sunt intellecta conspiciuntur« (Rom. 1,20).

Der Tod des Protagoras, der nach der Verurteilung durch das atheniensische Gemeinwesen auf der Flucht in einem kleinen Kahn Schiffbruch erlitten haben soll, war in dieser Perspektive nicht das Werk von Gottes Gerechtigkeit gegenüber einem Atheisten, er warf vielmehr, wie die Verbrennung seiner Schriften[101] in Athen, einen Schatten auf das Unwesen der heidnischen Idololatrie. Die philologische Meisterschaft, die Fabricius mit dem Sachkommentar zu Sextus' Werken errungen hatte, stellte sich abschließend in dem Einsatz einer wohlkalkulierten Argumentation dar, die er einem Hauptwerk der polyhistorisch fundierten christlichen Apologetik des hohen Mittelalters, dem *Policraticus* des Johannes von Salisbury, entnahm, indem er den überlieferten Text beiläufig emendierte. Dort hatte Johannes die Auffassung Plutarchs über die Götter durch den Rekurs auf Protagoras' Schicksal folgendermaßen motiviert: »Was Plutarch aber über das Wesen der Götter dachte, wollte er nicht dem verdorbenen Volk mitteilen, da er las, daß die Bücher des Philosophen Protagoras verbrannt worden seien und dieser selbst von den Athenern ins Exil geschickt worden sei, weil er zweifelte, ob das wahr sei, was landläufig (*vulgo*) von den Göttern ausgesagt werde.«[102]

Fabricius veröffentlichte sieben Jahre später, im Jahr 1725, einen bibliographischen *Delectus* zur christlichen Apologetik, in dem er noch einmal ausführlich zu dem Atheismus-Vorwurf gegenüber der antiken Skepsis Stellung bezog. Mit einer uns von Reimmann, freilich auch von Henri Estienne her vertrauten Denkfigur legte er dar, Sextus Empiricus habe von sich behaupten können, daß er Gott gewissenhafter verehre als die dogmatischen Philosophen, und Fabricius fügte hinzu, daß es nicht gerechtfertigt sei, die vorzüglichsten Geister des heidnischen Altertums mit dem Spinozismus oder Atheismus in Verbindung zu bringen.[103] Mit Zustimmung griff er Simon Fouchers These auf, daß auch die

---

[100] Vgl. Johann Albert Fabricius, in: Sextus Empiricus: Opera, graece & latine (wie Anm. 1), S. 556; vgl. S. 591. Fabricius bezieht sich auf: Giraldi: De diis gentium syntagmata (Basel 1548); Vossius: De theologia gentili et physiologia christiana (1642, vollständig postum 1668); Herbert: De religione gentilium (1645, vollständig postum 1663).

[101] Vgl. den Titelkatalog bei Diogenes Laertius IX 55.

[102] Johannes Saresberiensis: Policraticus V,4: »Sed forte quid de natura Deorum sentiret, in auribus corrupti populi proloqui non audebat (Plutarchus) qui legeret combustos esse libros Philosophi Protagorae (male Pythagorae in editis) & ipsum actum esse in exilium ab Atheniensibus, eo quod dubitaverat an de Diis vera essent quae vulgo dicebantur.« (Zitiert mit Fabricius' Emendationen, in: Sextus Empiricus: Opera, graece & latine (wie Anm. 1), S. 564, (*nota* E). – Vgl. Patrologia latina (Migne), Bd. 199, Sp. 546 C.

[103] Johann Albert Fabricius: Delectus argumentorum (wie Anm. 76), S. 301.

Kirchenväter »Akademiker«, das heißt also: Skeptiker gewesen seien; unter allen philosophischen Schulen komme die akademische Skepsis am besten mit dem Christentum überein und sei ihm am zuträglichsten,[104] eine Auffassung, die auch Pierre Daniel Huet in dem zwei Jahre zuvor postum veröffentlichten *Traité philosophique de la foiblesse de l'esprit humain* (1723) vertreten hatte.[105] Fabricius erkannte offensichtlich die Gefahr, die sich aus dem notorischen Verdikt des Atheismus gegenüber den Wissenschaften der Antike ergeben mußte. Schied man nämlich das polyhistorische Wissen der Antike aus einer christlichen Lebenspraxis gänzlich aus, so ließ die Berufung auf die Norm des Glaubens nur die Möglichkeit einer biblizistischen Orthodoxie oder aber eines Pietismus zu, dessen destruktive Konsequenzen für den *orbis disciplinarum* Reimmann aufgezeigt hatte. Die Polemik der lutherischen Orthodoxie in Hamburg am Anfang des Jahrhunderts, eines Sebastian Edzardi, Johann Friedrich Mayer oder Erdmann Neumeister, gegen den Halleschen Pietismus und etwas später gegen die Zeitschrift »Der Patriot«[106] untertrieb zudem alle Bemühungen um eine Vereinigung der protestantischen und reformierten Konfessionen, an der Fabricius stetigen Anteil genommen hatte. Fabricius verbrachte seine ersten Hamburger Jahre (1693–98) im Hause Mayers und lernte so von Grund auf die Mechanismen orthodoxer Kirchen- und Staatspolitik in Hamburg kennen, von denen er sich selbst stets so auffallend freizuhalten bemüht war.[107]

Gerade im Blick auf diese glaubenspolitisch explosive Situation im ersten Viertel des 18. Jahrhunderts ist der Umfang erstaunlich, in dem Fabricius diejenigen Autoren, die als Vorläufer des ›Spinozismus‹, ›Origenismus‹ oder ›Atheismus‹ denunziert worden waren, wieder in ihr Recht setzte, und es ist nicht ohne Bedeutung, daß er die Rehabilitierung des Xenophanes, Parmenides und Plotin über die Vermittlung Ralph Cudworths, eines der maßgeblichen

---

[104] Ebd., S. 483. – Vgl. Simon Foucher: Réponse pour la critique à la préface du second volume de la Recherche de la vérité, où l'on examine le sentiment de M. Descartes touchant les idées, Paris 1676.

[105] Ebd. Fabricius hatte Huets *Traité* zum Zeitpunkt der Abfassung des *Delectus* offenbar noch nicht gekannt; er erscheint hier nur in einem Zitat Fouchers: »que Mr. Huet s'acquitte bientot de la promesse qu'il a faite de faire voir que les sectes de Philosophie, qui aprennent à douter, s'accordent mieux que les autres avec le Christianisme.« – Vgl. Pierre Daniel Huet: Traité philosophique de la foiblesse de l'esprit humain, Amsterdam 1723, v. a. livre I, chap. XIV & XV.

[106] Vgl. hierzu die gründliche Untersuchung von Ernst Fischer: »Patrioten und Ketzermacher. Zum Verhältnis von Aufklärung und lutherischer Orthodoxie in Hamburg am Beginn des 18. Jahrhunderts«, in: Zwischen Aufklärung und Restauration. Sozialer Wandel in der deutschen Literatur (1700–1848), Festschrift für Wolfgang Martens zum 65. Geburtstag, hg. v. Wolfgang Frühwald, Alberto Martino, Tübingen 1989, S. 17–47; vgl. Franklin Kopitzsch: Grundzüge einer Sozialgeschichte der Aufklärung in Hamburg und Altona, Hamburg ²1990, S. 278ff. Zu Mayer vgl. Dietrich Blaufuß: »Der Theologe Johann Friedrich Mayer (1650–1712). Fromme Orthodoxie und Gelehrsamkeit im Luthertum«, in: Pommern in der Frühen Neuzeit. Literatur und Kultur in Stadt und Region, hg. von Wilhelm Kühlmann und Horst Langer (Frühe Neuzeit. Bd. 19.), Tübingen 1994, S. 319–347; zu Erdmann Neumeister vgl. meine Skizze in: Lexikon christlicher Denker, hg. v. Markus Vincent, Stuttgart: Metzler (im Druck).

[107] Franklin Kopitzsch: Grundzüge (wie Anm. 106), S. 263, resümiert: »Fabricius, der wohl mehr dem Typus des ernsten und verbindlichen Gelehrten entsprach, wurde offensichtlich von Mayer nicht allzusehr beeindruckt und beeinflußt.«

Platoniker der Schule von Cambridge, betrieb.[108] Mehr noch: der von Roll und vielen anderen bedeutenderen Autoren anathematisierte Tommaso *Campanella* (1568–1639) erscheint bei ihm geradezu als Vorbild christlicher Apologetik, die sich in dem intellektuellen Kreis um Pierre Gassendi und Gabriel Naudé[109] mit einer gründlichen Kenntnis jenes *orbis disciplinarum* verbunden hatte, dem Fabricius' eigenes Lebenswerk gewidmet war. Im *Delectus* legte er in der ihn kennzeichnenden lapidaren Weise dar:

> Denen stimme ich nicht bei, die Campanella wegen seiner Schrift *Atheismus triumphatus* zu den Verteidigern des Atheismus rechnen. Denn obgleich er mit seinem Geist und seiner Wißbegierde über die Strenge schlägt und bisweilen fehlt, so finde ich in ihm doch überall einen Eifer und Haß gegen den Atheismus, was übrigens deutlich durch seine Briefe an Gassendi bezeugt ist; wie ich denn bei ihm hin und wieder schärfere Argumente gegen den Atheismus, gründlichere Entgegnungen und geistreichere Beobachtungen finde, als bei vielen anderen.[110]

Fabricius wies mit dem Schlüsselbegriff einer übermäßigen »sciendi cupiditas« bei Campanella in der Tat auf den Kern des Erkenntnisproblems der philologischen Wissenschaften hin, zu dessen Lösung nun nicht mehr so sehr die Grenzen des menschlichen Verstandes gegenüber den *supernaturalia*, als vielmehr die *Grenzen der Skepsis* gegenüber einer Erkenntnis der *naturalia* zu bestimmen waren. Diese signifikante Umdeutung des Erkenntnisproblems muß als das zentrale Ergebnis seiner Aufnahme der antiken Skepsis aufgefaßt werden, als deren integralen Bestandteil er den durch die Grenze des Glaubens bezeichneten Kreis philologischen, von der Polyhistorie geordneten Wissens erkannte.

Während für den Sextus-Herausgeber Gentien Hervet und wohl für die christliche Apologetik der Renaissance im allgemeinen ein christlich-platoni-

---

[108] Johann Albert Fabricius: Delectus argumentorum (wie Anm. 76), S. 300. – Vgl. Ralph Häfner: »Johann Lorenz Mosheim und die Origenes-Rezeption in der ersten Hälfte des 18. Jahrhunderts«, in: Johann Lorenz Mosheim (1693–1755). Theologie im Spannungsfeld von Philosophie, Philologie und Geschichte, hg. v. Martin Mulsow, Ralph Häfner, Florian Neumann und Helmut Zedelmaier, (Wolfenbütteler Forschungen. Bd. 77.), Wiesbaden 1997, S. 229–260.

[109] Zu Naudé und Campanella vgl. Lorenzo Bianchi: Rinascimento e libertinismo. Studi su Gabriel Naudé (Istituto italiano per gli studi filosofici. Serie Studi. Bd. 17.), Neapel 1996, passim.

[110] Johann Albert Fabricius: Delectus argumentorum (wie Anm. 76), S. 340: »Non assentior iis, qui Atheismi Patronis Campanellam ob hoc opus [sc. ob Atheismum triumphatum] accensent. Etsi enim ingenio & sciendi cupiditate luxuriatur & peccat quandoque, tamen ubique in eo reperio Zelum & adversus impietatem odium, quod etiam luculenter testatus est suis ad Gassendum Epistolis, tum passim apud eum reperio argumen[t]a contra illam acutiora, solidiora responsiones, observationes ingeniosiores quam in multis aliis.« – Campanellas Abhandlung *Atheismus triumphatus, seu reductio ad religionem per scientiarum veritates* war 1636 zusammen mit den Schriften *De Gentilismo non retinendo* und *De praedestinatione & reprobatione & auxiliis divinae gratiae cento thomisticus* erschienen. Zum Verständnis von Campanellas Schrift vgl. zuletzt: Germana Ernst, »»Oscurato è il secolo«: Il proemio allo Schoppe del ritrovato *Ateismo trionfato* italiano«, in: Bruniana & Campanelliana 2 (1996/97), S. 11–32; dies.: »Ricerca filosofica, religione naturale e sospetti libertini. I primi due capitoli del ritrovato *Ateismo trionfato* di Campanella«, in: Rivista di storia della filosofia 1997, S. 611–627. Zu Campanellas Verbindungen nach Frankreich vgl. Michel-Pierre Lerner: Tommaso Campanella en France au XVIIe siècle (Lezioni della Scuola di Studi Superiori di Napoli. Bd. 17.), Neapel 1995.

scher Denkrahmen noch weitgehend Gültigkeit besaß, innerhalb dessen Ange-
lologie und Daemonologie den Bereich der *naturalia* durchdringen, so fiel diese
Begründungsstruktur seit der cartesischen Problematisierung der *prima cognita*
nahezu gänzlich aus. Genau aus diesem Grunde gewann die natürliche Theologie
in der Gestalt der Physikotheologie eine neue Funktion, weil ihr Gegenstandsbereich zur Konjektur der *supernaturalia* anleitete, *ohne* jedoch eine
dogmatisch verbindliche Aussage über die dem Glauben aufgegebenen Gewiß-
heiten zu treffen. Nur so konnte die Physikotheologie ihre konfessionsübergrei-
fende Funktion erfüllen. Fabricius war daher in der Lage zu zeigen, daß einerseits der Anti-Rationalismus des Pietismus in der Tat unbegründet war und daß
zum anderen die Herrschaft und Autorität der Orthodoxie im Bereich des Glaubens von dem philologischen Wissenshorizont der gelehrten Enzyklopädie *gar
nicht berührt* wurde.

Worin aber lag der Anstoß, den man an Campanellas »sciendi cupiditas«
nehmen konnte? Jacob Thomasius hatte sich seinerzeit im *Schediasma historicum* einer eingehenden Analyse des Begriffs und des Umfangs der »Wißbegierde« gewidmet. Er ging damals der Frage nach, wie weit der Vorwurf der
περιεργία oder *curiositas* reiche, den die Kirchenväter Eusebios und Tertullian
gegen die Häresien vorgeblicher Weisheitslehrer, der ›Gnostiker‹ und ›Magiker‹,
gerichtet hatten. Er definierte die »curiositas« mit Luther primär als eine »für-
witzige Kunst« oder *magica ars*, mit der die häretische simonianische Gnosis die
dem Glauben allein aufgegebenen Offenbarungswahrheiten zu erforschen
trachtete.[111] Hierbei nahm Thomasius – und dieser Umstand ist entscheidend –
die gelehrte »Polymathie« oder »Philologie« ausdrücklich von der unmäßigen
»Wißbegierde« einiger marktschreierischer Betrüger (*circulatores*), Astrologen
und Philosophen aus.[112] Nur von diesen Häresien habe Tertullian gesprochen,[113]
deren Ursprung sich aus den gnostisch-manichäischen Weisheitslehren herleiten
lasse.

Man begreift nun besser, was genau Fabricius meinte, wenn er Campanella
verteidigte, ihn aber dennoch wegen einer bisweilen übermäßigen »sciendi cupiditas« rügte. Diese Kritik richtete sich gegen Campanellas bedenkliches Verhältnis zu Magie und Astrologie (etwa im vierten Buch von *De rerum sensu et
magia* von 1620),[114] nicht aber gegen die von ihm gepflegten philologischen

---

[111] Jacob Thomasius: Schediasma historicum, quo, occasione definitionis vetusta, quâ philosophia dicitur γνῶσις τῶν ὄντων, varia discutiuntur ad historiam tùm philosophicam, tùm
ecclesiasticam pertinentia [...], Leipzig 1665, S. 23, § 34, *nota* k.

[112] Ebd., S. 24, § 34, *nota* k.

[113] Thomasius bezieht sich auf Tertullian: Liber de praescriptionibus adversus haereticos,
cap. 7, in: Patrologia latina (Migne), Bd. 2, Sp. 19–21: »Ea est enim materia sapientiae
saecularis, temeraria interpres divinae naturae et dispositionis. [...] Nostra institutio de
Porticu Salomonis est, qui et ipse tradiderat *Dominum in simplicitate cordis esse quaeren-
dum* (Sap. I,1). [...] Nobis curiositate opus non est, post Christum Jesum; nec inquisitione,
post Evangelium. Cum credimus, nihil desideramus ultra credere. Hoc enim prius
credimus, non esse quod ultra credere debeamus.« – Vgl. Eusebius: Hist. eccl. IV,7
(Patrologia graeca [Migne], Bd. 20, Sp. 317 B).

[114] Zum Kontext: Germana Ernst: Religione, ragione e natura. Ricerche su Tommaso
Campanella e il tardo Rinascimento, Mailand 1991.

Disziplinen als solche. Indem Fabricius zur Lektüre von Gabriel Naudés Lobrede auf Campanella aufforderte,[115] rückte zugleich dessen kritische Sichtung des Magie-Problems in den Blick.[116] Nach Fabricius hatte sich die Wirksamkeit der gelehrten Disziplinen vielmehr gerade an der Widerlegung des heidnischen Aberglaubens zu bewähren, an einer Funktion also, die noch immer der Intention christlicher Polymathie im Sinne eines Gerhard Johann Vossius oder Pierre Daniel Huet entsprach.

Die Polemik, die man von protestantischer Seite gegen Campanella richtete, beruhte entweder auf einer gänzlichen Unkenntnis seines Werkes oder sie wandte sich gegen dessen Kritik an einem Aristotelismus, den Campanella in einem denkgeschichtlich sehr vielschichtigen Problemzusammenhang gegen Pietro Pomponazzi und in der Auseinandersetzung mit Telesio und den neuen Entdeckungen im Bereich der Naturforschung als unhaltbar oder »gotteslästerlich« verworfen hatte.[117] In seinem *Atheismus triumphatus* bekannte Campanella daher zwar, daß er die Platoniker im allgemeinen schätzbarer und weniger anmaßend fand; aber er gelangte dennoch zu der Auffassung, daß es für den Wahrheitssuchenden besser sei, zu zweifeln, als auf den Lehren einer einzigen Philosophenschule zu beharren.[118] Denn die Autorität des Aristoteles schien einem *Machiavellismus* Vorschub zu leisten, der den einzigen Zweck der Religion in die Erhaltung der staatlichen Macht setze und damit die Verbreitung der heidnischen Idololatrie zum Zwecke der Machtpolitik wesentlich begünstigt habe.[119] Der Mannigfaltigkeit der Religionen, die in weltgeschichtlicher Perspektive »verschiedenartigen Schauplätzen einer allgemeinen Komödie« (*tanquam scenae variae universalis comediae*) glichen,[120] setzte er die Einheit einer ›natürlichen Religion‹ entgegen, deren Begriff der »Gerechtigkeit« weder auf einer bloß ›politischen‹ (machiavellistischen) Übereinkunft beruhe, noch auch (›epikureisch‹) durch das Naturrecht schlüssig begründet werden könne, da er vielmehr *in der authentischen ›Überlieferung‹ des wahren Gottes* enthalten sei.[121]

---

[115] Vgl. Gabriel Naudé: Panegyricus dictus Urbano VIII. pont. max. ob beneficia ab ipso in M. Thom. Campanellam collata, Paris 1644.

[116] Vgl. Gabriel Naudé: Apologie pour les grands hommes soupçonnez de magie. Dernière édition où l'on a ajouté quelques remarques, [zuerst 1625] Amsterdam 1712. – Vgl. auch den Beitrag von Lorenzo Bianchi in diesem Band.

[117] Zum Kontext vgl. Martin Mulsow: Frühneuzeitliche Selbsterhaltung. Telesio und die Naturphilosophie der Renaissance, (Frühe Neuzeit. Bd. 41.), Tübingen 1998.

[118] Vgl. Tommaso Campanella: Atheismus triumphatus, vel reductio ad religionem per scientiarum veritates, Paris 1636, S. 8, *in margine*: »Melius est dubitare, quam in una obstinari secta, cupientibus veritatem.« – Eine ausführliche Exposition des eklektischen Grundproblems leistet Campanella in seinem Traktat: De gentilismo non retinendo, Paris 1636, S. 51–60 (»Utrum iurare in verba magistri sit licitum«).

[119] Ebd., S. 7, *in margine*: »Delecto autoritatis Aristotelis, quatenus fundatur in eo Macchiavellismus, per manifestos errores, proponitur secundum Patres, & sacra concilia.«

[120] Tommaso Campanella: Atheismus triumphatus (wie Anm. 118), S. 94.

[121] Ebd., S. 94–104 (= Cap. IX): »Religionem communem, potißimum iustitiae partem, non esse inuentum Politicorum: nec sola arte, aut non naturâ constare, vt dicunt Epicuraei: sed esse naturalem: hanc verò, & illam positiuas, quas Nationes profitentur, esse secundum mores, ritusque particulares Gentium: & secundum fidem, quam praestant legislatori quaeque suo. Et quibus notis, & argumentis agnosci potest, quae verè sit à Deo tradita, & quae

Wir können daher im Blick auf Fabricius resümieren, daß sich sein Interesse, mit dem er das Werk Campanellas studierte, auf eine komplexe Verbindung dreier hervortretender Elemente in dessen *Atheismus triumphatus* konzentrierte: (1) die Aktualisierung einer skeptischen Eklektik gegenüber aller scholastizistischen Dogmatik; (2) die Kritik an einem ›politischen‹ Autoritätsglauben vorwiegend machiavellistischer Observanz; (3) die spezifische Ausprägung eines vom Naturrecht nicht unmittelbar tangierten Konzeptes ›natürlicher Theologie‹. Die Verschmelzung dieser drei Aspekte war zwar einerseits auch durch die Eklektik-Diskussion des Jahrhundertanfangs und die Folgerungen, die Christian Thomasius daraus gezogen hatte, konditioniert; zum anderen aber diente der Rückgriff auf Campanella gerade dem Ziel, der *Gefahr einer naturrechtlichen Neutralisierung* des Konzeptes ›natürlicher Theologie‹ vorzubeugen. Grotius' Dictum, daß das Naturrecht auch in dem Falle Bestand haben würde, »daß kein Gott seye, oder daß er auf die menschlichen Geschäffte nicht acht habe«,[122] erwies sich für eine ›natürliche Theologie‹ als unannehmbar, deren Fundament gerade in der ›wahren‹ Überlieferung göttlicher Wahrheiten situiert werden mußte. Die »Gerechtigkeit« Gottes spiegelte sich so unmittelbar in den ›Natur‹-Gesetzen wieder, deren Spur die Physikotheologen auch in den sittlichen Handlungen der Staaten und Völker verfolgten.[123]

Außerdem wurde Fabricius durch die skeptische Suspension des Urteils aber noch von einem Platonismus abgehalten, der offensichtlich zur religiösen ›Schwärmerei‹ der Enthusiasten und zu einer »sciendi cupiditas« tendierte, der Campanella selbst nicht entgangen war. Vor allem auch aus diesem Grunde konnte Aristoteles, der bei Fabricius beinahe ausschließlich für das Konzept einer natürlichen Theologie, in keinem Falle aber für eine neo-scholastische Dogmatik steht, seine Dignität noch einmal bewahren.

Nicht zuletzt deshalb kommt dem polyhistorischen Wissen bei Fabricius als Komplement zu einer wohlbegründeten Kritik an dem scheinhaften Wissen der heidnischen Idololatrie in der Nachfolge Giraldis, Vossius' und Huets die Aufgabe zu, durch eine Betrachtung der sinnlich erscheinenden *naturalia* zu dem wahren Gott hinzuleiten. Diese Intention eignete auch dem Vossiusschen Idololatrie-Komplex, und sie ist wieder in der historisch reflektierten Untersuchung der paulinischen Gnosis bei Jacob Thomasius präsent; τὸ γνωστὸν τοῦ θεοῦ (Rom. 1,19) bezeichnete demnach diejenige »natürliche Theologie«, »durch welche selbst die Heiden aus der Betrachtung der sichtbaren Werke Gottes sich

---

ab hominibus per Rationem; aut per fraudem: quivè sint, qui veram fidem habent.«). – Im komplexen Autograph der italienischen Fassung von »L'Ateismo trionfato« im Codex Barb. lat. 4458 der Vatikanischen Bibliothek, deren Publikation Germana Ernst angekündigt hat (vgl. Anm. 110), lautet der Titel des 9. Kapitels: »La Religione in commune esser naturale: in particolare esser secondo i costumi delle genti, e fede c'hanno al legislator loro, come si ha da conoscere qual sia p[ro]p[ost]a da Dio, e da lui insegnata, e qual dagli huomini per ragione ò per fraude« (cf. BAV, cod. Barb. lat. 4458, fol. 82ʳ).

[122] Hugo Grotius: Drey Bücher vom Rechte des Krieges und des Friedens (wie Anm. 69), S. 51*–84* (= »Grotii Vorrede über das gantze Werck«), hier: S. 59*.

[123] Vgl. hierzu den Dritten Teil meiner Habilitationsschrift: Laudes deorum. Poesie im Spannungsfeld prophetischen Wissens und philologischer Kritik am Ende des christlichen Humanismus (ca. 1600–1736), erscheint voraussichtlich 2001.

aufschwingen konnten« (»in quam ex visibilium Dei operum contemplatione assurgere potuerunt etiam Gentiles«).[124] Vor diesem Hintergrund wird uns der Zusammenhang zwischen der ›polyhistorischen Skepsis‹ des Sextus Empiricus mit Fabricius' intensiven Bemühungen um die Physikotheologie nun ohne weiteres verständlich; denn die Aufnahme und produktive Überformung der einschlägigen physikotheologischen Werke Richard Bentleys und William Derhams durch Fabricius war durch Jacob Thomasius' Konzeption natürlicher Theologie lange schon vorbereitet. Fabricius' Empfehlung der ›natürlichen Theologie‹ Raymunds von Sabunde in der Gestalt, die ihr Montaigne im zweiten Buch seiner *Essais* (II,12) gegeben hatte, war dann unbedenklich, wenn man die destruktive Macht der akademischen Skepsis zugleich mit einer durch die artistischen Disziplinen vermittelten Erkenntnis Gottes aus seinen Werken, zu der nach Fabricius unter anderem auch Campanellas *Atheismus triumphatus* einen substantiellen Beitrag geleistet hatte, verknüpfte.

Im Rahmen seiner Bemühungen um eine begründete Konziliation unterschiedlicher Lehrtraditionen hielt sich Fabricius davon überzeugt, daß kein anderer als Aristoteles diesen Weg einer ›natürlichen Theologie‹ als erster und am vorzüglichsten gewiesen habe. Wenn Aristoteles noch jüngst von Johann Georg Walch als Atheist denunziert worden sei, so müsse Aristoteles, wie Fabricius mit Julius Caesar Scaliger darlegte, nichtsdestoweniger dem Platon »in divinis« weit vorgezogen werden;[125] denn der aristotelische Gottesbegriff war, zumindest nach dem (pseudo-aristotelischen) *Liber de mundo*, ganz auf einen Schöpfergott ausgerichtet, dessen Theodizee nicht, wie im platonischen *Timaios*, durch ›curiose‹, zahlenmagische Spekulationen, sondern durch eine dem »lumen naturae« des Menschen zugängliche und durch dieses begrenzte Betrachtung der sichtbaren Schöpfung ermöglicht wurde.[126]

Die von Jacob Thomasius entwickelte Geschichte des Platonismus hatte gezeigt, daß dieser aufgrund einer das »Licht der Natur« übersteigenden Wißbegierde stets magischen und theurgischen Zeremoniellen Vorschub geleistet hatte. Cudworths harsche Polemik gegen das neuplatonische System des Proklos, der Streit um den Platonismus der Kirchenväter sowie die langwierige Diskussion um Malebranches Ideenlehre geben auf sehr unterschiedliche Weise Zeugnis von der Auseinandersetzung um einen Platonismus, der aus der Sicht von Jacob Thomasius' und Fabricius' Zeitgenossen nur allzu leicht in Idolatrie, Magie oder ›Spinozismus‹ umschlagen zu können schien.[127] Diesem Ergebnis entspricht

---

[124] Jacob Thomasius: Schediasma historicum (wie Anm. 111), S. 15, § 27.

[125] Johann Albert Fabricius: Delectus argumentorum (wie Anm. 76), S. 307. – Fabricius verweist auf Johann Georg Walch: »Exercitatio historico-philosophica de atheismo Aristotelis«, in: ders.: Parerga academica ex historiarum atque antiquitatum monimentis collecta, Leipzig 1721, S. 197–366, und Julius Caesar Scaliger: »Exercitatio CCCLXV«, in: ders.: Exotericarum exercitationum liber quintus decimus, de subtilitate, ad Hieronymum Cardanum [...], Paris 1557, foll. 471ʳ–476ᵛ.

[126] Vgl. ebd.

[127] Vgl. Ralph Häfner: »Johann Lorenz Mosheim und die Origenes-Rezeption in der ersten Hälfte des 18. Jahrhunderts« (wie Anm. 108), passim, mit Hinweisen zur Literatur; zu den Voraussetzungen dieser Diskussion vgl. besonders Edgar Wind: »The Revival of Origen«,

die Tatsache, daß Fabricius *nicht* das platonische, sondern das weniger bekannte
aristotelische Höhlengleichnis, das bei Cicero überliefert ist, sowohl im *Delectus*[128] als auch in den Noten zur Edition des Sextus Empiricus[129] mit Zustimmung
zitiert. Die Bewohner einer unterirdischen Höhle, die von Ferne her von dem
Dasein eines Gottes und von der Macht der Götter vernommen hatten, werden
durch den Anblick der ewig sich selbst gleichen »varietas« der Welt in ihrem
Glauben an die Götter als deren Urheber bestärkt.[130]

Der instrumentelle Gebrauch der Skepsis eröffnete Fabricius die Möglichkeit
eines polyhistorischen Wissens, das allem Anschein nach in dem Konzept der
Physikotheologie aufgegangen ist.[131] Eine Erkenntnis Gottes aus der sichtbaren
Schöpfung, wie sie insbesondere in England, durch Richard Bentley, John Ray
und William Derham, ausgearbeitet wurde, kam aufgrund ihrer Erkenntnisprinzipien niemals in die Gefahr, das Fassungsvermögen des menschlichen Verstandes zu überschreiten, weil ihre Reichweite durch das paulinische Konzept einer
natürlichen Theologie genau begrenzt war. Fabricius konnte sich auf die Leistungsfähigkeit eines ›natürlichen Lichtes‹ umso überzeugender berufen, als es
dem Menschen offenbar auch *nach* dem Sündenfall gegeben war, zur Erkenntnis
Gottes zu gelangen. Diese Erkenntnis mußte auch jenen Völkern offenstehen,
die sich nicht des Geschenkes einer schriftlichen Offenbarung versichern konnten. Die artistischen Disziplinen erfüllten genau in diesem Kontext eine eminente Funktion, indem sie die Spur Gottes in dem – textkritisch gereinigten –
Schatz des überlieferten Wissens aufzunehmen berufen waren. Damit stellte sich
Fabricius in den Horizont einer »Philologie«, die sich der ›kritischen‹ Prinzipien
eines Jean Leclerc wohl bewußt war, ohne doch die philologische Durchdringung des *orbis disciplinarum* auf eine bloße Textkritik zu reduzieren. Die genuine *Erkenntnisfunktion* der Philologie war hier vielmehr noch ganz selbstverständlich auf den disziplinären Kontext der *artes liberales* bezogen. Der Gesamtkomplex der Polymathie konnte damit in der Auseinandersetzung mit der
antiken Skepsis am Beginn des 18. Jahrhunderts in einer sehr reflektierten Weise
noch einmal zur Entfaltung kommen.

---

in: Studies in Art and Literature for Belle da Costa Greene, hg. v. Dorothy Miner, Princeton
  (N. J.) 1954, S. 412–424.
[128] Johann Albert Fabricius: Delectus argumentorum (wie Anm. 76), S. 307.
[129] Johann Albert Fabricius, in: Sextus Empiricus: Opera, graece & latine (wie Anm. 1),
  S. 553, (*nota* X).
[130] Cicero: De natura deorum II,95.
[131] Zu inhaltlichen Aspekten von Fabricius' eigenen physikotheologischen Werken, insbesondere zur *Hydrotheologie* von 1730, vgl. meinen Aufsatz: »Philologische Festkultur in
  Hamburg im ersten Drittel des 18. Jahrhunderts: Fabricius, Brockes, Telemann« in diesem
  Band.

II. EPISTEMOLOGIE, SPRACHE, GRAMMATIK

Constance Blackwell

Vocabulary as a Critique of Knowledge

Zabarella and Keckermann – Erastus and Conring
Eclipses, Incantations, Hieroglyphics, and the History of Medicine[1]

During the fifteenth, sixteenth and seventeenth centuries, there was a veritable
explosion of interest in the definitions of words. There were different ways the
interest expressed itself, perhaps most famously, in the development and impact
of critical techniques for dating works reputed to be ancient, but found to be
either third century forgeries,[2] or of 11th century works as in the case of Caba-
listic texts, and of course an interest and development of Latin and vernacular
dictionaries on the part of Lodovico Vives, Henri Estienne, Ambrogio Calepino
and Thomas Elyot etc.[3] Now the *Catalogus Translationum*[4] has printed the
results of research of recent scholars on literary or philosophical commentaries
on Greek or Latin classical texts written during the Renaissance, and its evidence
attests to Renaissance interest in the correction of ancient texts and in their
commentaries. In addition, research on Aristotelian philosophical texts published
between the fifteenth and seventeenth centuries has made it evident that the
philosophers of the period were also interested in the accuracy of philosophical
vocabulary in the texts themselves but they also became interested in comparing

[1] This paper brings together material from various areas of my research, I would like to thank
    Michael Hunter for suggesting there might be a tradition behind Conring's view of the
    history of medicine, Charles Webster for directing my attention to Basle medical literature
    and to the Paracelsus literature, Graham Rees for a very helpful and critical reading, and
    Sachiko Kusukawa for her interest in artificial definitions. My interest in Aristotelian
    method was sparked by conversations and research of Eckhard Kessler, Heikki Micheli,
    and Charles Lohr at various seminars and conferences of the Foundation for Intellectual
    History. I thank Wilhelm Schmidt-Biggemann for ever interesting and perceptive
    discussions which have made me appreciate *philosophia perennis*, finally I would like to
    thank Ralph Häfner for asking me contribute to this volume.
[2] Isaac Casaubon: De rebus sacris et ecclesiasticis exercitationes xvi ad Cardinalis Baronii
    Prolegomena in Annales, London 1614, pp. 70–87. The classic article on this subject is by
    Anthony Grafton: »Protestant versus Prophet: Isaac Casaubon on Hermes Trismegistus«, in:
    The Journal of the Warburg and Courtauld Institute 46 (1983) pp. 78–93. Grafton points
    out that Casaubon was influenced by Porphyry's attack on the Hermetic writings, an attack
    Porphyry made in an attempt to keep the Platonic tradition pure, see also Grafton: Forgers
    and Critics, Creativity and Duplicity in Western Scholarship, Princeton 1990.
[3] Stearns, De Witt: Renaissance Dictionaries, Austin, 1954, see also Constance Blackwell:
    »Creating definitions for words: The *Ortus* Vocabulorum (1500) versus Vives (1523) and
    Elyot (1538)«, in: Italia ed Europa nella linguistica de Rinascimento, Italy and Europe in
    Renaissance Linguistics, ed. Mirko Tavoni, Ferrara 1996, vol. 2, pp. 235–253.
[4] Catalogus Translationum et Commentariorum: Mediaeval and Renaissance Latin Transla-
    tions and Commentaries, annotated lists and Guides, ed. E. Edward Cranz*, Paul Oscar
    Kristeller*, Virgina Brown, Washington, DC, 1962 sqq.

the definitions of philosophical vocabulary of two or more philosophers as Marco Antonio Zimara did in his *Tabula* comparing Aristotle with Averroes.[5]

We are particularly concerned here with the Aristotelian commentary tradition[6] and the interest in appropriate philosophical vocabulary by two late Aristotelian philosophers: Jacobo Zabarella and Bartholomew Keckermann. Philology is a subject I never thought I would return to, as I have been engaged recently in research on historiography of philosophy. Yet, when I was asked to contribute to this volume, I decided it was an excellent opportunity to explore the philosophical reasoning behind the interest in clear definitions of words by certain philosophers and medical philosophers between 1560–1660. What I am doing cannot be called the philosophy of philology, but rather the philosophy of philosophical vocabulary for natural philosophy. Never-the-less it may be not without interest to philologists who might find that this study suggests some of the reasons technical vocabulary developed in the sixteenth and seventeenth centuries. Why I should feel the philosophy of vocabulary was important to the study of the history of philosophy needs a word of explanation – an explanation which will I hope also help to explain my selection of two particular philosophers and two medical historians.

While I was engaged in my research on Jacob Brucker's *Historia critica philosophiae* (1742–44), I began to understand that Brucker was not the mere antiquarian, he is said to be, but rather an historian of philosophy who had a precise hermeneutic of knowledge. Philosophy, he maintained, should be written without metaphorical or mythic constructs, it should reject the Platonic or Neo-Platonic view that knowledge was best known in abstract concepts, rather he held that successful philosophers should organize their knowledge of the natural world through information gained as sense perception dictated and thus provide accurate information for inductive reasoning. Furthermore he judged past philosophers from Adam to Leibniz according to whether they used what he thought to be a correct method of philosophizing. The result was to create a canon of philosophy, which has had an impact not only on the history of philosophy but on critical assessment of ancient middle eastern and neo-platonic philosophy as well as to create a debate about how evidence from poetic or mythic early writings should be read by historians of natural philosophy. Not only was Brucker[7] not an antiquarian, but he was educated at Jena between

---

[5]   One example of interest in comparative philosophical vocabulary is given by Marco Antonio Zimara (1475/76 – d. before 1537): Tabula dilucidationum in dictis Aristotelis et Averrois medicina (edition used) Venice 1556. This work was written before 1514. Zimara studied in Padua receiving a *doctore in artibus* 1501, 1505 *doctore in artibus et philosophia*. He taught natural philosophy in Padua 1505–1509 and was Professor of natural philosophy and theoretical medicine at Salerno 1519–1522.

[6]   These commentaries have been listed and located by Charles Lohr in: Latin Aristotle commentaries, vol. II »Renaissance Authors« Florence 1988. Here after referred to as Lohr, R. A.

[7]   Constance Blackwell: »Thales Philosophus: The Beginning of Philosophy as a Discipline«, in: History and the Disciplines, The Reclassification of Knowledge in Early Modern Europe, ed. Donald R. Kelley, Rochester 1997, pp. 61–82 and »Epicurus and Boyle, Le Clerc and Locke: ›Ideas‹ and their redefinition in Jacob Brucker's *Historia Philosophica*

1714–1718 by teachers who had the latest information about natural philosophy and logic. In natural philosophy he accepted the corpuscularianism of Robert Boyle and in Logic he accepted the works of John Locke, as interpreted through the philosophical text books by Jean Le Clerc which had been available to the young Brucker at University and later through his own reading. Brucker viewed Locke's theory of knowledge as following in, but not of course identical with, the anti-Platonic views of certain later sixteenth and seventeenth century Aristotelians. Brucker had been attracted to one anti-platonic medical philosopher in particular, Hermann Conring (1606–1681), because of his critique of *prisca sapientia*.[8] Conring's critique of the Egyptian's methods in natural philosophy was used by Brucker to establish that the Egyptians did not have a real science and thus to build his story of the progression of natural philosophy over time. Conring found much to criticize in the inadequate knowledge and techniques in natural philosophy of Egyptian medical doctors and astronomers as we shall see.

This story of finding stories before other stories can become almost endless, but we will finish here by explaining that Conring's interest in Egyptians was not driven by objective scholarly interest, rather it stemmed from claims by Theophrastus Paracelsus (ca. 1493–1541)[9] who had questioned the contemporary medical methods and claimed that his own iconoclastic medical treatments had really been invented by the Egyptians. Conring who praised experience and the inductive method and drew on the sixteenth century medical doctor from Basle, Thomas Erastus, who wrote books of criticism about Paracelsus. This in turn lead me to Padua, for my reading of Erastus' writing that made me think that some of his critical polemic might be based on important philosophical disputes. In particular, he made use of the distinctions between natural and artificial words in logical proofs to supply arguments which went to the heart of the Paracelsian project. As it is well known that Zabarella's logical works were important to later natural philosophy so I turned to the Aristotelians of Padua, and noted that Erastus had studied there. It seemed best to focus this study on the distinctions that Zabarella made about the vocabulary for natural and artificial definitions and to emphasize Keckermann's description of a perfect definition and criticism of ambiguity. The former was used by Erastus as a tool to attack Paracelsus's logic and his use of incantations for medical practice and the

---

    doctrinae de ideis 1723«, in: Il vocabolario della Republique des Lettres, terminologia filosofica e storia della filosofia, problemi di metodo, in memoriam di Paul Dibon, ed. Marta Fattori, Naples 1997.

[8]   This was a version in seventeenth century of the fifteenth century view of Ficino that all wisdom, *sapientia*, began with Adam. This was then modified by anti-Aristotelian natural philosophers into a view that there had been sophisticated natural philosophy given to Adam and early man, and that philosopher was the one they expoused.

[9]   The basic article on Paracelsus is by the late Walter Pagel: »Paracelsus, Theophrastus Philippus Aureolus Bombastus von Hohenheim«, in: Dictionary of Scientific Biography ed. C. C. Gillespie, New York 1974, vol. X, pp. 304–313. There have been various additional articles on Paracelsus; for our uses here see Massimo Bianchi on Paracelsus in »Segno in Paracelso«, in: Signum, ix Colloquio Internazionale, Roma, 8–10 gennaio 1998, ed. Massimo Luigi Bianchi, Florence 1999, pp. 183–204.

later by Conring to object to the ambiguity of definitions and improper used of words for inductive reasoning by the Egyptians and also by Paracelsus.

Zabarella and the *definition* of an eclipse

We begin with the best known of all these men – Jacobo Zabarella (1533–1589)[10] of Padua. Zabarella's writings on logic encapsulated some of the most important developments of late eclectic Aristotelianism while Bartholomew Keckermann (1571–1609)[11] who studied in Heidelburg with Zabarella's follower Pacius (1550–1635) took this tradition further and combined it with other discussions known and used in Northern Europe. Zabarella wrote extensively about how and why words should be turned into precise intellectual tools to criticize either Platonic concepts of reality or by combining a certain type of vocabulary with logic organized thought about the history of disciplines. I do not claim that Zabarella influenced Erastus, that would be ridiculous – they were essentially the same age and both at Padua about the same time. I do claim, however, that Keckermann read Zabarella, and like Erastus and Keckermann criticised Paracelsus' use of incantations for his medical method, finally that Conring read all three earlier writers.

These two were commentators working within the Aristotelian tradition, but were commentators with a difference. Charles Schmitt called such philosophers, ›eclectic‹ Aristotelians,[12] for they selected topics not only in Aristotle, but in other philosophers and developed their own distinctive philosophical interests.[13] While Zabarella and Keckermann did philosophise with reference to the Aristotelian texts, they freely drew on late antique and medieval Greek, Latin and

---

[10]   Jacobo Zabarella, b. Padua in 1533, d. 1589. Charles B. Schmitt: »Zabarella«, Dictionary of Scientific Biography, ed. C. C. Gillipsie, New York 1976, vol. XIV, pp. 580–582. Schmitt notes that his influence has yet to be researched. Zabarella studied the humanities under Francesco Robortello, logic with B. Tomitano, natural philosophy under his uncle Marcantonio de'Passeri (Genova) or Januae, and mathematics under P. Catena. He received his Doctor of Arts in 1563 and his chair in logic, 1568, then a second position in natural philosophy, 1585 (died 1589). Opera logica, 1578, (Controversy with F. Piccolo-mini, 1583–1585). In 1586 he published De naturalis scientiae constitutione, a year after his death De rebus naturalibus libri xxx (1590), dedicated to the Pope Sixtus V. (see Lohr, I).

[11]   Bartholomaeus Keckermann, Danzig 1571–1609. See: Lohr, I, 209–210. Matriculated as a student of philosophy in Wittenberg in 1590 and matriculated in 1592 in Heidelberg where J. Pacius (1550–1635), a student of Zabarella, taught law between 1585–94. On Pacius see: Lohr, R. A., 296–7. Keckermann received his MA in 1594 and stayed in Heidelberg after graduation, teaching at the Studentenburse and Collegium Sapientiae until 1597. Professor of philosophy and conrector of the Gymnasium, Danzig 1602–1609.

[12]   Charles B. Schmitt: Aristotle and the Renaissance, Cambridge, MA, 1983. Schmitt devotes a chapter in this book to eclectic Aristotelianism where he emphasises the openness and flexibility of a certain strand of the Aristotelian tradition: see pp. 89–109.

[13]   See the collection of articles edited by Constance Blackwell and Sachiko Kusukawa: Sixteenth and Seventeenth Century Philosophy and its Conversation with Aristotle, Ashgate, 1999, for an extensive example of the conversations various unlikely philosophers had with Aristotle.

Arabic commentators, to elucidate or to disagree with Aristotle and also drew on contemporary philosophers, and even criticized Aristotle, himself. For instance, Zabarella pointed out rather proudly that Aristotle lacked a developed concept of the method for the disciplines, and mentions more than once that he, Zabarella, philosophized freely. Keckermann announces his preference for contemporary philosophers and commentators and is much more precise than Zabarella when it comes to explaining just what kind of word might be the correct choice for a definition in natural philosophy.

Furthermore, these philosophers followed in the tradition of those whose thinking about the immortality of the soul resembled or stemmed from Pomponazzi.[14] They held that Aristotelian philosophy could not supply proof for the immortality of the soul, and thus it had to be accepted by faith alone. Pursuing this line of reasoning, they also held that there should be a clear separation between the methods to be used in matters of faith and theological doctrine, and those to be used by reason and which were suited for dealing with the world of contingency. We will be following the tightly argued positions which were developed and the distinctions made between the kind of vocabulary deemed proper to each kind of reality. These discussions were not mere games of logic but supplied some of the arguments used by medical philosophers to criticise Paracelsus, and in particular, his use of incantations for curative practice, his refusal to follow conventional logic to prove his medical cures, and his view of the history of medicine. Further the definition of an artificial word served to supply the correct type of word for inductive reasoning in natural philosophy.

First then, Zabarella[15] who developed a logic and natural philosophy based on the distinction between natural or eternal methods and meanings of words, and artificial or man made definitions and methods which he judged suitable for the contingent world.[16] It is particularly revealing and helpful to pause for a moment to look at the index to the 1594 edition of the *Opera logica*.[17] This has five and a half columns which list references to *definitio*. It begins with *Definitio*[18] *non est*

---

[14]   See Charles Lohr: »The Sixteenth-Century Transformation of Aristotelian Natural Philosophy«, in: Aristotelismus und Renaissance, In Memoriam Charles B. Schmitt, ed. E. Kessler, C. Lohr and W. Sparn, Wiesbaden, 1988, pp. 89–100. These philosophers who held that the immortality of the soul could not be proved by reason were still thought to be an important tradition in the eighteenth century for Jacob Brucker to devote part of his chapter on ›genuine Aristotelians‹ to followers of Pomponazzi, calling them atheistic Aristotelians. Jacob Brucker: Historia critica philosophiae, Leipzig, 1744, vol. 4.

[15]   On Zabarella's method: see Nicholas Jardine: »Keeping Order in the School of Padua«, pp. 183–210; and Heikki Micheli: »The Foundations of an Autonomous Natural Philosophy: Zabarella on the Classification of Arts and Sciences«, pp. 211–228, in: Method and Order in Renaissance Philosophy of Nature, ed. Eckhard Keßler et al. Aldershot 1997.

[16]   Zabarella was particularly influential in Germany, Keckermann writes Zabarella rescued Aristotelian logic for Germany. His *Opera logica* was printed over sixteen times. Jacobo Zabarella: Opera Logica, pref. Joannes Ludovicus Hawenrevter, Doctoris Medici, 1594, (edition used 1623) Hawenreuter writes a summary history of philosophy from Zoroaster to his time in his dedicatory letter. The *Opera Logica* will be referred to as *OL* from now on.

[17]   OL, see the Index, from last numbered page column, 7 pages up.

[18]   OL, De natura logicae, lib. i, cap. x, col. 23: »Grammaticus enim voces rerum significatrices alias vocans nomina & alias verba; has & reliquas orationis partes tractat, ut partes locutionis; conceptum autem significatum non considerat nisi propter vocem significantem:

methodus ducens a noto ad cognitionem ignoti col. 787[19] and ends temptingly with *definitionum usus in demonstrationibus quid sit col.* 789[20]. Just by accident these two references to *definitio* point to Zabarella's primary concerns – that a word does not contain knowledge in itself, nor can a word in and of itself transport the user to eternal knowledge. He dedicates *De Methodis* to explaining in great detail why it is that only a correct method can lead the philosopher from the known information to that which is still unknown.[21]

Some Renaissance Aristotelians tried to find similarities between Aristotle and Plato, Zabarella did not. In fact he made a point to take issue with several Platonic philosophical topics. On the question of primary and secondary intentions, as Antonio Poppi[22] has pointed out, Zabarella attacks Albertus Magnus and Duns Scotus whom Zabarella implies held a ›ridiculous‹ belief that Aristotle believed that logic was a tool for contemplation, rather he insists that logic is the instrument by which knowledge is found out but not knowledge itself. It is also not a part of philosophy. Words in primary intentions, Zabarella held, reflect eternal truth or what he calls natural knowledge – knowledge directly from God which does not give knowledge about the contingent world, while secondary intentions concerned actions or objects in the contingent world. For the contingent world, logic provided a certain instrument – the art or technique – by which a thing could be understood.

Another way to understand how he described reality can be read in his discussion of universals. He identifies three types of universals, one is outside the

---

    logicus vero conceptus ab eis significatos contemplatur [...] Logicus enim primario conceptus respicit, secundario voces.«

[19] OL, De methodis, lib. iii, cap. xii, col. 247: »Qui igitur dicunt, definitionem esse methodum ducentem nos a noto ad cognoscendum ignotum, ostendere debent, quisnam sit in hac definitiva methodo terminus ignotus«.

[20] OL, Posterior Analytics, lib. i, cap. x, col. 789: »definitionibus quidem clara res est: nam demonstrationem actu ingrediuntur, quum fiant propositiones primarum demonstrationum quae in scientia construuntur, quatenus *definitio* subiecti medium est demonstrationis.«

[21] See also OL, Posterior Analytics, col. 771.

[22] Antonio Poppi: Zabarella, La dottrina della scienza in Giacomo Zabarella, Padua, 1972, p. 147. See also: OL, De natura logicae, lib. i, cap. xvii, col. 41: »Logica non est scientia: ergo tale subjectum non habet. Argumentum clarum est: quoniam & antecedens & consequens satis in praecedentibus declarata, ac demonstrata fuere: ostendimus enim scopum logicae interdum non esse scire, sed instrumenta ad sciendum fabricari & efficere: ostendimus etiam solas scientias contemplativas tale subjectum habere, quod existat etiam nobis non cogitantibus & nobis notum proponatur, ut eius affectiones per propria principia sciendi gratia demonstremus. At syllogismus demonstratio, argumentatio, instrumenta cognitionis, secundae notiones, & quicquid aliud ab aliis subjectum logicae statuitur, opera, & figmenta animi nostri sunt, neque logicus eorum tanquam existentium cognitio-nem tradit, siquidem in ipso logicae initio adhuc non extant, sed ipsorum ut non existenti-um fabricationem docet: vanum igitur, & ridiculum est horum alicui eas conditiones tribu-ere, quas Aristoteles soli subjecto scientiarum contemplativarum tribuendas esse existima-vit. Hoc autem cuique diligenter considerenti & libere, atque ingenue philosophanti ita deberet esse, manifestum, ut mirandum profecto sit tantam fuisse aliorum caecitatem & tam crassam in rebus logicis ignorantiam, ut tale subjectum in logica quaerere et in eo partem materialem & partem formalem & alia, quae in solo subjecto scientiae contem-plativae locum habent, considerare voluerint. Sed magis perspicua & clara res est, quam ut pluribus verbis indigeat: ideo ad alia transeamus.« See also OL, De Methodis, 111, ch. xii.

singular and outside the mind, the second is outside the singular but not outside the mind. These first two definitions, Zabarella says, are too Platonic, and/or abstract to be of use for the contingent world. For example, the definition of a man[23] belongs neither to the »idea« of a man nor to a concept of a man in the mind, because the idea of a man is not useful if the inquirer wants to find out what a real man is and not the idea or concept of a man. The third universal, however, is outside the mind, but not outside the singular. It is nature implanted in the singular things themselves, and it can be divided into two. One is the thing itself, that is human nature, while the other is that universality of commonness, which nature implants in singular things themselves.[24]

How does a thinker find the singular? Zabarella makes it very clear that the human mind goes through certain logical steps to reach a correct description. Initially the object is something new and seen as part of a singular or a general area of observation, but it is not understood clearly but rather first in a confused state. In this way the first observations may be most universal but least clear. How and by what use of words the mind goes from the general to the specific is tied to the distinction between natural and artificial words and natural and artificial logic. In *De Natura logicae*, 1, Ch. 12, *De duplici logica & eius origine*,[25] Zabarella sets out how natural logic originated. Beginning from our natural instincts, and needing no human study – including no syllogisms or argument – it is the method that the *prisci sapientes* used. The first impressions of the *prisci sapientes*[26] were imprecise, they were not closer to the truth, and here he makes a specific challenge to claims of Marsilio Ficino about the origin of knowledge. Zabarella then gives a short history of how knowledge improved over time. It is not the product of one man, knowledge developed through the intellectual co-operation of many. I believe that this observation that knowledge was developed over time and the achievement of many men over centuries was the fundamental perception which was the basis for later historical works which proved how and why knowledge actually improved over time. After the *prisci sapientes* understood things indistinctly, Zabarella says, someone began to study the knowledge and then began to systematize it so that they could write the art or technique of logic, only then logicians could begin to teach it. The argument goes that if words are temporal and change meaning over time, it is also possible for knowledge about natural philosophy to progress. Here is the beginning of a notion of intellectual progress which has been thought to be an eighteenth century notion. It was not. Its beginnings seem at this time have been formulated both by six-

---

[23] My Italics.
[24] OL, Commentary on the *Posterior Analytics*, l. 1, chapter viii, cols. 761–9 and col. 769.
[25] OL, De natura logicae, lib. i, cap. xii, col. 27.
[26] There has been several articles on the subject, J. E. McGuire and P. M. Rattansi: »Newton and the Pipes of Pan«, in: Notes and Records of the Royal Society of London 21 (1966), pp. 108–43; S. Hutton: »Edward Stillingfleet, Henry More and the Decline of Moses Atticus: A Notes on Seventeenth-Century Anglican Apologetics«, in: R. Kroll, R. Ashcroft, P. Zagorin, Philosophy, Science and Religion in England 1640–1700, Cambridge 1993.

teenth century commentaries on the first book of the Physics and also the challenge of the Neo-Platonic view of knowledge.[27]

Zabarella himself suggests that his formulation could be used for other disciplines, for example, he says Rhetoric followed the same progression. First there
was the natural instinct to persuade, then others collected the rules and precepts
for orations and then further the art of Rhetoric was written. As Orators preceded
rhetoric so natural logic preceded philosophy. Zabarella sets out the formula
here for the history of the disciplines arises out of a combination of the concept
of artificial definitions and basic Aristotelian logic. Aristotle's definition of a
word was tied also to his definition of the human voice and what its sounds
signify.

Another way of looking at Zabarella's concept of what a word encapsulated
is to read how he describes Aristotle on speech. This is very important to our
argument here, for Zabarella's definition of speech rules out incantations in
natural philosophy, view held by Erastus, as we shall see later. Aristotle, he says,
discusses the question of speech in *De Interpretatione* where he states that
speech is not an instrument, but is the consequence of human will, it is the result
of a man speaking at a particular time. While on the contrary, Plato conceived of
all nouns and verbs as natural instruments, that is, as vehicles which brought the
significance of things from nature itself to us,[28] that words were instruments for
signifying the concepts of the soul.[29]

While Zabarella denied that voices were natural, and he maintained that the
way we understand what we conceive in the soul and voice is done neither a
method or thought as instrument of logic. Method is something quite different, it
is a habit or technique of the soul or mind and not found simply in an articulated
voice. Method makes it possible for us to begin to set out knowing, and above
all method is an instrument to organise what we mean. It is not meaning itself.
Any instrument of logic is a way and process which goes from a certain thing to
another thing of the same *genus* or same *ordo* or classification, progressing from

---

[27] Franciscus Toletus, SJ.: Commentaria una cum Questionibus, in octo libros Aristotelis, De
       Physica Auscultatione, (edition used) Venice 1594, Prolegomena, De ortu seu inventione
       Philosophiae ac primo de eius inventionis modo. Cap. iv. 3–4. Franciscus Toletus gives a
       similar variation to the concept of progression of thought in this chapter.

[28] OL, De Methodis, lib. I, Cap. ii, cols. 135–136: »Hinc colligitur etiam differentia maxime
       quidem propter illa quae dicenda sunt, a nobis notanda inter methodum, & aliud quiddam
       instrumenti genus, cuius mentionem fecit Aristoteles in principio libri de Interpretatione in
       capite oratione ubi haec verba leguntur (Est autem omnis oratio significata non sicut
       instrumentum, sed ex placito, & arbitrio humano) his verbis carpit Aristoteles Platonem,
       qui putavit omnia nomina, & verba & ex his conflatam orationem esse instrumenta
       naturalia, id est a natura nobis tradita ad res significandas, prout cuiusque rei propria natura
       propriam, & sibi convenientem appellationem postulabat. Aristoteles autem hoc negat: quia
       cuiusque rei propriam nominationem ex humano tantum arbitrio, non ex naturala rerum
       pendere existimavit.«

[29] OL, De Methodis, lib. I, Cap. ii, col. 136: »[…] sed an hoc Plato voluerit non est in
       praesentia considerandum; utcunque enim hoc sese habeat, illud certum esse debet.
       Aristotelem non negare voces articulatas instrumenta esse significandi conceptus animi, sed
       negare esse instrumenta naturalia eo modo, quo arbitrabatur Plato: nam revera instrumenta
       quaedam sunt, quibus ea, quae animo concipimus, significamus; non tamen sunt methodi,
       neque instrumenta logica«.

one thing to another, from a concept to a conception, or a voice to a voice. While logic or discourse can be considered in things, concepts and voices, they are not identical with them and can not be made a moment of time unless some specific time is stated.[30] Therefore it is essential to know the name of a thing before you study it in a demonstration: *praecognoscere quid nomen significet*.[31] This is particularly true for words which indicate a particular form or action in nature.

Zabarella gives a philosophical reason for the development of precise technical vocabulary. A definition is part of a logical proof, one must know what an eclipse is, before you can reason about it. With the definition becoming part of the proof, only a correct selection of the word – in this case eclipse – can be employed to reason about natural philosophy, that is the philosophy of the nature of the contingent world. The method of reasoning appropriate for the contingent world is, of course, inductive reasoning.[32]

For future natural philosophers and medical philosophers working in this school of philosophy, the words in natural philosophy had to be precise, a mythic description of the creation of water or earth is not useful, poets could not be philosophers. Zabarella, himself, distinguished between the type of activity of Poetry and Rhetoric and philosophy. Poetry and Rhetoric are instrumental as fields and do not contain knowledge, while Philosophy tells you information about things.[33] If we were to look at the source of this view of natural philosophy, perhaps one need look no further than commentaries on the first book of the *Physics* and a traditional reaction of a certain school of Aristotelians to Duns Scotus' view of first knowledge which then combined with a very strong critique to the Neo-Platonic view of the history of knowledge.

---

[30] OL, De Methodis, cols. 140–141: »Sed ad scientiam comparandam inventum; praeterea omnis methodus, & omne instrumentum logicum est via & processus ab aliquo ad aliquod, quae sint eiusdem generis, seu eiusdem ordinis, ut a re ad rem, vel a conceptu ad conceptum, vel a voce ad vocem; haec enim omnia vere dici possunt, logicus namque discursus potest & in rebus, & in conceptibus, & in vocibus considerati, isque momento temporis fieri non potest, sed cum aliqua mora, & in tempore.«

[31] OL, De conversione demonstrationibus in definitionem liber, Cap. iv: »In primis constituendum notis est id, quod ab Aristotele in secundo Posteriorum libro traditur, & ab omnibus conceditur, neminem ad demonstrandum aliquod accidens accedere posse, nisi prius intelligat, quid eius nomen significet: omnes enim demonstrationis partes vult Aristoteles ante demonstrationem aliquo modo esse praecognitas: principia quidem, & subjectum tum quid significentorum quod sint; affectionem vero quid nomen significet, sed non quod sit: hoc enim quaeritur ac demonstratur: qui enim fieri potest, ut demonstret aliquis, in luna eclipsim fieri, nisi prius nominis eclipsis significationem intelligat: significatio autem nominis intelligi non potest, nisi cognito rei genere vel propinquo vel remoto: quid enim nomine tonitrus significetur, nunquam intelligemus, nisi cognoscamus esse sonum quemdam: ita nomen eclipsis si quis debeat intelligere, privationem quandam esse luminis intelligat necesse est; communis enim conditio est mois definitionis sive perfectae, sive imperfectae, & omnis descriptionis, ut in ea genus aliquod rei, quam definire, vel describere volumus, exprimatur in differentiarum postea assumptione discrimen definitionum consistit. Est igitur ante omnem demonstrationem praecognoscendum genus accidentis demonstrandi, ut clare etiam apud Averroem legimus in commentario quadragesimo primo & quadragesimo septimo secundi Posteriorum, quae loca mox expendemus hujus autem ratio ea est, quam diximus: qua necessarium est praecognoscere.«

[32] OL, De methodis, lib. iii, De speciebus methodi resolutiva, cap. xix, col. 269.

[33] OL, De natura logicae, lib. ii, cap. xv ff.

Bartholomew Keckermann: Ambiguity vs. A Perfect Definition

Bartholomew Keckermann,[34] another ›eclectic‹ Aristotelian, admitted he drew from a range of philosophers and other writers: from Plato, Aristotle, Porphyrius, and Galen, among the Greeks, from Cicero, Quintillian, and Varro, Boethius and Augustine among the ancient Latin authors, from Averroes among the Arabs, (an author he may have become particularly familiar with through reading Zabarella), Thomas Aquinas and Duns Scotus among the medieval philosophers. Among the sixteenth century philosophers – »our Aristotelians«: Melanchthon, Francis Titelmann, Augustin Hunn, Jodocus Willich[35], Fortunatus Crellius[36], Antonius Meretus[37], Benedicto Pereria, Petro de Fonseca, John Rainold, and Jacobo Zabarella. In fact, Keckermann was well read in both contemporary and ancient philosophers.

Like Zabarella, Bartholomew Keckermann also held that philosophy was not a creation of one man,[38] and that philosophers should collect precepts and rules from many different philosophers.[39] He wrote an extensive history of logic,[40] which reveals how carefully he read some of his contemporaries and which ones he admired. He lists the philosophers and their works in chronological order. For the year 1531, he lists Vives, whose *De Disciplinis* and in particular his discussion of corruption of dialectic he admired.[41] He said he particularly admired Zabarella's *De Methodis* which he thought illuminated the questions of both method and demonstration, and the work he says was widely known in Ger-

---

[34] Bartholomeus Keckermann: Tractatus secundus, Praecognitorum logicorum, lib. ii, cap. i, col. 50, Opera omnia, Geneva 1612, vol. i: »Absoluta ratio docendi Philosophiam est, cum non spectatur, quomodo hic vel ille autor vetustus aut recens Philosophicas disciplinas proposuerit, sed qualiter per se & ex natura sua sine auctorum respectu Philosophiae tradenda fit.«

[35] Lohr, R. A., pp. 492–3.

[36] Teacher of Pacius, Lohr, R. A., pp. 108–9.

[37] Teacher of Montaigne.

[38] Bartholomeus Keckermann: Ad cultores logicae, Praefatio primae editioni praefixa: »Non est unius hominis, eam suis numeris artem absolvere, cuius praeceptis ac regulis omnium hominum cogitationes reguntur. Imo si omnis hominum ratio, si omnium praestantissimorum ingeniorum curae, meditationes atque acumina in unum conferantur, nulla tamen in hoc quidem aevo, & hac rationes humanae corruptione, perfecta unquam logica a quoquam sperari potest; qualis enim hominis ratio est, talem esse necesse est eam artem, quae illam autorem agnoscit.«

[39] The interest excerpting became such a rage, that Morhof devoted a whole book in his Polyhistor literarius, Lübeck 1714, Tomus 1, lib. lll.

[40] Bartholomeus Keckermann: Praecognitorum logicorum, tractatus ii, cap. ii, col. 111, through cap. v, Opera omnia, Systema logicae tribus libris, vol. I, cols. 545–550.

[41] For Vives see ibid., cap. ii, col. iii: »Anno 1531, Ludcovicus Vives edidit illos admirabiles libros triginta de Disciplinis, in 3 Tomos distinctos, Tomus primus continet de causis corruptarum artium libros septem, inter quos tertius est de corrupta Dialecta liber dignissimus lectus etsi muta quoque in Logicam Aristotelis distiniquiora. Scripsit praeterea & alios libros ad Logicam pertinentes praeclaros omnino & commendatissimos, videlicet unum de *Explanatione Essentiae*, id est, de Definitione, in quo de Dignitate et usu Definitionis docet memorabilia admodum.«

many.[42] Of Pacius, he says that he was acquainted with his commentary on the *Organon* early on, and then thanks this ›famous man‹ for his erudition.[43] While Zabarella referred his arguments to disputes while seemed to be part of medieval debates,[44] Keckermann finds authorities for similar issues in Vives, Melanchthon, Savonarola, Scaliger and Augustine's *De Doctrina Christiana*.

For example, he draws a quotation from Savonarola for primary and secondary intentions, and spends more time quoting his description of the secondary intention, which he says, is not a comprehension of the thing but a way of understanding the thing.[45] There are also secondary notions in Grammar, but they have no significance for philosophy, but inform us about the right way of speaking and writing.[46]

Keckermann explains the fact that one man can not know everything not on the contingency of the natural world as had Zabarella, but on the theological doctrine of the Fall from grace. This Biblical and Theological orientation did not keep Keckermann from being a defender of contemporary philosophers, and he refers to more contemporary authorities than Zabarella had done. Some Aristotelians, he says, not only wrote in a better style than the ancients, but they discussed topics which either had not been adequately covered before, or they add new information about the text or the philosophy discussed.[47] Two types of

---

[42] Ibid., cap. v, col. 131: »Zabarella, Philosophus Patavinus, primum edidit libros Logicos, ob raram in Italo per ciuitatem, amoenam copiam, & dispositissimum ordinem suscipiendos. In his eminent illi quatuor de Methodis, quibus lumen omnis Methodi, ut & Demonstrationis, imo praecipuarum doctrinarum Logicarum maximum in Germania accendit.«

[43] Ibid., col. 132: »Eodem anno [1584] nobilissimus Peripateticus Julius Paciius, primo Genevae edidit Organon Aristotelis notis: pro quo labore profecto studiosi Peripatetici summas gratias debent viro clarissimo cum nova versione [...].«

[44] Further study needs to be done on Zabarella's quotation from Averroes. There was a revival of Averroes in the 16th century, as we can see from Zimara's publications.

[45] Ibid., Praecognitorum Logicorum Tractatus iii, caput iii, col. 154, Keckermann refers to Savonarola: Epitome Logica distinct. 6 & 7: »Vox primae intentionis est, quae significat conceptum qui est immediate conceptus a re tanquam similitudo eius, & in ea immediate fundatus. [...] Vox autem secundae intentionis est, quae significat conceptum mentis acceptum immediate, non a re intellecta, sed a modo intelligendi ipsa rem [...] secunda intentio, qui acceptus est non a re immediate, qua est natura humana, sed ab illo modo intelligendi, quo eam intellexit omnibus hominibus convenire & sic vocat eam Speciem, Genus, Differentiam [...] notionem secundam & inter vocem notionis secundae, quae proprie vocatur Intentio secunda, quia vocum impositores primo intenderunt ipsis rebus vocabula imponere, post autem & secundo eiusmodi notionibus mentalibus species. Deinde sciendum, notiones secundas non esse eiusdem generis aut formae sed pro ratione diversarum artium diversas«.

[46] Ibid., col. 154: »In Grammaticis notiones secundae sive termini, quibus nullae res in naturae positae significantur, sed qui tantum nos informant ad recte loquendum scribendum.«

[47] Ibid., In praecognita philosophica, lib. ii, cap. v, col. 60: »De Philosophis recentibus, sive de ea docendi philosophiam ratione quae hoc nostro tempore observantur Questio est non inutilis: Cum ingens hodie sit librorum & auctorum copiae etiam in Philosophia & cum omnes autores legi nequeant, quinam potissimum legi debeant; veteresne an recentes? Mea sententia si quid valere debeat, existimarim ita coniungendos esse autores veteres & recentes, ut non minus isti, quam illi a studiosis evolvantur, idque propter has rationes: 1. Quia ut veteres autores habent ex antiquitate autoritatem, ita recentes habent ex novitate utilitatem & voluptatem 2. quia in autoribus recentibus multa reperiuntur, quae a veteribus

recent Peripatetics are interested either in the text and work to make the words and thought of Aristotle clear, or are interested in the question of Aristotle's method.[48] Those interested in style not only explained the texts and the words and phrases of Aristotle but brought out the essential meaning of the prolix commentators.

Keckermann, also like Zabarella, distinguished his interest in the definition of words from a grammarian's interest. He begins with a detailed discussion: in the section of twenty-eight pages which begins his *Systema Logica*, Book 1, »Logica est ars dirigendi mentem in cognitione rerum«, immediately distinguishes between the way grammar classifies words: masculine, feminine, number, comparatives, superlatives, etc.; and the definitions of interest to logic: *Genus, species, differentia, individuum*. Keckermann then sets out to distinguish himself from earlier logicians who where only interested in the definitions of logical terms. He, on the other hand, is writing in the tradition of recent scholars of logic for whom logic consists not of the logic of terms, but who are interested in the meaning that is formed in the mind. They are interested in the image or picture in the mind and cognition (and here I would assume he means the correct vocabulary) which teaches the mind logic or which makes it possible to be understood.[49]

Keckermann was particularly interested in the causes for the ambiguity with which the natural world is perceived. This he says is a direct cause of the Fall, after which man lost his ability to think clearly and contracted three diseases infecting his understanding: 1, Deviation in understanding from the thing to be understood; 2, obscure understanding which is caused by thinking that he is seeing the interior natural or a thing and their signs through something like a fog; 3, confusion or disorder, which results in finding out about things not as they really are.[50] If man is avoid ambiguity, he must first of all find the correct vocabulary to use in a proof in natural philosophy. The vocabulary must not be obscure, ambiguous, or have figures or tropes.[51] He then quotes Stigelius's edition of Melanchthon, giving a stricture against the use of images, definitions says Melanchthon are not images. For example saying that a tyrant is a wolf is not a good definition, a good definition is neither too narrow or too wide.

Further, Keckermann notes that there are two types of words, one abstract and one concrete, the concrete word must be *perspicua*, apt and add to the meaning in the mind. Further this meaning must have the *common consent* and

---

vel plane omissa sunt, vel obscutius & brevius tradita. 3. quia recentium autorum scripta magis accommodata sunt ad usum nostri seculi. 4. quia multae questiones & disputationes in Philosophia exortae sunt, quae temporibus veterum Philosophorum motae non fuerant, ita ut propter illas questiones et Problemata vel maxime legendi sint recentes Philosophi.«

[48]   Ibid., col. 61.
[49]   Ibid., Systema logicae tribus libris adornandum, cap. i, cols. 554–565.
[50]   Ibid., lib. i, cap. xvii, col. 199.
[51]   Ibid., col. 199: »Tria precipit hic canon: primo, ne vera definitionis sint obscura: secundo, ne sint ambigua: tertio, ne sint figurata & tropica, cum silicet propria in promptu sunt: ut monet Aristoteles admodum solicite 6 Top.«

be the received use of all.[52] He ends by invoking the authority of Augustine's *De Doctrina Christiana*,[53] where Augustine condemns ambiguity. Zabarella, one might add, could be found to have said the same thing, but this time Aristotle would have been the authority. This is important to note, and can not be emphasized enough, that what seems to have happened is that Protestants transfered the authority for the hermeneutic of philosophy from Zabarella or Aristotle to Augustine. The argument remained the same. As we have seen, Zabarella takes a dim view of early so called primitive thought, so does Keckermann. He holds, like Zabarella, that primitive people have ambiguous language and often impose a symbol upon a thought which not only makes that thought ambiguous but makes it impossible to use it to make clear distinctions.[54] This view of early thought and the dim view of the type of information made possible because of the early peoples used ambiguous language is a transformation into the history of culture of the Aristotelian view of how logic developed over time. While the concept of philosophy was ever lasting, the writings of the philosophers were not, they could improve over time.

Logic becomes his primary tool for providing the method by which the great defects of our mind could be healed, and logic is the instrument by which our understanding is directed. One version about how philosophy should be taught puts the progression this way. First there should be a simple explanation of the theme, then something should be affirmed or denied, and finally there should be a discuses with either a syllogism or the order and exposition of a method. The first thought then is not explained – it is simply a first thought.[55] Logic is instrumental, and allows two types of definitions, a perfect definition and an imperfect – perfect definition must not be obscure or ambiguous and not be a figure or trope.[56] Logic directs the mind, and as such, is not a philosophy but a process, while physics and mathematics do not direct the mind, but teach it by giving it an understanding of things. Logic should also serve as an illuminator of obscurity, aid those writing about the natural world to select the correct word and provide the right information for a logical proof; this, Keckermann points out, goes far beyond a view of logic limited to the role of separating truth from falsehood. Rather logic is conceived as provider of proper order for the methods of the disciplines. When Logic orders the disciplines, it arranges knowledge so that

---

[52]   Ibid., Systema Logicae, lib. i, cap. i, cols. 560–2: »vox sit perspicua, id est apta ad significandum animo quod debet. 2. Vox sit communi consensu & usu recepta. Vox sit propria, determinata, & adaequata rei significandae.«
[53]   Ibid., col. 563, De Doctrina Christiana, book 2, ch. 10.
[54]   Ibid., Systema Logicae, lib. i, pars secunda, cap. 1 col. 651 »6. Cum vox primitiva est amibigua, etiam derivata erit, & cum unum est conuigatis est ambiguum, etiam alterum est«, and col. 652, Canones tollendae obscuritatis sunt quatuor: »1. Cum vox ex barbarlae aut soloecismo obscura est, regulis Grammmaticis iudicetur.« (Keckermann here engages in an attack on Transubstantiation – a complex topic we are not discussing here).
[55]   Ibid, In Praecognita philosophica, lib. II, col. 199.
[56]   Ibid., Systema Logicae, lib. i, cap. xvii: »Strigelius ex Melanchthone: *Definitiones* non sint qualescunque imagines, sed sint proprie: Sumptae ex fontibus. Idcirco non est bona *definitio*: Tryannus est lupus [...] 1. *Definitio* sit adequita suo *definitio*, id est, nec angustior, nec latior«.

it goes from where it orders that which is known to that which is unknown. Both actions says Keckermann are embraced by the function we call definition. This was used by those working within *historia literaria*. Each and every one of the successful histories of the disciplines depended on the correct definition of that disciplines and a clear distinction between that disciplines and those who either were not quite able to be within it, and those who were in other disciplines. Distinctions between different *definitions* of words were as central to the correct ordering of *historia literaria* as they were to classifying objects in natural philosophy.[57]

Thomas Erastus 1523–1583: natural and artificial words:
A critique of Paracelsus[58]

It is against the background of notions of natural and artificial language that Erastus developed his critique of Paracelsus, and it is against the definition of an unambiguous word that the later attack on Paracelsus is made by Hermann Conring. Attack can stimulate thought, and in Basle among the sixteenth century Galenic and Aristotelian professors of medicine were forced to defend of their discipline by Paracelsus's assault on their logical methods and it is there that interesting treatises were written on the history of medicine, and it is there that anti-Paracelsian criticism was written. In the first place they argued Paracelsus invoked God for natural cures, and secondly this use of words violated the way words to be used in the contingent world. As a result his medical proofs were invalid. Paracelsus had claimed the authority of antiquity in identifying with the Egyptians and what he thought to have been their method of medical cures.

Thomas Erastus is not often read, and with reason. He is polemicist, who seems at first glance to write endless repetitious diatribes against Paracelsus, and his writings are often badly indexed with few chapter headings to guide the reader. Nevertheless, it is possible, with some patience to find interesting passages. Let us look at Erastus's *Disputationum, de medicina nova Philippi Paracelsi, pars prima*[59] where his prime concern is to provide a remedy for superstition and cure of magic. Midst his rhetoric against magic are some interesting passages where Erastus tries to separate the world of men from the ideal world of God and criticises Paracelsus' attempt to view in man's body a small

[57]   Morhof: Polyhistor litterarius, Tomus I, book 1, ch. 2. Lübeck, 1714.
[58]   Walter Pagel's entry on Erastus in the DSB is not totally unsympathetic, but Pagel was an enthusiatic defender of Paracelsus whom Erastus loathed: see Thomas Erastus, s.v., in: Dictionary of Scientific Biography, vol. IV, pp. 386–388. Erastus studied theology and philosophy at Basel and medicine at Bologna and Padua 1544–1555, receiving an MD in 1552. After a period in Germany, he returned to live in Basel in 1580 where Paracelsus' medical theories posed a challenge to established medicine.
[59]   The complete title gives a better idea of the book's main polemic: Disputationum de medicina nova Philipp. Paracelsi, Pars prima: In qua de remediis [...] superstitiosis & magicis curationibus, Basel 1572.

world and parallel with the larger world of the cosmos, a passage which is quoted by Conring.[60] Paracelesus's macrocosm-microcosm analogy did not go unnoticed by Francis Bacon, who later said Paracelsus »fanatically strained« it.[61]

It is interesting here to find a critique of the microcosm – macrocosm theme in a Renaissance text, this *topus* was made popular by Arthur Lovejoy in his *Great Chain of Being*,[62] a work Lovejoy developed out of his William James lectures at Harvard in 1933. Its Neo-platonic interpretation was drilled into all those studying Renaissance thought in the 1950–1970, for at that time it was thought that all Renaissance thought was Neo-Platonic, a notion still believed to be the case by many current literary critics. Erastus did not hold this world view. He believed in a dualistic world, and in language which reflected this dualism. A word either should be natural and reflect the eternal or artificial when it was applied to the temporal. Man, according to Erastus, was separated from the cosmos, as can be seen in his definition of words. Erastus says:

> Words are part natural and part artificial like images. The Matter of words, as of images, is natural. Matter is sound. Form is a certain articulation which is imprinted from the innate instruments of the animal or in another way is imprinted in the spirit ascending from the chest or lungs while the external part is moved by extending organs like the conception of a certain soul. In this way the image represents certain things and words. Words have meaning not by nature but are given meaning because of the convention of men [63]

He adds, words are not ›natural‹ and do not partake of the essence of nature or God, but are ›artificial‹, a creation of man and selected from the different way words function. Therefore words used in natural philosophy should be artificial by nature – i. e. have individual meanings according to the history or country where the word was used, they are as we may say anachronistically-arbitrary signs, not symbols with any intrinsic, natural meaning. This of course we have seen set out at length in Zabarella.

Aware of the great varieties among languages, he notes that a word or name in one language may mean something quite different in another. For example, similar names are found in different tongues but do not denote the same object or thought in any of the different languages, but are unique to each. Even though certain words do have a meaning because of their use, and that there is a one common nature in all man kind of all, yet each of the various peoples in various lands do not have the same word for the same action. This is an important distinction, for while he accepts the common humanity of peoples, he insists that we be made aware that languages are different. »We eat, we drink, we sleep and

---

[60] See Hermann Conring: De Hermetica medicina quo non tantum Paracelsi, sed etiam chemicam, Helmstedt 1648, lib. ii, p. 181: »Ita enim hi hominem parvum esse mundum censent, quasi tota mundi majoris natura eius corpore comprehendatum.«

[61] I thank Graham Rees for that Bacon reference.

[62] The book was the published version of Arthur Lovejoy's William James Lectures at Harvard in 1933: The Great Chain of Being, Cambridge, 1936.

[63] Erastus, pp. 169–170: »Et quemadmodum Imago repraesentat rem aliquam, sic & verba (si modo non sint barbara & ignota) animi sensa significant. Significant autem non natura, sed ex pacto conventoque hominum. Quippe si ex natura sua significarent aliquid certi, ut una est.«

we exert ourselves and do not have to be taught,«[64] and though it is no different with the Greeks, Latins, Persians, Scythians, yet the words that we use are not all the same. They are of an infinite variety. He ends triumphantly:

> Thus it is that not only do a diversity of people use different nouns and verbs, but indeed the words have different significance.[65]

He uses this observation about words to base his attack on Paracelsus, and at the same time he criticizes Marcilio Ficino's use of incantations for medical cures. Erastus denied that one word could possibly have universal power or meaning in different societies, noting that even Magi do not use the same words in different cultures:

> the Magi although they all maintain that these powers lie hidden only in certain ways, do not all use the same words whether it be in the cure of some disease or in the bringing about of something else [...] the words are always ridiculous in their number and stupid beyond the credibility of man, as you yourself well know.[66]

Erastus goes on to found his attack on magic not only on the philosophical reasoning of Aristotle, but also on Augustine and Lactantius's attack on Platonic magic, Proclus, Plotinus, Iamblicus, and Apuleius. But the sobriety of Aristotle comes back to Erastus who uses him to say:

> We see how wisely and truly the saying is from Aristotle and other philosophers that the *res* is not true or false according to our affirmation or rejection. Our speech is true when it is consistent with things.[67]

Erastus also rejected the notion of a *prisca sapientia* and held that medicine developed over time in his *De Medicinae laudibus Oratio*.[68] While not as elaborate as later versions of the history of medicine, it claims that man lost knowledge after the Fall and then was able to develop slowly only through improved logic, a formula set out by Zabarella. Thus while there had been those who practised medicine by habit before the Greeks, Hippocrates was the first to combine medicine with philosophy, that is medicine with philosophical proof. This definition of the beginning of medical science has held until contemporary times.

---

[64] Ibd., p. 170: »Quippe si ex natura sua significarent aliquid certi, ut una est & communis omnium natura, sic una esset atque communis significatio. Edimus, bibimus esurimus, dormimus, & reliquas actiones naturales exercemus omnes, nec habemus ad eam rem doctore opus, quocunque loco simus nati & educati, quia videlicet natura nobis insunt.«

[65] Ibid., p. 170: »Non est hac in re discrimen inter Graecum, Latinum, Persam, Scytham, Indum, tametsi sub diversissimis sideribus nati sint. Verba autem non omnes eadem habemus ac intelligimus, sed infinita ferme est varietas. Unde sit, ut non modo diversae gentis diversis utantur nominibus & verbis, verum etiam eadem apud diversissimas res significent.«

[66] Ibid., p. 171.

[67] Ibid., p. 173.

[68] Thomas Erastus: Varia Opuscula Medicina, ed. Frankfurt 1590, pp. 3–14.

Hermann Conring – a critique of Egyptian writing and logic

With Hermann Conring (1606–1681) we come to an historian of medicine whose writing on Egyptian natural philosophy was influential through the mid-eighteenth century. His *De Hermetica Medicina*[69] was widely read in its day, and the second edition included an additional second book written to give a detailed criticism of Paracelsus's medical method and included extensive quotations from Erastus, and an attack on Olaus Borrichius, a defender of Paracelsus and a supporter of the concept of *prisca sapientia*. While, more generally known as a legal historian now, Conring, is a very interesting intellectual figure and important as a medical theorist and historian of medicine. Conring's critique on the scientific methods of the Egyptians, an attack in part at least dependent on his theory of induction and demonstration, a theory consistent with the view of Zabarella, Keckermann and Erastus determined the assessment of Egyptian and other barbarian science at the end of the 1600s and in the early 1700s as inadequate and not science and philosophy at all.

The important philological critique of Baronius by Isaac Casaubon noted by Anthony Grafton fifteen years ago was known and used by Conring.[70] In chapter five, book one, after drawing on Isaac Casaubon's[71] challenge to the Hermetic texts, Conring carries the critique further by questioning the authenticity of medieval alchemical texts attributed to Hermes: *Aphorismi de revelationibus nativitatum*, Basil, 1569; *Hermetis de lapidibus pretiosis*, 1566;[72] and *the Tabula Smaragdina de lapidis philosophici secreto*.[73] All, Conring concludes, were medieval texts and thus the Hermetic texts so dear to the Neo-Platonists, Ficino and Patrizi, were not only questioned, but Conring adds that even if one did accept that Hermes existed but lived after Christ, the alchemical texts associated with his name were not his but were medieval and Arabic, not Egyptian – He was not an adept at alchemy.

---

[69] Hermann Conring: De Hermetica Medicina Libri duo, Helmstedt 1667.
[70] Isaac Casaubon: De rebus sacris et ecclesiasticis exercitationes XVI ad Cardinalis Baronii Prolegomena in Annales, London 1614, pp. 70–87.
[71] For Conring's use of Casaubon's references see: Conring: De Hermetica, pp. 49.–52.
[72] Conring: De Hermetica, p. 53: »Extitit porro non ita pridem in bibliotheca Thomae Erpenii libellus Arabicus titulo Hermetis de lapidibus, scriptus anno Hegirae 749, quem merito ex Graeca versum dixeris non autem ex Aegyptiaca lingua veteri utpote quum diserte auctor Graeco Hermetis nomine appelletur non Aegyptiaco Thoth. Usus illo videtur Albertus Magnus, utpote qui in doctissimo de mineralibus libro frequenter Hermetis sententias citet, praesertim de gemmis agens. Quum autem ex illo opusculo ea adferantur, quae Kyranidum fabulis sunt similia, et qualia gemmis adscripta esse ab Aegyptiis infra docebimus, haud fortassis negandum est. Aegyptiacae illud foeturae esse, quamvis minime sita a manu aut etiam ab aevo Hermetis.«
[73] Ibid., p. 53. »Hermetis denique nomine feruntur hodie Chemica nonnulla: cujus modi est de lapidis philosophici secreto tractatus qui quarto tomo Theatri Chemicae continetur, cum primis vero Tabula quae appellatur Smaragdina. Verum mentiri illa nomen illud Mercurii, iam tum est demonstratum.« For Conring's library see examples of the sale catalogue at the Bodleian Library and Bavarian State Library: Catalogus bibliothecae Conringianae quae lege auctione consueta distrahetur, Helmstedt 1694.

Of course, Conring was only interested in Egyptian learning because Paracelsus claimed that his methods derived from that ancient time. And again, as with Erastus, Conring gives the Egyptian-Platonic way to truth a critique which has its source in the philosophy of meaning with which Zabarella and Keckermann associated themselves. Conring was exceptionally widely read, and his own personal library attests to his great appetite for books. While the index to the *De Hermetica medicina* is hardly an infallible guide, but it does give a general impression of the overall intellectual milieu from which Conring drew his information. The following list is not complete but includes many important sources: from the Aristotelian-Galenic tradition: Aristotle is given eighteen references; Hippocrates, nine; Galen, thirteen; Sennert, twelve; Thomas Erastus, eighteen; and Servetus eighteen. Among the Neo-Platonists and Pythagorean we have Raymond Lull, twelve; Orpheus, three; Porphyrius, five; Proclus, two; the Picatrix, one; Plato, two; Arnold of Villanova, nine; Angelus Sala, twenty five; Paracelsus, thirty; Oswald Crollius, a defender of Paracelsus, seventeen; Athanasius Kircher, nine; and Joannes de Rupesciessa, ten. Casaubon's critique of the Hermetic texts served to encourage further examination and criticism of Egyptian mathematics, philosophy and science by Conring. Conring questioned the entire Egyptian project, and in particular their construction of natural philosophy as well as the textual history of the Hermetic alchemy.

Like Zabarella, Keckermann, and Erastus, Conring has a clear notion of how words should be used, and begins his attack with the hieroglyphic alphabet, itself. He held that a word should be clear and not obscure. The hieroglyphic script was immediately held to suspect. It was thought to be allegorical by its very nature, by Clement of Alexandria whose view on hieroglyphics was generally accepted.[74] Again the fundamental argument is centered on the meaning of words. While Conring admits that certain hieroglyphic letters are not ineptly understood and included things not without interest, the script made it very difficult to know exactly what these words meant, and so it was impossible to prove whether what the Egyptians said was true or false.

Conring devotes all of chapter eleven, book one, to a devastating critique of Egyptian medicine, its use of herbs – the magic powers attributed to them, the false use of astrology by the Egyptians, and other uses of magic which are not subject to demonstration. Further, like Erastus, he objects to the way the Egyptians used incantations as part of a medical cure.[75] Where this is all leading to is apparent in 1652, when working within the Galen-Aristotelian mode, Conring made a description of *experientia* which was not unlike that of natural philoso-

---

[74]   Ibid., pp. 169–171, causes of the backwardness of Egyptian natural philosophy: »Alteram caussam non minoris ponderis arbitror, scribendi nempe illam hieroglyphicam rationem, quo tamen literarum genere omnis melior doctrina in illa gente fuit tradita.« See Clement of Alexandria, *Stromata*, book 5. »Fecit autem indubie discendi rationem justo etiam graviorem scribentium ruditas; si pro literis uterentur figuris quibus reapse cum re significata nihil est similitudinis aut si de re quapiam erroneas sententias foverent.«

[75]   Ibid., p. 78: »Usu certe docemur, id genus hominis medicinam facere non via et ratione, cujus caussas mens humana intelligit, [...] per incantamenta, per characteres, & signacula vanitatis & superstitionis plenissima.«

phers working within the perimeters of the experimental philosophy in the Royal Society in England. Here is a telling quotation from his *In universam Artem Medicam*:[76]

> So that I may first speak about *Experientia* it is well known that it can not be established except through things which have been discovered by the senses [...] For you can not establish any conclusion from something observed only once and keep the laws of analysis in tact. Many fall into error in this area as they propose one cure which they have seen operate only once for many things. An experience which is less than nothing through the observation of individual things cannot draw forth a comparison. Therefore experience should only happen at the end when several events have been noted.[77]

We have discussed only four authors, focusing on their discussion of definition. However it is clear from this small sample that there was a tradition which held that artificial words must be used describe the contingent world. Further that words selected had to be carefully thought out and that the choices determined the validity of logical argument. Equally that the words or their definitions might well change over time was noted. When this fact was joined with the basic formula in Aristotelian logic which held that thinking began as an unclear notion and became more specific and detailed. This fact was understood that these names of natural phenomena were often improved over time. So it is possible to understand how a history of natural philosophy was developed out of this new formulation of late sixteenth century philosophy. Brucker rewrote this formulation and extended the proposition into a history of philosophy which said that the *sapientes* in the Middle East held that fuzzy notion of philosophy and that it was only when logic was joined with natural philosophy with Thales, as for the medical philosophers, when medicine was joined with logic by Hippocrates was it possible for philosophy to begin and then develop, those before these philosophers did not do philosophy at all. The concept of cultural and intellectual progress did not originate in the 18th century.

---

[76] Hermann Conring: In universam Artem Medicam singulasque ejus partes Introductio ex publicis ejus praecipue lectionibus olim concinnata, Spire 1688, pp. 20–21: »Iam vero ut de Experientia prius dicamus, notum est non nisi sensu compertis illam constare. Sunt vero quae sensibus deprehendimus singularia tantum, adeoque ad principis aliquod scientiae vel artis constituendum per se idonee. Neque enim ex re semel observata concolusionem aliquam salvis analytica legibus formare potes. Qua in re muti peccant, dum unum deicamentum pluribus propinant, quem semel tantum ejus vim senserint. Nihil tamen minus Experientia singularium observatione comparari nequit. Idcoque ex compluribus singularibus eventis notatis eam demum fieri oportet. Et vero nihil aliud Experientia est, atque ejus quod frequenter et eodem modo visum est, comprehensio atque memoria. Sive ejus, quod saepius et eodem modo visum est, obervatio ut memoria: quemadmodum bene eam lib. de optima secta ad Thrasybulum cap. II, Galenus. Conveniunt autem haec plane cum illis quae de Experientia Aristoteles l. 11, *AP* cap. ult., et I *Metaphysica* 1 docet. Idem vero est observatio et experientia ut recte notavit Galenus.«

[77] One should note that in 1643 Conring wrote almost the identical statement see: H. Conring: Praemissa libro de sanguinis generatione et motu naturali, ed. Helmstedt 1643 and Leiden 1645; Opera Omnia, Brunswig, 1730, vol. vi, p. 351.

Herbert Jaumann

Iatrophilologia

Medicus philologus und analoge Konzepte in der frühen Neuzeit

Ich gehe aus von der Begriffskombination *medicus philologus*, die in Texten der frühen Neuzeit, zumal des 17. Jahrhunderts, immer wieder begegnet. Gewiß wird mit dieser Formel eine gelegentlich vorhandene oder auch erwünschte und postulierte gelehrte Doppelkompetenz benannt bzw. hervorgehoben, doch scheinen die disziplinengeschichtlichen Phänomene (Doppel- und Mehrfachprofessuren usw.) nur als formelle Folgeerscheinungen interessant. Meine Frage richtet sich auf die Interferenz der Wissensbereiche, also auf das den institutionellen Verhältnissen an den Universitäten zugrundeliegende historische Phänomen der Parallelisierung bzw. der postulierten Verknüpfung der Wissensgebiete Medizin und Philologie.

Sollte es sich dabei um eine neue ›Hochzeit der Philologie‹ gehandelt haben, diesmal mit der Medizin? Und wenn ja, wer hat wen geheiratet? Zunächst richtet sich mein Interesse auf die Bezeichnungen und Begriffe, erst weiter unten wird von einem ›Dienstleistungsverhältnis‹ zwischen beiden Wissenschaften die Rede sein (Kap. 3, Abschnitt 2).

Wie beide Benennungen zueinander stehen, welches das Bestimmungswort ist, ob der Mediziner den Philologen näher bestimmt oder umgekehrt, bleibt gewöhnlich offen. Im ganzen ist das Verhältnis wohl reziprok, d. h. *medicus* tritt als Bestimmungswort für *philologus* auf, wie auch umgekehrt *medicus* und *medicina* durch *philologus* und *philologia* bestimmt sein können, – wie man sehen wird, tritt dieser Fall aus verschiedenen Gründen häufiger auf. Meiner Beschäftigung mit der Formel geht die Annahme voraus, daß die Verbindung beider Nomina agentis und der zugehörigen Praxisfelder und Wissenbereiche auf die Geschichte der Philologie ein besonderes Licht wirft, ja daß die Rede von *Iatrophilologia* möglicherweise auf ein spezifisches *Konzept von Philologie* hinweist. Zu fragen wäre dann nach dem historischen Ort dieses Konzepts, von wem es wann vertreten wurde, ob es marginal oder dominant war und welche Funktionen es besaß.

In der Forschung wurde diese Frage, soweit ich sehe, niemals direkt oder monographisch behandelt. Die Geschichte der Philologie läßt einen völlig im Stich. Die Medizingeschichte erwähnt das Phänomen nur sehr beiläufig und spricht von »philologischen Medizinern« und »humanistischen Ärzten« im 15. und 16. Jahrhundert, etwa Giorgio Valla (Prof. in Pavia und Venedig), Niccolò Leoniceno (Prof. in Padova, Ferrara), Thomas Linacre, dem Leibarzt Heinrichs VIII., der mit Erasmus bekannt war, oder Hartmut Schedel in Nürnberg, sowie zahlreiche Medizinphilologen, die fürstliche Leibärzte (*archiatri*) waren, als Stadtphysicus amtierten, usw.[1]

Die Untersuchung des Begriffsgebrauchs selbst anhand der Quellenzeugnisse und ihrer Titel führt nicht weit. Man findet stets eine beiläufige Hervorhebung der betreffenden Autoren und ihrer Doppelkompetenz, die durch entsprechende Publikationen und Tätigkeiten leicht belegbar ist. *Daß* es diese Verbindung der Kompetenzen und Disziplinen gegeben hat, im 17. Jahrhundert dann auch als Doppel- und Mehrfachprofessuren – man denke an Hermann Conring, der in Helmstedt Professuren für Naturphilosophie, Politik und Medizin innehatte –,[2] ist zwar auch wenig erforscht, vor allem in einzelnen Fällen und ihrer möglichen Tragweite für Lehrinhalte, Disziplinenverständnis usw. kaum untersucht. Aber eine solche Untersuchung ist nicht mein Thema. Mir geht es im folgenden um das Philologie-*Konzept*, also um einen Beitrag zur Geschichte der Philologie in der frühen Neuzeit unter Aspekten einer begriffsgeschichtlichen Fragestellung. Um die Semasiologie von *medicus philologus* (*iatrophilologia*) unter diesem Aspekt zu klären, also über die einfache Bestandsaufnahme hinauszukommen, waren eine Reihe von Quellen heranzuziehen. Das untersuchte Corpus umfaßt in erster Linie Schriften, die schon dem Titel nach als einschlägig erkennbar sind oder die sich faktisch mit der Verwandtschaft der beiden Disziplinen beschäftigen. Zweitens galt es, solche Texte einzubeziehen, die sich mit einer Parallele oder Verbindung der Medizin mit anderen Disziplinen oder Wissensbereichen befassen, also Schriften zum *status* bzw. *decorum medici* oder zur Ausbildung der Ärzte: *Introductio in artem medicam* u. ä. Unerläßlich ist drittens auch der Seitenblick auf analoge Begriffskombinationen, die auf Disziplinen-Parallelen oder Verwandtschaften hinweisen, und sei es auch in metaphorischer Bedeutung, wie etwa *medicus politicus* und *iatropolitica, medicus machiavellista,*

---

[1] Vgl. schon Albrecht von Haller: Bibliotheca medicinae practicae qua scripta ad partem medicinae practicam facientia a rerum initiis ad A. MDCCLXXV recensentur, 4 Bde, bes. Band I (Bern, Basel 1776) und II (1777). – Paul Diepgen: Geschichte der Medizin. Die historische Entwicklung der Heilkunde und des ärztlichen Lebens, Band I: Von den Anfängen der Medizin bis zur Mitte des 18. Jahrhunderts. Berlin: de Gruyter 1949, S. 245ff., 249ff. – Karl Eduard Rothschuh: Konzepte der Medizin in Vergangenheit und Gegenwart. Stuttgart: Hippokrates 1978 (*Iatrophilologia* bleibt unerwähnt, während gerade in diesem Handbuch die zahlreichen Parallelbildungen behandelt werden, von *Iatrodämonologie, Iatroastrologie, Iatrotheologie* und *Iatromagie* über *Iatrochemie* und *Iatromathematik* zu *Iatrodynamik* und *Iatromorphologie*). – Kaum Aufschlüsse auch in Heinrich Schipperges, Eduard Seidler, Paul U. Unschuld (Hg.): Krankheit, Heilkunst, Heilung, Band I. Freiburg, München: Alber 1978 (Veröffentlichungen des Instituts für Historische Anthropologie, 1). – Ars medica – verlorene Einheit der Medizin? Hg. von Peter Kröner u. a. Stuttgart, Jena, New York: Gustav Fischer 1995. – Weiterhin Lester S. King: »Humanism and the Medical Past«. In: Humanism in Medicine. Ed. by John P. McGovern, Chester R. Burns. Springfield 1973, S. 3–10; Hans Bots: »L'enseignement de la médicine de l'ancienne université de Nimègue (1656–1679)«. In: De novis Inventis. Essays in the History of Medicine in Honour of Daniel de Moulin. Amsterdam, Maarssen: APA – Holland UP 1984, S. 13–25; Gerhard Baader: »Medizin und Renaissancehumanismus«. In: »Istorgia dalla Madaschegna«. Festschrift Nikolaus Mani. Hg. von Friedrun R. Hau, Gundolf Keil und Charlotte Schubert. Pattensen: Horst Wellm 1985, S. 115–139.

[2] Vgl. Herbert Jaumann: Art. »Conring«, in: Literaturlexikon, hg. von Walther Killy, Band 2 (1989), S. 445–447.

medicus philosophus und *iatrosophista* sowie *medicus theologus.*[3] Manche dieser Parallelbildungen lassen eine analoge Semantik erwarten und schärfen die Wahrnehmung auch für den hier interessierenden Fall, und abgesehen davon haben sie zum Teil auch materialiter mit dem *medicus philologus* zu tun, d. h. die materialen Einzugsbereiche verschiedener Parallelbildungen können einander überschneiden. Nach einem ersten und noch sehr vorläufigen Überblick über die in Frage kommenden Quellen habe ich meine Ergebnisse unter dem Hauptaspekt einer möglichen Tragweite der Formel *medicus philologus (iatrophilologus, iatrophilologia)* für ein spezifisches *Konzept von Philologie* in der frühen Neuzeit in drei Kapiteln zusammengestellt: 1. einige Bemerkungen zum spätmittelalterlichen Hintergrund; 2. Humanismus: ›philologische Mediziner‹ und ›humanistische Ärzte‹ (15./16. Jahrhundert); 3. und vor allem zum 17. Jahrhundert.

1.

Grundsätzlich ist das Kanonisierungspotential in Erinnerung zu rufen, das durch die Bibel vorgegeben ist und die Medizin vor anderen Wissenschaften, besonders vor der Jurisprudenz, immer ausgezeichnet hat. Das Privileg bedeutet auch Verpflichtung zu einer spezifischen εὐσέβεια, *pietas medica*, deren Geist die Krankenflege, die Einrichtung von Hospitälern usw. mit motiviert (NT: Christus als Krankenheiler, als Heiland, der mit Lazarus sogar einen Toten zum Leben erweckt, immer im Symbolbezug von Heilung für den Körper und Sorge um das ewige Seelenheil;[4] ferner ist Lukas, der dritte der Evangelisten, der biblischen

---

[3] Zu weiteren Wortverbindungen mit *Iatro-* vgl. Rothschuh: Konzepte der Medizin (wie Anm. 1), sowie weiter unten.

[4] Topisch ist Christus als »Salvator, medicus verus & θεάνθρωπος«, z. B. bei Georg Wolfgang Wedel: Exercitationum medico-philologicarum decas quinta, Nr. II (1691), S. 6. Zu *Christus medicus* vgl. Martin Honecker: »Christus medicus«. In: Der kranke Mensch in Mittelalter und Renaissance. Hg. von Peter Wunderli. Düsseldorf 1986 (Studia humaniora, 5), S. 27–43, und im weiteren Kontext der Rolle der Krankheit für eine Theologie der Sünde vgl. die Studie von Endre Zsindely: Krankheit und Heilung im älteren Pietismus. Zürich, Stuttgart 1962, bes. S. 53ff. Zum eher literarhistorischen Kontext (besonders bei Andreas Gryphius) vgl. Wilhelm Kühlmann: »Selbstverständigung im Leiden: zur Bewältigung von Krankheitserfahrungen im versgebundenen Schrifttum der Frühen Neuzeit (P. Lotichius Secundus, Nathan Chytraeus, Andreas Gryphius)«. In: Heilkunde und Krankheitserfahrung in der frühen Neuzeit. Studien am Grenzrain von Literatur- und Medizingeschichte. Hg. von Udo Benzenhöfer, Wilhelm Kühlmann. Tübingen: Niemeyer 1992 (Frühe Neuzeit, 10), S. 1–29, hier S. 4ff. (u. a. zum »lyrischen Typus *me aegrotante*«), sowie bei Wolfram Mauser: Dichtung, Religion und Gesellschaft im 17. Jahrhundert. Die *Sonnete* des Andreas Gryphius. München: Fink 1976. Wilhelm Kühlmann (Heidelberg) danke ich für zahlreiche Hinweise und Anregungen. – Quellendrucke werden im folgenden nur mit Kurztiteln in den Fußnoten nachgewiesen. Die vollen bibliographischen Angaben sind dem nachstehenden Quellenverzeichnis zu entnehmen.

Überlieferung nach Arzt gewesen,[5] um nur das Nächstliegende zu nennen). Daneben ist in der Tradition der antiken Philosophie die wichtige Rolle des Ärzte-Vergleiches in mehreren platonischen Dialogen im Auge zu behalten, d. h. die Analogie von Krankheit/ Arzt/ Heilung und Nichtwissen/ Philosoph/ Wahrheitserkenntnis, die zum Bestand der philosophischen Metaphernsprache, zumal wo sie ›didaktisch‹ oder ›aufklärend‹ sein will, bis ins 20. Jahrhundert gehört.

Medicus philologus ist zunächst im weiteren Horizont der »philosophisch-medizinischen Interferenz des Späten Mittelalters« zu sehen; »_philosophus_ und _philologus_ berühren sich antik wie auch mittelalterlich eng«, sie werden weitgehend synonym gebraucht, mit Unterschieden nach lokalen Schulen und Traditionen auf der Seite der Philosophie wie der Philologie.[6] Die Interferenz von _philologus, philosophus_ und _medicus_ wird noch in der frühen Neuzeit auf den bruchstückhaft überlieferten Traktat des Aristoteles _De sanitate et morbo_ zurückgeführt, »dessen Aussage durch einen anderen Schlüsseltext aus den Parva naturalia, _De sensu et sensato_, gestützt wurde und seit dem 15. Jahrhundert in der einprägsamen Formel aufscheint: _Ubi enim desinit physicus, ibi incipit medicus_«.[7] Für ›physicus‹ steht oft das mitgemeinte ›philosophus‹. In der von Gundolf Keil edierten deutschen Bearbeitung der ärztlichen Standesschrift _Decem quaestiones de medicorum statu_ aus dem mittleren 15. Jahrhundert findet sich der Satz in der einleitenden Passage: »Dann wů der phylosiphus auff hörtt, da facht der arczet an.«[8] Ein weiterer Kontext, in dem die aristotelische Formel eine Rolle spielt, ist die _Disputa delle arti_, ein Streit der Fakultäten und der akademischen Berufsstände, in dem nicht nur über die Rangordnung und die Dignität der artistischen Fächer untereinander debattiert wurde, sondern auch über das Verhältnis der _artes_ insgesamt zu den Fakultäten, vor allem zu den Juristen, mit denen die Auseinandersetzung besonders polemisch war, und zu den Medizinern und Ärzten.[9] Charles Schmitt hat sich in seinen letzten Arbeiten vornehmlich mit

---

[5] Vgl. Philipp Jakob Spener: »Es ist dieses eine Ehre der Artzeney, daß ein Medicus unter die Apostolischen Männer und Evangelisten gewehlet worden« (Explicatio epist. ad Coloss. IV, v. 14f.), zit. nach Michael Alberti: De dignitate medica (1734).

[6] Nach brieflicher Mitteilung von Prof. Gundolf Keil (Würzburg). Vgl. zum Folgenden ders.: »_Die frag ist, ob der arczet schuldig sey oder nit_. Eine Ortolf-haltige Bearbeitung der _Quaestiones de medicorum statu_ aus dem spätmittelalterlichen Schlesien«. In: Überlieferungsgeschichtliche Editionen und Studien zur deutschen Literatur des Mittelalters. Kurt Ruh zum 75. Geburtstag. Hg. von Konrad Kunze, Johannes G. Mayer, Bernhard Schnell. Tübingen 1989, S. 189–209.

[7] Keil (1989) (wie Anm. 6), S. 190.

[8] Ebd., S. 196.

[9] Grundlegend Eugenio Garin (Hg.): La disputa delle arti nel Quattrocento. Testi editi ed inediti. Firenze 1947, August Buck: »Die Medizin im Verständnis des Renaissancehumanismus«. In: Humanismus und Medizin. Hg. von Rudolf Schmitz, Gundolf Keil. Weinheim 1984 (Deutsche Forschungsgemeinschaft. Mitteilungen der Kommission für Humanismusforschung, 11), S. 181–198 (zu Petrarcas _Invective contra medicum_), sowie neuerdings Gundolf Keil, Konrad Goehl: »Guido d'Arezzo der Jüngere und die ›Disputa delle arti‹«. In: Atti del XXXII Congresso nazionale della Società italiana di storia della medicina, hg. von Loris Premuda. Padova 1987, S. 97–110. Zur ausgedehnten Literatur auch bei Keil (1989), (wie Anm. 6), S. 189ff.

diesem Thema auseinandergesetzt.[10] Gemeint sind vor allem Artisten, die als Mitglieder medizinischer Fakultäten akademische Propädeutik vermittelten, und es kommt schließlich für die Mediziner an der Universität zu einem Abgrenzungsproblem nach drei Richtungen: gegen die feindlichen Juristen; gegen die praktizierenden außerakademischen Ärzte, die ein eigenständiges Selbstbewußtsein ausgebildet haben; gegen die Artisten in der eigenen Umgebung. Der aristotelische Traktat war besonders im Streit zwischen den Ärzten und den Angehörigen der *artes*-Fächer im 15. Jahrhundert geradezu das Terrain, auf dem der »Dignitätsvergleich« (Keil) zwischen ihnen ausgetragen wurde. In der Einleitungsschrift des Pietro Castello (Petrus Castellus Romanus), die in Messina 1637 gedruckt wurde, erscheint neben der aristotelischen Formel diejenige von Galen: *Optimus medicus est optimus philosophus.*[11]

Festzuhalten ist an diesem spätmittelalterlichen Hintergrund vor allem die Interferenz von Philosophie und Medizin, und zwar in der speziellen Ausprägung eines Konkurrenz- und Abgrenzungsverhältnisses, bei dem es aber weniger um eine Abwehr artistischer Gelehrsamkeit für den akademischen Mediziner als um den gegenseitigen Nachweis fachlicher Kompetenz ging, im argumentativen Horizont, im Bezugsrahmen aristotelisch geprägter Kriterien professioneller Kompetenzbestimmung, gelegentlich ergänzt durch die von Galen vorgegebene Gleichsetzung von *medicus* und *philosophus*. Dieser Bezugsrahmen mit seiner internen Dynamik aufgrund der wachsenden Differenzierungstendenz zwischen Medizinern und Artisten existiert bereits als maßgeblich, bevor die sogenannten ›philologischen Mediziner‹ unter den Humanisten sich verstärkt um die Edition des Corpus Hippocraticum, der Galenischen Medizin und anderer mehr oder weniger kanonischer Autoren der antiken Medizin bemühen.

2.

Iatrophilologie meint im 15. und 16. Jahrhundert wohl in erster Linie aktive, editorische wie kommentierende und propagandistische Bemühungen um die in Textfragmenten überlieferte hippokratisch-galenische Tradition der Medizin und Heilkunde, eine ziemlich eindeutig und gelegentlich vehement gegen die arabische Tradition gerichtete Renaissancebewegung. Das philologische Moment an der Erudition des *medicus philologus* im Sinne der aristotelischen bzw. galenischen Formel wird dabei wohl in erster Linie nach Maßgabe der Beschäftigung mit den antiken Texten herausgestellt, ohne daß es sich hier aber um mehr als die schon mittelalterlich bekannte Interferenz der Disziplinen gehandelt hätte.

---

10 Charles B. Schmitt: »Aristoteles bei den Ärzten«. In: Der Humanismus und die oberen Fakultäten. Hg. von Gundolf Keil u. a. Weinheim 1987 (Deutsche Forschungsgemeinschaft. Mitteilungen der Kommission für Humanismusforschung, 14), S. 239–266.
11 Petrus Castellus: Optimus medicus, in quo eruditiones perfectissimi medici exponuntur. Messina 1637. Zit. nach dem Wolfenbütteler Sammelband mit Einführungsschriften in die Medizin, im Anhang zu Hermann Conring: In universam artem medicam singulasque ejus partes Introductio (1687), S. 17–68, hier S. 30.

Nur gelangt die sich aus vielerlei Gründen ausdifferenzierende Philologie stärker in den Vordergrund und befaßt sich nun auch mit Textüberlieferungen der Medizin, wie sie sich in ihrer Rolle als rationale Konservatorin ›richtiger‹ gegen ›falsche‹ Bedeutungen auch mit anderen Sachbereichen befaßt (z. B. mit dem Recht, wie die führenden kritischen Philologen bzw. *grammatici* Lorenzo Valla und Polizian). Philologie ist die früheste Disziplin, die autonom wird, indem sie das ureigenste Geschäft in der Festsetzung zutreffender und der Kritik unzutreffender Bedeutungen wahrnimmt, also nach der Alternative richtig vs. falsch anstatt wahr/unwahr oder gut/böse verfährt; denn zutreffend kann auch eine ›unwahre‹ oder unmoralische Bedeutung sein, wenn sie im Text intendiert ist – und der Philologe und *criticus* wird sich künftig allein um die intendierte Bedeutung kümmern. Maßstab bei der Statuierung von Bedeutung ist die Beherrschung der Sprache (etwa *latinitas*) und der betreffenden Wissensbereiche. Seit der hellenistischen Philologie und Quintilian war dies der Aufgabenbereich der ›Grammatik‹, die bei Quintilian eine explizit ›enzyklopädische‹ Fassung erhält. Seit dem Quattrocento steht dafür häufig ›Philologie‹.[12] Um ein besonderes *Konzept* der Philologie geht es bei deren Befassung mit Texten gerade der medizinischen Tradition offensichtlich nicht; der Philologe oder der philologisch geschulte Mediziner kümmert sich um medizinische Texte, wie er sich auch – eben als Spezialist für ›gute‹ Texte (Edition) und zutreffende Bedeutungen (kritische Philologie) – z. B. mit solchen der Chronologie oder Astronomie (Joseph Scaliger) und zunehmend in dieser Rolle auch mit heiligen Texten beschäftigt. Umgekehrt jedoch läßt eine iatrophilologische Orientierung der Medizin erkennen, daß man einerseits gegen die ›arabische‹ Tradition und im 16. Jahrhundert auch gegen die oft als anti-humanistisch betrachteten Tendenzen des Paracelsismus, der *Chymiatria*, eingestellt ist. Andere Gegenpositionen werden mit Begriffen wie *Iatromathematica* (gemeint ist Interesse an Magie und Astrologie) oder auch *Iatrosophia* bezeichnet. D. h., Iatrophilologie indiziert in diesem Zusammenhang zwar kein spezielles Konzept der Philologie, wohl aber ein solches der Medizin.

Wie die *historia philosophiae* (namentlich seit Brucker eine Sparte der *historia litteraria*) spricht Hermann Conring von *sectae* auch der Medizingeschichte und unterscheidet deren fünf: die antiken Empirici, Galenici, Rationalisten usw.; die Araber; die Humanisten (Leonicenus, Antonio Nebrija, Thomas Linacre, Janus Cornarius, Girolamo Fracastoro u. a.); die Franzosen (Fernel, Riolan, und ihnen Nahestehende wie Leonhard Fuchs, Andreas Vesalius); die Paracelsisten (»nova & hactenus inaudita secta«).[13] Albrecht von Haller sieht die besondere

---

[12]   Zu den Differenzierungsprozessen und Kontexten der Kritik- und Philologiegeschichte Herbert Jaumann: Critica. Untersuchungen zur Geschichte der Literaturkritik zwischen Quintilian und Thomasius. Leiden 1995, und ders.: Art. Literaturkritik, in: Reallexikon der deutschen Literaturwissenschaft. Berlin: de Gruyter 2000, Band II (im Druck).

[13]   Conring: Introductio (1687), (wie Anm. 11), Cap. II: De sectis medicorum. Zu den Anhängern des Paracelsus vgl. ders.: De hermetica medicina libri duo. Helmstedt 1669. *Medicina hermetica* ist ein weiterer Begriff, der neben den Paracelsisten »omnis sapientia veterum Aegyptorum« einschließt. Die Auseinandersetzung nicht nur der Medizin und der Theologie mit Theorie und Praxis des sog. ›Paracelsismus‹ bzw. Hermetismus (als der weitere

Leistung des Humanismus in der Medizingeschichte in der ›Reinigung‹ von den
Einflüssen der Araber:

> novam periodum hîc ordiemur, cum & Alexander Benedictus his annis ceperit eminere, &
> ad meliorem conditionem artem reformare, & Nicolaus Leonicenus Arabum certissimus
> inimicus, & ad naturam ipsam Jacobus Berengarius paulo post medicos revocaverit […],
> bonae etiam artes non in sola Italia nunc effloruerint, sed in reliquas Europae regiones
> undique se sparserint, quarum cives ad Academias Italas confluebant, medici etiam potis-
> simum.[14]

Die *iatrophilologi* werden gewöhnlich mit zusätzlichen Beiworten benannt wie
»eruditissimi«, »literatissimi«, »ingeniosissimi«, ihr elaborierter »stylus« und
die Beredsamkeit werden eigens betont, wie bei Haller z. B. gegenüber Cardano,
Fernel, Julius Caesar Scaliger, Guillaume Budé, Conrad Gesner, Theodor Zwinger, Guy Patin, Gabriel Naudé oder Caspar und Thomas Bartholinus, alles herausragende Vertreter der humanistischen oder ›philologischen‹ Medizin. Auch
Sir Thomas Browne, Arzt und Autor der freigeistigen *Religio Medici* (1642),
wird dieser Gruppe zugerechnet, aber interessanterweise nur mit Namen und
ohne Kommentar.

3.

Vor diesem Hintergrund, in dem die spätmittelalterliche Lage noch stark nach-
wirkt, sollen die Tendenzen, die im 16. und 17. Jahrhundert in den Vordergrund
treten, etwas eingehender betrachtet werden. Das Augenmerk richtet sich dabei
vor allem auf diejenigen Phänomene, die sich von dem aristotelisch-galenischen
Konzept ablieben. Kooperation von Philologen mit Medizinern oder Arzten
(etwa Joseph Scaliger mit François Vertunien[15]); Doppelkompetenzen in Perso-
nalunion (man hat bereits studiert und lehrt ggf. Medizin oder hat eine ganz
andere gelehrte Profession gewählt, doch schreibt man gelegentlich über Medi-
zinisches, wie z. B. Gabriel Naudé; ob man als Arzt praktiziert, ist wiederum
eine andere Frage); später im 17. Jahrhundert an deutschen Universitäten auch
Doppel- und Mehrfachprofessuren. Ein Überblick über diese Varianten der
Interferenz legt eine Gliederung in drei Gruppen nahe.

Begriff der Forschung), die im 16. Jahrhundert in ganz Europa eine epochale Bedeutung
gewinnt, muß hier im einzelnen außer Betracht bleiben. Zwar wird der *medicus philosophus* in diesem neuen Verständnis geradezu zum Gegentyp des humanistischen *medicus
philologus*, aber für eine Kritik des damit gemeinten Begriffs von *Philologie* scheint diese
Kontroverse doch wenig ergiebig, wohl weil die Kluft als zu tief empfunden wurde und die
Differenzen als unüberbrückbar gesehen wurden. Für Hinweise danke ich Wilhelm Kühlmann.

14 Haller: Bibliotheca medicinae practicae, Band I (1776) (wie Anm. 1), S. 473.
15 Dazu Jaumann: Critica (1995) (wie Anm. 12), S. 158f.

1. Iatrophilologie als Ausstattung der Medizin mit Kompetenzen der artes *und der* historia

›Philologisch‹ bedeutet, gesicherte Textbelege für medizinische Sachverhalte beizubringen, einschließlich naturgeschichtlicher Fragen; es bedeutet auch, die sich auf Texte gründende, die textgeschichtliche Seite medizinischen Wissens und darauf gegründeter Auffassungen, sozusagen die medizinische Dogmengeschichte, auf fachlich angemessene Weise philologisch zu rekonstruieren und in gelehrten Abhandlungen verschiedener Art darzulegen (von der formellen *disputatio* oder *oratio* über das *programma academicum* zur Promotion eines Schülers oder dem *propempticum* zur Einleitung akademischer Festveranstaltungen bis zu eher essayistischen Arbeiten wie den *quaestiones* oder *adagia*), und zwar in der jeweils erforderlichen, gattungsgemäßen Argumentationsform, mit kompetent ausgewählten Zitaten und Nachweisen. Dazu können die Geschichte von Krankheiten, Krankheitsbildern und Diagnosen gehören, auch etwa deren mythologische ›Vorgeschichten‹, sowie gelegentlich die Überlieferung von allerlei physischen Abnormitäten und Kuriositäten, von spektakulären ärztlichen Heilerfolgen oder nicht weniger denkwürdigen Mißerfolgen; Beiträge zur Geschichte der Krankheiten und der Heilkunde im griechisch-römischen und jüdischen Altertum sowie in außereuropäischen Kulturen oder vor allem ›medizinische‹ Aspekte oder Implikationen in dichterischen Werken der griechischen und lateinischen Antike oder auch in der Bibel,[16] und dazu gehört generell vor allem die Kompetenz, die jeweils passenden, die ›fälligen‹ topischen Klassikerzitate anzuführen, die Form der rhetorischen *argumentatio* (mit dem jeweils für erforderlich gehaltenen Maß an *dissimulatio*) zu beherrschen und überhaupt den jeweils als gewandt und elegant geltenden Stil vorzuführen. Philologische Kompetenz sollte es z. B. dem Mediziner ermöglichen, die topischen Vorwürfe der Medizinverächter durchzugehen, prominent etwa bei Vergil, Petrarca (*Invective contra medicum,* libri I–IV), Cardano (*De utilitate ex adversis capienda*), Agrippa von Nettesheim (*De vanitate*) oder Jakob Horneius (*De medicina ignobili*), um sie anschließend mit ebenso topischen Argumenten von Aristoteles, Marsilio Ficino und dem Juristen Andreas Tiraquellus (Tiraqueau, *De nobilitate*) bis zu Erasmus (*Laus medicinae*), Melanchthon (*Oratio in laudem artis medici*), Harsdörffer oder Pierre Bayle zu widerlegen.[17] Man sollte vielleicht nochmals

---

[16] Vgl. Georg Wolfgang Wedel: Propempticum inaugurale De ramo aureo Virgilii (1699), sowie ders.: Exercitationes medico-philologicae (decades I–X). Jena 1687–1701. Wedel, berühmter Medizinprofessor in Jena und Gelegenheitspoet, repräsentiert den Typus des Iatrophilologen wie kaum ein zweiter in Deutschland, aufgrund seiner Schriften vielleicht mehr noch als Meibom, Morhof und Conring. Die *Exercitationes* versammeln eine Vielzahl von kleinen und größeren Arbeiten zu Themen dieser Art. – Zum biblischen Bereich als zwei Beispiele für viele Johann Jacob Baier: Lectiones de rebus medicis in S. Scriptura Novi Testamenti continentis (1704), und Georg Christoph Detharding: Disputatio philologico-medica De cura infantum recens natorum [...]: occasione dicti Ezechielis C. XVI, 4 (1766).

[17] Dazu die Modellargumentation und die klassischen Stellen bei Jakob Thomasius: Programma XXIV. De arte medica, adversus medicinae vituperatores (1661), in ders.: Dissertationes LXIII varii argumenti (1693) und, in ausführlicherer Fassung, ders.: De Medicina

betonen, wie zentral diese Kompetenz für das frühneuzeitliche Konzept von Philologie[18] überhaupt ist, vor allem seit Polizian. Sie besteht darin, das jeweils für das Verständnis von Texten notwendige Wissen zu versammeln, nicht primär als disziplinäres ›Fachwissen‹, sondern gezielt zum Zweck der adäquaten Rekonstruktion der intendierten Bedeutung bestimmter Texte, im Prinzip aus welchem Fach auch immer. Spezifisch ist für den Philologen nicht die Würdigung von Texten als juristische, medizinische, politische usw., nicht einmal als solche der Theologie, sondern allein die Statuierung der zutreffenden, in diesem Sinne der ›richtigen‹ Bedeutung, dem Prinzip nach ohne Ansehung ihrer kulturellen Wertigkeit. Insofern gibt es für den Philologen als Bedeutungsrekonstruktionsspezialisten – und das gilt auch für den Theologen in der Rolle des Philologen – eigentlich keine ›heiligen‹ Texte. Diese Autonomisierung einer säkularistischen, rein philologischen Gelehrtenrolle ist im 16. Jahrhundert bereits weit fortgeschritten, wenn auch natürlich nicht universell durchgesetzt. ›Philologie‹ beerbt damit das seit der hellenistischen Zeit und namentlich Quintilian gültige ›enzyklopädische‹ Konzept der ›Grammatik‹. Iatrophilologie heißt dann, daß sich die Wissenschaft einer höheren Fakultät wie die Medizin philologische Kompetenz inkorporiert, um auf Textüberlieferung gründende Fragen der *historia* angemessen bearbeiten zu können. An der Medizin betrifft dieser Bedarf immer nur eine begrenzte Dimension. Wer mit Problemen der praktischen Heilkunde oder etwa der Chirurgie befaßt ist, wird ihr eo ipso fernstehen – aber wenn er philologisch interessiert ist, schreibt auch er vielleicht bei Gelegenheit eine *Exercitatio medico-philologica de balsamatione corporis Christi*[19] oder, wie der Heidelberger Georg Franck von Franckenau, einen *Tractatus philologico-medicus de cornutis*, in dem jede Art von ›Horn‹-Bildungen, vom mythischen Einhorn und ›gehörnten‹ Ehemann bis zur Warze und zum Tumor unter allen denkbaren medizinischen Aspekten der Gegenwart und Vergangenheit zur Sprache kommen.[20]

Facultate quatenus gratiosa, zusammen mit der Praefatio von Michael Alberti: De dignitate medica (1734). Das Gleiche leistet die m. W. einzige Schrift, die sich der Formel *medicus philologus* unmittelbar annimmt, Georg Franck von Franckenau (Francus): De medicis philologis, epistola ad virum pernobilem Gothofredum Thomasium (1691), einsetzend mit Martianus Capella, ein Lob der Philologie als Grundwissenschaft der Gelehrten und eine unendliche Zitatenreihe aus medizinischen Autoren der Vergangenheit und Gegenwart, die dieses Axiom bestätigen – das undiskutiert bleibt, sonst wäre es kein Axiom. Zu dem aus Naumburg stammenden Heidelberger Mediziner Franck (1644–1704) vgl. Axel Bauer: »Georg Franck von Franckenau. Repräsentant einer empirischen Heilkunde im Zeitalter des Barock«. In: Semper Apertus. Sechshundert Jahre Ruprecht-Karls-Universität Heidelberg 1386–1986, Festschrift in sechs Bänden. Band I, hg. von Wilhelm Doerr u. a. Berlin usw.: Springer 1985, S. 440–462. In Heidelberg wirkten auch Henricus Smetius, Philologe, Dichter und Mediziner (1537–1614; vgl. De antiquitate et praestantia medicinae [Neudruck 1889] und die 12 Bücher Miscellanea medica, 1611), sowie auch Johannes Opsopoeus (d. i. Koch), auch er typischer Medizinphilologe (1556–1596), Mitarbeiter von Joachim Camerarius d. J. Vgl. Wilhelm Kühlmann, Joachim Telle: »Humanismus und Medizin an der Universität Heidelberg im 16. Jahrhundert«. In: Semper Apertus (wie oben), Band I (1985), S. 255–289, bes. S. 271ff.

18 Vgl. Jaumann: Critica (1995) (wie Anm. 12).
19 So Georg Wolfgang Wedel, in: Exercitationum medico-philologicarum decas quinta (1691), Nr. VII. Zu Wedel vgl. Anm. 16.
20 Georg Francus: Tractatus philologico-medicus de cornutis (1678).

Daß philologisches Wissen und rhetorisch-stilistische wie argumentative Gewandtheit in der Medizin eine ganz besondere Rolle spielten, mochte aber auch mit einem klassischen Vorwurf zusammenhängen, der auf eine immer wieder zitierte Vergil-Stelle im letzten Buch der *Aeneis* zurückgeht. Aeneas, von einem Pfeil durchbohrt, wird blutüberströmt ins Lager gebracht, wo der alte Japyx, ein Arzt, sich um ihn kümmert:

ille, ut depositi proferret fata parentis,
scire potestates herbarum usumque medendi
maluit et mutas agitare inglorius artes.[21]

Die Wendung *mutas agitare inglorius artes* im zuletzt zitierten Vers hat man (wie z. B. Petrarca in der dritten Invektive) zum Nachteil der Medizin ausgelegt: eine Kunst, mit der kein Ruhm zu ernten sei (*inglorius*) und die stumm, schweigend, sprachlos ausgeübt wird (*artes mutae*). Für das artistische und moralphilosophische Wortwissenschafts-Verständnis der Humanisten und noch der fortgeschrittenen, der späthumanistischen frühen Neuzeit war ein solches Urteil vernichtend. Eine *ars muta* entbehrt *oratio* und besitzt damit auch keine *ratio*,[22] sie ist ohne Sinn und Vernunft, »ἄλογος, rationem repudians, supervacanea.«[23] Vor diesem Hintergrund ist es einleuchtend, daß vor allem der *medicus* nach philologischer Gelehrtheit und rhetorischer Gewandtheit strebte, um dem Urverdacht der Sprach- und Geistlosigkeit seiner Kunst auch durch gelegentliche Überkompensation zuvorzukommen. Wie auch im Falle anderer diskursiver Schemata, wie z. B. des großen Themas der *defensio poeseos* (oder *poetices*), ist die abwägende Konfrontation der Argumente pro und contra, u. a. bei den Juristen *disceptatio* genannt, die übliche rhetorische Form der ›Reflexion‹ eines Konzeptes wie des *medicus philologus*, der man auch entnehmen kann, was man heute ›Funktionsbestimmung‹ nennt. Akademische Einführungshandbücher und Standesschriften vom Typ *Optimus medicus* enthalten ebenfalls Anhaltspunkte für eine solche Deutung. Dort wird mehr oder weniger ausführlich auf die Kenntnisse hingewiesen, die der angehende *medicus* sich aneignen soll bzw. die er nicht braucht. Hier kann es zu bedeutenden Differenzen in den Zielkonturen kommen, d. h. es gibt unterschiedliche Vorstellungen davon, was den perfekten Mediziner und Arzt ausmacht, und das *philologus*-Element ist unter den Kriterien nicht immer deutlich vertreten. Das kommt daher, daß die Medizin etwa um

---

21 Vergil: Aeneis XII,395–397: »Um den Tod des aufgebahrten Vaters hinauszuschieben, wollte er lieber die Kräfte der Kräuter und die praktische Heilkunst erfahren und ruhmlos ausüben die sprachlose Kunst.« Selbstverständlich läßt sich diese Stelle auch so übersetzen, daß die Medizin in einem positiven Licht erscheine, etwa: »[...] wollte er lieber [...] in schweigsamer Selbstlosigkeit die Kunst ausüben.« Auch wo man, wie J. Thomasius oder Alberti (vgl. Anm. 17), mit dem Verständnis dieser Stelle und ihrer Verwendung gegen die Medizin nicht einverstanden war, stellte man doch statt der Übersetzung eher die Referenz in Frage. Der für die Ärzte ungünstige Sinn sollte sich dann nur auf rein ›empirische‹ Randbereiche der Medizin beziehen und nicht auf die ›eigentliche‹, *medicina dogmatica* genannte Wissenschaft.

22 Etwa nach dem bekannten Topos bei Isidor von Sevilla: »Oratio dicta quasi oris ratio [...] Oratio autem plena est sensu, voce et littera« (Etymologiae sive Origines, V 3).

23 Jakob Thomasius: De arte medica (1661/1693) (wie Anm. 17), S. 250.

1600 als wissenschaftliche Disziplin so weit ausdifferenziert ist, daß sie sich von externen Normen wie einem von Philologen herbeizitierten, noch so kanonischen Vergiltopos nicht mehr in jedem Fall betroffen fühlt. So rät der Däne Caspar Bartholinus,[24] der Vater des berühmteren Thomas Bartholin, Griechisch und Latein wegen der medizinischen Klassiker zu lernen; Arabisch keinesfalls, da diese Schriften nur trübe Abwässer der griechischen Quellen seien. Logik ist nützlich, Rhetorik weniger; *Philosophia practica* wie *metaphysica* aber seien für den künftigen Mediziner ganz ohne Nutzen. Der schon erwähnte Pietro Castello (vgl. Anm. 11) warnt hingegen eindringlich vor ungelehrten »pseudo-medici«. Er betont die »Encyclopaedia medica«, wonach »γλωσσῶν peritia medico optimo necessarissima est«, dann folgten *logica* und *philosophia*. Diese Schrift liegt also ganz auf der traditionellen aristotelisch-galenischen Linie.

Ein frühes und im ganzen gesehen auch eines der wenigen Beispiele für die Formel *medicus philologus* im Titel ist Conrad Gesners *Libellus de lacte* von 1541. Gesners Buch ist außerordentlich typisch für die hier zu beschreibende Gruppe von Phänomenen. Die Thematik der Milch-, Butter- und Käsewirtschaft in der Schweiz wird gleichsam unterbaut mit einem Fundament aus gezielt angezogenen Zitaten aus der gesamten Bildungswelt der klassischen Antike und christlichen Theologie, mit *opiniones* und Hinweisen auch terminologischer Art – und dabei ganz ohne jeden expliziten Bezug auf Sinn und Zweck der Doppelkompetenz, abgesehen von einer knappen Andeutung in den ersten beiden Sätzen:

> *Lac* succus maternus est, quo animalia nutriuntur, ut Grammatici definiunt. Medici vero excrementum benigni ac utilis nutrimenti: vel alimentum exactè elaboratum esse dicunt.[25]

Weder wird nun die doppelte Sichtweise der »grammatici« zum einen und der »medici« andererseits in Gesners Traktat zu einem Prinzip der Systematisierung ausgebaut, noch läßt sie Gesner als solche zum Thema werden. Man darf daraus schließen, daß die doppelte Optik, auf die im Titel des Buches immerhin ausdrücklich hingewiesen wird, sich durch ihre Praxis von selbst als nützlich erweist, ohne daß dies explizit gemacht werden müßte. Worin besteht aber die Praxis, durch die ein Buch als *philologus pariter ac medicus* ausgewiesen wird? Sie besteht im Einzug des genannten Zitatenfundaments, das die bekannten Funktionen des mehr oder weniger topischen Zitierens ex auctoritate in der alteuropäischen Gelehrtenpublizistik besitzt: Bekräftigung von Relevanz und Wert des Themas, Aufrufen eines Bezugsrahmens für dessen Sinngehalt im einzelnen, Induzierung zusätzlicher Aspekte der Betrachtung, usw. Wie jeder Benutzer derartiger Drucke weiß, pflegten zeitgenössische Leser nicht selten diesen autoritativen Bezugsrahmen durch handschriftliche Vermehrung der Zitate und Quellenverweise aus dem eigenen Fundus noch komplexer zu gestalten. Dies ist allgemeine gelehrte Praxis – dem Charakter des *libellus medicus* gegenüber erscheint es jedoch dem Verfasser (oder dem Verleger Froschauer in

---

[24] Caspar Bartholinus: De studio medico inchoando, continuando, & absolvendo (1628).
[25] Conrad Gesner: Libellus de lacte et operibus lactariis, philologus pariter ac medicus. (1541), fol. 8[r].

Zürich) als folgerichtig, diese Praxis in diesem Fall als speziell ›philologisch‹ zu benennen. Und generell ist zu fragen, ob Philologie, zumindest unter Verfahrensaspekten, überhaupt je selbstreflexiv oder gar ›theoriefähig‹ gewesen ist und sein konnte. Wahrscheinlich schon deshalb nicht, weil es sich dabei (wie bei der quintilianischen Konzeption der ›Grammatik‹) um *ars* und nicht um *scientia* handelt, und es ist kein Zufall, daß der Gegenstand der *historia litteraria*, die als eine Art Forum oder wissenschaftspublizistisches Medium für die Selbstreflexion und Selbsteinschätzung der Wissenschaften als Bedingungen für ihre künftige Leistungsfähigkeit und ihren (kumulativ verstandenen) Fortschritt gedacht war, jedenfalls nach dem originären Verständnis dieses Genres bei Francis Bacon in erster Linie nicht die *artes*, sondern die *scientiae* gewesen sind.[26]

Ein letztes Beispiel für diese Phänomengruppe zeigt, daß es sich damit im späten 17. Jahrhundert nicht anders verhält. Das Thema von Heinrich Meiboms Abhandlung *De incubatione in fanis Deorum*[27] ist die antike Sitte, sich an heiligen Stätten wie etwa Delphi niederzulassen, um an Ort und Stelle von den Göttern ein Orakel oder Heilung zu erbitten. Ziel der Abhandlung ist die Darstellung eines vergangenen ›Medizinkonzepts‹, wie man heute sagen würde.[28] Meibom, namhafter Mediziner und Philologe aus einer über mehrere Generationen berühmten Gelehrtenfamilie, bietet dafür alle verfügbaren antiquarischen Quellenkenntnisse auf, die von ihm in fach- und sachgerechter Weise präsentiert werden. Auch er reflektiert nicht eigentlich das Verfahren der doppelten, medicophilologischen Optik. Ihre Signalisierung im Titel verweist also, wie schon bei Gesner, auf die für sich sprechende Verfahrenspraxis. Wie üblich ist die Widmungsvorrede (neben der noch geeigneteren Vorrede an den Leser) einer der Orte, an dem generelle Aussagen über Intentionen und allgemeine Raisonnements untergebracht werden: hier die Hervorhebung des Wertes der Philologie für alle Gelehrsamkeit (*eruditio*), die Medizin darin gewiß eingeschlossen. An die Adresse des nicht weniger renommierten Valentin Heinrich Vogler, Phil. & Med. Doctor und wie Conring Kollege in Helmstedt, formuliert Meibom:

> [...] ne in doctorum quidem censu habendi sunt, qui non omnibus ijs artibus, quae libero homine dignae, expoliti. Ut caetera non tangam, de literis nunc sermo notis & philologiâ.

---

[26]   Die Gattung der *historia litteraria* wurde bekanntlich von Bacon zum erstenmal in *De dignitate et augmentis scientiarum* (zuerst 1623) postuliert und prospektiv in ihren genannten Funktionen charakterisiert. Daß daraus später, gerade auch in Deutschland, in einigen Fällen wenig mehr als annotierte Literaturübersichten geworden sind, steht zu der anspruchsvollen Konzeption Bacons in krassem Widerspruch. Das liegt auch daran, daß diese im Laufe des 17. Jahrhunderts durch abweichende Zweckbestimmungen (der Polyhistorie) überformt oder auch verdrängt wurde. Vgl. Herbert Jaumann: »Jakob Friedrich Reimmanns Bayle-Kritik und das Konzept der ›Historia litteraria‹. Mit einem Anhang über Reimmanns Periodisierung der Literaturgeschichte«. In: Skepsis, Providenz, Polyhistorie. Jakob Friedrich Reimmann (1668–1743). Hg. von Martin Mulsow und Helmut Zedelmaier. Tübingen: Niemeyer 1998, S. 200–213, hier S. 208f.

[27]   Heinrich Meibom (auctor & resp.): Exercitatio philologico-medica De incubatione in fanis Deorum medicinae causa olim facta. Hermann Conring (praes.) (1659). Aus mehreren Gründen ist offensichtlich, daß der Respondent Meibom in diesem Fall auch als Autor der Disputation betrachtet werden darf.

[28]   Vgl. das Werk Rothschuhs (1978) (wie Anm. 1).

Illa enim verae eruditionis sal est, quâ nisi condiatur, exit in putredinem. Sunt verò oppido quam pauci, quibus hodie haec studia ad palatum.[29]

Nach einer anschließenden Polemik gegen das Fachidiotentum (»unius tantum doctrinae cancellis se circumscribunt«), dessen Abscheulichkeit durch die ἀφιλόλογοι und βάναυσοι noch gesteigert werde, zeichnet er die Vorrede mit »πολυπαλαιομαθοσύνης tuae cultor perpetuus« (fol. 1v, 3v.).

2. *Reziproke Dienstleistungsverhältnisse zur Medizin und Parallelfälle zur Iatrophilologie*

Die zweite Gruppe ist nur kurz zu beschreiben. Hierher gehören zuerst diejenigen Autoren, die als Mediziner der Philologie oder vielmehr den Philologen eine praktische Dienstleistung zu bieten haben. Auch dies ist eine Variante der Iatrophilologie, bei der die Philologen aber eher die Nehmenden sind. Als häufig benutzte Titel sind zu nennen das Buch des in Marburg lehrenden Italieners Gulielmus Gratarolus (Gratarolo): *De vino, memoria, physiognomia & valetudine literatorum* (1565), von Gregor Horstius *De tuenda sanitate studiosorum & literatorum* (1628) und vor allem Georg Wolfgang Wedels immer wieder aufgelegte *Tractatio de diaeta literatorum* (1674/1753), die das Thema der Gelehrtendiätetik für die Ansprüche der zeitgenössischen Benutzer offenbar erschöpfend behandelt, von der Etymologie und der Definition von *diaeta literatorum* (»est usus rerum non-naturalium, literatorum sanitate idoneus«, Sectio I, S. 7) bis zu Rezepten für die Zubereitung von allerlei Speisen und Infusionen und den in späteren Drucken hinzugefügten *Additamenta Paradoxa*, die so beherzigenswerte Devisen enthalten wie »Plenus venter studet libenter«, »Otia non dant vitia«, »Venus non est ingenii memoriaeve pestis« und in den noch heute gültigen Sätzen gipfeln: »Nulla diaeta optima est diaeta« und »Optimum medicamentum medicamento non uti«. Man könnte auch sagen, in solchen Schriften zur Gelehrtendiätetik, bekanntlich ein hochinteressantes Thema der Gelehrtenkultur auch ganz unabhängig von unserer Fragestellung, handelt es sich um die Umkehrung im Verhältnis der Dienstleistung, und die bisher untersuchte Iatrophilologie (Kap. 3,1) wäre dann ein Dienst der Philologie an der Medizin mit den oben teils direkt belegten, teils erschlossenen Zwecken und Funktionen. Dienstleistungsverhältnisse dieser Art geht die Medizin auch mit der Jurisprudenz, der Politik und der Theologie ein, um nur die meines Wissens prominentesten zu nennen. Damit sind zugleich die vielen Parallelfälle zur Iatrophilologie angesprochen, in denen die Medizin mit der Optik anderer Disziplinen zusammengebracht wird.

---

[29] Meibom: De incubatione in fanis Deorum (1659) (wie Anm. 27), fol. 1ʳ. – Vogler zählt zu den frühesten Autoren der *historia litteraria* in Deutschland: Introductio universalis in notitiam cuiuscunque generis bonorum scriptorum. Helmstedt 1670. Darin findet sich im übrigen auch die erste bibliographische Notiz über gelehrte Journale, die mir bekannt ist: Ephemerides eruditorum (S. 17 u. 28f., nach der Gründung des *Journal des Savants* im Jahre 1665 ist die Liste begreiflicherweise kurz). Zu Vogler vgl. Jaumann: Critica (1995) (wie Anm. 12), S. 237, 279.

Für die Jurisprudenz ist das Handbuch von Paolo Zacchia berühmt, die *Quaestiones medico-legales* (1630 in 3 Bänden), für die benachbarte Politik ist des Portugiesen Rodericus a Castro *Medicus politicus* (zuerst 1614) ein Klassiker, in Deutschland später Friedrich Hoffmanns populäre Schrift *Medicus politicus* (1738, seit 1752 auch in deutscher Version). Während Rodrigues de Castro[30] auf der herkömmlichen Linie der ciceronianischen Ethik von den »mores bonorum medicorum, fraudes & imposturae malorum medicorum« handelt und sein Opus als »admodum utile medicis, aegrotis, aegrotorum assistentibus & cunctis aliis litterarum atque adeo politicae disciplinae cultoribus« empfiehlt, sucht der Hallenser Hoffmann die Hauptaspekte einer *prudentia medica* »sine artibus Machiavellicis« im Stil einer Hodegetik zu systematisieren. Der Hauptteil handelt von den *officia* des Arztes gegenüber Apothekern, Chirurgen, Geburtshelfern, beim Ausstellen von Attesten und rechtswirksamen Gutachten sowie der *prudentia medici circa aegros*. Grundlagen, die der angehende *medicus* zu legen hat, sind *religio, studium, virtutes* und *peregrinatio*. Unter den dabei formulierten Regeln sind beachtenswert, weil sie Differenzen zu offenbar existierenden Alternativen markieren, die Nr. 3: »Medicus non sit Atheus«, Nr. 5: »Medicus sit philosophus«, Nr. 6: »Medicus sit eruditus«, d. h. an erster Stelle Lateinkenntnisse (um Autoren lesen zu können wie Cicero, Celsus, J. C. Scaliger, Plinius, Bacon, Nikolaus Pechlin), Französisch, etwas Italienisch, Englisch und Griechisch (»ad ornamentum«) sowie Logica, Mathesis usw., aber keine Philologie.

Auch die Verbindung mit der Theologie wird sowohl auf der Ebene der akademischen Lehre wie derjenigen der Alltagspraxis nicht selten behandelt, aber auch zum Problem gemacht, vor allem von theologischen oder der Theologie nahestehenden Autoren, die die Austragung von Kontroversen gewohnt sind. Problematisch ist hier auf der Ebene der außerakademischen Praxis die offenbar grassierende Ausübung ärztlicher Dienste durch den Pastor oder seine Frau auf dem Dorf, wo der ordentlich ausgebildete *medicus* weit ist, der Geistliche mit sporadischen Kenntnissen aus der Studienzeit dilettiert und die Frau Pastorin mit Pillen und Kräutern aus der Küchenapotheke die kargen Familieneinkünfte aufbessert. Vor allem Georg Heinrich Goetze, Pastor und Superintendent im schlesischen Annaberg (später in Lübeck), spricht sich in seiner Leipziger Abhandlung *De theologis pseudo-medicis* (1700) entschieden gegen medizinisch dilettierende Theologen (»medicastri«, S. 454) und Pfarrersfrauen aus, die mit Medikamenten um des schnöden Mammons willen »schachern und handeln« (S. 449). Dabei taugt *curiositas* (Plutarchs Begriff πολυπραγμοσύνη ist diesen Schriften geläufig) noch immer als Vorwurf, hier im Sinne der tabuierten Grenzüberschreitung zwischen den durch die göttliche Ordnung sanktionierten Berufs-

---

[30] Stephanus Rodericus à Castro (Castrensis) Lusitanus (1559–1638), portugiesischer Mediziner und Dichter. Nicht zu verwechseln mit dem älteren Landsmann João Rodrigues de Castelo Branco (Pseud. Amatus Lusitanus), einem jüdischen Arzt portugiesischer Herkunft, der in Italien praktizierte und 1568 in Saloniki gestorben ist. Seine Bücher waren europaweit bekannt.

ständen (»ordinem servare«, S. 454).[31] Ein anderer Vorwurf, der den geistlichen *pseudo-medici* entgegengehalten wird, richtet sich gegen den drohenden Verlust des öffentlichen Ansehens, weil man berufsfremde Dilettanten nun einmal nicht ernstnehme; im übrigen sei es typische Praxis der Paracelsisten, Rosenkreuzer, Weigelianer und anderer Schwärmer, sich als hilfreiche Ärzte anzudienen, um mit Hilfe des Ruhms als Propheten, Wunderheiler und Menschenfreunde sich das Vertrauen der arglosen Menschen zu erschleichen und sie vom rechten Glauben abzubringen (S. 458). Während Goetze aus derart praktischer Erfahrung zu einem ablehnenden Urteil über die Verbindung der Theologie mit der Medizin gelangt, geht die Dogmatik andere Wege. Der *Theologus philiater sive medicinae amans*, ein bekannter Traktat des Pastors Johann Georg Meintel (1717), zeigt nicht nur den vielfachen Nutzen, sondern geradezu die unabdingbare Notwendigkeit medizinischer Bildung für den Theologen. Hauptargument ist, daß der Theologe allererst die menschlichen Affekte und deren Zusammenhang mit der menschlichen Physis kennen müsse,[32] und Meintel kann sich in dieser wie in anderen Fragen auf namhafte Autoren berufen wie den orthodoxen Professor August Pfeiffer,[33] aber auch auf Johann Arndt, Theodor Zwinger und den reformierten Theologen Pierre Du Moulin (Molinaeus).[34] Hinzufügen könnte man noch die Namen von Michael Alberti, Georg Rost und Maximilian Sandaeus, einem reformierten Theologen aus den Niederlanden.[35] Es fällt auf, daß der lutherische Autor vor allem an einer Theologie der Laienfrömmigkeit interessiert ist, die der Mystik nahesteht und sich von jeher über die Affekte Gedanken gemacht hat. Auch die in diesem Kontext offenbar unproblematische Bezugnahme auf prominente Vetreter der reformierten Theologie wie Zwinger und Molinaeus ist bemerkenswert.

Nicht selten gebrauchen theologische *philiatri*, wie z. B. der in Anmerkung 33 genannte August Pfeiffer, ein Argument, das weniger auf die Forderung nach medizinischer Kompetenz als auf eine metaphorische Formulierung ureigener Praxis der Theologen selbst hinausläuft, nämlich der Lehre, d. h. der Glaubensverkündigung, der Pastorale. Dieser Typ des Interesses an Medizin findet sich

---

[31] Dr. Rosinus Lentilius, Leibarzt des Fürsten von Oettingen und Stadtphysicus in Nördlingen, polemisiert gegen die Pastores medicastri wortspielend als »Caeco-Medici« und »Caco-Medici« und spielt ebenfalls auf die Plutarchische ›polypragmosyne‹ an bei der satirischen Apostrophierung des »Dominus Noster Pastor N. polypragmon [griech. für ›curiosus‹], medicaster & uromenta famosissimus« (Miscellanea medico-practica tripartita, 1698, S. 608ff.). Vgl. auch unten unsere Anm. 43.

[32] Mit Hinweis auf Georg Detharding (praes.): Scrutinium commercii animae et corporis ac qui inde fluunt affectuum animi (1714). – Martin Mulsow (München) danke ich für den freundlichen Hinweis auf Meintel.

[33] August Pfeiffer: Theologia medica, oder die Heilige Gottes=Lehre unter einem anmuthigen durchgehenden medicinischen Bilde (1697).

[34] Gemeint ist vor allem die Schrift von Pierre Du Moulin (Molinaeus): Familière Instruction pour consoler les malades (1625).

[35] Michael Alberti (praes.): Dissertatio de convenientia medicinae cum theologia practica (1732); Georg Rost: Practica medendi theologico-medica, oder güldener Griff wie man allerlei Kranckheiten von Grund aus heilen und vertreiben soll (1625); Maximilian Sandaeus (van den Sanden): Theologia medica sive commentationes de medicis, morbis & medicinis, 3 Bde. (1635).

nicht allein bei Theologen, wenn sie etwa das Evangelium zur lebensrettenden ›Medizin‹ erklären, es ist auch anderen Disziplinen geläufig, darunter vor allem auch der Philologie.

3. Medizin als Verfahrensmetapher

Diese an dritter Stelle zu behandelnde Phänomengruppe ist die interessanteste. Sie umfaßt diejenigen Fälle, in denen Begriff, Institution und Praxis der Medizin in ihren einzelnen Komponenten (Arzt, Patient, dessen Leib-Seele-Konstitution, Krankheit, Krise, Anamnese, Diagnose, Rezeptur, Medikamente, Therapie, ggf. Diät, ggf. chirurgischer Eingriff, ggf. Heilungsprozeß, Gesundheit usw.) als Bildspender dienen für die metaphorische Beschreibung und zugleich Deutung des Handlungsrepertoires sowie auch der praktischen Handlungsvollzüge in den Bereichen oder Disziplinen, von denen jeweils die Rede ist (Theologie, Moral, Dialektik bzw. Logik, Politik, Philologie, Hermeneutik usw.). Ich schlage vor, hier von einer ›Verfahrensmetapher‹ zu sprechen.

Für die Sittenlehre ist am bekanntesten die *Medicina moralis* von Vincent Placcius, deren umfangreicher und mehrfach variierter Titel von einer »Sitten=Lehre nach art der leiblichen Artzney=Kunst« spricht, einer »dem Christenthum anbequemte[n] Diaeta moralis philosophico-christiana«. Placcius (bzw. sein Verleger) verwendet die medizinische Metaphorik jedoch nahezu ausschließlich im Titel seines langatmigen Traktates, dessen drei Teile kaum Spuren davon aufweisen.[36] Hierher gehört auch die philosophische Hauptschrift von Ehrenfried Walter von Tschirnhaus, *Medicina mentis, sive tentamen genuinae logicae* (1687/1695). Sie ist, vielleicht in Anlehnung an Ciceros Formel von der Philosophie als »medicina animi« (*Tusc.* III 1, 6), als ›prima philosophia‹ und nicht als philosophisches System konzipiert. In der Nachfolge des ihm persönlich und als Briefpartner bekannten Spinoza (*De emendatione intellectus*) ist die Logik neu gefaßt als Methodologie des begrifflichen Denkens, die zur Erkenntnistheorie tendiert. Ihr Verfahren wird von der syllogistischen Schlußlehre auf eine Definitionslehre umgestellt. Definition ist nach Tschirnhaus wesentlich an Sachhaltigkeit gebunden. Bereits Begriffe und Definitionen lassen

---

[36] Vincentius Placcius: Drey Tractätlein (1688) / *Innentitel*: Typus medicinae moralis, das ist Entwurff einer vollständigen Sitten=Lehre, nach art der leiblichen Artzney=Kunst [...] (1685). Der wegen des volkspädagogischen Themas gezielt in deutscher Sprache publizierte Traktat (vgl. gleichzeitig Thomasius in Leipzig) geht auf eine lat. Schulschrift zurück: Typus accessionum moralium sive institutionum medicinae moralis (1675). Placcius (1642–1699) war Jurist, Gymnasialprofessor in Hamburg, Autor von Lehrbüchern und tüchtiger Bibliograph. Das in mehreren, immer wieder erweiterten Auflagen und späteren Supplementen (von Christoph August Heumann und Johann Christoph Mylius) erschienene *Theatrum Anonymorum et Pseudonymorum* ist noch heute nützlich. Vgl. Johannes Lemcke: Vincent Placcius und seine Bedeutung für die Anonymen- und Pseudonymenbibliographie. Hamburg 1925 (Mitteilungen aus der Hamburger Staats- und UniversitätsBibliothek, 1). Ein weniger bekanntes Werk liegt in einer Neuausgabe vor: Atlantis retecta / Die wiederentdeckte Atlantis: das erste neulateinisch-deutsche Kolumbusepos. Hg. und übersetzt von Hermann Wiegand (1992; zuerst Frankfurt/M. 1656, 1659).

das Wesen der »Sachen« denkbar werden, die selbst jedoch Gegenstand nicht der Philosophie, sondern der experimentellen, empirischen Forschungspraxis sind.[37] Zumindest im Ansatz, zur Charakterisierung der zentralen Intention, und auch in diesem Fall wohl in erster Linie um des unmittelbar wirksamen Titels willen, ist ›Medizin‹ hier wirklich die das Verfahren kennzeichnende Metapher: Der menschliche Verstand soll geheilt werden, um ›richtig‹ denken zu können. Geheilt wovon? Von den Verfahrensweisen und Prämissen der alten, ›scholastischen‹ Logik, und damit auch vom ganzen Kontext der alten artistischen Wortwissenschaften, zu deren entschiedensten Gegnern Tschirnhaus gehört hat. Festzuhalten ist die leicht aktivierbare polemische Implikation, die dem metaphorischen Gebrauch der ›Medizin‹ eigentümlich ist. Sie stellt im übrigen ein Beispiel für die Rhetorik der ›Pathologisierung‹ des Gegners dar: Wenn der Gegner ›krank‹ ist, muß er hospitalisiert oder eben ›geheilt‹ werden, und was er ablehnt, wird so zum Heilmittel für seine eigene Krankheit erklärt, d. h. der Gegner wird auf eine besonders perfide Weise besiegt.[38]

Auch der Theorie der Politik ist die medizinische Metaphorik geläufig. Ein Beispiel aus der frühen römischen Antike, das Livius berichtet und das auch in der frühen Neuzeit ständig zitiert wird, ist das Gleichnis des Menenius Agrippa (Consul um 500 v. Chr.) vom Magen und den Gliedern: Schon der frühe Consul verwendet diese, zur Modellerzählung der politischen Körper-Metapher gewordene Geschichte als Gleichnis, um damit eine politische Wirkung zu erzielen (nämlich auf die den Konsens verweigernden Plebejer). In der Lehre von der Staatsräson wird Tacitus als Arzt für die Politik, als »politico Ippocrate« (Traiano Boccalini), gerühmt.[39] Nach Etter waren »auffallend viele Tacitisten [...] entweder von Beruf selbst Ärzte oder zeigten wenigstens großes Interesse an medizinischen Fragen. Daher erscheinen in ihren Abhandlungen zahlreiche Vergleiche zwischen der Politik und der Medizin.«[40] Ein Beispiel für viele ist

---

[37] Vgl. Herbert Jaumann: Art. Tschirnhaus, in: Literaturlexikon, hg. von Walther Killy, Band 11 (1991), S. 434f.

[38] Einen ähnlichen Fall von Pathologisierung stellt in der Geschichte der rhetorischen Stilkontrolle der ›Schwulst‹-Vorwurf dar, der nicht allein im sog. Spätbarock des ausgehenden 17. Jahrhunderts aufgetreten ist (einen Eindruck von der Tragweite und dem weiteren Kontext vermittelt Hans Gerd Rötzer: Traditionalität und Modernität in der europäischen Literatur. Ein Überblick vom Attizismus-Asianismus-Streit bis zur ›Querelle des Anciens et des Modernes‹. Darmstadt: Wissenschaftliche Buchgesellschaft 1979). Elokutionäre Phänomene der Tropen und des ornatus werden hier als exzessiv und in ihren Gebrauchskontexten als dysfunktional beurteilt und als ›krank‹ (›Tumor‹, ›Geschwulst‹) deklariert, und der Schritt zur Pathologisierung des betreffenden Autors ist natürlich klein. Vgl. (bes. unter sozialgeschichtlichen Aspekten) Peter Schwind: Schwulst-Stil. Bonn 1977. Die spätere Neuzeit kennt bis heute zahlreiche Fälle dieser Art, z. B. die ›kranke‹ Romantik gegenüber der ›gesunden‹ Klassik bei Goethe.

[39] Michael Stolleis: »Arcana Imperii und Ratio Status. Bemerkungen zur politischen Theorie des frühen 17. Jahrhunderts«. In: Ders.: Staat und Staatsräson in der frühen Neuzeit. Frankfurt/M. 1990, S. 37–72, hier S. 49. Im weiteren Sinn zur Politik vgl. Jörg Jochen Berns: »Utopie und Medizin. Der Staat der Gesunden und der gesunde Staat in utopischen Entwürfen des 16. und 17. Jahrhunderts«. In: Heilkunde und Krankheitserfahrung in der frühen Neuzeit (1992) (wie Anm. 4), S. 55–93.

[40] Else-Lilly Etter: Tacitus in der Geistesgeschichte des 16. und 17. Jahrhunderts. Basel, Stuttgart 1966 (Basler Beiträge zur Geschichtswissenschaft, 103), S. 19, Anm. 49, und

Conrings Abhandlung _De morbis ac mutationibus Oligarchiarum, earumque remediis_ (1661). Das Thema der Feststellung und Überwindung von Krisen in oligarchischen Regierungsformen wird konsequent mit Hilfe der Medizin als Verfahrensmetapher durchsystematisiert, d. h. das Verfahren der politologischen Analyse bedient sich planmäßig der Komponenten der Medizinmetapher: Krankheitsursachen (causae) und Symptome werden festgestellt und definiert; dann folgt die Diagnose der Krankheitsbilder (_aegritudines, morbi rerumpublicarum_), der Vorschlag verschiedener Heilmittel und Therapien (_remedia_), schließlich die Abschätzung der Gesundungschancen bzw. Überlegungen darüber, was Gesundheit in Staaten dieses Typs heißen soll (_valetudo, sanitas_).

Beispiele für den expliziten Gebrauch der medizinischen Verfahrensmetapher im Bereich der Philologie und ihrer Praxis sind offenbar selten. Dabei könnte man eigentlich erst in diesem Fall unsere Eingangsfrage aufnehmen und davon sprechen, daß die Verbindung mit der Medizin, die durch die Formel _medicus philologus_ bzw. _iatrophilologus_ dokumentiert wird, tatsächlich ein Philologie-_Konzept_ anzeigt, das dann durch diese Parallele oder Verbindung spezifisch geprägt wäre! In den bisher überblickten Quellen handelte es sich jedenfalls eher um Konzepte der _Medizin_, die jeweils durch ihre Verbindungen mit Themen und Arbeitsweisen der Philologie charakterisiert waren. Kaspar Schoppe erwähnt in der Abhandlung _De arte critica_ (1597) seinen Altdorfer juristischen und philologischen Lehrer Rittershaus in der Rolle des _criticus_ als Arzt und Therapeut an Texten.[41] Vorläufig sicherlich am ergiebigsten ist Johann Konrad Dannhauer, wenn er in _Idea boni interpretis_ (1630) die philologische _interpretatio_ dem ärztlichen Diagnose- und Heilungsverfahren ziemlich systematisch analog setzt. Der _bonus interpres_ ist dann der Arzt am Text. Die sprachlichen Strukturen des Textes, mit denen der formale Teil der ›Grammatik‹ (_litteratura_, als ›ars recte loquendi‹: Sprachrichtigkeit) befaßt ist, sind das »corpus orationis«, die zu interpretierende Bedeutung deren »animus«. Der ›Pathologie‹, d. h. der Beschrei-

---

S. 191. Zur politischen Semantik der Medizin-Metaphorik und zum politischen Tacitismus vgl. neben Etters Monographie Roman Schnur: Individualismus und Absolutismus. Zur politischen Theorie von Thomas Hobbes (1600–1640). Berlin 1963; Ernst Hinrichs: Fürstenlehre und politisches Handeln im Frankreich Heinrichs IV. Untersuchungen über die politischen Denk- und Handlungsformen im Späthumanismus. Göttingen: Vandenhoeck 1969, bes. S. 55ff.; Wilhelm Kühlmann: Gelehrtenrepublik und Fürstenstaat. Tübingen: Niemeyer 1982, bes. S. 67ff. (mit weiterer Literatur); zur politischen Körpermetapher Gotthardt Frühsorge: Der politische Körper. Zum Begriff des Politischen im 17. Jahrhundert und in den Romanen Christian Weises. Stuttgart: Metzler 1974, bes. S. 59 ff., weitere Hinweise bei Frühsorge und Stolleis (wie Anm. 39). Dem politischen Tacitismus nahestehend ist der namhafte Leipziger Mediziner und Botaniker Paul Ammann (1634–1691): Medicina critica, sive decisoria; centuriâ casuum medicinalium (1670). Kühlmann: Gelehrtenrepublik (1982, S. 70f.) ausführlich zu dem »Kompendium der politischen Pathologie« des italienischen Tacitisten Petrus Andreas Canonherius (Canonieri): In septem Aphorismorum Hippocratis libros medicae, politicae, morales ac theologicae interpretationes, 2 Bde. Antwerpen 1618. – Eine umfassende Untersuchung zum Thema fehlt.

41 Gaspar Scioppius: De arte critica, et praecipue de alterâ ejus parte emendatrice (zuerst 1597), S. 87ff. Zu Schoppes Schrift und ihrer Einordnung vgl. Anthony Grafton: »Kaspar Schoppe and the Art of Textual Criticism«. In: Kaspar Schoppe (1576–1649): Philologe im Dienste der Gegenreformation. Hg. von Herbert Jaumann. Frankfurt/M. Klostermann 1998 (Zeitsprünge 2, H. 3/4), S. 231–243.

bung und Diagnose von »morbi« des Textes, die im wesentlichen in verschiedenen Arten und Graden von *obscuritas* bestehen, folgt die ›Therapie‹ mit Hilfe einzelner *remedia*, die den verschiedenen *obscuritates* sozusagen artspezifisch zugeordnet sind, und dem Ziel der *perspicuitas* und des damit gesicherten Sinnverstehens, das dem »sensus verus«, d. h. der intendierten Textbedeutung, adäquat ist. Damit ist im günstigen Falle die ›Gesundheit‹ des Textes hergestellt, die mithin in der Sicherung des Verstehens seiner intendierten Bedeutung durch die Eliminierung von Verstehenshindernissen besteht. Die Hermeneutik ist in dieser Zeit davon überzeugt, daß diese Sicherung ohne Rest erfolgreich sein kann, wenn sie gründlich und vorschriftsmäßig betrieben wird. Das systematische Hauptaugenmerk gilt den einzelnen ›Heilmitteln‹ der Therapie, die auch »media interpretandi« genannt werden. Deren siebentes ist die Kritik (*crisis*), mit der speziell derjenigen Ausprägung der *obscuritas* zu Leibe gerückt werden kann, die von Fehlern der Grammatik herrührt:

Quem morbum supra sect. 2 art. 5 exposuimus, ejus nunc nobis afferenda medicina est: illa verò CRISIS est, id est *judicium grammaticum de literaturâ* (corpore orationis) *textus alicujus.*[42]

Zum Schluß zwei Einzelfälle, die mit dieser Phänomengruppe zu tun haben, darin aber nicht völlig aufzugehen scheinen.

Gemeint ist erstens die Medizin-Satire, ein nicht unbekanntes satirisches Sujet gerade in der frühen Neuzeit. Sie richtet sich auf einzelne Krankheiten und davon befallene Personen (z. B. Fischarts *Flöhhaz*, ein Teil der *Podagra*-Schriften seit Pirckheimer), auf Ärzte mit ihrem Wissen bzw. Nichtwissen und ihrer Praxis, ihrer Geldgier, ihren therapeutischen Triumphen bzw. ihrem Versagen usw. (z. B. in Brants *Narrenschiff*, Kap. 38 und 55, in *Des Teufels Netz*, bei Hans Sachs und Rabelais, in Murners *Narrenbeschwörung* oder bei Agrippa von Nettesheim). Soweit die Satire gegenüber Medizin und Ärzten mehr oder weniger topische Ständekritik vorträgt oder in neuerer Zeit einzelne Aspekte zum Gegenstand satirischer Kritik macht,[43] berührt sie sich nicht mit dem Thema dieser Überlegungen. Eine der reizvollsten Medizin-Satiren jedoch, und dazu eine der bedeutendsten Verssatiren der frühen Neuzeit in Deutschland überhaupt, Jacob Baldes *Medicinae gloria per Satyras XXII asserta* (1651), lenken den Blick auf einen anderen Aspekt, nämlich den einer Parallele zwischen der Gattung Satire und der Medizin. Balde selbst spricht diese Parallele in der Leservorrede zu seiner Sammlung an:

---

[42] Johann Konrad Dannhauer: Idea boni interpretis et malitiosi calumniatoris quae obscuritate dispulsa verum sensum a falso discernere docet (1630), S. 200. – Reimund Sdzuj (Greifswald) habe ich für den Hinweis auf Dannhauer sowie für vielerlei Anregungen zu danken.

[43] Zum Beispiel auch die Kritik der Pfuscher und *pseudo-medici*, also der Volks- und Außenseitermedizin, die die Theologen aufs Korn nehmen (vgl. oben zu Goetze und Anm. 31) und gegen die sich auch Balde ausdrücklich wendet. Generell dazu Barbara Engelkes: »Medicus und Medikaster. Zum Konflikt zwischen akademischer und ›empirischer‹ Medizin im 17. und frühen 18. Jahrhundert«. In: Medizinhistorisches Journal 22 (1987), S. 197–211.

Animosum scribendi genus, et nostra fortassis aetate novum exhibeo, affine prorsus et proximum Medicinae, cui litamus; ista corporum morbos tollit, potionibus quidem amaris, sed efficacibus; et, ne respuantur, dulci liquore correctis. Satyra animos intrat, ejectisque vitiis morum temperiem quaerit inducere.[44]

Die Medizin heilt den Körper von Krankheiten durch bittere, doch versüßte Tränke; die Satire heilt das Herz (den Geist, die Seele, das Gemüt) von Lastern und befördert die Sitten – durch die verzuckerten Pillen der Poesie, wäre mit einem altbekannten Argument zu ergänzen. Auch dies ein treffendes Beispiel für Medizin als Verfahrensmetapher, wenn auch nicht für Philologie und Interpretation,[45] sondern für das Verfahren der poetischen, satirisch-drastischen Einwirkung auf *animus* und *affectus*, von denen gerade die Iatrophilologen und die Theologen unter den *philiatri* wußten, wie eng sie mit dem Körper in Verbindung stehen (vgl. das oben zu Meintel Gesagte und die Anmerkungen 32 ff.). Gebunden ist die Parallele zwischen Medizin und Satire natürlich keineswegs an das Medizin-Sujet. Vielmehr wird hier von Balde eine Gattungsbestimmung bemüht, die zum Grundbestand der Theorie der Satire zumindest in der europäischen Poetik der frühen Neuzeit gehört. Johann Balthasar Schupp, der andere große Satiriker des 17. Jahrhunderts, nennt »die bittere warheit mit Zucker [zu] überziehen« die Methode jenes »sonderlich *genus scribendi*«, nämlich eben die Satire.[46]

---

[44] Jacob Balde: Medicinae gloria (1651/1729), Band 4, S. 369: »Eine von Leidenschaft geprägte und in unserer Zeit vielleicht ungewohnte Schreibart lasse ich zu Wort kommen, die der Medizin eng verwandt ist und ganz nahe steht, der wir jetzt opfern wollen. Jene vertreibt Erkrankungen des Körpers mit bitteren, doch wirksamen Arzneien, die mit süßem Saft versetzt sind, damit sie nicht verschmäht werden. Die Satire dringt in die Herzen, sucht die Laster hinauszuwerfen und maßvollen Sitten Eingang zu verschaffen.« Die Übersetzung von Carl Joachim Classen in: »Barocke Zeitkritik in antikem Gewande. Bemerkungen zu den medizinischen Satiren des ›Teutschen Horatius‹ Jacob Balde S. J.« In: Daphnis 5 (1976), H. 1, S. 67–125, hier S. 98, Anm. 110, einem Markstein für die Balde-Studien wie für ein umfassenderes Verständnis der neulateinischen Satire. Das Balde-Zitat nach der Opera Poetica Omnia in 8 Bänden (1729), Reprint 1990: darin sehr lesenswert die Einleitung (Band 1, S. 5–48) des Mitherausgebers Wilhelm Kühlmann; vgl. die ältere Edition von Johann Baptist Neubig: Jakob Balde's Medizinische Satyren, [...] übersetzt und erläutert, Teil I–II. München 1833; Doris Behrens: »Jacob Baldes Auffassung von der Satire«. In: Jacob Balde und seine Zeit. Akten des Ensisheimer Kolloquiums 15.–16. Oktober 1982. Hg. von Jean-Marie Valentin. Bern usw.: Lang 1986 (JIB, Reihe A, 16), S. 109–126, sowie jetzt mit zahlreichen neuen Aspekten Hermann Wiegand: »*Ad vestras, medici, supplex prosternitur aras*: zu Jacob Baldes Medizinersatiren«. In: Heilkunde und Krankheitserfahrung (1992) (wie Anm. 4), S. 247–269 (mit der Literatur).

[45] Näher bei der Iatrophilologie steht der schon öfter auf diesem Feld zitierte Mediziner Georg Franck von Franckenau: Satyrae medicae XX (1722), vgl. Anm. 17. Aber so nah er der ›philologischen‹ Behandlung von allerlei (mehr oder weniger) medizinischen Kuriositäten und gelegentlichen Anzüglichkeiten ist, so fern steht er dem satirischen Genre. Die Sammlung, die auch Dissertationes einschließt, unterscheidet sich höchstens durch die Heterogenität und teilweise geringere Ernsthaftigkeit der Themen etwa von den exercitationes Wedels (wie Anm. 16, 19).

[46] Johann Balthasar Schupp: Die andere Rede von der erbaren und scheinheiligen Hure Corinna (1663), S. 495. Wichtige Belege für den topischen Arztvergleich nennt Classen (wie Anm. 43), S. 97, Anm. 109: bei Brant, Landino, Minturno, Jakob Pontanus und August Buchner. Vgl. auch M. C. Randolph: »The Medical Concept in English Renaissance Satiric Theory. Its Possible Relationships and Implications«. In: Studies in Philology 38 (1941), S. 125–157.

Der zweite, schwerer einzuordnende Fall ist schließlich die Sammlung *ΠΕΝΤΑΣ quaestionum iatro-philologicarum* (in der 2. Ausgabe von 1647) von Gabriel Naudé, fünf Traktate, die zuvor einzeln bzw. in anderen Sammlungen zwischen 1632 und 1638 erschienen waren. Wegen der (kritischen) Nähe zum Neostoizismus hat bisher der fünfte Traktat *De fato & fatali vitae termino* einen kommentierten Neudruck (1995) sowie eine gewisse Beachtung von seiten der Geschichte der politischen Ideen und der Politischen Philosophie erfahren, die sich auch sonst mit Naudé beschäftigt.[47] Gemessen am Œuvre Naudés, der in Paris auch Medizin studiert hat,[48] gehören diese Arbeiten aber gewiß nicht zu den bedeutendsten, und sie sind in der Forschung bis heute fast unbeachtet geblieben. Aus dem Blickwinkel der Geschichte der Philologie erscheinen sie andererseits schon wegen ihres Autors als höchst reizvoll, und sie sollten an anderer Stelle zum Gegenstand einer eingehenden Untersuchung gemacht werden, die freilich entgegen dem Buchtitel kaum unter dem Aspekt der Iatrophilologie zu unternehmen sein wird. Der Begriff und sein Gebrauch werden von Naudé nirgends explizit aufgegriffen oder gar erläutert. Der Verdacht liegt nahe, daß es sich wie auch bei den Titeln mancher anderer der hier behandelten Schriften lediglich um einen Blickfang handelt oder um eine Wortkombination, die vage und ohne konzeptionelle Ansprüche nur auf die Medizin-Parallele bzw. einfach auf die medizinisch-diätetischen Sachbereiche hinweist, die in der Tat zur Debatte stehen. Naudé verwendet die Medizin-Parallele jedenfalls nicht als Metapher. Er behandelt Probleme, die sich aus seiner Sicht aus Aberglaube, Magie-Vorstellungen, den Menschen eingeredeten Doktrinen und sonst aufgezwungenen Vorurteilen ergeben – und zwar nicht nur die Probleme ergeben sich daraus, sondern auch deren konventionelle Lösungen. Der Standpunkt Naudés wirkt dagegen wie eine Art natürlich-rationalen Korrektivs, und man ist versucht, an Bayle zu denken oder vielleicht an Tschirnhaus (um nicht fahrlässig sogleich von ›Aufklärung‹ zu reden): Philologie soll hier im Bunde mit Medizin als Agens rationaler Kritik wirksam werden, der Iatrophilologe – will man den Begriff doch ernsthaft aufnehmen – wäre dann eine Art Gutachter für die (natürlich nicht einfach ›bürgerliche‹) ›Öffentlichkeit‹, nämlich für ein interessiertes Publikum entschieden außerhalb des akademisch-disziplinären Schulzusammenhangs, wie es in Italien (in Rom, wo Naudé sich aufhält) und in Frankreich als Adressat bzw. als ein Konglomerat heterogener Adressatengruppen einer in Ansätzen öffentlich verantwortlichen ›Kritik‹ sehr viel früher als in Deutschland existiert hat.[49] Zu dieser im Grunde unakademischen, aber gleichwohl philolo-

---

47 Als zwei Beispiele für viele Lorenzo Bianchi: Rinascimento e libertinismo. Studi su Gabriel Naudé. Napoli: Bibliopolis 1996 (Istituto Italiano per i Studi Filosofici, XVII), darin S. 148ff. zum Traktat *De fato*, und Michel-Pierre Lerner: Tommaso Campanella in France au XVIIe siècle. Naples 1995, der auf die Beziehungen Campanellas zu Naudé in den Pariser Jahren vor dessen Tod genauer eingeht als die ältere Forschung.

48 Zu seinen frühesten Arbeiten gehört: De antiquitate et dignitate scholae medicae Parisiensis panegyris (1628), besonders zu Jean Fernel, der als philologisch gelehrter medicus gepriesen wird. In den mit abgedruckten laudationes auf neun »iatrogonistae« wird vor allem Jean Complainville gerühmt.

49 Die Kohärenz und Aufmerksamkeit dieser Adressatengruppen ist in erster Linie von *Ereignissen* abhängig, ja die Erregung ›öffentlicher‹ Aufmerksamkeit kristallisiert sich um

gisch-gelehrten Äußerungsform paßt auch die Gattung, die als *quaestio* dem essayistischen *adagium* näher steht als dem wissenschaftlichen Traktat. Die Medizin-Parallele also dient in diesem Fall vermutlich der Bekräftigung des ›natürlichen‹ und rationalen, konventions- und autoritätskritischen Urteils, während das ›Philologische‹ alleine diesen Standpunkt, den man aus anderen, sehr viel gewagteren, Schriften des Autors kennt, wohl nicht ausreichend deutlich gemacht hätte.

Quellenverzeichnis

1. Zitierte Drucke

Alberti, Michael (praes): Dissertatio med. de officio medici circa adiaphora. Halle: Hendel 1708.
– (praes.): Dissertatio inauguralis medica de convenientia Medicinae cum Theologia practica. Joachim Abraham (resp.). Halle: Hendel 1732. 29 S.
– Praefatio de dignitate medica. In: Jakob Thomasius: De medica facultate quatenus gratiosa. Schneeberg: Karl Wilhelm Fulda 1734. [6 fol.]
Ammann, Paul: Medicina critica, sive decisoria; centuriâ casuum medicinalium in concilio Facultatis med. Lipsiensi antehac resolutum, comprehensa. Nunc [...] collecta, correcta et variis discursibus aucta. Leipzig, Erfurt: Ohler 1670. 490 S.
Baier, Johann Jakob: ΠΕΡΙ ΤΗΣ ΤΩΝ ΙΑΤΡΩΝ Programma [...] de rebus medicis in S. Scriptura Novi Testamenti continent[ibus]; iisque praemittendus sermo de meritis Germanorum in rem medicam. Altdorf: Heinrich Meyer 1704. 19 S.
Balde, Jakob: Medicinae gloria per satyras XXII asserta. Illustribus Christiani orbis medicis dicata (1651). In: Opera Poetica Omnia. München 1729, Band IV, S. 267–437. – Reprint Frankfurt/M.: Keip 1990, hrsg. von Wilhelm Kühlmann und Hermann Wiegand.
Bartholinus, Caspar: De studio medico inchoando, continuando, & absolvendo. Pro accurato & supra vulgus futuro medico consilium breve atque extemporaneum. Kopenhagen: Georgius Hantzsch 1628. [16 S.]
Browne, Sir Thomas: Religio medici. London 1642.
– A new edition with biographical and critical introduction by Jean-Jacques Denonain, London usw.: Cambridge University Press 1955.
– Religio Medici. Ein Versuch über die Vereinbarkeit von Vernunft und Glauben (1642). Übertragen und hrsg. von Werner von Koppenfels. Berlin: Karl H. Henssel 1978.
Canonherius (Canonieri), Petrus Andreas: In septem Aphorismorum Hippocratis libros medicae, politicae, morales ac theologicae interpretationes, 2 Bände. Antwerpen 1618.
Castello (Castellus Romanus), Pietro: Optimus medicus, in quo conditiones perfectissimi medici exponuntur. Messina 1637. – Auch in: Hermann Conring: In universam artem medicam singulasque ejus partes introductio. Helmstedt: Hamm 1687, S. 17–68.

Ereigniskerne, so daß ›Öffentlichkeit‹ mit Ereignissen kommt und mit ihnen auch wieder vergeht, d. h. sie konstituiert sich und zerfällt im Rhythmus von Ereignissen. Es fehlt ihr mithin die verläßliche Kontinuität und Kohärenz der späteren modernen Öffentlichkeit als Institution der Bürgerlichen Gesellschaft. Zu einem zureichenden Begriff von ›Öffentlichkeit‹ in der frühen Neuzeit vgl. Herbert Jaumann: Critica (wie Anm. 12), bes S. 249–253; zum Publikum Naudés und ähnlicher Autoren des frühen 17. Jahrhunderts bes. S. 193ff. (Kap. III, 3, 4).

Castro Lusitanus, Stephanus Rodericus a (Rodrigues de Castro): Medicus politicus, sive de officiis medico-politicis tractatus, 4 distinctus libris. Hamburg: Froben 1614. [277 S.]; Hamburg: Zacharias Hertel 1662.

Conring, Hermann: De hermetica medicina libri duo. Quorum primus agit de medicina, pariterque de omni sapientia veterum Aegyptiorum: Altero non tantum Paracelsi, sed etiam chemicorum, Paracelsi laudatorum aliorumque, potissimum quidem Medicinae omnis, simul verò & reliqua universa doctrina examinatur. Editio secunda [...] emendatior & auctior. Helmstedt: Henning Müller 1669. 428 S.

– In universam artem medicam singulasque ejus partes introductio. Ex publicis ejus praecipue lectionibus olim concinnata nunc vero additamentis necessariis aucta, continuata ad nostra tempora praecipuorum scriptorum serie. Helmstedt: Georg-Wolfgang Hamm 1687. 424 S.

Dannhauer, Johann Konrad: Idea boni interpretis et malitiosi calumniatoris, quae obscuritate dispulsa, verum sensum à falso discernere in omnibus auctorum scriptis ac orationibus docet, & plenè respondet ad quaestionum *Unde scis* hunc esse sensum non alium? Omnium facultatum studiosis per quàm utilis. Straßburg: Wilhelm Christian Glaser 1630. 302 S.

Detharding, Georg (praes.): Scrutinium commercii animae et corporis ac qui inde fluunt affectuum animi methodo mathematica factum. Johann Schröder (resp.). Phil. Diss. Rostock 1714. 16 foll.

Detharding, Georg Christoph (praes.): Disputatio philologico-medica inauguralis de cura infantum recens natorum penes Ebraeos olim usitata: Occasione dicti Ezechielis C. XVI. 4. Marcus Moses (resp.). Med. Diss. Bützow 1766. 22 S.

Du Moulin (Molinaeus), Pierre: Familière instruction pour consoler les malades: avec plusieurs prières sur ce sujet. Genève: Aubert 1625.

Franck von Franckenau (Francus), Georg. Tractatus philologico-medicus de cornutis In quo varia curiosa delibantur ex Theologorum, JCtorum, Medicorum, Philosophorum, Politicorum atque Philologorum monumentis. Heidelberg: Samuel Ammon 1678. 31 S.

– De medicis philologis epistola ad virum pernobilem Gothofredum Thomasium. Wittenberg: Matthäus Henckel 1691.

– Satyrae medicae XX. Quibus accedunt dissertationes VI varii simulque rarioris argumenti, una cum oratione de studiorum noxa. Editae ab authoris filio, Georgio Friderico Franck de Franckenau. Lipsiae: Moritz Georg Weidmann 1722. 652 S.

Gesner, Conrad: Libellus de lacte, & operibus lactariis, philologus pariter ac medicus. Zürich: Christoph Froschauer 1541. Reprint: Büchlein von der Milch und den Milchprodukten, hrsg. von Dr. C.-L. Riedel. Deutsche Übers. und Nachdruck des Originaltextes. Mönchengladbach: Peter Schlösser 1996.

Goetze (Goetzius), Georg Heinrich: De theologis pseudo-medicis, seu num theologo artem medicam exercere liceat? Disquisitio. Lipsiae: Heinrich Richter 1700. In: *Ders.*: Meletemata Annabergensia varii argumenti, conjunctim nunc edita. Lübeck und Leipzig: Johann Wiedemeier 1707. 1133 S.

Gratarolus (Gratarolo), Gulielmus: De vino, memoria, physiognomia & valetudine literatorum. Straßburg 1565.

Haller, Albrecht von: Bibliotheca medicinae practicae qua scripta ad partem medicinae practicam facientia a rerum initiis ad A. MDCCLXXV recensentur, 4 Bde. Bern und Basel 1776–1779.

Hessus, Eobanus: Bonae valetudinis conservandae rationes aliquot. Wittenberg: Joseph Klug 1544. [Enth. auch: Medicinae laus ex Erasmo, versu reddita; Chorus illustrium medicorum in museo Sturdiadae pictus Erphurdiae]

Hoffmann, Friedrich: Medicus politicus sive regulae prudentiae secundum quas medicus iuvenis studia sua & vitae rationem dirigere debet, & conservare cupit. Leiden: Philippus Bonk 1738. 243 S.

– Politischer Medicus, oder Klugheits=Regeln, nach welchen ein junger Medicus seine Studia und Lebensart einrichten soll, wenn er sich will berühmt machen, auch geschwinde eine glückliche Praxin zu erlangen und zu erhalten begehret. In das Deutsche übersetzt, von D. Johann Moritz Auerbach. Leipzig 1752. 212 S.

Horstius, Gregor: De tuenda sanitate studiosorum & literatorum libri II. Marburg 1628.

Lente, Friedrich (auctor & resp.).: Exercitatio politica de morbis ac mutationibus oligarchiarum, earumque remediis. Hermann Conring (praes.). Helmstedt: Henning Müller 1661.

Lentilius, Rosinus: Miscellanea medico-practica tripartita, quorum partibus prioribus continentur historiae discursus, epistolae ab auctore ad diversos et a diversis ad ipsum exaratae, tertia tractatus virorum celeberrimorum inediti [...]; in praefatione exhibetur de ineunda societate iatrica consilium. 2 Bde. Ulm: Kühn 1698. 648, 336 S.

Meibomius, Heinrich (auctor & resp.): Exercitatio philologico-medica de incubatione in fanis Deorum medicinae causa olim facta. Hermann Conring (praes.). Helmstedt: Henning Müller 1659.

Meintel, Johann Georg: Theologus philiater sive medicinae amans primum rationibus idoneis defensus; tum vero ex historia literaria, antiquiori pariter ac recentiori, succincte illustratus. Norimbergae: Johann Daniel Tauber Erben 1717. 56 S.

Naudé (Naudaeus), Gabriel: De antiquitate et dignitate scholae medicae Parisiensis panegyris. Cum orationibus encomiasticis ad IX. iatrogonistas laureâ medicâ donandos. Paris. Phil. diutijs animosa suis. Lutetiae Parisiorum: Jean Moreau 1628. 150 S.

– ΠΕΝΤΑΣ quaestionum iatro-philologicarum [...]. Zweite Ausgabe. Genevae: Samuel Chouët 1647. 323 S.

– De fato. Ristampa anastatica dall'edizione Joh. Beverovicii *Epistolica queastio de vitae termino, fatali an mobili?* Lugduni Batavorum 1639. Hrsg. von Anna Lisa Schino. Lecce: Conte 1995.

Naudaeana et Patiniana, ou singularitez remarquables, prises des conversations [...]. Seconde édition Amsterdam: van der Plaats 1703.

Petrarca, Francesco: Invective contra medicum, libri I–IV. / Invettiva contro agli ignoranti medici. Testo latino e volgarizzamento di ser Domenico Silvestri. Edizione critica a cura di Pier Giorgio Ricci. Roma: Edizioni di Storia e Letteratura 1950.

Placcius, Vincentius: Orbis lumen et Atlantis iuga tecta retecta: Das ist: Newe außführliche Entdeck= und Beschreibung der gantzen Welt [...]. Frankfurt/M.: Serlin 1656. 1450 S. Neuausgabe: Atlantis retecta / Die wiederentdeckte Atlantis. Das erste neulateinisch-deutsche Kolumbusepos, hrsg. und übersetzt von Hermann Wiegand unter Mitarbeit von Martin Völkert. Heidelberg: Manutius 1992. 181 S.

– Typus accessionum moralium sive institutionum medicinae moralis delineatus et in usum Gymnasii Hamburgensis editus potius quam publicatus. Hamburg: Pfeiffer 1675.

– Drey Tractätlein, das Erste die Sitten=Artzney=Kunst, das Zweyte Christliche Sitten=Pflege, das Dritte Gründlicher Beweiß von der Menschlichen Seelen Unsterblichkeit, aus dem Liecht der Natur. Anjetzo zusammen herauß gegeben, und mit höchst=nützlichen Registern vermehret. Frankfurt/M.: Johann David Zunner 1688. [260, 190, 107 S.] [*Innentitel*: Typus Medicinae moralis, das ist Entwurff einer vollständigen Sitten=lehre ...; Diaeta moralis philosophico-christiana, das ist Christliche Sitten=Pflege...]

Pfeiffer, August: Theologia medica, oder die Heilige Gottes=Lehre unter einem anmuthigen durchgehenden medicinischen Bilde, als die geistliche Krancken=Cur nch der Ordnung des Catechismi vorgestellet [...]; welcher beygefüget wird die Klugheit der Gerechten. Lübeck und Leipzig: Johann Wiedemeier 1697; Rudolstadt: Heinrich Urban 1697. 362 S.

Rost, Georg: Practica medendi theologico-medica, oder güldener Griff wie man allerlei Kranckheiten von Grund aus heilen und vertreiben soll. Goslar 1625.

Sandaeus (van den Sanden), Maximilian: Theologia medica sive commentationes de medicis, morbis & medicinis evangelicis, 3 Bde. Köln: Stephan Breylius 1635; 1652.

Schoppe (Gaspar Scioppius), Kaspar: De arte critica, & praecipue de altera ejus parte emendatrice [...]. Nürnberg 1597. Amsterdam: Pluymer 1662.

Smetius (a Leda), Henricus: De antiquitate et praestantia medicinae [...]. Neuausgabe: Über Alter und Vortrefflichkeit der Medicin. Aus dem Lateinischen des Henricus Smetius a Leda übersetzt [und hrsg.] von Gustav Waltz. Heidelberg 1889 (Festgabe für die 62. Versammlung deutscher Naturforscher und Ärzte in Heidelberg 1889).

Thomasius, Jakob: Programma XXIV de arte medica, praescriptum orationi, quam anno 1661 habuit Jacobus Holtzapffel adversus medicinae vituperatores. In: Ders.: Dissertationes LXIII varii argumenti [...]. Nunc conjunctim editae a filio Christiano Thomasio. Halle: Zeitler 1693, S. 247–262.

– Dispositio amplioris thematis De medica facultate quatenus gratiosa [...] historiamque medicam admodum fulciens. Schneeberg: Katl Wilhelm Fulda 1734. 92 S.

Tschirnhaus, Ehrenfried Walther von: Medicina corporis, seu cogitationes [...] de conservanda sanitate. Amsterdam 1686.

– Medicina mentis, sive tentamen genuinae logicae. Amsterdam 1687, Editio nova Leipzig 1695.

– Medicina mentis et corporis. Leipzig 1695.

Wedel (Wedelius), Georg Wolfgang (praes.): Diaeta Literatorum, [...] censurae philiatrorum publicae proposita. Johann Rottenberger (resp.). Diss. Jena 1674. Tractatio de diaeta literatorum, Von der Diät der Gelehrten, cum additamentis paradoxis. Leipzig und Wittenberg: Schlomach 1753.

– Exercitationum medico-philologicarum decades I–X. Jena 1687–1701.

– Exercitationum medico-philologicarum sacrarum et profanarum decas quinta. Jena: Johann Bielcke 1691. 56 S.

– Propempticum inaugurale de ramo Virgilii. Jena: Gollner 1699. 4 fol.

Zacchia (Zachias Romanus), Paolo: Quaestiones medico-legales, in quibus omnes ex materiae medicae, quae ad legales facultates videntur pertinere, proponuntur, 3 Bde. Editio nova & aucta. Leipzig: Rehefeld 1630.

2. Weitere Quellen

Angelutius, Theodorus: Ars medica ex Hippocratis Galenique thesauris potissimum deprompta [...] Venetia: Maiettus 1588. 111 S.

Barner, Jakob: Prodromus Sennerti novi sive Delineatio Medicinae systematis. Augsburg. Göbel 1674. 55 S.

– Wolgemeinte Nachricht: Was er in die 22 Jahr hero bey dem Studio der hermetischen Kunst entweder selbst durch eigene Hand-Arbeit erfahren, oder bey anderen experimentiret gesehen [...]. Danzig: Rhet 1683. 100 S.

– Chymia philosophica perfecte delineata, docte enucleata & feliciter demonstrata. Nürnberg: Otto 1689. 560 S.

– [Pseud. Philiater]: Machiavellus medicus, seu ratio status medicorum, secundum exercitium chymicum delineata et in certas regulas redacta atque ob usum, quem Iunioribus practicis praestat. Straßburg 1698.

– [Pseud. Philiater]: Der medicinische Machiavellus oder die Staats-Klugheit derer Medicorum, in gründlichen Regeln verfasset von Philiater. Straßburg 1745.

Bartholinus, Caspar: Exercitationes miscellaneae. Leiden 1675.

Bartholinus, Thomas: Epistolae medicinales. Centuriae I–II. Kopenhagen1663.

– Acta medica & philosophica. Kopenhagen 1673. Centuriae III–IV: 1667.

Caesalpinus, Andreas: Katoptron, sive Speculum artis medicae Hippocraticum. Frankfurt/M.: Matthias Becker 1605.

Cassius: Iatro-sophistae naturales & medicinales quaestiones LXXXIV. Zürich s. a.

Fludd (de Fluctibus), Robert: Medicina catholica, seu Mysticum artis medicandi sacrarium. In tomos divisum 3. Franckfurt: Fitzer 1629–1631. -4°

Gassendi, Pierre: Viri illustris Nicolai Claudii Fabricii de Peiresc vita. Editio tertia. Den Haag: Vlacq 1655.

Gesner, Conrad: Epistolae medicinales. Zürich 1577.

Herrenschmidt, Jakob: Speculum φιλημ ατολογίας cum sacrae tum profanae. s. l. 1659.

Hofmann, Kaspar: De barbarie oratio. s. l. 1620.

– Relatio historica judicii acti in Campis Elysiis coram Rhadamanto contra Galenum, cum approbatione Apollinis in Parnasso. Nürnberg: Endter 1642.

– Poematum sacrorum centuriae 4. Hrsg. von Lukas Friedrich Reinhart. Altorf: Hagen 1651. [176 Bll.]

– Praxis medica curiosa. Hoc est, Galeni methodi medendi libri XIV: Nova, eaque omnium acuratissima versione [...] a Caspare Hofmanno, Philosopho ac Medico absolutissimo, in Academia Altorphina, curante Sebastiano Scheffero. Frankfurt/M.: Johann Justus Erytropilius 1680.

Lauremberg, Peter: Generalis artis medicae constitutio. Rostochii 1630.

Leonicenus, Nicolaus: De Plinii & aliorum in Medicina erroribus. Ferrara 1509.

Liddelius, Duncanus (Duncan Liddel): Ars medica, succincta et perspicue explicata. Altera editio emaculatior. Hamburg: Froben 1617.

Major, Johann Daniel: Disputatio de aurea catena Jovis coelo demissa. Kiel 1685.

–   (praes.): Dissertatio inauguralis de catameniorum suppressione publico iatrosophorum examini. Caspar Merwitz (resp.). Kiel: Reumann 1693.

Misoscolo, Eureta: La maschera iatropolitica, ovvero cervello & cuore prencipi rivali aspiranti alla monarchia del microcosmo. Giuoco-serio [...], seconda impressione. Venetia: Ginammi 1630. 70 S.

Oettinger, Albert: Hippocratis vita, philosophia et ars medica. Diss. med. Berlin 1835.

Patin, Guy: Lettres Choisies du Feu Monsieur Patin. [...] La Haye: Adrian Moetjens 1683.

Quercetanus, Josephus: Quercetanus redivivus, hoc est: Ars medica dogmatico-hermetica, hrsg. von Johannes Schröder. Frankfurt/M.: Beyer 1648.

[Rangoni] Tommaso Filologo: Come i Venetiani possano vivere sempre sani. A i serenissimi Dogi di Venetia [...] (Übers. aus d. Lat.). Vinegia 1565.

[Rangoni] Thomas Philologus de Ravenna: IVLIO TERTIO Sanctissimo De vita hominis ultra CXX annos protrahenda. Venetia 1553.

–   (Ravennas): De modo collegiandi. Venetia 1565.

[Reinesius] Epistolae ad Reinesium, von Christian Daumius. s. l. 1670.

Reinesius (Reines, Reiner), Thomas, u. Johannes Matthias Nesterus: Epistolarum ad Nesteros, patrem et filium conscriptarum farrago: In qua varia medica et philologica lectu iucunda continentur. Leipzig: Schürer & Götzius; Fritschius 1670.

–   Chimiatria, hoc est: medicina nobili et necessaria sui parte, chimia, instructa et exornata [...]. Jena: Gollner 1678. 56 S.

Schenck von Grafenberg (Schenckius), Johann Georg: Biblia iatrica, sive bibliotheca medica. Frankfurt/M. 1609.

Sennert, Daniel (praes.): Pentas illustrium aporrhematon iatrophilosophicon [...]. Matthaeus Vechnerus (resp.). Dissertatio medica. Wittenberg 1608.

Sitonus, Joannes Baptista: Iatrosophiae miscellanea sive sapientia medica, auctore Ioanne Baptista Sitono Mediolanensi [zuerst ital.]. Monasterii Einsidlensis: Wagemann 1669.

Stupanus, Johannes Nicolaus (praes.): De venenis theoremata haec iatrophilosophika. Daniel Naborowius (resp.). Dissertatio medica. Basileae: Gemusa 1594.

Trevisanus (von Treviso/ Tarvisio), Bernardus: Von der hermetischen Philosophia, das ist, von dem gebenedeiten Stain der Weisen, des hocherfahrnen und fürtreflichen Philosophen Herren Bernardi Graven von der Marck und Tervis ein Buch. Item Dicta Alani, darinn alles hell und klar an tag geben wirdt. Straßburg: Müller 1574. [100 Bll.]

–   De Chymico miraculo, quod lapidem philosophicum appellant [...]. Basel: Perna 1583 [198 S.]

–   Tractatus singularis de lapide philosophorum; ex Gallica Latine factus. s. l. 1647.

Florian Neumann

Zwei furiose Philologen

Paganino Gaudenzio (1595–1649) und Kaspar Schoppe (1576–1649)

1. Paganino Gaudenzio und Kaspar Schoppe als »Philologen«

Als kurz vor der Mitte des 17. Jahrhunderts, im Jahre 1649, Paganino Gaudenzio und Kaspar Schoppe starben, verlor die *Res publica literaria* zwei bedeutende Köpfe. Beide, Gaudenzio und Schoppe, sind bei ihren gelehrten Zeitgenossen weithin bekannt gewesen: Paganino Gaudenzio, Professor für Politik, Geschichte und »belle lettere« an der Universität Pisa hatte durch seine ausgedehnte Korrespondenz mit den bedeutendsten Gelehrten in ganz Europa in Kontakt gestanden.[1] Kaspar Schoppe hatte zunächst als frühbegabter humanistischer Gelehrter, dann als Gesandter des Papstes und von hochstehenden Fürsten Anschen erworben, war aber in späteren Jahren nicht zuletzt aufgrund seiner Provokationslust und Streitsucht in der Politik und der Gelehrtenwelt zunehmend in die Isolation geraten.[2] Was die beiden Gelehrten verbindet, ist ihre Buchgelehrsamkeit und ihre Beschäftigung mit der lateinischen Sprache. Interessant – und für die Berufsbilder von Philologen im 17. Jahrhundert aufschlußreich – ist bei Gaudenzio und Schoppe, daß sie ihre philologischen Meriten auf unterschiedliche Weise erworben haben. In ihren späteren Lebensjahren haben sich ihre Wege auf dem Gebiet der Philologie zudem verschiedentlich gekreuzt. Die Begeisterung der beiden überzeugten Sprachgelehrten hielt sich bei diesen »Begegnungen« in Grenzen. Sie waren beide selbstbewußte Gelehrte, die in der »Philologie« eines ihrer wichtigsten Betätigungsfelder sahen, Gelehrte, die mit großem Einsatz auf einem Terrain der Gelehrsamkeit arbeiteten, das bekanntermaßen viel abverlangte: Wie wohl auf kaum einem anderen Gebiet setzten sie sich mit ihren philologischen Arbeiten der Kritik ihrer gelehrten Kollegen aus und konnten in ihren Augen nur bestehen oder fallen.[3] Und sie konnten das

---

[1] Zu seiner Biographie und zu seinen Werken v. a. Felice Menghini: Paganino Gaudenzio, letterato grigionese del '600. Milano 1941 (= Raccolta di studi storici sulla Valtellina, 3); seine Korrespondenz (nur Briefe an ihn) befindet sich heute in der *Biblioteca Vaticana*, Ms. Urb. lat. 1624–1629.

[2] Zu Schoppes Biographie: Mario D'Addio: Il pensiero politico di Gaspare Sciopplo e il Machiavellismo del Seicento. Milano 1962, bes. S. 7–253; zu verschiedenen Aspekten seiner Tätigkeit: Kaspar Schoppe (1576–1649) Philologe im Dienste der Gegenreformation, hg. von Herbert Jaumann. Frankfurt am Main 1998 (= Zeitsprünge. Forschungen zur Frühen Neuzeit, Bd. 2, Heft 3/4).

[3] Dazu die Bemerkungen von Anthony Grafton in: »Kaspar Schoppe and the Art of Textual Criticism«, in: Kapar Schoppe (1576–1649) Philologe im Dienste der Gegenreformation (wie Anm. 2), S. 231–243, hier: S. 232f.

Ansehen ihres Gegenüber durch philologische Kritik erheblich schmälern und machten davon auch Gebrauch.

Als »Philologen« haben sich Gaudenzio und Schoppe selbst nicht bezeichnet. Der Begriff »Philologie« hat in der frühen Neuzeit erst recht spät Verwendung gefunden und war zunächst – im Anschluß an Guillaume Budés Schrift *De philologia* – auch nicht nur auf das Tätigkeitsfeld begrenzt, auf das die »Philologie« heute festgeschrieben wird.[4] Für Gaudenzio und Schoppe war – wie zu zeigen sein wird – die »Philologie« als »Kunde von den Wörtern« durchaus ein Begriff, aber für ihre Selbstcharakterisierung standen ihnen Bezeichnungen wie »criticus«, »grammaticus«, »arte grammatica peritus« – oder etwas weiter gefaßt »homo litteratus« sowie »antiquitatis et scriptorum veterum litterate peritus« näher.

Wenn von den beiden Gelehrten im Folgenden dennoch als »Philologen« im Sinne einer Sammelbezeichnung von »Sprachforscher, Sprachkenner, Schriftkundiger« die Rede sein wird, dann hat das praktische Gründe: Es soll um die Tätigkeiten der beiden Gelehrten auf dem Gebiet gehen, das wir heute mit »Philologie« benennen, genauer: um ihre Auseinandersetzung mit Fragen der Wort- und Sprachgeschichte vornehmlich des lateinischen Idioms und ihre Beschäftigung mit Texten (v. a. römischer) Autoren.

Mit dieser so benennbaren Tätigkeit standen Gaudenzio und Schoppe in einer langen Tradition von Sprachgelehrten, die bis in die Antike, zu Gelehrten wie Varro und Aulus Gellius zurückgeführt werden kann, die aber erst seit dem 14. Jahrhundert im Zuge der Wiederentdeckung von Schriften antiker Autoren und der damit aufkommenden Bemühung um die Rekonstruktion einer möglichst ursprünglichen Textgestalt der neuentdeckten Schriften wieder einsetzte.[5] In Anlehnung an die Arbeiten der antiken Gelehrten hatten sich unter den die Texte rekonstruierenden Grammatikern fünf verschiedene Formen »philologischen« Arbeitens herausgebildet, in denen auch Paganino Gaudenzio und Kaspar Schoppe ihre Fähigkeiten unter Beweis stellten: 1. Die einzelne terminologische, lexikographische oder grammatikalische Observation in der Tradition der antiken Grammatiker, etwa eines Varro oder eines Aulus Gellius. 2. Die Erarbeitung terminologischer, lexikographischer Observationen an einem bestimmten Textkorpus mit dem Ziel der Emendation des Textes, also der (Wieder-)Herstellung des Urzustandes oder einer aufgrund der Zusammenschau der Überlieferungen des Textes als verläßlich angesehenen Textgestalt des entsprechenden Korpus. 3. Die Beschäftigung mit der Geschichte einer Sprache – sei es der lateinischen, griechischen oder den verschiedenen Volkssprachen –, der Versuch, diese Geschichte in Abschnitte zu gliedern und sprachhistorisch bestimmte Autoren für eine Periode der Sprachgeschichte als kanonisch festzuschreiben.

---

[4] De philologia libri II Gulielmi Budaei Parisiensis, Consiliarii Regii, Libellorumque supplicium in Regia Magistri: Ad Henricum Aureliensem, & Carolum Angolismensem, Regis filios. Paris (Iodocus Badius Ascensius) 1632; zum Hintergrund vgl. Eckhard Keßler: »Petrarcas Philologie«, in: Petrarca 1304–1374. Beiträge zu Werk und Wirkung. Herausgegeben von Fritz Schalk. Frankfurt 1975, S. 97–112, passim.

[5] Für den Überblick Rudolf Pfeiffer: Die klassische Philologie von Petrarca bis Mommsen. München 1982.

4. Die Reflexion über die menschliche Sprechfähigkeit, über die Sprache und ihre Ausdrucksfähigkeit, über das Verhältnis zwischen dem sprachlichen Zeichen und dem von ihm Bezeichneten und die Beschäftigung mit der in diesem Zusammenhang aufgeworfenen Frage nach der Entwicklung einer einzelnen Sprache oder mehrerer (oder auch aller bekannter) Sprachen in ihren Abhängigkeiten voneinander. 5. Die kritische Auseinandersetzung mit den philologischen Arbeiten anderer und die daraus entstehende philologische Streitkultur, wobei der Streit anhand von (offenen) Briefen, Traktaten – und dabei etwa der spezifischen Traktatform der Diatribe[6] – ausgetragen wird.

Für welche dieser Sparten philologischer Arbeit sich Paganino Gaudenzio und Kaspar Schoppe im einzelnen entschieden, welche Bedeutung sie ihnen beimaßen und welche Relevanz sie für eine Fallstudie über philologische Karrieremuster im 17. Jahrhundert haben können, dem soll im Folgenden nachgegangen werden. Daß dabei Paganino Gaudenzio im Mittelpunkt steht, hat nicht nur den Grund, daß seinen philologischen Arbeiten bisher im Gegensatz zu denen von Kaspar Schoppe in der Forschung noch keine Beachtung geschenkt wurde. Vielmehr läßt sich über Gaudenzio auch ein neuer kritischer Zugang zu Kaspar Schoppe und seinen philologischen Studien finden.

2. Paganino Gaudenzio

Paganino Gaudenzio als einen »furiosen« Gelehrten zu charakterisieren bedarf kaum der Begründung. Gaudenzio, gebürtiger Graubündener, Jahrgang 1595, seit 1627 bis zu seinem Tod Professor für »Literatur« (belle lettere), Politik und Geschichte an der Universität von Pisa, war ein Gelehrter der besonderen Art: Er war ein Polygraph der Superlative. Wenn der römische Gelehrte Leone Allacci seinen Freund 1646 aufforderte, er solle doch angesichts seiner zahlreichen Arbeiten daran denken, auch anderen Gelehrten noch etwas zum Schreiben übrig zu lassen,[7] so bediente er sich dabei keineswegs nur eines Topos. Gaudenzio schrieb in der Tat über Gott und die Welt. Vor allem Gedichte verfaßte er buchstäblich in Windeseile und über alles, was ihm in den Blick kam. Und das waren bei einem Mann seines Zuschnitts vor allem gelehrte Dinge. So verfaßte er Sonette auch weit weniger über die traditionellen, mehr oder weniger entrückten Damen als über Stoffe der Gelehrsamkeit. 1635 war er angesichts seines schon rekordverdächtigen Verseschreibens in Florenz vom Marquis Scipio Capponi zum Dichter gekrönt worden, auch wenn viele seiner Zeitgenossen von Gaudenzios poetischen Ergüssen wenig hielten.[8] In ihren Ohren mochte es dann schon wie eine Drohung klingen, wenn Gaudenzio ankündigte, eine Literaturgeschichte

---

6   Vgl. dazu meinen Beitrag »Jacob Friedrich Reimmann und die lateinische Philologie«, in: Skepsis, Providenz, Polyhistorie. Jacob Friedrich Reimmann (1668–1743), hg. von Martin Mulsow und Helmut Zedelmaier. Tübingen 1998, S. 177–199, hier bes. S. 189ff.

7   Biblioteca Vaticana: Ms. Urb. lat. 1626, fol. 411ʳ [8. September 1646].

8   Christian Gottlieb Jöcher: Allgemeines Gelehrten-Lexicon. Zweiter Theil. Leipzig 1750, Sp. 882–884; hier: Sp. 882.

in 700 Sonetten zu schreiben.[9] Das Projekt blieb allerdings unvollendet: der reimende Literaturhistoriker blieb beim 450. Sonett hängen.[10] Aber nicht nur mit seinen Gedichten, auch auf anderem Gebiet wirbelte Gaudenzio viel Staub auf. Seitdem er zum puren Entsetzen späterer Bibliographen vom Großherzog der Toskana die Erlaubnis erhalten hatte, in seinem Haus eine Druckerpresse aufzustellen,[11] war für Gaudenzio auch im Veröffentlichen von Traktaten und Büchern zu Themen der Philosophie, Jurisprudenz, Geschichte und Literatur kein Halten mehr. Giovanni Giovio, der Autor eines bio-bibliographischen Lexikons von Gaudenzios Heimat Graubünden, kapitulierte angesichts der Schriftenmengen des Gelehrten mit einem Horazvers: »da er schlammig daherfloß, gab's manches, das streichen man möchte«.[12] In der Tat erscheinen die von Gaudenzio veröffentlichten Werke als äußerst ambivalent. Bei z. T. guten, scharfsinnigen Gedanken weisen sie zahlreiche verwirrende Mängel auf. Der vielbeschäftigte, allzu zahlreichen Interessen ergebene Gelehrte litt offensichtlich fortwährend unter Zeitnot und hat manche seiner Werke schnell zusammengestückelt, hat Kapitel nachgestellt und immer wieder den Text unmotiviert mit Versen durchsetzt.[13] Gabiel Naudé hat seine Eindrücke von Gaudenzio und seinen Arbeiten gegenüber seinem Korrespondenten Jacques Dupuy folgendermaßen auf den Punkt gebracht: Gaudenzio, schreibt er, ein äußerst scharfsinniger und agiler Mann, täte gut daran, sich ein wenig Ruhe für seine Arbeiten zuzugestehen. Im Grunde genommen seien seine Bücher nicht schlecht, nur dringe Gaudenzio – offensichtlich aus Zeitmangel – niemals bis zum Kern der Dinge vor.[14]

Ob sich diese mangelnde Durchdringung auch an Gaudenzios philologischen Arbeiten erweisen wird, werden die folgenden Ausführungen zeigen. Fest steht auf jeden Fall, daß er eine große Zahl von Arbeiten verfaßt hat, die nach den oben angeführten Arbeitsbereichen frühneuzeitlicher *Critici* als »Philologica« zu bezeichnen sind,[15] die aber vielleicht gerade wegen Gaudenzios publizistischem

9   La letteraria historia spiegata da Paganino Gaudentio. Con settecento sonetti, de' quali escono adesso quattrocento cinquanta, e Dedicata all' Eminentiss.[imo] e Reuerendiss.[imo] Sig. Cardinale Gio[vanni] Giacomo Pancirolo. In Pisa (per Nicolaio di Gio. Fiorentino) 1648.
10 Ein zweiter Band der *Letteraria historia* (wie Anm. 9) ist nicht erschienen.
11 Christian Gottlieb Jöcher: Allgemeines Gelehrten-Lexicon. Zweiter Theil. Leipzig 1750, Sp. 883.
12 Horaz: Sermones I.4,11: »cum flueret lentulus, erat quod tollere velles«.
13 Ein typisches Beispiel dafür ist sein Werk De candore politico in Tacitum diatribae XIX. Pisa (ex typographia Philippi Papini) 1646.
14 Lettres de Gabriel Naudé à Jacques Dupuy (1632–1652). Edition critique, introduction et notes par Philipp Wolf. Edmonton 1982, S. 82 [Rom, 10. September 1639].
15 Die Arbeiten sind allesamt in Manuskriptform in der Biblioteca Apostolica Vaticana erhalten; in numerischer Reihenfolge: *Verba Statii*, Urb lat. 1556, fol. 82[r/v]; *De nominibus Sfortiae et Galeacii*, Urb.lat. 1569, fol. 191[r/v]; *Origine d'alcuni vocaboli italiani*, Urb lat. 1583, fol. 222[r]–226[v]; *De audacia styli Statiani*, Urb lat 1586, fol. 1[r]–63[v].; *De pura latinitate liber*, Urb.lat 1589, fol. 2[r]–83[v].; *De novis vocabulis in nova materia inveniendis*, Urb.lat. 1593, fol. 34[r]–44[v]; *De origine linguarum*, Urb.lat. 1593, fol. 171[r]–175[v]; *Le origini della lingua toscana*, Urb.lat. 1595, fol. 1[r]–177[v] [eigener Kodex]; *De filologia libri tres*, Urb.lat. 1598, fol. 1[r]–210[v] [eigener Kodex]; *De verbo ocioso*, Urb.lat. 1599, fol. 314[r/v]; *Animadversio in quaedam verba Aristotelis*, Urb.lat. 1599, fol. 328[r]–329[v]; *Liturgia quid*

Furor und weil sie im Manuskript verblieben sind, bisher in der Forschung keine Beachtung gefunden haben.[16] Warum aber hielt Gaudenzio seine Arbeiten im Manuskript zurück? Zweifelte er an der Qualität der Arbeiten, wohl wissend um die Ansprüche, die gerade an philologische Publikationen gestellt wurden, wo doch ein Gelehrter mit seinen Veröffentlichungen zur Philologie stand und fiel – und wollte er angesichts dessen das Risiko nicht eingehen? Seine einschlägigen Arbeiten weisen in der Tat viele Spuren der Überarbeitung auf. Sie sind also keineswegs nur »hingeworfen«, sondern exakt durchgearbeitet. Aber warum veröffentlichte er sie dann nicht?

Der Grund für Gaudenzios Interesse an der Philologie wird in seiner umfangreichsten philologischen Arbeit, den insgesamt rund 170 kurzen Kapiteln der *De philologia libri tres* deutlich. Gaudenzio sieht sich mit seinen lexikographischen Einzelbeobachtungen in antiker Tradition: »Es steht fest«, schreibt er in seinem kurzen Vorwort an die Leser, »daß von den Alten Bücher über philologische Dinge [philologiarum libri] geschrieben worden sind, in denen sie zweifellos von der Verwandtschaft der Wörter und ihrer wahren Bedeutung handelten.« »So«, fährt er fort, »hat sich Festus geübt, so Varro, als er die Bücher über die lateinische Sprache herausbrachte. Von dieser Art hat Labeo ohne Zweifel viel dargelegt, dem dann andere Rechtsgelehrte gefolgt sind.«[17] Und auf sich bezogen erklärt er: »So bin ich schließlich den Spuren derartiger Männer gefolgt und habe einiges zur Philologie, das heißt zur genauen Kenntnis der Wörter, zusammengestellt.«[18]

---

proprie significet, Urb.lat. 1600, fol. 251$^{r/v}$; *Emendatio quaedam Lipsii*, Urb.lat. 1600, fol. 256$^{r/v}$; *De charactere dicendi Petroniano – de verbis valere, ardere, relevare*, Urb.lat. 1602, fol. 4^r–5^v; *Exponentur nonnulla vocabula Anastasii*, Urb. lat. 1602, fol. 28^r–30^v, *Quatenus definitio homonymorum sit diversa*, ebd., fol. 33$^{r/v}$; *Unde dicta exceptio*, ebd., fol. 44$^{r/v}$; *An omne verbum sit ambiguum, an nullum?*, ebd., fol. 54$^{r/v}$; *De perditarum linguarum fragmenta*, ebd., fol. 129^r–155^v; *De origine quorundam vocum italicorum*, ebd., fol. 165^r–193^v; *Nonullarum vocum italicarum et gallicarum origines*, ebd., fol. 261^r–262^v; *De origine linguae italicae Capp. XX*, Urb. lat. 1604, fol. 337^r–374^v; *De latinistarum sermone Capp. XIV*, ebd., fol. 375^r–403^v; *In antiquitates quasdam editas sub nomine Prosperi Faesulani*, Urb. lat. 1605, fol. 104^r–133^v; *De iis, quae ambiguae sunt dicta apud Plautum, dissertationes II.*, ebd., fol. 167^r–184^v; *De pura latinitate alter liber in quo adversus reprehensiorem Vossii et aliorum disputatur capp. XI.*, ebd., fol. 1^r–68^v; *De aetatibus linguae latinae adversus recentiorem grammatistam*, Urb. lat. 1609, fol. 1^r–59^v; *De latino sermone observationes oppositae reprehensiori Grossippo (Scioppio)*, ebd., fol. 60^r–208^v; *De retentis iisdem vocabulis saepe significatio immutatur*, Urb. lat. 1616, fol. 136^r–144^v; *De origine quorundam vocabulorum apud italos et germanos*, ebd., fol. 152^r–156^v; *Quatenus annalium et historiae nomine idem significetur*, ebd., fol. 162^r–166^v; *Diversum esse sermonem iurisconsultorum, ab eo quo utuntur alii scriptores*, ebd., fol. 167^r–172^v; *De significatu vocabuli dominus*, ebd., fol. 233^r–239^v.

16 Ein weiterer Grund dürfte in der Tatsache zu suchen sein, daß die Schriften zum größten Teil in der schwer lesbaren Handschrift Gaudenzios überliefert sind.

17 Paganini Gaudentii De Philologia libri tres, Bibl. Vat.: Ms. Urb.lat. 1598, fol. 2^v. [Pisa 1643]: »Philologiarum libros constat ab antiquis conscriptos fuisse, si quibus sine dubio de vocabulorum germano, veroque significatione agebant. Sic se exercuit Festus, sic Varro cum de lingua latina ederet libros. Talia multa abque dubio exposuit Labeo, quem deinceps secuti sunt alij jurisconsulti.«

18 Ebd., fol. 2^v: »conieci nonnulla ad Philologiam, hoc est exactam uocabulorum cognitionem facientiam«.

Das Programm das sich Paganino Gaudenzio in seinen rund 170 in der Regel
2 bis maximal 4 Folioseiten umfassenden Kapiteln vorgenommen hat, ist breit.
Das wird schon an den angeführten Autoritäten deutlich. Festus Sextus Pompeius, der Grammatiker des zweiten nachchristlichen Jahrhunderts, hatte das
Glossar *De verborum significatu* des Verrius Flaccus in einer Epitome zusammengestellt.[19] Varro hatte sich in seinen Büchern *De lingua latina* bekanntlich
nicht nur über die Etymologie der lateinischen Wörter ausgelassen, sondern hat
auch – in den heute verlorenen Büchern 11 bis 25 – Fragen der Formen- und
Satzlehre erörtert.[20] Auch Antistius Labeo, einer der bedeutendsten Rechtsge-
lehrten der Augusteischen Zeit, konnte Paganino Gaudenzio, dem Professor der
Jurisprudenz, zum Vorbild dienen: Labeo galt als Erneuerer der römischen
Rechtswissenschaft und hat in seiner Lehre (von der wir allerdings nur bruchstückhaft durch Aulus Gellius informiert sind)[21] darauf hingewiesen, daß Worterklärungen, und Definitionen für den Juristen von größter Bedeutung sind, daß
Grammatik und Etymologie für die juristische Tätigkeit fruchtbar gemacht werden können und müssen.[22] – Wie hier deutlich wird, ist die Beschäftigung mit
philologischen Fragen für Gaudenzio also nicht nur eine Arbeit für den Gelehrten allgemein, sondern eine notwendige Tätigkeit für den Juristen im besonderen.[23]

Ein nur kurzer Blick auf die *De philologia libri tres* macht deutlich, daß
Gaudenzio in den Kapiteln, die er 1643 in einer druckfertigen Manuskriptfassung zusammengestellt hat, recht unterschiedliche Themen behandelt. Sie können in fünf Gruppen zusammengefaßt werden, stehen im Text aber weitgehend
unmotiviert nebeneinander: Allen voran, erstens, Kapitel zur Verwendung von
einzelnen Wörtern – wie etwa im Kapitel *De exemplo* die Erklärung (mit zahlreichen Textbeispielen aus Plautus, Cicero, Terentius, Horaz, Petronius und der
Vita Sancti Epipharii des Ennodius [Anf. 6. Jh. n. Chr.]), daß »exemplum« nicht

---

[19]   Vgl. dazu Carl Hosius: Geschichte der Römischen Literatur. Bd. II. München 1935,
       S. 362ff.
[20]   Vgl. Martin Schanz: Geschichte der römischen Literatur. Bd. I. München 1898, S. 374–
       377.
[21]   Gellius: Noctes Atticae XIII,10.
[22]   Gaudenzio singt in einem seiner Sonette seiner gereimten Literaturgeschichte ein Lob auf
       Labeo (Gaudenzio: La letterata historia [wie Anm. 9], S. 143): »Intrepida fierezza, ardor
       inuitto / Lampeggia in Labeone, che non cede / D'Augusto ai rai, ne al cenno suo concede /
       Dogmi contrarij al publico profitto, // Calcando de gli antichi il camin dritto, / Implorando
       d'Astrea la schietta fede, / Che in due, e in dieci tauole risiede / Dando castigo aspprissimo
       ai delitti. // O vai ch' ai gran Monarchi rispondete / Interrogati di ragion ciuile / per spegner
       con le leggi di lor sete // Imitate seguite l'altro stile / Di grand'huom, maggior le fosco lete /
       Maggior d'ambizion, guadagna vile.«
[23]   Darauf hat er auch in einem seiner Sonette (mit dem Titel: »Dell'accoppiar belle lettere,
       filosofia, eloquenza alla Legge«) in seiner gereimten Literaturgeschichte hingewiesen. Vgl.
       Gaudenzio: La letterata historia [wie Anm. 9], S. 148, in dem er weitere Vorbilder benennt:
       »Se Quinto Tuberon fiori leggista / E professor di stoico sapere, / Ognun con gran chiarezza
       sa vedere, / Che può il Giureconsulto esser artista. // Labeon fù filologo humanista, / E pur
       al fonte de le leggi bere / Fu visto, ed esporre le sentenze vere, / Con cui nome nel foro si
       conquista. // Celio chiamato Antipatro compose / Con eloquenza i fatti de i Romani / Fù
       Lucio Crasso autor di prose. // Dunque nostrali legulei son vani, / pensando l'arti esser
       contrarie cose / Di legge a i saggi interpreti sourani.«

nur für ein positives, nachzuahmendes Beispiel steht, sondern auch zur Benennung von negativen, abschreckenden Geschichten herangezogen wird.[24] Zahlenmäßig an zweiter Stelle rangieren die Kapitel über Wortbedeutungen, ebenfalls mit zahlreichen Belegen.[25] An dritter Stelle finden sich Etymologien,[26] dann die Erläuterungen von Redewendungen;[27] und unter der Reihe der Kapitel, die mit »Quid est...?« oder »Quod est...?« überschrieben sind, lassen sich schließlich Sacherklärungen in der Kombination mit Ausführungen zu Wortbedeutungen subsumieren.[28]

Gaudenzio bedient sich zum Belegen seiner Ausführungen in den *De philologia libri tres* aus der ganzen römischen Literatur von den ersten Zeugnissen bis weit in die Spätantike, genauer: bis ins sechste Jahrhundert hinein. Trotz dieses weiten Spektrums läßt sich jedoch eine besondere Vorliebe ausmachen: eine Vorliebe für Statius, auf dessen Vokabular er in zahlreichen Kapiteln – etwa vierzig, also etwa ein Viertel der gesamten Kapitelzahl – eingeht.[29]

Die auffällig häufige Nennung von Statius könnte vermuten lassen, daß Gaudenzio sich mit einer Ausgabe der *Silvae* oder der *Thebais* trug, doch erweist sich dies bei der Durchsicht seines erhaltenen Nachlasses als Fehlschluß. Absichten mögen bestanden haben, aber für die äußerst aufwendige und zeitraubende Arbeit an der Emendation eines Texts brachte der vielbeschäftigte Gaudenzio offensichtlich keine Zeit auf. Über die dazu notwendigen profunden Kenntnisse in der römischen Literatur und der lateinischen Philologie verfügte er allerdings. Das machen die drei Bücher *De philologia* hinreichend deutlich. Nur

---

24 Vgl. Ms. Urb. lat. 1598, fol. 10[r/v]; Gaudenzios Belege (in der Reihenfolge der Nennung bei Gaudenzio: Zum Lobe einer Frau spricht man von »pudicitiae exemplum«; Belege: pudicitiae exemplum (Petronius: Satyricon 111.5); Foemina stupendae sanctitatis, et singularis exempli (Ennodius: Vita Sancti Epiphanii, Migne PL Dd. 63, Sp. 218), »exemplum« kann im positiven und im negativen Sinne verwendet werden; Belege – betont positiv: ut non bona exempla proderit (Tacitus: Historiae 1.3,2); Spiel mit dem Wort: [Theopropides:] »Exempla edepol ego faciam in te [Tranio:] quia placeo / exemplum expetis« (Plautus: Mostellaria, 1116); Exempla lehren und schrecken ab: »uterque in te exempla edent« (Terentius: Eunuchus, 1022); Exemplum als etwas Vorbildhaftes: »nam cum esset ille vir exemplum, ut scitis, innocentiae cumque illo nemo neque integrior esset in ciuitate nequesanctior« (Cicero: De oratore I.229); »Laudant fabrum atque aedeis probant, quisque uide exemplum expetunt« (Plautus: Mostellaria, 103); »exemplum vitae morumque« (Horaz: Ars poetica, 317; heutige Lesart: »exemplar vitae morumque«).

25 Z. B.: fol. 14[r/v]: »an et qui sint hyperborei? Arco natus«; fol. 33[r/v]: »quis dicatur damnatus?« fol. 34[r/v]: »De verbo tenere«; fol. 58[r/v]: »De uerbo intrare apud Statium«; fol. 84[r/v]: »Pauper quis dicatur?« fol. 92[r/v]: »Quando urbs mori dicatur?«

26 Z. B.: fol. 12[r/v]: »Unde dicantur opima spolia, et quod sint?« fol. 60[r/v]: »Custodia, carcer et vincula«; fol. 86[r/v]: »De origine verbi stipulor«; fol. 120[r/v]: »Unde dicantur parcae?«

27 Z. B.: fol. 17[r/v]: »Liccare permessida. Amicae spoliatrices ungula perdens. rotare Bassaridos noues mittas?« fol. 24[r/v]: »Pastor temerarius sedere iudicis. an fustibus pulsentur limia?« fol. 32[r/v]: »nomen ad astra ferre«; fol. 38[r/v]: »sub pedibus habere aut ponere«; fol. 75[r/v]: »calcare pedibus«, fol. 133[r/v]: »Fontes dicuntur uiuere, et uultus«.

28 Z. B.: fol. 36[r/v]: »Quod sit infuscare merum?« fol. 41[r/v]: »Quid sit audientia Episcopalis?« fol. 42[r/v]: »In vita Caroli quod sit Synodus?« fol. 57[r/v]: »Quod sint Parrasia uellera?« fol. 61[r/v]: »Quod sint foricae, et foricarij?« fol. 124 [r/v]: »Quod sint Basanides?« fol. 127[r/v]: »Quod sit fabula uulgi?«

29 Gaudenzios Vorliebe für Statius wird auch an der Zahl der Sonette deutlich, die er dem römischen Dichter in seiner gereimten Literaturgeschichte widmet; vgl. Gaudenzio: La letterata historia, S. 316–322 (= Sonett 316–322).

brachte er sein Wissen in anderen Bereichen philologischer Aktivität zur Anwendung.

Besondere Bedeutung maß Gaudenzio der Beschäftigung mit Sprachgeschichte bei. Das hatte seine Gründe: Die Auseinandersetzung mit der historischen Entwicklung der Sprachen kann wiederum als Ausfluß von Gaudenzios Lehrtätigkeit verstanden werden. Das wird bereits an einigen kleineren einschlägigen Publikationen deutlich. So nimmt Gaudenzio etwa in seinem kurzen Traktat über die Notwendigkeit von Neologismen[30] die Verteidigung des Dichters Nonnos, dessen Verwendung des Wortes »Mythos« für die Person Christi in seiner Paraphrase des Johannesevangeliums kritisiert worden war, zum Anlaß, weitere Reflexionen über Wortneuschöpfungen anzustellen.[31] Für Gaudenzio entbehrt nicht nur die Kritik an Nonnos jeglicher Grundlage, weil »Mythos« keineswegs nur »erfundene Geschichte« sondern auch »einfache wahrhafte Darstellung« bedeute und damit Christus durch Nonnos nicht herabgewürdigt werde.[32] Für ihn stellt sich in diesem Zusammenhang ein weit allgemeineres Problem: Bei jeder Darstellung neuer Sachverhalte, führt Gaudenzio aus, stellten sich Schwierigkeiten ein, denen gegebenenfalls nur mit uneigentlichen Wortverwendungen oder richtiggehenden Wortneuschöpfungen begegnet werden könne. Das Problem veranschaulicht er anhand des von Platon eingeführten Begriffs der »Idea« und der »Entelechie« des Aristoteles, die Cicero nicht richtig habe wiedergeben können,[33] wie es ja – wie Gaudenzio erklärt – überhaupt schwierig sei, philosophische Begriffe von einer Sprache in die andere zu übertragen. So habe z. B. auch Lukrez mit ausdrücklichem Hinweis auf die Dürftigkeit der lateinischen Sprache darauf verzichtet, die »Homoeomeria« des Anaxagoras ins Lateinische zu übersetzen.[34] Um so größer sei daher die Leistung eines Plinius d. Ä. und eines Vitruv zu bewerten, die deutlich vor Augen geführt hätten, daß durch terminologische Neubildungen die Ausdrucksmöglichkeiten in einer Sprache erweitert werden könnten.[35]

Wie die Dichtung und die Philosophie, so bringen es auch alltägliche Dinge mit sich, daß die Sprache um Fremdwörter bereichert werden muß, etwa wenn in

---

[30] De novis vocabulis in nova materia inveniendis, Urb.lat. 1593, fol. 35ʳ–41ᵛ.

[31] Die Textstelle: Nonnos: Παραφράσις Εὐαγγελίου, v. 8; die Kritik, auf die Gaudenzio hier reagiert, dürfte die von Daniel Heinsius sein: Danielis Heinsii Aristarchus sacer sive ad Nonni in Johannem Metaphrasim Exercitationes. Lugduni Batavorum (ex officina Bonaventurae & Abrahami Elzevir. Academ. Typograph.) 1627; zur Verwendung von λόγος und μῦθος bei Nonnos hier bes. Exercitationes, Cap. III. [S. 58–104], S. 73ff. Die jüngere Forschung geht im übrigen davon aus, daß die Paraphrase des Johannesevangeliums nicht von Nonnos selbst, sondern von einem frühen Nachfolger des Nonnos geschrieben wurde; vgl. dazu Francis Sherry: The Hexameter Paraphrase of St. John attributed to Nonnus of Panopolis. Prolegomenon and Translation. Ann Arbor / Michigan 1992 (= Diss. Columbia University 1991).

[32] Vgl. Urb. lat. 1593, fol. 35ʳ.

[33] Vgl. ebd., fol. 38ʳ/ᵛ.

[34] Vgl. ebd., fol. 40ʳ. Die Verse des Lukrez: De rerum natura I, 830–833: »Nunc et Anaxagorae scrutemur homoeomerian / quam Grai memorant nec nostra dicere lingua / concedit nobis patrii sermonis egestas«. Zu diesem Problemkreis auch Lukrez: De rerum natura I, 136–139.

[35] Vgl. ebd., fol. 40ᵛ/41ʳ.

einem Land vorher unbekannte Dinge eingeführt werden. Gaudenzio verweist hier im Rahmen einer weiteren kleinen Abhandlung[36] auf Neologismen französischen und italienischen Ursprungs bei den Deutschen,[37] mehr noch aber auf Wortneuschöpfungen griechischer Provenienz bei den Römern. Für die Graecismen der Römer macht er neben der Übernahme von Riten und öffentlichen Einrichtungen die Dichter – besonders Ennius und Plautus – und die Redner verantwortlich, die sich an griechischen Vorbildern geschult hätten und folglich die griechische Fachterminologie in ihre Muttersprache eingeführt hätten.[38] Auch in der italienischen Sprache macht Gaudenzio angesichts von Dante, Petrarca und Boccaccio ähnliche Bildungen von neuen Wörtern aus, ein Verfahren das ihm – durch die Namen der berühmten Autoren gleichsam geadelt – als nachahmenswert erscheint.

Angesichts dessen stellt sich für Gaudenzio in nicht geringerem Maße überhaupt die Frage nach der Entwicklung der Sprachen. Dem Problem des Ursprungs der Sprachenvielfalt und der Frage, welche die erste Sprache gewesen ist, lohnt es sich seiner Meinung nach allerdings nicht nachzugehen.[39] Denn was könne man dabei in Anbetracht der schlechten Quellenlage schon feststellen?[40] Allenfalls über die Untersuchung der Entwicklung der verschiedenen Sprachen, erklärt er in seiner kurzen Abhandlung *De origine linguarum*,[41] könne man schließen, welche Sprache wann und unter welchen Bedingungen entstanden sei. Die tiefergreifende Frage aber, ob die Menschen seit jeher gesprochen hätten, ist für ihn nicht klärbar. Gewiß könnte, schreibt er in Anlehnung an Quintilian oder Herodot,[42] bei dem Versuch noch sprechunfähige Kinder allein in einem Wald auszusetzen, erwiesen werden, daß sie einige Worte ausbilden würden; von Sprechfähigkeit könne dabei aber nicht die Rede sein.

Angesichts der Tatsache, daß es zu seiner Zeit viele Länder mit Sprachen gab, deren Ursprung niemand kannte und aufgrund des Fehlens von älteren Zeugnissen auch nicht ausgemacht werden konnte, eröffnen für ihn nur Beobachtungen in den Entwicklungen jüngerer Sprachen eine Annäherung an eine Antwort. »Wir können«, schreibt er, »nicht leugnen, daß wir den Ursprung einiger Sprachen kennen, da doch feststeht, daß aus der verderbten lateinischen Sprache drei Sprachen hervorgegangen sind: die französische, die italienische und die spanische; denn als einst das Imperium Romanum in Blüte stand, haben die Italiener, Franzosen und Spanier nicht so gesprochen, wie wir es sie heute

---

[36] De augmento linguarum dissertatio, Urb.lat. 1593, fol. 176^r–180^v.
[37] Vgl. ebd., fol. 177^r.
[38] Vgl. ebd., fol. 177^{v}f.
[39] Vgl. De origine linguarum, Urb.lat. 1593, fol. 175^v.
[40] Über die Forscher, die sich mit diesen Fragen auseinandersetzen, schreibt er ebd., fol. 175^v. »[...] dicam ineptos esse qui altercantur de antiquitate linguarum, unamque alteram aiunt esse uetustiorem, cum tamen earum omnium (exceptis paucis quarum initium notum est) principium ignoretur. nam si duarum linguarum initium nobis lateat, numquam unam altera antiquiorem esse poterimus affirmare.«
[41] De origine linguarum dissertatio, Urb.lat. 1593, fol. 172^r–175^v.
[42] Vgl. ebd., fol. 172^r; Gaudenzio bezieht sich hier vermutlich auf Quintilian: Institutio oratoria X,1(10) oder auch auf Herodot II,2.

tun hören.«[43] Wie diese Entwicklung – eine Vermischung des Lateinischen mit der Sprache der Bewohner des jeweiligen Teils des Römischen Reichs – im einzelnen vor sich gegangen sei, könne nur schwer nachgewiesen werden. Ähnlich verhält es sich für ihn mit dem Aramäischen, das er als Produkt der Mischung aus der chaldäischen und der syrischen Sprache ansieht:[44] es könne zwar die Entstehung einer neuen Sprache konstatiert werden; wie die Entwicklung aber im einzelnen verlaufen ist, sei nur schwer aufzuzeigen. Allenfalls eines kann für Gaudenzio anhand von diesen Beispielen aufgewiesen werden: daß es ältere und jüngere Sprachen gibt.

In dem Bereich der »relativen« Sprachgeschichte, der Geschichte der Entwicklung von neuen Sprachen aus überkommenen anderen Sprachen, hat sich Gaudenzio dann auch besonders beschäftigt. So versucht er in einem größeren Werk eine These zur Entstehung der lateinischen Sprache des Mittelalters zu entwerfen.[45] Auch hier spricht Gaudenzio wieder als philologisch gebildeter Jurist. Das Latein des Mittelalters bezeichnet er als Produkt des Lateins der Kirchenväter in Verbindung mit dem der Juristen seit Justinian und der Autoren im Umkreis von Karl dem Großen. Zur Unterscheidung vom Latein der Antike bezeichnet er die Sprache der Kirche und der Verwaltung zwischen etwa fünftem und neuntem Jahrhundert als *latinistarum sermo* – in bewußter Umgehung der Bezeichnung ihrer Sprache als eines »barbarischen Lateins«.[46] Das Werk ist keineswegs – wie es etwa bei den drei Büchern *De philologia* scheinen mochte – das Produkt seiner Mußestunden. Er verfolgt darin vielmehr von seiner juristischen Tätigkeit ausgehend praktische Zwecke. Der kleine erläuternde Hinweis zu seiner Tätigkeit im Titel des Werkes – *Paganini Gaudentij Iurisconsulti De latinistarum sermone* – macht dies schon deutlich. Gaudenzio schrieb als Jurist, und seine erklärte Absicht war es, mit seiner rund 60 Manuskriptseiten umfassenden Arbeit jenen zu nützen, »die sich die Mühe machen, die Kirchenväter, die Synoden, die Kapitularien Karls des Großen, die Geschichtswerke oder sonstigen Schriften dieser Jahrhunderte zu lesen.«[47] Und entsprechend folgen auf

---

[43] Vgl. ebd., fol. 174ʳ: »negare [...] non possumus quandam linguarum originem nobis esse notam, cum constet ex corrupta lingua latina exortas tres, gallicam, italicam, hispanicam. non enim olim cum floreret Imperium Romanum sic loquebantur Itali, Galli, et Hispani, ut hodie eos audimus fare.«

[44] Vgl. ebd. fol. 174ᵛ: »Animaduertere etiam est hebreos cum redissent ex regione Chaldaeorum architectatus aliquatenus fuisse nouam linguam conflatam ex chaldaea et syra. Ita nec Syrice nec uere Chaldaice loquebantur.«

[45] Paganini Gaudentij ICti De latinistarum sermone liber, Biblioteca Vaticana: Urb.lat. 1604, fol. 375ʳ–403ᵛ.

[46] Vgl. dazu bes. *Cap. I. Latinistarum sermonem non debere appellari barbarum* (fol. 377ʳ–378ᵛ), in dem er sich kritisch über die Trennung von »hellenistisch« und »barbarisch« bei den Griechen und entsprechende Wendungen bei den Römern ausläßt. Angesichts eines Cicero müßten dann ja alle spätantiken Autoren – er nennt Tertullian, Cyprian, Augustin, Ambrosius, Gregor und Leo – wie auch die christlichen Kaiser und deren juristische Codices als »barbarisch« bezeichnet werden. Gaudenzio kritisiert (ebd. fol. 377ʳ) den Autor des *Glossarium Graecobarbarum* (Lugdunum Batavorum, 1610), Johannes Meursius, daß er die griechische Sprache der hellenistischen Epoche als »Graecobarbara« bezeichnet habe, denn: »aliud est esse Hellenistam et hellenistice loqui, aliud barbarum«.

[47] Im Zusammenhang: Gaudenzio schreibt, er könne auf die Frage, wozu sein Werk nützlich sei, nur so antworten: »Responderi non dubito profuturum spero laborem meum ijs, qui

die Ausführungen zur Sprachgeschichte der drei einleitenden Kapitel auch 11 weitere Kapitel mit ausführlichen Belegen aus den Werken der angesprochenen Periode und Worterklärungen. – Dies stellte zu seiner Zeit noch ein Desiderat dar.

Stand die Beschäftigung mit der Latinistischen Sprache im Zusammenhang mit Gaudenzios Lehrtätigkeit in der Jurisprudenz, ist sein Traktat *De origine linguae italicae*[48] Ausfluß seiner Tätigkeit als Professor der »schönen Literatur«. Er bezog mit der Schrift in einer der wichtigsten (wenn nicht sogar der wichtigsten) Diskussionen der italienischen Gelehrtenwelt Position: in der »Questione della lingua«, also der Frage nach der italienischen Hochsprache, verbunden mit der Erörterung ihrer Entstehung.[49] Gaudenzio geht in diesem Zusammenhang auf die verschiedenen Ursprungsthesen zur Entstehung des Italienischen ein, wobei er sowohl das Hebräische als auch das Provenzalische als Sprachen, aus denen sich das Idiom der Italiener entwickelt haben sollte, ablehnt.[50] Dabei setzt er sich nicht nur kritisch mit Christian Becmanns These von der Herleitung des Lateinischen, Griechischen und Deutschen aus dem Hebräischen[51] auseinander, sondern widerlegt auch minutiös Pietro Bembos Behauptung, das Italienische sei auf französischem Boden – in der Provence – entstanden.[52] Vor allem Bembo hält er eine ganze Liste von Wörtern entgegen, die nicht (notwendig) provenzalischen Ursprungs sind und bringt dagegen seine These vom latinistischen Ursprung des Italienischen in Anschlag.[53] Wenn Bembo, argumentiert Gaudenzio, die Autoren vor allem des 8. und 9. Jahrhunderts gelesen hätte, hätte er den provenzalischen Ursprung des Italienischen niemals behauptet.[54] Gaudenzio entschuldigt Bembo allerdings damit, daß die entsprechenden latinistischen Werke zu seiner Zeit noch nicht publiziert gewesen seien. Wenn aber, schreibt Gaudenzio, eine Streitfrage darüber entstünde, wer – Provenzalen oder Italiener – ein ähnlich- oder gleichklingendes Wort früher verwendet hätte, dann seien es auf jeden Fall die Italiener gewesen, denn der Sitz der lateinischen Sprache, aus der sich Sprachen wie das Französische und das Provenzalische entwickelt hätten, sei nun einmal

---

operam impendent lectioni Patrum latinorum, Synodorum, Capitularum Caroli M., historicorum, caeterorumque scriptorum eiusdem [et] notae eorumdemque fere seculorum. Adde multos rectius intellecturos vocabula nostratis linguae Italicae, cum ia[m] integro libro ostenderim italicam linguam initia sua imputare sermoni latinistarum.« (ebd. fol. 380ᵛ/381ʳ).

48 Ms. Biblioteca Vaticana: Urb.lat.1604, fol. 338ʳ–374ᵛ.
49 Zum Überblick: Bartolo Tommaso Sozzi: »Questione della lingua«, in: Dizionario Critico della letteratura italiana. Vol. II. Torino 1986, S. 620–630.
50 Vgl. Ms. Biblioteca Vaticana: Urb.lat.1604, Kap. I–III, fol. 338ʳ–341ᵛ.
51 Dazu Christiani Becmani Bornensis De originibus Latinae Linguae et Quod ex illis eruatur germana significandi proprietas. Cum prefatione Josephi Scaligeri, Jul. Caes. à Burden F[ilio]. Wittebergae (apud Paulum Helvichium Bibliopol.) 1609, bes. S. 1–21. Christian Becmann (1580–1648) war nach dem Studium der Philosophie und Theologie Rektor an Schulen in Naumburg, Mühlhausen, Amberg und Bernburg, seit 1627 Superintendent und Pfarrer der Reformierten in Zerbst.
52 Vgl. Pietro Bembo: Prose della volgar lingua, in: ders.: Prose della volgar lingua. Gli Asolani. Rime. A cura di Carlo Dionisotti. Torino 1966, S. 71–309, hier: 89–105.
53 Vgl. Ms. Biblioteca Vaticana: Urb.lat.1604, fol. 342ʳ–343ᵛ.
54 Vgl. ebd. fol. 344ʳ.

Italien gewesen.[55] Im Anschluß daran stellt er den Beispielen von Bembo seine eigenen gegenüber, etwa, wenn er aufweist, daß das italienische *obliare* (vergessen) nicht aus dem Provenzalischen kommt, sondern aus der bei den Italienern häufig anzutreffenden Kürzung von Wörtern hervorgegangen ist, wie auch *oblivio* zu *oblio* geworden ist.[56] Und er liefert eine große Zahl weiterer Belege für seine These vom Ursprung des Italienischen aus dem »Latinistischen«.[57]

Seine fundierten philologischen – oder genauer: sprachhistorischen – Kenntnisse gaben Paganino Gaudenzio auch die Möglichkeit, in einer seinerzeit aktuellen Diskussion einen fundierten Beitrag zu leisten: in der gelehrten Auseinadersetzung um die Echtheit der sogenannten »Etruskischen Altertümer«. Im Jahre 1635 hatte der aus Volterra stammende junge Gelehrte Curzio Inghirami im Park einer Villa in Volterra, die seiner Familie gehörte, vorgeblich antike Gegenstände und Schriften gefunden, die er als etruskisch identifizierte und zwei Jahre später in Frankfurt veröffentlichte.[58] Auf die Publikation dieser »Ethruscarum antiquitates« hatte der römische Gelehrte Leone Allacci 1640 mit einem kritischen Kommentar geantwortet,[59] auf den er selbst zwei Jahre später unter dem Namen Benno Durkhundurkius zugunsten von Inghirami erwiderte.[60] 1645 hatte es auch Inghirami selbst unternommen, eine Verteidigungsschrift zu veröffentlichen.[61] Auf sie hat dann Gaudenzio mit seinem im Manuskript ver-

---

[55]   Vgl. ebd., fol. 344ᵛ.
[56]   Vgl. ebd., fol. 342ʳ; dazu Bembo: Prose (wie Anm. 52), S. 94.
[57]   Vg. ebd., fol. 344ᵛ/345ʳ, z. B. eine Passage, die einen Eindruck von Gaudenzios Argumentationsweise geben kann: »Sed ad rem accedamus. Battaglia latinisticum est batualia, et battere de quibus suo loco. caballiatte itidem latinisticum est, quodque me expositum est in libro originum Italiae linguae, quod [...] conscripsi quemque nam fere ad [finem, F.N.] deduxi. Feudo latinitice feudum communem sententiam trahit a Germanis. alij deducunt a latinorum fide, quod mihi magis arridet. Certe Prouinciales non nobis id dederunt. [...] Mattino apud Italos decurtatum a latino Matutino manauit. Martyre a latinistico Martyrium factum est nam martyrium non inferebatur a tormentis, absque morte, quacumque dolore coniuncta est. quod mirum, si Itali dixere tormento et dolore, martire, martiro? Megliorare absque controuersia ex latinistico est fonte, nam in Capitulis Caroli Magni legitur uerbum meliorare pro meliorem reddere. Paura uidetur factum ex latino pauor, facta transpositum ultimae litterae et mutata uocali o in a. piangere est a latino plangere, quod proprie est percutere. qui uero flent percutiunt pectus. Ita Itali dixere piangere pro flere. quin Latini planctum uocauere fletum. hinc Italorum pianto. quod quis non uidet a Latinis esse non a prouincialibus Gallis pluria addere nescio an sit necesse.«
[58]   Ethruscarum antiquitatum fragmenta. Quibus Vrbis Romae, aliarumque gentium primordia, mores, & res gestae indicantur. A Curtio Inghiramio reperta Scornelli prope Vulterram. Duplex index omnia edocet. Francofurti Anno Salutis 1637, Ethrusco vero [anno] 4495. Zum Hintergrund vgl. Fancesco Inghirami: Storia della Toscana. Vol. 13. Fiesole 1844, S. 154ff.
[59]   Leonis Allatii Animadversiones in Antiquitatum Etruscarum Fragmenta ab Inghiramo edita. Parisiis (apud Sebastianum Cramoisy Typographum Regis ordinarium, via Iacobaea, sub Ciconijs) 1640, erneut veröffentlicht (mit einem Anhang zu Fälschungen von Alfonso Ciccarelli) Rom 1642.
[60]   Bennonis Durkhundurkhi Slavi In spenti Academici Sepulti Epistolam, Pro Antiquatibus Etruscis Inghiramiis: Adversus Leonis Allatij, contra easdem Animadversiones, Examen. Coloniae (apud Georg. Genselinum) 1642.
[61]   Discorsi di Curzio Inghirami sopra l'opposizioni fatte all'Antiquità Toscane. Roma 1645. Einen (allerdings nicht vollständigen) Überblick über die Auseinandersetzung bietet die Veröffentlichung: Documenti raccolti dall'illustrissimo sig. canonico Niccolò Maria Lisci

bliebenen Traktat *De pura latinitate liber in quo Prosper Scritographus eiusque defensor notantur* geantwortet.[62] Noch später sollte Gaudenzio rühmend für sich in Anspruch nehmen, als erster aufgrund von sprachlichen Mängeln die »Altertümer« als Fälschungen erwiesen zu haben.[63] In der Tat argumentiert Gaudenzio in seinem Traktat sprachhistorisch-philologisch. Und er eröffnet seine Ausführungen mit klaren Worten an den von ihm kritisierten Curzio Inghirami: »Albernheiten« schreibt er, »können nur mit zusätzlichen Albernheiten verteidigt werden«.[64] Und nichts anderes als »Albernheiten« waren für Gaudenzio die Versuche Inghiramis, sich gegen die Kritik zu verteidigen, der Stil des Etruskers und – nach Inghiramis Meinung mutmaßlichen Verfassers der »Altertümer« – Prosper Fesulanus sei nicht antik; Inghirami hatte zudem auf seiner Meinung beharrt, daß die Schriften des vermeintlichen antiken Autors in die Zeit Ciceros zu datieren seien. Stilurteile, hatte er zu seiner Verteidigung geschrieben, seinen reine Ansichtssache (*opinio*), könnten keine Gewißheit für sich beanspruchen. Hier nun holt Gaudenzio für seine Ausführungen, die um dieses Thema kreisen, weiter aus, und es erweist sich einmal mehr, daß er in philologischen Fragen in seinem Element ist: Gaudenzio weist gegenüber Inghirami darauf hin, daß zahlreiche berühmte Autoren der Antike sich eingehend mit Stilfragen befaßt hätten, wofür im übrigen auch schon das reiche Vokabular spreche, das sich zur Charakterisierung des sprachlichen Ausdrucks im Lateinischen finde.[65] Die Befähigung zum nuancierten sprachlichen Ausdruck sei eine in der Natur des Menschen angelegte Sache und daher keineswegs eine Meinungsangelegenheit. Gaudenzio macht dies anhand der Äußerungen Ciceros und Gellius' zu den aristotelischen Schriften deutlich. Nicht ohne Grund seien sie in zwei Gruppen unterteilt worden: in die exoterischen und die acroatischen Schriften.[66] Außerdem erscheint es Gaudenzio als Argument reichlich dürftig, von jemandem zu sagen, daß er Latein spreche, wo er doch nur lateinische Worte zusammengehäuft habe. Gänzlich an den Haaren herbeigezogen erscheint es ihm dann, wenn Inghirami die einfache Ausdrucksweise Prosperos

---

patrizio Volterrano Canonico della primaziale di Pisa Intorno all'antichità toscane di Curzio Inghirami. In Firenze (nella stampiera di Pietro Gaetano Viviani) 1739. Lisci geht – entgegen heutiger Meinung – noch davon aus, daß es sich bei dem etruskischen Altertümern um echte Gegenstände handelt.

[62] Ms. Biblioteca Vaticana: Urb. lat. 1589, fol. 1ʳ–81ᵛ: De pura latinitate liber in quo Prosper Scaritographus eiusque defensor notantur cap. I.–XXIV. Der im Titel angesprochene Verteidiger ist Curzio Inghirami, der die *Ethruscarum antiquitatum fragmenta* 1637 in Frankfurt/Main hatte drucken lassen, und der sich 1645 in seinen *Discorsi sull'opposizioni fatte all'Antiquità Toscane* gegen den Vorwurf der Fälschung der Funde verteidigt hat.

[63] Gaudenzios hat darüber ein Sonett geschrieben: »Chi punto sà del puro dir latino / Proprio di Tullio e di quel tempo antico / Sà ancor, se del vero puro amico, / Ed haue drama di giudizio fino, // Che'l Fesulano Prospero indouino / Non visse in tal età ne fù nemico / Nel terren Volterrano cocclso aprico / Di Roma, a la cui gloria humil m'Inchino. // E fui il primier, che nel mirar i primi / Ritrouati Scarith subito dissi: / Flora perche tai scritti non supprimi? / E poscia tosto vn libretto scrissi, / Le cui ragion non vinci, e non riprimi/ O tu che ver la terra i lumi fissi«. (Vgl. Gaudenzio: La letterata historia [wie Anm. 9], S. 100)

[64] Vgl. Ms. Urb. lat. 1589, fol. 3ʳ: »Ineptiae non possunt defendi nisi superadditis ineptiis.«

[65] Vgl. ebd., fol. 3ᵛ/4ʳ.

[66] Vgl. ebd. fol. 6ʳff.; dazu Cicero: *De finibus bonorum et malorum* V,12(3); Gellius: *Noctes Atticae* XX.5(1).

mit dem Hinweis in Schutz nimmt, der etruskische Autor sei schließlich Toskaner, und die Toskaner hätten nun einmal »rude« und »humile« gesprochen, wie das ja auch Maecenas getan hätte.[67] Gaudenzio führt dagegen Stellen aus Sueton und Seneca an, die unter Beweis stellen, daß Maecenas sehr wohl eloquent gewesen ist und keineswegs von Augustus aufgrund seiner Ausdrucksweise verlacht wurde.[68] Dafür macht er sich mit Genauigkeit daran, nachzuweisen, daß Prosperos Ausdrucksweise von keiner großen Kenntnis des Lateinischen zur Zeit Ciceros geprägt ist. Zwar hatte Inghirami angeführt, es gäbe Gelehrte, die behaupteten, die *Etruskischen Fragmente* stammten aus der Zeit Ciceros,[69] aber Gaudenzio gelingt es, dem vermeintlichen Prospero zahlreiche Italianismen nachzuweisen. Um nur einige Beispiele zu nennen: das von Prospero verwendete »inaugurate« im Sinne von »ungeweiht« gibt es im Lateinischen nicht, das »in-« ist keine privative Vorsilbe wie im Italienischen, sondern hat vielmehr affirmative Bedeutung;[70] Gaudenzio kann aufweisen, daß es im Lateinischen nicht wie im Italienischen »sub pontificibus« sondern »penes pontifices« lauten muß;[71] und auch die Verwendung von »attentare contra« ist für ihn eindeutig dem Italienischen entlehnt.[72] Erst recht sind die »Constitutiones Thuscorum«, von denen der vermeintliche »Prosper Fesulanus« spricht, für Gaudenzio verräterisch, ist doch der Begriff »constitutio« zur Zeit Ciceros nicht nachzuweisen.[73] Kurz: Gaudenzio gelingt es durch seine penible philologische Analyse die »Ethrus-carum antiquitatum fragmenta« als großangelegten Schwindel zu erweisen.[74]

Die hier nur grob skizzierte Auseinandersetzung mit den vorgeblich etruskischen Fragmenten des Curzio Inghirami macht deutlich, daß Paganino Gaudenzio, mochte er auch für Gabriel Naudé wenig sorgfältig oder durchdringend erscheinen, durchaus etwas fachlich Begründetes zu sagen hatte. Was bei Gaudenzios philologischen Arbeiten allerdings generell auffällt, und was seinen Arbeiten einen Charakter von Beliebigkeit verleiht (was Naudés Urteil hervorgerufen haben mochte), ist die Tatsache, daß sie nicht streng systematisch aufgebaut sind. Gaudenzio hält seine Argumentationsstränge gewöhnlich kurz und läßt dann in erheblich umfangreicheren Passagen seiner Texte eine schon fast erschlagende Fülle von Beispielen sprechen. Diese kompilatorische Methode einer Fortführung der Argumentation mit Exempla verleiht – unterstützt auch von den mitunter genialischen Gesten des Verfassers – den Werken Gaudenzios

---

[67] Vgl. ebd. fol. 22$^{r/v}$.

[68] Vgl. ebd., fol. 23$^{r/v}$; die Textstellen: Sueton: Augustus, 86(2); Seneca: Epistola 114.4.

[69] Vgl. Inghirami: Discorsi sopra l'opposizioni fatte all'Antiquità Toscane [wie Anm. 61], S. 234: »Lo stile dell'Antichità Toscane da non poche tenuto e stimato del secolo Ciceroniano ne molto disuguale non si dice a Cicerone padre dell'Eloquenza, ma ad altri scrittori ed autori di quel tempo«.

[70] Vgl. Ms. Biblioteca Vaticana: Urb.lat. 1589, fol. 24$^{r/v}$.

[71] Vgl. ebd. fol. 26$^{r/v}$.

[72] Vgl. ebd. fol. 27^r.

[73] Vgl. ebd. fol. 29$^{r/v}$.

[74] Über die hier angeführten beispielhaften sechs Kapitel hinaus behandeln die übrigen 24 Kapitel weitere sprachliche Ungereimtheiten (v. a. Italianismen) und entlarvende Verwendungen von erst sehr viel später als zu Ciceros Zeiten eingeführten Ortsnamen.

zur Philologie passagenweise etwas zufällig Zusammengestelltes. Ein Grund dafür ist sicherlich, daß Gaudenzio in seinen philologischen Schriften in der Tradition der punktuellen Untersuchung von Texten und Textpassagen steht, wie sie aus der Adversaria-Literatur und der später als »Observationes« bezeichneten philologischen Einzeluntersuchungen bekannt war; und ein weiterer Grund besteht darin, daß er – besonders deutlich wird dies in seinen Untersuchungen zur latinistischen Sprache – bewußt nur einen ersten Schritt tun und erste Materialien zu einer weiteren Erarbeitung seines Gegenstands – etwa eines latinistischen Glossars – zusammenstellen wollte. Gerade in dieser Vorläufigkeit der Arbeiten, die ständig durch neue Erkenntnisse ergänzt werden konnten, dürfte der Grund zu suchen sein, daß Gaudenzio sie nicht druckte. Auf jeden Fall aber stellte Gaudenzios Methode vom Gesichtspunkt der strengen Grammatici aus betrachtet eine ungewöhnliche Art der Annäherung an den Gegenstand der Philologie dar: seine ad-hoc-Methode der philologischen Kommentierung fügte sich nicht in die Tradition der peniblen textrekonstruierenden Gelehrten ein, sondern setzte auf eine spontan auf einzelne Probleme reagierende, gleichwohl auf fundierten Kenntnissen in der klassischen römischen Literatur beruhende, gewissermaßen beiläufig angewandte philologische Gelehrsamkeit. Mit anderen Worten: Gaudenzio war kein Pedant, sondern ein ad hoc agierender, mit profunden philologischen Kenntnissen ausgestatteter Sprachgelehrter. Als solcher war er für seine Zeit kein Einzelfall – wie auch das etwas anders gelagerte Beispiel des Kaspar Schoppe zeigen wird.

3. Kaspar Schoppe

Waren die erhaltenen philologischen Arbeiten von Paganino Gaudenzio offensichtlich ein später Ausfluß seiner Tätigkeit als Professor der Jurisprudenz und der »belle lettere« an der Universität in Pisa gewesen, bildeten sie bei Kaspar Schoppe die Grundlage seiner Karriere. Sie standen am Beginn seines Weges in die Gelehrtenrepublik. Schoppe, 1576 in Neumarkt in der Oberpfalz geboren, hatte zunächst (1592/1593) in Heidelberg, dann in Altdorf (1594), schließlich auch in Ingolstadt (1595/1596) studiert und sich vor allem bei seinem Altdorfer Lehrer Conrad Ritterhusius durch seine sprachliche Begabung und sein Interesse für die lateinische Literatur Ansehen erworben. Sein Eintritt in die Gelehrtenwelt erfolgte gewissermaßen mit drei Paukenschlägen: 1596 veröffentlichte er einen Kommentar zu den *Priapea*[75] und ein Buch mit Briefen an berühmte Gelehrte seiner Zeit;[76] und 1597 ließ er – im Alter von gerade einmal einundzwanzig

---

[75] Priapeia sive diversorum poetarum in Priapum lusus, illustrati commentariis Gasparis Schoppii Franci. L. Apulei Madavrensis ΑΝΕΧΟΜΕΝΟΣ ab eodem illustratus. Frankfurt/Main 1596.

[76] Gasparis Scioppii Franci Verisimilium libri quatuor. In quibus multa veterum scriptorum loca, Symmachi maxime, Cor. Nepotis, Propertii, Petronii, aliorum emendantur, augentur, inlustrantur. Nürnberg 1596; neu aufgelegt Amsterdam 1662 und 1672.

Jahren – eine Schrift über die Methoden der Textemendation folgen, die den Titel *De Arte Critica*[77] trug.

Mit seinem Kommentar zu den Priapea verfolgt Schoppe das Ziel, die – seinerzeit noch 87 – lateinischen Gedichte an den Gott Priapus sachlich und lexikalisch so zu erläutern, daß sie trotz ihres zum Teil recht anzüglichen Inhalts von der Jugend gelesen und in ihrer literarischen Technik gewürdigt werden können.[78] Erste Orientierung bei seinem Unterfangen haben ihm die Ausführungen zu den *Priapea* in den poesiegeschlichtlichen Dialogen des Lilio Gregorio Giraldi geboten,[79] über die er aber gerade bei den Erläuterungen zum Vokabular der kurzen Gedichte weit hinausgeht. Für sie konnte er auf seine offensichtlich weitreichenden Kenntnisse in der antiken römischen Literatur zurückgreifen. Im Hinblick auf die bis heute ungewisse Autorschaft wagt Schoppe aufgrund seiner lexikalischen Studien keine bestimmte Zuschreibung, vertritt aber die These, daß die Werke von verschiedenen Autoren stammten, die die kurzen epigrammartigen Gedichte bei einer Statue des Priapus, die sich in den Gärten des Maezenas befunden habe, gleichsam als Opfergaben hinterlegt hätten.[80]

In seinen Briefen an eine Reihe angesehener Gelehrter seiner Zeit setzt er sich vor allem mit Fragen kritischer Varianten einiger der bedeutendsten lateinischen Autoren – Symmachus, Cornelius Nepos, Properz, Petronius – auseinander, betätigt sich also auf dem Feld, das für die Critici oder Grammatici seiner Zeit von größtem Interesse war. Die Veröffentlichung derartiger Arbeiten bot ihm die Möglichkeit, sich in den einschlägigen Kreisen über den Briefkontakt mit einzelnen Gelehrten hinaus bekannt zu machen.[81] Und er hatte, wie sich schon bald zeigen sollte, großen Erfolg damit.

Seine Schrift *De arte critica* über die in seiner Korrespondenz bereits praktisch vorgeführte Befähigung zur kritischen Textemendation, mit der er sich in die Tradition eines Francesco Robortello und in gewissem Sinne auch von Willem Canter stellt,[82] ist dann nur noch eine Ergänzung zu den beiden vorhergehenden Büchern, die er mit Blick auf eine künftige philologische Laufbahn veröffentlicht hatte. In *De arte critica* greift Schoppe weitgehend auf die Kennt-

---

[77] De arte critica et praecipue de altera eius parte emendatrice, quaenam ratio in Latinis scriptoribus ex ingenii emendandis observari debeat; commentariolus in quo nonnulla nove emendantur, alia prius emendata confirmantur. Altdorf 1597; weitere Ausgaben des Werks erschienen in Amsterdam 1642 und 1662.

[78] Dazu Schoppe: Priapeia (wie Anm. 75), S. 2f.

[79] Lilio Gregorio Giraldi: In Historias poetarum tam Graecorum quam latinorum dialogi decem, quibus scripta & vitae eorum sic exprimuntur, ut ea perdiscere cupientibus, minimum iam laboris esse queat. Basel 1545.

[80] Dazu Schoppe: Priapeia (wie Anm. 75), S. 20f.

[81] Wie derartige Briefkontakte – u. a. durch Empfehlungen seiner Lehrer – zustandekamen, erläutert am Beispiel des Briefwechsels zwischen Schoppe und Lipsius Jan Papy: »Manus manum lavat. Die Briefkontakte zwischen Kaspar Schoppe und Justus Lipsius als Quelle für die Kenntnis der sozialen Verhältnisse in der Republica litteraria«, in: Herbert Jaumann (Hg.): Kaspar Schoppe (wie Anm. 3), S. 276–297.

[82] Zu De arte critica Anthony Grafton: »Kaspar Schoppe and the Art of Textual Criticism«, in: H. Jaumann (Hg.): Kaspar Schoppe (wie Anm. 2), S. 231–243, hier bes. S. 235f. Robortellos Arbeit über die Methoden der Textkritik: De arte sive ratione corrigendi antiquos libros disputatio. Bologna 1557.

nisse zurück, die er während seiner Schulzeit und eben durch den Kontakt mit bedeutenden Gelehrten wie Giphanius, Scaliger und Lambin erworben hat.[83] Schoppe konzentriert sich dabei auf die Handschriftenkunde. So weist er besonders auf die Schwierigkeiten der »lombardischen«, vorkarolingischen Schrift hin, der er im Gegensatz zu Francesco Robortello äußerst kritisch gegenübersteht. In anderen Punkten – wie etwa den Verwechslungsgefahren beim Lesen aufgrund der Ähnlichkeit einzelner Buchstaben wie a und u, sowie t, i und l – vertritt er wiederum Ansichten, die er von Joseph Scaliger übernimmt, so daß sein Traktat letztlich weniger durch eigene, neue Ideen hervorsticht als durch eine neue systematische Ausarbeitung von bereits Bekanntem.[84] Das ist bei einer Publikation, in der er eine erste Summe seines Wissens zieht und die hauptsächlich dazu dient, ihm den Weg zu einer angesehenen Stellung in der *Res publica literaria* zu bahnen, nicht ungewöhnlich. Mit großer Geste verstand er es, von sich als einem frühbegabten Gelehrten reden zu machen, in der Hoffnung, auch als solcher angesehen zu werden.

Was den offensichtlich angestrebten Werdegang im universitär-gelehrten Tätigkeitsbereich angeht, kam es für Schoppe dann aber anders, als vorhergesehen. Nach seinen vielversprechenden Anfängen als Criticus oder Grammaticus sollte es – zumindest was die publizistische Seite anbelangt – erst einmal für längere Zeit still um ihn werden. Grund dafür war, daß sich Schoppe im Hinblick auf seinen zukünftigen Tätigkeitsbereich langsam umzuorientieren begann. Zunächst hatte er noch 1597 eine Reise nach Norddeutschland und nach Norditalien unternommen, auf der er sich bedeutenden Gelehrten bekannt machen konnte.[85] Und auch ein längerer Aufenthalt in Prag hat diesem Ziel gedient. Als entscheidende Wendung in seinem Leben darf dann aber seine Konversion zum katholischen Glauben angesehen werden, die er angeregt durch die Lektüre von Cesare Baronios *Annales Ecclesiastici* vornahm.[86] Als hervorragender Latinist und offensichtlich sprachbegabter junger Mann wurde er nun für die Entourage des Kaisers interessant. Der Auftrag, eine Gesandtschaft des Kaisers als Übersetzer nach Italien zu begleiten, war der erste dieser Art, der an Schoppe erging, und dem noch viele – auch im Dienst anderer Herren – folgen sollten. Die Gesandtentätigkeit sollte Schoppes Leben auf viele Jahre hin prägen, was ihm nicht unlieb war: Als Katholik, der über persönliche Erfahrungen mit dem Protestantismus verfügte, hat er sich bei konfessionellen Auseinandersetzungen stets aufs Neue ins Gespräch gebracht und manche Mission im Auftrag großer Herren übernommen.

Seine hervorragenden lateinischen Sprachkenntnisse und sein Formulierungsvermögen waren ihm dabei von großem Vorteil, und er hat auf diese Fähigkeiten auch immer wieder hingewiesen, hat sie mit Publikationen unterstrichen. Namentlich in den ersten Jahren des 17. Jahrhunderts hat er noch die Zeit

---

[83] Dazu Grafton: »Kaspar Schoppe« (wie Anm. 3), S. 236f.
[84] Vgl. ebd., S. 241.
[85] Vgl. D'Addio: Il pensiero politico (wie Anm. 2), S. 14.
[86] Vgl. ebd., S. 14.

gefunden, sich mit den Briefen des Symmachus,[87] der Schrift *De lingua latina* des Varro,[88] mit Apuleius[89], Aulus Gellius[90] und Petronius[91] auseinanderzusetzen und hat zum Teil kritische Ausgaben ihrer Werke vorgelegt. Vor allem aber hat er damals schon sein *Promptuarium romanae eloquentiae* auf den Weg gebracht, ein Lexikon der lateinsichen Sprache, mit dem er sich sein Leben lang beschäftigen sollte.[92] Er suchte zudem weiterhin den Kontakt zu Gelehrten, auch wenn ihm sein neues Engagement für den Katholizismus, später seine Bemühungen gegen die Protestanten eine katholische Liga zustandezubringen[93] und die Organisation der katholischen Kirche in Deutschland weiter auszubauen,[94] nur wenig Zeit ließen. Auf jeden Fall verstand er es aber, durch seine umtriebige aber auch aufbrausende Art und seine spitze Feder, den Eindruck eines vom wissenschaftlichen Furor getriebenen Gelehrten zu erwecken, dem man besser nicht widersprach oder in die Quere kam. Denn mit Gegnern und Konkurrenten ging er nicht zimperlich um. Das bekamen vor allem die Jesuiten zu spüren. Infolge der Ausrichtung der *Societas Iesu* als Lehrorden mit dem Ziel der Propagierung der katholischen Konfession und der dafür notwendigen politischen Einflußnahme waren die Jesuiten in all den Tätigkeitsbereichen aktiv, in denen Kaspar Schoppe agierte.[95] Schoppes Anliegen war es daher, den Orden und seine Mitglieder auf diesen Feldern seiner Aktivitäten auszustechen und zu diskreditieren. Die Philologie spielte dabei insofern eine Rolle, als die *Societas Jesu* Kollegien unterhielt, in denen ihre Zöglinge in der lateinischen Sprache ausgebildet und zum kritischen Umgang mit dem Latein und der in dieser Sprache verfaßten Literatur herangebildet wurden.

Ein erstes Beispiel für die Konfrontation mit dem Jesuitenorden bietet eine Schrift Schoppes, die in die ersten Jahre des 17. Jahrhunderts datiert: das *Satyricon*.[96] In dieser Arbeit setzt sich Schoppe mit dem allgemein für die Lehrein-

---

[87] Aurelii Symmachi Epistolarum nova editio. G. Scioppius recensuit. Moguntiae 1608; kritisch zu dieser (nicht ganz fehlerlosen) Ausgabe Grafton: »Kaspar Schoppe and the Art of Textual criticism« (wie Anm. 3), S. 241: »A certain *Schlamperei* always characterized Schoppe's efforts as a textual critic.«

[88] M. Terentii Varronis De Lingua Latina. Nova editio. Ingolstadii 1605.

[89] Symbola critica in omnia L. Apulei Philosophi Platonici opera. Augustae Vindelicorum 1605.

[90] Auli Gellii Noctium Atticarum libri XX prout supersunt quos ad libros manuscriptos novos et multo labore exegerunt perpetuis notis et emendationibus illustraverunt Johannes Fridericus et Jacobus Gronovii. Accedunt Gasp. Schoppii integra Manuscriptorum duorum codicum collatio [...] Lugduni Batavorum 1706, darin S. 887–896: Conspectus notularum vel suspicionum ac variarum lectionum quas ad oram exemplaris sui scripserat G. Scioppius usque ad 14.4 ubi in ipsa editione illis uti incipimus.

[91] T. Petronii Arbitri E. R. Satyricon extrema editio ex Musaeo D. Josephi Antoni Gonsali de Salas. Francofurti 1629.

[92] Gasparis Sciopii Patricii Romani Romanae eloquentiae promptuarium, erhalten in drei Manuskriptfassungen: Biblioteca Medicea Laurenziana (Firenze): Ms. Cod. S. 201; Cod. S. 202 und Cod. S. 203.

[93] Vgl. D'Addio: Il pensiero politico (wie Anm. 2), S. 76ff.

[94] Vgl. ebd., S. 88ff.

[95] Vgl. dazu auch meinen Aufsatz: »Schoppe contra Strada«, in: H. Jaumann (Hg.): Kaspar Schoppe (wie Anm. 2), S. 298–344, hier bes. S. 302f.

[96] Satyricon, quo continetur assertio eorum quae in Schoppii adversus Hunium Apologetico ad aliis omissa vel commissa sunt et Examen disciplinae Jesuiticae deque vera iuventutis

richtungen der *Societas* verbindlichen Lehrplan, der *Ratio Studiorum* im Hinblick auf die Nützlichkeit der darin vorgeschriebenen Lehrinhalte für den Glaubenskampf in Deutschland auseinander. Im Bemühen um eine für die konfessionellen Streitigkeiten brauchbare Lehrmethode analysiert er in seinem *Satyricon* daher zunächst die Unterrichtsmethoden an einer modellhaften protestantischen Schule, setzt sich dann kritisch mit der *Ratio Studiorum* auseinander und legt schließlich seine persönlichen Vorstellungen von einer Studienordnung dar, die als Leitfaden für eine Neuordnung des katholischen Unterrichtswesens gelten kann. Zentrale Bedeutung kommt dabei der Vermittlung der Sprachkompetenz im Lateinischen zu. Für Schoppe ist für den Glaubenskampf eine grundsolide Ausbildung in der lateinischen Sprache in der direkten Auseinandersetzung mit den Werken der klassischen Autoren und unter Einbeziehung des politisch-sozialen Umfelds, in denen die Werke entstanden sind, von äußerster Wichtigkeit. Das Programm, das er als mustergültig vorstellt, war das, nach dem er selbst als Schüler in Deutschland unterrichtet worden war.[97] Mit nur unwesentlichen Ergänzungen stellt er es nun dem der Jesuiten entgegen, bei denen er in der Ausbildung in der lateinischen Sprache Defizite hinsichtlich der Qualifikation der Lehrer, der Ausrichtung des Programms und der Durchführung der Lehre ausgemacht hat.[98] Da das *Satyricon* nicht veröffentlicht wurde, hat es allerdings keine größere Wirkung entfalten können.

Schoppe sollte in späteren Jahren noch in zahlreichen Schriften gegen die Jesuiten zu Felde ziehen, wobei vor allem das politische Engagement des Ordens im Zentrum seiner Kritik stand.[99] Auf philologischem Terrain sollte er erst wieder in den dreißiger Jahren des 17. Jahrhunderts gegen die *Societas* vorgehen: in seiner Schrift *Infamia Famiani*.[100] In dem Werk, das er als »philologische Anmerkungen« zu den ersten zehn Büchern des Geschichtswerks *De Bello Belgico* des römischen Jesuiten Famiano Strada[101] deklariert, geht es ihm allerdings um weit mehr als nur um eine Auseinandersetzung mit philologischen Fragen oder mit Famiano Strada. In seiner kritischen Wendung gegen Strada und sein Geschichtswerk konnte er über den seinerzeit bedeutendsten jesuitischen Historiker und Rhetoriklehrer auch den Jesuitenorden und dessen mangelnde Sorgfalt in der Sprachausbildung anprangern. Und so ist es nicht verwunderlich, daß Schoppe in den über 280 Eintragungen zu Barbarismen, Solözismen, Neologis-

---

tam in moribus, quam in literis instituendae ratione disputatio. Ms. Biblioteca Medicea Laurenziana (Florenz), Cod. S. 226. Dazu Mario D'Addio: Il pensiero politico (wie Anm. 2), S. 39ff.

[97] Vgl. D'Addio: Il pensiero politico (wie Anm. 2), S. 41.

[98] Vgl. ebd., S. 42.

[99] Vgl. dazu ebd. S. 211ff.

[100] Infamia Famiani cui adiunctum est eiusdem Sciopii De Styli historici virtutibus ac vitiis iudicium, eiusdemque De natura historiae et historici officio diatriba edita cum indice copiosissimo in Infamiam cura & industria Joannis Fabri Eloq[uentiae] Prof[essoris] P[ublicus]. Sorae (Sumptibus Petri Hauboldi Bibl. Literis Georgii Hanschenii) 1658. Eine zweite Ausgabe des Werkes erschien fünf Jahre später – abermals in Verbindung mit den beiden anderen Traktaten Schoppes – in Amsterdam bei dem Verleger Aegidius Jansonius Valkenier.

[101] Vgl. ebd., S. 1: »Animadversiones Philologicae in Famiani Stradae Decadem Primam De Bello Belgico«.

men und dunklen Stellen in der ersten Dekade von *De Bello Belgico* über die
»Ignoranz« und »mangelnde Klugheit«, die er Strada in der sprachlichen Ge-
staltung seines Geschichtswerks vorhält, nicht nur Strada treffen will, sondern
mit ihm den Jesuitenorden und seine Lehrer allgemein.[102]

Strada war nicht der einzige Historiker, dessen Werk Kaspar Schoppe philologisch kritisch durchmusterte. Bereits 1618 hatte Schoppe eine zu seinen Lebzeiten im Manuskript verbliebene Schrift *De Stylo sive de Stili historici virtutibus & vitiis judicium*[103] verfaßt, in der er nicht nur seine Vorstellungen von dem
Stil niederlegt, in dem ein Geschichtswerk seiner Meinung nach verfaßt werden
sollte; er handelt in dem kleinen Werk vielmehr in erster Linie von der *perspicuitas* und *latinitas*, die ein lateinisches Geschichtswerk unbedingt aufweisen
sollte.[104] Nach einer Gliederung der Geschichte der lateinischen Sprache in ein
goldenes, silbernes, bronzenes, eisernes, hölzernes und »nichtswürdiges« oder
»kotiges« (luteus) Zeitalter[105] wendet sich Schoppe verschiedenen Autoren der
lateinischsprachigen Historiographie im Hinblick auf die »Stili historici virtus«
zu: Unter den Gesichtspunkten »Barbarismus«, »Solözismus«, »Peregrinitas«
»Novitas« und »Archaismus / Überflüssiges« geht er dann verschiedene Autoren
der jüngeren lateinischen Historiographie – wie Nicolas Casaubon, Joseph
(Burdo-)Scaliger, Jacques De Thou und Antonio Possevino – durch.[106] An den
Fehlern dieser Autoren kann er gleichsam *ex negativo* stets aufs Neue seine
Vorstellung von der von ihm propagierten lateinischen Geschichtsschreibung
deutlich machen, einer Geschichtsschreibung, wie sie Cicero in seinen theoreti-
schen Schriften gefordert und Livius weitgehend umgesetzt hatte.[107]

Wie diese über die Jahre weit verstreuten Schriften deutlich machen, kam
Schoppe nach seinen vielversprechenden Anfängen nur gelegentlich zur philologischen Arbeit. In der Tat überwiegen in den ersten drei Jahrzehnten des
17. Jahrhunderts aufgrund seines konfessionspolitischen Engagements die Publikationen zu konfessionellen und politischen Fragen.[108] Und doch haben ihn

---

[102] Zur Ignoranz Stradas (und der Jesuiten): ebd. S. 113, 137, 219, 229; zur mangelnden
       Klugheit ebd., S. 103, 217, 228. Genauere Ausführungen dazu in meinem Beitrag
       »Schoppe contra Strada«, in: H. Jaumann (Hg.): Kaspar Schoppe (wie Anm. 2), S. 298–
       344.

[103] Der Traktat wurde erst 1658, also posthum (zusammen mit der *Infamia Famiani*) (wie
       Anm. 100) veröffentlicht. Die Datierung ergibt sich aus der Manuskriptfassung des Werks
       in der Biblioteca Vaticana: Ms. Barb.lat. 2701, fol. 46ᵛ.

[104] Vgl. ebd., S. 31ff.

[105] Vgl. ebd., S. 46–78.

[106] Als antiker Autor v. a. Sallust unter dem Gesichtspunkt der *Novitas* (ebd., S. 146–152) und
       des *Archaismus* (ebd., S. 238); zum Namen Burdo-Scaliger bei Schoppe vgl. Schoppes
       Polemik gegen Scaliger und dessen in seinen Augen zu Unrecht angemaßte Abstammung
       von den Della Scala: Gasparis Scippii Scaliger Hypobolimaeus, hoc est Elenchus epistolae
       Josephi Burdonis pseudoscaligeri. De vetustate e splendore gentis Scaligerae [...].
       Moguntiae 1607; dazu D'Addio: Il pensiero politico (wie Anm. 2), S. 50ff.

[107] Vgl. dazu Schoppes Ausführungen in der *De natura Historiae deque historici officio
       dissertatiuncula*, die ebenfalls posthum gedruckt und zusammen mit der *Infamia Famiani*
       (wie Anm. 100), S. 246–273 veröffentlicht wurde; hier bes. S. 270.

[108] Vgl. dazu die Bibliographie der Werke Schoppes bei D'Addio: Il pensiero politico (wie
       Anm. 2), S. 593–607 und: Gerhard Dünnhaupt: Personalbibliographien zu den Drucken des

philologische Probleme auch in diesen Jahren immer wieder beschäftigt. Bald schon hatte Schoppe die Unsicherheit einer rein diplomatischen Tätigkeit erkannt und in Mailand, wo er seit 1617 ansässig war, eine Schule gegründet, in der er seine Schüler in der lateinischen Sprache unterrichtete.[109] Gegen Ende der zwanziger Jahre, als sich Schwierigkeiten in seiner kirchenpolitischen Mission abzeichneten und endgültig nach dem Reichstag des Jahres 1630 in Regensburg, mit dem Schoppes politische Arbeit fast als beendet angesehen werden kann,[110] wandte er sich der Philologie wieder verstärkt zu. So hat er sich 1628 während einer längeren Pause in seiner politischen Tätigkeit mit der Grammatik des Spaniers Francisco Sanchez (1554–1628) befaßt und sie kommentiert, ein Werk, das bereits 1587 in Salamanca erschienen war.[111] Schoppe als Philologen interessierten an der *Minerva seu de causis linguae latinae* des Francisco Sanchez zwei fundamentale Erkenntnisse:[112] Erstens hatte Sanchez klar herausgestellt, daß die herkömmlichen Grammatiker zwar die Regeln der Grammatik beschrieben hatten, aber dem Sprachgebrauch (*usus*) der klassischen Autoren (und generell) nicht gerecht geworden waren; mit anderen Worten: sie lieferten insofern keine angemessene Beschreibung der lateinischen Sprache, als die Sätze, die nach ihren Regeln geformt werden konnten von den klassischen antiken Autoren niemals niedergeschrieben worden wären. Zweitens hatte Sanchez in aller Deutlichkeit herausgestellt, daß in den vorhandenen Grammatiken die dem Sprachgebrauch zugrundeliegenden Prinzipien nicht ergründet wurden, daß sie zu ermitteln zum Teil auch gar nicht in der Absicht der Grammatiker gelegen hat. Dies zusammengenommen waren die überkommenen Grammatiken für die philologische Sprachforschung irrelevant. Deshalb hat sie Schoppe, der die Auffassungen von Sanchez voll teilte, unter der für ihn typischen polemischen Sammelbezeichnung »Grammatica cloacina«[113] als unbrauchbar verworfen.

Die Vorteile einer Grammatik Sanchezscher Prägung bestanden für Schoppe in zweierlei: erstens darin, daß sie den sprachlichen Erscheinungen auf den Grund ging und unter die Oberfläche der Sprache bis zu ihrem Wesen vordrang; und zweitens in dem Umstand, daß die Phänomene der Sprache durch sie wirklich erklärbar waren, daß die Ursachen für ihre spezifische Ausprägung durch sie aufzeigt wurden.[114] Angesichts dessen wird auch klar, warum die »grammatica sanctiana«[115] das Interesse Schoppes als Philologen finden konnte: weil er bei seinen philologischen Tätigkeiten mit dem schriftlich niedergelegten Sprachgebrauch der antiken und nachantiken Autoren befaßt war und sich daher ständig mit der Frage konfrontiert sah, wie dieser *usus* der Autoren zustandegekommen

---

Barock. Zweite, verbesserte und wesentlich vermehrte Auflage des Bibliographischen Handbuchs der Barockliteratur. Fünfter Band. Stuttgart 1991, S. 3734–3792.

[109] Vgl. Claire Lecointre: »Grammatiktheorie und Schulpraxis: die Grammatica Philosophica«, in: H. Jaumann (Hg.): Kaspar Schoppe (wie Anm. 2), S. 244–275, hier. S. 246f.

[110] Vgl. D'Addio. Il pensiero politico (wie Anm. 2), S. 187.

[111] Vgl. Claire Lecointre: »Grammatiktheorie und Schulpraxis«, in: H. Jaumann (Hg.): Kaspar Schoppe (wie Anm. 2), S. 247ff.

[112] Vgl. (zusammenfassend) ebd., S. 247.

[113] Vgl. ebd., S. 248.

[114] Vgl. ebd., S. 248.

[115] »Gammatica sanctiana« nach der lateinischen Form des Namens Sanchez: Sanctius.

war. Aber nicht nur in der sprachlichen Analyse war die Grammatik für Schoppe von Bedeutung; die Beschäftigung mit Fragen der Grammatik wurde für ihn zu einer regelrechten *scientia* und schließlich zu einem Gegenstand philosophischer Tätigkeit, wie er schon im Titel seiner in Anlehnung an Sanchez verfaßten und 1631 veröffentlichten *Grammatica philosophica* deutlich herausstellt.[116] Eine grammatische Wissenschaft förderte nach Schoppes Vorstellungen nämlich – wie nach Aristoteles jede Wissenschaft – dadurch sichere Erkenntnisse zutage, daß sie schrittweise auf allgemeine Prinzipien zurückgeht. Die wissenschaftlichen Kenntnisse müssen sich daher aus den ersten Kenntnissen logisch ableiten lassen. Da es nun der Philosophie zukommt, die Ursachen alles Seienden zu untersuchen und aufzudecken, ist nur eine philosophische Grammatik als wissenschaftlich und allgemein gültig anzusehen. Die sprachliche Konstruktion gründet auf dem Seienden, und dem philosophischen Grammatiker kommt es zu, das Verhältnis zwischen Sprache und Wirklichkeit aufzudecken, und zwar dadurch, daß er zum einen in Abstraktion von der Rede das System, die *ratio* der Sprache und ihre im Seienden wurzelnden Gründe (*causae*) ermittelt, zum anderen aber auch zeigt, wie im Sprachgebrauch das System praktisch umgesetzt wird.[117] In einer Gegenüberstellung der »grammatica cloacina« und der »grammatica sanctiana« macht er so schließlich deutlich, daß die »grammatica cloacina« dadurch, daß sie nur beschreibt und auf rationale Begründungen verzichtet, durch die reine Auflistung von Regeln und Ausnahmen schwer vermittel- und erlernbar ist. Dagegen ist die »grammatica sanctiana« als erklärende Grammatik mit wenigen Regeln und mit ihrer Herleitung der unterschiedlichsten sprachlichen Konstruktionen aus diesen Regeln im Grunde eine einfache, schnell erfaßbare Grammatik.[118]

Wie sich hier zeigt, hat Schoppe bei seiner Beschäftigung mit der Grammatik nicht nur den praktischen Gebrauch durch die Autoren, sondern auch die praktische Anwendbarkeit im Unterricht im Auge. Dabei setzt er, wie seine Schrift *Mercurius bilinguis*[119] verdeutlichen kann, auf eine direkte, möglichst nicht auf dem Umweg über die Muttersprache vermittelte, vielmehr im unmittelbaren Umgang mit der zu erlernenden Sprache erworbene Sprechfertigkeit und Ausdrucksfähigkeit. Schoppe greift dazu auf eine Methode zurück, die die Gebrüder Bathe ausgearbeitet und in ihrer *Janua linguarum* umgesetzt hatten:[120] mit einem Wortschatz von 5000 Wörtern hatten sie rund 1000 Sätze gebildet, durch die es dem Studierenden ermöglicht werden sollte, innerhalb eines Jahres die neue

---

[116] Gasparis Scioppii Grammatica philosophica. Non modo Tironibus linguae latinae ad artem illam uno trimestri perfecte addiscendam, sed & Latine doctissimis ad reddendam eorum rationem, quae legunt aut scribunt, in primis utilis, vel necessaria. Accesserit Praefatio de Veteris ac Novae Grammaticae latinae origine, dignitate & usu. Amstelodami (apud Judocum Pluymer Bibliopolam propter curiam, sub signo Senecae) 1659.

[117] Vgl. Claire Lecointre: »Grammatiktheorie und Schulpraxis«, in: H. Jaumann (Hg.): Kaspar Schoppe (wie Anm. 2), S. 248.

[118] Vgl. dazu die Aufstellung ebd., S. 249f.

[119] Erschienen unter Pseudonym: Pascasii Grossippi Mercurius bilinguis. Mediolani (s. t.) 1628.

[120] Vgl. dazu Claire Lecointre: »Grammatiktheorie und Schulpraxis«, in: H. Jaumann (Hg.): Kaspar Schoppe (wie Anm. 2), S. 254f.

Sprache zu erlernen. Schoppe hat diese äußerst erfolgreiche Methode der
Sprachvermittlung in seinem *Mercurius bilinguis* übernommen: er hat den lateinischen Sätzen der Gebrüder Bathe eine italienische Übersetzung beigegeben,
um seinen italienischen Schülern so den Erwerb der lateinischen Sprache innerhalb von vier Jahren unter Anleitung eines Lehrers und ergänzt durch das früh-
zeitige Studium der klassischen Autoren zu ermöglichen. Und auch von hier, der
schulischen Praxis aus, ergibt sich wieder eine Verbindung zu dem Philologen
Schoppe: Nur durch den direkten Kontakt mit der lateinischen Sprache und das
sorgfältige Studium der lateinischen Autoren war in Schoppes Augen eine Meisterschaft in der Beherrschung des Lateinischen zu erwerben. Aufs Weitere
gesehen beinhaltete der ständige Umgang mit dem Sprachmaterial und der
Grammatik auch eine fortwährende Vergewisserung über die jeweiligen sprachlichen und grammatikalischen Eigentümlichkeiten der Autoren, die der einzelne
liest. Aus diesem Zusammenhang, und nicht nur aus dem engeren Kreis einzelner Polemiken heraus ist es zu verstehen, wenn er einzelne Autoren wegen
sprachlicher Fehler rügt und Listen mit ihren Barbarismen, Solözismen, Neologismen, Archaismen und sonstigen Sonderheiten zusammenstellt. Die Listen
dienten (auch) der Selbstvergewisserung in grammatikalischen und philologischen Fragen und konnten anderen Lesern eine Hilfe in der kritischen Auseinandersetzung mit den lateinischen Autoren sein und ihnen in der Beschäftigung mit
philologischen Fragen Orientierung bieten.

4. Paganino Gaudenzio und Kaspar Schoppe

Bei aller Achtung, die dem Philologen Kaspar Schoppe in jungen Jahren entge-
gengebracht wurde, bei allem Ansehen, das er sich durch seine Korrespondenz
und seine frühen Publikationen zu Fragen der Textkritik erworben hatte – bei
seinen Zeitgenossen war er bald schon ein höchst umstrittener Mann.[121] Dazu
haben seine zahlreichen Polemiken gegen die Jesuiten und andere Konkurrenten,
seine peniblen Auflistungen sprachlicher Unzulänglichkeiten anderer sowie sein
stets provokationslüsterner Geist erheblich beigetragen. Und es regte sich –
wenn auch nicht immer laut vernehmlich – Widerstand gegen ihn.[122]

Belegbar ist die Auseinandersetzung an einigen philologischen Arbeiten von
Kaspar Schoppe bei seinem Zeitgenossen Paganino Gaudenzio, den Schoppe
auch (wie so viele) mit seiner Kritik nicht verschont hatte: Gaudenzio hat durch
einen Freund eine von Schoppe stammende minutiöse Auflistung seiner Fehler

---

[121] Vgl. dazu meinen Beitrag »Schoppe contra Strada«, in: H. Jaumann (Hg.): Kaspar Schoppe
(wie Anm. 2), bes. S. 301–306.

[122] Eine Überblicksarbeit zur kritischen Auseinandersetzung mit Schoppes Ansichten durch
seine Zeitgenossen fehlt bislang. Im Folgenden kann hier nur ein erster Schritt getan werden. Ein einschlägiges Dokument (Ms. Biblioteca Baraidense (Brera, Milano) AD-XV-
10/15, fol.) habe ich in meinem Aufsatz »Schoppe contra Strada«, in: H. Jaumann (Hg.):
Kaspar Schoppe (wie Anm. 2), bes. S. 301–306 herangezogen.

im Latein in einem seiner Werke übermittelt bekommen.[123] Wie er bei dieser
Gelegenheit erfuhr, schätzte Schoppe seine Werke im allgemeinen – abgesehen
eben von der sprachlichen Ausführung.[124] Und Gaudenzio wußte seinerseits um
den Wert von Schoppes Werken, sah sich aber selbst wiederum dazu veranlaßt,
seine abweichenden Meinungen zu einigen Auffassungen Schoppes in der Philologie der lateinischen Sprache schriftlich festzuhalten. Was Gaudenzio an
Schoppe offensichtlich reizte, war das großspurige Auftreten. Hatte er sich einem Gelehrten wie Christian Becmann gegenüber, der in seiner Schrift *De Originibus Linguae Latinae* seine Ansichten nicht apodiktisch vertreten, sondern
frei zur Diskussion gestellt hatte, auch wenn er anderer Meinung als Becman
war, äußerst moderat gezeigt,[125] ging er mit Schoppe streng ins Gericht.

Schon von ihren Grundauffassungen in philologischen Dingen her gesehen
treffen hier zwei sehr verschiedene Gelehrte aufeinander. Hatte Gaudenzio der
Weiterentwicklung der lateinischen Sprache über das von ihm (bewußt nicht
abwertend) als »latinistisch« bezeichnete heutige »Mittellatein« in die modernen
Volkssprachen hinein offen gegenübergestanden, hatte sich Schoppe als Sprach-
purist gezeigt, der die Entwicklung der lateinischen Sprache von der höchsten
Entwicklungsstufe einer *aetas aurea* bis zu einer hölzernen und »nichtsnutzi-
gen« oder auch »kotigen« *aetas lutea* gegliedert und damit unmißverständlich
klargemacht hatte, wie seiner Meinung nach die Akzente in der lateinischen
Sprachgeschichte zu setzen waren.

Vor diesem Hintergrund ist es zu verstehen, wenn Gaudenzio sich in seiner
im Manuskript verbliebenen Schrift *De aetatibus linguae latinae adversus recentiorem grammatistam*[126] mit einem solchen Gliederungsversuch Schoppes
kritisch auseinandersetzt. Die besagte Gliederung bis zur *aetas lutea*, die
Schoppe in seiner erst posthum veröffentlichten Schrift *De stilo* vorgenommen
hatte, war Gaudenzio offensichtlich nicht bekannt. Aber schon die nur bis zu
einer *aetas aenea* und einer *aetas ferrea* reichenden Epocheneinteilung mit
zugehörigem Autorenverzeichnis, die Schoppe in seinen *Paradoxa litteraria*

---

[123] Vgl. dazu meinen Beitrag »Schoppe contra Strada«, in: H. Jaumann (Hg.): Kaspar Schoppe
(wie Anm. 2), bes. S. 299ff; das Dokument Schoppes (Biblioteca Vaticana: Ms. Urb.lat.
1629, fol. 533) ist dort in Anm. 171 vollständig wiedergegeben. Das Werk Gaudenzios: De
candore politico in Tacitum diatribae XIX [...] Praetermittitur exercitatio in Famianaeam
historiam defenditur idem Tacitus. Pisis (Ex typographia Philippi Papini) 1646.

[124] Brief von Giovanni Battista Lavelli an Paganino Gaudenzio (Rom 29. September 1646),
Ms. Biblioteca Vaticana: Urb.lat. 1626, fol. 424.

[125] Vgl. dazu Gaudenzios oben (S. 187) behandelte Schrift *De origine linguae italicae* (Ms.
Bibliotheca Vaticana: Urb.lat. 1604, fol. 338ʳ–374ᵛ), besonders die Kapitel 1 (Italicam
linguam nequaquam ex Aramaeam siue Hebraeam ortam fuisse (fol. 338ʳ–339ᵛ) und 2 (De
inani eorum labore, qui omnia vocabula ad hebraicam linguam reuocare satagunt
(fol. 340ʳ–340ᵛ). Christian Becmann hatte in der *Dedicatio* seines Buchs *De originibus
Linguae Latinae* den Anspruch auf absolute Gültigkeit seiner Ausführungen bewußt einge-
schränkt. »Nemo nostrum non peccat: homines sumus, non dij«, schreibt er mit Petronius
(Sat. 75.1) um dann fortzufahren: » Neque sic tamen omnia tam apte, tam plene isthuc
congessi, ut nihil deesset. Nefas, si tantum mihi arrogem. [...] juvate me, quaeso, opera
vestra & consilio bono, quicumque estis, bonarum literarum vindices ac patroni.«
Becmann: De originibus Linguae Latinae (wie Anm. 51), Dedicatio, S. 6 [unpaginiert,
meine Zählung].

[126] Ms. Biblioteca Vaticana: Urb.lat. 1609, fol. 1ʳ–59ᵛ.

vorgenommen hatte, reichte für seine scharfe Kritik hin.[127] Solche Zuschreibungen waren, von einigen (kanonischen) Autoren, die man stilistisch von einander abgrenzen konnte, einmal abgesehen, grundsätzlich problematisch, und Gaudenzio meldet an zahlreichen dieser Zuschreibungen Kritik an. Um nur einige Beispiele zu nennen: Warum etwa, schreibt Gaudenzio, reihe Schoppe Quintilian vor Plinius dem Älteren ein, wo er doch unter Domitian, Plinius bereits unter Tiberius gewirkt habe?[128] Aber nicht nur das: Quintilian sei im Hinblick auf seine Schreibweise viel zu elaboriert, als daß er unter die Autoren der ehernen Zeit gerechnet werden könne. Schließlich sei er ja auch als der bedeutendste Redner der Römer bezeichnet worden und habe damit noch Seneca übertroffen. Und: Wer hätte unter Augustus gelebt, der Quintilian auch nur zu vergleichen wäre? Außerdem habe er ein Lehrwerk zur Ausbildung von jungen Rednern geschrieben, das er nach der Lektüre der Autoren der Zeit des Augustus und des Cicero verfaßt habe. Lorenzo Valla habe Quintilian als nicht kritisierbar bezeichnet, was maße sich dann dieser »Grammatista« Schoppe an? Kurz: die Zuordnung Quintilians in die »eherne Zeit« der lateinischen Sprache ist für Gaudenzio gänzlich unberechtigt.[129]

Ein anderes Beispiel: Auch Plinius den Älteren hatte Schoppe der »aetas aenea« zugeordnet. Ein weiterer Einspruch Gaudenzios ist die Folge. Plinius der Ältere sei schon deshalb nicht als Autor der »ehernen Zeit« anzusehen, schreibt er kurz, weil er seine Naturgeschichte aus den Schriften anderer Autoren – meist der Zeit Caesars – zusammengestellt habe, und die Paraphrase ihrer Angaben

---

[127] Vgl. Schoppe: »Syllabus Auctorum linguae latinae«, in: Paradoxa literaria. In quibus multa de literis noue contra Ciceronis, Varronis, Quinctiliani aliorumque literatorum hominum, tam veterum, quam recentiorum sententiam disputantur. Mediolani (apud Io. Baptistam Bidellium) 1628, S. 99–103; die Aetates mit den ihnen jeweils zugeordneten Autoren: Aetas aurea: Cicero, Plautus: Komödien, Terenz: Komödien, Ennius: Fragmente, Lucilius: Fragmente, Fragmenta veterum poetarum, Fragmenta historicorum, Cato, Lukrez, Cornelius Nepos, Catull, Properz, Varro, Vergil, Horaz, Sallust, Livius, Catalecta Virgilij & veterum poetarum, Vitruv: De architectura; Aetas argentea: Ovid, Velleius Paterculus, Valerius Maximus, Curtius: Historia, Dictys Cretensis: De bello Troiano, Cornelius Celsus, Phaedrus: Fabeln, C. Iulius Hyginus: Mythologica u. Astronomica, Ascanius, Seneca der Rhetor, Seneca der Philosoph, Seneca: Tragödien, Persius, Lukan, Columella, Pomponius Mela, Manilius: Astronomica, Quintiliani patris declamationes; Aetas aenea: Quintilian: Oratoriae institutiones, Plinius d. Ä.: Historia, Plinius d. J.: Epistolae & Panegyricum, Sueton, Tacitus, Florus, Frontinus, Statius, Valerius Flaccus, Silius Italicus, Solinus, Martial, Iuvenal; Aetas ferrea: Aulus Gellius, Iustinus, Apuleius, Vegetius, Aurelius Victor, »Rhetores antiqui latini editi a Petro Pithaeo, quorum Rutilius est Quinctiliano antiquior«, Historiae augustae scriptores, Panegyrici duodecim, Censorinus, Apicius, Ausonius, Claudianus, Gratij & Nemesani poemata, Ammianus Marcellinus, Iulius Obsequens, Martianus Capella, Q. Sereni Sammonici carmen, 2 Auctores finium regundarum a Nic. Rigaltio editi Paris. qui de singulorum etate In praefatione monet«, »Inscriptionum antiquarum volumen ingens edidit Ianus Gruterus«.

[128] Vgl. ebd. fol. 48ʳ; das Folgende fol. 48ʳ–49ᵛ; hier liegt wohlweislich keine Verwechslung zwischen Quintilians Vater oder Großvater und Quintilian dem Rhetoriklehrer vor, wie sie sich aufgrund von Seneca (Controversiarum liber X, praefatio 2) ergeben konnte und nach dem dortigen Urteil über den »Quintilianus senex« rechtfertigbar war, denn Schoppe rechnet diesen »Quintilianus senex« zur *aetas argentea* (siehe Anm. 127).

[129] Vgl. ebd., fol. 49ᵛ.

nicht einen eigenen Stil zur Folge gehabt habe.[130] Aber auch in der Bewertung der Autoren des »goldenen Zeitalters«, in dem ja eigentlich ein hervorragendes Latein hätte geschrieben werden müssen, ist Schoppe in Gaudenzios Augen seinem eigenen System gegenüber nicht konsequent. Vielmehr übertreibt es der »Grammatista« für ihn offensichtlich mit seinem rigorosen Sprachpurismus: Auch Cicero und Varro hat Schoppe nämlich in einem anderen Teil seiner *Paradoxa literaria* Fehler in ihrer Schreibweise nachgewiesen.[131] Für Gaudenzio ist dies Zeichen einer maßlosen Selbstüberschätzung Schoppes. Kein Zeitalter, erst recht nicht sein eigenes, schreibt Gaudenzio, könne es mit dem von Julius Caesar und Cicero aufnehmen oder auch nur mit ihm verglichen werden.[132] Und dennoch maßte sich Schoppe an, Cicero zurechtzuweisen. Für Gaudenzio ist dies ein Indiz für das, um was es Schoppe bei seiner sprachhistorischen und philologischen Arbeit überhaupt geht: Schoppe »möchte zu sich selbst als einer heiligen Sache und als alleinigen Verteidiger der lateinischen Sprache Zuflucht nehmen, der selbst Cicero Latein zu sprechen lehren kann.«[133] Für Gaudenzio fügt sich diese Haltung vollkommen in das Bild der Konfrontationen Schoppes mit den Jesuiten und mit anderen Gelehrten über die Ausbildung im Latein ein,[134] die für ihn ebenso vom Zaun gebrochen erscheinen wie diese Abrechnung mit Cicero und auch Varro. Demgegenüber gilt es für ihn dann nur noch, Schoppe, wie er es in seiner Schrift dann auch tut, Schritt für Schritt zu widerlegen und einmal mehr seine eigene Auffassung im Hinblick auf die Entwicklung der lateinischen Sprache deutlich herauszustellen: »Die Spannbreite der lateinischen Sprache«, schreibt er in diesem Sinne, »ist so groß, so groß ist ihre Fülle, so groß die Palette ihrer Variationsmöglichkeiten! Fern sei also, daß Cicero zurechtgewiesen, Varro gezüchtigt wird, die von ihrem Beurteiler selbst unter die goldenen Autoren gerechnet werden.«[135]

Aber Gaudenzio beläßt es nicht dabei, Schoppe über die Verteidigung der antiken Autoren anzugehen. In Anbetracht von Schoppes zahlreichen Schriften gegen gelehrte Zeitgenossen bietet sich Gaudenzio auch die Möglichkeit, für Kollegen gegen Schoppe in den Ring zu steigen. In seiner Schrift *De latino sermone obseruationes oppositae reprehensori Grossippo*[136] geht er über die Auseinandersetzung mit Schoppes *Paradoxa litteraria* hinaus fast das gesamte philologische Werk Schoppes durch – von seiner eben schon angesprochenen Gliederung der Entwicklung der lateinischen Sprache[137] über seine undankbare

---

[130] Vgl. ebd., fol. 50[r]ff.

[131] Vgl. Schoppe: Paradoxa literaria (wie Anm. 127), S. 1ff.

[132] Vgl. Gaudenzio: *De aetatibus* (wie Anm. 15), fol. 14[r].

[133] Vgl. ebd., fol. 14[r]f.: »Vult ad se confugi uelut ad sacram rem atque unicum latinae linguae assertorem, qui potest ipsum Ciceronem latine loqui docere.«

[134] Vgl. ebd. fol. 15[v]–16[r].

[135] Vgl. ebd., fol. 15[r].: »Tanta est latini sermonis amplitudo, tanta copia, tanta uarietas. Absit autem ut repraehendatur Cicero, castigetur Varro, relati inter scriptores aureae metalli a [...] ipso censore.«

[136] Biblioteca Vaticana: Ms. Urb.lat. 1609, fol. 60[r]–208[v].

[137] Vg. ebd. fol. 69[r]–74[v]: Indicem authorum linguae latinae editur Mediolani a Grossippo diuersum esse ab eo, quod postea euulgatus est Patauii; fol. 75[r]–78[v]: Index Mediolanensis authorum lingua [sic] latinae adhuc correatus Patauij a Grossippo; fol. 109[r]–113[v]:

Haltung gegenüber Francisco Sanchez[138] und seinen Entwurf der *Grammatica philosophica*,[139] über seine Auseinandersetzungen mit Joseph Scaliger[140] und über spezielle Fragen der Grammatik[141] bis hin zu Schoppes eigenem Sprachgebrauch.[142] In jedem Punkt hat Gaudenzio Schoppe etwas entgegenzusetzen und vor allem im Hinblick auf den unvollkommenen Sprachgebrauch des Sprachkritikers Schoppe selbst, kann sich Gaudenzio eines süffisanten Tons nicht erwehren.[143]

Ähnlich geht er auch in seiner (wie die *De latino sermone obseruationes* im Manuskript verbliebenen) Schrift *De pura latinitate*[144] vor, in der er sich in zwölf Kapiteln mit dem »Reprehensor Vossij« Kaspar Schoppe und seinen Bemerkungen zu der Schrift *De vitiis sermonis* des Gerhard Johannes Vossius auseinandersetzt. Nach einer minutiösen Widerlegung der Thesen Schoppes und des von ihm überzeugend verteidigten Vossius geht er zu guter Letzt dazu über, Schoppe selbst eine Reihe von Fehlern nachweisen, die dieser zuvor bei Vossius beanstandet hatte.[145]

Eine genauere Untersuchung der beiden Schriften würde den Rahmen dieser Arbeit sprengen,[146] aber es kann auch schon nach dieser groben Skizze festgehalten werden, daß sich Gaudenzio, wie bereits in seinen Arbeiten deutlich wurde, die er im Rahmen seiner juristischen Tätigkeit verfaßt hatte, in *De pura latinitate* wie auch in den *De latino sermone observationes* gegen Schoppe einmal mehr als hervorragender Kenner der lateinischen Literatur und Philologie von den Anfängen bis auf seine eigene Zeit erweist. Es wird ferner deutlich, daß er seine philologische Arbeit, der er gerne wie all seinem Schaffen den Gestus des genialen und furorhaft Dahingeschriebenen gab, auch zielgerichtet bündeln konnte und damit einem gelehrten Gegenüber Paroli zu bieten vermochte. Nur oberflächlich betrachtet mag es daher scheinen, daß Gaudenzio – wie Gabriel

---

Scriptores celebres, qui floruerunt post Ciceronem pure latine locutos fuisse; fol. 190^r–197^v: Quedam ex usu temporum Tullianorum postea ab usu sequentium temporum reiecta.

[138]   Ebd. fol. 65^r–68^v: De iactantia, non loquentia Grosippi [sic.]. De eiusdem ingratitudine erga Sanctium Hispanum.

[139]   In Cap. V (ebd. fol. 79^r–82^v): De causis linguae latinae subtiliter scripsisse Scaligerum. Subtilitati non uideri esse capacem Grammaticum.

[140]   Vgl. ebd. fol. 79^r–82^v.

[141]   Z. B. Cap. IX (fol. 95^r–102^v): Defenduntur Gerundia et aduerbia aduersus Grossippum et alios; oder Cap. XXI (fol. 166^r–169^v): An et quatenus uera sit regula de datiuis in -bus non augentibus genitiuum. Saturnalium saturnaliorum dico.

[142]   Ebd. fol. 178^r–181^v: De particula uel, quod non semper sit disiuncta, et de sine; de quoad.

[143]   Ebd. fol. 198^r–201^v: Non latina uocabula aliqua quibus utitur reprehensor recensentur.

[144]   »De pura latinitate alter liber in quo ad Reprehensorem Vossij et aliorum disputatur a Paganino Gaudenzio«, Biblioteca Vaticana: Ms. Urb.lat. 1606, fol. 1^r–68^v. (Der Titel führt die Bezeichnung »alter liber« weil Gaudenzio schon ein anderes, erstes Buch mit dem Titel *De pura latinitate* versehen hatte – das Buch gegen Prosper Fesulanus (Anm. 62). Das Schlußkapitel: »Scholastica et aspera vocabula solere in scribendo adhiberi a Reprehensore« (fol. 54^r–68^v.).

[145]   Gasparis Scioppii Comitis à Claraualle In viri clarissimi Gerhardi Ioannis Vossij librum De vitiis sermonis animaduersiones. Ravennae (typis Petri Pauli Rubei) 1647; die Schrift von Vossius: De vitiis sermonis et glossematis Latino-Barbaris libri quattuor. Amstelodami 1645.

[146]   Ich werde demnächst eine eingehendere Untersuchung von Gaudenzios Auseinandersetzung mit Schoppe vorlegen.

Naudé gesagt hatte – nicht bis zum Kern der Dinge vordrang. Wenn es auch
richtig ist, daß er sich in vielen seiner Arbeiten verzettelte, und die klare Linie
nicht immer erkennbar ist, bilden doch die einzelnen abgebrochenen Argumentationsstränge und Fragmente, wenn sie einmal wie in den Arbeiten gegen
Schoppe klar auf ein Ziel hin ausgerichtet sind, ein kohärentes Ganzes und ermöglichen so auch einen neuen Blick auf seine übrigen Arbeiten. Angesichts
seiner klar zugeschnittenen Kritik in *De pura latinitate* und *De latino sermone*
hätte Gaudenzio für Schoppe aus seiner Sicht sicherlich ein gefährlicher »Feind«
werden können – wenn die Arbeiten Gaudenzios gedruckt worden wären und
wenn einer weiteren Auseinandersetzung nicht der Tod einen Riegel vorgeschoben hätte.

5. Resümee

Überblickt man die philologischen Arbeiten von Paganino Gaudenzio und Kaspar Schoppe für sich genommen, in ihren Wechselbeziehungen zueinander und
zu den Werken anderer Gelehrter, zeigt sich nicht nur die Vielgestaltigkeit philologischen Denkens und Arbeitens im 17. Jahrhundert. Es wird auch das Problem einer noch zu erarbeitenden »Geschichte der Philologie« dieses Zeitraums
deutlich. Die Geschichte der Philologie ist zunächst – wie hier an nur zwei Personen vorgeführt wurde – eine Geschichte einzelner Philologen, die (personell)
in ein dichtes Netz von Gelehrten und (ideell) in vielfältige Diskussionszusam-
menhänge eingebunden sind. Als »Philologie« kann dabei die vielgestaltige
Beschäftigung mit der Genese und geschichtlichen Einbindung von Texten und
Wörtern sowie die Reflexion über Sprache verstanden werden, ein Beschäfti-
gungskomplex, der im 17. Jahrhundert noch keiner spezifischen Berufsgruppe
zugeschrieben werden kann. Wie das Beispiel von Paganino Gaudenzio deutlich
gemacht hat, kann sich auch hinter einem Gelehrten, der bislang nicht mit »Philologie« in Verbindung gebracht worden ist, aufgrund seiner persönlichen Ver-
wurzelung in der antiken gelehrten Tradition und seiner spezifischen Berufsauf-
fassung ein Philologe verbergen, der einen bekannten Philologen seiner Zeit wie
Kaspar Schoppe durch seine unveröffentlichten Arbeiten in einem neuen Licht
erscheinen lassen kann.
   Die Offenheit der Grenzen zwischen der gelehrten Tätigkeit des »Philologen«
und der praktischen Tätigkeit des Gesandten und Politikers macht in ganz
anderer Weise auch der Fall von Kaspar Schoppe deutlich: ihm halfen die philologischen Arbeiten seiner frühen Jahre aufgrund der vielfältigen gesellschaftlichen und politischen Einbindung der Gelehrten seiner Zeit im Tätigkeitsbereich
des Gesandtschaftswesens und in der Politik zu reüssieren. Zugleich wird in
seiner philologischen Auseinandersetzung mit den Jesuiten deutlich, daß die
Machtstrukturen in der *Res publica litteraria* nicht ohne weiteres von anderen
Bereichen des gesellschaftlichen Lebens getrennt werden können.

Aus den hier vorgestellten Fallbeispielen wird zudem deutlich, daß sich eine Geschichte der Philologie auch in Zeiten des Buchdrucks nicht auf die publizierte Meinung von Gelehrten beschränken kann, sondern vielfältiger Ergänzungen bedarf, die hier nur im Ansatz geleistet werden konnten: Jenseits des Studiums des Wechselverhältnisses zwischen gedruckten und im Manuskript verbliebenen Werken und der Erörterung der Frage, warum letztere im Manuskript verblieben sind, müßten die Korrespondenzen zwischen Gelehrten und die Machtstrukturen in der *Res publica literaria* in eine Untersuchung zur Geschichte der Philologie einbezogen werden, um auf dem Weg über Einflußnahme und Kommunikation zwischen den Philologen zu einer Problemgeschichte der Philologie zu gelangen. Durch sie könnte das Feld der klassischen Philologie »von Petrarca bis Mommsen« genauer als bisher beschrieben werden.[147]

---

[147] Die Arbeit von Rudolf Pfeiffer (Die klassische Philologie von Petrarca bis Mommsen. München 1982; zuerst: Oxford 1972) bietet bekanntlich gerade im 17. Jahrhundert nur die Umrisse einer Geschichte der klassischen Philologie.

Helmut Zedelmaier

Der Ursprung der Schrift als Problem der frühen Neuzeit

Die These schriftloser Überlieferung bei Johann Heinrich Ursinus
(1608–1667)

Die jüdisch-christliche Offenbarungsreligion ist eine Buchreligion, die der Vielfalt antiker Kosmologien und Ursprungsmythen ein Buch entgegenstellt, das die ganze Geschichte in nuce enthält, sie vom Anfang der Zeit bis an ihr Ende (über die Prophetien) in heiligen, göttlich inspirierten Lettern festhält. Jene, in der griechisch-römischen Antike zum Topos geronnene »dunkle Zeit« des Anfangs der menschlichen Geschichte erstrahlt im hellen Licht der »Historia sacra«, die den Kirchenvätern zum Signum für die Überlegenheit der christlichen Religion wurde. Was Augustinus in seiner Auseinandersetzung mit der antiken Idee von der »steten Wiederkehr des Gleichen« sagt, daß nämlich die »gottlosen Heiden« weder wissen, »welchen Anfang das Menschengeschlecht und dies unser sterbliches Dasein genommen hat, noch welches sein Ende sein wird«,[1] verdeutlicht ganz allgemein die Beschränktheit profanen Wissens. Gegen die sich widersprechenden heidnischen Philosophen steht die »Einhelligkeit« der Heiligen Schrift,[2] gegen die »eitle Prahlerei« der Völker über ihr Alter und das Alter ihrer Weisheit steht die »Weisheit unserer Urväter«, die allen Völkern, selbst dem ägyptischen, das sich seines Alters und seiner Weisheit rühmt, überlegen ist, eben weil sie zeitlich vorangeht.[3]

Es gründet sich die Überlegenheit des christlichen Glaubens im zeitlichen Vorrang biblischer Weisheit, ein Vorrang, der von der (früh-)christlichen Apologie auch hinsichtlich der menschlichen Erfindungen und Wissenschaften verteidigt wurde. Deren jüdische Ursprünge bestätigte nicht nur die Auslegung der *historia sacra*, bekräftigt schienen sie selbst durch heidnische Autoren, etwa Herodot, der die Erfindung der meisten *artes*, *litterae* und *scientiae* orientalischen Völkern zuschrieb, und durch Belege, wie sie Flavius Josephus in den *Jüdischen Altertümern* lieferte.[4] Josephus war auch die wichtigste Quelle für ein bis zum 18. Jahrhundert vielfältig benutztes und ausgeschriebenes Werk, das die

---

[1] Augustinus: De civitate dei, 12,15 (deutsche Übersetzung nach: Aurelius Augustinus: Vom Gottesstaat, Buch 11–22, hg. v. Carl Andresen, übers. v. Wilhelm Thimme, Zürich 1978, S. 82.

[2] Vgl. Augustinus: De civitate dei, 18,41.

[3] Vgl. Augustinus: De civitate dei, 18,39.

[4] Vgl. Franz Josef Worstbrock: »Translatio artium. Über die Herkunft und Entwicklung einer kulturhistorischen Theorie«, in: Archiv für Kulturgeschichte 47 (1965) S. 1–22; Wilhelm Schmidt-Biggemann, »Translatio sapientiae«, in: Die Idee der Tradition, hg. v. Ulrich Johannes Schneider (= Dialektik. Enzyklopädische Zeitschrift für Philosophie und Wissenschaften 1998/1), S. 47–72; Ders.: Philosophia perennis. Historische Umrisse abendländischer Spiritualität in Antike, Mittelalter und Früher Neuzeit, Frankfurt a. M. 1998, S. 646ff.

christliche These vom jüdischen Ursprung menschlicher Erfindungen mit einer
Fülle gelehrter Belege absicherte: Für Polydorus Vergilius, den Verfasser des
erstmals 1499 gedruckten Werks *De inventoribus rerum*, von dem bis zum Ende
des 18. Jahrhunderts über 100 Ausgaben erschienen,[5] steht die Überlegenheit der
Heiligen Geschichte unerschütterlich fest. Zwar führt der italienische Humanist
eine große Zahl von Quellen antik-heidnischer Autoren an und gesteht ihnen zu,
daß »unter einem Schein / die Warheit auch etwan verborgen ligt«;[6] doch im
Vergleich mit den Aussagen der Heiligen Schrift und ihrer Auslegung sind sie
bloße Fabeln, die durch die Gewißheit der *Heiligen Geschichte* übertrumpft
werden. Das betrifft auch den Fall der Erfindung der Schrift, von der doch wegen ihrer grundlegenden Bedeutung für alle Wissenschaften »vor allen Dingen«
gehandelt werden müsse.[7]

Was jedoch der gelehrte Humanist als zwei getrennte Register (jüdisch-
christliche und heidnische Quellen) vorführt, die hinsichtlich ihrer Gewißheit in
einem hierarchischen Verhältnis zueinander stehen, führt schon im
16. Jahrhundert im Kontext einer eher philosophisch motivierten Neugierde,
etwa bei Marsilio Ficino, zu komplizierten Abbildungs- und Überlagerungsver-
hältnissen. Die Christianisierung der heidnischen Philosophie und synkretisti-
sche Konzepte und Programme bringen die Heilige Schrift und antik-heidnische
Texte bei der Rekonstruktion einer ihnen gemeinsamen Uroffenbarung in ein
besonderes Konkordanzverhältnis. Im Spannungsfeld der konfessionellen Auseinandersetzungen und Konflikte des 17. Jahrhunderts verliert dann das Verhältnis von heiligen und profanen Texten viel von seiner (humanistischen) Unschuld. Die historisch-philologische Arbeit wird zu einem Instrument im Kampf
um die richtige und älteste Tradition. Der religiöse Streit, dies bemerkt schon
Leibniz,[8] erweitert, differenziert und schärft die *eruditio* und das mit ihr verknüpfte historische Interesse. Das Verhältnis der Heiligen Schrift zur antik-heid-
nischen Überlieferung wird immer differenzierter erforscht,[9] zugleich aber auch

---

[5]   Die Erstausgabe wurde in Venedig in drei Teilen gedruckt, die 1521 um fünf weitere
      ergänzt wurden; Übersetzungen ins Englische, Französische, Deutsche, Spanische und
      Russische folgten (vgl. Denys Hay: Polydore Vergil. Renaissance Historian and Man of
      Letters, Oxford 1952, S. 52ff.). Zu den Quellen des Vergilius Brian P. Copenhaver: »The
      Historiography of Discovery in the Renaissance: The Sources and Composition of Polydore
      Vergil's De Inventoribus Rerum, I–III«, in: Journal of the Warburg and Courtauld Institutes
      41 (1978) S. 192–214.

[6]   Das Zitat nach einer der zahlreichen deutschen Übersetzungen: Polydorus Vergilius von
      Urbin: Von Erfindung und Erfindern der Dinge [...], Frankfurt a. M. 1615, Vorrede (un-
      pag.).

[7]   Vgl. ebd., S. 38; auch über den ›rechten Ursprung‹ der Schrift, nämlich vor der Sintflut,
      läßt sich Polydorus Vergilius von Flavius Josephus belehren (ebd., S. 42).

[8]   1679 in einem Brief an Pierre-Daniel Huet, vgl. Christopher Ligota: »Der apologetische
      Rahmen der Mythendeutung im Frankreich des 17. Jahrhunderts (P. D. Huet)«, in: Mytho-
      graphie der frühen Neuzeit. Ihre Anwendung in den Künsten (= Wolfenbütteler Forschun-
      gen, Bd. 27), hg. v. Walter Killy, Wiesbaden 1984, S. 149–161, hier: S. 152ff.

[9]   Vgl. hinsichtlich des Verhältnisses von Mythographie und Theologie Walter Sparn: »Her-
      cules Christianus. Mythographie und Theologie in der frühen Neuzeit«, in: Mythographie
      (wie Anm. 8), S. 73–107, hier: S. 86ff.

im Lichte polemischer und apologetischer Interessen als unüberbrückbarer Gegensatz bestimmt.[10]

In diesem Differenzierungsprozeß bedurfte es immer aufwendigerer Verfahren, die Heilige Schrift als Beleg für den wahren Ursprung der Geschichte und der dadurch garantierten Verknüpfung mit der göttlichen Weisheit in Konkordanz mit einer wachsenden heterogenen Überlieferung zu bringen. Zwar konnte die Auslegung profaner Texte nicht (wie im Fall der Bibel) von der literalen (historischen) Wahrheit ausgehen. Gerade dies ermöglichte aber auch eine ungebundenere und freiere Auslegung der als Bruchstücke einer ursprünglichen Weisheit gedeuteten Texte.[11] Und diese Freiheit infizierte auch die Wahrheit der Heiligen Schrift, denn das wachsende Angebot an Auslegungen drohte die Geschlossenheit und Erklärungskraft der *historia sacra* zu überfordern. Ob nun antike Texte als Fabeln der *historia sacra* untergeordnet oder aus ihr abgeleitet wurden,[12] das Bemühen, die Einheit und Gewißheit der wahren Überlieferung durch vergleichende Interpretation zu begründen, setzte die *historia sacra* in ein intertextuelles Verhältnis, dessen Differenzierung und Komplexität stetig zunahm. Dies wiederum veranlaßte Reduktionen wie die Hypothese des französischen Calvinisten Isaac La Peyrère über die Existenz von Menschen vor Adam, welche die europäische Gelehrtenwelt so sehr in Aufregung versetzte.[13]

Solche »Lösungen« konnten von der historisch-philologischen Kritik zwar (noch) widerlegt werden, besonders im Fall eines dilettierenden Außenseiters wie La Peyrère, der weder Griechisch noch Hebräisch verstand, also der Sprachen der Quellentexte unkundig war und die gelehrte Forschung zu seinem Thema mißverstand.[14] Auch konnten die Authentizität und das Alter derjenigen Texte, die als Belege für eine über Moses zurückgehende Überlieferung gefunden (oder auch: erfunden) wurden, mit philologischer Forschung bestritten und, wie etwa das *Corpus Hermeticum* durch Isaac Casaubonus, als Fälschungen späterer Zeiten entlarvt werden.[15] Doch ganz abgesehen davon, daß auch die Präzisierung der philologisch-historischen Kritik ihre Indienstnahme für Traditi-

---

[10] Zur gegenreformatorischen Strategie vgl. Verf.: Bibliotheca universalis und Bibliotheca selecta. Das Problem der Ordnung des gelehrten Wissens in der frühen Neuzeit, Köln u. a. 1992, S. 125ff., 249ff.

[11] Umberto Eco verdeutlicht dies am Beispiel der Beschäftigung des Jesuiten Athanasius Kircher mit den ägyptischen Hieroglyphen; vgl. La ricerca della lingua perfetta nella cultura europea, Rom-Bari 1993, hier benutzt in der deutschen Übersetzung: Die Suche nach der vollkommenen Sprache, übers. v. Burkhart Kroeber, München 1994, S. 153ff.

[12] Vgl. zu diesen beiden Alternativen der vergleichenden Interpretation Paolo Rossi: The Dark Abyss of Time. The History of the Earth and the History of Nations from Hooke to Vico, Chicago-London 1984 (Erstausgabe in italienischer Sprache Milano 1979), S. 152f.

[13] Vgl. dazu ebd., S. 132ff., und Richard H. Popkin: Isaac La Peyrère (1596–1676), Leiden 1987, S. 80ff.

[14] Vgl. die Interpretation von Anthony Grafton: »Isaac La Peyrère and the Old Testament« (zuerst in: Times Literary Supplement, 12–18 February 1988, S. 151f.), hier benutzt in: Ders.: Defenders of the Text. The Traditions of Scholarship in an Age of Science. 1450–1800, Cambridge Mass.-London 1991, S. 204–213.

[15] Vgl. dazu Anthony Grafton: »Protestant versus Prophet: Isaac Casaubon on Hermes Trismegistus«, in: Ders.: Defenders of the Text, S. 145–161 (zuerst in: Journal of the Warburg and Courtauld Institutes 46, 1983, S. 78–93).

onsstiftungen unterschiedlicher Art nicht ausschloß, ja Präzision und Schärfe sich zu einem Gutteil diesem Bemühen verdankten,[16] konnten die an den Texten der profanen Antike geschärften Instrumente der philologischen Kritik statt zur Verteidigung der Heiligen Schrift auch auf diese selbst angewandt werden und sie damit, wie dies Richard Simon und Baruch de Spinoza vorführten, der Kritik aussetzen.[17]

Dennoch gilt, was Arno Seifert in seiner Untersuchung *Von der heiligen zur philosophischen Geschichte* noch für das 18. Jahrhundert konstatiert hat: Die *historia sacra* konnte immer weniger die unterschiedlichen historischen Interessen und sich differenzierenden Forschungen (sowie außereuropäischen Erfahrungen) organisieren und integrieren. Was der frühen Neuzeit an historisch-philologischen und philosophischen Kenntnissen und Instrumenten zur Verfügung stand, reichte andererseits aber nicht aus, »die *historia sacra* zu falsifizieren«.[18] Die historische Wahrheit der Bibel geriet zunehmend unter Druck. Besonders die biblische Erzählung der Frühgeschichte des Menschen zeigte sich dabei als ein prekärer Bezirk. Einerseits ließ sie sich mit einem durch die Entdeckung neuer Welten weiter gewordenen Erfahrungshorizont nur mehr schwer vereinbaren (und wurde in dieser Hinsicht zunehmend zu einer isolierten ›Vorgeschichte‹ marginalisiert). Andererseits war sie ein Ziel angespannter Neugierde, deren Suche nach einer ursprünglichen, vollkommenen Weisheit die *historia sacra* mit heidnischen Texten verwickelte.[19] Die häufig mit heterodoxen Prophetien und chiliastischen Hoffnungen verknüpfte Verschränkung von heiligen und profanen Schriften wurde sowohl von der neuen Philosophie und Wissenschaft (etwa eines Francis Bacon) als auch von den konfessionellen Orthodoxien als Gefahr für den Bestand des Glaubens angesehen. Der Philosophie diente der Verweis auf solche Gefahren der Legitimation einer nicht theologisch kontrollierten, nicht nach vergangenem, sondern nach zukünftigem Wissen strebenden ›neuen Wissenschaft‹, die Theologie erkannte in jener Verschränkung von heiligen und profanen Texten eine Zersetzung des Primats der Heiligen Schrift und damit eine Infragestellung ihrer Lehrautorität.

---

[16] Vgl. Werner Goez: »Die Anfänge der historischen Methoden-Reflexion in der italienischen Renaissance und ihre Aufnahme in der Geschichtsschreibung des deutschen Humanismus«, in: Archiv für Kulturgeschichte 56 (1974) S. 25–48; Anthony Grafton: Fälscher und Kritiker. Der Betrug in der Wissenschaft, Berlin 1991 (zuerst in Englisch: Princeton 1990).

[17] Zur Bibelkritik Spinozas und Simons vgl. die Abschnitte von Wolfgang Bartuschat und Jacques Le Brun in der Neuausgabe von Ueberwegs Grundriss der Philosophie: Die Philosophie des 17. Jahrhunderts, Bd. 2: »Frankreich und Niederlande«, hg. v. Jean-Pierre Schobinger, Basel 1993, S. 893ff. bzw. S. 1013ff.

[18] Seifert spricht von einer »Entkräftung« der Sakralhistorie, vgl. Arno Seifert, »Von der heiligen zur philosophischen Geschichte. Die Rationalisierung der universalhistorischen Auffassung im Zeitalter der Aufklärung«, in: Archiv für Kulturgeschichte 68 (1986) S. 81–117, hier: S. 95.

[19] Vgl. Schmidt-Biggemann: »Translatio sapientiae«; zur Dekonstruktion der Figuren ursprünglicher Weisheit in der deutschen Frühaufklärung vgl. Verf.: »Aporien frühaufgeklärter Gelehrsamkeit. Jakob Friedrich Reimmann und das Problem des Ursprungs der Wissenschaften«, in: Skepsis, Providenz, Polyhistorie. Jakob Friedrich Reimmann (1668–1743), hg. v. Martin Mulsow und Helmut Zedelmaier, Tübingen 1998, S. 97–129.

Der Regensburger Superintendent Johann Heinrich Ursinus ist nicht der einzige, der die Gefahr beschwor, die aus der Relativierung biblischer Wahrheit entstanden war. Doch er hat die biblische Heilsgeschichte mit philologischer Kompetenz und philosophischen Hypothesen bekämpft.[20] Ursinus war als Philologe und Historiker tätig[21] und zugleich einer der bedeutendsten Vertreter der deutschen protestantischen Theologie des 17. Jahrhunderts.[22] Er gehörte zu den ersten, der die ›häretischen‹ und ›blasphemischen‹ Hypothesen des Isaac La Peyrère schon 1656, also ein Jahr nach ihrer Veröffentlichung, attackierte.[23] Fünf Jahre später erschien seine Arbeit über Zoroaster (Zarathustra), Hermes Trismegistos und Sanchuniathon, also jene Gestalten der orientalischen Weisheit, die bei der frühneuzeitlichen Suche nach den ältesten Überlieferungen des Altertums und dessen Weisheit von zentraler Bedeutung waren.[24]

Es zeigt sich das Problem der Wahrheit als Kampf um die *antiquitas*, ein Kampf, in dem die christliche Wahrheit über das heidnische Vorurteil von der Überlegenheit ihres eigenen Alters triumphierte.[25] So gilt auch für Ursinus: »*Antiquissimum* enim *quodque verissimum*«.[26] Der Bestand der wahren christlichen Religion ist an die Sicherung und Verteidigung der Bibel als ältester schriftlicher Überlieferung geknüpft. Deshalb, so Ursinus, verteidigten die »primi Ecclesiae Christianae Doctores«, also die Kirchenväter, die mosaischen und alle kanonischen Schriften als älteste Überlieferung gegen die Heiden, eine

---

[20] Zu Leben und Werk vgl. die ein Jahr vor seinem Tod verfaßte kurze Autobiographie (Lebens-Lauff, Regensburg 1666). Sie wurde, mit einer ausführlichen Einleitung versehen und kommentiert, von Herbert W. Wurster neu herausgegeben: »Johann Heinrich Ursinus: Mein Lebens-Lauff. Die Autobiographie eines Regensburger Superintendenten aus dem 17. Jahrhundert«, in: Zeitschrift für bayerische Kirchengeschichte 51 (1982), S. 73–105. Der ›Lebens-Lauff‹ ist eine Rechtfertigungsschrift gegenüber dem Verdacht, er hätte sich während einer gerade überwundenen schweren Krankheit »zur Päpstischen Religion« »begeben wollen« (ebd. S. 102).

[21] Zu seinen wichtigsten historischen Werken und zur (spärlichen) Forschung über ihn vgl. Herbert W. Wurster: »Die Regensburger Geschichtsschreibung im 17. Jahrhundert. Historiographie im Übergang vom Humanismus zum Barock«, in: Verhandlungen des Historischen Vereins für Oberpfalz und Regensburg 119 (1979) S. 7–75 (Teil I) u. 120 (1980) S. 69–210 (Teil II u. III), hier S. 134–139.

[22] Vgl. zur Bewertung der Forschung ebd., Teil II u. III, S. 134f.

[23] Vgl. Johann Heinrich Ursinus: Novus Prometheus Prae-Adamitarum plastes ad Caucasum [...] relegatus et religatus, schediasma, Frankfurt 1656. Eine kurze Charakterisierung dieses Werks bei Rossi: The Dark Abyss of Time, S. 138.

[24] Johann Heinrich Ursinus: De Zoroastre Bactriano, Hermete Trismegisto, Sanchoniathone Phoenicio, eorumque scriptis, et aliis, contra Mosaicae Scripturae antiquitatem exercitationes familiares, Nürnberg 1661; Hinweise auf dieses Werk bei Rossi (The Dark Abyss of Time, S. 159), Ralph Häfner: »Jacob Thomasius und die Geschichte der Häresien«, in: Christian Thomasius (1655–1728), hg. v. Friedrich Vollhardt, Tübingen 1997, S. 141–164, hier: S. 150–152, sowie bei Michael Stausberg: Faszination Zarathustra. Zoroaster und die Europäische Religionsgeschichte der Frühen Neuzeit. 2 Bde., Berlin 1998, Bd. 2, S. 625–635.

[25] Vgl. Ursinus: De Zoroastre Bactriano, unpag. Dedicatio (an Dn. Tobias Ölhafen von Schölnbach): »Antiquitatis gloriam & Superstitioni Impietatique suae Pagani, & verae religioni Christiani semper vendicabant: studio pari, certamine conatuque aequali, eventu tamen diverso. Vicit enim Veritas, triumphatque, non passa sibi extorqueri hoc de Antiquitate praejudicium«.

[26] Ebd.

Auseinandersetzung, die in seinem Jahrhundert, unter den Vorzeichen eines sich
überstürzenden Atheismus und konfessioneller Kontroversen, erneut entbrannt
sei.[27] Nicht nur Heiden, Araber, Juden und Atheisten wie Giordano Bruno und
(der in dessen Spuren wandelnde) La Peyrère gäben die *antiquitas* und damit die
Wahrheit der Heiligen Schrift der Verachtung preis,[28] sogar christliche Gelehrte
stellten sie in Frage, wenn sie sich, ausgehend von angeblichen Belegen für eine
schon vor Moses praktizierte Schrift, auf die Suche nach der ältesten Überlieferung begeben.[29]

Ursinus geht es nicht nur um den Nachweis, daß es sich bei den von Moses
verfaßten Büchern um die älteste Überlieferung handelt.[30] Er baut diese traditionelle Auffassung dahingehend aus, daß erst Moses die *ars scribendi* von Gott
erhalten habe, also die Schrift in vormosaischer Zeit unbekannt gewesen sei. Mit
dieser These aber stellte Ursinus, was er selbst einräumt, eine weitgehend unbestrittene Auffassung auch der Theologen über die Frühgeschichte des Menschen
in Frage.[31] Daß nämlich schon Adam und die ersten Patriarchen schriftkundig
waren und auch Bücher verfaßten, war ein vielfach geteiltes Argument. So veröffentlichte etwa der protestantische Schulrektor Joachim Johann Mader fünf
Jahre nach dem Buch des Ursinus eine Abhandlung über vorsintflutliche Bibliotheken, deren Existenz durch eine ehrwürdige Genealogie gelehrter Belege
sowie antiquarische Zeugnisse nachgewiesen wird.[32] Mader verweist vor allem

---

27 Vgl. ebd., Prooemium, S. 1: »Quae de antiquitate Mosaicae, totiusque adeo Canonicae,
    Scripturae antiquissimae olim primorum Ecclesiae Christianae Doctorum contra Paganos
    fuit disceptatio; ea seculo nostro, in Atheismum praecipiti, ita recruduit, ut magna conten-
    tione inter eos agitetur, qui utrinque Christiano nomine conseri volunt«.

28 Vgl. ebd., S. 3f.; zu Bruno und La Peyrère heißt es: »ne S. Scripturae antiquitas & veritas
    apud Paganos & Atheos, passim succrescentes, in contemptum adducatur, eorum temeri-
    tate, quos vel maxime illius strenuos defensores & vindices esse oportuerat: fiatque justo
    DEI judicio, ut qui DEI Verbum spreverint, Diaboli quisquilias & stercora amplexentur: cu-
    jus horrendi supplicij exemplum nuper vidimus in *Isaaco Peyrerio* Gallo, Calvinista
    nomine, re Atheo, Praeadamitarum Prometheo: qui tamen Romae Papista factus est, forte
    quod *Jordani Bruni*, cujus secutus esset blasphemias, simile supplicium merito expavis-
    set«. Es folgt eine (hier ausgewiesene) Darstellung der Lehre Brunos und – als war-
    nendes Beispiel – die Nachricht von dessen Ende auf dem Scheiterhaufen; Ursinus bezieht
    sich hier auf einen Brief des päpstlichen Diplomaten und Philologen Kaspar Schoppe.

29 Vgl. ebd., S. 4; Ursinus spricht von den ›nuperorum quorundam Vitilitigatorum Christia-
    norum ratiunculae‹. Am ausführlichsten setzt er sich mit Athanasius Kircher auseinander
    (vgl. ebd., Exercitatio secunda, S. 90ff.).

30 Diese zentrale Prämisse betont Ursinus schon zu Beginn des Prooemiums, das mit Verwei-
    sen auf die Auffassung der Lutherischen Orthodoxie (Johannes Gerhard) über den göttli-
    chen Ursprung der Heiligen Schrift sowie mit einer Kritik der Auffassung, daß frühere
    Schriften untergegangen seien, eröffnet wird (vgl. De Zoroastre Bactriano, Prooemium,
    1ff.): »nullam antiquiorem Scripturam, neque ex sacris, neque ex profanis fide dignis mo-
    numentis ullis uspiam comparare: Hanc Mosi hujus inventi gloriam etiam Gentiles Scripto-
    res, citra invidiam, tribuisse; antiquissimos Ecclesiae Doctores constanter asseruisse« (ebd.
    S. 3).

31 So schon bei der Zusammenstellung der Argumente, die gegen seine Auffassung sprechen:
    Daß schon vor der Sintflut die Schrift in Gebrauch gewesen sei, bestätigten heidnische
    Autoren, und diese ›traditio omnium fere populorum‹ wird »a Theologis Christianis« aner-
    kannt (ebd., Prooemium, S. 5).

32 De bibliothecis atque archivis [...] libelli et commentationes. Cum praefatione de scriptis et
    bibliothecis antediluvianis edidit Joachimus Joannes Maderus, Helmstedt 1666, Praefatio,

auf Flavius Josephus, den in der frühen Neuzeit zum Kronzeugen vorsintflutlicher Schriftlichkeit gewordenen jüdischen Historiker. In den *Jüdischen Altertümern* berichtet dieser von zwei Säulen, auf denen die Söhne des Seth astronomische Kenntnisse beschrieben hätten, damit diese nicht durch eine von Adam vorhergesagte Katastrophe vernichtet würden. Eine dieser Säulen, so Josephus, stünde noch heute in Syrien.[33]

Gegen solche Belege und die damit begründete Auffassung einer schon in der Frühgeschichte praktizierten Schriftlichkeit argumentiert Ursinus. Die (apologetische) Absicht, die er mit seiner Verteidigung speziell der mosaischen Urkunde als älteste Schrift verfolgt, ist offensichtlich: Wenn es sich erweist, daß es vor Moses keine Schrift gab, sind alle Versuche, eine vormosaische schriftliche Überlieferung zu rekonstruieren, zum Scheitern verurteilt und alle Texte, die in die Zeit vor Moses zurückreichen sollen, als Fabeln entlarvt. Wäre Ursinus bei der einfachen Verteidigung des Moses geblieben, würde seine Schrift nicht aus der apologetischen Literatur der Zeit herausragen. Doch Ursinus macht sich die Widerlegung nicht einfach, und seine differenzierende Argumentation verdient vor allem deshalb besondere Aufmerksamkeit, weil sie eine Evidenz berührt, die für die gelehrte Auseinandersetzung mit der Frühgeschichte des Menschen bis ins 18. Jahrhundert grundlegend war.

Wie versucht Ursinus den Status des mosaischen Berichts als älteste und deshalb wahrste Schrift zu verteidigen? Was die mit den orientalischen Weisen verbundenen Texte betrifft, die von der Renaissance bis ins 18. Jahrhundert als Ergänzung, Erweiterung oder auch als Alternative zur biblischen Überlieferung der Frühgeschichte des Menschen gelesen und ausgelegt wurden, übt er zunächst nüchterne philologische Inspektion und Kritik. Indirekt drückt er sein Prinzip in der Rezension eines kurz zuvor erschienenen Buchs über Zoroaster aus: Die Interpretation des Verfassers ist zwar »ingeniose«, aber vielleicht ist sie nicht »accurate et vere«. Dies könne nur die »collatio veterum scriptorum« ergeben, nichts nämlich dürfe hier »ex ingenio« hinzugetan werden, einzig die »Testes antiqui« sind zusammenzustellen und zu befragen; denn erst ihr kritischer Vergleich kann erweisen, was als wahr angenommen werden muß.[34]

S. 26f.: »Quodsi vero extiterunt tot veterum antediluvianorum manu exarata monumenta, velut non vulgarium Auctorum testimoniis abunde firmavimus: cui jam, quaeso, amplius dubium videri queat, num etiam fuerint, qui studiose ista illis temporis collegerint, atque inde Bibliothecas extruendo, quavis re pretiosissima cariores habuerint, etiamsi nullos eorum in divinis literis videamus memoratos, vel etiam ad post diluvianos mortales, saltem incorruptos, derivatos«. Zitiert und kommentiert werden Kirchenväter wie Johannes Cassian, mittelalterliche Chronographen (Frechulf von Lisieux, Gottfried von Viterbo, Petrus Comestor), frühneuzeitliche Genesiskommentatoren (David Chytracus), platonisch inspirierte Erforscher einer ursprünglichen Weisheit (u. a. Agostino Steucho und Athanasius Kircher) und antike Autoren wie Plinius (bei Plinius findet sich eine Zusammenstellung der einschlägigen antiken Belege zum Thema, vgl. C. Plinii Secundi Naturalis Historiae Libri XXXVII, hg. u. übers. v. Roderich König, o.O. 1975, Liber VII, S. 192f.).

33 Vgl. Flavius Josephus: Jüdische Altertümer I,3.
34 Ursinus setzt sich hier mit einem Werk des Jesuiten Johann Bissel (Illustrium ab orbe condito ruinarum decas I, Amberg 1656; bis 1665 erschienen in Amberg drei weitere solcher Dekaden) auseinander und faßt sein Referat wie folgt zusammen: »Summa est, quam multis enarrat Bisselius, diserte, ut solet, & ingeniose, ut apparet; sed quam accurate &

Ausgehend von diesen methodischen Prinzipien und unter Einbeziehung der
vorliegenden philologischen Forschung – im Fall des *Corpus Hermeticum* etwa
die Untersuchungen von Isaac Casaubonus[35] – erschüttert Ursinus die Überzeugung vom im Vergleich zur mosaischen Schrift höheren Alter der den orientalischen Weisen zugeschriebenen Texte. So argumentiert er, daß chronologische
Angaben in profanen Texten, welche die heilsgeschichtliche Chronologie in
Frage stellen, schon deshalb nicht stichhaltig seien, weil sie nur den verbreiteten
Ehrgeiz heidnischer Völker widerspiegelten, sich den Ruhm eines hohen Alters
zu verschaffen.[36] Doch die Kritik des Ursinus betrifft auch (heterodoxe und
apokryphe) ›heilige‹ Texte, die der mosaischen Schrift ihr überlegenes Alter
streitig machten. Unzählige Bücher, so Ursinus, werden den besten und heiligsten Gewährsmännern zugeschrieben, dem Adam, Seth, Henoch, Abraham,
Salomon, ja sogar selbst Christus.[37] Ursinus geht es jedoch um mehr als nur
philologische Kritik und psychologische Erklärung fabelhafter Überlieferung.[38]
Im Bestreben, den Bezirk der kanonischen Schriften auch gegen Einwände zu
sichern, die nicht durch philologische Kritik zu zerstören sind, d. h. die sich aus
rationalen Schlußfolgerungen oder Plausibilitätsargumenten ergeben, greift er
ein Argument auf, das vereinzelt im Zusammenhang mit der Frage nach der
Authentizität der Epen Homers verwendet wurde.[39]

Es handelt sich um das Argument der mündlichen, schriftlosen Überlieferung. Ursinus konnte damit vor allem jenem Einwand entgegentreten, den er in
einer Zusammenstellung der »varia argumenta«, auf die sich diejenigen stützten,
die eine »contraria sententia« vertreten hätten,[40] wie folgt zusammenfaßt: »Selbst
die Vernunft zwingt dazu, dem zuzustimmen«, d. h. daß die Schrift schon vor
Moses in Gebrauch war, »denn es kann nicht unterstellt werden, daß der erstge-
borene Adam, geschaffen nach dem Ebenbild Gottes, der Schrift unkundig war
oder daß diese seinen Nachfolgern, jenen weisesten Männern, deren Fähigkeiten
in allen Dingen unübertrefflich vollkommen waren, verborgen geblieben ist;
zumal der Nutzen, ja sogar die Notwendigkeit der Schrift als so bedeutend ange-

---

vere? collatio veterum Scriptorum, e quibus veritas, multis Diaboli technis involuta, eruenda & asserenda est, demonstrabit. Nihil hic fingere ex ingenio licet. Testes antiqui
producendi & interrogandi sunt; ex eorum consensu dissensuve, videndum, quid statuere
conveniat« (De Zoroastre Bactriano, S. 11).

[35] Vgl. ebd., S. 141ff.

[36] Vgl. ebd., S. 112 (bezogen auf die fabelhaften Überlieferungen der alten Ägypter): »*Quae
fueri ratio fingendi?* Primum scilicet impulit *ambitio*, ut antiquitatis gloriam sibi vindica-
rent: deinde *odium* in Hebraeos, cujus *Josephus l. I. contra Apion.* testis est, & clara passim
in S. literis extant argumenta« (usw.).

[37] Vgl. ebd., Exercitatio Secunda, S. 125f.: »Innummeri sunt pessimi huius commatis Magici
libri, optimis etiam ac sanctissimis Autoribus adscripti, immani scelere & manifesta Diaboli fallacia; *Adamo, Setho, Henocho, Abrahamo, Salomoni,* & quod dictu horrendum atque execrabile est, *ipsi Domino ac Salvatori nostro«.*

[38] Mit demselben Argument wird dann auch Vico die hohen Altersangaben heidnischer
Quellen bestreiten; vgl. dazu Rossi: The Dark Abyss of Time, S. 159 (mit Bezug auf Ursinus) u. S. 168ff.

[39] Vgl. dazu die Hinweise bei Grafton: »Prolegomena to Friedrich August Wolf«, in: Ders.:
Defenders of the Text, S. 214–243 (zuerst in: Journal of the Warburg and Courtauld Institutes 44, 1981, S. 101–129), hier S. 224ff.

[40] Vgl. Ursinus: De Zoroastre Bactriano, Prooemium, S. 5.

sehen werden muß, daß ohne sie die Welt selbst kaum existieren könnte. Auch gibt es keinen auch nur irgendwie wahrscheinlichen Grund dafür, daß jene vorsintflutlichen Väter, die geschicktesten Männer, ausgestattet mit einer so langen Erfahrung, daß sie im Zeitraum vieler Jahrhunderte so viele Künste und Wissenschaften erwerben konnten, gerade diese eine Kunst, welche alle übrigen erhält und verbreitet, nicht gekannt hätten oder darauf nicht gekommen wären, da doch unter ihnen der schönste Wetteifer herrschte, so daß etwas so Nützliches nicht über Jahrhunderte lang verborgen bleiben konnte«.[41]

Zum Argument der Notwendigkeit der Schrift: Die Frage des Ursprungs der Schrift wurde im 16. und 17. Jahrhundert in sehr unterschiedlichen Kontexten untersucht. Welchen Spielraum die Erörterung dieser Frage bot, war vor allem davon abhängig, von welcher exegetischen Grundlage die Auslegung der *Genesis* auszugehen hatte. Wenn Moses nicht als Historiker oder Philosoph geschrieben hatte, sondern für ein ungebildetes, der Philosophie noch nicht zugängliches Volk, wie dies der spanische Jesuit Benito Pereira vertreten hatte,[42] dann eröffnete sich ein weiterer Auslegungshorizont, als ihn lutherische Theologen zugestehen mochten, die – in ihrer Auseinandersetzung mit Auslegungen, wie sie La Peyrère vorgelegt hatte – die literale (also historische) Wahrheit der mosaischen Urkunde betonten und damit die Interpretation begrenzten.[43] Die Frage nach der

---

[41] Ebd., S. 6f.: »Rationem ipsam cogere assensum: quod fieri nequiverit, ut literarum scientia fugerit Adamaum Protoplastum, factum ad imaginem DEI; aut post illum tot sapientissimos rerumque omnium peritissimos, imo θεοδιδάκτους viros latuerit: praecipue cum tanta literarum videatur utilitas, imo necessitas, ut mundus ipse sine illis tamdiu vix potuerit subsistere: nec veri simile ulla ratione fieri queat, qui evenerit, ut solertissimi illi Patres antediluviani, tot seculis, tot repertis artibus & scientiis, tam longa experientia instructi, hanc unam, omnium caeterarum conservatricem & propagatricem, artem ignoraverint, aut non adinvenerint, cum hoc inter eos vigeret certamen pulcherrimum, ne quid profuturum seculis diu lateret«.

[42] Vgl. Benedictus Pererius Valentinus: Prior Tomus Commentariorum et disputationum in Genesim, Lyon 1594, S. 3f.: Moses schrieb nicht als Historiker oder Philosoph, d. h. ohne »vaticina« und »argumenta«, für das ungebildete, der Philosophie noch nicht fähige Volk der Hebräer. Vgl. auch zur Überlieferung des Pentateuchs ebd., S. 9ff.: Dieser gehe zwar größtenteils auf Moses zurück, jedoch wurde er noch lange nach Moses auf Grund von überlieferten »Diaria et Annales« ergänzt und redigiert. Moses selbst schöpfte sein Wissen teils aus Inspiration, teils aus adamitischer Tradition, war also »tam divina, tam humana ratione« instruiert. Über die perfekte ›scientia‹ Adams ebd., S. 528ff. Die eingeschränkte Aussagekraft der Genesis betont etwa auch, allerdings in einem anderen Begründungszusammenhang, der französische Calvinist Samuel Desmarests (Desmarets) in einer der ersten Schriften gegen La Peyrère; vgl. Samuel Maresius: Refutatio fabulae praeadamiticae, Groningen 1656, S. XXII: »Si tamen debeat eloqui veritatem, fatebitur non alia de causa se Mose irasci, quam quod suos Praeadamitas apud ipsum reperiat: cum alias non nesciat neminem esse Christianorum, qui dicat quarto et quinto capitibus Geneseos historiam contineri accuratam omnium factorum in primo mundo, et omnes in eo consentiant Mosem satis habuisse res ante diluvianas carptim scribere, et quantum ex illis sciri ad salutum Ecclesiae spectabat«.

[43] Für eine solche Begrenzung trat mit großer Wirkung vor allem der bedeutende Theologe der lutherischen Orthodoxie Abraham Calov ein. Scharf kritisiert Calov (hier im Kontext der Auseinandersetzung mit der heliozentrischen Theorie des Kopernikus) die These, Moses spreche nur »populariter« (Systema locorum theologicorum, 12 Bde., Wittenberg 1655–1677, Bd. 3, S. 1659, S. 1036f.; zur Auseinandersetzung mit den Hypothesen La Peyrères vgl. ebd., S. 1049ff. Kritik an der Auffassung von der perfekten Weisheit Adams, welche

ursprünglichen Sprache und Schrift war deshalb im 17. Jahrhundert vor allem ein von katholischen und reformierten Theologen erörtertes Problem. Doch wie auch immer die Frage nach den Formen, Inhalten und dem Beginn der Wissenschaftskultur und Wissenstradierung der ersten Welt beantwortet wurde: die Existenz einer vormosaischen schriftlichen Wissenschaftskultur war eine weitgehend unbestrittene, überkonfessionelle gelehrte Evidenz, die, wenn nicht durch authentische Textdokumente, so doch zumindest durch vernünftige Schlußverfahren abgesichert war.[44]

Die Notwendigkeit einer hypothetischen (vernünftigen) Begründung der vormosaischen Schriftkultur ergab sich insbesondere dann, wenn man die Vorstellung einer auch nach dem Sündenfall, wenngleich in verminderter Form, weiterbestehenden Weisheit Adams und der ersten Patriarchen nicht mit problematischen, der philologischen Kritik ausgesetzten Belegen nachweisen wollte (wie dies etwa Mader tat). Ursinus teilte diese kritische Sicht auf Bücher, die von Hermetikern und Pansophen als authentische Zeugnisse ursprünglicher Weisheit präsentiert und interpretiert wurden. Doch indem er auch das Argument einer hypothetisch erschlossenen Schriftlichkeit der Frühgeschichte bestreitet, befand er sich auf einem theologisch nicht unbedenklichen Terrain.[45] Daß nämlich Adam und seine Nachkommen bis hin zu Moses nicht einmal die Kenntnis der Schrift besessen haben, wie Ursinus dies vertritt, kam einer anderen, die *historia sacra* bedrängenden Argumentation bedenklich nahe, die (wie Thomas Hobbes zur Auszeichnung des Naturzustandstheorems) von einem barbarischen, vereinzelt auch von einem tierischen Ursprung des Menschen ausging.[46] Doch eben diese Klippe zwischen Skylla und Charybdis, zwischen einem vollkommenen und einem unwissenden Adam,[47] ließ sich mit dem Argument einer mündlichen, schriftlosen Wissenstradierung ausgezeichnet umgehen.

Daß die Künste und Wissenschaften, wie sie in der Gegenwart betrieben werden, die *literae* nicht entbehren können, ist auch für Ursinus eine nicht zu bestreitende Tatsache.[48] Doch rechtfertigt der Blick auf die gegenwärtige Praxis

---

die Katholiken und Sozinianer vertreten würden, übt Calov in: Commentarius in Genesin, Wittenberg 1671, S. 382.

[44] Vgl. dazu Verf.: »Aporien frühaufgeklärter Gelehrsamkeit«, S. 120f.

[45] Vgl. dazu die diffizile theologische Argumentation im Abschnitt »De ADAMI Scientia« (Ursinus, De Zoroastre Bactriano, Exercitatio tertia, S. 191–202).

[46] Zu dieser Argumentationsfigur vgl. den Abschnitt ›Adam as a Beast-Man‹ bei Rossi: The Dark Abyss of Time, S. 222ff.

[47] Hüten müsse man sich bei der Frage nach der ›Adami scientia‹ vor zwei Klippen: »ne nimis tribuamus, & ne nihil. Qui ignorantiam quandam infantilem, merumque stuporem Adamo recens creato adscribunt, merito explosi sunt« (Ursinus: De Zoroastre Bactriano, Exercitatio tertia, S. 191). Vgl. auch (ebd., S. 196) zu Adams ›scientia naturalis‹: »Nam qui hanc negant, hominem infra bruta relegant; quae noxia cavere, salutaria persequi, ac jus quoddam naturae, hujus instinctu norunt: qua sine noticia vitam statumque suum tueri, finemque, cuius gratia sunt, consequi non possunt«; jedoch: »At enim *quae aut quanta fuerit haec naturalis concreata scientia in Adamo*, tam facile non puto explicari«.

[48] Vgl. ebd., S. 204: »Non negandum quidem est, ut nunc res habet, carere literis artium scientiarumque cupidos non posse.« Als einen Vertreter der Auffassung von der überzeitlichen Notwendigkeit der Schrift zitiert Ursinus hier (ebd., S. 203) den Kopenhagener Theologieprofessor Thomas Bang, mit dessen Schrift: Caelum orientis et prisci mundi triade exercitationem literarum (Hanau 1657) er sich ausführlich auseinandersetzt (sie

den Schluß auf deren überzeitliche Gültigkeit? Dies bestreitet Ursinus. Und er erläutert seine Kritik an der herrschenden Auffassung von der zeitlosen Evidenz der Schrift mit bedeutenden Belegen. So verweist er auf jene berühmte Stelle in Platons *Phaidros*, in der Sokrates, eine alte Sage referierend, den angeblichen Nutzen, den die Erfindung der Schrift als ›Mittel für die Erinnerung und Weisheit‹ gewähre, als einen bloß scheinbaren kritisiert. In Wahrheit zeigt sich die Schrift, nurmehr »ein Schatten« der »lebenden und beseelten Rede des wahrhaft Wissenden«, als Verlust der in der Seele eingeschriebenen Weisheit: »Denn diese Erfindung wird den Seelen der Lernenden vielmehr Vergessenheit einflö-ßen aus Vernachlässigung der Erinnerung, weil sie im Vertrauen auf die Schrift sich nur von außen vermittels fremder Zeichen, nicht aber innerlich sich selbst und unmittelbar erinnern werden.«[49]

»Vere et sapienter«,[50] kommentiert Ursinus und legt die platonische Figur einer verlorengegangenen Weisheit als Hinweis auf die vormosaischen Formen und Praktiken der Wissensübermittlung aus. Die Denkart der ersten Weisen, so seine historische Differenzierung, war von derjenigen heutiger Gelehrter ganz verschieden. Künste und Wissenschaften bestanden in wenigen »praecepta«, und mit Hilfe der lebendigen Stimme (»viva voce«) wurden sie an die Nachkommen tradiert.[51] Zur Verdeutlichung dieser Praxis verweist Ursinus auf weitere Belege antiker Autoren,[52] insbesondere aber auf eine Charakterisierung der Dichtung Homers durch Flavius Josephus. Dieser hatte – gegen die »unvernünftige Mei-nung« der Griechen argumentierend, nur sie würden die genaue Geschichte der Vorzeit kennen – auf die gängige Auffassung verwiesen, Homers Gedicht sei zuerst in einzelnen Gesängen mündlich tradiert und erst später zu einem Ganzen verbunden und schriftlich fixiert worden.[53] Ursinus erweitert die eher beiläufige Notiz des Josephus, und zugleich spezifiziert er sie: Daß schriftlose Kulturen, deren Praxis der Wissensvermittlung er anhand der Technik illustriert, Wissen in Verse einzukleiden, damit sie sich leichter im Gedächtnis einprägen, durchaus in der Lage sind, einen hohen Wissensstand zu erlangen und diesen auch zu tradie-

---

wurde mehrfach unter verändertem Titel wieder aufgelegt, u. a. Krakau 1691: Exercitatio-num philologico-philosophicae quibus materia de ortu et progressu literarum, ex intimis et genuinis suis principiis ita succincte pertractantur ut nihil in hac amplius desiderari possit).

[49] Vgl. Platon, Phaidros, zit. nach der Übers. v. Friedrich Schleiermacher, in: Sämtliche Werke, hg. v. Walter F. Otto u. a., Bd. 4, Hamburg 1958, S. 54–57 (Stephanus-Numerie-rung: 274c–277a). Ursinus zitiert die hier angeführte Stelle in zusammenfassenden Auszü-gen (vgl. De Zoroaste Bactriano, S. 178f., S. 203).

[50] Vgl. De Zoroastre Bactriano, S. 203.

[51] Vgl. ebd., S. 204: »Sed alia longe primorum Sapientum ratio fuit. Constabant artes & scientiae paucis praeceptis [...] Denique reperta quisque sua, viva voce, commendabat posteris, tradebanturque praecepta *carminibus inclusa*, ut memoriae facilius inhaererent«.

[52] Vgl. ebd., S. 204f. So zitiert er u. a. eine Stelle bei Diogenes Laertius (I,40), wo die Mei-nung des Dikaiarch referiert wird, die sieben Weisen seien weder Weise noch Philosophen, dennoch aber kluge und zur Gesetzgebung befähigte Männer gewesen; für Ursinus ein Beleg, daß es Formen des Wissens auch ohne das Hilfsmittel der Schrift gibt.

[53] Vgl. Flavius Josephus: Gegen Apion, I,2 und I,3. Ursinus faßt die Stelle bei Josephus über Homer wie folgt zusammen: »Sic *Homeri poesin sine literis diu conservatam*, prodit Jo-sephus I. contra Appion« (De Zoroaste Bactriano, S. 204).

ren, bestätigen ihm nicht nur antike Völker, sondern auch noch gegenwärtig praktizierte Formen schriftloser Wissensübermittlung.[54]

Von dieser Voraussetzung ausgehend, ließ sich auch der zweite Teil jenes Gegenarguments widerlegen, das Ursinus als Negativfolie seiner Begründung einer vormosaischen oralen Kultur aufgebaut hatte, nämlich daß die Langlebigkeit der Patriarchen und deren dadurch ermöglichter Erfahrungsreichtum notwendigerweise zur Erfindung der Schrift geführt haben müsse. Ursinus kehrt diese Schlußfolgerung, wie sie etwa Guillaume Postel, Orientalist und Kabbalist des 16. Jahrhunderts,[55] zur Verteidigung des Alters der kabbalistischen Texte vertreten hatte, einfach um: Warum sollen gerade jene heiligsten Männer, die über Jahrhunderte sich einzig der Erforschung der notwendigen Studien widmen und mit ihren Nachkommen sprechen konnten, die Schrift nötig gehabt haben? Lebten sie doch als gleichsam »lebendige Schriftwerke« und »beseelte Bibliotheken« und hatten es deshalb nicht nötig, durch schriftliche Kommentare weise zu werden. Und war deshalb nicht gerade jene Langlebigkeit der Grund, warum Gott es aufschob, jene Überlieferung des Glaubens und der heiligen Botschaft der Schrift anzuvertrauen, die doch von Adam bis Moses, rein und unverletzt, durch göttliche Fügung im Bewußtsein weniger Lehrer und Führer aufbewahrt werden konnte?[56]

Die Vorstellung einer oralen Kultur am Beginn der Geschichte erwächst auf dem Boden der historisch-philologischen Gelehrsamkeit, die von Ursinus zur Verteidigung der Wahrheit der Bibel eingesetzt wird. Als eine solche gelehrte Leistung ist die These des Ursinus anzuerkennen. Um die biblische Frühge-

---

[54] Vgl. ebd., S. 204f.: Belege zu den Gothen und Skythen mit Verweisen auf Frechulf von Lisieux, also auf dieselbe Weltchronik des Frühmittelalters, die auch Mader (vgl. Anm. 32), allerdings mit entgegengesetzter Beweisabsicht, ausgeschöpft hatte; während allerdings der Verweis Maders in der Edition von Frechulfs *Chronicum* (Patrologia Latina [Migne], Bd. 106, Sp. 917–1258, hier: Sp. 926) identifiziert werden konnte, war unter den Angaben des Ursinus dort nichts zu finden. Des weiteren verweist Ursinus (ebd., S. 179) auf die Tartaren bzw. auf ihre Beschreibung durch Ogier G. de Busbeq (Augerius Gislenius Busbequium); diese Stelle konnte identifiziert werden: De legationis Turcicae epistolae quatuor, Paris 1595, Epistola quarta (S. 117–162; dort S. 135f. über die zwar weisen, aber schriftlosen Tartaren). Den Schluß »a necessitate literarum« auf ihren Erfinder Adam, faßt Ursinus seine Argumentation zusammen, widerlegen also »omnes per orbem Gentes, quae ante literarum usum vitam tamen non inertem traduxerunt, & etiam nunc plurimas artes, nullo literarum adjumento, praeceptis vivae vocis, ac usu discunt, docent, & per manus posteritate commendant« (De Zoroastre Bactriano, S. 180).

[55] Ursinus zitiert (ebd., S. 205) Postels Auffassung nach Bang (vgl. dazu Anm. 56 u. 48).

[56] Vgl. De Zoroastre Bactriano, S. 205f.: Für das Argument des Postellus gelte: »Sed hoc nimis obtusum est. Quid si dixerim totidem fere verbis: Quis tam demens fuerit, ut homines illos sanctissimos [...] eosque, qui tot seculis, in sola summe necessariorum studiorum indagine vivebant, posterisque conversabantur, eguisse literis? Quot enim vivebant Patriarchae, ut ipse ait D. Bangius, tot viva extabant volumina; ut ex commentario sapere nec liberet, esset necesse; cum tot praesto essent Doctores vivi, quorum quisque dici posset [...] bibliotheca animata, & museum obambulans? Ipsa illa longaevitas in caussa fuit, cur DEUS traditionem illam fidei & salutaris doctrinae literis mandare distulerit? quod ab ipso Adamo, usque ad Mosen, integra inviolataque, intra paucorum Doctorum, divinitus gubernatorum, conscientiam, conservari potuerit: Nam ab Adamo Lamech, ab hoc Noha; a Noha Sem, a Semo Abrahamus ab hoc posteri utque ad ipsum Mosen pauci, per manus traditam omni procul dubio acceperunt«.

schichte in ein helleres Licht zu stellen, hat er auf das methodische Verfahren der Analogiebildung gesetzt, dem auch die hypothetischen Überlegungen zur vormosaischen Schriftlichkeit vertrauten. Die Originalität des Ursinus besteht dann darin, daß er nicht auf die verbreitete Vorstellung von der überzeitlichen Geltung der schriftlichen Verfaßtheit von Kultur vertraute, sondern die Frühgeschichte als eine eigene, eben schriftlose Kultur auszeichnete. Um diese These mit einem gelehrten Fundament zu versehen, hat Ursinus den Referenzbereich der Quellenbelege zur Frühgeschichte verschoben, d. h. andere gelehrte Belege zur Illustrierung der biblischen Frühgeschichte herangezogen bzw. auf diese übertragen, die (wie Platons Schriftkritik oder die Homerauslegung des Flavius Josephus) eine schriftlose Frühgeschichte zu bestätigen schienen.

Mit dem Argument der Andersartigkeit des vormosaischen Wissens, das er mit seiner These verbindet, kann Ursinus die (eben nicht absolut gewisse, sondern nur wahrscheinliche) philologische Kritik profaner Ursprungsmythen und heterodoxer Überlieferungen zur Frühgeschichte des Menschen zusätzlich stärken. Denn unter der Voraussetzung der Andersartigkeit der frühen Kultur zeigen sich die vielfältigen Texte, Auslegungen und Hypothesen, welche die Existenz eines vormosaischen Schriftgebrauchs zu belegen oder zumindest als wahrscheinlich nahezulegen schienen, als Übertragungen und Projektionen von Vorstellungen und Praktiken (und für Ursinus eben auch: von Häresien) der Gegenwart auf eine Zeit, über deren Wissensformen man zwar nichts Sicheres sagen, jedoch (auf der Grundlage des biblischen Berichts) erschließen kann, daß sie sich von denjenigen der Gegenwart unterschieden haben. So begegnet Ursinus etwa jener Stelle bei Flavius Josephus über die beiden vorsintflutlichen Säulen und ihrer Auslegung nicht nur mit historisch-philologischer Skepsis und Kritik.[57] Die Aussage des Kronzeugen vorsintflutlicher Schriftüberlieferung wird auch dadurch in Frage gestellt, daß Ursinus ihren Inhalt mit der Andersartigkeit des Wissens zur Zeit der Patriarchen konfrontiert und so als Projektion zu entlarven sucht.[58]

Die These, daß es vor Moses keine schriftlichen Überlieferungsformen des Wissens gegeben habe, ist für den Theologen Ursinus nur ein Mittel unter anderen, das Alter der mosaischen Schriften und damit ihre Wahrheit zu verteidigen.

---

[57] Vgl. ebd., S. 212ff. Zum Problem der (nach der Aussage des Josephus noch zu seiner Zeit in Syrien vorhandenen) steinernen Säule heißt es etwa (ebd., S. 215): »Denique si haec usque ad Josephi tempora *superfuit in Syria*, cur locum ubi fuerit non consignavit? cur nemini visa, nemini memorata? neque repertus fuit uspiam, qui Sethianorum divina reperta investigaret, orbique traderet?« Vgl. auch die Kritik der angeblich mit adamitischer Schrift beschriebenen acht »columnae quadratae« (ebd., S. 207), die in der Vatikanischen Bibliothek aufgefunden worden waren und deren Entdeckung verschiedene Veröffentlichungen über die ›literae Adamaeae‹ zur Folge hatte (u. a.: Theseus Ambrosius, Introductio in linguam Chaldaicam, Syraicam atque Armenicam, Pavia 1539), sowie die Auseinandersetzung mit dem apokryphen ›liber Henochi‹ (ebd., S. 208ff.).

[58] Vgl. ebd., S. 213f.: »Ego quanto magis considero, tanto miror magis magisque fabulam tam ineptam ulli eruditorum potuisse probari. Quis concesserit Judaeorum historico, sanctissimis illis viris *hanc primam & praecipuam fuisse curam* [...] *Felices animae, quibus haec cognoscere primum; Inque domos superas scandere cura fuit!* Quis postea Prophetarum, quis Apostolorum fuit Astrologus? [...] Alia longe alia fuere Patrum istorum studia, quae neque Moses reticuit in historia Enosi, Henochi, Lamechi, Noachi [...]«.

Die nicht zu bestreitende Wahrheit der Berichte der Heiligen Schrift vorausgesetzt, muß die »so große Zahl an Büchern, die vor Moses geschrieben sein sollen«, schon allein deshalb Verdacht erregen, weil keines von ihnen die Heilsbotschaft Gottes enthält: »Alle sind entweder gottlos oder doch voll von Magie«.[59] Und zu was für Schlußfolgerungen die Auffassung, daß diese Texte älter als jene Schriften des Moses sind, führen kann, hat sich Ursinus mit geradezu blasphemischer Phantasie ausgemalt: Wenn die Heiligen Bücher, die doch so entscheidend für die Heilsgewißheit der Menschen sind, tatsächlich nicht alles enthielten, müßte man dann nicht folgern, daß die göttliche Providenz bisweilen geschlafen habe, daß Moses, dem die Schriften der Patriarchen nicht hätten unbekannt bleiben können, ein Betrüger gewesen sei, der dieses Wissen vor der Welt verborgen, ja es vielleicht sogar ausgeplündert habe und deshalb nicht wollte, daß es in den folgenden Zeitaltern in die Hände der Kirche gelangte? »Fort mit diesen Gotteslästerungen, und mit ihnen diese ganze Buchhandlung des Teufels, aus der sie zusammen mit dem Atheismus als Abschaum der Welt hervorbrechen«,[60] beschwört der Regensburger Superintendent seine Gedanken angesichts solch häretischer Folgerungen, die ihren Weg in die ganz weltlichen Buchhandlungen noch vor sich hatten.[61]

Die These von den jüdischen Ursprüngen der Erfindung der Künste und Wissenschaften war in der frühchristlichen Verteidigung der Wahrheit der *Heiligen Geschichte* ganz generell ein wichtiges Argument für die Priorität des heiligen gegenüber dem profanen Wissen. Daß aber das Problem der Priorität der *Heiligen Geschichte* und die damit verknüpfte Frage nach den historischen Ursprüngen der Künste und Wissenschaften sich der frühen Neuzeit als ein kompliziertes Problem darstellte, verdeutlicht nicht nur der Rettungsversuch, den Ursinus mit

---

[59] Vgl. ebd., S. 217: »Ego vero miror & indignor, inter tot ante Mosen jactatos libros, ne unum quidem citari, qui salutarem DEI doctrinam contineret: omnes vel profani, vel plane Magici sunt«.

[60] Vgl. ebd., S. 217f.: »Ergo literae aut Diaboli εὕρημα sunt, & ad solas olim vetitas artes aeternandas adhibitum, indignum diu habitum a sanctissimis illis Patribus, cui arcana fidei, quamque publico praeconico propagabant, ratio verae religionis, committeretur; aut stertuisse oportet interim tot seculis vigilantissimos Veritatis defensores, quod contra istud vipereum virus, scriptorum Magicorum et Idololatricorum, nulla ediderint alexipharmaca; aut denique extremae ignaviae, negligentiae, imo perfidiae damnandi sunt, quotquot hos secuti ante Mosen extiterunt Doctores Ecclesiae, si thesauros istos, omnibus mundi opibus pretiosiores, posteris inviderunt. Et ubi dormitavit interim ille *οἰκοίμετος Providentiae oculus, quae de sacris libris nostris, quos hominum saluti procuravit, Ecclesiaeque commendavit, per tot secula non passa fuit jota unum intercidere? Quid Moses, quem ut omnem non modo Aegyptiorum, verum etiam aliarum omnium Gentium sapientiam calluisse isti autumant; ita eiusmodi scripta Patrum latere non potuissent; quomodo excusabitur? quod talia in universum omnia celarit, suppresserit, forte compilarit, & ideo in manus Ecclesiae secuturis aetatibus venire noluerit? Apage blasphemias, & cum iis totam hanc Diaboli librariam officinam, ex qua illae cum ipso Atheismo hac mundi faece proruperunt!«

[61] Zum Atheismus-Begriff und zur atheistischen Literatur der frühen Neuzeit vgl. die Einleitung Winfried Schröders zur kritischen Edition des wohl berüchtigsten Textes über die von Ursinus angesprochene Betrugshypothese: Anonymus: Traktat über die drei Betrüger – Traité des trois imposteurs (L'esprit de Mr. Benoit de Spinoza), hg., übers., komment. u. mit einer Einleitung versehen von Winfried Schröder, Hamburg 1992.

großem Aufwand an philologischer Gelehrsamkeit zur Verteidigung des Pentateuchs als ältester Schrift unternahm.[62] Wenn ein Freund, der in einem Ursinus gewidmeten *Spicilegium* dessen Ausführungen um eine Fülle weiterer gelehrter Belege ergänzte,[63] beklagt, daß die Heilige Schrift heute so verachtet werde, daß nur derjenige als weise gelte, der sich über Moses, den durch ehrfürchtiges Alter ausgezeichneten heiligen Schriftsteller, lustig mache und das hohe Alter des heiligen Codex verspotte,[64] ist dies sicherlich eine rhetorische, der Orthodoxie geschuldete Übertreibung. Doch die Macht der als Elend des Jahrhunderts verdammten *curiositas*,[65] die für diese Verachtung verantwortlich sein soll, bestätigt noch die gelehrte Neugierde selbst, die sich eifrig um Nachweise bemüht.

Die Vorstellung einer hohen Wissenschaftskultur in den Anfängen der Geschichte war mit der Anerkennung der *Heiligen Geschichte* als wahrer Aufzeichnung der ältesten Geschichte verknüpft, und sie wurde nicht nur von Theologen, sondern auch von Philologen gegenüber Auffassungen verteidigt, die Grundprämissen der Exegese wie die Autorschaft des Moses für den ganzen Pentateuch in Frage stellten oder die Frühgeschichte unter Verzicht auf die *Heilige Geschichte* entwarfen. Gegen solche Angriffe konnte mit der These einer schriftlosen, oralen Kultur und Überlieferung in vormosaischer Zeit, wie sie Ursinus vertrat,[66] die Priorität der *historia sacra* verteidigt werden, ohne auf das problematische Argument einer entwickelten Schriftkultur am Anfang der Geschichte zurückzugreifen. In der Apologie des Ursinus stand die Verteidigung der biblischen Wahrheit gegen profane (heidnische) Ursprungsmythen im Vordergrund. Das andere Extrem im frühneuzeitlichen Deutungsspektrum zur menschlichen Frühgeschichte, also die Lösung des Wissens von der Bindung an einen göttlich vollkommenen Ursprung, die Auslegung von Kultur und Wissenschaft und damit auch der Schrift als eine aus primitiven Anfängen entstandene Errungenschaft des Menschen, war in seiner Untersuchung nur indirekt präsent. Schrift ist nach Ursinus ein göttliches Geschenk, denn Gott übermittelte sie

---

[62] Vgl. die treffende Charakteristik von Rossi (The Dark Abyss of Time, S. 151): »The choice no longer lay – as at the time of Augustine – between Christian truth and the pagan lies. The ›Hermetic‹ authors who admired age-old Egypt, writers who cited the wisdom of the Chaldeans, the Jesuits who praised China, had raised a series of problems, set new ideas in circulation, awakened curiosities, and opened discussions«.

[63] SPICILEGIUM Post Messem, longioris epistolae instar, Pl. Rev. Amplissimo, Clarissimo, Dn. Joh. Henr. Ursino [...] *mittendum, his jussus adjecit* CHRISTOPHORUS ARNOLDUS; dieser extra paginierte, 71 Seiten umfassende Text ist der mir vorliegenden Ausgabe ohne eigenes Titelblatt beigebunden. Arnold (1627–1685) lehrte am Nürnberger Elisengymnasium Geschichte, Rhetorik, Poesie und Griechisch.

[64] Ebd., S. 4f.: Der »S. Scripturae contemtum« sei ein »insanabilem perniciem« dieses Jahrhunderts. »Quis enim hodie, quaeso, e procaci istorum coetu (qui nihil credunt, praeter nihil) sibi aut sapere, aut scire aliquid videtur; nisi *Mosen*, prisca formidine sacrum Scriptorem, per jocum contemnat, nisi sacri codicis antiquitati illudat?«

[65] Vgl. ebd., S. 3: »Misera hac seculi, valde disputacis, tempestate primo se nobis offert prurigine & punctionibus, velut aculeis, animum vexans *Curiositas*«. Zur Bewertung (und Umwertung) der theoretischen Neugierde in der frühen Neuzeit Hans Blumenberg, Der Prozeß der theoretischen Neugierde, Frankfurt a. M. 1973, S. 145ff.

[66] Und, exakt im selben Jahr, auch John Owen: Theologumena pantodapa, sive de natura, ortu, progressu et studio verae theologiae libri sex, Oxford 1661, S. 282ff.

Moses in Form der Gesetzestafeln. Die These einer schriftlosen Frühgeschichte hatte aber eine besondere Affinität zu rationalen, naturrechtlich geprägten Entwürfen des Ursprungs des Menschen und seiner Kultur. Dies verdeutlicht nicht zuletzt die Rezeption der These einer schriftlosen Gesellschaft am Beginn der Geschichte in der deutschen Frühaufklärung.

Als nämlich im frühen 18. Jahrhundert einige Gelehrte (so Christian Thomasius, Nikolaus Hieronymus Gundling und Christoph August Heumann) die Frühgeschichte des Menschen natürlichen, der Selbständigkeit der Vernunft vertrauenden Erklärungsmodellen unterstellten, wurden die Argumente des Ursinus zu Instrumenten einer Kritik, die den »gemeinen Irrtum über das perfekte Wissen Adams und der Patriarchen« (so Christoph August Heumann) als religiöses Vorurteil entlarvte.[67] Die im Rahmen der Apologie entstandene These von den schriftlosen Ursprüngen der Kultur erhielt so einen veränderten Kontext: die Argumente wurden gegen die theologische Orthodoxie eingesetzt, welche die These ursprünglich hervorgebracht hatte. Zu ihrer Verteidigung wurden jetzt auch Belege wie derjenige von den schriftlosen Kulturen der neu entdeckten Welt relevant,[68] die Ursinus, der noch ganz der traditionellen, auf die überlieferten antiken und mittelalterlichen Belege setzenden Gelehrsamkeit vertraute, unberücksichtigt gelassen hatte. Es zeigt sich erneut eine Verschiebung des Referenzbereichs der Quellenbelege, die veränderten Bedingungen und Umständen der Beweisabsicht geschuldet war.

Es wäre eine grobe Vereinfachung, die These des Ursinus und diejenige seiner Rezipienten in der deutschen Frühaufklärung im Rahmen einer Fortschrittsgeschichte als wichtige Etappe auf dem Weg zur modernen Einsicht in die Schriftlosigkeit früher Gesellschaften zu bestimmen. Wie der parallele, von Seifert näher analysierte Fall des (ebenfalls ursprünglich theologisch motivierten) »Rückzugs der biblischen Prophetie von der neueren Geschichte« bewegte sich auch die These des Ursinus von der Schriftlosigkeit der Frühgeschichte nur äußerlich und scheinbar auf moderne Einsichten zu.[69] Beide Argumentationen waren einer (schrifttheologischen) Evidenz verhaftet, die sie mit ihren Gegnern teilten und die sich erst als Ganzes auflösen mußte, damit moderne Vorstellungen der Frühgeschichte des Menschen möglich und denkbar wurden.

Mag auch die These des Ursinus heute modern erscheinen (weil sie besondere Plausibilität beanspruchen kann): seine Argumente verdanken ihre Kraft und Überzeugung dennoch einer anderen Welt. Man kann auch sagen: die Ein-

---

[67] Vgl. dazu Verf.: Der Anfang der Geschichte. Der Wandel der Geschichtsauffassung im
      18. Jahrhundert in Deutschland im Blick auf das Problem der Frühgeschichte des Men-
      schen. Habilitationsschrift München 1996.
[68] Vgl. etwa Nikolaus Hieronymus Gundling: Historiae philosophiae moralis pars prima,
      Halle 1706, S. 62, Anm. D: Gegen die (durch Vernunftschlüsse begründete) Annahme, daß
      Schrift und Bücher schon vor der Sintflut in Gebrauch gewesen sein müssen (wie dies etwa
      Daniel Georg Morhof vertrete), stehe das Beispiel der schriftlosen Amerikaner (»Opponi-
      mus enim ei Americanas gentes per tot saeculorum decursum illum apparatum, eaque
      scientiarum instrumenta non habentes«).
[69] Vgl. Arno Seifert, Der Rückzug der biblischen Prophetie von der neueren Geschichte: Stu-
      dien zur Geschichte der Reichstheologie des frühneuzeitlichen deutschen Protestantismus,
      Köln und Wien 1990, S. 4.

sichten des Ursinus sind von gegenwärtigen Einsichten gleich weit entfernt wie die seiner Gegner. Es ist jedoch bemerkenswert, wie die Theologie selbst im Verlauf der frühen Neuzeit zur Verteidigung des Alters und der Wahrheit der Bibel jene Thesen entwickelte, die dann zu Evidenzen einer Welt wurden, welche mit der historischen Wahrheit der Bibel nichts mehr anzufangen weiß.

III. Philologie, Humanismus, Platonismus

Paul Richard Blum

Was ist Renaissance-Humanismus?

Zur Konstruktion eines kulturellen Modells

Wer würde es wagen, Schlechtes über den Menschen zu sagen?[1]

Ohne den Renaissance-Humanismus gäbe es keine der Diskussion werte Philologie. Aber ohne etwas, was als Humanismus bezeichnet wurde, gäbe es auch keinen der Diskussion werten Renaissance-Humanismus. Das klingt paradox, beschreibt aber genau die Geschichte des Begriffs Humanismus und der damit verbundenen Ideen, zu deren periodischen Eigenschaften auch die Konjunkturen der Philologie gehören. Dabei handelt es sich um eine klassische Rückkoppelung, insofern

1. der Humanismus der Renaissance dem Humanismus der Deutschen Klassik und danach zum Selbstbewußtsein verholfen hat,
2. der Sinn des Humanismus in der Renaissance aus den Bedürfnissen ihrer Interpreten gezeugt wurde, und
3. obendrein ›Humanismus‹ die Spannung zwischen Faktum und Desiderat zum Konstitutivum seines Begriffs macht.

Distanz und Identifikation in und mit der Literatur und Geschichte humanisiert – angeblich – den Menschen.

I.

Wenn im Vorgriff auf die weitere Darstellung eine definitorische Beschreibung des Humanismus gewagt werden darf, so bezeichnet er wiederkehrende Bestrebungen in der Literatur, Bildung, Politik und Philosophie, besonders den Belangen des Menschen gerecht zu werden. Als Selbstbezeichnung erscheint der Begriff zuerst im 19. Jahrhundert für eine auf der griechischen Literatur aufbauende Gymnasialpädagogik, sodann als Epochenbezeichnung für die Renaissance des 14. bis 15. Jahrhunderts mit Betonung der Wiederentdeckung der antiken Literatur und Philosophie, schließlich programmatisch als »Dritter Humanismus« in der ersten Hälfte des 20. Jahrhunderts als Wiederaufnahme klassisch-antiker Ideale in Nachfolge des Renaissance-Humanismus und der deutschen Klassik. Aber auch verschiedene philosophische Strömungen (z. B. Marxismus

---

[1] Foucault 1985, S. 211. (Vgl. das Literaturverzeichnis am Ende dieses Aufsatzes.) Helmut Zedelmaier Dank für Hinweis auf diesen Text Foucaults.

und Existentialismus, Formen des Säkularismus und des Pragmatismus) haben sich als Humanismus bezeichnet.

Es ist an diesem Befund notierenswert, daß dieser Begriff – anders als viele geisteshistorische Klassifikationen, wie etwa ›Platonismus‹, ›Sozialismus‹, ›Barock‹ oder ›Mittelalter‹ – fast nie denunziatorisch und daher auch nie ausschließlich extern und ausgrenzend verwendet wurde, sondern zumeist als Selbstbezeichnung auftritt. Deshalb eignet dem Begriff Humanismus eine programmatische oder appellatorische Struktur: Das Humane soll realisiert werden. Andererseits wird der Begriff bzw. die Sache deshalb oft in Abgrenzung von gegenläufigen Tendenzen oder zur Abwehr von unterstellten Gefahren für den Menschen verwendet.[2] Zugleich thematisiert ›Humanismus‹ immer die Rolle, die Definition oder das Selbstverständnis des Menschen und impliziert eine jeweils spezifische Anthropologie unter Abgrenzung von Göttern, Tieren oder ›Barbaren‹. Als Ideologie wechselt Humanismus zwischen einer (oft ästhetischen) Anschauungsform (»schwärmerische Sanftheit«) und einem Handlungsprogramm (»Streitbarkeit«).[3] Insofern Humanismus ein Begriff der Bildung und Pädagogik oder der Politik ist, enthält er zudem die Aporien des ›Menschen‹ als Gattungs- und Sozialwesen und als Individuum im konkreten Leben. Diese Aporien wurden vor allem in der Verwendung im 20. Jahrhundert thematisiert. Als Kampfbegriff dient ›Humanismus‹ dazu, die Geltung oder Reichweite philosophischer, soziologischer, pädagogischer und anderer Programme für den als konkret gedachten Menschen zu reklamieren. Insofern kennzeichnet er eher ein Desiderat als ein Faktum und zeigt an, daß theoretisches, wissenschaftliches Denken, eine Kultur oder das sie steuernde Regelwerk den Kontakt zu den sie ausübenden Menschen verloren hat, und daß die Relevanz für den Menschen wiedergewonnen werden soll. Wenn jedoch eine philosophische oder theologische Anthropologie beansprucht, das Wesen des Menschen in seiner Konkretheit und zugleich ontologisch zu erfassen, kann sie es ablehnen, sich als Humanismus zu bezeichnen. Gemeinsame Voraussetzung ist jedoch die Möglichkeit einer Anthropologie im Unterschied zu oder als Ersatz für eine rein theoretische Philosophie; denn wo der Mensch als unhintergehbares Element eines theoretischen Systems gilt und nicht in Distanz dazu betrachtet werden kann, ist Humanismus kein Desiderat. Als Abstraktum setzt der Begriff ›Humanismus‹ sich wiederum der Gefahr aus, die er abwenden soll. Schließlich unterstellt jeder Humanismus die Unvollständigkeit bzw. Perfektibilität des natürlichen Menschen, sei es als Individuum, sei es als Vertreter der Gattung in einer Gemeinschaft (Staat, Nation). Dadurch, daß »die gesamte Menschheit in jedem Menschen enthalten ist und daß der Mensch seine *humanitas* im historischen Prozeß entwickelt«,[4] konvergiert die »Individualität von teleologischer Struktur«[5] mit Zielvorgaben sozialer oder politischer Art.

---

[2] Giustiniani 1985.
[3] Amery 1985, S. 74.
[4] Fromm 1981, S. 6.
[5] Spranger 1928 S. 10.

II.

Zuerst erscheint der Begriff Humanismus 1808 in einer pädagogischen Kampfschrift von Friedrich Immanuel Niethammer[6] über »Philanthropinismus und
Humanismus«, der die Rolle der antiken, vor allem griechischen Klassik für die
Schulbildung gegen die technisch-praktische Ausbildung an der ›Realschule‹
verteidigte. Mit ›Philanthropinismus‹ (nach dem von Johann Bernhard Basedow
1774 in Dessau gegründeten »Philanthropin«, dem Modell für die späteren Real-
schulen) und ›Humanismus‹ stehen sich hier zwei Begriffe gegenüber, die mo-
ralisch dasselbe beanspruchen, nämlich die Nützlichkeit der Bildung für das
Leben der Menschen ihrer Zeit. Da die Brauchbarkeit der technisch-praktischen
Ausbildung für die Schüler auf der Hand liegt, und da die humanistische Bildung offensichtlich keinen praktischen Nutzen bietet, argumentiert Niethammer
auf der Ebene der geistigen bzw. intellektuellen Bildung mit der ästhetischen,
moralischen, sprachlichen und philosophischen Prägung der Jugendlichen durch
klassische Muster, nämlich »mehr für die Humanität als für die Animalität des
Zöglings zu sorgen«.[7] In diesem Bildungsbegriff sieht Niethammer zugleich die
staats- und gesellschaftstragende Funktion des Humanismus.

Diese Kampfschrift faßt für die Schulbildung die Denkweise des später so
genannten Neuhumanismus zusammen, dessen führender Vertreter Wilhelm von
Humboldt war: Aufgabe der Bildung soll sein, im Individuum das Ideal des
Menschen zu erreichen, »das bloße Individuum soll in allen seinen Kräften zum
Menschen emporgeläutert werden«[8], indem er »ohne alle, auf irgend etwas Ein-
zelnes gerichtete Absicht, nur die Kräfte seiner Natur stärken und erhöhen, seinem Wesen Wert und Dauer verschaffen« soll.[9] Die Natur des Menschen, die
Humanität, wurde in seinen geistigen Fähigkeiten gesehen, und die Bedeutung
von ›Humanismus‹ war abhängig von der Bestimmung des Menschen. Im
19. Jahrhundert diente er zugleich der Entwicklung einer Theorie von Individuum und Nationalstaat: während der von der Aufklärung beeinflußte Philan-
thropismus zu Gemeinnutz und Patriotismus erziehen wollte, kann nach dem
›neuhumanistischen‹ Programm nur das autonome Individuum eine befriedi-
gende staatliche Wirklichkeit schaffen.[10] In der deutschen Klassik galten die
lateinischen und mehr noch die griechischen Werke der Literatur und Kunst als
modellhaft und die Humanität in der Antike als am vollendetsten ausgebildet.
Ausbildung in diesen Sprachen galt nicht nur für praktisch, sondern zur Formung des Geistes auch pädagogisch prägend, wobei nicht selten elitäre Ansprüche anthropologische Argumente konterkarierten.[11] Im Hinblick auf die ideologi-

---

6   Niethammer 1808. Ballauf/Schaller 1970, S. 517–523.
7   Niethammer 1808, S. 8, vgl. S. 37. Vgl. auch F. Niethammer u. a., Lüftung von Schweine-
    ställen, Bonn 1996.
8   Spranger, 1928, S. 12. Zur Vorgeschichte in der klassischen Philologie des
    18. Jahrhunderts s. Muhlack 1985; Jäger 1976.
9   Humboldt, Bd. I, S. 283, zit. nach Spranger 1928, S. 422.
10 Landfester 1988; Rüdiger 1937, S. 196f.
11 Newald 1963, S. 41: »Damit kann der Begriff [Humanismus] einer Ritterschaft des Geistes
    verbunden werden, wie dies im 19. Jahrhundert der Fall war [...].«

sche Funktion dieser Art Ausbildung, die sich nicht zuletzt aus dem Vergangen-
sein der Vergangenheit speiste, hat man zwischen einem romantischen und einen
klassischen Humanismus unterschieden, nämlich als (unstillbare) Sehnsucht
nach oder Normierung aus der Antike.[12]

III.

Allerdings, die sachlichen Mittel der klassischen Bildung entsprachen den *studia
humanitatis*, die im 14. und 15. Jahrhundert als Muster allgemeiner Ausbildung
entstanden. In Analogie zu diesem Fachterminus wurden das Bildungsprogramm
und diese Epoche der »Wiederbelebung des classischen Alterthums« als Humanismus bezeichnet.[13] Deren Interpretation verläuft seither parallel mit der Wer-
tung des Begriffs Humanismus. Das Interesse am Renaissance-Humanismus
hängt von der Auffassung von Humanismus ab, und die Erforschung der historischen Bewegung modifiziert den Begriff.

Die *studia humanitatis* (Grammatik, Rhetorik, Poetik, Geschichte, Moral),
deren Berufsvertreter und Studenten als *humanistae* bezeichnet wurden, entstanden aus den Schreibschulen des späten Mittelalters, deren Aufgabe es war, die
für Innenpolitik und Diplomatie wichtigen Techniken des (amtlichen) Schrei-
bens zu pflegen.[14] Mit dem allmählich wachsenden Interesse an antiken Vorbildern und der daraus folgenden Entdeckung unbeachteter Schriften Ciceros und
anderer, sowie durch die erneute Verbreitung von Griechischkenntnissen durch
Diplomaten und Flüchtlinge aus Byzanz wurde die Ausbildung anhand römischer und griechischer Quellen in der Literatur, der Philosophie und der Jurisprudenz zum Standard. Die Orientierung am antiken Latein und Griechisch ging
einher mit dem Bewußtsein von der Fremdheit der Vergangenheit und der Be-
sonderheit von Nationalsprachen. Hierzu trug auch das Bewußtsein von der
Differenz paganer und christlicher antiker Vorbilder bei, für deren Bewältigung
die Kirchenväter (die in diesem Sinne als antik galten) Modelle lieferten.[15] All
dies traf zusammen mit der von den nominalistischen und voluntaristischen
Theologen thematisierten Kontingenz der Wirklichkeit.[16] Die Folge war ein
Interesse an Erfahrung, am Sinn des Menschseins, an der Pädagogik und der
Moralphilosophie.

Obwohl die Humanisten der Renaissance wie Francesco Petrarca, Coluccio
Salutati, Leonardo Bruni oder Leon Battista Alberti Philosophie im schulmäßigen Sinne nur als praktische Philosophie betrieben (Ethik, Ökonomik, Politik),
kam ihrem gesamten literarischen Schaffen und den *studia humanitatis* philoso-

---

[12] Joachimsen 1930, S. 420.
[13] Voigt 1859.
[14] Campana 1946; Kristeller 1974–1976, Bd. I, S. 16ff.; N. Mann in: Kraye 1996, S. 1–19;
      Quellen in: Garin 1964–1967; zur Entstehung des Disziplinen-Kanons: Kohl 1992.
[15] Gentile 1997, v. a. darin: Marirarosa Cortesi: »Umanisti alla ricerca dei Padri greci«, S. 63–
      75. Backus 1997.
[16] Keßler 1979.

phische Bedeutung zu, insofern sie auch die Lektüre und Edition antiker Texte, die Architektur und Malerei usw. als Realisierung einer Idee vom Menschen ansahen, der als Einheit von »ratio et oratio« definiert wurde.[17]

Die Bewertung von einzelnen Wissenschaften wie Jurisprudenz, Medizin oder Naturkunde geschah unter der Leitfrage der moralischformierenden Wirkung für den (einzelnen) Menschen und die Gesellschaft.[18] Das persönliche Glück/Schicksal wurde an die individuelle Tugend (*virtus*) gebunden, die ihrerseits in der Familie und im gesellschaftlichen Erfolg (*gloria*) ihre Erfüllung fand.[19] Besonders die bürgerliche Republik von Florenz im 14. und 15. Jahrhundert förderte diese Einstellung. Gute Vorbilder, funktionierende Staaten und Ausbildung galten als Garanten eines gelungenen Lebens. Unter Berücksichtigung der Ansprüche der christlichen Religion entstand daraus die Diskussion über die Willensfreiheit (v. a. Lorenzo Valla, Erasmus von Rotterdam und Martin Luther), und zusammen mit dem Scheitern des Florentiner »Bürgerhumanismus«[20] verschob sich die Theorie zugunsten einer spekulativen Anthropologie, welche die »Würde des Menschen« in seiner ontologischen Unbestimmtheit zwischen Gott und Welt ansiedelte, aus der sein quasi natürlicher Impuls zur Rückwendung zu Gott (überkonfessionell neuplatonisch ausgelegt) abgeleitet wurde.[21]

Nimmt man *humanitas* als Leitbegriff, dann kann man die Labilität des politisch-sozialen Humanismus bei Marsilio Ficino ablesen, der zwar in Briefen die »humanitas« in das Zentrum des Agierens stellt (»Sola humanitas esca est, qua homines capiuntur, sola hominum gratia prosperae res humanae geruntur.«),[22] in systematischen Kontexten jedoch mit aristotelischen und platonischen Argumenten die Diesseitigkeit des Menschen negiert: Der Mensch ist ein überindividueller Begriff, ja sogar eine das Körperliche »transzendierende« Natur.[23] Man liest die »dignitas hominis«, die von Giannozzo Manetti mit polemischer Spitze gegen (mittelalterliche) Weltverachtung aus literarischen und naturkundlichen Quellen kompiliert worden war,[24] als Ausdruck des humanistischen Menschenbildes, und das mag angehen. Die dort behauptete Einheit aus Körper, Seele und Intellekt, die den Menschen zu »agere et intelligere« befähigt, bündelt durchaus philologische und empirische, intellektuelle und soziale Kompetenzen des Menschen. Aber bei dem berühmteren Traktat zur Menschenwürde, der Rede des Pico della Mirandola hebt diese Würde aus der Diesseitigkeit ab und entpuppt

---

[17] Guillaume Budé: De studio litterarum recte instituendo, in: Garin 1964 1967, Bd. II, S. 261–264; vorwiegend über englische Quellen: Bushnell 1996, über spanische: Fernández 1981; eine allgemeine Übersicht: Vollmann 1995.
[18] Salutati 1990, Petrarca 1993; vgl. Andic 1991.
[19] Alberti 1962.
[20] Baron 1966.
[21] Pico 1990; Ficino 1993; Chomarat 1997; Blum 1997.
[22] Ficino 1576, S. 797; ähnlich S. 805 (beides Epist. V).
[23] Ficino 1576, S. 183 (Theol. Plat. VIII 1); 994 (De voluptate 4, unter Berufung auf Platon: Alkibiades); in Epist. I, S. 635, verbindet Ficino beide Perspektiven: »humanitatem (...) quae omnes homines quodammodo ceu fratres ex uno quodam patre longo ordine natos diligit atque curat. Ergo vir humanissime in officijs humanitatis persevera.«
[24] Manetti 1990.

sich als (existentielles) Problem:»Als Mitte der Welt habe ich Dich bestellt,« so heißt die vielzitierte Stelle, und sie korreliert mit Picos Genesiskommentar »Heptaplus«, wonach der Mensch als Repräsentationsfigur Gottes in der Mitte der Welt steht.[25] Doch das heißt, daß der Mensch – als Mensch – ortlos geworden ist. Die in der Rede über die Menschenwürde gepriesene Aufgabe, seinen Status in der ontologischen Hierarchie frei zu wählen, verdammt den Menschen dazu, die Fremdheit gegenüber der Welt, den Geistern und Gott und die Nichtigkeit seiner Existenz zu realisieren, nämlich nicht seiner selbst bewußt zu sein, sondern vielmehr dadurch sich zu konstituieren, daß er sich aus Gott heraus, falls das möglich ist, und das heißt von außer sich her, erkennen soll. Auf dieser spekulativen Höhe kann humanistische Rhetorik zum Wortgeklingel werden: »Pic affirme ici [...] qu'il n'y a pas à proprement parler de nature humaine [...].«[26]

Die Anlehnung an die Antike (*imitatio*) war für die Renaissance-Humanisten nicht bloß Mittel, sondern Vollzug des Ausreizens der Möglichkeiten des Menschen: die Geschichte als »Aneignung jeder vergangenen und zukünftigen Epoche« verknüpfte Kulturtechniken und moralphilosophisches Urteil.[27] Mit dem von philologischer Pedanterie nicht freien Studium der Antike wurde ein Ideal vom freien und politisch kompetenten Menschen übernommen und zur Ideologie erhoben, die auch durch eine große Differenz zwischen universalem Anspruch und detailgenauen Regeln als solche erkennbar ist.[28] Zum ideologischen Charakter gehört die Polemik der Humanisten gegen die Scholastiker, in der beide Seiten das Arsenal der jeweiligen Rhetorik einsetzten.[29] Das Fehlen einer solchen Ideologie gilt umgekehrt als Indiz dafür, daß trotz nachweisbarer Kenntnisse von der Antike dem Mittelalter kein Humanismus im eigentlichen Sinne zugesprochen werden kann,[30] es sei denn im Sinne einer Kontinuität der griechischen Philosophie in der mittelalterlichen Theologie.[31]

Die humanistischen Studienfächer fanden im Laufe der Konfessionalisierung Europas Eingang in die Schulprogramme der Protestanten[32] und Katholiken[33], so daß Ausbildung in den klassischen Sprachen Gemeingut, aber bis zum Ende der Aufklärung nicht mehr ideologisiert wurde. Andererseits zeigt sich der durchaus positive Charakter von ›Humanismus‹ darin, daß das Kennzeichen ›Ideologie‹ nicht dienen kann, den Humanismusbegriff definitiv zu diskreditieren, vielmehr

---

[25] Pico 1990, S. 6: »Medium te mundi posui«. Pico 1942, S. 300f. (Heptaplus, expos. 5, cap. 6); näheres s. Blum 1997.

[26] Chomarat 1997, S. 52, dort S. 53 auch über seine Auseinandersetzung mit Ermolao Barbaro über Rhetorik und Scholastik. Daraus muß man nicht den Schluß ziehen, Pico sei ein Scholastiker, sondern daß ontologische Fragen an die Menschheitsrhetorik ›Humanismus‹ auflösen können.

[27] Vergerio in: Garin, 1964–1967; vgl. Bruni ebd.

[28] Grafton/Jardine 1986; Blum 1985.

[29] Rummel 1995, ch. 4, spricht deshalb auch von »epideictic nature« solcher Kontrovers-Literatur.

[30] Garin 1973, S. 18–21; Buck 1968, S. 36–56.

[31] Gilson 1955, 175; Southern 1995.

[32] Vormbaum 1860.Vgl. Reinhard 1984.

[33] Pachtler 1887–1894, Ratio studiorum 1599.

ist es gerade das ideologische Potential, in dem sich sein postulatorischer Charakter äußert und das diesen Begriff zum kulturellen Modell macht.[34]

Besonders Ciceros Schlüsselbegriff der *humanitas* lieferte Argumente für die Möglichkeit und Notwendigkeit, den Menschen zu ›humanisieren‹: Humanität ist nicht angeboren, sondern die Jugend muß zur Humanität geformt werden.[35] Menschlichkeit gilt als Ideal, das durch Erziehung erreicht werden kann und politische Tugend bedeutet. Aulus Gellius faßte den *humanitas*-Begriff so zusammen, daß Wissenschaft den Menschen vom Tier unterscheide und der Mensch durch Bildung gesteigert werden könne; er unterscheidet *humanitas* bzw. Unterricht in *bonae artes* von der *philanthropia* (interpretiert als die sozialen Tugenden Rechtschaffenheit und Beliebtheit) und identifiziert sie mit der *paideia*.[36] In diesem frühen Beleg begriffsgeschichtlicher Thematisierung ist die Trennung zwischen politischer Tugend und ›eigentlich humaner‹ Bildung, die im Renaissance-Humanismus zu überwinden gesucht wurde und die Programmatik des Neuhumanismus prägte, schon angelegt.

IV.

Jacob Burckhardt prägte die Formel von der »Entdeckung der Welt und des Menschen«[37] als der besonderen Leistung der Renaissance. Da er aber deren Gelehrtentum von der des Mittelalters abgrenzen und die Vielfalt der Renaissancekultur darstellen wollte, stilisierte er den typischen Humanisten zum »uomo universale«, der ›vollendeten Persönlichkeit‹, die enzyklopädisches Wissen mit Innovationstalent vereint.[38]

Werner Jaeger als Repräsentant des ›Dritten Humanismus‹ identifizierte die griechische Bildung mit dem Begriff der *paideia* und (im Gegensatz zu dem zitierten Beleg bei Aulus Gellius) der Kultur schlechthin, die im »Griechentum« ihren Ursprung habe. *Humanitas* bedeutet daher für ihn »die Erziehung des Menschen zu seiner wahren Form, dem eigentlichen Menschsein« als »allge-

---

34 Lucien Goldmann sieht Ideologie als notwendigen Motor für Sozialismus wie Humanismus an, insofern sie verlangt, »to re-establish the harmony between thought and reality« (Goldmann 1966, S. 42).

35 Cicero: Pro Archia 3; De oratore 1, 16, 71f.

36 Aulus Gellius: Noct. Att. 13, 17: »Qui verba Latina fecerunt quique his probe usi sunt, ›humanitatem‹ non id esse uoluerunt, quod vulgus existimat quodque a Graecis φιλανθρωπία dicitur et significat dexteritatem quandam beniuolentiamque erga omnis homines promiscam, sed ›humanitatem‹ appellauerunt id propemodum, quod Graeci παιδείαν uocant, nos eruditionem institutionemque in bonas artes dicimus. Quas qui sinceriter cupiunt adpetuntque, hi sunt uel maxime humanissimi. Huius enim scientiae cura et disciplina ex uniuersis animantibus uni homini datast idcircoque ›humanitas‹ appellata est.« Es folgt ein Beleg aus Varro: »»Praxiteles, qui propter artificium egregium nemini est paulum modo humaniori ignotus.‹ ›Humaniori‹ inquit non ita, ut uulgo dicitur, facili et tractabili et beniuolo, tametsi rudis litterarum sit [...], sed eruditiori doctiorique [...].«

37 Burckhardt 1989, 4. Abschn.

38 J. Burckhardt 1989, 2. Abschn., Kap. 2.

meingültiges und verpflichtendes Bild der Gattung«. Darin ist nicht nur der politische Auftrag des griechischen *zoon politikon* impliziert, sondern auch die – seines Erachtens im Klassizismus der Renaissance und des 19. Jahrhunderts vernachlässigte – Historizität und Fremdheit der Antike. Der Humanismus beginnt für ihn daher eigentlich mit der Adaptation der griechischen Muster im Römischen Reich. Aus eben dieser – Distanz zulassenden – Appropriationsdynamik folgert er (in Hinblick auf den Szientismus des frühen 20. Jahrhunderts und der Politik der Weimarer Republik) den Auftrag und die Möglichkeit, den »erzieherischen Gehalt der Antike« für die Gegenwart fruchtbar zu machen.[39] Denn die Struktur des Wiederaufnehmens ist für ihn konstitutiv für jede Erscheinungsform von Humanismus.[40]

Jaegers Darstellung der griechischen Paideia wurde von Henri Irénée Marrou modifiziert. Für die Konstruktion des Humanismus-Begriffs charakteristisch ist, daß Marrou vor allem darauf wert legt, daß die antike »Erziehung [...] ihrem Zwecke nach ganz auf die Ausbildung der erwachsenen Menschen und nicht auf die Entwicklung des Kindes gerichtet« und insofern ein Phänomen der gehobenen Kultur ist und nicht als Konstitutivum anthropologischen Denkens gelten kann.[41] Hierbei unterlaufen auch diesem Historiker jedoch die gleichen Ver- und Entmischungen von Fakten und Idealen – wie bei seinen neuhumanistischen Vorgängern –, die begrifflich getrennt gehalten werden müßten: Die Bildung konzentriert sich zunächst, nach Marrou, auf die sittliche Bildung,[42] die gewiß nicht das Ganze ausmacht und somit der von Jaeger reklamierten Universalität entbehrt; dann aber muß er behaupten: »der Humanismus beruht letzten Endes auf der Macht einer Überlieferung [...]: eine tiefe Homogenität aller Geister derselben Generation wie des ganzen Geschichtsverlaufs [...]« zeichnet ihn aus.[43] Die ideologiekritische Spitze dieser Darstellung richtet sich gegen die Indienstnahme von Erziehung für historisch-kontingente Bewegungen (»Die klassische Erziehung sucht den Menschen als solchen zu formen, nicht als Bestandteil im Dienst eine politischen Apparats, als Biene im Bienenstock.«), jedoch ist damit die philosophische Spannung zwischen der Individualität der Pädagogen und Gebildeten und dem überhistorischen und universalen Ideal vom Menschen nicht gelöst, sondern nicht weniger als im Dritten Humanismus kaschiert, hier unter dem Schlagwort des Personalismus, wenn Marrou zur Abwehr des Totalitären versichert, daß »der klassische Humanismus stark vom personalistischen Ideal geprägt ist«.[44]

Gegen diese Idealisierung und Personalisierung polemisierte schon der englische Kunsttheoretiker Thomas Ernest Hulme (1883–1917). In seiner »Critique of

---

[39] Jaeger 1973, S. 6, 13ff., 19f.; Jaeger 1960; Helbing 1932.
[40] Jaeger 1970, S. 27. Vgl. Howald 1957, S. 154. Das Paradox der Ermöglichung der Historisierung und des unhistorischen Umgangs mit der Antike durch die Renaissance-Humanisten beobachtet auch Muhlack 1985, S. 96, 103.
[41] Marrou 1977, 2. Teil, Schluß: Der klassische Humanismus, S. 410.
[42] Marrou 1977, S. 414.
[43] Marrou 1977, S. 419.
[44] Marrou 1977, S. 421 (die beiden letzten Zitate). Zur Kontingenz von Wertvorstellungen als Element von Humanismus-Begriffen s.Dorter 1991, S. 290.

Satisfaction« hebt er hervor, daß Sinnresourcen ontologisch immer transzendenten Status behalten, so daß »perfection« zwar ein Postulat, nie jedoch erreichbar ist. Der Renaissance-Humanismus habe »the bastard conception of Personality« hervorgebracht, insofern die Vollkommenheit bzw. die Quelle der Perfektibilität in den Menschen selbst verlegt worden sei – eine Vorstellung, die er mit »Romanticism« bezeichnet.[45] Hulme legt damit den Finger auf ein Einverständnis in vielen Humanismen, die aus der Idealisierung des Humanen anthropozentrische Konsequenzen ziehen – in den Worten von Samuel Ajzenstat: »The two humanisms I have in mind can be labelled the humanism of the ordinary and the humanism of the extraordinary. The upshot of the first is to see the value of life in the natural gratifications that make for comfort and ease – being warm, well-fed, healthy, sexually satisfied, and surrounded by friends. The upshot of the second is to see the first as sopoforic and dehumanizing, as, in the words of Nietzsche's Zarathustra, ›poverty and filth and wretched contentment‹.«[46] Hierum werden sich die Debatten um ›naturalistische‹ Auffassungen von ›Humanismus‹ drehen.

V.

Etwa gleichzeitig mit den vor allem deutschen Versuchen, einen klassischen Humanismus zu aktualisieren, entstand 1933 in den Vereinigten Staaten ein »Humanist Manifesto«, das 1973 noch einmal revidiert wurde. Ursprung war ein »religious humanism«, der aus der Kirche der Unitarier hervorging. Es lohnt sich, auf diese und verwandte angelsächsische Varianten einzugehen, weil sie die Interpretation der Renaissance beeinflußten, aber auch schon deshalb, weil sie in den autoritativsten philosophischen Wörterbüchern[47] nicht berücksichtigt werden, und dies obwohl diese Sicht des Humanismus das Handbuchwissen beeinflußt hat.

Die erst 1825 entstandene Kirche der Unitarians, die jedoch auf die Antitrinitarier der Reformationszeit zurückgeht, hatte zunächst in New England, dann in Mittleren Westen ihre Hochburgen,[48] vor allem in Concord, wo der ›Aussteiger‹ Henry David Thoreau lebte, und wo damals in der First Unitarian Parish gewissermaßen »the people worship God Almighty half the time and Ralph Waldo Emerson the other«[49], Emerson, der gesagt hatte: »Our theism is the purification of the human mind. Man can paint, or make, or think nothing but

---

[45] Humanism and the Religious Attitude, in: Hulme 1960, S. 1–71. Vgl. oben Joachimsen 1930, S. 420.

[46] Ajzenstat 1991, S. 193.

[47] Historisches Wörterbuch der Philosophie 1974; Carbonara 1982 (Enciclopedia filosofica); Encyclopédie philosophique 1990; Lacey 1995 (The Oxford Companion to Philosophy), ferner: Spitz 1986, Herms 1986. Vgl. aber Giustiniani 1985, 178–182, mit weiterer Literatur.

[48] Lamont 1993, S. 52f.

[49] Wilson 1995, S. 13.

man.«[50] Dieses Manifest proklamiert eine radikal antireligiöse oder antitheisti-
sche Position, es naturalisiert Religion zu einer anthropologischen Entwick-
lungsphase, um dann Humanität mit Religion im naturalistischen Sinne zu identifizieren, jedoch so, daß »the complete realization of human personality« in
einer »free and universal society« das Ziel und »social and mental hygiene«
sowie »socialized and co-operative economic order« die Mittel sind.[51] Obwohl
dieser Text in erster Linie in die Kulturgeschichte der Vereinigten Staaten gehört, wo er Befürworter und Gegner[52] fand, ist an ihm die Umwertung des Hu-
manitätsgedankens von einer sprachorientierten zu einer pragmatischen und
szientifischen Kultur erkennbar. In genau diesem Sinne wird dann auch die
Renaissance interpretiert, deren Hauptheld bei Corliss Lamont Pietro Pomponazzi und dessen wichtigste Leistung die Emanzipation von der Katholischen
Kirche ist.[53]

In einer zweiten Version, dem »Humanist Manifesto II« von 1973,[54] wird die
religionskritische Perspektive einerseits verschärft (»No deity will save us; we
must save ourselves.«[55]), andererseits mit pluralistischen Klauseln gemildert.
Aus der Vielzahl ausdrücklich genannter Humanismen konzentriert sich dieses
Manifest auf »commitment to the positive belief in the possibilities of human
progress [...]. Humanism is an ethical process through which we all can move,
above and beyond the divisive particulars, heroic personalities, dogmatic creeds,

---

[50] Representative Men (1850), in: Emerson 1983, S. 616.Vgl. William James: »Many of the
      predicates of things express only the relations of the things to us and to our feelings. Such
      predicates of course are human additions [...]: you can't weed out the human contribution.«
      (James 1987, S. 598.) Zum Pragmatismus vgl. auch Schiller 1903.
[51] Humanist Manifesto [I, 1933]; Lamont 1993, S. 285–289. Der erste Entwurf dazu stammte
      lt. Lamont von dem Philosophen Roy Wood Sellars (Vater von Wilfrid Sellars); unter den
      Unterzeichnern waren auch die Renaissanceforscher Edwin Arthur Burtt und John Herman
      Randall, Jr.; ferner u. a.: J. A. C. Fagginger Auer und John Dewey.
[52] Julian Hartt in Fagginger Auer 1981, S. 83: »Humanism seems bent upon the adoption of a
      method which denies any significance to metaphysical questions. And so humanism is left
      as an ethic, as a conviction about human values and what we should do about them [...].«
      Thomas Molnar (1980, S. 63) weist zu Recht auf die Ähnlichkeit mit dem Freimaurertum
      hin und vertritt dagegen: »Pagan religions never knew the quasi-intolerable tension between
      human beings and a personal God, a tension because about such a God two contrary
      statements can be made: he robs men of their essence and freedom – and – he gives them
      their essence and freedom.« (Vgl. Molnar 1978). Lamont 1993 berichtet in der Einleitung
      zur sechsten Auflage von den Angriffen der amerikanischen »Moral Majority«.
[53] Lamont 1993, S. 20f. Für die marxistische Humanismusinterpretation (s.u.) sind Machia-
      velli, Erasmus von Rotterdam (»Lob der Torheit«), Thomas Morus und Francis Bacon die
      Ahnherren (Suchodolski 1966). Lamont dagegen stellt die gesamte Kulturgeschichte auf
      Vorväter seines Humanismus hin dar; dazu gehören: Freethought, Naturalism, Sciences,
      Democracy and Civil Liberties, Materialism, Renaissance Humanism, Literature and the
      Arts (vgl. Schema S. 2).
[54] Humanist Manifesto II 1973; Lamont 1993, S. 290–300. Verfasser waren die Herausgeber
      des »Humanist« Paul Kurtz und Edwin H. Wilson (Lamont, xxiii); unter den 180 Erst-
      unterzeichnern war wiederum J. H. Randall, sowie z. B. Arthur Danto, Joseph Margolis,
      Chaim Perelman, Andrej Sacharov.
[55] Lamont 1993, S. 293. Den umgekehrten Schluß zieht mit derselben Rationalität der
      pantheistische »Panhumanismus« Gerhard Kraenzlins: »Die unbelebte und belebte Natur,
      der natürliche individuelle Mensch soll reine unendliche Menschlichkeit, d. h. reine Gött-
      lichkeit sein.« (Kraenzlin 1945, S. 91.)

and ritual customs of past religions or their mere negation.«[56] In dem »we all« steckt die spezifische Einheit von Individualismus und Solidarität, und die Prozessualität des Humanen geht in diesem Text mit dem Bewußtsein der Kontingenz des Historischen (»At the present juncture of history ...«), der Ideologie, der Individuen und der Kulturen, sowie mit einer durch nichts als eben die Prozessualität gerechtfertigten Zukunftserwartung einher: »Humanism [...] has time on its side.«[57]

Auch in England fand dieser naturalistische Humanismus Anhänger. Erster Präsident des britischen Zweigs der humanistischen Bewegung, der British Humanist Association, war Julian Huxley.[58] Bei ihm ist besonders der Substitutionscharakter des Humanismus ablesbar: Er wird explizit als Ersatz für einen ausgedienten Gottesbegriff propagiert. In seiner Eigenschaft als Generalsekretär eines UNESCO-Ausschusses empfahl Huxley eine Philosophie der Vereinten Nationen, nämlich »a scientific world Humanism, global in extent and evolutionary in background«.[59] Zwei Elemente des ›Humanismus‹ tauchen auch hier auf, die Transformation der individuellen Differenz in Geschichte vermittels Zielprojektion (»evolutionary«) und die Verallgemeinerung durch Masse (»global«). Es ist bekannt und auch von Julian Huxley keineswegs verhohlen, daß der evolutionäre, entwicklungs-utopische Humanismus mit Programmen des »genetic engineering« und der Sozial-Technologie (incl. Internierung und Sterilisierung notorischer gesellschaftlicher Versager) einhergingen.[60] Ebenso bekannt ist, daß sein jüngerer Bruder Aldous Huxley in »Brave New World« schon 1932 solche Pläne als Utopie karikiert und doch nach dem Ende des Zweiten Weltkrieges als unmittelbar bevorstehende Gefahr realisiert hat. Die Karikatur eines Humanismus des technologischen Religions-Surrogats ist in dem Motto des Weltstaats zusammengefaßt: »Community, Identity, Stability«.[61] Denn Humanismus hat mit den konstanten und allen Menschen gemeinsamen Ideal-Eigenschaften zu tun, negiert Veränderung und mutet zugleich eben diese Negation erst der Zukunft der nach diesem immanenten Muster zu bildenden Menschheit zu; die ›Identität‹ des Menschen konvergiert mit der sozialen Stabilität, und zwar als Programm, nicht als Situation. Selbstverständlich steht Julian Huxley, auch dank der Autorität seines Großvaters Thomas Henry Huxley, in der Tradition des Darwinismus, und diese Assoziation scheint zur begrifflichen Engführung des Humanismus auf Antitheismus beigetragen zu haben.[62]

Obwohl diese Version sich nun gänzlich von der Philologiegeschichte ab- und der Technologie und dem Szientismus zugewandt hat, und obwohl das

---

[56] Lamont 1993, S. 291.
[57] Lamont 1933, S. 300.
[58] Lamont 1993, S. 26; Vizepräsident war A. J. Ayer.
[59] Lamont 1993, S. 60; vgl. J. Huxley 1964, S. 8.
[60] J. Huxley 1965, S. 250ff. (»Eugenik in entwicklungsgeschichtlicher Schau«), bes. S. 270ff.
[61] A. Huxley 1994, Foreword und Chapter I.
[62] Lacey 1995.

Erziehungsprogramm[63] eher aus Dessau denn aus Athen zu stammen scheint, wiederholen sich auch hier postulatorische widersprüchliche Projektionen. Die wichtigste Umbesetzung besteht in dem Ersatz des Philologischen, der Humaniora, bzw. der geistesgeschichtlichen Tradition durch die Naturgeschichte. Während in den früheren ›Humanismen‹ die Literatur bzw. die Überlieferung des Geistes die Humanität zusammenband, ist es nun die Prozessualität der Natur: »Der Mensch ist Teil und Produkt des Prozesses, aber ein ganz besonderer Teil, da er fähig ist, auf dessen weiteren Verlauf [...] einzuwirken.«[64] Das Säkularisierungspotential des Renaissance-Humanismus findet seine Vollendung in der Definition der Religion als »angewandte spirituelle Ökologie«[65], so daß das *unum necessarium* in der Utopie einer Offenbarung besteht, deren Inhalt innerweltliches Wissen ist.[66] Wenn in geisteswissenschaftlichen Zusammenhängen die Aktualisierung der Tradition zugleich Existenzbeweis und Nobilitierung derselben bedeutete, so ist es nun die Machbarkeit der Zukunft, was die Humanität teleologisch strukturiert, selbstreferenziell definiert und im Blick auf die Zukunft entdifferenziert: Es »liefert die Entwicklung des ungeheuren Potentials realisierbarer Möglichkeiten das Hauptmotiv für kollektives Handeln – das einzige Motiv, über das sich alle Menschen oder Nationen einig werden könnten [...].«[67]

In all den bisher untersuchten Versionen findet sich kein ›Humanismus‹, der sich auf die in der Philosophiegeschichte sonst hervorgehobene Wende des Cartesianismus und Subjektivismus beruft.[68] Die Humanismusdebatten verlaufen vielmehr immer über die geisteshistorische oder die naturalistische Schiene, nicht über Metaphysik und Erkenntnistheorie.

VI.

Nach dem Zweiten Weltkrieg wurde mehrfach die Forderung nach einem ›neuen Humanismus‹ gestellt, die zugleich eine Krise der Pluralität der Humanismen anzeigte.[69] Hierzu gehört die Erneuerung des marxistischen Humanismus, der den Menschen als Produkt von Natur und Gesellschaft interpretiert. Das Humanitätsideal wird mit der geschichtlichen Rolle des Proletariats identifiziert, so daß wiederum die Chancen des Individuums und die Interessen der Menschheit

---

63 J. Huxley 1965, S. 118ff. (»Erziehung und Humanismus«). Vgl. die Kritik der humanistischen Schulbildung bei Emerson in dessen »The American Scholar« (Emerson 1983, S. 51–71).

64 J. Huxley 1964, S. 61.

65 J. Huxley 1964, S. 60.

66 J. Huxley 1964, S. 69: »Eines ist unbedingt nötig: Wir müssen unseren Verstand und unsere Phantasie anstrengen, um diese neue Offenbarung zu begreifen, die uns durch das wachsende Wissen zuteil wird.«

67 J. Huxley 1964, S. 66.

68 Dies gegen Schwan 1981, S. 13–16.

69 Buck 1987, Kap. VI. Vgl. Garin 1968, und weitere Beiträge in diesem Heft 85–86 von Revue internationale de Philosophie 22 (1968).

gleichlaufen.[70] Dabei berief man sich auf einige Stellen in den früheren Schriften von Karl Marx,[71] in denen er die ›-ismen‹ seiner Gegenwart mit dem Anliegen seiner Philosophie und ökonomischen Theorie in Beziehung setzte, ohne Anspruch auf Originalität, so daß die Versuche im 20. Jahrhundert, einen marxistischen Humanismus zu etablieren, im allgemeinen nicht von Marx, sondern vom Kredit des ›Humanismus‹ profitierten. Das schließt bedeutende, z. B. sozialphilosophische Diskussionen nicht aus,[72] trägt aber zum Problem des Humanismus nichts bei. In einer existenzphilosophischen Interpretation des marxistischen Humanismus besteht – nach Milan Prucha – das objektive Sein des Menschen im Übergang von abstrakter Individualität zu gesellschaftlicher Natur, so daß gerade diese Totalität die Selbstbehauptung und die Überwindung der Entfremdung ermöglicht.[73]

Gegen den marxistischen Humanismus polemisiert Karl Jaspers, vor allem weil dieser die Überlieferung der Antike außer Acht lasse, einen der beiden wesentlichen Aspekte der Möglichkeit eines »neuen Humanismus« nach Jaspers.[74] Der andere Aspekt – der zugleich die Jaegersche *paideia* vom »bodenlosen Literatentum« in die existentielle Wirklichkeit überführen soll – bezeichnet er als den »Willen zum eigentlichen Menschsein«.[75] Indem Jaspers die miteinander konkurrierenden Aspirationen und Defizite der Nachkriegszeit aufzählt, summiert er zugleich das Forderungspotential von ›Humanismus‹, um es dann letztlich auf »die sittliche Kraft des scheinbar verschwindenden Einzelnen« einzuführen, in der für ihn »die einzige Substanz und der wirkliche Faktor für das, was aus dem Menschsein wird«, liegt.[76] Das Pathos verrät auch hier, daß die Exposition des Problems als Lösung angeboten wird, was für den existenzphilo-

---

[70] Schaff 1966, Schaff 1975, S. 159, 176f.; Merleau-Ponty 1966; Förster 1990.
[71] Die vielleicht wichtigste Stelle (weil sie zahlreiche Paradoxien der Gesellschaftstheorie und Anthropologie benennt, die in diesem Begriff immer wiederkehren) ist wohl die, in der er ›Humanismus‹ als Aufhebungsbegriff darstellt (Marx 1968, S. 583): »[...] wie der Atheismus als Aufhebung Gottes das Werden des theoretischen Humanismus, der Kommunismus als Aufhebung des Privateigentums die Vindikation des wirklichen menschlichen Lebens als seines Eigentums ist, das Werden des praktischen Humanismus ist, oder der Atheismus ist der durch Aufhebung der Religion, der Kommunismus der durch Aufhebung des Privateigentums mit sich vermittelte Humanismus. Erst durch die Aufhebung dieser Vermittlung – die aber eine notwendige Voraussetzung ist – wird der positiv von sich selbst beginnende, der positive Humanismus.«
[72] Z. B. Aumètre 1988. Für die marxistische Auslegung s. auch Historisches Wörterbuch der Philosophie 1974, S. 1219–1225 (R. Romberg, Humanismus II); dort Sp. 1220: »Mit dem Fortfall dieser ›letzten‹ Philosophie entfällt dann auch bei Marx die terminologische Verwendung des Begriffs ›H.‹.«
[73] Prucha 1966, S. 160: »The existential structure of man as an objective being and as a being whose essence is not inherent in the abstract individual but is of social nature [...]. The conception of total man expresses a perspective through which to overcome this alienation.«
[74] Jaspers 1949, S. 726f.
[75] Ebd., S. 725f.
[76] Ebd., S. 734. Vgl. 724f. über die Forderungen des Humanismus: »den Blick im weitesten Rahmen der menschlichen Möglichkeiten, die Durchdringung der technischen Welt, die politische Entscheidung für die öffentliche Freiheit des Geistes, den Willen zum Festhalten der Überlieferung, die Arbeit am gemeinsamen Grundwissen, die Erfüllung des Anspruches der Massen, das Standhalten in der Ungewißheit«.

sophischen Ansatz allgemein charakteristisch ist und sich hier mit dem postulatorisch weitstreuenden Begriff des Menschseins überblendet. Solcherart ›Humanismus‹ (mehr als der von Sartre, über den noch zu sprechen sein wird) war Zielscheibe der Kritik bei Michel Foucault: wenn jemand sagte »»es gibt einen Sinn‹, so war das zugleich eine Feststellung, ein Befehl, eine Anordnung«, denn: »Der Humanismus gibt vor, Probleme zu lösen, die er sich nicht stellen darf!«, und zwar genau die von Jaspers aufgezählten. Das hindert aber Foucault nicht, in den Chor aller einzustimmen, die fordern, »den Menschen mit seiner Wissenschaft, mit seinen Entdeckungen, mit seiner Welt, die konkret ist, zu verbinden.«[77]

Jean Paul Sartre verband seinen Existentialismus mit einem Humanismus der diesseitigen Sorge um den Menschen. Indem er das traditionelle Menschheitsideal negiert, bestimmt der »existentialistische Humanismus« den Menschen als »ständig außerhalb seiner selbst« seiende Subjektivität; die postulatorische Struktur des Humanismus wird zur *conditio humana*.[78] Hierauf replizierte Martin Heidegger, ›Humanismus‹ setze Metaphysik und Biologismus voraus; das Wesen des Menschen als »des ekstatischen Innestehens in der Wahrheit des Seins« stehe immer in Frage: »die Ek-sistenz des Menschen ist seine Substanz«. Obwohl Heidegger dem Begriff des Humanismus keine operative Leistung zutraut, reproduziert er in seinem *Brief* die drei im Humanismus thematisierten Gefährdungen des Humanen, nämlich durch theologische Metaphysik, durch Animalisierung oder durch (in diesem Falle neuzeitliche) Barbarei.[79] Aus dieser Perspektive wollte der »evolutionäre Humanismus« offenbar den Teufel mit Beelzebub austreiben.

Dagegen banden katholische und protestantische Denker den Humanismus in ein christliches Weltbild ein: Jacques Maritain stellte seine christliche Sozialphilosophie als »integralen Humanismus« dar, weil er zugleich theozentrisch und in der Gemeinschaft »inkarniert« und somit politisch effektiv und pluralistisch sei.[80] Karl Barth dagegen erklärte Humanismen für überflüssig, da sie gegenüber einer Anthropologie der Gotteskindschaft, wie sie in der Botschaft des Evangeliums gegeben sei, »abstrakte Programme« blieben.[81] Die Auseinandersetzung zwischen christlichem und marxistischem Humanismus trägt den inhärenten Widerspruch aus, daß Humanismus einerseits Autonomie des Menschen andererseits transzendente Sinnresourcen eröffnen soll (autonomer versus heteronomer Humanismus[82]), mit dem »Ressentiment«, daß Humanismus entweder notwendig atheistisch oder religiös ist.[83]

---

[77] Foucault 1985, S. 208 und S. 209, 211.
[78] Sartre 1994, S. 141. Für die weitere französische Debatte sei auf Historisches Wörterbuch der Philosophie 1974, S. 1225–1230 (I. Pape, Humanismus III), verwiesen.
[79] Heidegger 1954, S. 74; dazu ausführlich Miles 1989.
[80] Maritain 1984, S. 303, 325f., 442, 475.
[81] Pour un nouvel humanisme 1949; Barth 1950, S. 21. Vgl. Bultmann 1948.
[82] Schaff 1975, S. 160; Schaff 1966, S. 142.
[83] Lubac 1949, S. 25. Der Beitrag von Oskar Schatz und Ernst Florian Winter zum Entfremdungsproblem (in: Fromm 1966) besteht bloß in einem die gegenwärtige Krise des Christentums beklagenden »mea culpa« (S. 331). Vgl. auch Derbolav 1983 über die Möglichkeit eines christlichen Humanismus.

Gegen Heidegger betonte Ernesto Grassi die Bedeutung des Rhetorischen und damit Vorrationalen und des Pathos im Humanismus, durch die dem Individuum der Zugang zum »Urspünglichen«, dem überindividuellen Sinn, und die politische Aktion ermöglicht werde. In diesem Sinne interpretierte er die *studia humanitatis*, um zugleich die im italienischen Humanismus wurzelnde lateinische Tradition gegen das Modell des Griechentums hervorzuheben.[84] Er nahm damit eine Differenz auf, die seit der Spätrenaissance die Antike-Rezeption prägt: in Deutschland ist sie an Griechenland, in romanischen Ländern an Rom orientiert.[85]

Mit Sartre und Heidegger geht der Humanismusbegriff wieder in eine metaphysische Anthropologie auf (was immer die expliziten terminologischen und systematischen Ansprüche auch sagen mögen), wie dies schon einmal in der Renaissance stattfand, als sich der philologische Humanismus zum Schulprogramm, dagegen die Spekulation über den Menschen zu einer Philosophie des Seelenheils entwickelten. Bei Ficino und vor allem Pico enthüllte die Selbstfindung des Menschen den Auftrag zur Entfremdung von der Welt, die nicht allein in einer Ekstatik oder einem Enthusiasmus für das spekulativ erschlossene oder religiös offenbarte Absolute bestand, sondern im Aushalten der Spannung zwischen der Bevölkerung der endlichen Welt und dem unerreichbaren inneren Wesen des Menschen: Ortlosigkeit und in diesem Sinne Ekstatik definiert bei Pico den Menschen. Emmanuel Lévinas zieht diese Konsequenz aus der Lektüre Heideggers und anderer Existenzphilosophen. Er formuliert die existentielle Diesseitigkeit des sich transzendierenden Menschen zu einem »Humanismus des anderen Menschen« um. Der Mythos vom Menschen, ›Humanität‹, ist zuende und mit ihm Metaphysik und Subjektivität der nachkantischen Philosophie. Was bleibt, ist das ›Beginnen‹: der sich nicht selbst vergegenständlichende Selbstbezug ist nur noch »l'origine de l'origine« vor aller Freiheit und insofern Verantwortlichkeit, die nur ›von außen‹ gefordert sein kann, d. h. vom Anderen, einer im traditionellen Sinne eines Höchsten Gutes oder Gottes nicht-transzendenten Instanz. Das aus keiner Natur und aus keinem Begriff ableitbare (»an-archische«) Ich findet sich in nichtreziproker Weise (wie eine »Geisel«) verantwortlich für die Freiheit des Anderen, wegen seiner Andersheit. Vermittels dieser, auch physischen, »Verwundbarkeit« des Ich und der Sinnlichkeit ist der Mensch Subjekt für den anderen.[86] In der existenzmetaphysischen Reduktion des Menschseins entdeckt Lévinas' ›Humanismus‹ den Menschen als ein Nicht-Ich: Die Falle des Humanismus (Individuum, Humanität, Soziabilität, Geist und Welt etc.) ist zugeschnappt, die ›Humanität‹ implodiert.

---

[84]   Grassi 1946, 1970 und 1991; zu Grassi und Heidegger: Fontaine-De Visscher 1995, Verri 1995, Blum 1998.
[85]   Curtius 1970, 51.
[86]   Lévinas 1989; Lévinas 1972, S. 76f., 80f., 83, 91; der Abschnitt »Humanisme et an-archie« auch in: Revue internationale de Philosophie 22 (1968) S. 323–337.

VII.

Was bedeutet das für die Geschichte der Philologie? Zunächst einmal ist festzustellen, daß jede Interpretation der Renaissance, und vor allem unter dem Leit-
wort des Humanismus, vor einem Gemenge von Plausibilitäten steht, die nicht
befragt sein wollen, bei Strafe ihres Verschwindens. Sei es nun die Konzentration von ›Humanismus‹ auf eine Station in der Geschichte der Gelehrsamkeit,
die weitreichende Konnotationen bekommt, wenn man sie als ›Bildung‹ versteht,
sei es bei Interpretationen der Renaissancephilosophie: der unvermeidliche
hermeneutische Zirkel aus Forschungsabsichten und Befunden verschärft sich,
weil der Befund selbst in diesem Sinne zirkulär ist. Die notwendige Unangemes-
senheit in der Aneignung des Historischen ist hier Programm, denn die eingangs
so genannte dreifache Rückkoppelung befindet sich bereits im Gegenstand. Der
Begriff des Humanismus bleibt innerhalb eines Diskussionszusammenhangs
operabel, jedoch so, daß er zur Ideologie im schlechten Sinne verkommen kann
(nämlich nicht nur als Leitsystem zur Plausibilisierung von Praxis, sondern als
Verschlußbegriff gegen konkurrierende Plausibilitäten); er verliert seinen Sinn,
sobald man nach seinem Sinn, nämlich entweder nach dem ontologischen Status
des Menschen, oder nach der Praktikabilität der durch ›Humanismus‹ gesteuer-
ten Aktivitäten, z. B. Literatur, Geschichte oder auch Gentechnik oder Religion
fragt.[87]

Bibliographie

Ajzenstat, S., 1991, What Now Little Man? Comedy, Tragedy, and the Politics of Antihuman-
    ism, in: Goicoecha 1991, S. 193–204.
Alberti, L. B., 1962, Über das Hauswesen, Zürich.
Amery, J., 1985, Von der Verwundbarkeit des Humanismus. In: J. A., Der integrale Humanis-
    mus, Stuttgart, S. 69–80.
Andic, M., 1991, What is Renaissance Humanism? in: Goicoecha 1991, S. 83–98.
Aumètre, J., 1988, Habermas et Althusser: Critique de l'idéologie scientiste et critique de
    l'humanisme idéologique, in: Philosophiques 15, S. 141–167.
Backus, I, 1997, The Reception of the Church Fatheres in the West: From the Carolingians to
    the Maurists, Leiden (2 Bde.).
Ballauf, T./Schaller, K., 1970, Pädagogik 2, Freiburg/München.
Baron, H., 1966, The crisis of the early Italian Renaissance, Princeton.
Barth, K., 1950, Humanismus.
Blum, P. R., 1985, Apostolato dei Collegi: On the Integration of Humanism in the Educational
    Programme of the Jesuits. In: History of Universities 5, S. 101–115.

---

[87] Erst nach Abschluß des Manuskripts erschienen die Sammelbände Frank Geerk (Hg.): 2000
      Jahre Humanismus: Der Humanismus als historische Bewegung, Basel 1998, und Frank
      Geerk (Hg.): Kultur und Menschlichkeit: Neue Wege des Humanismus, Basel 1999; der
      zweite Band enthält den unter dem Namen »Elmauer Vortrag« im Sommer 1999 in den
      deutschen Medien diskutierten Beitrag von Peter Sloterdijk: »Regeln für den Menschen-
      park«, als Buch erschienen unter dem Titel: Peter Sloterdijk: Regeln für den Menschenpark:
      Ein Antwortschreiben zu Heideggers Brief über den Humanismus, Frankfurt/M. 1999.

– 1997, Selbstbezug und Transzendenz in der Renaissancephilosophie bei Cusanus, Ficino und Pico, in: Rationalität und Innerlichkeit, hg. v. H.-B. Gerl-Falkovitz u. a., Hildesheim, S. 59–74.

– 1998, Der Heros des Ursprünglichen: Ernesto Grassi über Giordano Bruno, in: Bruniana & Campanelliana 4, S. 107–121.

Bruni, L., De studiis et litteris, in: Garin 1964–1967, II, S. 168–191.

Buck, A., 1968, Die humanistische Tradition in der Romania, Bad Homburg usw.

– 1987, Humanismus, Freiburg/München.

Bultmann, R., 1948, Humanismus und Christentum. In: Studium Generale 1.

Burckhardt, J., 1989, Die Kultur der Renaissance in Italien, Frankfurt.

Bushnell, R. 1996, A Culture of Teaching: Early Modern Humanism in Theory and Practice, Ithaca.

Carbonara, C., 1982, Umanesimo, in: Enciclopedia filosofica, ed. Centro di studi filosofici di Gallarate, rist. della 2a ed., Firenze, S. 443–449.

Chomarat, J., 1997, Faut-il donner un sens philosophique au mot humanisme? In: Renaissance and Reformation 21, S. 49–64

Curtius, L., 1927, Die antike Kunst und der moderne Humanismus. In: Antike und Abendland 3, 1–16, hier nach Oppermann, 1970, S. 49–65.

Derbolav, J., 1983, Die modernen Häresien des Humanismus, in: Pädagogische Rundschau (Sankt Augustin) 37, S. 555–572.

Dorter, K., 1991, The Modern Spirit and the Paradox of Humanism, in: Goicoecha 1991, S. 273–294.

Emerson, R. W., 1983, Essays and Lectures, New York.

Encyclopédie philosophique universelle II: Les notions philosophiques I, 1990, Paris, S. 1171–1173 (mehrere Autoren).

Fagginger Auer, J. A. C./Julian Hartt, 1981, Humanism versus Theism, Ames.

Fernández, L. G., 1981, Panorama social del Humanismo español (1500–1800), Madrid.

Ficino, M.,1576, Opera, Basel (Reprint: Torino 1983).

– 1993, Traktate zur Platonischen Philosophie, ed. E. Blum, P. R. Blum, T. Leinkauf, Berlin.

Fontaine-De Visscher, L., 1995, Un débat sur l'humanisme: Heidegger et E. Grassi, in: Revue philosophique de Louvain, 93, S. 285–330.

Förster, W., 1990, Humanismus. In: H. J. Sandkühler (Hg.), Europäische Enzyklopädie zu Philosophie und Wissenschaften, 2, Hamburg.

Foucault, M., 1985, Absage an Sartre, in: G. Schiwy, Der französische Strukturalismus, Mode – Methode – Ideologie, Reinbek, S. 207–211 [Interview von 1966].

Fromm, E., 1966, (Hg.), Socialist Humanism, An International Symposium, Garden City, NY (erste Ausg. 1965).

– 1981, Humanismus und Psychoanalyse. In: E. F, Gesamtausgabe 9, Stuttgart, S. 3–11.

Garin, E., 1964–1967, Geschichte und Dokumente der abendländischen Pädagogik, 3 Bde. Reinbek.

– 1968, Quel »Humanisme«? (Variations historiques), in: Revue internationale de Philosophie 22, S. 263–275.

– 1973, L'umanesimo italiano, Bari (1. Ausg. dt., Berlin 1947).

Gentile, S., 1997, (Hg.), Umanesimo e Padri della Chiesa, manoscritti e incunaboli di testi patristici da Francesco Petrarca al primo Cinquecento, Firenze.

Gilson, E., 1955, Humanisme Médiéval et Renaissance. In: E. G., Les idées et les lettres, Paris.

Giustiniani, V. R., 1985, Homo, humanus, and the meanings of ›humanism‹. In: Journal of the History of Ideas 46, S. 167–195.

Goicoecha, D., 1991, J. Luik, T. Madigan (Hgg.), The Question of Humanism – Challenges and Possibilities, Buffalo, NY.

Goldmann, I. , Socialism and Humanism, in: Fromm 1966, S. 40–52.

Grafton A., und L. Jardine, 1986, From Humanism to the Humanities, Cambridge Mass.

Grassi, E., 1946, Verteidigung des individuellen Lebens, Studia humanitatis als philosophische Überlieferung, Bern.

– 1970, Macht des Bildes: Ohnmacht der rationalen Sprache, Köln.

– 1991, Einführung in die Humanistische Philosophie, Darmstadt.

Howald, E., 1957, Humanismus und Europäertum, Zürich (zuerst 1930).

Heidegger, M., 1954, Platons Lehre von der Wahrheit, mit einem Brief über den ›Humanismus‹, Bern [zuerst 1947].
Helbing, L., 1932, Der dritte Humanismus, Berlin.
Herms, E., 1986, Humanität, in: Theologische Realenzyklopädie, 15, S. 661–682.
Historisches Wörterbuch der Philosophie (1974), hg. v. Joachim Ritter, Bd. 7, Basel/Darmstadt, S. 1217–1230 (mehrere Autoren).
Hulme, T. E., 1960, Speculations, Essays on Humanism and the Philosophy of Art, ed. Herbert Read, London [zuerst 1924].
Humanist Manifesto [I, 1933], in: The New Humanist 1 no. 3 (1933); auch in: Lamont 1993, S. 285–289.
Humanist Manifesto II 1973, in: The Humanist, Sept./Oct. 1973, 4–9; auch in: Lamont 1993, S. 290–300.
Huxley, A., 1994, Brave New World [zuerst 1932], London.
Huxley, J., 1965, Ich sehe den neuen Menschen, Natur und neuer Humanismus [Essays of a Humanist], München.
–   1964, Die Grundgedanken des evolutionären Humanismus, in: J. H. (Hg.), Der evolutionäre Humanismus, München, 13–69 [Originaltitel: The Humanist Frame, London 1961; andere Version und Übersetzung in: J. Huxley 1965, S. 74–117].
Jäger, G., 1976, Humanismus und Realismus: Schulorganisation und Sprachunterricht 1770–1840, in: Internationales Archiv für Sozialgeschichte der deutschen Literatur 1, S. 146–159.
Jaeger, W., 1960, Humanistische Reden und Vorträge, 2. Aufl., Berlin.
–   1970, Antike und Humanismus, Berlin 2. Aufl. 1960 [1. Aufl. 1925], hier nach Oppermann 1970, S. 18–32.
–   1973, Paideia, Berlin/New York (1. Aufl. 3 Bde. 1933–1947).
James, W., 1987, Pragmatism and Humanism, in: W. J., Writings 1902–1910, New York, S. 591–605.
Jaspers, K., 1949, Über Bedingungen und Möglichkeiten eines neuen Humanismus, in: Die Wandlung 4, S. 710–734.
Joachimsen, P., 1930, Der Humanismus und die Entwicklung des deutschen Geistes. In: Deutsche Vierteljahrsschrift für Literaturwissenschaft und Geistesgeschichte, 8, H. 3, S. 419–480.
Keßler, E., 1979, Humanist Thought: A Response to Scholastic Philosophy, in: Res Publica Litterarum 2 (1979), S. 149–166.
Kohl, B. K., 1992, The changing concept of the studia humanitatis in the early Renaissance, in: Renaissance Studies 6, S. 185–209.
Kraenzlin, G., 1945, Die Religion des Panhumanismus, Zürich.
Kraye, J., 1996, (Hg.), The Cambridge Companion to Renaissance Humanism, Cambridge.
Kristeller, P. O., 1974–1976, Humanismus und Renaissance, 2 Bde., München.
Lacey, A., 1995, Humanism, in: T. Honderich (Hg.), The Oxford Companion to Philosophy, Oxford, S. 375f.
Lamont, C., 1993, The Philosophy of Humanism, 7th ed. New York 1993 [zuerst 1949 u. d. T.: Humanism as a Philosophy].
Landfester, M., 1988, Humanismus und Gesellschaft im 19. Jahrhundert, Darmstadt.
Lévinas, E., 1972, Humanisme de l'autre homme, [Montpellier].
–   1989, Humanismus des anderen Menschen, übers. v. L. Wenzler, Hamburg.
Lubac, H. de, 1949, Die Tragödie des Humanismus ohne Gott, Feuerbach – Nietzsche – Comte und Dostojewskij als Prophet, Salzburg (zuerst franz. 1944).
Manetti, G., 1990, Über die Würde und Erhabenheit des Menschen, De dignitate et excellentia hominis, übers. H. Leppin, ed. A. Buck, Hamburg.
Maritain, J., 1984, Humanisme intégral. In: Jacques et Raissa Maritain, Oeuvres complètes, 6, Fribourg/Paris, S. 291–634.
Marrou, H.-I., 1977, Geschichte der Erziehung im klassischen Altertum, München (nach der franz. Ausg. 1976).
–   1981, Augustinus und das Ende der antiken Bildung, Paderborn usw. (bearb. Übers. aus dem Französischen von 1938).
Marx, K., 1968, Ökonomisch-philosophische Manuskripte aus dem Jahre 1844, in: K. M., Friedrich Engels, Werke (MEW), Ergänzungsband, Berlin (zit. nach: F.-P. Hansen (Hg.), Digitale Bibliothek, Band 2, Berlin 1998).

Merleau-Ponty, M., 1966, Humanismus und Terror, 2 Bde., Frankfurt (zuerst franz. 1947).
Miles, M., 1989, Heidegger and the question of humanism, in: Man and World 22, S. 427–451.
Molnar, T., 1978, Christian Humanism. A Critique of the Secular City and It's Ideology, Chicago.
– 1980, Theists and Atheists. A Typology of Non-Belief, The Hague.
Muhlack U., 1985, Klassische Philologie zwischen Humanismus und Neuhumanismus, in: R. Vierhaus (Hg.), Wissenschaften im Zeitalter der Aufklärung, Göttingen, S. 93–119.
Newald, R., 1963, Humanitas, Humanismus, Humanität, in: R. N., Probleme und Gestalten des deutschen Humanismus, Berlin, 1–66 (zuerst separat Essen 1947).
Niethammer, F. I., 1808, Der Streit des Philanthropinismus und Humanismus in der Theorie des Erziehungs-Unterrichts unserer Zeit, Jena [Nachdr. u. d. T. Philanthropinismus-Humanismus, hg. v. W. Hillebrecht, Weinheim usw. 1968].
Oppermann, H. (Hg.), 1970, Humanismus, Darmstadt.
Pachtler, G. M., 1887–1894, (Hg.), Ratio studiorum et institutiones scholasticae Societatis Jesu per Germaniam olim vigentes, 4 Bde., Berlin (Monumenta Germaniae Paedagogica 2, 5, 9 u. 16).
Petrarca, F., 1993, De sui ipsius et multorum ignorantia, Über seine und vieler anderer Unwissenheit, ed. A. Buck Hamburg.
Pico della Mirandola, G., 1942, De homnis dignitate, Heptaplus, De ente et uno e scritti vari, ed. Eugenio Garin, Firenze.
– 1990, Über die Würde des Menschen, Hamburg.
Prucha, M., 1966, Marxism and the Existential Problems of Man, in: Fromm 1966, S. 151–161.
Pur un nouvel humanisme ,1949, Textes des conférences et des entretiens organisés par les Rencontres Internationales de Genève 1949, Neuchâtel.
Ratio studiorum 1599, in: Monumenta Paedagogica Societatis Iesu 5, hrsg. v. Ladislaus Lukács, Roma 1986 (Monumenta Historica Societatis Iesu 129).
Reinhard, W., 1984, (Hg.), Humanismus im Bildungswesen des 15. und 16. Jahrhunderts (Deutsche Forschungsgemeinschaft, Mitteilung XII der Kommission für Humanismusforschung), Weinheim.
Rüdiger, H., 1937, Wesen und Wandlung des Humanismus, Hamburg.
Salutati, C., 1990, Vom Vorrang der Jurisprudenz oder der Medizin, De nobilitate legum et medicinae, ed. P. M. Schenkl, München.
Sartre, J. P., 1994, Der Existentialismus ist ein Humanismus [zuerst franz. 1946]. In: J. P. S., Gesammelte Werke 4, Reinbek.
Schaff, A., 1966, Marxism and the Philosophy of Man, in: Fromm 1966, S. 141–150.
– 1975, Humanismus, Sprachphilosophie, Erkenntnistheorie des Marxismus, Wien.
Schatz, O., und E. F. Winter, 1966, Alienation, Marxism, and Humanism (A Christian Viewpoint), in: Fromm 1966, S. 314–333.
Schiller, F. C. S., 1903, Humanism, London.
Schwan, A., 1981, Humanismen und Christentum, in: Enzyklopädische Bibliothek, Christlicher Glaube in moderner Gesellschaft 19, Basel/Wien, S. 5–63.
Southern, R. W.,1995, Scholastic Humanism and the Unification of Europe I: Foundations, Oxford.
Spitz, L. W., 1986, Humanismus/Humanismusforschung, in: Theologische Realenzyklopädie 15, S. 639–661.
Spranger, E., 1928, Wilhelm von Humboldt und die Humanitätsidee, 2. Aufl. Berlin (1. Aufl. 1908).
Suchodolski, B., 1966, Renaissance Humanism and Marxian Humanism, in: Fromm 1966, S. 29–39.
Vergerio, P. P., De ingenuis moribus et liberalibus studiis adolescentiae, in: Garin, 1964–1967, II, S. 192–196.
Verri, A., 1995, Storia e humanitas, Momenti del pensiero filosofico moderno e contemporaneo, Galatina, S. 41–71.
Voigt, G., 1859, Die Wiederbelebung des classischen Alterthums oder das erste Jahrhundert des Humanismus, 2 Bde., Berlin 1859 (4. Aufl 1960).
Vollmann, B. K., 1995, Renaissance und Humanismus, in: H. Kuester (Hg.), Das 16. Jahrhundert – Europäische Renaissance (Eichstätter Kolloquium 2), Regensburg, S. 19–31.

Vormbaum, R., (Hg.), 1860, Die evangelischen Schulordnungen des sechszehnten Jahrhunderts, Gütersloh.
Wilson, Edwin H., 1995, The Genesis of a Humanist Manifesto, Amherst, N.Y.

Douglas Hedley

The Platonick Trinity

Philology and Divinity in Cudworth's Philosophy of Religion

It is not merely a matter of Cambridge *pietas* to invoke the name of Dr. Ralph
Cudworth (1617–1688), a philosopher who enjoyed the rare attainment of becoming successively Master of two Cambridge colleges: Clare and Christ's. He
is, as Locke says, »That very learned Author«. Philosophers and historians of
ideas are starting to see Cudworth's importance.[1] Yet Cudworth's *True Intellectual System of the Universe* seems humanism at its most barbarous and uncriti-
cal; especially the notorious doctrine of the Platonick Trinity. The motto of the
True Intellectual System of the Universe (1678) is taken from Origen: »human
wisdom is a means of education for the soul, divine wisdom being the ultimate
end«. Cudworth's is a Christian humanism whereby his learning serves his
theologico-philosophical goals. And the fourth book contains his strange doctrine of the ›Platonick Trinity‹ and Cudworth's conception of the *prisca theologia*, that of an original revelation from which pagan wisdom was ultimately
derived.[2] I wish to consider this realm of Cudworth's thought, which seems
particularly inhospitable, and yet is momentous import for an assessment of
Cudworth's intellectual legacy. In the Preface to the *True Intellectual System of
the Universe*, Cudworth claims:

> In this fourth chapter, we were necessitated, by the matter it self, to run out into philology
> and antiquity; as also in the other parts of the book, we do often give an account, of the
> doctrine of the ancients: which, however, some over-sever philosophers, may look upon
> fastidiously, or undervalue and depreciate, yet as we conceived it often necessary, so pos-
> sibly may the variety thereof not be ungrateful to others; and this mixture of philology,
> throughout the whole, sweeten and allay the severity of the philosophy to them; the main
> thing which the book pretends to, in the meantime, being the philosophy of religion. But for
> our parts, we neither call philology, not yet philosophy our mistress; but serve our selves of
> either, as occasion requireth.[3]

---

[1] Sarah Hutton and John Rogers in particular have done much to reconsider the significance
of the Cambridge Platonists. On Cudworth see recent work by Dominic Scott: Recollection
and Experience (Cambridge, 1995) pp. 225–239 and Stephen Darwall: The British Moralists and the Internal Ought 1640–1740, p. 109–148 and Udo Thiel: »Cudworth and Seventeenth-Century Theories of Consciousness«, in: S. Gaukroger: The Uses of Antiquity
(Dortrecht, 1991) pp. 79–99.

[2] D. P. Walker: The Ancient Theology (London, 1972), and F. A. Yates: Giordano Bruno
(London, 1964).

[3] True Intellectual System of the Universe, ed. J. Harrison (London, 1845) p. xliv. Henceforth: TIS.

It is almost as if Cudworth is presenting a *captatio benevolentiae* – admitting to the fact that on the threshold of the Enlightenment his contemporaries would be averse to such laboured and tortuous erudition.

Ralph Cudworth claims in his *The True Intellectual System of the Universe* that the doctrine of the Trinity is a part of pagan theology, and that this can be seen in Orphic, Pythagorean-Platonic sources, and the theology of the Egyptians, Persians and Romans. The governing idea is that an originally lucid revelation given to Moses had been corrupted and adulterated in pagan culture, but such a revelation was the source in particular of the pagan intimations of the Christian Trinity in the teaching of Zoroaster, Mithras and Pythagoras; however subject to distortion and corruption amongst the pagans such a ›cabbala‹ became.[4] This revelation, Cudworth avers, can be verified by means of a philological scrutiny of the Christian Scriptures and pagan writings.[5] Cudworth wishes to show that the atheistic objection against the natural idea of God is flawed, and the venerable Stoic ›consensus gentium‹ argument. The civilised and intelligent Pagans generally acknowledged one sovereign God, and the apparent polytheism was partly fantastical, and partly simply the use of differing names for one supreme God.[6]

The obvious source of this idea is Ficino and the *prisca theologia* of the Florentine Platonic Renaissance.[7] It seemed to lend weight to revelation and piety to the heathens. At the beginning of the 17th century Isaac Casaubon famously attacked the Hermetic corpus as Hellenistic, pseudo-ancient and pseudo-oriental. Grafton has argued that it is false to see Casaubon's onslaught as simply the victory of modern objective scholarship over esoteric Renaissance credulity. Isaac Casaubon's staunch Calvinism provided a motor for his scholarship; the undue deference to the piety and knowledge of the pagans seemed to undermine the exclusive dignity and significance of Scriptural revelation.[8]

Cudworth tried to defend some version of original pagan Trinitarian theology with reference to the Hermetic texts; he thought one might distinguish the spurious from the genuine elements of the ›tradition‹ and argued that parallels between Plato and the Egyptian did not prove that the text was dependent on the Greek: Plato visited Egypt.[9] But the strong form of the doctrine was post Casaubon, untenable.[10] Antony Grafton remarks: »These arguments have a limited measure of plausibility. Casaubon himself as a young man had speculated on the

---

[4]   G. Aspelin: Ralph Cudworth's Interpretation of Greek Philosophy. A Study in the History of English Philosophical Ideas (Göteborg, 1943).
[5]   G. Santinello: Models of the History of Philosophy: From Its Origins in the Renaissance to the ›Historia Philosophica‹ (Dortrecht, 1993), pp. 278ff.
[6]   TIS I pp. 372ff; pp. 429ff; II p. 1ff.
[7]   D. P. Walker: The Ancient Theology (London, 1972).
[8]   A. Grafton: »Isaac Casaubon on Hermes Trismegistus«, in: Defenders of the Text. The Traditions of Scholarship in an Age of Science 1540–1800 (Cambridge, Mass. 1991), pp. 145– 161.
[9]   Cudworth: TIS I pp. 560ff.
[10] Grafton: »Isaac Casaubon on Hermes Trismegistus«, pp. 145–177.

Egyptian origin of some of Solon's laws. And he had insisted upon the merits of the philosophical achievements of non-Greeks.«[11]

Arianism, Platonism and Idolatry

Cudworth's appeal to the Platonic Trinity is particularly odd because, as Sarah Hutton puts it, he relies on »the very Platonists on whose accounts of the trinity he casts doubt, Plotinus and Porphyry«.[12] The idea that Nicaea constituted a rejection of Platonising tendencies of the previous period has been frequently put forward since the Renaissance and Reformation, but the issue is complex, and much rests upon the definition of terms such as ›Platonism‹. Heinrich Dörrie has argued that the very idea of Christian Platonism is a contradiction in terms, precisely because Platonism of late Antiquity was a kind of religion, it could only function as a rival to Christianity. He emphasises that the whole Christian dogmatic tradition of the 4th and 5th centuries stands in direct opposition to pagan Platonism. In opposition to Dörrie, Cornelia de Vogel has argued that the great Church Father recognised a special affinity with Platonism, which informed their critical stance:

> Not every form of Greek philosophy was acceptable to Christians [...] With Platonic meta-physics, however, the Christians of the first centuries felt a real affinity, penetrating the depths of their inner life. For Platonists, indeed, things invisible were far more important than things visible. They alone were »true reality», and therefore of a far greater interest than things here. This world was regarded as essentially depending on that other Reality which was the only one to be named »Being« in the full and perfect sense. On that Reality this world depends, in its beauty and its order, in its origin and its existence. »God is good«, He is the cause of all things and He holds the world together by his Providence. And soul, this human soul of ours, is of an infinite importance. It does not perish after death, but lives on in eternity, and this in such a condition as corresponds to man's moral life on earth.[13]

But for the Cambridge Platonists the Christian religion spent her best and health-fullest years in the more Religious Academy, among the primitive Fathers: but the Schoolmen afterwards ravished her thence, and shut her up in the decayed ruins of Lyceum, where she served an hard servitude, and contracted many distempers.[14] Cudworth's Christian humanism was the reflection of the Patristic sense of a deep and unique affinity between Christianity and Platonism. There is a good mixture of polemic and eirenic humanism in the Fathers themselves. Of course, one ought to consider the concept of ›theft‹, that the Greek philosophers

---

[11] Ibid., p. 158.

[12] Sarah Hutton: »The Neoplatonic Roots of Arianism: Ralph Cudworth and Theophilus Gale«, in: Warszawa (ed.): Socinianism and its role in the Culture of XVIth to XVIIIth centuries (Lodz, 1983) p. 142.

[13] De Vogel: »Platonism and Christianity: A Mere Antagonism or Profound Common Ground?«, in: Vigiliae Christianae 39 (1985) pp. 1–65, p. 27.

[14] Quoted by D. W. Dockrill in: »The Heritage of Patristic Platonism in Seventeenth Century English Philosophical Theology«, in: The Cambridge Platonists in Philosophical Context Politics, Metaphysics and Religion, ed. G. A. G. Rogers (Dortrecht, 1997) p. 55.

borrowed their best thoughts from the Hebrew prophets, especially Moses; another idea is that the best philosophers intuited truths of revelation through the logos.[15] Augustine argues that the theft was in fact Christian not Greek but was a legitimate theft akin to the Spoil of the Egyptians by the Israelites.[16] Further, the idea that God had provided a providential revelation of his nature and purposes without Scripture had itself Scriptural warrant, and Cudworth appeals to the *locus classicus* of Paul's »Oration at the Areopagitick Court«.[17] Certainly we must recall that the Fathers were quite happy to regard Christianity as a philosophy, as a form of life which is able to integrate and perfect the insights of the heathen philosophers and[18] the patristic articulation of the Christian religion in the dogmas *as* the final form of philosophy. The affinity between Florentine and Cambridge Platonism was forged on the common foundation of the Patristic *Plato Christianus*.

The distinguished Jesuit Denis Pétau (1583–1652) saw the relation between Christianity in very different terms: he »taxed« ancient Christians »for Platonism« and »having by that means corrupted the purity of the Christian faith«, Cudworth remarks.[19] In his *Theologica Dogmata* (4 vols. 1644–50)[20] where he listed the divergences between pre and post Nicaean Trinitarian theology, Pétau believed that Christian heresy culminating in Arianism was derived from Platonism. His *De Trinitate* starts with a consideration of Platonic triads, and Owen Chadwick notes that »in reading the ancient Fathers, Pétau had formed in his mind a particular historical theory. He believed that Platonism was the bane of the Christian religion. He supposed that every ancient heresy, culminating in Arianism, derived from the Platonic infection. He began his treatise *De Trinitate* with a survey of the quasi-Trinitarian doctrines found amongst the Platonists.«[21]

Johann Lorenz von Mosheim refers to Cudworth's »deference for the fathers«[22] and Cudworth thought that by using Patristic sources he could dissuade those who saw the Trinity as the »Choak-Pear« of Christianity.[23] Just like George Bull's *Defence of the Nicene Faith*,[24] Cudworth's attack upon Pétau, was motivated by a defence of the Church of England. Cudworth has been repeatedly accused of Arianism.[25] Thomas Birch in his *An Account of the Life and Writings Of Ralph Cudworth, D. D.* quotes T. Wise, who claims there was hardly

---

[15]   Peter Pilhofer: Presbyteron Kreitton (Tübingen, 1990), pp. 235–252.
[16]   Augustine: De doctrina christiana II 39–40. Christian Gnilka: ΧΡΗΣΙΣ. Die Methode der Kirchenväter im Umgang mit der Antiken Kultur, vol. I »Der Begriff des ›rechten Gebrauchs‹« (Basel, 1984), vol. II »Kultur und Conversion« (Basel, 1993).
[17]   TIS II p. 118.
[18]   Pierre Hadot: Exercices spirituels et philosophie antique (Paris, 1981).
[19]   TIS II pp. 417–18.
[20]   Denis Pétau: Dogmata theologica (Paris, 1865–67) ed. Vivès.
[21]   Owen Chadwick: From Bossuet to Newman (Cambridge, 1987²) p. 58.
[22]   TIS II p. 282.
[23]   D. W. Dockrill: »The Authority of the Fathers in the Great Trinitarian Debates of the Sixteen Nineties«, in: Studia Patristica, ed. E. A. Livingstone, vol. XVIII,4 (Leuven, 1990) pp. 335–346.
[24]   George Bull: Defensio Fidei Nicaenae (Oxford, 1852) 2 vols.
[25]   E. g. S. Nye: Considerations on the Explications of the Doctrine of the Trinity by Dr Wallis, Dr Sherlock, Dr S th (sic), Dr Cudworth and Mr Hooker; and also of the Account given by

a pamphlet or book written for some years about the blessed Trinity, especially in England, and in the heterodox way, which did bring in Dr Cudworth upon the stage, and vouch his name and quotations for its purpose. While on the other hand, the truly orthodox, (though often through a misunderstanding of his sense) do aim at his doctrine as a mark of their invective.[26]

And yet Cudworth's own argument is that Arianism is a form of idolatry. Arianism which has commonly been a term of abuse for quite divergent heterodox Christologies is strictly the doctrine that Christ is a divine being though created; an intermediary between the Divine and the world.[27]

Cudworth's view is not without its own logic and plausibility. Given the Platonic assumption that God is perfect, and the paradigm of the visible being, the Son must, he thinks, be placed firmly on the side of Divine. The Arian Trinity, Cudworth argues is a »jumbled confusion of God and creature«[28] and hence a sort of »paganic and idolatrous Christianity«. E. P. Meijering has argued for a strong Platonic element in Athanasius' thought,[29] and Maurice Wiles has shown with lucidity how Cudworth attempted to defend his place on the Trinitarian question »within the bounds of accepted orthodoxy«.[30] Cudworth is quite explicit in his defence of Nicaea:

[...] this was the very meaning of the Nicene Council itself, that the Son was therefore co-essential or con-substantial with the Father, merely because he was God, and not a creature.[31]

He argues that the »grand design« of Christianity is to abolish pagan idolatry:

the grand reason why the ancient fathers so zealously opposed Arianism, because that Christianity which was intended by God Almighty for a means to extirpate pagan idolatry, was thereby itself paganized and idolatrized, and made highly guilty of that very thing which it so much condemned in the Pagans, that is, creature-worship.[32]

Athanasius, for Cudworth, was a »person highly instrumental and servicable to divine providence for the preserving of the Christian Church from lapses into Arianism into kind of pagan and idolatrous Christianity«.[33] Athanasius does reprimand the »idolatry« of Arians and the pagans, since they blur the distinction between the divine and human realms.[34] Friedo Ricken has argued that Nicaea

---

those who say, the Trinity is an Unconceivable and Inexplicable Mystery (London, 1693) pp. 13, 15, 16, 18–19. I owe this reference to Father Philip Dixon.

[26] TIS I p. XVIII.

[27] A. M. Ritter: »Dogma und Lehre in der Alten Kirche«, in: C. Andresen, Handbuch der Dogmen und Theologiegeschichte (Göttingen, 1988), pp. 144–170; R. Williams: Arius. Heresy and Tradition (London, 1987); T. Böhm: Die Christologie des Arius. Dogmengeschichtliche Überlegungen unter besonderer Berücksichtigung der Hellenisierungsfrage (St Ottilien, 1991).

[28] TIS II 389.

[29] E. P. Meijering: Orthodoxy and Platonism in Athanasius. Synthesis or Antithesis? (Leiden, 1974).

[30] M. Wiles: The Rise and Fall of British Arianism (Oxford, 1996) p. 64ff.

[31] TIS II p. 420.

[32] TIS II pp. 480–481.

[33] TIS II p. 457.

[34] E. P Meijering: Orthodoxy and Platonism, p. 130.

was essentially a rejection of the mixture of Divine and Human;[35] precisely Cudworth's diagnosis.[36] Yet whereas Ricken sees Nicaea as the rejection of this confusion of the two domains as a rejection of Platonism *per se*, Cudworth sees the issue quite differently:

> [Plato] does thus state the difference betwixt uncreated and created beings, or betwixt God and creature; namely that creature is that, whose duration being temporary or successive, once had a beginning; and this is his τὸ γιγνόμενον μὲν, ὄν δὲ οὐδέποτε, »that which is made, but never truly is,« and that which ὑπ' αἰτίου τινὸς ἐξ ἀνάγκης γίγνεται, »must of necessity be produced by some cause;« but that whatsoever is without beginning, and hath a permanent duration, is uncreated or divine; which is his τὸ ὄν μὲν ἀεὶ, γένεσιν δὲ οὐκ ἔχον, »that which always is, and hath no generation, nor was ever made.« Accordingly, as God is styled in the septuagint translation of the Mosaic writings, ὁ ῏Ων, »He that truly is«.[37]

Cudworth is following Patristic tradition in deriving the Platonic idea of being from *Exodus* 3.14 and proving this with Plato's *Timaeus* 27d 5–28a 1. He could have found this in Eusebius, but also in Justin and in Athanasius[38]. E. P. Meijering argues that Athanasius skilfully combines the Platonic insistence upon Divine immutability and the biblical insistence that God can be trusted: Platonic ontology can buttress the biblical affirmation of Divine faithfulness. He writes: »if one places God ἐπέκεινα τῆς οὐσίας then one postulates a God who is different from or even superior to the God who reveals Himself as love and who is love.«[39] Meijering notes the ambivalence in Athanasius' position: he is employing Platonic concepts and ideas in order to attack a central Middle and Neoplatonic tenet – the Divine hierarchy. A useful distinction drawn by Meijering, suggests that Platonism is a tool but not a purpose:

> The orthodox Christian faith which Athanasius puts into clear contrast to Platonic idolatry is a kind of Christian faith which is to large degree expressed in Platonic terms. Our conclusion is that Orthodoxy and Platonism, both on the surface and in the depth of Athanasius' thought are in antithesis to each other, viz. in the antithesis of true worship and idolatry. The true worship which is found in orthodox christian faith is, however, expressed in Platonic terms.[40]

Granted the rather tendentious nature of many of Cudworth's arguments, it ought to be remembered that Cudworth does not simply identify the »Platonick« and the Christian Trinity. Rather, »Plato and some of the Platonists retained much of the ancient genuine Cabala and made a very near approach to the true

---

[35] F. Ricken: »Nikaia als Krisis des altkirchlichen Platonismus«, in: Theologie und Philosophie 44 (1969), pp. 312–41.

[36] Ibid., p. 341: »Der Arianismus stellt insofern eine erste Krisis des mittelplatonischen Denkens dar, als er herausstellt, daß es für den christlichen Glauben keine Stufung des Göttlichen und damit kein Drittes zwischen Transzendenz und geschaffener Welt gibt.«

[37] TIS II p. 366.

[38] The Cohortatio ad Graecos of pseudo Justin now Ad Graecos de vera religione 20, 2ff, which was translated by Pico della Mirandola and until 1551 was the only work of Justin to be circulated in print. Christoph Riedweg: Ps.-Justin (Markell von Ankyra?) Ad Graecos De Vera Religione (bisher »Cohortatio ad Graecos«), 2 vols (Basel, 1994), vol. II, pp. 556ff; for Athanasius on *Exodus* 3.14 see Meijering, Orthodoxy and Platonism, p. 125.

[39] E. P Meijering, Orthodoxy and Platonism, p. 187.

[40] Ibid., p. 131.

Christian Trinity«.[41] The »Platonists« in referring to the hypostases, »as Pagans, being not so scrupulous as we Christians are, do often call them three Gods [...] yet notwithstanding, as philosophers, did they declare them to be one θεῖον or Divinity«.[42] Here Cudworth is making the sound philological point about the Greek usage.[43] But even more significantly, Cudworth insists that for the genuine Christian:

> wheresoever this most genuine Platonic trinity may be found to differ, not only from Scripture itself, (which yet notwithstanding is the true rule of faith) but also from the form of Nicene and Constantinopolitan councils; and further from the doctrine of Athanasius too [...] it is there utterly disclaimed and rejected by us.[44]

The claim is hence not that the Platonic Trinity and the Christian are identical. Rather, Cudworth is intent upon refuting the *prima facie* plausible notion presented by scholars from Pétau to Harnack that Arianism was a legitimate product of Platonism, and hence that Athanasius and Nicaea constitute a firm rejection of any Christian Platonism. On the contrary, Cudworth avers ingeniously, Platonism is properly understood as a »middle thing« between Arianism which unduly divides the Divine by placing the Son in the created realm, and Sabellianism which affords to room for more than nominal distinction within the Divine.

Cudworth also notes that »it cannot be denied, but the best of Plato's followers were sometimes also further extravagant in their doctrine of the Trinity [...] especially where they make such a vast and disproportionate distance betwixt the second and the third hypostasis thereof.«[45] Referring to Athanasius' Arian controversy, Cudworth notes that the pagan Platonists reveal their pride »to equalize in a manner their own souls with that mundane soul« – (an echo of the classic Augustinian critique of the ›pride‹ of the Platonists being their greatest failing) and the claim that it confuses the created and the Divine realms: »a monstrous degredation of that third hypostasis of their trinity, and little other than an absolute creaturizing of the same«. Moreover, »bringing down the third hypostasis so low, and immersing it deeply into the corporeal world [...] did doubtless therein designedly lay a foundation for their polytheism and creature-worship (now vulgarly called idolatry), that is, for their cosmo-latry, astro-latry, and demonolatry.«[46] The Christian Trinity by contrast

> distinctly declares how far the Deity goes, and where the creature begins; namely, that the Deity extends so far as this whole Trinity of hypostases; and that all other things whatsoever, this Trinity of persons only excepted, are truly and properly their creatures, produced by the joint concurrence and influence of them all, there being really but one God.[47]

---

[41] TIS II p. 364.
[42] TIS II p. 420.
[43] Cf. U. v. Wilamowitz-Moellendorff: Der Glaube der Hellenen (Berlin, 1931), I, p. 18.
[44] TIS II p. 457.
[45] TIS II p. 411.
[46] Ibid.
[47] TIS II p. 363.

Cudworth's claim is that the Christian Trinity is akin to the Platonick in so far as it is a Trinity of hypostases and not a »mere trinity of names or words [...] but a trinity of hypostases, or subsistences, or persons.« Further

> in making none of their three hypostases to be creatures, but all eternal, necessarily existent and universal...which is all one, in the sense of the ancients, as if they should have affirmed them to be Homoousian. Lastly, in supposing these three divine hypostases, however sometimes paganically called three gods, to be essentially one divinity.[48]

This Platonic conception of difference within Divine identity was of particular service to Christian theology since

> though the Christians did not acknowledge such a multitude of gods as the Pagans, yet did they not therefore make God a solitary and sterile being, before the creation neither, as the Jews did; but went in a middle way betwixt Jews and Pagans [...].[49]

In his discussion of Athanasius, Cudworth distinguished between the

> Homo-ousian Trinity of the orthodox went exactly in the middle, betwixt that Mono-ousian trinity of Sabellius, which was a trinity of different notions or conceptions only of one and the self-same thing, and that other Hetero-ousian trinity of Arius, which was a trinity of separate and heterogeneous substances [...].[50]

Nicaea meant affirming the distinctively Christian deity in opposition to the strict monotheism of Judaism and the idolatry of the Arians. The homousian Trinity was achieving a delicate balance of difference with-in the Divine unity which excluded both the heresy of claim that the differences within the Godhead are merely nominal (Mono-ousian Sabellianism), and the heresy that the difference should disrupt the Divine transcendence (Heter-ousian Arianism).

Natural and Negative Theology and the problem of Divine Subjectivity

Richard Popkin argues that in the context the recent and wide diffusion of information about the religious beliefs of ancient peoples together with the information from the explorers, missionaries and colonizers of the new world constituted the inspiration of attempts like those of Vossius to produce a ›taxonomy‹ of religious beliefs. Cudworth was particularly concerned to rebut the view that religions are produced by civil rulers, lawmakers and politicians:

> Cudworth presents his case against atheism and for Christianity within the limits of human understanding, limits which amount to a sceptical doubt about any basic or fundamental knowledge of the real knowledge of the real nature of God, man, or the world...Cudworth proposes first, a rejection of rational theology, whether Scholastic or Cartesian, and then, a substitution of inductive, plausible evidence based on the taxonomy of human beliefs about God and the world and about the evidence from nature that should convince one of God's

---

[48] TIS II p. 409.
[49] TIS II p. 311.
[50] TIS II p. 446.

existence. Further, Cudworth, like Vossius, insists that this led to Christianity, and not just natural religious belief.[51]

Popkin's account of the dependence of Cudworth upon Vossius is persuasive and illuminating. It is harder, however, to be convinced that Cudworth is rejecting »natural theology«. In his preface he defines his task as »philosophy of religion« by which he means »natural theology«. Cudworth refers to »two grand opinions«:

1. Atheists, for whom the first principle of all things is »senseless matter«.
2. Theists for whom the first principle, the only »unmade thing, which was the principal cause and original of all other things was not senseless matter but a perfect understanding nature or mind«.

And theists strictly are those who affirm a perfectly conscious understanding being.[52] This is the true *Intellectual System of the Universe*. A false atheistic system recognises material nature as self-originating. The point of the discussion of the Trinity is not, I believe, a inductive taxonomy of human beliefs, but connected to Cudworth's Platonic Idealism: is Mind ›senior‹ or ›junior‹. Atheism is the denial of the primacy of spirit: it replaces mind or intelligence with sheer force. Atheism is corporealism. The genuine theist makes the first original of all things universally to be consciously understanding nature (or perfect mind).

The concepts which Augustine and Boethius used to defend the doctrine of the Trinity: ›unity‹, ›uniqueness‹, ›simplicity‹, ›difference‹, ›identity‹, ›substance‹, ›relation‹, and ›spirit‹ are, of course, all products of the Platonic-Aristotelian *Geistesmetaphysik*, especially Plato's *Sophist* and *Parmenides*. In a sense, the basic problem of ancient Greek metaphysics was that of the relations of identity and difference and the nature of the ἀρχή. Although many scholars have argued that the Nicaean definition of the relation of the Father to the Son as ὁμοούσιος constituted a rejection of pre-Nicaean Christian Platonism:[53] The role of the doctrine of the Trinity *within* natural theology is profoundly influenced by the tradition emanating from Plato's *Parmenides*; especially the question of the relation of identity to difference. The principle and fount of the Intellectual System is the transcendent ἀρχή which constitutes a relational unity. The realm of ideas do not form an inferior intermediate realm between the causal source of the universe and the physical world but *are* the divine mind: The logos is the perfect expression of its source. Arianism, with its belief that there was a time when the Logos did not exist, implied the sterility of the principle. Cudworth insists:

---

[51] R. Popkin: »The Crisis of Polytheism and the Answers of Vossius, Cudworth and Newton«, in: Essays on the context, nature, and influence of Isaac Newton's theology, eds. J. Force and R. Popkin, (Dordrecht, 1990), pp. 12ff.
[52] TIS I pp. 296–297.
[53] A classic version of the view that Nicea was a rejection of Platonism is F. Ricken: »Nikaia als Krisis des altkirchlichen Platonismus«, cit., pp. 312–41. See also G. C. Stead: »The Platonism of Arius«, in: The Journal of Theological Studies 15 (1964), pp. 341–58.

For if the whole Deity, were nothing but one simple monad, devoid of all manner of multiplicity, as God is frequently represented to be; then could it not well be conceived by us mortals, how it should contain the distinct ideas of all things within itself, and that multiform platform and paradigm of the created universe, commonly called the archetypal world.[54]

The ἀρχή of Christian metaphysics is a relational *unity* – the self explication or differentiation of the One as Tri-une is an essential element of its nature.[55] Thus, an element of *difference* is integrated within the Divine *identity*; The Divine unity is a relational identity in which the ideas are modes of Divine self consciousness. Hence intellection does not compromise the divine unity but constitutes it.[56] Cudworth could present the doctrine of the Trinity as essential to the true intellectual system in combining the contemplative God of Aristotle[57] (the Father contemplates himself in the Son as νοήσεως νόησις: the Trinity ›ad intra‹) with the creative God of Plato's demiurge: because the divine mind is ›ad extra‹ the *causal* source of the physical cosmos, the Divine must be amenable to human apprehension; albeit imperfectly:

There must be a mind senior to the world, and all sensible things, and such as at once comprehends in it the ideas of all intelligibles, their necessary scheses and relations to one another, and all their immutable truths [...].[58]

There is a powerful precedent for Cudworth's views. If we look at the classic statement of the Trinity, Augustine does not regard the Trinity as a primarily biblical notion; nor, indeed, as philosophically dubious. In fact the Trinity is one of his earliest obsessions and constitutes an important reason for conversion. In his earliest work he uses triads such ›unum, species, bonitas‹, or ›mensura, numerus, pondus‹.[59] One of the most important is God the Father and the mind of God and a mediator (*City of God* X 23); a text which Cudworth quotes as a Platonick Hypothesis wherein the Third Hypostasis is a »Middle betwixt the First and Second«.[60] Here Augustine is referring to Plotinus V1 *On the Three Primary Hypostases* via Porphyry.

[54] TIS II p. 400.
[55] It could be argued that the Christian metaphysics of absolute Divine subjectivity has roots in Porphyry's telescoping the clear Plotinian division between the One and the Intellect. This argument depends upon accepting Pierre Hadot's attribution of the anonymous commentary on Plato's *Parmenides* to Porphyry in P. Hadot: Porphyre et Victorinus (Paris, 1968); »La Trias, Être, Vie, Pensée chez Plotin«, in: Les Sources de Plotin (Vanoeuvres-Genève, 1960), pp. 105–158. See W. Beierwaltes: Denken des Einen (Frankfurt, 1985), pp. 198ff, and M. J. Edwards: »Being, Life and Mind: A Brief Inquiry«, in: Syllecta Classica 8 (1997) pp. 191–205.
[56] In particular see the work of W. Beierwaltes, esp.: Identität und Differenz (Frankfurt, 1980), pp. 24–96; »The Neoplatonic ›One‹ and the Trinitarian ›APXH‹«, in: The Significance of Neoplatonism, ed. R. Baine Harris (Norfolk, 1976), pp. 173–185.
[57] Cf. E. Booth: »St Augustine's *de Trinitate* and Aristotelian and neo-Platonist Noetic«, in: Studia Patristica, XVI, II, ed. E. Livingstone (Berlin, 1985) pp. 487–490: ›St Augustine's ›notitia sui‹ related to Aristotle and the early neoplatonists«, in: Augustiniana 27 (1977) pp. 70–132, 364–401; 29 (1979) pp. 97–124.
[58] TIS III p. 70.
[59] Cf. W. Beierwaltes: »Augustins Interpretation von Sapientia 11,21«, in: Revue des Etudes Augustiniennes 15 (1969), pp. 51–61.
[60] TIS II p. 430.

The force of the language of ἐπέκεινα τῆς οὐσίας, which language and conceit of Plato's, Cudworth avers,

> [...] some of the Greek fathers seem to have entertained, yet so as to apply it to the whole Trinity, when they call God ὑπερούσιον or »super-essential.« But the meaning of that philosopher was, as we conceive, no other than this, that the highest good hath no particular characteristic upon it, limiting and determining of it, it being the hidden and imcomprehensible source of all things.[61]

Such is Cudworth's dismissal of the negative theology derived from the strict henological tradition in Neoplatonism, and explains his lack of interest in later Neoplatonism where the negative theology of Plotinus is reinforced.[62] The tendency of later pagan Neoplatonism to insist upon the *radical* transcendence of the One is dismissed by Cudworth as »a certain kind of *Mysterious Atheism*«. Cudworth's *philosophia trinitatis* is part of a metaphysics of the absolute that is opposed to the »one *Peculiar Arcanum* of the *Platonick* and *Pythagorick* Theology«,[63] particularly in Proclus, Iamblichus, and most of all Damascius, that is the adamant rejection of any difference or relations within the ἀρχή.[64] There is a sense in which Cudworth is correct. Christian theology could develop a concept of absolute (Divine) subjectivity (required by most forms of theism), a notion which was prohibited within Neoplatonism by the refusal to contemplate any difference *within* the supreme principle.

It is of particular significance, however, that Cudworth dwells upon a most unusual but decisive Ennead – VI 8 *Free Will and the Will of the One*. This Ennead is striking on account of Plotinus' apparent readiness to make positive claims about the supreme principle; where the strictness of Plotinus' affirmation that the ἀρχή is placed ἐπέκεινα τῆς οὐσίας is in fact modified by Plotinus' speculation about the essence of the One. Augustine's *The Trinity*, we can see a strong dependence upon the Patrician Roman-Neoplatonic-philosopher-turned Christian Marius Victorinus in his work *Adversus Arium*. His work on the Trinity was part of an active engagement in the Arian controversy; using Platonist metaphysics *against* Arianism. In this very speculative treatment Victorinus takes up the Plotinian idea of the Absolute as αἴτιον ἑαυτοῦ (*causa sui*) in Ennead (Treatise) VI 8:[65] God's self constitution is an unfolding and returning to Itself. The Father is the ›status‹, son is ›progressio‹, spirit is ›regressio‹: Victorinus strictly denies any ontological inferiority of the Son to the Father: he uses Plotinian ideas and terminology *esse, vivere, intelligere*, in order to defend the ὁμοούσιος against the Arians.[66] Being is life, life is intelligence, Intelligence is

---

[61] TIS II p. 76.

[62] Cudworth attributes this excessive negative theology to Plotinus' rigid and superstitious exegesis of Plato's *Republic* 509: TIS II p. 397.

[63] TIS p. 395.

[64] Cf. C. J. de Vogel in: Greek Philosophy III (Leiden, 1964), p. 589.

[65] Plotinus: Treatise VI 8 14, 41. Cf. E. Benz: Marius Victorinus und die Entwicklung der Abendländischen Willensmetaphysik (Stuttgart, 1932).

[66] Paul Henry: »The Adversus Arium of Marius Victorinus«, in: Journal of Theological Studies I, April, 1950, pp. 42–55: R. A. Markus: »Marius Victorinus and Augustine«, in: The Cambridge History of Later Greek and Early Medieval Philosophy, ed.

will: each of the qualities are not accidents but form an interpenetrating, mutual inclusive, relation. In this context, Victorinus employs the Platonic categories of ταυτότης and ἑτερότης, identity and difference, in his philosophical theology for the purposes of formulating a concept of deity which, though soaked in the Neoplatonic tradition, is expressly meant to serve the cause of Nicaea.[67] R. A. Markus observes:

> This central concern to vindicate the consubstantiality of the hypostases, which Neopla-
> tonic thought would separate and subordinate, leads Victorinus to take considerable liber-
> ties with the philosophical framework within which he works...It amounts to a fundamental
> change about the unknowability of the absolute, and indeed we find the »negative theol-
> ogy« characteristic of the Neoplatonic framework receding into the background with Vic-
> torinus [...] [He] telescopes into his conception of God what Neoplatonic ontology had
> separated among the hypostases [...].[68]

In Augustine Victorinus' speculations about the relation of identity to difference *within* the Godhead becomes the doctrine that God cannot have any qualities which do not constitute his very being.[69] Cudworth, in discussion of Augustine's use of Porphyry states the Platonists provided a model of hypostases »not as accidents and qualities, but as all substantial« whereby »it is more easie to conceive that all these are really but One and the same God, than how there should be any considerable inferiority in them«.[70] The dilemma for Augustine was: either Father, Son and Spirit are three substances: this destroys the Divine unity and leads to Tritheism. Or the persons are mere accidents of the one Divine substance: Modalism. Augustine solved the problem by repudiating the substance, accident distinction for the realm of spirit.[71] For Augustine all the persons of the Godhead are equal in all: their differences reside exclusively in their *relations* – Fatherhood, sonship, procession from Father and Son: »they are mutually inexistent in each other, the *First* being in the second and both *First* and *Second* in the *Third*.«[72] So too the mind: we cannot distinguish between the substance of mind and its attributes such as memory, insight, and will. Mind just *is* constituted by the inter-relation and inter-dependence of its constituents.[73] This metaphysics of a relational as opposed to a merely numerical identity is evident as Cudworth discusses the Athanasian images of fountain, stream and river, root stock and branches of the tree, as expressing:

    A. H. Armstrong (Cambridge, 1967), p. 331–337. See also the critical comments of P. Manchester: »The Noetic Triad in Plotinus, Marius Victorinus and Augustine«, in: Neoplatonism and Gnosticism, eds J. Bergman and R. T. Wallis (Albany, 1992), pp. 207–22.

[67] Cudworth, for all his admiration of the Alexandrians, is very much a western theologian. For his scathing remarks about the Cappodocian Trinity cf. TIS II p. 605.

[68] R. A. Markus: »Marius Victorinus and Augustine«, in: The Cambridge History of Later Greek and Early Medieval Philosophy, p. 335.

[69] For Augustine on Victorinus, see: Confessions 8, § 2ff.

[70] TIS II p. 428.

[71] See K. Flasch: Augustinus (Stuttgart, 1980), pp. 353ff.

[72] TIS II p. 597–98.

[73] A good account of Cudworth on the Trinity is to be found in Lydia Gysi's Platonism and Cartesianism in the Philosophy of Ralph Cudworth (Bern, 1962), pp. 99–119.

not only for things agreeing in one common and general essence, as three men are co-essential with each other; but also for such as concurrently together make up one entire thing, and are therefore jointly essential thereunto [...] The root, stock, and branches are not only of one kind, but also all together make up the entire essence of one plant or tree. In like manner, those three hypostases, the Father, Son and Holy Ghost, are not only congenerous and co-essential, as having all the essence of the Godhead alike in them, but also concurrently making up one entire divinity.[74]

The unity of the Godhead is a relational unity: »neither of these could be without the other«; further

these are so nearly and intimately conjoined together, that there is a kind of συνέχεια, »continuity«, betwixt them; which is not to be understood in the way of corporeal things, but so as to be agreeable to the nature of things incorporeal.

Thirdly, the hypostases are »not only indivisibly cojoined with one another, but also have a mutual inexistence in each other, which later Greek fathers have called ἐμπειχώρησιν, their ›circumincession‹«.[75]

The relevant metaphysics rests upon the principle that *spiritual* unity is quite different from physical unity: the unity of an object consists of being distinguished from other single objects and thus numerically one chair or one table; however the unity of mind is characterised by a relation to *itself* not to others. The mind cannot be aware of its thoughts as objects standing over against itself: the mind only *is* insofar as it thinks. Thought, thinking and thinker constitute an interprenetrating reality, a relational unity, which is quite distinct from any unity in the ›object‹ world. Cudworth notes that the relation is not to be understood in the way of »corporeal« things but in such way as is »agreeable to the nature of things incorporeal«.[76] The paradigm of this self-knowing unity is the perfect self-conscious unity of the tri-une Godhead. The persons of the Trinity are not to be thought of as akin to discrete substances with accidential qualities, but a unity constituted by *relations*. Unlike those philosophers such as Aristotle who insist that relations are not of any importance in the fabric of reality, Augustine is arguing for the ontological priority of ›relation‹. As Cudworth notes »though a corporealist may pretend to be a theist, yet I never heard, that any of them did ever assert a Trinity, respectively to the Deity [...].«[77]

In opposition to the Aristotelian doctrine of the manifold meanings of Being[78], the Platonic tradition is characterised by an insistence upon the priority of the Being-One; Unity is the privileged sense of ›being‹ – ontology is henology. But this unity is not a numerical identity. There is little evidence that Athanasius was familiar with Neoplatonism: Middle Platonism seems to provide the source of his philosophical ideas, and the general tendency of the Christian assimilation of Neoplatonism was modify the strength of the ἐπέκεινα τῆς οὐσίας so that it did not mean that the supreme principle transcends being and thought, and hence

---

74 TIS II p. 456.
75 TIS II pp. 453–4.
76 Ibid.
77 TIS I p.42.
78 Aristotle: Metaphysics V,7.18.30; VI. 2–4: XI, 8.

to render it compatible with the doctrine of the ὁμοούσιος.[79] The doctrine of the ἐπέκεινα τῆς οὐσίας ultimately leads to a divine remoteness which is incompatible with theism. In short, it is not the doctrine of the radical transcendence of the One which Cudworth sees as the great bond between Christianity and Platonism, and the strict apophatic metaphysics of the later Neoplatonic tradition which was transmitted into Christianity through Denys the Areopagite. Rather it is the fusion of the supreme Principle with the Intellect and the vision of the supreme principle as consubstantial with the intelligible paradigm of the sensible world which provides the metaphysical foundations for a Platonic Christian:[80]

> Wherein we cannot but take notice of an admirable correspondency betwixt the Platonic philosophy and Christianity, in that the second hypothesis of both their trinities (called also sometimes λόγος by the Platonists, as well as νοῦς) is said to be the immediate cause of all things; and the Demiurgus, the architect, maker or artificer of the whole world.[81]

It may seem odd that the most powerful figure within a group of Liberal English theologians of the 17th century, notorious for their disgust and recoil from the doctrinal controversies which were clearly linked to the wreck and ruin of the civil war, should have been so interested in the doctrine of the Trinity and the utterances of Athanasius, Eusebius, Origen – or even the triads of Plotinus or Proclus. How can a theologian, as the youthful Master of Clare Hall, preaching to the House of Commons who exclaims in 1647:

> I persuade myself, that no man shall ever be kept out of heaven, for not comprehending mysteries that were beyond the reach of his shallow understanding; if he had but an honest and good heart, that was ready to comply with Christ's Commandments[82]

later, as the Master of Christ's College, argue at such length in 1678 in *The True Intellectual System of the Universe* on the topic of God in himself? However, if the First principle begat the Logos; if it is *consubstantial* with the Source of all reality, we have a adamant assertion of the inherent as opposed to arbitrary goodness of the created realm. This is why the philology is so important for Cudworth's »Philosophy of Religion«. The Logos, as a paradigm of the created realm, is an essential expression of the supreme principle. The source could not, as it were, have produced some radically different paradigm. For Cudworth, as for Athanasius, Christ reveals something the nature and essence of Godhead – of God in himself. This leads to a coincidence of the Platonic and the biblical testimony in the Christian Fathers; that strand which stresses the trustworthiness and providential nature of the Divine.[83] In his Sermon of 1647 Cudworth exclaims:

---

[79] R. A. Markus: »Marius Victorinus and Augustine«, p. 335ff.
[80] TIS II p. 446.
[81] TIS II p. 76.
[82] Ralph Cudworth: A Sermon Preached before The House of Commons March 31, 1647 (Cambridge, 1947), pp. 14–15.
[83] See W. Beierwaltes, »Deus est Veritas. Zur Rezeption des griechischen Wahrheitsbegriffes in der frühchristlichen Theologie«, in: Jahrbuch für Antike und Christentum 8, 1980, pp. 15–29.

The Gospel is nothing else, but God descending into the World in *Our Form*, and conversing with us in our likenesse; that he might allure, and draw us up to God and make us partakers of his Divine Form [...] (as *Athanasius* speaks) [...] God was therefore incarnated and made man, that he might Deifie us [...].[84]

Conclusion

In his fascinating book *Moses the Egyptian*, Jan Assmann writes:

He [sc. Cudworth] is concentrating on the Mosaic distinction, that is, the distinction between true and false in religion, not in its Biblical form, where it appears as the antagonism between Egyptian idolatry and Israelite monotheism, but in its abstract and philosophical form, where it is reduced to the distinction between God and world. Cudworth belonged to the circle of the Cambridge Platonists, who constituted one of the forerunners of Deism. His god was the of the philosophers, and his enemy was not idolatry but atheism or materialism.[85]

The interest of Cudworth as a early modern Christian philosoper theologian drawing upon philology lies in both the conservative and progressive aspects of his *True Intellectual System of the Universe*. He would certainly have been puzzled by Assmann's analysis of a distinction between the »biblical« and »philosophical« on acount of the established Patristic Platonising reading of *Exodus* 3.14, which Cudworth could find in Athanasius.[86] Linked to this, one might observe that the Christian dogma of the consubstantiality of the three persons was defined by Nicaea but it not was explained. As a Christian philosopher Cudworth believed that the definition of the doctrine required some explication, and there is much good sense in Cudworth's attempt to employ the same Middle Platonic and Neoplatonic sources as used by the Fathers of the Church. Cudworth is not a Neoplatonist wolf in sheep's clothing: but a Christian theist who uses Platonism as his metaphysical *ancilla theologiae*.

Whatever the merits or failing of his interpretation of Athanasius, Cudworth is clearly not a Deist. Yet is there any justification for seeing Cudworth as a forerunner of deism and the secularisation of the European mind? I think there is. Cudworth envisaged his position as a Divine of the Church of England as between the idolatrous practices of the Roman Church and the cry of Unitarians that the Trinity was as much as idolatry as transubstantiation. Cudworth is severely critical of the attempt to defend the doctrine of transubstantiation by exaggerating the difficulties of the Trinity:

the design to make men surrender up themselves and consciences, in a blind and implicit faith, wholly to their guidance; as also to debauch their understandings by this means, to the swallowing down of other opinions of theirs, plainly repugnant to human faculties. As

---

[84] Ralph Cudworth: A Sermon Preached before The House of Commons March 31, 1647 (Cambridge, 1947) pp. 25–26.

[85] J. Assmann: Moses the Egyptian. The Memory of Egypt in Western Monotheism (Cambridge, Mass. 1997), p. 80.

[86] See note 38 above, and W. Beierwaltes: Platonismus und Idealismus (Frankfurt, 1972), pp. 5ff.

who should say, he that believes the Trinity (as we all must do, if we will be Christians), should boggle at nothing in religion never after [...].[87]

On the contrary, Cudworth argues, the affinity between the Platonick Trinity and the Christian Trinity, and the integral part of a triadic concept of God in a philosophically adequate theistic vision, was »probably not unintended also by divine providence«. For, he claims, whereas

> bold and conceited wits precipitantly condemning the doctrine of the trinity for nonsense, absolute repugnancy to human faculties and impossibility, have thereupon some of them quite shaken off Christianity, and all revealed religion, professing only theism; others have frustrated the design thereof, by paganizing it into creature-worship or idolatry; this ignorant and conceited confidence of both may be returned, and confuted from hence, because the most ingenious and acute of all the Pagan philosophers, the Platonists and Pythagoreans, who had no bias at all upon them, nor any scripture revelation, that might seem to impose upon their faculties, but followed the free sentiments and dictates of their own minds, did notwithstanding not only entertain this trinity of divine hypostases eternal and uncreated, but were also fond of this hypothesis, and made it a main fundamental of their theology.[88]

The fact that *intellection* belongs to God's essence is the basis for the conviction that his creation reflects his own rational nature. If the world is the rational orderly reflection of the Divine essence, it is a good *a priori* reason for the capacity of the created mind to reach »beyond phancy and appearance to the absoluteness of truth« *a posteriori*,[89] and the ›evidences‹ of 18th century rational theology from Ray to Paley have their basis in Cudworth:

> the soul having an innate cognoscitive power universally... being a kind of notional or representative world, as it were a diaphanous and crystalline sphere, in which the ideas and images of all things in the real universe may be reflected or represented.[90]

Prior to this claim, Cudworth affirms that »the mind or intellect may well be called (though in an another sense than Protagoras meant it) ›the measure of all things‹«.[91] However, Cudworth's idealism, and his rejection of the extreme negative theology of certain kind of Neoplatonism, provides the seeds for the much narrower rationalism of the subsequent century. Though Cudworth's rational theology is more convoluted, it does bear a resemblance to much Enlightenment and ›deistic‹ apologetic.

Cudworth was probably correct to envisage the great convergence between Christianity and Platonism as in the concept of God: immaterial, good, the transcendent source of all being potential and actual. The difference between Christianity and pagan Platonism lay in the concept of revelation. In the ninth chapter of Ennead II 9 *Against the Gnostics*, Plotinus berates exclusive monotheism. The great divergence between pagan Platonists and Christian theologians such as Augustine was stress upon the difference in *kind* rather than *degree* between the

---

[87] TIS II p. 343.
[88] TIS II p. 480.
[89] TIS III p. 36.
[90] R. Cudworth: A Treatise Concerning Eternal and Immutable Morality ed. Sarah Hutton (Cambridge, 1996).
[91] Ibid., p. 77.

incarnation and the other modes of the sacred. The supernatural authority of scripture and Church based upon the unique and exclusive revelation of Christ was a far greater difference between the thought of Christians and Platonic pagans than one finds with regard to the concept of deity. But of course, in their apologetic moods the Church father especially Justin and Clement referred to the logos in all, and Christianity as the true religion. There is a sense in which one might say that hellenisation of Christianity in late Antiquity mirrored the secularisation of European mind which followed the re-discovery of ›religion‹ and Christian as one religion among others in the Renaissance and early Enlightenment.[92] In this sense, and doubtless unwittingly, the pious divine Ralph Cudworth's philological philosophy of religion which defers to the Fathers, and upholds Trinitarian orthodoxy, may have helped contribute to development of deism[93].

---

[92] J. Bregman: Synesius of Cyrene, Philosopher-Bishop (California, 1982), p. 11. Cf. P. Harrison: ›Religion‹ and the Religions in the English Enlightenment (Cambridge, 1990), pp. 19–60.
[93] I wish to thank John Rogers, Sarah Hutton, Winrich Löhr, Wayne Hankey for helpful suggestions.

Wilhelm Schmidt-Biggemann

Die philologische Zersetzung des christlichen Platonismus am Beispiel der Trinitätstheologie

I. Ausgang: Die nicaenische Dogmatik und ihre Kritik im 16. Jahrhundert

a) Erasmus' ›Comma Johanneum‹

Bei allen Problemen, die die großen christlichen Kirchen untereinander hatten, gab es doch eine Gemeinsamkeit, die zunächst nachgerade selbstverständlich, für Lutheraner, Katholiken und Calvinisten galt: Das Nicaenische Glaubensbekenntnis.

Dort heißt es im entscheidenden Artikel über Christus: Θεὸν ἀληθινὸν ἐκ Θεοῦ ἀληθινοῦ, γεννηθέντα οὐ ποιηθέντα, ὁμοούσιον πατρί, δι' οὗ τὰ πάντα ἐγένετο, wahrer Gott von wahrem Gott, gezeugt, nicht geschaffen, eines Wesens mit dem Vater, durch ihn ist alles geworden. Καὶ εἰς τὸ πνεῦμα τὸ ἅγιον, τὸ κύριον, τὸ ζῳοποιόν, τὸ ἐκ τοῦ πατρὸς ἐκπορευόμενος, καὶ σὺν πατρὶ καὶ υἱῷ συμπροσκυνούμενον, τὸ λαλῆσαν διὰ τῶν προφήτων. Et in spiritum sanctum Dominum et vivificantem, ex patre precedentem [qui ex patre filioque procedit, qui] cum Patre et filio adorandum [simul adoratur] et conglorificandum [-atur], qui locutus est per prophetas.[1]

Die Gottheit Christi und die Wesensgleichheit von Vater, Sohn und Geist sind der Kern der nicaenischen Theologie. Dieses Dogma galt als exegetisch gesichert und zugleich – in der neuplatonischen Tradition – als philosophisch in Annäherungen erklärbar. Augustin hatte in »De Trinitate« auf die triadischen Analogien von Wille, Vernunft und Gedächtnis, sowie auf viele andere Analogien hingewiesen; Nikolaus von Kues beispielsweise hatte das Trinitätsdogma auch zahlentheoretisch bewiesen, indem er die 1 als den Anfang im Vater, die 2 als die Selbstfindung des Vaters im Sohn und die 3 als die wiederverbindende Gleichheit beider, damit als die Entfaltung der Kontinuität der Zahlen sowie die Verbindung der geraden und ungeraden Zahlen beschrieben hatte[2]. Die Trinität war in dieser Denktradition kein Streitpunkt zwischen Theologie und Philosophie.

---

[1] Die Zusätze stammen aus etwas späteren Fassungen, sind aber auf dem zweiten Konzil von Lyon (460) und dem von Florenz (691) von beiden Kirchen (griech. und lateinisch) akzeptiert worden. (Denzinger: Enchiridion symbolorum, Freiburg i.Br. 1908, § 86).

[2] S. dazu W. Schmidt-Biggemann: Philosophia perennis. Historische Umrisse abendländischer Spiritualität. Frankfurt/M. 1998, S. 72f. zu Nikolaus' Trinitätsspekulation und Kap. V,6: Augustins trinitarische Archetypik.

Trinitätstheologie galt auch in den dogmatischen Kernbeständen der lutherischen Theologie nicht als Streitfall. Solâ scripturâ galt sie als verbürgt und konnte so, biblisch bezeugt, solâ fide geglaubt werden, ohne daß man die Philosophie im Zweifelsfall nötig gehabt hätte. Für den Zusammenhang der rechten biblischen Interpretation – und rechte Interpretation hieß die nach orthodoxem Maßstab – entwickelte Flacius Illyricus die neue Hermeneutik, die im Prinzip nur noch einen historisch-dogmatischen Schriftsinn zuließ. Die Bibel wurde dann zum dogmatischen Lehrbuch. Das entscheidende Ziel der Hermeneutik war, die rechte Doktrin eindeutig und allein aus der Bibel zu gewinnen. Die bibel-internen Interpretationsvarianten und -konkurrenzen wurden auf ein Minimum reduziert; der hermeneutische Zirkel (der so noch nicht hieß) war der folgende: Die biblische Hermeneutik stützte die Dogmatik, und die Dogmatik gab (auch für Flacius Illyricus) den Leitfaden der rechten Hermeneutik ab.

Das hört sich alles harmonisch an, wäre da nicht die Philologie, die das *solâ scripturâ*, wegen der Natur der Philologie, vom *solâ fide* trennt. Diese Diskrepanz zwischen Text und Glaube erwies sich zunächst nur als ein technisches Problem: Der Philologe, darin bestand ja die eigentliche Errungenschaft der Textphilologie, mußte textliche Überlieferungen miteinander vergleichen, um den rechten, das heißt den authentischen Text, herzustellen. Dabei ging es vor allem darum, festzustellen, welches die ursprüngliche Version war. Es gab einige sichere Beurteilungskriterien – eines davon war das Alter der Handschriften. Wenn diese Kriterien auf heilige – d. i. dogmatisch ergiebige – Schlüsseltexte angewandt wurden, dann wurde von den – im übrigen durchweg frommen – Philologen erwartet, daß der Kern der theologischen Lehre sich auch in den ältesten Schlüsseltexten wiederfinden ließ, denn für eine Offenbarungsreligion war die unveränderte Überlieferung der ursprünglichen Offenbarung ein wesentliches und entscheidendes Moment.

In dieser Situation stand Erasmus bei seiner griechischen Ausgabe des Neuen Testaments, die 1513 in Basel erschien; und er hatte das »Comma Iohanneum« entdeckt. Die Stelle findet sich im 1. Johannesbrief, V, 5–8: »5 Wer ist aber, der die Welt überwindet, wenn nicht, der da glaubt, daß Jesus Christus Gottes Sohn ist? 6 Dieser ist's, der da gekommen ist mit Wasser und mit Blut, Jesus Christus: und der Geist ist's, der da Zeugnis gibt, denn der Geist ist die Wahrheit. Denn drei sind, die da Zeugnis geben: Der Geist und das Wasser und das Blut; und die drei sind eins.« Dieser Passus war prominent für die Theologie des Heiligen Geistes, denn hier war die dritte göttliche Person biblisch belegt. Erasmus sah sich nun als wissenschaftlich redlicher Philologe gezwungen, darauf hinzuweisen, daß dieser Passus, der eine der Hauptbeweisstellen für die Trinität in der Bibel war, sich in den griechischen Handschriften nicht fand.

Das war selbstverständlich keine Widerlegung der Trinität; aber es wurde in diesem Befund zweierlei klar: 1. Der biblische Text war nicht sakrosankt, wenn man philologische Kriterien auf ihn anwandte. 2. Offensichtlich waren sogar solche Stellen philologisch zu erschüttern, die wesentliche dogmatische Lehren stützten.[3]

b) Servets Antitrinitarismus

Der Begründer der neuzeitlichen antitrinitarischen Theologie, Michel Servet, war weniger Philologe als Interpret. Seine Exegese des Neuen Testaments steht zur philologischen Leistung des Erasmus aber in einer bemerkenswerten Parallelität: So wie Erasmus als kritischer Philologe vor den heiligen Texten nicht zurückscheute und sie in ihrer ältesten Fassung rekonstruieren wollte, so interpretierte Servet die Texte, die er vorfand, ohne die exegetischen Vorgaben, die sich durch die Interpretationsgeschichte im Laufe der Jahrhunderte angesammelt hatten. Zu diesen Vorgaben zählte wesentlich die trinitarische Interpretation der Bibel nach den dogmatischen Vorgaben des Konzils von Nicaea. Servet sah sich in der Tradition derjenigen, die auf den Ursprung der Kirche und deren Lehren zurückgehen wollten. Damit stand er sowohl der Position der Reformatoren als auch der der Humanisten nahe: Die Reformatoren wollten die ursprüngliche Kirche, die Humanisten die ursprünglichen Texte und deren authentische Interpretation.

Diese Tendenz des Rückgangs zu den Ursprüngen als den authentischen Wahrheiten war theologisch allerdings nicht risikolos.

Der erste Johannesbrief war mit Erasmus als ein neuralgischer Punkt bestimmt; und auch Servet interpretierte diese Stelle. Er nahm allerdings die Philologie des ›Comma Johanneum‹ überhaupt nicht zur Kenntnis, sondern interpretierte den Text undogmatisch. Er fand in ihm gar keinen Beleg für den Heiligen Geist, sondern allein für eine allgemeine Lehre vom Menschen. Servet behauptete, die Stelle bedeute allein, daß der Mensch, von dem in der fraglichen Stelle die Rede war, der Sohn Gottes sei, von dem im Sterben am Kreuz diese drei »Zeugnisse« ausgingen, nämlich Blut (als Substanz der Tierseele), Wasser (als materielles Element) und Geist (als ewige Seele). Damit war die fragliche Stelle zum Ausdruck einer anthropologischen communis opinio depotenziert und also dogmatisch wertlos. Johannes, kritisiert Servet, blähe diese Stelle künstlich auf. »Nunc ad primum Ioannis locum dicimus, ut probet, Jesum illum esse filium Dei.... Et quid hi testantur? Equidem non rem aliquam incorpoream, sed hominem ipsum esse filium Dei, a quo moriente illi tres egrediebantur. Vides mentem Johannis qui nullam non movet lapidem, ut probet Jesum hunc esse filium Dei.«[4] Damit ist der Verdacht gegen Johannes und seine Schriften geäußert, daß nämlich das Johannesevangelium die biblischen Zeugnisse unangemessen dogmatisiere. Dieser Verdacht blieb für die Antitrinitarier bestimmend[5], vor

---

[3] Textnachweise im Novum Instrumentum. Basel 1516. ND Stuttgart-Bad Cannstatt 1986.
[4] Christianismi restitutio 1553. ND Frankfurt 1966, S. 23.
[5] Literatur zur Geschichte des Sozinianismus: O. Fock: Der Sozinianismus nach seiner Stellung in der Gesamtentwicklung des christlichen Geistes, nach seinem Lehrbegriff dargestellt. Kiel 1847. ND Aalen 1970. E. M. Wilbur: A History of Unitarianism, Socianism and its Antecedents. Cambridge, Mass. 1947. G. H. William: The Radical Reformation.

allem Fausto Sozzini verstärkte ihn; und noch das ganze 18. Jahrhundert hindurch blieb er brisant.[6]

Servets Antitrinitarismus ist kompliziert: Er bestreitet nicht die Gottessohnschaft Christi, allerdings leugnet er die Existenz des Heiligen Geistes.[7]

In seiner Christologie akzeptiert er eine göttliche Existenz Christi. In seiner göttlichen Existenz ist Christus dem Vater, der ihn gezeugt hat, untergeordnet. Diese Existenz ist allerdings mit der Menschwerdung beendet. Seine menschliche Natur ist nicht mit der göttlichen verschränkt, er hat nur für seine Erdenzeit einen Leib angenommen. Nach Auferstehung und Himmelfahrt wird die Göttlichkeit Christi wiederhergestellt. Christus ist als Mensch der Repräsentant[8] der göttlichen Tugenden[9], nicht aber der göttlichen physischen Gewalt. »Summa summarum, ut scias quò tendat animus meus, excepto illo unico Ioannis verbo[10], dico universas scripturas a prima usque ad ultimam loqui de homine ipso CHRISTO, & uerbum illud Iohannis non loquitur de eo quod est, sed de eo quod

---

Philadelphia 1962. Gottfried Schramm: »Antitrinitarier in Polen. Ein Literaturbericht«. In: Bibliothèque d'Humanisme et Renaissance. XXI. 1959. S. 473–511. Vgl. den Abschnitt »Sozinianismus« von S. Ogenowski im Grundriß der Geschichte der Philosophie, 17. Jhd. Reich. Ost- und Nordeuropa § 27 (wird 2001 erscheinen).

6 S. die Souverain-Übersetzungen von Löffler, Züllichau 1782 und 1786, und meinen Aufsatz: »Erhard Friedrich Vogel und das Ende der Akkommodation«. In: Jahrbuch der Jean-Paul Gesellschaft 1973, S. 122–137. Zu Matthieu Souverain siehe den letzten Abschnitt in diesem Aufsatz.

7 Roberto Bellarmino, dessen kontroverstheologische Methode u. a. darin besteht, die neuen protestantischen Häresien mit den antiken zu parallelisieren, faßt die Position Servets in seinen Controversiae Sec. Controv. De Christo, Lib. I, cap. 1 so zusammen: »Sententia Servetianorum tria docet, & composita est ex tribus antiquis haeresibus. Primo asserit, nullam esse in Deo distinctionem personalem. Ità Servet. Lib. 5. Trinit. Pag. 189 & in responsione ad artic. I. & Ministerii Transsyslvani lib. 2. Cap. 4. Quod idem olim docuerunt Hermogenes, Praxeas, Noetus, Sabellius. Quorum omnium meminit Augustinus lib.I de haeres. Cap. 41. Ac deinde etiam Paulus Samosatenus, & Photinus, teste Hilario, libro de Synodis. Secundò asserit, Christum ante incarnationem nihil fuisse, nisi mente Dei per ideam. Ità Servetus lib. 3 Trinitat. Pag. 92 & Ministri Hungarici lib. 2 cap. 3. Quod idem olim docuerunt Ebion, & Cherinthus apud Irenaeum lib. 1 cap. 25. & 26. & deinde Paulus Samotatenuns, & Photinus apud Augustinum haeres. 44.& 45. Tertiò asserit, Christo homini communicatam à Deo divinitatem, non per generationem aeternam, sed per unctionem gratiae, & inhabitationem; ac proinde posse Christum dici Deum, sed Deum factum, & temporalem, non aeternum. Ità Blandrata disputat. 6. Albanâ, & Ministri lib.2. cap. 7. Quod idem olim docuit Nestorius apud Theodoretum lib. 4. Haeret. Fabul.« Roberto Bellarmino: De controversiis Christianae Fidei (zuerst 3 Bde. Ingolstadt 1586–93, vollständig 4 Bde. Venedig 1596, zit. Ausgabe Prag /Frankfurt 1721). Bd. 1, S. 137.

8 Aus Joh. 5 schließt er: »pater omne iudicium, omnem potestatem dedit filio, ut omnes honorificent filium, sicut honorificant patrem. Ecce quomodo CHRISTUS sit factus aequalis Deo, quia omnia quaecumque habet pater, sua sunt.« (De trinitatis erroribus libri septem (1531, ND 1965, S. 18ʳ).

9 »Haec igitur est aequalitas, quam existens in forma Dei, habebat, aequalitatem uirtutis Dei in se habebat, scilicet, ratione potestatis sibi ad Dei aequalitatem datae, dicto cap. 5. Quia inuentus est Deus per uirtutem, sicut homo per carnem. Et omnia quae habet pater sua sunt, & per eum fiunt omnia quae Verbo Dei efficiuntur, cum ipse sit Verbum Dei. Et ita de aequalitate virtutis dixit, quòd erit filius hominis sedens à dextris uirtutis Dei, Lucae 22. & eum dextris uirtutis Dei uidit Stephanus Acto.7.« (Ebd., S. 18ᵛ).

10 Gemeint ist der Johannes-Prolog, besonders: »Das Wort war bei Gott; und das Wort ist Fleisch geworden«.

erat [nämlich die Sohnschaft, die mit seiner Fleischwerdung endet], errorque latet in non intelligendo quid illud fuerit, & quomodo sit caro factum. Nec te seducant imaginationes tuae, sed hoc in uisceribus cordis reponas, quod in uniuersis scripturis homo ipse CHRISTVS loquitur, & in illum semper dirigatur cogitationes tuae«.[11]

Der Heilige Geist als dritte göttliche Person ist für Servet ein Wesen, das die Philosophen erfunden haben:»Tertiam rem absolutam ab alijs duabus uere & realiter distinctam adinuenerunt philosophi, quam, tertiam personam, seu Spiritum sanctum appellant, & sic trinitatem imaginariam, tres res in una natura machinati sunt.«[12] Servet geht offensichtlich von dem Begriff eines Gottes aus, der als Prima causa einer ist; die Trinität kann er nur als Tritheismus begreifen. Indem drei gleichberechtigte Götter anerkannt werden, wird der eine Gott in seiner Einzigartigkeit negiert: Und das ist für Servet Atheismus:

> Quod si ita est, quid culpantur Tritoitae (die Dreigottanbeter), qui tres deos dicunt, nam & isti tres deos, aut unum tripartitum moliuntur. Illi tres eorum dij unam compositam Vsiam faciunt, & licet compositionibus uerbo aliqui uti nolint, tamen constitutionis uerbo utuntur, & Deus constituitur ex illis tribus rebus. Clare ergo nos Tritoitae sumus, & nobis tripartitus est Deus, Athei, hoc est, sine Deo, facti sumus.[13]

Wie immer man zu dieser Argumentation stehen mag, sie war die interpretatorische Vorgabe eines theologischen Unitarismus, die die orthodoxen Exegeten und die Philologen herausfordern mußte. Denn wenn der biblische Text diese unitarische Interpretation ermöglichte, dann mußten in den nicaenisch-orthodoxen Kirchen philologische und exegetische Richtlinien gefunden werden, die die dogmatischen Errungenschaften der Trinitätstheologie sicherten.

Servet wurde 1553 in Genf verbrannt. Das Konzil von Trient hatte 8 Jahre zuvor begonnen und sollte noch weitere 10 Jahre dauern. Der orthodox gläubige Calvin sah sich – auch angesichts der katholischen und lutherischen Polemik gegen die dogmatische Libertinage der Reformierten – zur Härte in dogmaticis gezwungen. Ohne den Ketzerprozeß gegen Servet wäre der Antitrinitarismus vielleicht nicht so schnell so berühmt geworden und es hätte länger gebraucht, bis die übriggebliebenen Waldensergemeinden zwischen die Mühlsteine der dogmatisch-politischen Theologie geraten wären. So war die Position von Servets »Arianismus« bekannt. Bellarmin charakterisierte ihn in seinen »Controversiae« (zuerst 1580) als selbsternannten Propheten, der im protestantischen Geiste die Bibel ausgelegt habe:

> Hinc verò prophetica libertate sumpta, libros illos eodem spiritu aspirante effudit, quos inscripsit, De erroribus Trinitatis, quorum librorum summa haec est, nullam esse in Deo distinctionem personalem, & Christum Dei filium appellari, quòd ex ipsa Dei substantia caro ejus in utero Virginis concepta & conformata sit: ità paucissimis verbis, & personarum

---

[11] De Trinitatibus erroribus, S. 20$^\mathrm{v}$f.
[12] Ebd. S. 21$^\mathrm{r}$.
[13] Ebd. S. 21$^\mathrm{v}$.

Trinitatem destruxit cum Sabellio, & Christi naturas confudit, atque Incarnationem sustulit cum Eutychete.[14]

Durch die Polemik gegen die Antitrinitarier wurde deren Exegese allererst theologisch virulent, auch wenn die Bücher Servets so gut wie unauffindbar waren.[15]

c) Fausto Sozzini's Entgöttlichung Christi

Fausto Sozzini,[16] der Namengeber der radikalen Antitrinitarier der Neuzeit, hat sich auf die Frage, wieweit der Sohn beim Vater sei und ob er dem Vater subordiniert sei, nicht mehr eingelassen. Für ihn ist Christus ausschließlich Mensch, er ist allein das ausführende irdische Organ des väterlich-göttlichen Willens. Die Frage danach, wie der Sohn zum Vater stehe und ob es sich in der trinitarischen Theologie auch um die Selbsterkenntnis des Vaters handle, hat er klar negativ beantwortet und festgestellt, daß der Sohn allein dem Vater gehorsam sei. Das Wesen des Sohnes bestehe allein darin, den göttlichen Willen auszuführen. »Praecipuus articulus, cognitionis veri Dei, & Filius ejus, non ipsorum naturam sive essentiam, sed voluntatem, & voluntatis oboedientiam, potissimum respicit.«[17] Es ist klar, daß Sozini unter diesen Bedingungen eine eigenständige Logos-Theologie nicht akzeptieren kann. Er versucht vielmehr, den Prolog des Johannesevangeliums vollständig zu entplatonisieren.

Die drei Funktionen des johanneischen Logos, die Christologie in der Trinität, in der Schöpfung und in der Fleischwerdung, werden nacheinander mit philologischen Mitteln demontiert. In seiner »Explicatio primae partis primi capitis Euangelistae Johannis«[18] hat er sich kurz auf das Zentralstück christlicher Logos-Theologie eingelassen. Es geht ihm darum, die »falsa imaginatio« derer zu zerstören, die meinen,

Johannem in initio sui Evangelii, Christum & verbum & Deum appellare, audirentque ab eo dici mundum per ipsum esse factum, nec verum interea Evangelistae scopum assequi possent, coeperunt nescio quid altius & divinis mente concipere, quam Johannes intelligere voluerit, nempe Christum esse alterum Dei filium, & parem in omnibus Deo patri, ac se

---

[14] Roberto Bellarmino: De controversiis Christianae Fidei (zuerst 3 Bde. Ingolstadt 1586–93, vollständig 4 Bde. Venedig 1596, zit. Ausgabe Prag /Frankfurt 1721). Controv. II De Christo. Praef. Bd. 1, S. 133.

[15] Dazu Carlos Gilly: Spanien und der Basler Buchdruck bis 1600. Ein Querschnitt durch die spanische Geistesgeschichte aus der Sicht einer europäischen Buchdruckerstadt. Basel/Frankfurt 1985. S. 277–298.

[16] Fausto Sozzini (1539–1604), geboren in Siena, seit 1564 in Lyon, seit 1562 in der Schweiz, von 1563–1574 in Siebenbürgen, 1579 nach Krakau, von da an bis zu seinem Tode in Polen. Seit der Mitte der 90er Jahre unbestrittener Führer der Antitrinitarier. Werke in zwei Bänden der Bibliotheca Fratrum Polonorum, Amsterdam 1565–1568. Zu Fausto Sozzini: Vita, opere fortuna. Contributo alla storia del liberalismo religioso moderno. Parma 1952.

[17] Fausto Sozini. Tractatus de Ecclesia. Racoviae. Typis Sebastiani Sternacii. 1611. S. 27.

[18] Die Auslegung geht bis Joh. I, Vers 15. In: Bibliotheca Fratrum Polonorum quos unitarios vocant, continens Fausti Socinis Senensis, Nobilissimi Itali, Opera omnia in II vol. etc. Irenopoli [i.e. Amsterdam] 1656.Vol. I, S. 75–85.

secundam (ut ipsi loquuntur) in Trinitate personam, immo ipsissimum Deum omnipotentem.[19]

Damit ist die Tendenz klar: Der irdische Sohn Gottes soll von der inneren göttlichen Ökonomie getrennt und diese selbst als menschliche Fiktion dargestellt
werden. Diesen Weg verfolgt Sozzini nun Vers für Vers: »In principio erat verbum«. Wer aus diesem Vers den ewigen Namen Christi
beweisen wolle, irre sich, denn von keinem Wort des Alten und Neuen Testa-
ments werde diese Auslegung gestützt. Der Anfang des vierten Evangeliums
imitiere allein den Anfang der *Genesis*. Wie Moses, so habe auch Johannes das
»In principio« gebraucht – und es gebe keinen Sinn, diesen Anfang als »in Christus« zu interpretieren.[20] Das Verbum, aus dem die Trinitarier »coaeternus,
consubstantialis, ac per omnia patri aequalis, secunda in trinitate persona«[21]
machten, sei aus der griechischen Logos-Spekulation auf das Johannesevangelium übertragen worden. »Haecque & hujusmodi alia quaedam, quorum ansam
illis dedit graeca vox λόγος, ingeniose quidem (ut ipsis videtur) & feliciter
comminiscantur«.[22] Das »Wort« sei aber allein auf die Schöpfung und auf die
Vergebung der Sünden zu beziehen:

> Nam per Dei verbum, coelum, terram, & mare, & quaecumque in eis sunt, condita fuisse
> legimus, & sicut in prima sua creatione verbo suo dedit Deus animantibus vitam & lucem
> corporalem, ita postquam in mortem, atque aeternas tenebras lapsi erant homines, ineffabili
> sua misericordia, per hoc verbum suum, mundum iterum creat, instauratque in eis ac
> reparat vitam lucemque spiritualem.[23]

Alle Namen des Wortes wie »vita, veritas etc.« seien nur »munera verbi«, und
ihre Hypostasierung zur Person Christi nichts als purer Platonismus, der das
ursprünglich einfache und volksnahe Christentum philosophisch verseucht habe.
»Quae sophismata, quae mirabilia commenta Evangelii loco simplici plebeculae
obtruserunt? Quaenam Dei populo prius inaudita dogmata, Platonica certe magis
quam Christiana, in Christi Ecclesiam invexerunt?«[24] Christus sei der Welt erst
durch das Wort Johannes des Täufers offenbar geworden. Er stamme aus dem
jüdischen Volk.

»Et Verbum erat apud Deum« heißt für Sozzini nicht die Präexistenz Christi
bei Gott, sondern der Satz habe allein den Sinn daß »Dei verbum antequam
Baptistae praedictione patefieret, soli Deo notus erat.«[25]

»Et Deus erat verbum: Hoc nomen Deus, non est nomen substantiae cuius-
dam proprium vel personae, sed auctoritatis, potentiae ac beneficentiae, & (ut
grammatici loquuntur) non est nomen proprium sed appellativum[26] quod omni-

---

[19] S. 77 a.
[20] Das geht im übrigen gegen Augustins und Basilius' Deutung der Genesis; es ist nicht klar,
ob Sozzini sie kennt. Vgl.Verf.: Philosophia perennis (wie Anm. 2), S. 372–377.
[21] S. 78 a.
[22] S. 78 a.
[23] S. 78 b.
[24] S. 78 b.
[25] S. 79 a.
[26] Nach Erasmus' Adagia: Homo Homini Deus.

bus, qui vel summis labbis linguarum fontes gustarint, notissimus esse non dubito.«[27]

Soweit die Frage nach dem innergöttlichen Wort, das für Sozzini biblisch nicht belegbar ist. Wo er alle platonischen Hypostasierungen ablehnt, gilt dieser Antiplatonismus auch für das wirkende Wort der Schöpfung. Es ist nicht identisch mit der Person Christi. Das »omnia per ipsum factum est« ist für ihn nicht so zu verstehen, daß »im« Wort alles präexistert habe. ›Logos‹ sei bei Johannes nicht mehr als die göttliche, die evangelische Botschaft, die das geistliche Wesen der Welt erneuere, denn die äußere Schöpfung sei bereits vollendet:

> Universalis haec dictio ›omnia‹ non ita accipienda est, (quod tamen vulgo fieri videmus) ut primam illam coeli terrraeque creationem comprehendant. Johannes enim hoc loco non de corpore mundi hujus, de quo perfectissime scripsit Moses, sed de Spiritualis mundi structura (ut jam dictus est) loquitur, qui non corporeis sed spiritualibus rebus, id est, Euangelii verbo construitur, quo homines instaurantur, & spirituali quadam ratione denuo creantur.[28]

Durch die Ablehnung aller Hypostasentheorien bekommt auch die Inkarnation des Wortes eine ganz neue, nämlich allein metaphorische Bedeutung. Das Wort Gottes ist nur die Botschaft Gottes, die sich in der Lehre des Nazareners äußert. Von der Dogmatik der Fleischwerdung bleibt nichts als die Lehrerfunktion Jesu. »Et verbum caro factum est« bedeutet allein, daß das Wort Gottes sich in der prophetischen Aufgabe Christi manifestiert – wobei nicht angedeutet wird, was ›prophetisch‹ denn meint. Der Gedankengang Sozzinis ist philologisch-kritisch:

> In Graeco habetur καὶ ὁ λόγος σάρξ ἐγένετο. Nemo autem, qui graecas literas vel a limine salutaverit, ignorat, haec verba non minus ›Et verbum caro factum fuit‹, quam »Et verbum caro factum est«, & bene , & proprie verti posse. Quod nisi apertius esse arbitremur, quam, ut ulla probatione indigeat, innumeros pene Novi Foederi locos adduceremus, quibus id potissimum fieret, sed hoc labore, utpote vano atque inutili, supersedendum duximus: locum attamen unum proferemus, quippe qui nobis ita huic rei appositus videatur, ut nullo modo silentio praeteriri debeat, id est apud Lucam Luc. 24.12, sic enim de Jesu Nazaraenaeno loquitur alter discipulorum qui Emauntem proficiscebantur ὃς ἐγένετο ἀνὴρ προφήτης, δυνατὸς ἐν ἔργον καὶ λόγῳ ἐναντίον τοῦ θεοῦ καὶ λαῦ.[29]

Deshalb werde ἐγένετο immer mit ›war‹, nie mit ›wurde‹ übersetzt. Das hat Folgen für das Dogma der Jungfrauengeburt. »Und das Wort war Fleisch« bedeutet, daß Jesus als Mensch das Wort Gottes prophetisch verkündet hat.

Das ist eine umfassende Ent-dogmatisierung dieses zentralen Verses aus dem Johannes-Prolog. Das Ergebnis für die Christologie: Christus wird allein als Mensch und als prophetischer Lehrer, nicht aber als Erlöser und Gottessohn interpretiert. Diese Ansicht wird sich später auch im Arminianismus, besonders bei Grotius, durchsetzen. Hier wieder Sozzini: »Superius enim satis demonstratum est, Verbi nomine hominem illum, qui ex Maria origine natus est, intelligere opportere, qui caro fieri non poterit, sed caro erat.«[30]

Sozzini dreht die gesamte Interpretationsgeschichte des vierten Evangeliums um: Johannes habe Jesus gerade als einen Menschen darstellen wollen, der mit

---

[27] S. 79 b.
[28] S. 80 b.
[29] S. 83 a.
[30] S. 83 a.

dem göttlichen Wort begabt sei, und diese Menschlichkeit meine das Wort
›caro‹. »Carnis enim nomine in Sacris Literis hominis imbecillitatem atque
humilitatem significare, apertissime constat.«[31] Auch hier wendet er sich scharf
gegen die platonisierende Interpretation des Logos – der Philologe argumentiert
gegen die spekulativen Christen. Johannes betone nämlich die Menschheit Jesu,
indem er heraushebe, daß Gott durch ihn geredet habe. Aber es sei wohl verständlich, räumt Sozzini ein, daß einige durch die Betonung des ›Worts‹ im Johannes-Prolog sich dazu hätten verführen lassen,

> ut existimarent verbum hoc de quo scribit Johannes aliud quid diversum esse, vel aliquando
> fuisse ab homine illo Jesu, & Platonica philosophia fortasse imbutus, cum videret, & Deum
> hic appellari, & in Principio apud Deum fuisse, quin & mundus per id factum esse, statim
> persuasus foret, Evangelistam nostrum procul dubio Platonem conformem esse, qui de Deo
> aliqua scripserit, ex quibus opinionem istam de Trinitate, quae passim recepta est, originem
> duxisse non dubito. Etenim valde illi consentanea sunt ipsius Platonis, & ejus sectatorum
> scripta, qualia sunt Jamblichi & caeterorum, qui tamen omnes à Mercurio illo Trismegisto
> haec hausisse videntur».[32]

Keine Frage, mit Sozzinis Angriff auf die Trinitätstheologie und ihren immanenten Platonismus waren die Grundlagen der nicaenischen Theologie der großen
Kirchen in Frage gestellt. Die Übereinstimmung von spekulativer Philosophie
und Offenbarungstheologie, die in der griechischen Theologie grundgelegt war
und die seit Augustin die abendländische Trinitäsdogmatik bestimmt hatte, war
mit Mitteln humanistisch-kritischer Philologie erschüttert.

Für die nicaenisch orthodoxen Kirchen entstand mit Servet und vor allem mit
Sozzini folgende Situation:
1. Die Trinitätstheologie war mit philologischen und exegetischen Argumenten
   heftig angegriffen worden und in ihrer Grundlage neu begründungsbedürftig.
2. Gegen diese Angriffe behauptete die protestantische Hermeneutlk, mit der
   Heiligen Schrift sei die Trinität, ebenso wie die anderen altkirchlichen Dogmen, für den Gläubigen zureichend klar und einsichtig: Solâ scripturâ, solâ
   fide.
3. Die katholische Theologie konstatierte dagegen, nur durch die Bibel und
   deren autoritative Exegese in der Tradition des kirchlichen Lehramts sei die
   christliche Dogmatik insgesamt und die Trinitätstheologie insbesondere zu
   sichern: Biblia in traditione.

---

[31] S. 83 a.
[32] S. 83 a.

II. Die Geschichte des Consensus Patrum und der Niedergang der Autorität
der Kirchenväter

*a) Das Konzilsdekret und seine Erläuterung durch Melchior Canos Loci
theologici*

Schon in der vierten Session des Trienter Konzils (8. April 1546) zogen die dort
versammelten Gelehrten und Bischöfe die Konsequenz aus der philologischen
Freigabe des biblischen Textes und der dogmatisch gefährlichen Vielfalt der
Auslegungen, die an die Glaubens- und Organisationssubstanz der Kirche gin-
gen.[33] Sie bestimmte die Normen der biblischen Interpretation als Consensus
Patrum:

> Praeterea ad coercenda petulantia ingenia decernit [sacrosancta Synodus], ut nemo suae
> prudentiae innixus, in rebus fidei et morum ad aedificationem doctrinae christianae perti-
> nentium, sacram Scripturam ad suos sensus contorquens, contra eum sensum, quem tenuit
> et tenet sancta mater Ecclesiae, cuius est iudicare de vero sensu et interpretatione Scrip-
> turarum sanctarum, aut etiam contra unanimem consensum Patrum, ipsam Scripturam
> sacram interpretari audeat, etiamsi huiusmodi interpretationes nullo unquam tempore in
> lucem dedendae forent.[34]

Melchior Cano O. P. (1509–1560), Theologieprofessor in Valladolid und als
Delegierter Karls V. 1551/52 Teilnehmer am Konzil von Trient,[35] hatte in seinen,
wohl von Agricola und Melanchthon angeregten, *Loci Theologici* die Autorität
der theologischen Lehrinstanzen nach 10 Topoi gegliedert und so die tridentini-
sche Lehre von der Insuffizienz der Schrift und der Notwendigkeit der Tradition
konkretisiert. Das Buch war geschrieben, um die Konzilsbeschlüsse in der Polemik der konfessionellen Kontroverstheologie handhabbar zu machen. Wegen
seines frühen Todes hat er nur die grundlegenden Teile vollenden können, die
eigentliche Kontroverstheologie wurde nicht mehr geschrieben. Der Kern des
Buchs ist eine Autoritätsskala der Theologie:

1. Sacra Scriptura.
2. Traditio Apostolica.
3. Definitionen der gesamten Kirche.
4. Auctoritas Conciliorum.
5. Ecclesiae Catholicae auctoritas (behandelt das Verhältnis von Papst und Konzilien
   sowie der lateinischen und griechischen Kirche).
6. Auctoritas Sanctorum.

---

[33] Dazu der große Streit zwischen Pedro de Soto: Assertio catholicae fidei circa articulos
confessionis nomini illust. ducis Wurtembergensis. Köln 1552 und Johannes Brenz: Apo-
logia confessionis Christophori ducis Wurtembergensis. Frankfurt 1555, 1556, 1561. Pedro
de Soto: Defensio catholicae confessionis et scholiorum circa confessionem ducis Wurt-
temb. nomine editam adversus prolegomena Joannis Brentii. Antwerpen 1557. Die Würt-
tembergische Kirchenordnung, die Brenz bevorwortete, wurde 1535 erlassen.
[34] Denzinger: Enchiridion symbolorum, 786/ 1507–1508.
[35] A. Lang: Die Loci theologici des Melchior Cano und die Methode des dogmatischen
Beweises. München 1925. Benutzte Ausgabe: Melchior Cano: Loci Theologici. In: Melchior Cano. Opera. Ed. Hyacint Serry, Padua 1734.

7. Auctoritas doctorum scholasticorum (Sie ist gering, kommt keineswegs an die Philologen- und Theologenstilisierung des Protestantismus heran).
8. Argumenta rationis naturalis.
9. Auctoritas philosophorum (Damit ist am ehesten die thomistisch-aristotelische Philosophie gemeint, aber unter ausdrücklichem Ausschluß der averroistischen Lehren von der Sterblichkeit der Individualseele und der Ewigkeit der Welt).
10. Geschichte (Hier liegt der Nutzen der Kirchengeschichtsschreibung).

Die Kirchenväter spielten in diesem ganzen Konzept keine herausgehobene Rolle. Aber im Zusammenhang mit der Autorität der Konzilien, denen sie die Argumente lieferten, konnten sie insgesamt als Maßstab der biblischen Interpretation gelesen werden, sofern sie von der Kirche akzeptiert wurden. Die Konzilien und die Väter vertreten also die große Linie der Tradition, und bei ihnen wird Consensus vorausgesetzt. Dieser Konsens, der die Lehrmeinung der Ecclesia Catholica wiedergibt, wird durch eben diese Kirche verbindlich bestimmt.

b) Abraham Scultetus' Zerstörung der patristischen Einheit

Der wichtigste katholische Kontroverstheologe des konfessionellen Zeitalters, Roberto Bellarmino (1542–1621), faßte die Vorstellung seiner Kirche im dritten Buch seiner Kontroversien »De verbo Dei« zusammen. Er erklärte mit dem Konzil von Trient, daß der lateinische textus receptus, die Vulgata, durch das Wirken des Heiligen Geistes in der Tradition seiner Kirche geheiligt sei. Diese biblischen Texte interpretiere die katholische Kirche als verbindliche Autorität gemäß dem consensus patrum.[36] Bellarmins Thesen sollten die humanistische kritische Textherstellungsphilologie[37] und die neue protestantische Hermeneutik, die die ursprünglichen biblischen Texte ohne Traditionsvorgaben zu interpretieren beanspruchte, außer Kraft setzen. Sie griff damit zugleich das Schriftprinzip des Protestantismus an, das den ursprünglichen biblischen Text zur Voraussetzung hatte. So reizte sie auch in der konfessionellen Polemik zur historisch-philologischen Überprüfung.

Der erste, der sich im großen Stil an die Überprüfung der These vom Consensus Patrum machte, war der Heidelberger Calvinist Abraham Scultetus.[38]

---

[36] Disputationes de controversiis christianae fidei adversus huius temporis haereticos (zuerst 3 Bde. Ingolstadt 1586–93, vollständig 4 Bde. Venedig 1596, zit. Ausgabe Prag /Frankfurt 1721) Bd. 1, Controv. I De Verbo Dei, Lib. II Cap. X De auctoritate Latinae editionis Vulgatae, S. 53: »Tertium argumentum. Habuerunt Hebraei suâ linguâ authenticam Scripturam; Graeci quoque habuerunt Graecè authenticam Scripturam, id est Testamentum vetus ex versione 70 & Testamenti novi ipsos primos fontes; igitur aequum fuit, ut Latina Ecclesia, in qua sedes Petri est, & in qua perpetuò fides Christiana mansura erat, haberet suâ linguâ authenticam Scripturam; non autem habuit aliam ferè à mille annis, quàm sitam; igitur ista authentica censenda est.«

[37] Dafür stehen Flacius Illyricus: Clavis Scripturae Sacrae (Basel 1567) und Salomon Glassius: Philologia Sacra (Jena 1625).

[38] Abraham Scultetus, reformierter Theologe 1566–1624. Scultetus ist einer der wichtigsten reformierten Theologen der Zeit vor dem Dreißigjährigen Krieg. 1585 Gymnasialprofessor in Görlitz, 1588 Hauslehrer in Wittenberg, 1590 in Heidelberg. 1591 Dr. theol. in Heidelberg, 1594 Heidelberger Schloßkaplan und Stadtpfarrer, 1614 Hofprediger und 1618

Seine »Medulla Theologiae Patrum, qui a temporibus Apostolorum ad Concilium usque Nicenum floruerunt« umfaßte vier dicke Quartanten und erschien von 1603–1613. Ihr Maßstab war das Nicänische Glaubensbekenntnis in der reformierten Interpretation; hinzu kamen weitere Hauptmerkmale der protestantischen Dogmatik. Scultetus' Kriterienkatalog: 1. Anerkennung des Schriftprinzips, 2. die Lehre von der Trinität, 3. die Lehre von der Prädestination, 4. die Lehre von der Erbsünde, 5. die Lehre von der Eucharistie (hier werden sowohl Transsubstantiation als auch Ubiquität abgelehnt). Das Ergebnis der Überprüfung der Kirchenväter nach diesen Kriterien bestand darin, daß 1. die These vom consensus patrum in dogmatischen Fragen zerstört wurde und daß sich 2. die meisten Kirchenväter als dogmatisch unzuverlässig erwiesen. Wenn sie dogmatisch akzeptabel waren, dann im Sinn der reformierten Lehre, nie in ihrer katholischen Inanspruchnahme.

Kaum ein vornicaenischer Kirchenvater entspricht Scultetus' Rechtgläubigkeitskriterien: Bei Justin geht ihm die Vermischung von Theologie und Philosophie zwar weit, aber sie erscheint ihm akzeptabel. Bei Irenäus konstatiert er eine Unterordnung des Sohnes unter den göttlichen Vater und vermißt eine Theologie des Heiligen Geistes. Clemens von Alexandrien wird erstaunlicherweise weitgehend akzeptiert, das gilt für die Trinitätstheologie, für Clemens' Konzept der philosophia perennis und der theologia prisca; freilich kann Scultetus Clemens' Allegorese nicht billigen. Origenes ist sein Hauptgegner: Ubi bene, nemo melius, ubi male, nemo peius. Weder die kosmische Christologie noch die Lehre vom Seelenaufstieg noch die Allegorese noch natürlich die Lehre von der endlichen Vervollkommnung des Universums und der Erlösung des Bösen (Apokatastasis panton) finden seinen Beifall. An Tertullian verwirft Scultetus den Chiliasmus und die Vorstellungen vom göttlichen Körper und dem primordialen Christus. Bei Laktanz stellt er eine göttliche Dualität statt einer Trinität fest; bei Dionysius Areopagita bezweifelt er die Authentizität der Texte, bei Marius Victorinus ist er entsetzt über die für ihn abstrusen Versuche, die Trinitätstheologie rational zu erklären. Im Examen Gregors von Nyssa ist Scultetus vorsichtig, er vergleicht zwar dessen Position mit der des Origenes, hütet sich aber davor, Gregor als Origenisten zu verurteilen. Freilich legt er großen Wert darauf, die katholische Inanspruchnahme Gregors durch Bellarmin zurückzuweisen. Ähnlich verfährt er mit Basilius von Caesarea, dessen *Genesis*-Homilien breit dargestellt werden. Für Scultetus ist allein entscheidend, daß sich die Pontifici nicht rühmen dürfen, es stimme Basilius' Theologie mit ihrer Lehre überein. Athanasius, den Haupttheologen des Konzils von Nicaea und Verfasser der nicaenischen Trinitätsformel, stellt er als calvinisch-reformierten Kirchenvater avant la lettre dar: beim Schriftprinzip teile er die protestantische Vorstellung der biblischen perspicuitas, in der Trinitätslehre sei er orthodox, in der Erbsün-

---

Prof. theol. an der Universität Heidelberg. 1612 mit Christian V. anläßlich dessen Vermählung mit der englischen Königstochter Reise nach England, 1614 calvinistischer Rat des zur reformierten Kirche konvertierten brandenburgischen Kurfürsten Johann Sigismund, 1618 Deputierter der Pfalz bei der Synode von Dordrecht, 1620 mit seinem Kurfürsten, dem »Winterkönig« in Prag, nach der Schlacht am Weißen Berge Flucht in die Pfalz, 1622 Predigerstelle in Emden, wo er 1624 starb.

denlehre konstatiere er »Thesin illam, Peccatum esse accidens, non substantiam, Athanasius contra Manichaeos, nos contra Flacianos tuamur«.[39] Diese gemäßigte – nicht radikal calvinistische Ansicht paßt im übrigen gut mit dem entspannten Verhältnis zusammen, das der Theologe Scultetus zur christlichen Philosophie hat. In der Eucharistielehre sieht er Athanasius als Gegner der Ubiquitätstheorie, wie sie später von den Lutheranern vertreten wurde, gegen die Katholiken bestehe der Kirchenvater auf dem Empfang der Kommunion in den beiderlei Gestalten, von Brot und Wein. Seine Ecclesiologie sei nicht papstorientiert, sondern betone die verschiedenen Kongregationen, schließlich sei er Vertreter der Prädestinationstheologie, denn er lehre »christianos veros in hac vita non dubitare de sua salute«.[40]

Das Ergebnis von Scultetus' umfangreicher Analyse ist im Sinne seiner Konfessionspolemik: Der Consensus Patrum, das Hauptargument für die katholische Exegese aus dem Geist orthodoxer Tradition, ist demontiert. Darüber hinaus findet Scultetus bei den Kirchenvätern allenfalls Unterstützung für die reformierte Lehre. Unter der Hand werden zugleich nur die Lehrer aus der Zeit vor dem Nicaenischen Konzil als kanonisch betrachtet. Augustinus wird nicht behandelt. Die Autorität der Konzilien und das Nicaenische Symbol bleiben bei Scultetus unangetastet.

c) Jean Daillé's Zerstörung der Konzilsautorität

Die Destruktion der Autorität der frühen Konzilien sowie der generellen Autorität der Kirchenväter erfolgte zwanzig Jahre später mit Jean Daillé's »De usu patrum ad ea definienda religionis capita, quae sunt hodie controversa, libri II« zuerst französisch in Genf 1631; lateinisch ebd. 1655.[41]

Die Rolle der Konzilien war sowohl in der päpstlichen als auch in der lutherischen Tradition nicht unangefochten. Der Erfolg des Konzils von Konstanz (1410) war nach dem Konzil von Basel (1435) wieder verspielt, als Eugen VII. die Konzilsbeschlüsse aufhob; Luther hatte seit dem Reichstag in Worms und seiner Disputation mit Eck die konziliare Autorität der persönlichen Glaubensüberzeugung nachgeordnet. Historisch-philologisch wurde dieser Anspruch von dem französichen reformierten Prediger Jean Daillé eingeholt. Anders als Scultetus ist Daillé Biblizist und Gegner aller philosophischen Theologie. Er argumentiert mit großem rhetorischen Pathos aus einem unerschütterlichen Glauben an die Suffizienz der Schrift. Diese Überzeugung gibt ihm den Rückhalt für seinen philosophie-kritischen philologisch-historischen Impuls. In seinem Eifer merkt er allerdings gar nicht, daß er das theologische Kind mit dem philosophi-

---

[39] Abraham Scultetus: Medulla Theologiae patrum pars secunda. Amberg 1606, S. 141.
[40] Ebd. S. 145.
[41] Jean Daillé (Dalleus) geb. 1594 in Chatellerault. Studium in Saumur bei Camero und Gomarus, Erzieher der Enkel von Philippe Duplessis-Mornay. Seit 1623 Schloßprediger bei den Duplessis-Mornay, 1625 Pastor in Saumur und 1626 Pastor in Charenton (d. i. für die Pariser Gemeinde). 1670 gestorben. Daillé wies die Unechtheit der Schriften des Dionysius Areopagita und der apostolischen Konstitutionen nach.

schen Bade ausschüttet. Er läßt nämlich an den Vätern und an den Konzilien –
das waren Melchior Cano's und Roberto Bellarmin's wichtigste Autoritätskrite-
rien der katholischen Tradition – kein gutes Haar.

Seine Hauptgegner sind die Kirchenväter, sofern sie Philosophie und Theologie vermischen. Dafür hat er folgende Argumente:

Die Kirchenväter, zumal die Alexandriner, gehen vom Konzept der Theologia prisca aus, von der Vorstellung, daß es eine natürliche Theologie auch bei
den Heiden und unabhängig von der jüdisch-christlichen Offenbarung gebe. Das
ist mit dem Schriftprinzip nicht vereinbar.

Diese Vorstellung der heidnischen Theologie wird bei den Kirchenvätern vor
allem durch »Sapientium ethnicorum scripta, Sybillarum oracula«[42]) und aus den
biblischen Apokryphen gewonnen. Daillé teilt die philologisch-kritischen Vor-
behalte gegen diese Pseudepigraphien, für ihn ist evident, daß aus Offenbarungs-
fälschungen keine wahre Theologie folgen kann. Daillé kann sich die philosophischen Inhalte nicht vorstellen, die in »scintillae animi«[43] angelegt seien und
durch den rechten Glauben in ihrem eigentlichen Licht entzündet würden. Das
ist theologischer Rigorismus im Gefolge von Kol. 2,8: »Hütet euch vor den
Philosophen«; und es beschreibt die biblische Engführung der Theologie, die aus
dogmatischen und polemischen Gründen »Solâ fide, solâ scripturâ«, überhaupt
keine Philosophie mehr zuläßt. Dieses Argument diskreditiert alle Kirchenväter,
die philosophisch – und das heißt platonisch – argumentieren.

Darüber hinaus zeigen die Kirchenväter für Daillé eine Meinungsvielfalt, die
sich nicht theologisch harmonisieren läßt – auch darin erweist sich, daß die
vielen sich gegenseitig widersprechenden philosophischen Gedanken mit der
einen theologischen Wahrheit nicht konvenieren, sondern theologisch gleich-
gültig sind. Gelegentlich – wie im Fall von Justins Chiliasmus und Origenes'
Lehre von der ἀποκατάστασις πάντων – sind sie dogmatisch inakzeptabel.

Daillé erweitert schließlich seine Kritik der Kirchenväter auf die Beschlüsse
der Konzilien. Die Geschichte der Konzilien zeigt für ihn deren Uneinigkeit und
Widersprüchlichkeit; wie sollten ihre dogmatischen Formulierungen unter diesen
Bedingungen wahr sein? Das gilt vor allem für die Geschichte des Konzils von
Nicaea, das zwar das Glaubensbekenntnis verbindlich formulierte, aber in
seinem Verfahren zeigte, daß konziliare Mehrheitsbeschlüsse keineswegs a
limine legitim sind: In seiner zweiten Sitzung hob es die Beschlüsse der ersten
auf, exkommunizierte die Teilnehmer der ersten Sitzung und schuf so die Mehr-
heiten für die neuen dogmatischen Formulierungen, die die ursprünglichen
Fassungen auf den Kopf stellten.

Das Ergebnis von Daillé's Buchs ist so einfach wie dogmatisch fatal: Weder
Väter noch Konzilien haben überhaupt irgendeine theologisch relevante Autorität. Die Trinitätstheologie ist nun allein auf die Bibel angewiesen, die Lehrkon-
tinuität und die institutionelle Tradition sind überflüssig.

---

[42]   Jean Daillé, De usu patrum, Genf 1656, S. 224.
[43]   Ebd. S. 224.

d) Denis Pétau's Neuklassifikation der patristischen Theologie

Daillé konnte seine Kritik an der natürlichen Theologie der Kirchenväter substantiieren. Er benutzte in der lateinischen Ausgabe seines Pamphlets »De usu Patrum« die umfangreiche Dogmatik des französischen Jesuiten Denis Pétau,[44] die kurz zuvor erschienen war; nach dem einhelligen Urteil der Fachleute, seien es Zeitgenossen oder Nachgeborene, Gegner oder Freunde, die beste historische Dogmatik des 17. Jahrhunderts.

Pétau gewährt, Jesuit der er ist, der Philosophie anscheinend viel Raum. Aber er ist doch vorsichtig: Wie Cano in seinen Loci läßt er die Philosophie nie zum Maßstab dogmatischer Bestimmungen werden. Er übernimmt drei Kriterien Canos in folgender Reihenfolge: Schrift, Konzilien, Patres.

Bei der allgemeinen Beschreibung des Verhältnisses von Philosophie und Theologie bleibt er vage. Er behandelt allein die aristotelische und die platonische Schule als philosophische Hauptrichtungen. Aristotelismus reduziert er weigehend auf Dialektik,[45] so kann er die aristotelische Philosophie formal akzeptieren, indem er ihre Bedeutung für die Argumentationstheorie herausstellt. Mit dieser Reduktion des Aristotelismus umgeht Pétau die Fallstricke des Averroismus: Die Probleme der Individualität der Seele und der Ewigkeit der Welt, die als Folge der aristotelischen Philosophie Mittelalter und Frühe Neuzeit verunsicherten, werden ausgeklammert.

Über die Rolle des Platonismus für die Dogmatik ist sich Pétau durchaus im klaren. Er nimmt die Christentumskritik des antiken Neuplatonismus ebenso ernst wie die apologetische Verwendung des Platonismus bei den Kirchenvätern.[46] Wegen dieser Spannung kann er die platonische Tradition, die sich nicht wie der Aristotelismus auf Formalien reduzieren läßt, nur mit Vorsicht akzeptieren. Gleichwohl bietet der christliche Platonismus für ihn so etwas wie den theologisch-philosophischen Hintergrund seiner philosophischen Bemühungen. In alexandrinischer Tradition stellt er den christlichen Philosophen als Γνωστικός dar: Sapiens Christianus, theologus, qui est γνωστικός.[47]

---

[44] Zu Pétau vgl. Henri de Valois: Oratio in obitum D. Petavii, Paris 1653. Pierre Bayle, Dictionnaire, s. v. Pétau, Franz Stanonik: Dionysius Petavius. Ein Beitrag zur Gelehrtengeschichte des 17. Jahrhunderts, Graz 1876.

[45] Sein Verhältnis zur aristotelischen Tradition scheint gespannt, denn er identifiziert die Aristoteliker weitgehend mit den Philosophen, vor denen Paulus in Kol. 2,8 warnt und kennzeichnet sie mit »dialectica loquacitate, et astutia«: vgl. Dogmata theologica Dionysii Petavii e Societate Jesu. Editio nova dissertationibus ac notis F. A. Zachariae, aliorumque, necnon Adriani Leclerc selectis notis nunc primum in lucem edita, curante J.-B. Fouirnillas. Paris 1865. Vol. I Prol. III, III, III, pag. 16 A.

[46] »De Platonis philosophia major et antiquior est expostulatio Christianorum Patrum, quod superiores fere omnes haereses a Platonicis inventae, excultaeque sunt, aut ex eorum consutae fabulis in indidem origenem repetunt.« Prol. III, III, II, pag. 15 B.

[47] »Nam Theologus is demum absolutus est, qui comprehensam habet animo doctrinarum omnium facultatem, quarum pars maxima philosophiae ambitu ac voce continetur. Declarat hoc et frequenti ac uberrima oratione Clemens Alexandrinus, dum in plerisque Stromateon libris perfectum numeris omnibus exemplar informat christiani sapientis, hoc est theologi, quem γνωστικὸν appellare solet.« Vol. I. Prol. IV, II, pag. 21 B.

Der Maßstab, nach dem Pétau die theologische Akzeptanz seiner philosophischen und theologischen Autoren mißt, ist das Verhältnis von Trinitäts- zur Schöpfungstheologie. Er weist alle Theorien, die keinen innertrinitarischen Logos akzeptieren, als unchristlich zurück, auch wenn diese Theorien einen Schöpfungslogos vertreten. Ausgenommen ist allein der platonische _Timaios_, den Pétau als philosophische Vorstufe der Trinitätslehre gelten läßt.[48] Plato konnte mit der christlichen Trinität nicht bekannt sein, deshalb ist seine Theologie als Vorläufer-Theorie des Christentums akzeptabel. Das gilt hingegen nicht für die Neuplatoniker, die mit platonischen Argumenten das Christentum bekämpfen. Die neuplatonische Lehre vom Vater, dem Demiurgen und der Weltseele ist nicht mit der christlichen Trinitätstheologie identisch, sondern dieser Ternar besteht lediglich, wie Pétau an Proklos aufzeigt, in Aspekten Gottes unterhalb seiner unnennbaren Einheit. Proklos lehre »supra triadem illam Deorum Platonicorum supremum collocari quempiam Deum«.[49] An der Polemik Cyrills von Alexandrien gegen Julian Apostata[50] weist Pétau exemplarisch nach, wie die neuplatonische Philosophie bei Proklos, Jamblich, Julian Apostata und Prophyrius zur antichristlichen Polemik verwandt wird.

So ist die neuplatonische Philosophie als Möglichkeit christlicher Philosophie demontiert. Diese Klassifikation gilt auch für den mittleren Platonismus, der keine ausdrückliche Trinitätstheologie anerkennt. Deshalb fallen auch Philo, das Corpus Hermeticum und die Chaldäischen Orakel aus dem Rahmen der christlichen Philosophie heraus. Philos Logos-Theologie, die im _Genesis_-Kommentar ausgebreitet ist, wird ausdrücklich als Lehre von zwei Göttern denunziert:»Hic igitur germanum illud Platonicum dogma passim in libris suis prodidit [Philo]: duos inquam, Deos, alterum Patrem, ac summum; alterum secundum, prioris illius filium, eoque inferiorem, et illi subiectum. Qua de re illius testimonia apud Eusebium [Lib. VII, Praep. Ev.]; primum ex libro quodam quaestionum et responsionum, qui non extat, ubi causam affert, cur Scriptura de hominis procreatione loquens, Deum ait ad imaginem Dei finxisse hominem, quasi alter ab creatore significaretus Deus, cujus ad imaginem, non item ejus, quae creabat, homo sit factus. Quod eo accidisse narrat, quod ad supremi illius, et universorum parentis effigiem nulla creatarum rerum possit accidere; quippe qui naturam ratione praeditam infinito intervallo superet. Quare ad secundarii ordinis Deum, qui est illius logos, natura ista, quae λογική dicitur, expressa fuit. Philonis verba sunt haec: ›Nihil enim mortale ad supremi, et universorum parentis imaginem

---

[48] »Igitur summum, ac supremum quendam esse Deum, et unicum eundem, ac singularem, certissima Platonis est sententia tum in _Timaeo_ tum in aliis libris ab eodem tradita. Hunc aliorum Deorum, et quidem minorum, inferiorumque satorem, et propagatorem fuisse, idem illi confirmat Plato. Qui in _Timaeo_ plures illos commemorat post summum Deos, a quibus mortalia sunt effecta corpora. Alibi vero duos, ac tres distinguit universe Deos; e quibus primus est parens caeterorum, conditorque; secundus artifex, et principium omnium rerum; tertius obscure ab illo significatus, a plerisque mundi esse anima dicitur.« Vol. II, Trinit. I,I, III, pag. 282 AB.

[49] Ebd. pag. 284 B.

[50] »Pro sancta Christianorum religione adversus libros athei Juliani«, geschrieben gegen Julian's »Adversus Galileos«.

fingi poterat, sed ad secundi Dei, qui illius est logos, hoc est ratio, vel sermo‹. Opportebat enim rationalem hominis in anima figuram a divina imprimi ratione. Siquidem Deus ille logon antecedens rationalem omnem naturam antecellit. Ad ejus vero similitudinem, qui supra rationem optima in specie, eximaque constituti, genitum aliquid commodari nefas erat«. [51]

Pétau findet diese Vorstellung vom Sohn als dem Schöpfungswort bei Philo in den chaldäischen Orakeln und im Corpus Hermeticum wieder. Er ist nämlich (zu Recht) davon überzeugt, daß es sich bei den beiden letzten Werke um Pseudepigraphien handelt, die nach der biblischen Schöpfungsgeschichte gearbeitet sind.[52]

> Non absimile de Patre, ac mente hujus Filio, utroque Deo, sed illo superiore, immo summo, hoc inferiore, ac subjecto, longe ante Platonem a Chaldaeis, et Aegyptiis memoriae prodita celebrantur; quorum principes, auctoresque sunt habiti Zoroastres, et Mercurius Trismegistus, et horum inscripti nominis libelli circumferuntur; illius quidem Oracula magica, quae Plethonis, ac Pselli scholiis illustrata sunt, et cum Sibyllinis oraculis Lutetiae edita.[53] Mercurii porro Ποιμάνδρης jam olim prodiit. In utroque, est hoc praesertim expressae sunt illius Platonici dogmatis, arcana vestigia, que magnis clamoribus a plerisque solent excipi, imprimis ab Augustino Steucho Eugubino; qui in primo operis *de Perenni philosophia,* quaedam ab illis pene christiane dicta commemorat, vehementerque miratur. Velut est illud e Zoroastri Magicis,
> ›Omnia enim perfecit Pater, et mente tradidit.
> Secundae, quam primum vocat omne genus hominum.‹[54]
> Mercurii vero de eadem re longe plura, et insigniora testimonia sunt, quae ab illo mutis capitibus expromuntur. [...] Sed opus utrumque suppositum, et confictum mihi videtur, nec tantae vetustatis esse, quantum ei vulgo fere docti, indoctique omnes adscribunt.[55]

Durch die Nachbarschaft mit den als Pseudepigraphien erkannten Chaldäischen Orakeln und dem Corpus Hermeticum wird Philo deutlich diskreditiert; und weil er mit diesen unsauberen Quellen auch noch die Theologie zweier Götter, des Vaters und des ihm untergeordneten Sohnes teilt, fällt Philo aus dem Kreis der akzeptablen Kirchenväter heraus, in dem er als Quasi-Christ seit Hieronymus figurierte.[56] Dieses ist der Anfang des Isolierungsprozesses, der Philo aus dem theologisch-christlichen Kontext löste und dazu führte, daß Philo seine Bedeutung im philosophischen und christlich-theologischen Kanon im 18. und 19. Jahrhundert weitgehend einbüßte.[57]

---

[51] Pétau: Bd. 2, S. 287 B.
[52] Er belegt deshalb lang die Abhängigkeit des Corpus Hermeticum von der Schöpfungsgeschichte und anderen biblischen Texten: Ebd., S. 289 AB.
[53] Gemeint ist wohl: Σιβυλλιακοὶ χρησμοὶ hoc est Sibyllina oracula ex veteribus codicibus emendata, ac restituta et commentariis diversorum illustrata, Amsterdam 1599. Zum Zusammenhang vgl. Ralph Häfner: Laudes Deorum. Poesie im Spannungsfeld prophetischen Wissens und philologischer Kritik am Ende des christlichen Humanismus. Habil.-Schrift Berlin 1998, S. 213–223.
[54] Zum Zusammenhang vgl. W. Schmidt-Biggemann. Philosophia perennis. Historische Umrisse abendländischer Spiritualität. Frankfurt 1998, S. 683f.
[55] Vol. II, Trinit. I,I, III, S. 288 B– 289A.
[56] Vgl. W. Schmidt-Biggemann: Philosophia perennis, S. 213–223.
[57] S. David T Runia: Philo in Early Christian Literature. A Survey. Minneapolis 1993. Entscheidend für die Wende in der Philo-Auffassung ist Johann Albert Fabricius mit seiner »Exercitatio de Platonismo Philonis Judaei« Leipzig 1693; neu gedr. in: Opuscula, Hamburg 1736.

Pétaus Klassifikationsrahmen für die Kirchenväter ist nun deutlich abge-
steckt: Alle diejenigen gehören dazu, die die Trinität nicht ausschließen, einen
göttlichen Logos und einen Schöpfungslogos anerkennen. Der Rahmen ist geschickt gewählt, denn die nicaenische Orthodoxie, die Vater, Sohn und Geist als
drei Personen eines Wesens definiert, ist für diese Klassifikation nicht bindend.
So kann Pétau, anders als Scultetus, alle überkommenen Väter behandeln. Dabei
erkennt er durchaus, daß die Kirchenväter platonisieren – aber sie tun es im
Rahmen einer sich erst entwickelnden Trinitätstheologie. Er kann nun die altkirchlichen Apologeten einschließlich Justin sämtlich als platonisierende Subordinatianisten beschreiben, die den Sohn dem Vater unterordnen. Auch für Clemens von Alexandrien[58] und Origenes wird die platonisierende Gnosis konstatiert. Bei Origenes vermutet Pétau mit Hieronymus die allerradikalsten Neopla-
tonismen und die komplette Lehre der Apokatastasis.[59] Da aber die Trinitätstheologie überhaupt vorhanden ist und kein Zweifel daran besteht, daß die ori-
genistische Schöpfungslehre eine Logostheologie ist, kann Pétau Origenes akzeptieren.

Im Durchgang durch die Lehre der Väter zeigt Pétau, daß sie sämtlich vom
Neuplatonismus infiziert sind. Nun kann Pétau freilich den Platonismus nicht für

---

[58] »Naturam ait [Clemens] filii omnipotenti Deo citimam esse; quod Platonici, et Ariani
dogmatis indolem sapit. Atqui non est proxima natura; sed eadem cum Patre Filii. Mox
honorifice et eodem Filio sentiens: ›Numquam a sua, inquit, excedit specula Dei Filius; non
divisus, non dissectus, non migrans e loco in locum, sed ubique semper existens, nec ullo
modo circumscriptus, totus mens, totus lumen paternum, totus oculus, omnia videns, omnia
audiens, omnia sciens, potestate potestates perscrutans. Huic universa subiecta est militia
angelorum; ac deorum, Verbo, inquam paterno quod sanctam dispensationem suscepit,
propter eum, qui subiecit‹. Videtur, Filium Dei diversae a Patre naturae putasse Clemens;
sed excellentis, et a supremo Deo, ac Patre proximae, qui illi subjecta esse voluerit
universa.« (Pétau, ebd. S. 300 bf.).

[59] Hieronymus »constanter asserit, Origenem pessime de Filii, ac Spiritus Sancti divinitatem
sensisse. Etenim in epist. ad Avitum ait ipsum in libro περὶ ἀρχῶν asserere, ›Christum
Filium Dei non natum esse, sed factum: Deum Patrem per naturam invisibilem, a Filio non
videri: Filium, qui sit imago invisibilis Patris, comparatum Patri, non esse veritatem; apud
nos autem, qui omnipotentis non possumus recipere veritatem, imaginariam veritatem
videri; ut majestas, bec magnitudo majoris quodammodo circumscripta sentiatur in Filio:
Deum patrem esse lumen incomprehensibile: Christum collatione Patris splendorem esse
perpetuum; qui apud nos pro imbecillitate nostra magnus esse videatur. Duarum statuarum,
majoris et parvulae, unius, quae mundum impleat, et magnitudine sua quodammodo
invisibilis sit, et alterius, quae sub oculos cadat, ponit exemplum, priori patrem, posteriori
Filium comparans. Deum Patrem omnipotentem appellat bonum, et perfecte bonitatis:
Filium non esse bonum, sed auram quandam, et imaginem bonitatis, ut non dicatur absolute
bonus, sed cum additamento, pastor bonus, et cetera. Tertium dignitate, et honore post
patrem, et filium, asserit Spiritum sanctum. De quo cum ignorare se dicat, utrum factus sit,
an infectus, in posterioribus, quid de eo sentiret, expressit, nihil absque solo Deo patre
infectum esse confirmans. Filium quoque minorem Patre, eo quod secundus ab illo sit; et
Spiritum sanctum inferiorem Filio, in sanctis quibusque versari. Atque hoc ordine majorem
Patre fortitudinem esse, quam Filii, et Spiritus sancti; et rursum maiorem Filii fortitudinem
esse, quam Spiritus sancti, et consequenter ipsius sancti Spiritus majorem esse virtutem
Caeteris quae sancta dicuntur.‹
Rursus in quarto libro scripserat idem Origenes, Hieronymo referente, Filium non compre-
hendere Patrem; etsi Pater illum comprehendat; tum majorem esse Patrem Filio in omnibus,
adeoque in cognitione. ›Dum perfectius, et purius a semetipso cognoscitur, quam a filio.‹«(Cap. IV, II, pag. 302 A).

die Entwicklung der Trinitätstheologie verantwortlich machen. Er muß vielmehr das biblische Fundament der Trinitätstheologie betonen, aus der sich dann mit der Entwicklung der Theologie auch das Trinitätsdogma in seiner Wahrheit entfaltet. Anders als Daillé und Scultetus kann er aber trotzdem an der Autorität der Kirchenväter festhalten. Sein Argument ist historisch-traditionalistisch: Im Verlauf der Kirchengeschichte ist die Wahrheit der Trinität durch das Wirken des Heiligen Geistes in der Kirche offenbar geworden. So hat Pétau den Vorteil, philologisch-historisch die Lehre der Patres ad literam darstellen zu können, ohne dadurch dogmatisch in Probleme zu geraten. Seine Dogmatik wurde deshalb zur gelungensten Verbindung von Philologie und Traditionsprinzip. Sie war so erfolgreich, daß selbst der Arminianer Jean Le Clerc die beste der vielen Editionen dieser Dogmatik im 18. Jahrhundert anonym edierte.

e) Christoph Sandius' Differenzierung zwischen Arianern und Sozinianern

Die Variationsbreite der patristischen Trinitätslehre, die Pétau als historische Entwicklung darstellte, ist vor allem von dem Sozinianer Christoph Sandius[60] aufgegriffen und für antitrinitarische Argumente verwandt worden. In der Tat ließen sich viele vornicaenische Kirchenväter als Vorläufer des Sozinianismus interpretieren, denn sowohl die subordinatianistischen Theorien, die den Sohn dem Vater unterordneten, als auch das Fehlen einer expliziten Theologie des heiligen Geistes zumal bei den frühen Kirchenlehrern stimmten mit Positionen überein, die von Servet und von seinen theologischen Nachfolgern in Siebenbürgen und in Polen vertreten wurden.

Offensichtlich war die Situation aber komplexer. Christoph Sandius d. J., mit seiner »Bibliotheca Antitrinitariorum« erster Bibliograph der neuzeitlichen Gegner des nicaenischen Dogmas, stand zwar selbst in der Tradition der Antitrinitarier, war aber zu sehr Kenner der patristischen Literatur und Philologe, als daß er altkirchliche und humanistisch-neuzeitliche Bibelexegese sowie deren dogmatische Folgen ineins gesetzt hätte. Sandius tendierte – auch als Antitrinitarier – vielmehr zu theologischen Positionen, die ihn mit dem katholischen Origenes-Editor Huet einerseits und mit Spinoza andererseits verbanden.[61] Als er 1668 seinen »Nucleus Historiae Ecclesiasticae cui praefixus est Tractatus de

---

[60] Christoph Sandius d. J. (Königsberg 1644–Amsterdam 1680): Nucleus Historiae Ecclesiasticae: Cui praefixus est Tractatus de Veteribus Scriptoribus Ecclesiasticis. Cosmopoli [Amsterdam] 1668 (auch mit Titelbl. 1669). 2. Aufl. Nucleus Historiae Ecclesiasticae, seu Historia Arianorum: unà cum memorato Tractatu de Veteribus Scriptoribus Ecclesiasticis. Secunda ed. Ab Autore locupletata & emendata. Coloniae [=Amsterdam] 1676. Mit einer Vorrede seines Vaters Christoph Philipp Sandius. Die Schriften von Christoph Sandius in ders.: Bibliotheca Antitrinitariorum, sive Catalogus Scriptorum... Freistad (= Amsterdam) 1684. ND mit einer Einl. Von Lech Szczucki, Warschau 1967, S. 169–172. Friedrich Samuel Bock: Bibliotheca Antitrinitariorum, maxime Socinianorum. Bd. 2. Königsberg und Leipzig 1776. ND Leipzig 1978, S. 744–760. (Gegen Sandius schreibt ausführlich Scherzer.)

[61] S. dazu die Einleitung von Lech Szczucki in den Neudruck von Sandius *Bibliotheca Antitrinitariorum*, bes. Anm. 1 und 3.

Veteribus Scriptoribus Ecclesiasticis« herausgab, machte er von Pétaus philologischen Erkenntnissen ausführlich Gebrauch. Aber er zog andere Schlüsse aus dem Material als Pétau. Er stellte nämlich bei einem großen Teil der Kirchenväter fest, daß sie arianische Positionen in der Trinitätstheologie vertraten und vornehmlich Subordinatianisten waren: Seine Ahnenreihe unterscheidet sich von der Pétaus vor allem darin, daß er Philo, dem die »Weisheit Salomonis« zugeschrieben wird,[62] und die philonische Tradition als Ausgang der subordinatianistischen Trinitässpekulationen in den Mittelpunkt stellt:

> [Philo] docuit autem Deum supremum esse supra & ante λόγον, quo instrumento Deus usus sit in mundi creatione. λόγον secundum Deum, summo proximo mandato summi Dei mundum gubernare. Duas res esse Dei sermonem, et ipsum Deum. Deum verum esse unum, & cum articulo indicari; λόγον autem abusivè dici Deum, & sine articulo poni. Summum Deum esse ingenitum & invisibilem, Deique ministrum, hominum deprecatorem apud Deum, Dei legatum ad homines, mediumque inter Deum & naturas. Animas hominum praeexstitisse ante corpora. Unde [...] D. Petavius de Trinitate L. I. c. 2. scribit: Philonem suis de Filio Dei praeconis Arianorum armasse perfidiam.[63]

Neben Philo macht Sandius – wieder mit Pétau – eine (pseudo-) hermetische Tradition dingfest, die seit der Zeit der Apostel den Arianismus favorisiere:

> Circa Apostolorum etiam Tempora recte probat D. Petavius de Trin. Lib. I cap. 2 à christiano quodam in lucem prodiisse librum, qui λόγος τέλειος inscribitur, & sub Mercurii, vel Hermetis Trismegisti nomine falso venit. Quod si sic, certe nulli commodius attribui potest quam Hermae, vel Hermeti, quorum mentio fit Rom. XVI. 14. Certe in doctrina cum Hermae pastore consentit. Nam & hunc autorem Petavius d.l. ait Arianos praelusisse.[64]

Auch die jacobitischen Christen, die in ihrer Ursprünglichkeit den paulinischen nicht nachstehen, beschreibt Sandius als arianisch: »Jacobitae Christum non Deum; sed hominem tantùm justum & sanctum de Spiritu sancto conceptum, & de virgine natum affirmant.«[65] Mit diesen Zeugen ist die apostolische Kirche weitgehend als arianisch gekennzeichnet.

Auch die weitere frühkirchliche Tradition hält Sandius für arianisch. Der »liber de expositione fidei seu de recta confessione« von Justinus Martyr, der den Consubstantialismus (=Homoousie) mit dem Vater lehre, sei nämlich gefälscht. Schon Scultetus hätte erwiesen, »quod vocabula μόναδος, τριάδος et alia huius doctrina, nondum adeò in Ecclesia erant usitata«;[66] und Pétau argumentiere gegen Bellarmin, wenn er im Lib. I de Trinitate »probat Justinum eadem cum Ario docuisse« (S. 46).

Mit Pétau ist Origenes für Sandius Kronzeuge des Subordinatianismus. Aus Photius wird zitiert:

> Origenem Lib. I [περὶ ἀρχῶν] scripsisse τὸν μὲν υἱὸν ὑπὸ τοῦ πατρὸς πεποιῆσθαι, τὸ δὲ πνεῦμα ὑπὸ τοῦ υἱοῦ. Καὶ διήκειν μὲν τὸν πατέρα διὰ πάντων τῶν ὄντων. Τὸ μὲν

---

[62]   Sandius: Bibliotheca Antitrinitariorum, S. 32. Zum Zusammenhang vgl. Verf.: Philosophia perennis. Historische Umrisse abendländischer Spiritualität. S. 213–225.
[63]   Ebd., S. 108.
[64]   Ebd., S. 8f.
[65]   Ebd., S. 106.
[66]   Ebd., S. 45.

πνεῦμα μέχρι μόνον τῶν σεσωμένων. Filium quidem a Patre factum, spiritum autem a Filio: Et patrem quidem pertransire per omnia entia; filium autem pervenire solum ad rationalia, at Spiritum solum ad ea quae salvantur.[67]

Aus Epiphanios' »Arzneikasten« gegen die Haeretiker weiß Sandius, daß Epiphanias »Origenem inter alios haereticos numeravit, eum Arii Patrem vocans; docuit eum Filium alterius substantiae à Patre, & creatum, & ob id reprehenduntur quod commentar. in Psalm. Filium γεννητὸν Deum dixerit.«[68] In dieser Einschätzung weiß sich Sandius einig mit den katholischen Autoren Gabriel Vasquez[69] und Melchior Cano.[70]

Die entscheidende Position, auf die die Dogmengeschichte des kirchlichen Altertums hinausläuft, ist für Sandius nicht das Nicaenische Glaubensbekenntnis, sondern Arius selbst. Dessen Theologie kennzeichnet er so:

> Arius Afer, filius Ammonii, presbyter Alexandrinus docuit Patrem solum esse unum verum summum Deum. Filium non esse summum Deum, nec est existentiâ Dei Patris genitum; sed ex nihilo: & in tantum primarum creaturarum omnium existere, dici autem Filium, quia sit imago Dei invisibilis. Cum Platonicis enim & Philone statuebat generationem per communicationem vel participationem substantiae in Deum non posse cadere. Filium principium durationis non habere, adeòque Deum non semper fuisse Patrem. Per Filium autem Deum omnium creasse, & omnibus illis etiam Spiritum Sanctum, hunc esse ministrum Filii & Patris; Filium verò Patri tantùm inservire. Unum tandem esse Patrem, Filium & Spiritum S. non essentiâ, sed voluntatum concordiâ & unanimitate; & similia· Verbum in Christo loco animae fuisse; &c. Auctores, qui id testantur; allegatos vide in Magdeb. Cent. 4. Docuit praeterea Deum nec οὐσίαν nec ὑποστασίαν esse, nec aliud quidquam qod nominatur, teste Philost. Hist. X.2. Unde nullâ ratione persuaderi potuit, ut crederet Filium, & Spiritum Sanctum Deo Patri ὁμοούσιον. Alterum puto Arium ὁμοούσιον non numericè, sed specificè intellectum, de Filio & Spiritu Sancto non negasse. Porrò impigrè confitebatur Arius Filium & Deum, & aeternum, & ante omnia tempora & secula genitum, nec Deum Patrem fuisse ante Filium. Tandem Calecas testatur eum quoque docuisse praeexistentiam animarum ante corpora. Quae recte D. Petavius de Trinitate L. I c. 8 § 2 scribit Arium germanum Platonicum fuisse.[71]

Auf diesen Arianismus läuft nach Sandius die Dogmengeschichte der alten, vorkonstantinischen Kirche hinaus. Die Ahnenreihe dieses Arianismus: Philo, die jakobäischen Christen, der altkirchliche Hermas, Dionysius Areopagita (den Sandius mit Pétau als späte Fälschung erkennt), Clemens Romanus, Justinus, Irenaeus, Origenes, Eusebius von Caesarea, Arius. Diese Ahnenreihe ist durch die Kirchenväter-Philologie aller drei nicaenischen Konfessionen gedeckt. Sandius sieht in dieser Tradition die Möglichkeit, sein eigenes arianisches Christentum mit der niederländischen arminianischen Philologie und Theologie zu verbinden. Er geht dabei davon aus, daß die Christologie als Subordinatianismus des göttlichen Logos gedeutet wird und daß deshalb das Inkarnationsdogma möglich bleibt. Diese dogmatische Position unterscheidet ihn deutlich von Sozzinis Christologie; und so setzt Sandius seinen Arianismus denn auch klar

---

[67] Ebd., S. 173.
[68] Ebd.
[69] Vasquez: Commentarius in Summam Theologiam Divi Thomae p. I, T. 2 d. 140, q. 34 a 1.
[70] Cano: Loci Theologici Lib. VII.cap. 3 n. 7.
[71] Sandius, S. 219.

von der Entgöttlichung des Logos bei Sozzini ab, indem er ihm Unkenntnis der
altkirchlichen arianischen Lehren vorwirft:

> Tandem ipse F. Socinus in fine Antiwnejki Arianis, & procul dubio ipsi Ario attribuit, quod
> noluerint invocare vel adorare Filium Dei, & ob id eius antiponit Homoousianos. Verum 1.
> umquam illud Socinus probare poterit, & vel ex hoc uno liquet eum nunquam inspexisse
> scripta Arianorum. Ignorantiam enim ei, quam malitiàm exprobare conveni-entiùs duco.
> 2. Si legisset Eusebium Caes. non tam temerè ista protulisset. Nam Dem. Evang. V. 4
> dissertis verbis Eusebius scribit Filium Dei esse adorandùm quasi Deum. Concilium
> Sirmense (quod fuit Arianum) decrevit Filium Dominum pluisse à Domino Patre, & certum
> est Arianos statuisse illum, quem Abraham ex tribus adoravit, fuisse Verbum Dei, at
> numquam Abrahamum ea propter reprehenderunt, quod non silentio involvissent
> Homoousiani, qui in enarrandis rebus partium potius studio, quam veritate ducuntur«.[72]

Aus dieser Zusammenfassung zieht Sandius nun den Schluß, daß die Arianer an
die Präexistenz Christi im Vater, an die Zeugung Christ durch den heiligen Geist
und die Jungfrauengeburt geglaubt hätten. Darin unterscheiden sich für ihn die
antiken Arianer von den Sozinianern:

> Certum interea est Arianos longè altior de Filio Dei sentire, quam Socinianos: hi enim
> solùm credunt Christum coepisse per Mariam, & Filium Dei esse solum per conceptionem
> ex Spiritu Sancto, & Deum adorandum tantùm post resurrectionem ob merita sua. At Ariani
> crediderunt Christum & Deum, & Dei Filium fuisse per generationem antemundanum à
> Patre, & per eum Patrem condidisse Angelos etiam ante mundum: Crediderunt quoque
> Trinitatem personarum, quam Sociniani negant &c. 3. Fateor Arianos non eo summo cultu
> adorâsse ut mediatorem, ut Sacerdotem & caput Ecclesiae, ut Regem, ut Filium Dei, de-
> nique ut redemptorem, judicem, Dominum & Deum nostrum.[73]

Mit Sandius näherten sich die Interpretationen des Arianismus an: Er stimmte
mit Pétau in der dogmatischen Exegese der Kirchenväter überein; und die Ergebnisse seiner Studien brachten ihn in die Nähe des niederländischen, philologisch
orientierten Arianismus. Freilich: die Konsequenzen, die die katholische Kirche
und die Sandius aus dieser Analyse zogen, blieben verschieden: Sandius folgerte
für sich, daß das arianische Christentum die Lehre der Urkirche sei; Pétau sah in
der Dogmatik von Nicaea die Erfüllung des dogmatischen Reifungsprozesses
seiner Kirche, in der der Heilige Geist noch immer wirke.

f) George Bull's Defensio Fidei Nicaenae

Die theologische Vielfalt der patristischen Positionen, die der Jesuit Pétau dargestellt hatte, bot nicht nur die Möglichkeit für moderne Arianer, sich eine patristische Legitimation zu verschaffen, es wurde auch zum Problem für die protestantische trinitarische nicaenische Dogmatik. Pétau hatte das Problem der Insuffizienz der patristischen Dogmatik mit dem katholischen Traditionsprinzip gelöst: für ihn war die Anwesenheit des Geistes in seiner Kirche die Garantie dafür, daß sie sich in der rechten Lehre fortentwickelte und so zu dogmatisch
stimmigen Wahrheiten kam. Genau dieses war für die protestantischen Kongre-

---

[72] Ebd., S. 226.
[73] Ebd., S. 227.

gationen, die das katholische Traditionsprinzip nicht teilten, kein triftiges Argument. In den protestantischen Kirchen konnten die Meinungen der Kirchenväter, wenn sie denn überhaupt als Autoritäten akzeptiert wurden, höchstens als historische Dokumente gelesen werden, die besonders nahe am biblischen Ursprung waren und deshalb vielleicht einen höheren Grad der Authentizität beanspruchen konnten als die späteren dogmatischen Bestimmungen, in denen sich – so die konfessionelle Polemik – die Herrschsucht der römischen Päpste manifestierte. Da aber die Sozinianer sich nicht auf die Väter beriefen und argumentierten, sie betrieben ihre Exegese allein mit ihrer recta ratio, und mit dieser lasse sich keine Dreifaltigkeit in den biblischen Texten entdecken, wurde der Befund Denis Pétaus ebenso wie der des Christoph Sandius auch zum Problem des Protestantismus. Wenn die Sozinianer mit ihrem Alleinvertretungsanspruch auf texttreue Exegese nicht Recht behalten sollten, mußten die Protestanten dagegenhalten. Da es nun aber schwer zu widerlegen war, daß die biblischen Befunde die Trinität nur mit erheblichen philosophischen und allegorischen Vorgaben stützen konnte, waren die Protestanten unversehens doch auf die Kirchenväter angewiesen. Die protestantische Dogmatik auch der Trinität benötigte unbedingt eine biblische Grundlage; und wenn diese nicht unmittelbar zu haben war, so mußte sie doch in der authentischen Interpretation der alten Kirche zu finden sein. Aber genau diese These konnten sie mit Pétau nicht stützen. Mit Pétau hätten sie die besondere Rolle der inspirierten Tradition bei der Vollendung der Dogmatik in den Konzilien akzeptieren müssen, wenn sie die historischen Befunde akzeptieren wollten; und das war wegen der Grundsatzes ›solâ fide‹ unmöglich. Die Lehre von der altkirchlich authentischen Exegese hatte Sandius hingegen für die Arianer reklamiert. So verschafften Pétaus historische Argumente, die zur Stabilisierung der katholischen Ekklesiologie gemeint waren, den modernen Arianern patristische Bundesgenossen. In den lutherischen und calvinistischen Orthodoxien wurden Pétaus Thesen deshalb als Destabilisierung der trinitarischen Dogmatik empfunden. So entstand auch in den reformatorischen Kirchen ein erhebliches Interesse an der Verwendung patristischer Argumente zur Stützung der trintarischen Lehre.[74]

In dieser Situation schrieb der konservative Anglikaner George Bull, später Bischof von St. David's[75] seine Defensio Fidei Nicaenae. Hier faßte er die vornicenische Lehre so zusammen, daß sie orthodox verträglich war.[76] Seine argumentative Strategie bestand darin, den halb-arianischen Subordinatianismus der

---

[74] Dieser – prokatholisch – synkretistischen Tradition ist vor allem die Theologie in Helmstedt verpflichtet, allen voran Georg Calixt. Vgl. Ernst Ludwig Theodor Henke: Georg Calixt und seine Zeit. 2 Bde. Halle 1853–56.

[75] George Bull (1634–1710), D. Theol Oxon. 1686, Bischof von St. David's 1705. Gesammelte Werke. Hg. von Johann Ernst Grabe, London 1703. Robert Nelson Esq: The Life of Dr. George Bull, Late Bishop of St. David's. With the History of those Controversies in which he was Engaged and an Abstract of those Fundamental Doctrines which he Maintained and Defended in the Latin Tongue. London 1713.

[76] Defensio Fidei Nicaenae Ex scriptis, quae extant, catholicorum Doctorum, qui in tria prima Ecclesiae Christianae secula floruerunt. In qua obiter quoque Constantinopolitana confessio de Spiritu Sancto, Antiquorum testimoniis adstruitur. Oxford 1685.

Kirchenväter als dogmatisch unbedenklich zu erklären und damit die Pointe des Nicaenums zu entschärfen.

Er stellte vier Hauptmerkmale der Christologie heraus, die er für verbindlich deklarierte, und er faßte die Lehre vom heiligen Geist neu:

1. Christus ist von Ewigkeit beim Vater. Das bedeutet für Bull: Christus ist vor der Entstehung der Welt und vor dem Beginn der Inkarnation, vor der Verkündigung an Maria Teil der Trinität. Er sei, gleichsam als Praeludium seiner Menschwerdung, im Alten Testament erschienen und habe die Kirche als seine Institution stets vorhergesehen und ihr vorgestanden.[77] Die dogmatische Grundlage dieser These ist der Prolog zum Johannesevangelium; das exegtische Hauptargument bietet die Allegorese der »drei Engel bei Abraham« (Gen. 18, 1– 15),[78] die patristischen Belege werden aus Justinus Martyr, Irenaeus, Theophilus von Antiochien, Clemens von Alexandrien, Tertullian, Origenes und Cyprian genommen.[79]

2. Christus ist consubstantialis, ὁμοούσιος mit dem Vater.[80] Diesen Streitfall löst Bull mit einer weichen Definition von Konsubstantialität. Ihm reicht, wenn Christus als göttlich bezeichnet wird, in welcher Spezifikation auch immer. Deshalb kann er bei den vornicaenischen Vätern Barnabas, dem Hirten des Hermas, Ignatius, Clemens Romanus, Polycarp und Irenaeus keine arianischen Tendenzen entdecken. Er wendet sich hier ausdrücklich gegen Sandius und Pétau, die Clemens als arianisch interpretieren; das sei eine Überinterpretation weniger Zeilen; »sed nobis sufficit, quod ipse Clemens in Epistola sua nusquam (Photio ipse fatente) Christum Dominum blasphemat.«[81] Er analysiert diese Wesensgleichheit weder als Willensgleichheit noch als Vernunftgleichheit. Deshalb kann er, anders als Scultetus oder Pétau,[82] Origenes als orthodox akzep-

---

[77]   »Index Thesium in hoc opere demonstratarum, [unpag] Sect. I. De Filii τῇ προϋπάρχει.«
      »Thesis: Jesum Christum, hoc est eum, qui postea Jesus Christus dictus est, ante suam
      συνανθρώπησιν, sive ex beatissima Virgine secundum carnem nativitatem, in natura al-
      tera, humana longe excellentiori, extitisse; sanctis viris, velut in praeludium incarnationis
      suae, apparuisse; Ecclesiae quae olim sanguine suo redempturus esset, semper praefuisse ac
      prospexisse; adeoque à primordio omnem ordinem divinae dispositionis, ut loquitur
      Tertullianus, per ipsum decurrisse; quin & ante jacta mundi fundamenta Deo Patri suo ad-
      fuisse, perque ipsum condita fuisse haec universa, Catholici Doctores trium primorum sae-
      culorum uno omnes ore docuerunt.«
[78]   § 11, S. 16: »Cum Patres communiter asserunt, Angelum, qui Abrahami et Mosi apparuit,
      cuique nomen Jehova & divini honores tribuitur, fuisse Dei Filium; duplicem id sensum
      admittit; nempe, vel fuisse Deum i.e. Filium Dei nomini Angeli significatum, quia ipse
      corpus assumserit, sive speciem visibilem, qualem Angeli usurpare solunt, vel Filium Dei
      fuisse in Angelo, per assistentiam sive praesentiam singularem.«
[79]   Robert Nelson Esq: The Life of Dr. George Bull (wie Anm. 75), S. 305.
[80]   »Sect. 2 De Filii τῷ ὁμοουσίῳ«: »Filium Dei Deo Patri ὁμοούσιον sive consubstantialem,
      hoc est non creatae alicujus aut mutabilis essentiae, sed ejusdem prorsus cum Patre suo
      naturae divinae & incommunicabilis, proinde Deum verum de Deo vero esse, Catholicorum
      Doctorum, qui tribus primis saeculis floruerunt, constans concorsque fuit sententia.«
[81]   Defensio, S. 82.
[82]   Pétau scheint für Bull noch zu streng mit Origenes ins Gericht gegangen zu sein: »Ex
      quibus omnibus spero fere, ut Lector cordatus clare tandem perspiciat, quam impotenter in
      Origenem debacchatus sit Petavius, dum ita de Patre (vel inimicis judicibus) sanctissimo
      atque eruditissimo scribere non est veritus: De Origene, inquit, constat, cum de Filio et
      Spiritu sancto impie absurdeque sensisse. Et paulo post: Origenes, ut aetate Arium ante-

tieren;[83] Origenes hatte nämlich den Vater als anfänglichen Willen und den Sohn als die Vernunft des Vaters interpretiert und so beide unterschieden.

3. Christus ist coaeternus συναΐδιος, gleichewig mit dem Vater. Dieses ist der einzige Punkt, den Bull am Arianismus als dogmatisch falsch bestimmt. Er stellt freilich fest, daß dieses Argument in der vornicaenischen Theologie keine Rolle spielt und kann auch nur konstatieren, daß der wichtigere und größere Teil der ersten Kirchenväter dieser These zugestimmt habe.[84]

4. Er konzediert aber, daß es einige gebe, »qui videntur Filio Dei, etiamsi Deus est, nativitatem tribuisse quandam, quae aliquando coepit, & mundi creationem proxime antecesserit.«[85] Diese Autoren unterschieden sich aber weitestgehend vom Arianismus,[86] und zwar darin, daß sie den Sohn als göttliche

---

cessit, sic impie par; imo impiis dogmatis auctor ille fuit.« Bull hält dagegen und mutmaßt: »Fortasse existimavit Jesuita, se religione sua ad id obstrictum fuisse, ut ita venerando Patri malediceret; quod scil. Origenes & Origenistae cum dogmatis suis damnati & anathematismis confossi fuerint in quinta synodo. Verum non defuere viri illustres è Romana Ecclesia (Joannem Picum Mirandolum dico, Jacobum Merlinum Victorensem, Desiderium Erasmum Roterodamum, Sixtum Senensem, Claudium Espenceatum, Gilbertem Genebrardum, & Petrum Halloxium) qui nihil sibi metuentes a quinti Concilii anathematismis, Origenem non modo sine probo nominare, sed & palam apteque defendere aussi sunt.« Defensio, S. 169.

83 Defensio, cap. 9: Origenis doctrinam, de Filii Dei vera Divinitate animo catholicam, & Nicaenae fidei plane consonam fuisse, praecipue ex indubitato ejus, & maxime incorrupto, atque ab ipso jam sene accuratori diligentia elucubrato opere contra Celsum, fuse & luculenter ostenditur.

84 »Sect. 3 De Filii Dei τῷ συναϊδίῳ.
Thesis Prima: Doctorum, qui concilium Nicaenum antecesserunt, potior & maior par consequenter Filii τὸν συναΐδιον, id est, coeternum cum Deo Patre existentiam, sine ambagibus, aperte, clare ac perspicue docuerunt ac professi sunt« (Index Thesium)

85 »Index Thesium«, sect. 3, Thesis secunda.

86 Adolf Harnack: Dogmengeschichte, 3. Aufl. Tübingen 1898, S. 180f., nennt folgende Kriterien des Arianismus: »1. Gott, der Einzige, neben dem es keinen Anderen giebt, ist allein ungezeugt, anfangslos, ewig; er ist unaussprechlich und unerfassbar, ferner aller Dinge Ursache und Schöpfer. In diesen Merkmalen liegt sein Wesen (der unerzeugte Erzeuger). Seine Thätigkeit ist Schaffen (›Zeugen‹ ist nur ein Synonymum). Alles, was ist, ist geschaffen – nicht aus dem Wesen Gottes (sonst wäre er nicht einfach und geistig), sondern in seinem freien Willen. Gott ist demgemäß nicht immer Vater gewesen, sonst wäre das Geschaffene ewig; auch kann dem Geschaffenen nie das Wesen Gottes mitgetheilt werden, denn dieses ist eben ungeschaffen.
2. Diesem Gott wohnen unabtrennbare Kräfte (nicht Personen) Weisheit und Logos inne; ausserdem giebt es viele geschaffene Kräfte.
3. Vor der Weltzeit als Werkzeug der Schöpfung der übrigen Kreaturen (ἵνα ὁ θεὸς ἡμᾶς δι' αὐτοῦ δημιουργήσῃ) hat Gott aus freiem Willen (θελήματι τοῦ πατρός) ein selbständiges Wesen (οὐσία, ὑπόστασις) geschaffen, das von der Schrift Weisheit, Sohn, Ebenbild, Wort genannt wird; es ist, wie alle Kreaturen, aus dem Nichts geschaffen (λόγος ἐξ οὐκ ὄντων γέγονε) und hat einen Anfang gehabt. Es gab also eine Zeit, wo dieser Sohn nicht war (ἦν ποτε, ὅτε οὐκ ἦν καὶ οὐκ ἦν πρὶν γένηται). ›Sohn‹ heißt er nur uneigentlich; auch die übrigen Kreaturen werden von der Schrift so genannt.
4. Also ist dieser ›Sohn‹ seinem Wesen nach eine selbständige, von dem ›Vater‹ völlig verschiedene Grösse; weder hat er *ein* Wesen mit dem Vater, noch die gleiche Naturbeschaffenheit (sonst gäbe es zwei Götter). Er hat vielmehr einen freien Willen und ist der Veränderung fähig (ὁ λόγος ἀνόμοιος κατὰ πάντα τῆς τοῦ πατρὸς οὐσίας – ξένος τοῦ υἱοῦ κατ' οὐσίαν ὁ πατήρ, ὅτι ἄναρχος – λόγος τρεπτὸς φύσει). Er hat sich aber dauernd für das Gute bestimmt. Somit ist er vermöge seines Willens unveränderlich geworden.

Person akzeptierten.[87] Bull gibt allerdings zu, daß Tertullian und Laktanz an einigen Stellen gelehrt hätten, daß Christus nicht gleichewig mit dem Vater sei und daß ihre Theologie in diesem Punkt der des Arius zu entsprechen scheine. Bei Tertullian, dessen Orthodoxie für Bull außer Frage steht, seien diese Mißverständnisse aus einer Polemik erwachsen; Laktanz, der auch zum Manichaeismus tendiere, genieße wenig Ansehen in der Kirche.[88]

An der gesamten Argumentation zeigt sich, daß Bull die Definition des Arianismus sehr eng faßt: Die Geschaffenheit des Logos und die Nicht-Göttlichkeit dieses Christus sind die beiden Kriterien, die zusammenkommen müssen. Des-

---

5. Also ist der ›Sohn‹ nicht wahrhaftiger Gott, und er hat göttliche Eigenschaften nur als erworbene und nur theilweise. Weil er nicht ewig, ist auch seine Erkenntniss nicht vollkommen (οὔτε ὁρᾶν οὔτε γινῶσκειν τελείως δύναται ὁ λόγος τὸν πατέρα). Ihm gebührt daher nicht die gleiche Ehre wie dem Vater.

6. Doch unterscheidet er sich von allen Kreaturen: er ist das κτίσμα τέλειον (d. h. so vollkommen, wie ein Geschöpf sein kann), durch ihn ist Alles geschaffen; er steht in einem besonderen Gnadenverhältnisse zu Gott, der ihm in Voraussicht seiner Bewährung schon in der Präexistenz Herrlichkeit gegeben hat. Durch Gottes Mittheilung und und eigenes Fortschreiten ist er zum Gott geworden, so dass man ihn ›eingeborener Gott‹ *nennen* kann (μετοχῇ καὶ αὐτὸς ἐθεοποιήθη – λέγεται θεός).

7. Dieser Sohn hat einen Menschenleib (σῶμα ἄψυχον) wahrhaftig angenommen. Die Affekte, die der geschichtliche Christus zeigt, lehren, daß der Logos, dem sie zukommen (denn einen menschliche Seele hat Christus nicht gehabt), ein leidensfähiges, nicht absolut vollkommenes (sondern die Vollkommenheit erringendes) Wesen ist.

8. Neben und unter dem Sohn steht der heilige Geist; denn der Christ glaubt an drei getrennte und verschiedene οὐσίαι (gebraucht wird auch gleichbedeutend ὑποστάσεις); der heilige Geist ist durch den Sohn erschaffen.

9. Schriftbeweise für diese Lehre waren Dt 6,4; 32,39; Prov. 8,22, Ps. 45,8, Mt. 12,28; Mc. 13,32, Mt. 26,41; 28,18; Lc.2,52; 18,19; Joh 11,34; 14,28; 17,3; Act 2,36, I Cor 1,24; 15,28; Col 1,15; Phil 2,6 f.; Hbr 1,4; 3,2; Joh. 12,27; 13, 21; Mt. 26,39; 27,46 u.s.w.«

[87] »Nam si dicta eorum accuratius expendantur, apparebit de nativitate ipsos locutos non vera et propriè dicta, quae nempe Filius ὑποστάσεως & subsistentiae suae initium acceperit; sed defigurata & metaphorica: hoc est, illud tantum voluisse τὸν λόγον, qui ante omnia saecula (cum nihil praeter Deum esset,) in et cum Deo Patre extiti, ut aeternae ipsius mentis coaeterna progenies, ex ipso Deo Patre, tum cum mundum conditurus esset, κατ᾽ ἐνέργειαν prodiisse & progressum esse ad constituendum universa, seque Patremque suum creaturis manifestandum: atque ob hanc προέλευσιν & manifestationem Dei Filium & primogenitum in Scripturis dici.« (Index Thesium II, 2).

[88] »Tertullianus quidem alicubi ausus est diserte scribere, fuisse tempus quando Filius Dei non esset. Sed primo constat scriptorem ille, caeteroquin ingenii magni & paris eruditionis, ab Ecclesia Catholica ad heresin defecisse: & valde incertum est, quos Catholicos, quos in haeresin inclinans, quos demum palne haereticos libros conscripserit. Deinde videtur Tertullianus protulisse istud effatum ἀγνωστικῶς & in certamine cum adversario, ludens in vocabulo filii; ita est, cum Filii aetaernitatem absolute negasse videatur, revera tamen nihil aliud voluerit, quam quod voluerant Patres, quos antea commemoravimus; nempe personam illam divinam, qui Filius Dei appellatur, quamquam numquam non existerit apud Patrem, Filium tamen tum primum declaratum fuisse, quando ex Patre processerit ad constituendum universa. Certe idem Tertullianus alibi multis in locis plane Catholicè, si dogmatis τὸν ὑπερέχον spectes, de Filio τῷ συναϊδίῳ philosophatus fuit. Ad Lactantium quod attinet, qui etiam alicubi Filio Dei non obscure initium existentiae tribuit, levis est ejus in Ecclesia Dei existimatio & auctoritas; siquidem sacrarum literarum & Doctrina necessario statuendum aut loca illa scriptorum Lactantii, quae contra Filii arternitatem facere videntur, ab haeretico aliquo Manichaeo depravata; aut certe ipsum Lactantium manetus haeresi infectum fuisse. Demum & ipse tamen alibi saniorem de aeternitate τοῦ λόγου sententiam tradidit.« (Index Thesium 3, 4).

halb fällt der Subordinatianismus bei Eusebius und Origenes nicht unter das Arianismusverdikt.

5. Subordinatianismus: Bull argumentiert mit einem funktionalen Trinitäts-Konzept. Der Vater ist nur durch Zeugung des Sohnes Vater und der Sohn nur durch den Vater Sohn. Das Argument stammt aus Origenes' »Contra Celsum«, und Bull ist natürlich davon überzeugt, daß die Zeugung des Sohnes vor aller Zeit geschieht. Zu diesem Konzept paßt der Subordinatianismus als modale Konsequenz. Die Pointe der Dogmatik Bulls besteht genau darin, daß er den Subordinatianismus als die wahre nicaenische Lehre propagiert. Mit dieser These kann er die Theologie der Kirchenväter als einheitlich darstellen. Und so betont er denn auch, die Kirchenväter vor und nach dem Nicaenum seien durchweg subordinatianistisch gewesen, und die Begründung dafür sei evident: Nur der Vater stamme aus sich selbst. Der Sohn stammt nicht aus sich selbst und ist nicht aus sich göttlich (αὐτόθεος).[89] Bulls dogmatische Position besagt in diesem Punkt nicht mehr und nicht weniger, als daß der Subordinatianismus mit allen Konsequenzen akzeptiert wurde. Diese These veränderte die Situation des Athanasius. Bei Scultetus war die athanasische Theologie als einzig akzeptable übriggeblieben. Jetzt wurde sie zur Ausnahme von einer sonst vorherrschenden subordinatianistischen Trinitätstheologie. Dagegen ist die Theologie der Alexandriner Clemens und Origenes aufgewertet. Mit Clemens wird die Trinität relational begründet: πᾶσα δὲ τοῦ κυρίου ἐνέργειά ἐστι, τὸν παντοκράτορα τὴν ἀναφορὰν ἔχει, ἔστιν ὡς εἰπεῖν, πατρική τις ἐνέργεια ὁ υἱός (alles ist Handeln des Herrn und bezieht sich auf den Allmächtigen: So ist sozusagen der Sohn die Handlung des Vaters).[90] Aus Origenes' *Contra Celsum* (V,4) entnimmt Bull die Lehre vom heiligen Geist, die den Geist Gottes sehr nahe an die neuplatonische Weltseele heranrückt:

Spiritus Domini repleat orbem terrarum, qui continet omnia scientiam vocis habeat: nec illa verba intelligit, ›Nonne coelum et terram ego impleo‹, dicit Dominus? Nec videt, quod iuxta sententiam Christianorum, omnes in eo vivimus, movemur & sumus, sicut Paulus docet in concione ad Atheniensas habita?[91]

Bei der Lehre vom Heiligen Geist, der dieselben Eigenschaften wie der Sohn hat, steht Bull vor der Schwierigkeit, daß die dritte Person so explizit biblisch nicht zu belegen ist wie die Christologie. So bleibt nur die Analogie zur Christologie:

Which four Articles being established in this Treatise, the heads of the Catholick Doctrine concerning the HOLY GHOST, do thence easily also unfold themselves; and are these ac-

---

[89] Sect. 4. De subordinatione Filii ad Patrem. »Decretum illud Synodi Nicaenae, quo statuitur, Filium Dei esse θεὸν ἐκ θεοῦ Deum de Deo, suo calculo comprobarunt Doctores Catholici, tum qui ante, cum qui post Synodum illam scripsere. Nam illi omnes in uno ore docuerunt, naturam perfectionesque divinas Patri Filioque competere non collateraliter, aut coodinate: hoc est filium eandem quidem naturam divinam cum Patre communem habere, sed à Patre communicatam; ita scil., ut pater solus naturam illam divinam à se habebat, sive à nullo alio; Filius autem a Patre: Proinde Pater divinitatis, quae in Filio est, fons, origo ac principium est.«

[90] Clemens: Strom. 72, P.G. IX, Paris 1890, pag. 412. Zitiert bei Bull: Defensio S. 475.

[91] Bull: Defensio, S. 475f.

cording as he hath explained them here, though but incidentially. I. The Holy Ghost is not a mere Energy of the Father, but a distinct divine Person. II. This divine Person is of the same Nature and Essence with the Father and the Son. III. He not only preexisted before the World, but is Eternal as the Father is Eternal. Yet, IV. He is not self originated, but proceedeth from the Father eternally as his original, and is sent by the Son.[92]

Bull vertrat weitgehend eine johanneische Theologie, die in ihrer Vagheit als dogmatisch ausreichend aufgefaßt wurde. Sie stützte sich auf den Prolog des Johannes-Evangeliums und kümmerte sich äußerlich nicht um die Frage nach dem Platonismus dieser Theologie. Indirekt war sie selbstverständlich eine Antwort auf den Vorwurf des philosophischen, und deshalb unbiblischen Platonismus der Kirchenväter, denn sie versuchte, den Consensus Patrum noch einmal zu bestimmen, indem sie das Trinitätsdogma subordinatianistisch faßte. Bull konnte sich so mit den anglikanischen Latitudinariern – den Liberalen – und den Katholiken gut verständigen. Doch war seine Widerlegung des Sozinianismus und seine Restitution des Consensus Patrum für strenge Lutheraner inakzeptabel. Das zeigt sich an Jacob Thomasius' Diskussion des Platonismus in der Theologie.

g) Jacob Thomasius: Γνῶσις als Leitbegriff von Ketzerei und Mystik

Seit Pétau war die Frage nach dem Platonismus der Kirchenväter unter Theologiehistorikern nicht mehr strittig. Der Platonismus hatte sich als gefährlich und zweideutig erwiesen, er barg ein Potential von antichristlichen und häretischen Argumenten. Das war in der Diskussion um die Mystik und Theosophie Böhmes sowie seiner Schüler evident. Deren Parallelität mit Argumenten aus dem Platonismus der Kirchenväter war den Theologiegeschichtlern lange bekannt. Jacob Thomasius hat, möglicherweise im Anschluß an Pétaus vorzügliche Wortuntersuchung zu οὐσία und zu ὑπόστασις, den Begriff Γνῶσις als Leitbegriff der philosophisch-theologischen Tradition verstanden.[93] Thomasius schreibt eine Begriffsgeschichte von Γνῶσις und stellt fest, daß dieser Begriff gleichermaßen zur Kennzeichnung der metaphysischen Erkenntnis, der christlichen Offenbarung und der frühen ketzerischen Gnosis, zumal bei Simon Magus und seinen Schülern, angewandt werde. Bei Aristoteles heiße die Philosophie γνῶσις τῶν ὄντων, ἣ ὄντα ἐστί, Wissen um das Seiende, sofern es Seiendes sei. Aristoteles

---

[92] Robert Nelson Esq: The Life of Dr. George Bull, gibt S. 303f. eine ausführliche Darstellung der christologischen Positionen pp. 303–322.

[93] Jacob Thomasius: Schediasma historicum quo, occasione definitionis vetustae, quâ philosophia dicitur γνῶσις τῶν ὄντων, varia dicutiuntur tum philosophicam, tum ecclesiasticam pertinentia. imprimis autem inquiritur in ultimas origines philosophiae gentilis et quatuor in eâ sectarum apud Graecos praecipuarum, haereseos ite, Simon Magi, Gnosticorum, massaliorum & Pelagiorum; denique theologiae mysticae pariter ac scholasticae. Leipzig 1665. Der Sohn Christian Thomasius hat dieses hochgelehrte Werk 1699 unter dem Titel »Origines Historiae Philosophicae & Ecclesiasticae in Halle neu herausgegeben. Es existiert m. W. nur eine Darstellung dieses Textes: Ralph Häfner: »Jacob Thomasius und die Geschichte der Häresien«. In: Christian Thomasius. Neue Forschungen im Kontext der Frühaufklärung, hg. von Friedrich Vollhardt, Tübingen 1997, S. 142–164.

übernehme die platonische und die pythagoräische Definition des Wissens φιλοσοφία ἐστὶ γνῶσις τῶν ἀληθῶς καὶ ὄντως ὄντων (Plato) bzw. γνῶσις τῶν ὄντων (Pythagoras). Da aber die Platoniker unter den ὄντα ewige und immaterielle Ideen verstanden hätten, und bei den Aristotelikern – gemeint sind die scholastischen – Gott als Ens ut Ens bezeichnet werde, habe Gnosis unter der Hand die Bedeutung einer metaphysischen Gotteserkenntnis bekommen. So habe der Begriff den Charakter einer Erkenntnisvollkommenheit gewonnen, der der Bedeutung des Glaubens im evangelischen Christentum nicht anstehe.

Im seinem ersten Brief an Timotheus (Kap. 6) kennzeichne Paulus mit dem Begriff Gnosis die falsche Lehre des Magiers Simon – und charakterisiere so den Ursprung der Häresie in der apostolischen Frühzeit des Christentums. Simon Magus habe aus der Lehre des Zoroaster seine Theologie der beiden Gottheiten, einer guten und einer bösen, gezogen. »A Simone per Menandrum, Basilidem, Nicolaum, Carpocratem, Valentianum propagata est illa γνῶσις ad eos usque haereticos, qui dissimulatis progenitoribus suis maluerunt sibi ab eximâ scilicet rerum divinarum intelligentiâ nomen arrogare *Gnosticorum*.«[94] Die Schüler des Simon Magus hätten sich mit den Christen vermischt und die Lehre von den beiden Prinzipien in die Kirche zu bringen versucht. Fleischlichkeit und Geistigkeit seien so völlig voneinander getrennt worden; so sei dort die Widersinnigkeit aufgekommen, daß auch die, die unrein lebten, sich doch spirituell für perfekt halten könnten.

Diese Denunziation der Gnosis ist bei Thomasius ein Angriff gegen alle Formen theologischer Mystik, in der die neuplatonische Philosophie mit ihrer Lehre vom Einen kulminierte. Die Gnosis und mit ihr die Theologie, die an der philosophisch-metaphysischen Erkenntnis Gottes orientiert war, war unbiblisch und deshalb inakzeptabel. Aus diesem Grund kann Thomasius auch die alexandrinische Theologie nicht akzeptieren: Clemens und andere bezeichneten die Gnostiker als perfekte Christen und behaupteten von sich, sie seien nicht allein »πνευματικούς seu spirituales, sed etiam ἀπαθεῖς & ἀναμαρτικούς. ... Quo pacto nimis in alteram partem prolapsi [...] quo Platonicae quoque & Pythagoreae Philosophiae amor eos impulsisse videtur.«[95] Diese Liebe zur Philosophie habe den Sekten der Massalianer und den Pelagianern zur Vorlage für ihre Thesen gedient; vor allem aber habe die Lehre von der Apathie, der Gelassenheit, in der Theologie eine verhängnisvolle Rolle gespielt. Diese »enthusiastische« Theologie der Gelassenheit, die durch freiwillige asketische Weltflucht – das ist ihr Pelagianismus – die Erkenntnis Gottes als Überstieg über die sinnliche Leidensfähigkeit erreichen zu können glaubt, mache diese Theologie zur falschen Gnosis.

So macht für Thomasius Gnosis – Wissen in Unschuld und Gelassenheit – den Kern des heidnischen Platonismus im Christentum aus; und er nimmt es in

---

[94] Ebd., § 31.
[95] Ebd., § 44f.

der christlichen Mystik als noch immer virulent wahr.[96] Diese These, daß die
Mystik der Platonismus im Christentum ist, ist das stärkste orthodoxe Argument
gegen die mystische Frömmigkeit, das im 17. Jahrhundert entwickelt wurde. Es
denunzierte nämlich die persönliche Frömmigkeit der Mystiker als falschen
Glauben, der nicht christlich, sondern im Wesen heidnisch war. Allein im religiösen Gehorsam: sola scriptura und sola fide lag die rechte Lehre. So entwik-
kelte sich bei Thomasius die Kirchenväterkritik zur Kritik an der falschen
Frömmigkeit. Wo mystischer Platonismus herrschte, war wahres Christentum
unmöglich.

III. Schluß: Matthieu Souverains Demontage des Platonismus im Johannes-
Evangelium

Im letzten Drittel des 17. Jahrhunderts lag das Ergebnis der Kritik des platonischen Christentums fest: Der Platonismus – das ist die Verbindung von Neuplatonismus und antikem Platonismus[97] – war in der patristischen Lehre isoliert und
als im Kern heidnische und unchristliche Philosophie identifiziert. Diese ortho-
dox-biblizistische Polemik stand in einem intrikaten Verhältnis zu der These der
Antitrinitarier, der Platonismus sei auch die intellektuelle Grundlage der dogmatischen Trinitätstheologie, die sich in der Bibel nicht finde. Das war seit Servet
und vor allem seit Fausto Sozzini ein Standardargument der antitrinitarischen
Theologie.[98]
    Der Platonismus, galt als pagan, der Neuplatonismus war aufgrund von Ju-
lian Apostata, Porphyrius und Proklos als philosophische Grundlage des Christentums zweifelhaft, philosophische Hauptquellen des christlichen Platonismus,
das Corpus Dionysiacum und auch das Corpus hermeticum waren als pseudepi-
graphisch erwiesen, der christliche Platonismus war, wie Jacob Thomasius gezeigt hatte, wegen seiner gnostisch-mystischen Implikationen für die Theologie,
die solâ fide und solâ scripturâ begründet war, auch in der Gegenwart des
17. Jahrhunderts hochgefährlich. Die Kirchenväter, die von diesem Platonismus
infiziert waren, vertraten dogmatische Positionen, die mit der nicaenischen
Dogmatik unvereinbar waren; das galt für den trinitarischen Subordinatianismus
ebenso wie für die Eschatologie der Apokatastasis panton.
    Diese Stigmatisierung des Platonismus war nun ihrerseits nicht ohne Risiko
für die evangelische Theologie. Sie mußte jetzt das Dogma der Trinität allein auf

---

[96]   Seine Gegner sind neben dem Areopagiten Dionysius Carthusianus, Jean Gerson und
       Maximilian Sandaeus' *Theologia Mystica* (Mainz 1627) sowie dessen *Clavis Theologiae
       mysticae* (Köln 1640).
[97]   Zur weiteren, zumal philosophiegeschichtlichen Dissoziation von Platonismus und Neu-
       platonismus s. meinen Aufsatz: »Jacob Bruckers philosophiegeschichtliches Konzept«. In:
       Jacob Brucker (1696–1770) Philosoph und Historiker der europäischen Aufklärung. Hg.
       von Wilhelm Schmidt-Biggemann und Theo Stammen. Berlin 1998, S. 113–134.
[98]   Explicatio primi Capitis Joannis. In: Opera Fausti Socini, Bibliotheca fratrum polonorum,
       Bd. 1, Irenopoli 1656 [i.e. Amsterdam 1668], I, S. 75–85. Vgl. oben S. 270ff.

biblische Zeugnisse stützen. Die philosophischen Analogien zu neuplatonischen triadischen Spekulationen waren diskreditiert. Die Exegese, die mit Allegorese, mit Typologie und vielfachem Schriftsinn arbeitete und die bei den Kirchenvätern die Belege für die Trinität lieferte, war in der evangelischen Hermeneutik so weit wie eben möglich reduziert. Damit war die protestantische – sowohl lutherische als auch reformierte – Exegese in einer Situation, die ihre dogmatischen Begründungsmuster völlig auf einen reinen Biblizismus reduzierte. Das war eine Konstellation in der protestantischen Theologie, die gefährlich nahe an sozinianische Positionen herankam. Denn auch die sozinianische Bibelinterpretation prätendierte, wie der Protestantismus, rein biblizistisch, unter Ausschaltung aller philosophischer Positionen, Exegese zu treiben und allein daraus Lehren zu ziehen.

Was aber geschah, wenn zusätzlich zum Allegoreseverbot die Bibel oder Teile der Bibel sich selbst als platonisch erwiesen? War der Platonismus dadurch wieder geheiligt, oder handelte es sich dabei nur um ein Mißverständnis der biblischen Schreiber über den wahren, nämlich antichristlichen Charakter des Platonismus? Schließlich war die Doppeldeutigkeit des Platonismus durch die antike theologische Geschichte bewiesen: Julian Apostata war als Platonist Christengegner, ebenso erbitterte andere Feinde des Christentums wie Celsus, Porphyrius und Jamblich.

Es mußte also unterstellt werden, daß die Kirchenväter selbst und viele spätere Theologen das intellektuelle Risiko einer Verbindung von Platonismus und Christentum unterschätzt hatten und sich in ihrem Glauben platonisch infiziert hatten. Diese Vorstellung, der Platonismus sei die eigentliche Krankheit des dogmatischen Christentums, war für die Trinitätstheologie gefährlich. Wurde dieser Maßstab auf das Johannesevangelium bezogen, waren große Teile dieses Textes diskreditiert; wurde sie auf den Johannes-Prolog angewandt, brach die Theologie des Evangelisten zusammen. Wenn der Johannesprolog, der evident mit griechisch-platonischer Terminologie arbeitete, nicht mehr als Logos-Theologie im platonistischen Sinne interpretiert werden durfte, fiel die Hauptquelle der Lehre vom Logos als dem Sohn Gottes, die Lehre von der Schöpfung durch den Sohn und die Inkarnationstheologie fort. Es entfiel damit die Zentralquelle der christlichen spekulativen Theologie; damit auch für das Trinitätsdogma. Wenn man das Johannesevangelium retten wollte, dann blieb allein der Ausweg, daß man den Platonismus des Johannesevangeliums für nichtig erklärte und seine platonistische Exegese durch die Kirchenväter als interpretatorisches Mißverständnis ausgab.

Genau diese philologische Demontage des Johannes-Prologs geschah durch Mathieu Souverains »Le platonisme dévoilé« (1700). Das Buch erschien anonym »À Cologne Chez Pierre Marteau«, und auch über den Verfasser war nicht mehr herauszubekommen, als daß er als reformierter Prediger in den Niederlanden gelebt hatte und sich später nach England zurückzog. Das Buch, das möglicherweise auch in den Zusammenhang des frühen Streits um den Gottesbegriff des Spinozismus gehört, den Johann Georg Wachter berichtet, hatte eine enorme Spätwirkung: Im Zusammenhang mit dem Spinoza-Streit wurde es ins Deutsche übersetzt und begründete die Sonderstellung des Johanneischen Christentums im Deutschen Idealismus mit.[99] Zum Zeitpunkt seines Erscheinens dokumentierte es den Sieg der sozinianischen Exegese über die orthodoxe Dogmatik, die sich mit der Kirchenväterkritik selbst ihre historischen Wurzeln gekappt hatte.

Die Thesen des Buchs lassen sich in 11 Punkten unter drei Gruppen zusammenfassen:

A. Christus und das Wort

1. Das Wort Gottes bedeutet bei Johannes nicht λόγος im griechischen Sinn, sondern hebr. bevar – Kraft, Befehl. Deshalb ist alles, was johanneisch als λόγος auftaucht, als Manifestation göttlicher Kraft zu interpretieren. Diese göttliche Kraft sei als Schöpfungswort aufzufassen, mit dem Gott unmittelbar die Welt geschaffen habe, ohne daß man Zwischenstufen in der Trinität oder der göttlichen primordialen Weisheit annehmen müsse.[100]

2. Es gibt keinen Unterschied zwischen Geist und λόγος,[101] auch der Geist ist nur Manifestation göttlicher Kraft. Deshalb gibt es auch keine innergöttliche Ökonomie, weil es keine eigentliche Kommunikation zwischen Gottes Kraft und Gott selbst gibt. Allein der Logos als Vernunft könne eine solche Kommunikation spekulativ erklären. Deshalb ist auch im Johannes-Prolog keine Trinität nachzuweisen. Die platonisierende Interpretation der Kirchenväter, die die Trinitätstheologie begründe, habe ihren Grund in der mangelnden Hebräischkenntnis der Kirchenväter. Wenn man die griechische Philosophie aus der Interpretation entferne, wie das philologisch geboten sei, dann »adieu les Emanations & les Generations, adieu le Verbe interne & le Verbe proféré, adieu la Trine-Unité & les Hypostases; & tout ce Jargon Théologique, qu'on prétend qui est formé sur le stile de S. Jean.«[102]

3. Christus sei die Manifestation Gottes und der höchste Prophet. Die Kraft Gottes zeige sich einerseits in den Propheten, dort sei sie aber nur in einzelnen Aspekten präsent. Die Kraft »qui s'est démontrée en Jesus Christ, à

---

[99]   Vgl. Tanja Gloyna: Schellings Quellen im Platonismus. Magisterarbeit Berlin 1996. Michael Franz: Schellings Tübinger Platon-Studien. Göttingen 1996, S. 28–43.

[100] Matthieu Souverain: Le platonisme dévoilé. Köln 1700, S. 7: »S. Jean nous décrit la première des Manifestations, quand il dit, que la Parole étoit au commencement, que cette Parole étoit avec Dieu, & que Dieu lui-même étoit cette Parole-là par laquelle toutes choses ont été faites. En effet Dieu étoit lui-même la Parole, lors qu'il parlat au Néant, parce qu'il parla immédiatement sans intervention d'un Ange & sans le Ministere d'aucun Homme. S. Jean n'a pas là-dessus d'autre Doctrine que celles des autres Ecrivains sacrés: Dieu a parlé, dit le Psalmiste Ps. 33.9, & tout a été fait; et pour expliquer quelle est cette Parole il ajoute, Dieu a commandé tout a été crée: Où l'on voit que sa parole n'est autre chose que son commentaire immédiat.«

[101] Das weist er an Mariae Empfängnis Christi nach, die für ihn johanneisch bedeutet, »que le St. Esprit, ou le Verbe, car c'est la même chose, n'a pas seulement formé sa Chair, mais s'y étant encore insinué, comme parlent les anciens Docteurs, y a semé les Principes de ses Actions prophétiques.« (S. 40).

[102] Ebd., S. 14f. Souverain stützt sich hier auf Th. Bezas These des »Messie de Parole«.

qui la nature Divine c'est communiquée d'une manière beaucoup plus par-
faite, a été inséparable & perpétuelle.«[103]

B. Platonismus

4. Die natürliche Theologie des Platonismus stütze sich auf drei göttliche
   Prädikate: Güte, Weisheit und Macht. Souverain geht von der Welt als
   Schöpfung aus, die »l'ouvrage d'un Dieu tout bon, tout sage et tout puis-
   sant«[104] sei. Diese These habe Plato als erster perfektioniert. Sie sei dann
   von Coelius Rhodiginus und Thysius durch die Vermittlung der Christen
   Laktanz und Minucius Felix übernommen worden.
5. Im platonischen *Timaios* werde die Lehre vom einen Schöpfergott verkündet. Die Welt, durch Güte, Weisheit und Macht geschaffen, sei dort als
   Sohn Gottes beschrieben. Durch den Aberglauben des Volks gezwungen,
   habe der Deist Plato die Eigenschaften Gottes zu Hypostasen gemacht. Die
   Kosmogonie sei so zu einer Art trinitarischer[105] Theogonie verändert worden: »Que Platon n'a parlé de Dieu que par raport à la Création; qu'il l'a
   crû le Pére du Monde, & par conséquent que le Monde est son Fils; qu'il
   l'a mieux connu que les autres Philosophes: Cependant, qu'il a gâté cette
   connoissance par le mélange des Erreurs de son Pais, parce qu'il croioit
   trop dangéreux d'eux dire sa pensée ouvertement.[106] C'est-à-dire que les
   Sentiments etoient genez, & que par plaire à la Populace supersticieuse, il
   fut obligé de faire autant d'Hypostases et des Dieux, qu'il avoit trouvé de
   Perfections dans le Créateur du Monde. En un mot pour pouvoir philosopher en sureté de l'Origine du Monde, il a fallu feindre adroitement une
   Genealogie de Dieux, un Pere, un fis engendré, un troisième issu de ces
   deux-là, & convertir toute la Cosmogonie en pure Théogonie.«[107]
6. Im Gefolge der Valentianischen Gnosis[108] führten, Souverain zufolge, die
   Kirchenväter genau diesen Vorgang der Hypostasierung natürlicher Eigenschaften der Welt fort und steigerten ihn noch. So entstand der neue Platonismus mit seiner Lehre der spirituellen Anwesenheit Gottes in der Welt.
   Diese Tendenz reiche bis in Souverains Gegenwart; Henry Mores Kabbala-
   Interpretationen[109] seien ebenso wie Malebranche's Philosophie ein bered-
   tes Beispiel. Die platonisierenden Kirchenväter wie Origenes glaubten nicht
   so sehr an den leiblichen Sohn Mariens, »qu'à leur Fils théologizé, comme

---

[103] Ebd., S. 40.
[104] Ebd., S. 52.
[105] »Les trois Hypostases des Platoniciens, dit-il, ne semblent être autre chose, qu'une infinie
   bonté, une infinie Sagesse, & une infinie Puissance & Amour.« (ebd., S. 65), zitiert aus
   Cudworth: True intellectual System of the Universe» (1678).
[106] Der Grund war der Tod des Sokrates.
[107] Ebd., S. 63.
[108] Ebd., Ch. VIII: »Que le Pleroma des Valentiniens étoit une Theologie allegorique. Avec une
   Digression sur le Fanatisme des Gnostiques anciens que modernes«.
[109] Auch in den kabbalistischen Sefiroth findet Souverain nur die platonischen göttlichen
   Eigenschaften bonté, sagesse und puissance hypostasiert (ebd. S. 89).

ils parlent, aiant un grand mépris pour l'Evangile sensible & pour la Foy,
ainsi que nous le ferons voir dans la suite; & n'estimant que la
contemplation. Le Fanatisme Platonicien a Cerinthe pour auteur, qui distin-
guait soigneusement Jesus le Fils de Marie d'avec ce Christ, ou ce secour
celeste qui était venu éclairer & conduire les Hommes, & il est aujourd'hui
adopté par le Père Malebranche, le Dr. More & Mr Norris.«[110] Der Gipfel
dieses zeitgenössischen Fanatismus seien die Quäker; und er folgert: »Les
Pères ont été les vrais Trembleurs dans ce Système du logos«[111].

7. Im Platonismus gebe es die beiden Ebenen Gott mit seinen Ideen und das
Wort, das die sinnliche Welt geschaffen hat. Souverain bezieht sich hier
nicht auf Plato selbst, sondern auf den Traktat ›De natura mundi et animae‹
des Neuplatonikers Timaios Lokros,[112] den er für den im platonischen Dialog behandelten Timaios hält. Dabei ist für ihn der Vater identisch mit der
Idee, die die ewige göttliche Form ist, die Materie sei das »verbe proféré«
und zugleich die Mutter der Keimkräfte des Wortes.

8. Die Kirchenväter teilen das Wort in externes und internes auf und machen
daraus das innergöttliche Wort und das Schöpfungswort. Das ist der Weg
des Logos vom Machtspruch zur Trinität und zur Primordialwelt. Souverain
konstruiert folgende Geschichte der Trinität:[113] Sokrates war praktischer
Philosoph. Plato fand die Schöpfungstheologie und unterschied Vater und
Wort; das Wort war die Welt. »Les Peres ont aussi distingués deux verbes,
l'un interne, l'autre proféré, & ils n'ont considéré comme le Fils que le
second, puis qu'ils n'ont appellé proprement Genération que celle qui c'est
faite au commencement du Monde«.[114] Diese im Ursprung heidnische,
nämlich vulgärplatonische Entwicklung zum Trinitarismus habe ihren
Höhepunkt im Konzil von Nicaea: »Il faudroit se crever les yeux pour ne
pas voir de quelle source vient cette Théologie du Verbe. Comme il est
constant que les Payens n'ont philosophé sur la naissance de leurs Dieux
que par raport à l'origine de cet Univers, & qu'il ont toûjours lié ensemble
leur Théogonie avec leur Cosmogonie. Ainsi le Christianisme platonizant a
marché sur les traces de cette Philosophie Payenne & a fait toûjours aller de
compagnie la création du Monde avec la prolation du Verbe, ou la Génera-
tion du fils.«[115]

---

[110] Ebd., S. 74f. John Norris (1657–1711), englischer Neuplatoniker: Reason and Religion, or
the Grounds and Measures of Devotion. London 1689.
[111] Ebd., S. 75.
[112] Timaeus Lokrus: De natura mundi et animae, hrsg. und übers. von Walter Marg (Philosophia antiqua 24), Leiden 1972.
[113] Ebd., Ch. XIII.
[114] Ebd., S. 122.
[115] Ebd., S. 127. Die These ist gegen den hugenottischen Prediger Pierre Jurieu gerichtet, der
die klassische These der Philosophia Perennis vertreten hatte, unter der Vorstellung des
Verbum Dei und der Weisheit verberge sich die Lehre der Trinität.

C. Pseudo-Trinitarismen

9. Die biblische Weisheit ist keine Person und keine Primordialwelt, sondern das Gesetz, Schechina und Emanuel sind dasselbe. Souverain ist sich über die Bedeutung der psuedepigraphischen biblischen »Weisheit Salomonis« für die Kirchenväter bewußt. Diese Weisheit Salomonis kann er aber als verbe interne aus folgendem Grund nicht akzeptieren: Salomon »indroduit la Sagesse parlant ainsi d'elle même: ›Je suis procédée de la Bouche du Souverain, J'ai été engendrée avant toutes choses, le Créateur de toutes choses m'a crée avant des Siecles, dès le commencement.‹ Jusque là il semble parler d'une Personne, mais il s'explique clairement au v. 30 du Ch. 24, où il déclare qu'il ne veut parler que de la Loy de Moise, que les Juifs appelloient la Sagesse par excellence«.[116] So wird aus der Person das Gesetz, das wiederum direkt aus dem Munde des Herrn komme. Diese Interpretation des Wortes als Gesetz wird nun auf den Johannesprolog übertragen: »St Jean a imité les Moralistes Juifs, & suivant les mêmes Idées, il nous fait envisager d'une vue la Parole ou la Sagesse de Dieu se manifestant aux Hommes dans les plus grandes de ses Dispensations, je veux dire dans l'ancienne & dans la nouvelle création. La Methode est absolument la même, ou l'Auteur d'Evangile a la place de Moise & de la Loy. Vous voyez en effet qu'il joint ensemble ces deux choses, la Sagesse de Dieu residant en Dieu même, & présidant à la Création du Monde; & la même Sagesse descendant en J. C. (où elle s'est pour ainsi dire incarnée) & disposant le nouveau Monde.«[117]

10. Die Bibelallegorese zumal der frühen christlichen Apologeten habe dieselbe Tendenz zur Hypostasenbildung wie der vulgäre Platonismus, beide führen, Souverain zufolge, zur Personalisierung der göttlichen Prädikate. Das gilt vor allem für Barnabas, dessen Allegorese, die dort γνῶσις heißt, vulgärplatonisch Weltprädikate zu göttlichen Prädikaten macht.[118] Γνῶσις bedeute bei Barnabas »le sens sublime & profond. Celà paroit de ce qu'il éleve infiniment cette connoissance (qu'il appelle aussi science & sagesse) au-dessus des Vertus qui accompagnent la Foy. Et cette manière de distinguer la Science de la Foy a été imité par Origène. Il semble que le Gnosticisme a commencé par cette Science allegorique de l'Écriture, & qu'ensuite il a dégénéré dans les Speculations de la Poesie ou de la Philosophie Payenne. La première Methode était Juive, la seconde est Platonicienne.«[119] Die Ansicht über den jüdischen Ursprung der Allegorese mag dahingestellt bleiben;[120] aber Souverains These, daß die Kombination von Allegorese und platonisierender Hypostasierung göttlicher Prädikate die Entstehung

---

[116] Ebd., S. 145.
[117] Ebd., S. 146.
[118] Diese These richtet sich gegen George Bull's »Defensio fidei Nicaenae«.
[119] Souverain: Le Platonisme dévoilé, S. 171f.
[120] Vgl. Robert Lamberton: Homer, the Theologian. Neoplatonic Allegorical Reading and the Growth of the Epic Tradition. Berkeley/ Los Angeles/ London 1989, und: Reallexikon für Antike und Christentum, Bd. 1, Sp. 283–293, s. v. ›Allegorese‹.

der Trinitätstheologie möglich gemacht habe, hat sich durchgesetzt. »En effet nous avons un Justin, un Athenagore, un Théophile, Tatien, Irenée, Clement Alexandrin, Origene, Tertullien, Arnobe, Lactance, & quelques autres de la même expèce. Quels Auteurs bon Dieu! Qui ne soufflent que le Platonisme, qui ne respirent que le Platonisme!«[121]

11. Die Präexistenz und die Auferstehung, die aus der Präexistenz folgt, sind für Souverain Platonismen, die im Dienst der »Politique sacrée« stehen. Der Platonismus unterstütze den frommen Betrug der ältesten Kirchenväter im Bezug auf die Aufersteheung. »Je veux dire qu'ils se sont servis de la fraude pieuse pour présenter l'Evangile sous des Idées nobles & des sens relevez qui fussent du goût des Philosophes; se faisant tout à tous afin de les gagner à Jesus-Christ: & c'est ce qu'ils ont appellé l'Oeconomie.«[122] Im Verlauf der Kirchengeschichte sei dann aus dem ursprünglichen frommen Betrug eine platonische Interpretation der Auferstehung geworden. »Je ne dis pas que tous les Peres, particulièrement les derniers, aient connu le secret de cette Dispensation: quelques uns se sont laissez surprendre à l'apparence de la lettre; & enfin ce Mystère de prudence a degeneré dans la suite en Dogme réel & metaphysique.«[123] Die platonisierende Präexistenzthese der trinitarischen Christologie sei deshalb erfunden worden, um die Auferstehung plausibel zu machen. »L'obscurité de la Naissance du sauveur & la honte de sa Mort embarassoit extrèmement les Catechistes. Il ne pouvoient pas cacher cette Mort aux Catechumènes, comme on faisoit dans les Mystères de Cerés.[124] C'est pourquoi ils avisèrent d'une autre Oeconomie qui étoit de leur en diminuer la honte, ou de la compenser par la gloire d'une prétendue Préexistence, en supposant en J. C. une autre Nature, qui n'avoit rien de mortel, & qu'ils faisoient voir conforme à celle du verbe de Platon: Prétendant trouver une exacte ressemblence entre la Doctrine de S. Jean & celle de ce Philosophe«.[125]

Das ist eine bemerkenswerte Exegese. Ihr Hintergrund ist eine natürliche Theologie, die allein einen Schöpfergott concediert und die wohl arminianische Wurzeln hat. Diese Lehre stimmt mit den deistischen Schöpfungstheologien ebenso wie mit dem Arianismus der Sozinianer überein. Sie kann keine Trinität akzeptieren, diese wird der »vulgärplatonischen« Tradition zugesprochen. Mit dem Fall der Trinität wird auch die Erlösungslehre und die Auferstehung obsolet. In der Polemik gegen der Auferstehung argumentiert Souverain ähnlich wie Hermann Samuel Reimarus vierzig Jahre später: Für die Apostel und die Apologeten war der Tod Jesu unerträglich, deshalb dichteten sie ihm eine göttliche Natur an. Bei Reimarus stehlen die Jünger den Leichnam und erfinden die Geschichte von Christi Auferstehung. Der von der Trinität übriggebliebene Gott-

---

[121] Souverain: Le Platonisme dévoilé, S. 180.
[122] Ebd., S. 244.
[123] Ebd., S. 244.
[124] Souverain denkt an den Demeter-Kult, der in der Spätantike mit dem römischen Kult der Ceres verschmolzen wurde.
[125] Ebd., S. 246.

Vater wird nicht durch spekulative negative Theologie gekennzeichnet – das wäre selber platonisierend – es bleiben ihm nur die Prädikate des ersten Grundes sowie Güte, Weisheit und Macht. Diese deistische Theologie wird die religionsphilosophische Diskussion des 18. Jahrhudnerts konturieren.

Mit Souverains *Platonisme dévoilé* ist schon am Ende des 17. Jahrhunderts die Position des aufgeklärten Deismus definiert. Das Neue Testament ist von der patristischen exegetischen Tradition getrennt, die trinitarische Dogmatik der großen christlichen Konfessionen ist exegetisch demontiert. Die Mittel für diese dogmatische Katastrophe waren von der protestantischen Hermeneutik bereitgestellt worden, die die Bibel mit den Werkzeugen der paganen Philologie behandelte. Sie hatte die Fülle des göttlichen Sinns, die in der patristischen Allegorese der Bibel gesucht wurde, für obsolet erklärt und allein den Sensus historicus akzeptiert. Mit dieser Monopolisierung des Sensus historicus wurde die Bibel selbst zum historischen Dokument, sie verlor ihre Heiligkeit und damit potentiell ihre transzendente Dimension. Das Ergebnis: In der kritischen Philologie des 17. Jahrhunderts wurden bereits die dogmatischen Ergebnisse formuliert, die im Streit um den Wolfenbütteler Fragmentisten 1780 die theologische Öffentlichkeit schockierten.

IV. PATRISTIK UND KONFESSIONALISMUS

La philologie patristique et ses ennemis: Barthélémy Germon, S. J., et la tentation pyrrhoniste chez les anti-jansénistes

Les six livres de la *Diplomatique* publiés par Dom Jean Mabillon en 1681 pour établir, contre les thèses hypercritiques du bollandiste Papebroch sur les anciennes chartes, des règles pour discerner les fausses des authentiques,[1] passaient depuis plus de vingt ans pour un monument inattaquable, et Papebroch lui-même avait reconnu hautement leur supériorité,[2] quand un jésuite français, le Père Barthélémy Germon, fit paraître un petit ouvrage contre eux.[3] La tradition bénédictine, qui n'a pas été tendre avec ce sacrilège, l'a volontiers qualifié de »jeune critique«.[4] Germon avait, en fait, déjà quarante ans mais il est vrai que, hormis quelques petits libelles anti-jansénistes anonymes, il n'avait encore rien publié: les recherches qu'il menait sur les origines de la monarchie franque ne virent le jour que bien plus tard et posthumément, en 1755.[5]

La guerre diplomatique rallumée par Germon est un épisode bien connu dans ses grandes lignes et dont l'histoire a été faite à plusieurs reprises, y compris, au XVIIIe siècle, dans des ouvrages destinés aux gens du monde, signe que la curiosité pour les anciennes chartes touchait alors un public plus vaste que les seuls savants, – la diplomatique, pouvaient écrire en 1748 les disciples de Mabillon, »est aujourd'hui la science à la mode«.[6] Rappelons que Mabillon ré-

---

[1] Jean Mabillon, O. S. B.: De re diplomatica libri VI. In quibus quidquid ad veterum Instrumentorum antiquitatem, materiam, scripturam, et stilum; quidquid ad sigilla, monogrammata, subscriptiones, ac notas chronologicas; quidquid inde ad antiquariam, historicam, forensemque disciplinam pertinet, explicatur et illustratur, Paris, 1681. Voir L. Levillain: »Le De re diplomatica«, dans Mélanges et documents publiés à l'occasion du 2e Centenaire de la Mort de Mabillon, Ligugé-Paris, 1908, p. 195–252.
[2] Voir sa lettre à Mabillon du 20 juillet 1683, dans: Œuvres posthumes de D. Jean Mabillon et D. Thierry Ruinart, Paris, 1724, t. I, p. 459–460.
[3] Barthélémy Germon, S. J.: De Veteribus Regum Francorum Diplomatibus, et Arte secernendi antiqua diplomata vera a falsis, Disceptatio, Paris, 1703.
[4] »Reponse a la lettre d'un amy sur certaines nouvelles de Rome«, Bibl. Nat. de Fr., Latin 11662, fo 83 vo (pamphlet mauriste apparemment resté manuscrit). Dom Henri Leclercq: Dom Mabillon, Paris, 1957, t. II, p. 803–808 (qui affirme curieusement que »le Père Germon n'osa répondre à Mabillon« après le *Supplementum*, et ne paraît pas avoir vu aucun des enjeux de la querelle), est encore entièrement dans cette tradition.
[5] Voir la notice de Sommervogel, t. III, col. 1351–1357.
[6] Prospectus du Nouveau traité de diplomatique, où l'on examine les fondemens de cet art: on établit des règles sur le discernement des titres, et l'on expose historiquement les caractéres des bulles pontificales et des diplômes donnés en chaque siècle. Avec des éclaircissemens sur un nombre considerable de points d'Histoire, de Chronologie, de Critique et de Discipline; et la Réfutation de diverses accusations intentées contre beaucoup d'Archives célèbres, et sur tout contre celles des anciennes Eglises. Par deux Religieux Bénédictins de la Congrégation de Saint-Maur [René-Prosper Tassin et Charles-François

affirma sa méthode, sans jamais nommer Germon, dans son *Supplément* de
1704,[7] et que le jésuite ne répliqua[8] que pour être réfuté en détail par Dom
Ruinart et Dom Coustant.[9] En outre, plusieurs Italiens, amis de la Congrégation
de Saint-Maur ou ennemis des jésuites, apportèrent hautement leur soutien à
Mabillon.[10] Germon refusant pourtant de s'avouer vaincu,[11] le débat ne prit fin
qu'en 1715, quand Coustant, en publiant ses *Vindiciae confirmatae*, eut enfin le
dernier mot.[12] Mabillon, on le sait, était mort en 1707.

I. Des chartes aux manuscrits

On passera rapidement sur l'aspect proprement diplomatique, point de départ de
cette controverse. Dans sa première *Disceptatio*, Germon s'adressait directement
à Mabillon pour lui faire part des doutes qui lui étaient, disait-il, venus à la lecture du *De re diplomatica*.[13] Une première partie exposait les raisons générales
qui devaient rendre suspectes les chartes mérovingiennes et carolingiennes reproduites dans la *Diplomatique* et d'où le mauriste avait tiré ses règles; une
seconde partie examinait une série de ces chartes et les rejetait toutes l'une après
l'autre. Germon représentait d'abord qu'il n'était pas croyable que des supports
aussi fragiles que le papyrus ou le parchemin eussent pu parvenir jusqu'à nous et
échapper à la pourriture et aux souris. Une telle survie n'appartenait qu'aux

---

Toustain], Paris, 1748, p. 3. On trouvera dans l'ouvrage lui-même (t. I, Paris, 1750, p. 8–
232), une bibliographie très complète des »guerres diplomatiques«. Voir surtout Carlo Corsetti, I bella diplomatica, Rome, 1978 (ce petit ouvrage, soutenu comme thèse de *laurea* et
riche de plus d'une remarque pénétrante, est malheureusement difficile à se procurer: j'ai
finalement pu consulter l'exemplaire de la Bibliothèque Vaticane).

[7]   Jean Mabillon, O. S. B.: Librorum de re diplomatica supplementum. In quo archetypa in his
libris pro regulis proposita, ipsaeque regulae denuo confirmantur, novisque speciminibus et
argumentis asseruntur et illustrantur, Paris, 1704.

[8]   Barthélémy Germon, S. J.: De Veteribus Regum Francorum Diplomatibus, et Arte secernendi antiqua diplomata vera a falsis, Disceptatio II, Paris, 1706.

[9]   [Thierry Ruinart, O. S. B.]: Ecclesia Parisiensis Vindicata adversus R. P. Bartholomaei
Germon duas disceptationes de antiquis Regum Francorum diplomatibus, Paris, 1706;
Pierre Coustant, O. S. B.: Vindiciae manuscriptorum codicum a R. P. Bartholomaei Ger-
mon impugnatorum, Paris, 1706.

[10] Sur cette intervention italienne, voir C. Corsetti: I bella diplomatica, op. cit., p. 76–95, et la
discussion de Françoise Waquet: Le modèle français et l'Italie savante. Conscience de soi et
perception de l'autre dans la République des Lettres (1660–1750), Rome, 1989, p. 108–
110.

[11] Barthélémy Germon, S. J.: De Veteribus Regum Francorum Diplomatibus, et Arte secernendi antiqua diplomata vera a falsis, Disceptationes. Adversus R. P. D. Theodorici
Ruinartii, et Cl. V. Justi Fontanini Vindicias, atque Epistolas Cl. Virorum Dominici Lazza-
rini, et M. Antonii Gatti, Paris, 1707; De Veteribus haereticis ecclesiasticorum codicum
corruptoribus, Paris, 1713.

[12] Pierre Coustant, O. S. B.: Vindiciae veterum codicum confirmatae, in quibus plures Patrum
atque Conciliorum illustrantur loci; Ecclesia de trina Deitate dicenda traditio asseritur;
Ratramnus et Gothescalcus purgantur ab injustis suspicionibus; et quaedam Pyrrhonismi
semina novissime sparsa reteguntur et convelluntur, Paris, 1715.

[13] B. Germon: Disceptatio, op. cit., p. 1.

médailles et aux inscriptions.[14] Il faisait ensuite valoir le grand nombre des faussaires et niait qu'il pût y avoir aucun critère pour distinguer les fausses chartes des vraies. La datation par l'écriture était impossible: comment savoir aussi bien que l'écriture mérovingienne est bien mérovingienne et non une invention ultérieure de faussaires pour faire ancien? Il faudrait avoir prouvé au préalable l'authenticité des diplômes qui sont écrits dans ces caractères.[15] Pourquoi ce mépris de l'orthographe dans les chartes alors que Cassiodore et Isidore attestent l'importance que lui accordaient alors les doctes?[16] Comment expliquer leur style barbare alors que les écrits contemporains de Boèce et de Cassiodore sont d'une »élégance et d'une politesse qui se ressentent encore de l'âge raffiné où l'empire romain était toujours florissant«[17] et que même Grégoire de Tours, qui écrivait en style vulgaire, est du moins exact grammaticalement?[18]

Dans toute cette partie générale, au fond, Germon ne soulevait jamais qu'un seul problème, celui du point fixe qu'il faudrait posséder comme préalable à la méthode. Celle-ci, aussi bien, reposant sur la comparaison entre actes vrais et faux, et ses règles étant induites de l'examen des actes vrais, n'est-il pas besoin, sous peine de tomber dans un cercle vicieux, d'un premier et décisif critère de vérité? Et d'où, cependant, tirera-t-on celui-ci? Il peut être aisé de prouver qu'un acte est faux, il est impossible de prouver qu'il est vrai: l'absence de caractères manifestes de supposition peut simplement signifier que le faussaire était particulièrement habile.[19] Si, pour les époques ultérieures, on peut prendre appui sur les chartes tirées des dépôts publics, dont l'origine vaut garantie, les *specimina* mérovingiens et carolingiens de Mabillon sont tous tirés de chartriers monastiques, lesquels sont remplis de pièces certainement fausses: »nous devons donc tenir pour douteuses et incertaines toutes les chartes qui en viennent, jusqu'à ce qu'elles soient prouvées vraies et authentiques par des arguments manifestes«.[20] Objection qui n'est pas sans recouvrir pour partie une difficulté réelle,[21] qu'il est aisé de rendre, sur le terrain purement logique, impossible à résoudre, mais qui, en elle-même, pourrait tenir en quelques lignes.

Pour le reste, l'ouvrage de Germon est élégant, bien écrit, mais clairement d'un amateur, bien au fait des sources littéraires mais qui n'a jamais eu lui-même d'anciennes chartes entre les mains (tout au plus, il le mentionne fière-

---

[14] Ibid., p. 18–19.
[15] Ibid., p. 53–54.
[16] Ibid., p. 67–69.
[17] Ibid., p. 82: »elegantia et urbanitas, quae politam florentis adhuc Romani Imperii aetatem non nihil sapiat«. Germon passe ensuite en revue tous les écrivains des VIᵉ et VIIᵉ siècles et caractérise brièvement le style de chacun, concluant toujours qu'il est bien différent de celui des chartes.
[18] Ibid., p. 89–90.
[19] Ibid., p. 40.
[20] Ibid., p. 38: »omnia quae illinc prodeunt instrumenta, pro dubiis et incertis habere debemus, donec illa manifestis argumentis vera et legitima esse probentur«.
[21] Voir Calrichard Brühl: »Clovis chez les faussaires«, dans: Bibliothèque de l'École des Chartes, t. CLIV, 1996, p. 220: »La critique des faux [du VIᵉ siècle], souvent grossiers, n'est pas trop malaisée, encore qu'un doute de méthode s'insinue à l'occasion: car les bases de la critique, systématisées par Mabillon en 1681 – critiquer un acte faux au moyen d'un corpus d'actes sincères, – viennent ici à manquer«.

ment, un ancien manuscrit de Grégoire de Tours[22]). Ironiquement, le seul diplôme mérovingien qu'il épargne est la fausse donation de Clovis pour Micy, forgée au milieu du XVIIe siècle par Vignier et reprise en confiance par Mabillon du *Spicilegium* de son maître d'Achery. Que cette pièce eût échappé aux critiques de Germon fut tenu, jusqu'à la démonstration décisive de Julien Havet en 1885,[23] pour un grand argument en faveur de son authenticité.[24] L'anonyme, sans doute le Père Jacques-Philippe Lallemant, jésuite lui aussi, qui vint au secours de Germon en publiant une *Histoire des contestations sur la Diplomatique* en forme de dialogue, habilement mais nettement hostile à Mabillon (le Conseiller, pro-jésuite, raisonnant toujours plus juste que l'Abbé, pro-bénédictin[25]), alla jusqu'à s'appuyer sur les particularités stylistiques du faux pour rendre suspectes les pièces authentiques, – bel exemple de conclusion entièrement erronée sur la base d'un raisonnement critique formellement juste:

> Quand j'eus achevé de lire, Quelle difference, s'écria le Conseiller, pour le stile, entre cette chartre de Clovis qu'un Historien nous rapporte, et les prétendus originaux du P. Mabillon. C'est, repartit l'Abbé, que la chartre de Clovis est antérieure au moins de six vingt ans à la chartre faite sous Clotaire II la plus ancienne de celles que le P. Mabillon a trouvées en original.
> Je doute, repliqua le Conseiller, qu'en six vingt ans le stile des chartres ait pû se defigurer d'une si étrange maniere. Il faut vous en laisser douter, répondit l'Abbé en riant, pourvû que vous nous le laissiez croire.[26]

Il n'y a donc pas lieu de suivre Germon dans sa discussion détaillée (qui, en prenant les chartes une par une, vise systématiquement à les mettre en contradiction avec les sources littéraires contemporaines). Elle n'a pas en soi, avouons-le, grand intérêt, – ce qui est très intéressant historiquement, bien sûr, c'est le retentissement qu'elle eut au XVIIIe siècle, la véritable guerre qu'elle ouvrit dans la République des Lettres (»l'Europe savante prit feu«[27]), et le succès qu'elle rencontra longtemps, y compris, en raison d'affinités intellectuelles qu'il vaudrait de préciser, dans le camp philosophique: l'article »Diplomatique« de l'*Encyclopédie* est tout germonien.[28] Ce qui ne paraît pas avoir été expliqué jusqu'à présent et qui greffa sur la guerre diplomatique une autre controverse, philologique celle-ci et beaucoup moins connue que la première, c'est la réaction de Mabillon, l'année suivante, dans son *Supplementum*. Après avoir réfuté une à une, sans jamais le nommer, les objections de Germon, le mauriste jugea néces-

---

[22]   B. Germon: Disceptatio, op. cit., p. 55.
[23]   Julien Havet: »Questions mérovingiennes II. Les découvertes de Jérôme Vignier«, dans: Bibliothèque de l'École des Chartes, t. XLVI, 1885, p. 205–271.
[24]   C. Brühl: »Clovis chez les faussaires«, op. cit., p. 221.
[25]   Histoire des contestations sur la diplomatique, avec l'analyse de cet Ouvrage composé par le R. P. Dom Jean Mabillon, Paris, 1708. L'ouvrage fut fréquemment donné au XVIIIe siècle à un docteur lié aux jésuites, l'abbé Gilles-Bernard Raguet (voir Moréri, éd. de 1759, t. IX, s. v., p. 24) mais Sommervogel, t. IV, col. 1390, l'attribue catégoriquement à Lallemant. Il est assez bien fait pour avoir trompé du moins Blandine Barret-Kriegel: La défaite de l'érudition, Paris, 1988, p. 261–262, qui le croit favorable à Mabillon.
[26]   Histoire des contestations sur la diplomatique, op. cit., p. 47–48.
[27]   R.-Pr. Tassin et Ch.-Fr. Toustain: Nouveau traité de diplomatique, op. cit., t. I, p. XXV.
[28]   Encyclopédie, t. IV, 1754, s. v. »Diplome et Diplomatique«, p. 1018–1024 [par l'abbé Lenglet-Dufresnoy].

saire de consacrer un chapitre supplémentaire, le treizième et dernier, »à l'authenticité et à l'autorité des anciens manuscrits, que quelques-uns s'efforcent de leur retirer«,[29] tranchant que »*les manuscrits ayant été, pour la plupart, trans-crits par des ignorants, et plusieurs copiés sur le même, servent fort peu pour reconnaître*, c'est-à-dire pour comprendre et restituer, *un auteur*«.[30]

Ce sont, au premier chef, les manuscrits et les éditions des Pères de l'Eglise qui sont concernés par ces paradoxes. Qui sont les *nonnulli* qui les avancent? On n'en trouve pas un mot dans la *Disceptatio* de Germon, qui affirme même expli-citement qu'il n'y a aucune comparaison à faire entre le cas des chartes et celui des manuscrits: les livres étaient copiés en de nombreux exemplaires et il était aisé de remplacer ceux qui disparaissaient par de nouvelles copies; personne ne prétend avoir les originaux des auteurs antiques; que si quelques *codices* très anciens sont encore conservés, c'est dû à la multitude des exemplaires au dé-part.[31] Certes, il est permis de juger la distinction peu convaincante. Plusieurs des arguments de Germon pour rendre suspectes les anciennes chartes, portent aussi contre la tradition manuscrite. Il étend explicitement son refus de toute datation par l'écriture aux manuscrits aussi bien qu'aux chartes.[32] Le *De re diplomatica* lui-même avait mis à plusieurs reprises en parallèle anciens di-plômes et manuscrits littéraires, spécialement patristiques: le problème des faux ou de la perte se posait dans les mêmes termes pour les uns et les autres.[33] Les *specimina* des différentes écritures gravés au livre V comprennent une classe littéraire, où figure en particulier le manuscrit d'Hilaire de Poitiers conservé dans les archives de Saint-Pierre de Rome, que sa souscription permet de dater de 509–510 au plus tard,[34] et dont les confrères de Mabillon à Rome avaient soi-gneusement décalqué à son intention quelques lignes sur un papier spécial.[35] L'utilité de la *Diplomatique* pour la datation des manuscrits des Pères était re-connue,[36] et nous savons que l'ouvrage servit effectivement aux mauristes char-gés de la collation des manuscrits d'Augustin pour la grande édition de ce Père.[37]

Il était donc naturel, et par surcroît de bonne tactique, pour Mabillon de signaler, dès les premières pages du *Supplementum*, les conséquences ruineuses

---

[29] J. Mabillon: Supplementum, op. cit., p. 57.

[30] Ibid.: »*Manu-scripti codices, ut plerumque ab imperitis, atque ex uno plures descripti, in auctore dignoscendo*, id est intelligendo ac restituendo, *parum admodum juvant*«.

[31] B. Germon: Disceptatio, op. cit., p. 19–20.

[32] Ibid., p. 56.

[33] J. Mabillon: De re diplomatica libri VI, op. cit., p. 22 et 26.

[34] Ibid., V, I, p. 354–355 (Basilicanus D 182: E. A. Lowe: Codices Latini antiquiores, Oxford, 1934, I, n° 1a). Voir l'édition par P. Smulders du De Trinitate d'Hilaire, CC 62/1, p. 28*–29*.

[35] Voir la lettre de Jean Durand (alors à Rome comme socius du procureur général de la Congrégation) à Mabillon, du 3 avril 1680 dans. Lettres inédites de divers savants de la fin du XVIIème et du commencement du XVIIIème siecle publiées et annotées par Émile Gi-gas, t. II/1, Copenhague, 1892, n° 8, p. 27.

[36] [Bonaventure d'Argonne], De la lecture des Pères de l'Église ou méthode pour les lire utilement. En quatre parties, Paris, 1697, p. 259.

[37] Voir une lettre de Durand à Blampin, 3 juin 1682, dans Pierre Gasnault éd.: »En marge de l'édition mauriste des œuvres de saint Augustin: lettres de Dom Jean Durand à Dom Tho-mas Blampin«, dans: Revue Bénédictine, t. CII, 1992, p. 367.

des thèses de Germon pour la tradition patristique et d'avertir: »c'est ainsi que
tout en viendra au pyrrhonisme«.[38] Mais la défense des manuscrits au chapitre
XIII vise plus que de simples inférences: il s'agit explicitement de répondre à
des attaques réelles. Pour la fin du chapitre, la question est aisée et la cible bien
reconnaissable. Dans une sorte d'excursus, Mabillon défend les manuscrits issus
du *scriptorium* de Corbie, qui constituaient depuis 1638 le trésor de la bibliothèque de Saint-Germain-des-Prés, contre »certains« qui, »tout récemment«, les
ont déclarés falsifiés par les prédestinatiens du IXe siècle.[39] De fait, les *Mémoires
de Trévoux* des jésuites venaient de publier une dissertation du Père Claude-
François Ménestrier, tirée de son projet inédit d'histoire ecclésiastique de Lyon,
sur l'inauthenticité des écrits attribués à cette Eglise et à son diacre Florus contre
les thèses d'Hincmar de Reims sur la grâce et la prédestination.[40] Ménestrier était
un vieux lutteur anti-janséniste et son travail relevait clairement de l'érudition de
combat.[41] En 1704, il y avait plus de cinquante ans que les débats théologiques
carolingiens étaient un des principaux terrains d'affrontement entre les jansénistes et leurs adversaires. Par une sorte de dédoublement ou de jeu de miroir, on
s'opposait, non seulement sur la tradition patristique des IVe et Ve siècles, mais
sur l'interprétation qu'elle avait reçue au IXe siècle et les conflits auxquels, dès
lors, elle avait donné lieu: la controverse prédestinatienne était devenue un relais
obligé pour le débat sur la vraie doctrine d'Augustin. Contre Hincmar, dont
Jacques Sirmond avait fait, en en donnant la première édition complète en 1645,
une des références majeures de l'anti-jansénisme,[42] le janséniste président Mauguin avait fait fortement valoir les écrits de l'Eglise de Lyon.[43] Pour convaincre
ceux-ci de supposition, la dissertation de Ménestrier accumulait une série
d'objections avant de conclure rondement: »Finissons par une remarque qu'on a
déjà insinuée. C'est dans la Bibliothèque de Corbie qu'on a trouvé les écrits
dont il s'agit. On doit se souvenir, qu'Hincmar convainquit de falsification les
exemplaires de saint Augustin tirez de cette Bibliothèque, qu'on produisoit
contre luy. Les faussaires auront-ils été moins hardis à corrompre des manuscrits
dont on n'a trouvé ailleurs aucune copie [...]«?[44] L'intention polémique était
d'autant plus manifeste que, si Hincmar, à qui de telles accusations étaient assez

---

38 J. Mabillon: Supplementum, op. cit., p. 4: »sicque omnia in pyrrhonismum abibunt«.
39 Ibid., p. 63. Sur le transfert à Saint-Germain des manuscrits de l'abbaye de Corbie, qui se
    révélèrent plus tard précieux pour les éditions patristiques des mauristes, voir Léopold De-
    lisle: Le cabinet des manuscrits de la Bibliothèque Nationale, Paris, 1874, t. II, p. 136–140.
40 »Extrait d'une dissertation du Pere Menestrier de la Compagnie de Jesus, où il prouve que
    ni Florus ni l'Eglise de Lyon, ne sont point Auteurs des livres publiez sous leur nom tou-
    chant l'affaire de Goteschalc«, dans: Mémoires pour l'histoire des Sciences et des beaux
    Arts. Recueillis par l'Ordre de Son Altesse Serenessime Monseigneur Prince Souverain des
    Dombes [désormais cités *Mémoires de Trévoux*], mai 1704, art. LXXI, p. 806–821.
41 Notice dans Sommervogel, t. V, col. 905–945.
42 Hincmari Archiepiscopi Remensi opera, duos in tomos digesta: Cura et studio Jacobi
    Sirmondi Societatis Jesu presbyteri, Paris, 1645 (édition réimprimée dans la Patrologie de
    Migne). Voir aussi du Père Sirmond son Historia Praedestinatiana, quibus initiis exorta, et
    per quos potissimum profligata Praedestinatianorum haeresis olim fuerit, et oppressa, Paris,
    1648.
43 Gilbert Mauguin: Vindiciae praedestinationis et gratiae, Paris, 1650.
44 »Extrait d'une dissertation du Pere Menestrier«, op. cit., p. 819.

ordinaires, affirme effectivement la falsification du traité de Florus et aussi, ailleurs, celle du *Contra quinque hostium genera* du pseudo-Augustin, il ne fait pas la moindre mention de Corbie dans ce contexte.[45]

Reste que Ménestrier ne dit rien contre l'autorité des manuscrits en général et l'utilité de leur collation. Pour comprendre Mabillon, il faut remonter quelques années plus haut, au temps de la grande polémique de 1698–1699 sur l'édition mauriste d'Augustin, qu'une série de libelles, tous apparemment dus à des jésuites, avaient prise pour cible.[46] Mabillon avait été chargé alors par la Congrégation de rédiger la défense officielle de l'édition, sous forme d'une préface générale pour le dernier tome. Cette préface, corrigée à plusieurs reprises et soumise notamment à la révision de Bossuet, ne vit pourtant pas le jour et c'est une version beaucoup plus courte qui parut finalement en 1700, après que, à la fin de 1699, le silence eut été imposé aux deux parties par un ordre royal.[47] L'original, resté finalement inédit, posait, comme la neuvième règle pour juger du travail des bénédictins, que »c'est de l'autorité des anciens manuscrits que dépend particulièrement la pureté des bonnes éditions«,[48] – le développement manquait dans la première rédaction de Mabillon et avait été rajouté par la suite, pour répondre à de nouvelles attaques et peut-être à l'instigation de l'ancien maître d'œuvre de l'édition, Dom Thomas Blampin.[49] Mabillon s'y était déjà exprimé de manière très proche du *Supplementum*, pour répondre à »quelques sots« qui niaient que les manuscrits dussent être préférés aux éditions imprimées déjà existantes, alors que, en réalité, »ce ne sont pas les anciens manuscrits qui empruntent leur autorité aux livres imprimés, mais au contraire ceux-ci de ceux-là, et, partant, les imprimés doivent être corrigés d'après les manuscrits«.[50] Mabillon avait aussi déjà dû défendre plus particulièrement les manuscrits de Cor-

---

[45] Sur ces textes d'Hincmar, systématiquement utilisés ensuite par Germon, voir *infra*.

[46] La meilleure vue d'ensemble reste Richard C. Kukula: »Die Mauriner Ausgabe des Augustinus. Ein Beitrag zur Geschichte der Literatur und der Kirche im Zeitalter Ludwig's XIV«, Sitzungsberichte der philosophisch-historischen Classe der kaiserlichen Akademie der Wissenschaften, Vienne, 1890, t. CXXI, V. Abhandlung [I. Theil], p. 56–106.

[47] Sur le »Specimen Praefationis Generalis« et ses corrections successives, voir R. Kukula: ibid., p. 88–96 et 105–106, et t. CXXII, VIII. Abhandlung [II. Theil], p. 1–16, qui en donne de larges extraits. Le texte intégral est publié par A. M. P. Ingold: Bossuet et le jansénisme. Notices historiques. Edition augmentée de deux appendices sur Bossuet et l'édition bénédictine de S. Augustin et sur le Sacré Cœur d'après Bossuet, Paris, 1904, p. 156–217.

[48] »Regula nona. Ex fide veterum codicum maxime pendere bonarum editionum integritatem« (dans A. M. P. Ingold, ibid., p. 210–213).

[49] La première rédaction de Mabillon est d'août 1699 et ne comporte pas la règle sur l'autorité des manuscrits; celle-ci fut introduite dans la seconde rédaction, à l'issue des conférences de Mabillon et Ruinart à Reims avec l'archevêque Le Tellier et Dom Blampin. Dans l'intervalle avait paru le pamphlet jésuite: La conduite qu'ont tenu les Peres Benedictins depuis qu'on a ataqué leur Edition de S. Augustin, sur lequel voir *infra*, note 51. Voir A. M. P. Ingold: Histoire de l'édition bénédictine de saint Augustin, Paris, 1903, p. 101–103 et 182.

[50] Ibid., p. 213: »Mittimus aliam objectionem insulsorum quorumdam hominum, qui manuscriptos codices libris editis haud praeferendos censent: quod in illis multa errata deprehendantur. Non enim veteres codices ex libris editis auctoritatem suam mutuantur, sed contra hi ex illis: ac proinde editi ex manuscriptis emendandi«.

bie, que les jésuites avait déclarés falsifiés au IXe siècle par les disciples de Gottschalk.[51]

Tel autre pamphlet avait dénoncé les mauristes comme »des gens qui ont entre les mains de vieux *Manuscrits*, ausquels ils ont trouvé moyen de donner autant d'autorité qu'il leur plaist, du moins beaucoup plus qu'il ne veulent qu'on en donne à ceux, sur lesquels se sont faites les anciennes Editions«.[52] En outre, les jésuites n'avaient pas hésité à chercher des armes supplémentaires dans les *Lettres critiques* de Richard Simon. Engagé lui aussi dans une vive polémique contre les bénédictins, à l'occasion de l'édition de Jérôme par Dom Martianay, l'auteur de l'*Histoire critique du Vieux Testament* s'était longuement étendu sur les méfaits des anciens moines »gratte-parchemins«, qui avaient corrompu les manuscrits sous prétexte de les réviser, et sur la tradition, toujours vivante à l'en croire, des *Doms Faussaires* et des *Doms Titriers.*[53]

Le dernier chapitre du *Supplementum* est donc la défense, cinq ans plus tard, de l'édition d'Augustin. Si Mabillon ne s'en explique jamais clairement, c'est pour ne pas contrevenir à l'injonction royale. Mais il a manifestement compris la *Disceptatio* de Germon et l'article de Ménestrier comme deux éléments d'une même manœuvre des jésuites, après que leur offensive frontale contre le Saint Augustin se fut plutôt mal terminée pour eux (outre le silence imposé en France, les bénédictins étaient parvenus à faire condamner plusieurs pamphlets jésuites à Rome même, par un décret de l'Inquisition[54]), pour rouvrir obliquement la querelle interrompue. Voilà pourquoi Mabillon a voulu y parer d'entrée en allant droit à ce qui, à ses yeux, était visé sous le prétexte des chartes, je veux dire les manuscrits des Pères et particulièrement d'Augustin.

---

[51]   Ibid., p. 213. Voir les quinze articles dressés par un groupe de jésuites, restés inédits sous cette forme mais reproduits par Dom Vincent Thuillier: »Histoire de l'Edition des Ouvrages de S. Augustin, donnée par les Pères Bénédictins de S. Maur«, dans: Bibliotheque germanique, ou Histoire littéraire de l'Allemagne, de la Suisse, et des Pays du Nord (Amsterdam), 1735, t. XXXIII, p. 221. Il s'agit d'une version remaniée (continuée aux t. XXXIV–XXXV, 1736) de l'»Histoire de la nouvelle Edition de Saint Augustin donnée par les PP. Benedictins de la Congregation de St Maur«, qu'on trouve dans Bibl. Nat. de Fr., Lat. 11662, fo 89 ro–118 vo et qui fut éditée par l'abbé Goujet, s. l. [»En France«], 1736. Thuillier abandonna le jansénisme entre les deux rédactions, et certains changements s'expliquent ainsi, mais la seconde version comprend aussi des informations supplémentaires. L'accusation contre les manuscrits de Corbie fut reprise dans un des libelles imprimés: La conduite qu'ont tenu les Peres Benedictins depuis qu'on a ataqué leur Edition de S. Augustin, s. l., 1699, p. 67, qui, par une curieuse confusion, attribue la falsification aux disciples de Wyclif au lieu de Gottschalk.

[52]   Memoire d'un Docteur en theologie, adressé à Messeigneurs les prelats de France, sur la réponse d'un Theologien des PP. Benedictins à la lettre de l'abbé allemand, s. l., 1699, p. 6–7. Voir encore, sur le même thème, la Lettre d'un abbé commendataire aux RR. PP. Benedictins de la Congregation de Saint Maur, s. l., 1699, p. 4 et 16.

[53]   Lettres critiques où l'on voit les Sentimens de Monsieur Simon sur plusieurs ouvrages nouveaux; publiés par un Gentilhomme Alleman, Bâle, 1699, passim. Voir Paul Auvray: Richard Simon (1638–1712). Etude bio-bibliographique avec des textes inédits, Paris, 1974, p. 114–121. Les attaques de Simon sont longuement citées dans La conduite qu'ont tenu les Peres Benedictins, op. cit., p. 61–66.

[54]   Voir ce décret du 2 juin 1700 dans R. Kukula: op. cit., II, p. 18–19.

II. La critique germonienne des éditions mauristes

Mabillon avait-il vu juste? Il est certain qu'un des libelles de 1699 contre le Saint Augustin avait déjà raisonné, à la suite de Richard Simon, des fausses chartes autrefois fabriquées par les moines aux manuscrits patristiques des mauristes.[55] L'évolution de la querelle, en outre, – Dom Coustant ne manqua pas de le faire observer, – parut donner raison au *Supplementum*,[56] puisque Germon passa effectivement des chartes aux manuscrits, dans un appendice spécial de sa seconde *Disceptatio*, en 1706,[57] avant de consacrer un ouvrage entier en 1713, »aux anciens hérétiques« corrupteurs des manuscrits ecclésiastiques«.[58] Dans ce dernier traité, il n'est jamais question du débat initial sur les chartes, auquel Germon ne contribua plus rien après 1707. Est-ce à dire qu'il ne s'était jamais agi que d'un prétexte et que c'est à Augustin que le jésuite en avait, au vrai, toujours voulu? Germon et ses partisans ne cessèrent jamais de protester qu'il n'était entré sur ce nouveau terrain que pour suivre Mabillon.[59] On n'est pas bien sûr obligé de croire le jésuite quand on le voit clamer sans cesse la pureté de ses intentions en alléguant sa distinction initiale entre le cas des chartes et celui des manuscrits.[60] Il convient lui-même avoir dès auparavant développé dans ses conversations les raisons »pourquoi l'autorité de plusieurs des manuscrits sur lesquels les œuvres d'Augustin ont été corrigées par les derniers éditeurs, pourrait être soit entièrement détruite soit rendue suspecte«.[61] Ses vues sur ce point étaient assez notoires pour qu'on eût pu, quoique à tort, lui attribuer en 1698 la *Lettre de l'abbé allemand*, le premier libelle jésuite contre le Saint Augustin.[62] Il serait pourtant parfaitement possible qu'il eût seulement cherché avec sa *Disceptatio*, en vengeant son confrère Papebroch, à humilier en Mabillon la gloire d'une congrégation qui faisait alors ombrage à la Compagnie de Jésus. On ne saurait surestimer l'importance, dans les débats intellectuels des pays catholiques à l'époque, de ces rivalités d'ordres. Que, en l'occurrence, la rivalité se soit nourrie d'oppositions de doctrine, et que Germon n'ait pu manquer de prévoir que le discrédit jeté sur la *Diplomatique* et son auteur retomberait ensuite sur l'ensemble de l'entreprise savante mauriste, y compris en matière patristique, voilà qui est indéniable mais qui, on le voit bien, ne revient pas à dire que

---

[55] La conduite qu'ont tenu les Peres Benedictin, op. cit., p. 66–67.
[56] P. Coustant: Vindiciae confirmatae, op. cit., p. 2–4, 635, 646.
[57] B. Germon: Disceptatio II, op. cit., »Appendix. De quibusdam Veteribus Manuscriptis codicibus S. Augustini«.
[58] B. Germon: De Veteribus haereticis, op. cit.
[59] B. Germon: Disceptatio II, op. cit., p. 344–345; Mémoires de Trévoux, juin 1706, art. LXXVII, p. 999: »Le P. Mabillon a le premier entamé cette matiére dans son Supplément: ainsi il ne peut trouver mauvais que son adversaire l'ait traitée après lui«, Histoire des contestations sur la diplomatique, op. cit., p. 13–22.
[60] B. Germon: Disceptatio II, op. cit., p. 331–334.
[61] Ibid., p. 347–348: »non dissimulabo tamen familiariter cum amicis colloquenti interdum excidisse quaedam, unde aliquot manuscriptorum codicum, ad quos opera Augustini a nuperis Editoribus emendata sunt, fides, aut convelleretur omnino, aut suspecta redderetur«.
[62] V. Thuillier: Histoire de la nouvelle Edition de Saint Augustin, éd. Goujet, p. 10: »à cause que ce Pere en avoit parlé des premiers à Orleans«.

l'attaque contre les chartes n'ait jamais été que le prélude d'une offensive pré-
méditée contre les manuscrits.

Ce qui paraît trancher la question, c'est la dissertation du Pere Ménestrier
avec sa flèche finale contre les manuscrits d'Augustin: celle-ci, aussi bien, est
absente du texte original du jésuite, avec l'argumentation duquel elle s'accorde
même assez mal;[63] elle a donc été rajoutée pour la publication dans les *Mémoires
de Trévoux*, soit par Ménestrier lui-même, soit, plus probablement, par les jour-
nalistes. Or ceux-ci venaient juste de publier un compte rendu très favorable de
la *Disceptatio* de Germon, qu'ils soutinrent constamment tout au long de la
controverse.[64] Malgré les protestations de Germon qu'il avait tout ignoré du
travail de Ménestrier avant sa publication,[65] on aura peine à croire qu'il y ait eu
là une simple coïncidence. Les *Mémoires de Trévoux*, lancés en 1701 pour servir
en particulier la lutte anti-janséniste, étaient rédigés par un petit groupe de confrères parisiens de Germon, au collège Louis-le-Grand; Germon avait lui-même
été, aux côtés de Lallemant, un des premiers collaborateurs.[66] Les Révérends
Pères n'avaient pas désarmé contre le Saint Augustin, contre lequel, faute
d'avoir obtenu gain de cause en France, ils transportèrent bientôt l'offensive à
Rome, – et le nom de Germon apparaît encore dans cette affaire.[67] C'est que
l'œuvre du docteur de la grâce constituait un enjeu considérable, dans ces années
des grandes manœuvres préparatoires à la bulle *Unigenitus*, où les anti-jansénistes, conscients que toutes les condamnations précédentes s'étaient révélées
inefficaces et que le ver était toujours dans le fruit, pesaient, en France et à
Rome, pour une redéfinition du jansénisme qui obligeât enfin ses tenants à se
soumettre sans ambiguïté ou à se révolter ouvertement.[68] Fénelon, le plus brillant
avocat de cette stratégie, proposa en 1710 aux jésuites de réaliser ensemble une
nouvelle édition d'Augustin, ou du moins des écrits sur la grâce, »avec des notes
qui décréditeraient celles des Bénédictins«, – et il avançait précisément les noms
des Pères Lallemant et Germon, avec lesquels il était étroitement lié, pour y
travailler avec lui.[69] Dans l'autre camp, le cardinal de Noailles, première cible de

---

[63] Voir le texte complet de Ménestrier, »Projet, plan et preparation de l'histoire de l'Eglise de
       Lyon«, Lyon Bibl. Mun., Ms. 1409 (copie mise au net, avec des corrections autographes),
       p. 191–324. Ménestrier tient en fait que les écrits incriminés sont bien »Lugdunensis Ec-
       clesiae« mais que Lugdunum n'est pas ici Lyon mais Laon.
[64] Mémoires de Trévoux, janvier 1704, art. IX, p. 107–119.
[65] B. Germon, Disceptatio II, op. cit., p. 345.
[66] Voir Jean M. Faux, »La fondation et les premiers rédacteurs des Mémoires de Trévoux
       (1701–1739) d'après quelques documents inédits«, Archivum Historicum Societatis Jesu,
       t. XXIII, 1954, p. 146–147.
[67] Voir la lettre adressée de Rome par Dom Claude de Vic à Dom Robert Marcland, 8 no-
       vembre 1707, Bibl. Nat. de France, Latin 11662, fo 62 ro–63 ro, et »Reponse a la lettre
       d'un amy sur certaines nouvelles de Rome«, op. cit., fo 77 ro.
[68] Voir Jean Orcibal: »Fénelon et la cour romaine (1700–1715)«, Mélanges de l'Ecole Fran-
       çaise de Rome, t. LVII, 1940, p. 235–348, et notre »Avant et après l'*Unigenitus*: sur les
       mutations du jansénisme dans la France du XVIIIᵉ siècle«, à paraître dans: Le jansénisme
       en Europe centrale, colloque Sorbonne 27 et 28 mai 1998, Paris, Klincksieck.
[69] Henk Hillenaar: Fénelon et les jésuites, La Haye, 1967, p. 272–274.

l'offensive des anti-jansénistes, crut trouver une parade efficace dans une nouvelle édition des mêmes traités, dont il fit préparer l'impression en 1712.[70]

Il n'est donc pas étonnant que Germon eût saisi avec empressement, l'occasion que lui fournissait la réponse de Mabillon, – faut-il parler d'une faute tactique du mauriste? ou d'un plein succès, plutôt, pour peu que son intention eût été d'obliger l'adversaire à se découvrir et à dire tout net, enfin, à qui il en avait? L'appendice de la seconde *Disceptatio* pose pour principe initial que, au cas que les écrits des anciens fussent tous parfaitement édités, il n'y aurait plus lieu de conserver des manuscrits.[71] Nous n'en sommes pas là et les manuscrits ont encore leur utilité mais il ne faut pas les préférer aveuglément aux anciennes éditions qui ont elles-mêmes été faites d'après des manuscrits, dont on disposait en bien plus grand nombre il y a un siècle ou deux. S'agissant de trancher entre plusieurs leçons, chaque manuscrit ne peut être considéré que comme un seul témoin alors que les anciennes éditions représentent »un très grand nombre de témoins concordants«.[72] Ainsi, Jean Amerbach, qui donna la première édition des *Opera omnia* d'Augustin, mérita les louanges d'Erasme pour son zèle à rechercher de toutes parts des manuscrits.[73] Se gardant bien de citer ce que dit Erasme tout de suite après du nombre incroyable de fautes de cette édition,[74] Germon se hâtait de conclure: »puisqu'il en est ainsi, il est manifeste que l'édition d'Amerbach est à elle seule en quelque manière l'équivalent de tous ces manuscrits qu'il voulut faire consulter et conférer en Allemagne, en Gaule et en Italie, avant de publier Augustin«.[75]

Il faut faire le même jugement de toutes les éditions suivantes des *Opera omnia* d'Augustin, depuis celle d'Erasme jusqu'à la dernière avant les mauristes, celle des *Lovanienses* de 1577 (entre Erasme et les Lovanistes, pour allonger la liste, Germon comptait pour deux l'édition parisienne de 1531, chez Chevallon, et celle de 1571, qui n'était en fait qu'une réimpression de cette dernière).[76] »Si l'on compte tous les manuscrits« sur lesquels sont fondées ces anciennes éditions d'Augustin, quelle autorité ne faudra-t-il pas donner aux leçons sur les-

---

[70] [Jean-Baptiste Cadry et Jean-Baptiste Louail]: Histoire du livre des Reflexions morales sur le Nouveau Testament et de la Constitution Unigenitus, Amsterdam, 1726, t. I, p. 33 (»Mais des obstacles qui survinrent, ou des raisons qui nous sont inconnues, ont empêché jusqu'à present de la rendre publique«).

[71] B. Germon, Disceptatio II, op. cit., p. 349.

[72] Ibid., p. 353–354.

[73] Préface d'Erasme à sa propre édition d'Augustin chez Froben, adressée à Alfonso Fonseca (Allen, t. VIII, lettre 2157, mai 1529, p. 154).

[74] Voir Allen: ibid., p. 155.

[75] B. Germon: Disceptatio II, op. cit., p. 355: »Quae cum ita sint, manifestum est, vel solam Joannis Amerbachii editionem aliquomodo instar esse illorum omnium manuscriptorum, quos in Germania, Gallia et Italia consuli ac inter se conferri prius voluit, quam Augustinus ederet«.

[76] Voir Joseph de Ghellinck: Patristique et Moyen Age. Études d'histoire littéraire et doctrinale, t. III, Bruxelles-Paris, 1948, p. 366–411, et Georges Folliet: »Les méthodes d'édition aux XVIe et XVIIe siècles à partir des éditions successives du «De correptione et gratia»«, dans: Troisième centenaire de l'édition mauriste de saint Augustin. Communications présentées au colloque des 19 et 20 avril 1990, Paris, 1990, p. 71–102.

quelles elles concordent, et serait-il prudent d'abandonner ce texte reçu pour »quelques manuscrits, dans lesquels on trouve à présent une variante«?[77]

Sous prétexte de montrer que les manuscrits ne devaient pas être suivis sans précaution, puisque certains avaient été corrompus par les hérétiques, Germon passait ensuite directement à l'attaque contre les éditions mauristes. Selon la tradition anti-janséniste, il allait se fournir en munitions chez Hincmar, dans ce *De una et non trina Deitate* auquel la dissertation de Ménestrier avait fait allusion dans sa pointe finale, et que Mabillon avait déjà réfuté dans son *Supplementum*.[78] Hincmar s'y était plaint qu'un traité pseudo-augustinien, le *Contra quinque hostium genera*, eût été interpolé de son temps pour favoriser la formule *trina deitas*, objet de la grande controverse qu'il soutenait contre Ratramne et Gottschalk.[79] Pour rendre crédible cette accusation, l'archevêque de Reims avait rassemblé une série de cas de falsifications hérétiques, le plus spectaculaire étant la substitution d'*adoptatur* à *adoratur* dans le *De Trinitate* II, 27 d'Hilaire de Poitiers (*Ita potestatis dignitas non amittitur, dum carnis humilitas adoptatur*) par l'adoptianiste Félix d'Urgel. La source d'Hincmar était ici Alcuin, qui, en réalité, n'avait accusé Félix que de fausse citation. Une version encore enjolivée de la même affaire apparaît également dans la querelle prédestinatienne, où elle sert à Hincmar, cette fois, à appuyer ce qu'il dit de la falsification du traité de Florus de Lyon.[80] Or les éditions mauristes présentaient les leçons dénoncées: Dom Coustant, l'éditeur d'Hilaire, avait choisi *adoptatur* contre l'*adoratur* de l'édition d'Erasme,[81] et les éditeurs du Saint Augustin, comme déjà du reste les lovanistes, avaient donné la version longue du *Contra quinque hostium genera*.[82] Les mauristes s'étaient donc laissés tromper par des exemplaires falsifiés. Extrapolant allègrement, Germon terminait sur les manuscrits augustiniens de Corbie, qu'il fallait tenir généralement pour suspects: la plupart ne dataient-ils pas du IXe siècle, c'est-à-dire justement de l'époque où vivaient Gottschalk et son ami et chaud partisan Ratramne, moine de Corbie?[83]

---

[77] B. Germon: Disceptatio II, op. cit., p. 356–357.

[78] Pour une vue d'ensemble de la querelle trinitaire carolingienne, on pourra voir Jean Devisse: Hincmar archevêque de Reims, 845–882, Genève, 1976, t. I, p. 154–183, que le lecteur de Mabillon et Coustant tendra à juger bien favorable à Hincmar. On fera *a fortiori* le même jugement de l'étude, purement spéculative, de Leo D. Davis, S. J.: »Hincmar of Rheims as a Theologian of the Trinity«, dans: Traditio, t. XXVII, 1971, p. 455–468.

[79] B. Germon: Disceptatio II, op. cit., p. 371–384. Hincmar: De una et non trina Deitate, PL 125, 514–516.

[80] Ibid., p. 360–366. Alcuin: Contra Felicem Urgellitanum episcopum libri septem, l. VI, c. 6, PL 101, 206; Hincmar: De una et non trina Deitate, PL 125, 526–527; Prefatio in dissertationem posteriorem de gratia et libero arbitrio, PL 125, 55–56.

[81] Ibid., p. 366–368. Sancti Hilarii Pictavorum episcopi opera ad manuscriptos codices Gallicanos, Romanos, Belgicos, necnon ad veteres editiones castigata […]. Studio et labore Monachorum Ordinis S. Benedicti, è Congregatione S. Mauri, Paris, 1693, note k, col. 801–802 [= CC 62/1, p. 63].

[82] Ibid., p. 390–400. Sancti Aurelii Augustini Hipponensis Episcopi Opera post Lovaniensium Theologorum recensionem castigata denuo ad manuscriptos codices Gallicanos, Vaticanos, Belgicos, etc. necnon ad editiones antiquiores et castigatiores, t. VIII, Paris, 1688, Appendix, col. 10: »Gratias tibi Deus, gratias tibi vera et una Trinitas, una et trina veritas, trina et una unitas, gratias tibi Deus Pater«.

[83] Ibid., p. 400–406.

Germon s'arrêta là en 1706 mais il franchit le dernier pas en 1713, pour en arriver enfin au véritable enjeu, je veux dire la doctrine augustinienne de la grâce et de la prédestination. Le jésuite dénonça alors comme des falsifications dues à Gottschalk et à ses partisans de Corbie une série de leçons retenues par les derniers éditeurs d'Augustin, *injustum* pour *justum* dans l'*Enarratio* sur le psaume 70; *omnibus* pour *singulis* dans l'*Enchiridion* 27, 103 (où les éditeurs précédents avaient, en réalité, abandonné l'ensemble des manuscrits pour corriger d'après la Vulgate); *vellet* pour *vellent* dans l'*Enchiridion* 24, 95.[84] Ce dernier passage avait causé, trente ans plus tôt, bien des tracas aux mauristes qui, dénoncés à l'archevêque de Paris par les anti-jansénistes, – la correction, aux redoutables implications doctrinales, n'avait-elle pas en plus le malheur d'avoir été prônée par Antoine Arnauld? – avaient dû finalement imprimer *vellent* dans le tome concerné, le sixième, en 1685, tout en faisant un carton dans certains exemplaires pour introduire *vellet*.[85] Les critiques jésuites du Saint Augustin n'avaient pas manqué de relancer l'affaire en 1699.[86] Quant à la leçon *injustum* pour *justum*, elle aussi incriminée alors,[87] elle offrait une cible rêvée aux adversaires de l'édition puisque la correction avait déjà été introduite, *ope ingenii*, par Jansénius en personne. Niant, contre certains »scolastiques récents« comme Vasquez et Suarez, que Dieu pût damner un homme juste de par sa puissance absolue, l'évêque d'Ypres s'était objecté le passage où Augustin disait, d'après les éditions: *quis enim ei [Deo] diceret, quid fecisti, si damnaret justum?* et avait répondu que le sens du passage et »la consonance de toute la doctrine augustinienne« voulaient *injustum*.[88] Lorsque le janséniste abbé Boileau, docteur de Sorbonne, avait constaté que cette leçon était attestée par »un manuscrit de huit cens ans dans la bibliotheque de St Germain des prez«, en provenance de Corbie, il s'était félicité de cette découverte qui faisait »voir combien M. d'Ipre avoit le goust fin pour la doctrine de saint Augustin«.[89] Les mauristes avaient adopté la correction sur l'autorité de ce *Corbeiensis vetus*. Or, accusait Germon, la seule provenance du manuscrit, contemporain de Gottschalk, dont Jansénius, son »défenseur et acolyte«, n'avait fait que »renouveler les erreurs«, suffisait à le rendre »suspect«.[90] Quant au *vellet*, les mauristes avaient recensé vingt-cinq témoins qui l'attestaient, mais la présence parmi ceux-ci d'un ancien manuscrit de Corbie, »aurait dû rendre la leçon de tous les autres suspecte«.[91]

---

[84] B. Germon: De Veteribus haereticis, op. cit., p. 548–555. Voir respectivement CC 39, 940; CC 46, 105; CC 46, 99.

[85] Sur cette affaire, on voudra bien se reporter à la mise au point de notre: Le catholicisme classique et les Pères de l'Eglise. Un retour aux sources (1669–1713), Paris, 1999, p. 272–276.

[86] V. Thuillier: »Histoire de l'Edition de S. Augustin«, dans: Bibliotheque germanique, 1735, p. 207.

[87] Ibid., p. 208.

[88] Jansénius: Augustinus, Louvain, 1640, t. II, col. 951–956 (»De statu purae naturae«, l. III, c. XVI).

[89] Jacques Boileau: »Jugement de Jansenius« [1666], Bibliothèque de la Société de Port-Royal (Paris, rue Saint-Jacques), Ms. L. P. 8, p. 87.

[90] B. Germon: De Veteribus haereticis, op. cit., p. 552.

[91] Ibid., p. 555: »inter quos *antiquissimus Corbeiensis*, qui caeterorum omnium lectionem suspectam facere debebat«.

III. Pyrrhonisme anti-patristique ou anti-philologique?

Faut-il conclure que Germon n'avait effectué son vaste détour par les chartes et
les anciens hérétiques que pour en revenir simplement en 1713, la boucle bou-
clée, à la polémique jésuite de quinze ans plus tôt? Si les textes incriminés sont
largement les mêmes, la manière de procéder est bien différente. En 1698–1699,
les libelles anonymes contre le Saint Augustin avaient directement accusé les
mauristes de jansénisme. Si l'un ou l'autre de leurs choix textuels n'avait pas été
épargné, c'était avant tout à leurs manchettes et à leurs notes qu'on s'en était
pris: ligne d'attaque qui se comprend aisément comme la plus facile, la plus conforme aussi à la tradition de la Contre-Réforme et à la pratique des censeurs des
livres. Lorsque, en 1652, les députés jansénistes à Rome avaient voulu y faire
réimprimer les traités anti-pélagiens d'Augustin d'après l'édition de Louvain,
leurs adversaires, ne pouvant attaquer le texte lui-même, avaient mis en cause
l'orthodoxie des apostilles et en avaient finalement obtenu la suppression:[92] les
adversaires du Saint Augustin étaient bien au fait de ce précédent.[93] La *Lettre de
l'abbé allemand* avait cru habile de menacer par surcroît les mauristes
d'»examiner à fond toute vôtre Edition, et lire jusqu'à vos manuscrits, pour voir
si vous avez eû raison de preferer si souvent ce qui sembloit estre le plus conforme aux nouvelles erreurs«.[94] Il était clair pourtant que c'était là une parole en
l'air et que la Compagnie de Jésus, dont l'orientation intellectuelle avait bien
changé en France depuis le temps de Petau et de Sirmond, n'avait pas la capacité
d'entreprendre un tel travail: les bénédictins ne manquèrent pas de le relever
ironiquement.[95]

La manière du Père Germon est bien différente. S'il ne se prive pas entièrement d'allusions malignes aux penchants jansénistes des mauristes,[96] il n'accuse
explicitement ceux-ci que de s'être trop aveuglément fiés à des manuscrits corrompus huit siècles plus tôt. Tactique beaucoup plus subtile, mais qui exigeait de
jouer dangereusement avec le pyrrhonisme, si dangereusement qu'il est permis

---

[92] Voir Louis Gorin de Saint-Amour: Journal de ce qui s'est fait à Rome dans l'Affaire des
      Cinq Propositions, s. l., 1662, p. 215–225, et l'édition finalement imprimée (où il n'y a plus
      d'apostilles après la première partie), Sancti Augustini Hipponensis episcopi aliqua Opera
      Insigniora adversus Pelagianos et eorum Reliquias, Rome, 1652.
[93] Memoire d'un Docteur en theologie, op. cit., p. 115–116.
[94] Lettre de l'Abbé D*** aux RR. PP. Benedictins de la Congregation de Saint Maur, sur le
      dernier Tome de leur Edition de Saint Augustin, s. l., 1699, p. 71.
[95] [Dom René Massuet]: Lettre d'un ecclesiastique au R.P.E.L.J. sur celle qu'il a écrite aux
      RR. PP. Benedictins de la Congregation de S. Maur touchant le dernier Tome de leur Edi-
      tion de S. Augustin, Osnabrück [Rouen], 1699, p. 174: »Ainsi tenez vous en à vôtre pre-
      mier dessein, et ne vous mettez jamais en tête d'examiner à fond toute une nouvelle édition,
      sur une infinité de vieux manuscrits, dont la poussière vous incommoderoit, et que vous ne
      pourriez peut-être déchiffrer«.
[96] Voyez notamment cette flèche contre Coustant, qui n'hésite pas à accuser Hincmar de
      calomnie pour pouvoir disculper Gottschalk: »Atque hanc ejus agendi rationem eo magis
      miror, quod mihi persuasum sit eum longe abhorrere ab istorum consortio, qui ne quosdam
      libros haeresis condemnent, ipsos summos Pontifices, Episcopos universos, reges, Magi-
      stratus, atque Ecclesiam totam violentiae et injustitiae accusant« (B. Germon: De Veteribus
      haereticis, op. cit., p. 536–537).

de se demander où Germon voulait ultimement en venir. Ses protestations d'innocence réitérées ne sont guère convaincantes, on l'a dit, et il serait difficile d'excuser de malhonnêteté la manière dont, malgré toutes les mises au point des mauristes, il s'obstine jusqu'au bout à broder sur les textes d'Hincmar pour associer le prédestinatianisme, les falsifications de textes patristiques et le monastère de Corbie, – trois thèmes qui, chez l'archevêque de Reims, sont pourtant bien distincts. On ne peut se défendre de l'impression que Germon voulait à tout prix que les manuscrits des mauristes fussent suspects. Son *De veteribus haereticis* s'ouvre sur un très long catalogue de toutes les falsifications de l'Ecriture dont les hérétiques antiques ont pu être accusés par les Pères, et le résultat de cette accumulation ne peut être objectivement que de faire apparaître le canon de l'Ecriture comme fort incertain. A partir de cas comme celui de Jean 3, 6, où Tertullien et d'autres Pères ont lu les mots *quoniam Deus spiritus est*, qui ne se trouvent pas dans nos exemplaires et dont Ambroise puis Hincmar ont imputé la suppression aux ariens,[97] Germon ne craint pas de poser que certaines portions des livres saints, reçues pour canoniques dans les premiers siècles, ont pu périr entièrement du fait des hérétiques.[98] Quant aux textes des Pères, ses spéculations sur les moines prédestinatiens qui auraient falsifié allègrement les manuscrits de Corbie font nécessairement penser au système du Père Hardouin sur la fabrication intégrale de la littérature patristique, et de la quasi-totalité de la littérature profane, par une bande de moines athées aux XIIIe et XIVe siècles. On sait qu'Hardouin avait insinué sa thèse dès 1693[99] et l'avait suffisamment répandue dans ses conversations pour que, sans que ses formulations définitives eussent encore vu le jour, elle fût, dès l'époque où s'ouvrit la controverse entre Germon et les mauristes, bien connue et redoutée dans la République des Lettres. Et c'est un peu plus tard, au fort de la querelle, qu'éclata le scandale des *Opera selecta* d'Hardouin imprimées en Hollande, de la rétractation imposée à celui-ci par ses supérieurs et de la déclaration solennelle qu'ils jugèrent nécessaire de faire eux-mêmes, qu'ils condamnaient tous ces »paradoxes« comme »pernicieux«.[100]

Le pyrrhonisme du Père Hardouin englobait les chartes en même temps que les manuscrits,[101] et ce savant paradoxal voyait assez le lien entre ses propres thèses et celles de son confrère Germon pour avoir craint, à la parution de la première *Disceptatio*, qu'on ne l'en rendît responsable, et être allé assurer Ma-

---

[97] Ibid., p. 110–120.

[98] Ibid., p. 167–177.

[99] Jean Hardouin, S. J.: Chronologiae ex Nummis antiquis restitutae prolusio de nummis Herodiadum, Paris, 1693, p. 60–61.

[100] Jean Hardouin, S. J.: Opera Selecta, Amsterdam, 1709; »Protestation du P. H. contre l'Edition de ses Ouvrages que l'on fait à Amsterdam«, dans: Mémoires de Trévoux, septembre 1708, p. 1660–1664; »Déclaration du Pere Provincial des Jesuites, et des superieurs de leurs Maisons de Paris; touchant une nouvelle édition de quelques Ouvrages du Pere Jean Hardouin, de la même Compagnie, qui se fait actuellement contre leur volonté, par le Sieur de Lorme Libraire à Amsterdam«, ibid., février 1709, p. 367–371.

[101] Voir Jean Hardouin, S. J.: Ad Censuram Scriptorum Veterum Prolegomena, Londres, 1766, p. 192–193 et 201, et les passages des traités manuscrits d'Hardouin sur ce point, à la Bibliothèque du Roi, cités par R.-Pr. Tassin et Ch.-Fr. Toustain: Nouveau traité de diplomatique, op. cit., t. I, p. IX, XII, 58–60, 125–126.

billon qu'il »n'avoit eu aucune connoissance de cet ouvrage avant qu'il eust été publié«.[102] Il suivit manifestement de près la suite de la controverse, et le jugement qu'il porte sur la réponse de Coustant et ses craintes »folles et impies« que la critique germonienne des chartes et des manuscrits ne rejaillisse sur l'Ecriture même, telle qu'elle est garantie par l'Eglise, est remarquablement proche des répliques de Germon lui-même.[103] Si Mabillon et Coustant se sont contentés, ont l'a vu, de désigner dans le pyrrhonisme la conséquence logique des thèses de Germon, d'autres, surtout en Italie, où la *Disceptatio* suscita d'emblée des réactions extrêmement violentes (l'ambassadeur de Venise à Rome aurait déclaré l'ouvrage »si pernicieux à la Religion et à la République« qu'il méritait d'être brûlé par la main du bourreau[104]), ont accusé le jésuite de n'avoir jamais eu d'autre but et ont associé son nom à celui d'Hardouin. L'abbé Fontanini dénonça explicitement dans ce dernier »le précurseur et peut-être aussi l'auxiliaire de Germon«.[105] Le Père de Graveson, dominicain, théologien du collège de la Casanate de Rome, avait accusé ensemble Hardouin et Germon de »brûler d'abolir la mémoire de toute la vénérable antiquité«.[106] Pris à partie pour cette raison par les *Mémoires de Trévoux*,[107] il maintint que la »haine plus que vatinienne« portée par Germon aux chartes et aux manuscrits ne s'expliquait que par les préjugés qu'il avait imbibés de son maître Hardouin;[108] Germon n'avait-il pas, du reste, finalement jeté le masque dans son *De veteribus haereticis*, où il ruinait la tradition des Pères et détruisait l'autorité de l'Ecriture elle-même, »faisant éclore les œufs qu'Hardouin avait pondus«?[109]

Beaucoup au XVIIIᵉ siècle, parmi les adversaires des jésuites, ont rattaché les théories d'Hardouin à un vaste dessein pyrrhoniste de sa Compagnie,[110] et on ne peut exclure *a priori* que Germon ait entendu servir la même cause. Hardouin, bien sûr, alla beaucoup plus loin que son confrère, englobant dans sa critique jusqu'à ces chartes capétiennes conservées dans le Trésor des Chartes et à la Chambre des Comptes, dont Germon avait justement opposé l'authenticité garantie au cas des pièces mérovingiennes ou carolingiennes, et n'épargnant rien

---

[102] Bruno Neveu: »La vie érudite à Paris à la fin du XVIIᵉ siècle d'après les papiers du P. Léonard de Sainte-Catherine (1695–1706)«, dans: Erudition et religion aux XVIIᵉ et XVIIIᵉ siècles, Paris, 1994, p. 59.

[103] J. Hardouin: Prolegomena, op. cit., p. 73, à comparer avec B. Germon: De Veteribus haereticis, op. cit., p. 9 et 17.

[104] H. Leclercq: Dom Mabillon, op. cit., t. II, p. 804–805; V. Thuillier: »Histoire de l'Edition de S. Augustin«, dans: Bibliotheque germanique, 1735, p. 221–222.

[105] Giusto Fontanini: Vindiciae Antiquorum diplomatum Adversus Bartholomaei Germonii Disceptationem De Veteribus Regum Francorum Diplomatibus et arte secernendi antiqua Diplomata vera a falsis, Rome, 1705, p. 251, explicitée par l'index rerum p. 281.

[106] Ignace-Hyacinthe Amat de Graveson, O. P.: Tractatus de Mysteriis et Annis Christi, Rome, 1711, p. 129.

[107] Mémoires de Trévoux, octobre 1713, art. CLX, p. 1955.

[108] Epistola Apologetica R. P. F. Ignatii Hyacinthe Amat de Graveson Ordinis Praedicatorum, Sacrae Facultatis Parisiensis Doctoris, et Romae in Collegio Casanatensi Theologi, In qua sese vindicat a Criminationibus, quas Trevoltini in Gallis Scripturarii ei falso impegerunt, Lyon, 1722, p. 25–26.

[109] Ibid., p. 29–31.

[110] Voir ici même la communication de Martin Mulsow.

de toute la tradition patristique, mais ni cette différence entre les deux jésuites, ni les fermes désaveux des thèses du premier par le second,[111] ne sont forcément décisives. L'abbé de Margon, cet ancien auxiliaire des jésuites devenu leur dénonciateur, ne les accuse-t-il pas, dans ce qui est sans doute la version la plus subtile de la théorie du complot, d'utiliser les excès d'Hardouin pour »donner un masque ridicule« à leur propre système pyrrhoniste, avant de le représenter sérieusement, »bien épuré et pour ainsi dire tiré au clair«? »Il n'est pas nécessaire d'étaler ce système dans toute sa force. Vous n'avez pas besoin de le montrer en son entier. Une goutte suffit pour corrompre la source la plus pure«.[112]

La polémique de Germon contre les mauristes doit-elle donc ultimement se comprendre comme une vaste entreprise pour distiller, de livre en livre et par doses toujours plus fortes, un pyrrhonisme »épuré«? Le jésuite laisse assez transparaître sa défiance devant la conception gallicane et janséniste d'une tradition de type documentaire, figée dans des monuments écrits et tout particulièrement, s'agissant de la doctrine de la grâce et de la prédestination, dans les ouvrages d'Augustin.[113] Il cite la condamnation romaine de 1690 contre la proposition: »lorsque quelqu'un a trouvé une doctrine clairement fondée dans saint Augustin, il peut sans restrictions la soutenir et l'enseigner, sans tenir compte d'aucune bulle pontificale«.[114] Coustant exprime parfaitement la conception gallicane quand il déclare les écrits des Pères absolument nécessaires à l'Eglise pour prouver la perpétuité de sa foi et pour éviter que ne s'introduisent insensiblement des traditions nouvelles et que »chacun s'imagine que tout ce qu'il voit reçu en usage par son père ou son grand-père, s'est fait de tout temps«, – autant dire que l'érudition patristique doit être le principe d'un discernement et, finalement, d'une réformation antiquisante de la religion.[115] Germon, lui, exalte l'autorité de l'Eglise présente et cette Tradition qui »n'est pas conservée seulement dans les livres des Pères, mais est aussi perpétuée de vive voix et par l'éducation des fidèles, transmise à la postérité par la succession des Pasteurs, la coutume et l'usage ininterrompu de l'Eglise«,[116] ce que les *Mémoires de Trévoux*, en conclusion de leur compte rendu dithyrambique, appellent la »tradition orale et vivante«.[117] On trouverait aisément des expressions parallèles sous la plume, non seulement d'Hardouin, mais de beaucoup d'anti-jansénistes du temps. D'une certaine manière, en invitant ainsi à relativiser les textes écrits,

---

[111] B. Germon: Disceptationes. Adversus Ruinartii, et Fontanini Vindicias, op. cit, p. 201.

[112] Guillaume Plantavit de La Pause, abbé de Margon: »Première Lettre au P. Tournemine« [1716], dans: Lettres sur le Confessorat du P. Le Tellier, éd. I. de Récalde, Paris, 1922, p. 86.

[113] Voir Bruno Neveu: L'erreur et son juge. Remarques sur les censures doctrinales à l'époque moderne, Naples, 1993; »Le statut théologique de saint Augustin au XVIIe siècle«, dans: Troisième centenaire de l'édition mauriste, op. cit., p. 15–28.

[114] B. Germon: De Veteribus haereticis, op. cit., p. 573. Denzinger-Schönmetzer: Enchiridion symbolorum, definitionum et declarationum de rebus fidei et morum, Fribourg en Br., n° 2330: »Ubi quis invenerit doctrinam in Augustino clare fundatam, illam absolute potest tenere et docere, non respectata ad ullam Pontificis Bullam«.

[115] P. Coustant: Vindiciae confirmatae, op. cit., p. 607–610.

[116] B. Germon: De Veteribus haereticis, op. cit., p. 619–622.

[117] Mémoires de Trévoux, mai 1713, art. LXVI, p. 817.

Germon s'inscrivait dans la longue tradition de la controverse catholique contre la Réforme, dont il reprenait les citations patristiques classiques: le fameux *Ego vero Evangelio non crederem, nisi me catholicae Ecclesiae commoveret auctoritas* d'Augustin;[118] le passage d'Irénée sur les peuples barbares qui, sans papier ni encre, conservent la Tradition dans leurs cœurs, qu'Hardouin aussi trouvait si fort pour sa cause que, – lui qui croyait pourtant l'*Adversus haereses* un faux médiéval athée, – il ne put s'empêcher de le citer.[119] La nouveauté, bien sûr, par rapport aux controversistes tridentins, et qui montre à quel point la querelle janséniste avait remodelé le débat théologique, c'est que cette exaltation de l'autorité vivante ne s'effectue plus tant aux dépens de la Bible que de la tradition patristique.

Il est bien connu que les théologiens tridentins, pour ruiner le dogme protestant de la suffisance et de l'évidence scripturaires, n'hésitèrent pas à mettre en cause la certitude, hors la garantie de l'Eglise, du canon biblique et de sa transmission, et à alléguer les apocryphes fabriqués par les hérétiques des premiers siècles.[120] En s'étendant complaisamment sur toutes les difficultés d'interprétation et de lecture posées par les textes des Pères, Germon faisait le même usage qu'on peut dire tactique du pyrrhonisme. Son confrère Laubrussel, qui reprit ses accusations contre les manuscrits bénédictins d'Hilaire et d'Augustin,[121] avertissait que, »indépendamment de tout recours à la Providence ou à l'autorité de l'Eglise«, le »dépôt inviolable de la tradition« devenait aussi douteux que le texte de la Bible: que d'embarras, aussi bien pour discerner les vrais écrits des Pères des faux et pour déterminer ensuite le sens de leurs écrits authentiques, que de textes des Pères que les hérétiques ont prétendu alléguer en leur faveur, et quel besoin du »flambeau« de l'Eglise »pour découvrir aux Fidéles les traces et le long fil« de la tradition![122] Le profit que les anti-jansénistes espéraient tirer de ce type d'arguments ressort parfaitement, quelques années plus tard, d'une des réponses apportées par la grande *Instruction pastorale* du cardinal de Bissy, qu'on sait très proche du groupe des jésuites parisiens, à l'argument janséniste que les propositions condamnées par la bulle *Unigenitus* se retrouvaient en propres termes chez les Pères: »il faudroit prouver que ces textes de comparaisons sont tirés des écrits non supposés ni corrompus« des Pères.[123]

---

[118] B. Germon: De Veteribus haereticis, op. cit., p. 161. Augustin: Contra Epistolam Manichaei quam vocant Fundamenti liber unus, c. 5, n. 6, PL 42, 176.

[119] Ibid., p. 619; J. Hardouin: Prolegomena, op. cit., p. 99. Irénée: Adversus haereses, l. III, c. 4, § 2 (éd. Sources Chrétiennes, t. 211, p. 46–48).

[120] Voir par exemple Melchior Cano: De locis Theologicis libri duodecim, Salamanque, 1563, p. 23.

[121] Ignace de Laubrussel, S. J.: Traité des abus de la critique en matiere de Religion, t. I, Paris, 1710, p. 131.

[122] Ibid., p. 139–143.

[123] Instruction pastorale de son Eminence Monseigneur le cardinal de Bissy, evesque de Meaux, abbé commendataire de l'Abbaye Royalle de St-Germain des Prez, etc. Au sujet de la Bulle Unigenitus, Paris, 1722, p. 269. Cf. p. 267: »pour pouvoir excuser un Ecrivain par l'autorité d'un Pere de l'Eglise, il faut que le texte de ce Pere soit tiré d'un Ouvrage non supposé, et qui n'ait pas été corrompu peu à peu par l'ignorance des Copistes«. Sur la méthode janséniste des parallèles entre les propositions condamnées et des textes patristiques,

Il est clair, pourtant, que ni Germon ni les anti-jansénistes qui reprirent ses vues, ne cherchaient à détruire l'argument de tradition. Après un siècle et demi où leur Eglise avait assis sur lui le fort de sa défense contre les protestants, ils auraient eu trop à y perdre. Il n'est que de voir comment le Père de Laubrussel, dont le premier tome est tout germonien, renverse brutalement ses positions dès qu'il s'agit de parer à l'iconoclasme patristique de huguenots comme Daillé ou Rivet, ou aux audaces de critiques trop libres comme Simon et Du Pin. On croirait, dès lors, entendre Coustant: »Où puiserons-nous la science de ce qu'on a crû de tout temps, dés qu'on nous aura rempli de doutes sur tous les monumens de l'ancien christianisme, monumens qui tiennent lieu d'archives de l'Eglise, et où sont renfermez les titres d'une bonne partie de nôtre créance«?[124] La contradiction se lève dès que l'on comprend que ce n'est pas aux Pères en tant que tels, mais aux développements contemporains de l'érudition philologique et historique, à tout ce qu'on appelait alors la critique, que les anti-jansénistes en avaient vraiment.

La campagne de Germon contre les manuscrits est une attaque contre la philologie. Entre Hardouin et lui, il y a, de ce point de vue, une différence qui n'est pas seulement de degré mais de nature. Toute l'entreprise d'Hardouin vise à retourner, contre l'érudition et l'histoire qui, à ses yeux, ont infusé le venin de l'impiété dans le christianisme, les ressources de l'histoire et de l'érudition mêmes:[125] de la numismatique, au premier chef, dont on sait le rôle de point fixe qu'elle lui assure pour sa reconstruction, mais aussi de la philologie, dont les progrès s'inscrivent dans le plan de la providence. Les pseudo-Pères athées, aussi bien, ne pouvaient être confondus en bloc qu'une fois qu'ils auraient tous été tirés des bibliothèques, soigneusement imprimés et annotés, »ce qui n'arriva pratiquement qu'en notre temps«.[126] Hardouin, bien sûr, était un savant, éditeur lui-même de textes anciens, et il fallait une science immense pour édifier un système comme le sien. Par bien des côtés, à y regarder de près, il raisonne sur les prémisses exactes des gallicans et des jansénistes, non seulement en matière de fait (où il concède sans difficulté que le sens d'Augustin est le même que celui de Jansénius,[127] et que, sur la question du primat pontifical, Launoy a tous les Pères avec lui contre Bellarmin[128]), mais même pour définir des notions-clefs comme celles d'infaillibilité ou d'examen.[129] L'argumentation de Germon, elle, se place fondamentalement sur le terrain épistémologique et non historique.[130]

Ce que Germon, à qui les mauristes ont sans cesse reproché d'être un amateur et, comme nous dirions aujourd'hui, un »littéraire«,[131] ne pouvait accepter

---

voir J.-L. Quantin: »La crise janséniste de la théologie gallicane: Dom Bernard Maréchal et sa Concordance des Saints Pères (1739)«, Revue bénédictine, t. CVI, 1996, p. 356–385.

[124] I. de Laubrussel: Traité des abus de la critique, op. cit., t. II, 1711, p. 72.
[125] J. Hardouin: Prolegomena, op. cit., p. 65.
[126] Ibid., p. 15.
[127] Ibid., p. 165.
[128] Ibid., p. 91.
[129] Voir en particulier ibid., p. 140–141.
[130] Comme l'a bien vu C. Corsetti: I bella diplomatica, op. cit., p. 57 et 60.
[131] Voir, entre autres, Th. Ruinart: Ecclesia Parisiensis Vindicata, op. cit., p. 3; V. Thuillier: »Histoire de l'Edition de S. Augustin«, dans: Bibliotheque germanique, 1735, p. 221.

dans l'entreprise bénédictine, c'était de se développer, alors même qu'elle était lourde d'implications pour la foi, comme une affaire de spécialistes, un savoir autonome, sur lesquels ni la culture des collèges ni la théologie de l'Ecole ne permettaient plus d'avoir de prise. Quant à la première composante de la réaction de Germon, surtout visible dans ses ouvrages initiaux, ce qu'on pourrait appeler une protestation des belles-lettres contre l'érudition, elle s'inscrit, en ce tournant du siècle, dans un mouvement européen et n'est pas sans évoquer l'attitude, de l'autre côté de la Manche, de Swift et de ses amis dans la »bataille des livres«.[132] Mabillon alla au fond du problème quand il répondit franchement que, s'agissant de juger des chartes et des monuments médiévaux, la culture classique latine n'était pas seulement insuffisante mais pouvait même être nuisible.[133] Quant à l'aspect théologique de la réaction de Germon, qui prit le pas sur l'autre au fur et à mesure que le combat se déplaçait des chartes aux manuscrits, c'était le refus d'admettre que l'établissement du texte des Pères pût devenir une opération purement historico-critique et échapper, de fait, au jugement de l'Eglise hiérarchique et à la surveillance des chiens de garde de l'orthodoxie: que la variante pût être innocente, la faute mécanique, Jansénius ou Arnauld avoir bien rencontré en corrigeant le texte d'Augustin. Comment, quand trois manuscrits de l'*Enchiridion* donnent la leçon *vellent* avec le *n* barré, cette correction pourrait-elle être autre chose qu'une falsification hérétique?[134] C'était, au fond, cette réaction de Germon, comme une résurgence de la patristique militante et confessionnelle du XVIe siècle, de la patristique de Sixte-Quint établissant la Typographie Vaticane pour remplacer les éditions protestantes »souillées et corrompues par le ferment impur et pestifère des hérésies«, et enjoignant que, en cas de difficultés importantes pour l'établissement du texte, on lui en référât directement, »pour que, en vertu du privilège spécial de Dieu concédé à ce saint Siège, nous déterminions parmi les diverses leçons ce qui sera le plus conforme à la vérité orthodoxe«.[135] De cette patristique de combat, où catholiques et protestants se renvoyaient sans cesse l'accusation de falsification, les érudits du XVIIe siècle, et en particulier les gallicans, avaient tendu à se détourner, parce qu'elle menait à une impasse.[136] Aussi bien, comme Coustant l'objectait à Germon, si les catholiques déclarent généralement suspects tous les manuscrits qui ont été à un moment aux mains des hérétiques, les hérétiques rétorqueront sur le

---

[132] Joseph M. Levine: The Battle of the Books. History and Literature in the Augustan Age, Ithaca-Londres, 1991.

[133] J. Mabillon: Supplementum, op. cit., p. 5.

[134] B. Germon: De Veteribus haereticis, op. cit., p. 555. Comme toujours, Germon tire son information sur les manuscrits de l'édition même qu'il attaque (voir Sancti Aurelii Augustini Hipponensis Episcopi Opera, op. cit., t. VI, Paris, 1685, col. 231–232, note a).

[135] Bulle *Immensa aeterni Dei* de 1588, dans: Magnum Bullarium Romanum, t. II, Luxembourg, 1727, p. 672. Voir Pierre Petitmengin: »A propos des éditions patristiques de la Contre-Réforme: le ›saint Augustin‹ de la Typographie Vaticane«, dans: Recherches Augustiniennes, t. IV, 1966, p. 199–251.

[136] Pierre Petitmengin: »De adulteratis Patrum editionibus. La critique des textes au service de l'orthodoxie«, dans Emmanuel Bury et Bernard Meunier dir.: Les Pères de l'Église au XVIIe siècle. Actes du colloque de Lyon 2–5 octobre 1991, Paris, 1993, p. 30–31.

même ton, et »comment la dispute pourra-t-elle finir«?[137] Mais les anti-jansénistes comme Germon étaient prêts à réactiver, à l'intérieur même de l'Eglise romaine, ces polémiques qui, entre catholiques et protestants, étaient de moins en moins de mise.

Tout l'effort de Mabillon, au contraire, dans le dernier chapitre du *Supplementum*, porte sur la distinction entre *codices mendosi* et *falsati*: les seconds sont en beaucoup moins grand nombre que les premiers. Certains manuscrits qui paraissent falsifiés, – c'est ici Richard Simon qui est visé, – parce que des mots y ont été grattés ou exponctués, ne sont en fait pas même fautifs: le copiste a simplement corrigé ses erreurs.[138] Contre Germon, Coustant a esquissé dans ses *Vindiciae* un véritable précis de critique textuelle, où il traite à la fois des fautes des copistes et de leurs causes, et des erreurs introduites par les éditeurs humanistes sous prétexte de corriger ce qu'ils n'entendaient pas. L'absence, dans certains manuscrits du *Contra quinque hostium genera*, des mots incriminés par Hincmar s'explique tout simplement par un saut du même au même.[139] Le cas des pseudépigraphes appelle les mêmes commentaires: la plupart des ouvrages mis à tort sous le nom des Pères l'ont été par des catholiques, et pour des raisons fort innocentes ou, du moins, dans lesquelles l'hérésie n'a rien à voir (les sermons de Césaire d'Arles ont été donnés à Augustin car ils étaient largement composés d'extraits d'Augustin; le *De conflictu virtutum et vitiorum* d'Ambroise Autpert a été attribué à Ambroise de Milan, plus connu...).[140]

Il y a une certaine ironie à ce que la tradition de la patristique confessionnelle en soit finalement arrivée, avec Germon, à opposer aux mauristes les éditions bâloises d'Erasme, si suspectes en leur temps à la Contre-Réforme. La tendance à figer un *textus receptus* des auteurs était, bien sûr, très répandue à l'époque, et l'on a pu parler, y compris pour la littérature profane, d'un »conservatisme illogique pour lequel recourir à un manuscrit était s'éloigner de la tradition et non pas y retourner«.[141] Mais, s'agissant ici d'Hilaire ou d'Augustin, cette exaltation des anciennes éditions exprimait plus précisément la crainte des anti-jansénistes que, à force d'introduire ce que le Père de Laubrussel appelait »les nouvelles corrections«, le texte des Pères ne changeât entièrement de face.[142] Comment, dans une culture théologique du tranché, du décisif et de l'irrévocable, faire sa place à la philologie comme opération progressive, travail toujours à refaire?

Les mauristes eux-mêmes, on le sait bien, restaient par certains côtés très ancrés dans une perspective théologique. Mis en cause pour la doctrine de leurs notes, ils répondirent volontiers, en 1699, sur le même terrain. Dom François Lamy louait ses confrères d'avoir mis tous leurs efforts »à faire valoir la doctrine de saint Augustin contre le Pelagianisme et le Demipelagianisme, [...] heresies qui sont de tous les siécles, et [...] des pernicieux restes desquelles, le nôtre, tout

[137] P. Coustant: Vindiciae confirmatae, op. cit., p. 626–627.
[138] J. Mabillon: Supplementum, op. cit., p. 62.
[139] P. Coustant: Vindiciae, op. cit., p. 141–143.
[140] P. Coustant: Vindiciae confirmatae, op. cit., p. 133–135.
[141] L. D. Reynolds et N. G. Wilson: D'Homère à Erasme. La transmission des classiques grecs et latins, éd. mise à jour par P. Petitmengin, Paris, 1991, p. 143.
[142] I. de Laubrussel: Traité des abus de la critique, op. cit., t. I, p. 131.

éclairé qu'il est, n'a pû absolument se garantir«, plutôt que »de risquer à leur
donner des armes, en faisant valoir quelques endroits, où le Saint avant que
d'avoir medité à fonds ces matieres avoit parlé avec moins de précaution«.[143] On
reconnaît bien là les principes de l'augustinisme rigide, de ce »système de saint
Augustin«, comme on disait alors, qui était plus augustinien qu'Augustin. A
Saint-Maur même, les augustiniens de ce type doutaient que leur confrère Mabillon, dont tout le génie allait »à la discussion des faits, à la Critique, en un mot
à l'Erudition«, et qui »n'avoit jamais lu S. Augustin, pour y suivre, en Théologien de profession, le fil et l'enchaînement des Questions sur la Grâce«, fût bien
qualifié pour écrire la préface générale de l'édition,[144] et l'un d'eux, »le plus
profond Théologien qu'eût alors la Congrégation«, en fit une réfutation quand
elle eut paru.[145] Tous, à commencer par les éditeurs, jugeaient que le travail
d'édition ne valait que comme moyen d'une remontée aux sources de la foi, et
cette visée dogmatique explique l'usage, »anhistorique« aux yeux d'un philologue d'aujourd'hui,[146] que les mauristes font de leurs témoins manuscrits, plus ou
moins traités en recueils de variantes dont la personnalité propre s'estompe,
comme aussi la foi des défenseurs du Saint Augustin en une »pureté primitive«
du texte, qu'il serait à la fois nécessaire et possible de restituer tout entière.[147] La
reconnaissance par un Richard Simon que les notions d'origine et d'authenticité
sont relatives,[148] paraît ici plus lucide et plus »moderne«, – avertissement qu'on
ne saurait opposer sans plus une science bénédictine lumineuse et pré-positiviste
à des jésuites réactionnaires.

Reste que des mauristes comme Mabillon et Coustant étaient devenus, de
fait, des spécialistes, qui, face à Germon, alléguaient leur longue expérience,
»les trente-deux ans au moins«, pouvait compter Coustant en 1715, depuis ses
premiers travaux pour le Saint Augustin dans les années 1680, »que je peine à
consulter et à collationner des manuscrits divers«.[149] Ils avaient assez regardé de
codices, et d'assez près, pour s'être fait une idée précise de la manière dont,
concrètement, les copistes avaient travaillé.[150] Ils avaient constaté par eux-mêmes
l'étroitesse des bases manuscrites des éditions humanistes, et le peu de cas qu'il
fallait faire de ces protestations générales d'avoir revu le texte sur un grand
nombre de témoins que Germon prenait pour argent comptant. L'édition parisienne de 1531 des *Opera omnia* d'Augustin, par exemple, s'était bornée à

---

[143] [Dom François Lamy]: Lettre d'un Theologien a un de ses amis, sur un Libelle qui a pour
titre: Lettre de l'Abbé *** aux RR. PP. Benedictins, de la Congregation de Saint Maur, sur
le dernier Tome de leur Edition de S. Augustin, s. l., 1699, p. 26–27.

[144] V. Thuillier: »Histoire de l'Edition de S. Augustin«, dans: Bibliotheque germanique,
t. XXXV, 1736, p. 81–82.

[145] Ibid., p. 87.

[146] Michael M. Gorman: »The Maurists' manuscripts of four major works of saint Augustine
with some remarks on their editorial techniques«, Revue Bénédictine, t. XCI, 1981, p. 267.

[147] Fr. Lamy: Lettre d'un Theologien, op. cit., p. 21; Plainte de l'Apologiste des Benedictins à
Messeigneurs les Prelats de France, s. l. n. d., p. 16.

[148] Jacques Le Brun: »Sens et portée du retour aux origines dans l'œuvre de Richard Simon«,
XVIIe siècle, n° 131, 1981, p. 185–198.

[149] P. Coustant: Vindiciae confirmatae, op. cit., p. 189.

[150] Voir en particulier les commentaires de P. Coustant: Vindiciae, op. cit., p. 10–11, et de
J. Mabillon: Supplementum, op. cit., p. 60, sur les souscriptions *contuli et emendavi*.

reprendre le texte d'Erasme avec quelques variantes tirées des manuscrits de Saint-Victor: elle était donc absolument sans valeur pour les éditeurs bénédictins, qui avaient refait eux-mêmes la collation complète de ces mêmes manuscrits.[151] Par cette *experientia*, cet *usus*, – les mots reviennent sans cesse sous la plume des deux mauristes, – on acquiert ce que Mabillon appelle »un certain goût« pour discerner les fausses pièces des authentiques, qu'il s'agisse des chartes, des écrits des Pères ou des actes des martyrs.[152] Le principe, au vrai, sous-tend toute l'érudition gallicane comme entreprise critique, c'est-à-dire, au plus profond, entreprise de discernement, – on trouve exactement les mêmes termes chez Tillemont.[153] Ne nous y trompons pas: cette insistance sur l'expérience n'est rien moins qu'un empirisme. Elle prend appui sur le grand effort du XVIIe siècle, spécialement à Port-Royal, pour fonder une connaissance historique qui échappe à la réduction cartésienne de toute certitude au modèle mathématique.[154] A Germon exigeant qu'on lui démontre la vérité des chartes, Mabillon répond que le critique expérimenté peut parvenir à une vraie certitude de la vérité ou de la fausseté d'une pièce, non, sans doute, une certitude métaphysique, mais celle qui est propre à cet ordre d'objets, c'est-à-dire une certitude morale.[155] Coustant utilisait le même modèle épistémologique pour soutenir la validité de la datation par l'écriture: l'expérience permet de dire de beaucoup de manuscrits qu'ils sont antérieurs ou postérieurs à tel siècle, »non par une simple conjecture, mais par une connaissance certaine« en son genre.[156] C'est le cas pour deux manuscrits d'Hilaire qui donnent la leçon *adoptatur* et qu'on peut dater avec certitude d'avant la prétendue falsification de Félix d'Urgel car ils sont écrits en onciale.[157] La philologie n'ignore pas même, dans son ordre, l'évidence illuminatrice: lorsqu'on doit trancher entre plusieurs variantes, »il arrive que l'évidence même d'une leçon conservée par un seul manuscrit ou un petit nombre, enlève si bien l'esprit qu'il n'a aucune hésitation à rejeter les au-

---

[151] P. Coustant: Vindiciae, op. cit., p. 43. Voir aussi p. 67 sur les éditions d'Hilaire de Josse Bade et d'Erasme.

[152] J. Mabillon: Supplementum, op. cit., p. 3: »quodam gustu, qui ex assidua germanorum cujusque auctoris operum lectione percipitur«.

[153] Sébastien Le Nain de Tillemont: Memoires pour servir à l'histoire ecclesiastique des six premiers siecles, t. I, Paris, 1693, p. XV: »Que si l'on demande quelles sont les regles par lesquelles on a pretendu discerner les pieces veritables des fausses, quand on n'en sçait point les auteurs; ceux qui auront lu l'histoire du martyre de S. Polycarpe, celle des martyrs de Lion dans Eusebe, et les autres qui passent generalement pour incontestables, verront bien qu'en les lisant on se forme un goust pour discerner ce qui a cet air d'antiquité et de verité, d'avec ce qui sent la fable ou la tradition populaire.«

[154] Antoine Arnauld et Pierre Nicole: La Logique ou l'Art de penser, contenant, outre les règles communes, plusieurs observations nouvelles, propres à former le jugement, éd. Clair-Girbal, Paris, 1981, en particulier les chapitres XII et XIII de la quatrième partie, p. 335–342. Cf. Carlo Borghero: La Certezza e la Storia. Cartesianesimo, pirronismo e conoscenza storica, Milan, 1983, p. 102–118.

[155] J. Mabillon: Supplementum, op. cit., p. 4.

[156] P. Coustant: Vindiciae confirmatae, op. cit., p. 165.

[157] P. Coustant: Vindiciae, op. cit., p. 65–66: »Neque vero mera conjectura, ut putat Disceptator noster; sed quantum experientia assequi datur, certa notitia dictum est, hos duos manuscriptos Alcuini et Felicis aetatem superare«. Sur ces manuscrits, le Colbertinus et le Carnutensis vetus, voir CC 62/1, p. 19*–20*.

tres, quoique attestées par des témoins beaucoup plus nombreux«.[158] La vérité, pouvait déclarer Mabillon avec confiance, pour nier qu'une fausse charte pût être indétectable, »est telle qu'elle brille par elle-même«.[159]

Germon, pourtant, refusait de reconnaître ni cette certitude ni cette évidence. La fausseté des anciennes chartes peut souvent se découvrir au premier coup d'œil, mais »la vérité est ordinairement beaucoup plus dissimulée et n'éclate pas par des signes si manifestes«.[160] Et quant aux manuscrits, il maintint toujours que l'autorité d'Alcuin affirmant que le texte authentique d'Hilaire portait *adoratur*, et le témoignage positif d'Hincmar sur sa falsification constituaient une règle beaucoup plus certaine que »des conjectures tirées de l'écriture«: aucun des manuscrits qui donnent *adoptatur* ne peut être antérieur au temps de Félix d'Urgel.[161] Le jésuite ne veut voir qu'arbitraire dans le discernement que les mauristes s'attribuent au nom de leur expérience: comment Mabillon aurait-il pu acquérir un goût pour distinguer les fausses chartes des vraies, quand il n'a jamais vu d'autres chartes que celles qui sont précisément en question?[162] Coustant »prononce comme un oracle« sur l'âge des manuscrits d'après l'écriture, mais il est bien le seul à croire ce genre de datations précises et certaines.[163] Si l'épistémologie de Mabillon et Coustant est celle de Descartes revu par Port-Royal, celle de Germon et de ses amis s'articulerait bien avec l'anti-cartésianisme d'un Huet, très proche des jésuites dans ces années: »l'Evidence du vrai ne porte aucunes marques, par où on la puisse distinguer de l'Evidence du faux«.[164]

Récusé *a priori* par ce pyrrhonisme anti-philologique, comment le critique pourra-t-il, pourtant, faire preuve? La difficulté ressort parfaitement du curieux épisode auquel donna lieu le *Basilicanus* d'Hilaire de Poitiers. Germon, qui faisait flèche de tout bois et ne craignait pas d'alléguer contre les mauristes des manuscrits qu'il ne connaissait que par eux, qui paraît avoir été piqué au vif, également, par le reproche qu'on lui faisait sans cesse de n'avoir étudié que le latin des collèges,[165] avait appris l'existence de ce témoin capital du *De Trinitate* par la *Diplomatique*. Coustant ne l'avait pas cité dans son édition pour la variante *adoptatur / adoratur*, car, – on saisit là sur le vif les méthodes de travail des mauristes, qui dressaient un apparat négatif en partant de l'imprimé, les problèmes pratiques auxquels ils se trouvaient confrontés, et cet usage limité ou anhistorique du manuscrit, seulement pour justifier le choix d'une variante, qu'on a déjà signalé, – »nous n'avions pas à notre disposition l'édition de Louis

---

[158] P. Coustant: Vindiciae confirmatae, op. cit., p. 557: »Interdum ipsa evidentia lectionis, quam unus vel perpauci asservant, animum sic ad se rapit, ut ceteras, quas alii multo plures exhibent, repudiandas esse nullo pacto ambigat«.

[159] J. Mabillon: Supplementum, op. cit., p. 17: »ea est enim veritas, ut luceat per se se«.

[160] B. Germon: Disceptatio II, op. cit., p. 61.

[161] Ibid., p. 369; De Veteribus haereticis, op. cit., p. 444–445.

[162] B. Germon: Disceptatio II, op. cit., p. 72–74.

[163] B. Germon: De Veteribus haereticis, op. cit., p. 432–433.

[164] Traité philosophique de la foiblesse de l'esprit humain, par feu Mr Huet, Ancien Evêque d'Avranches, Amsterdam, 1723, p. 82. Le lien a été relevé par Owen Chadwick: From Bossuet to Newman, [2]Cambridge, 1987, p. 70.

[165] B. Germon: Disceptationes. Adversus Ruinartii, et Fontanini Vindicias, op. cit, p. 11–13.

Miré qu'avaient utilisée nos frères pour en relever les variantes, et nous ne savions donc pas quelle leçon il donnait. Et, à dire vrai, nous ne pensions pas alors avoir besoin de l'autorité de ce manuscrit pour confirmer une leçon que nous avons toujours jugée assez certaine par ailleurs«.[166] Germon fit donc consulter le manuscrit en 1707 par son confrère Le Tellier, alors à Rome: cette intervention de celui qui allait bientôt devenir le dernier confesseur de Louis XIV et le maître d'œuvre en France de la campagne préparatoire à l'*Unigenitus*,[167] montre une nouvelle fois l'étroite intégration de la polémique de Germon dans la stratégie anti-janséniste de sa Compagnie. Le manuscrit donnait la leçon *adoratur*, mais visiblement substituée à l'originale, *adoptatur*.[168] Germon en fut quitte pour dire que la correction pouvait fort bien être aussi ancienne que le manuscrit lui-même, comme ce dernier dater du neuvième siècle plutôt que du sixième. Son écriture (Le Tellier l'avait audacieusement jugée »saxonne« et toute semblable à celle d'un Evangéliaire du collège de Clermont) allait dans ce sens, et la souscription de 509/510 ne fournissait qu'un argument fort incertain »car il est incertain, si cette souscription est sincère ou fausse«. Si l'on veut que le manuscrit soit bien du début du sixième siècle, il faudra dire qu'il y avait déjà alors une variante dans le texte d'Hilaire et que la leçon plus tard perfidement introduite par Félix, l'avait déjà été, par erreur, dans certains exemplaires.[169] Cette longue discussion, qui paraît, de prime abord, parfaitement aberrante (Germon ne conclut-il pas lui-même, au bout de dix pages, qu'il n'y a rien à conclure?), retrouve tout son sens si l'on admet qu'elle ne vise pas à soutenir la leçon *adoratur*, mais à prouver la compétence de l'auteur et à montrer au lecteur que, quoi qu'en aient pu dire ses adversaires, il sait de quoi il parle, – exactement comme, chez les physiciens jésuites, le récit d'expérience ne vise pas à établir un fait mais à accréditer une autorité.[170] Aussi Germon relève-t-il avec satisfaction que tout cela avait échappé à Coustant.

Les mauristes, dont les amis et agents à Rome surveillaient étroitement les mouvements de leurs adversaires, firent établir un certificat dont la précision coupait court à toute échappatoire: »on lit encore, de l'écriture originale de la première main, *Ado* et, après un espace de deux lettres grattées, à la place de celles-ci, d'une autre main et d'une encre plus récente et plus noire que celle du manuscrit et de la souscription, a été écrite par-dessus la lettre R, lettre plus récente que suivent deux syllabes de la première main, c'est-à-dire *Atur*, dont le premier *A* est en partie lié et récrit de la même encre plus récente, ce qui apparaît très évidemment. Nous soussignés avons lu, observé attentivement et examiné

---

[166] P. Coustant: Vindiciae confirmatae, op. cit., p. 180.

[167] Lucien Ceyssens: »Le P. Michel Le Tellier (1643–1719)« [1984], repris dans: Autour de l'Unigenitus. Recherches sur la genèse de la constitution, Louvain, 1987, p. 333–400.

[168] »Reponse a la lettre d'un amy sur certaines nouvelles de Rome«, op. cit., to 84 ro.

[169] B. Germon: De Veteribus haereticis, op. cit., p. 446–456. Voir la lettre de Le Tellier dans: Lettre du P. Germon de la Compagnie de Jésus, aux auteurs du Journal de Venise, Paris, 1716 [imprimée aussi dans les Mémoires de Trévoux, mai 1716, article LXI, p. 989–998], p. 4.

[170] Peter Dear: »Narratives, Anecdotes, and Experiments: Turning Experience into Science in the Seventeenth-Century«, dans: The Literary Structure of Scientific Argument. Historical Studies, Philadelphie, 1991, p. 135–163.

tout cela à plusieurs reprises, et nous avons apposé nos noms et prénoms pour en témoigner, à la demande de Dom Guillaume de La Parre, de la congrégation de Saint-Maur de l'ordre de Saint-Benoît, ce 15 décembre 1707, sous le pontificat de Clément XI«.[171]

Or, parmi les dix souscripteurs, un seul, Francesco Bianchini, s'était acquis une réputation de critique ou d'érudit. Pour les autres, hormis Gozzadini, archevêque de Théodosie et chanoine archiviste de Saint-Pierre, qui ouvre la liste, leur présence s'explique avant tout par leurs affinités doctrinales avec les mauristes. On y trouve les principales figures de ce qu'on peut appeler, pour faire vite, le milieu janséniste romain, membres ou proches du cercle Tamburo animé par Fontanini et le jeune Domenico Passionei, qui avaient en commun l'anti-jésuitisme, – là est sans doute l'esssentiel, – une théologie thomiste ou augustino-thomiste et de vives sympathies pour les travaux d'au-delà des Monts: outre Fontanini lui-même, dont on a vu l'entrée en lice contre Germon et qui intervint aussi, dans les mêmes années, pour épargner une condamnation à l'œuvre de Tillemont, et le Père de Graveson, souscrivent Guido Passionei (l'oncle de Domenico), le liturgiste Giovanni Maria Tommasi, le théologien servite Gerardo Capassi, le dominicain Tomaso-Maria Minorelli.[172] Tous, – y compris Bianchini, camérier d'honneur du Saint Père, – signaient avec leurs titres complets, et Coustant, qui reproduisit scrupuleusement l'ensemble dans ses *Vindiciae confirmatae*, y précisa que Gozzadini et Tommasi étaient depuis lors devenus cardinaux. Beaucoup plus que sur la science de ces garants, il insista sur la faveur qu'ils avaient méritée auprès du Pape et sur les hautes dignités dont celui-ci les avait revêtus: comment oserait-on, dès lors, douter de leur témoignage?[173] Dans tout l'épais et savant ouvrage de Coustant, les anti-germoniens d'Italie, à en juger du moins par l'article du *Giornale de' Letterati*, paraissent n'avoir rien vu de plus décisif que ce certificat. Fermement décidés à en tirer tout le parti possible, ils ne craignirent pas d'affirmer que la substitution d'*adoratur* à *adoptatur* était toute récente, et de laisser entendre que le coupable n'était autre que le Père Le Tellier, agissant sur ordre de Germon:[174] rétorsion mécanique des accusations de ce dernier, et fantasme du jésuite falsificateur qui, si l'on ajoute que le *Giornale* écrit par ailleurs tout de go que les preuves de Coustant pour l'*adoptatur* en sont »une démonstration mathématique«,[175] confirment que l'épistémologie raffinée des mauristes était loin d'avoir gagné dans leur propre camp. Dix ans plus tôt déjà, Mabillon et les défenseurs de sa *Diplomatique* avaient hautement

---

[171] Bibl. Nat. de Fr., Latin 11662, fo 130 ro–vo (copie en conclusion de la »Reponse a la lettre d'un amy sur certaines nouvelles de Rome«, op. cit., fo 86 vo–87 ro).

[172] Sur ce milieu, voir en dernier lieu l'article »Fontanini« du Dizionario Biografico degli Italiani, t. XLVIII, 1997, p. 747–752, par D. Busolini.

[173] P. Coustant: Vindiciae confirmatae, op. cit., p. 183: »Virorum est [testimonium] cum dignitate, tum eruditione et probitate insignium, quorum plerique praeclaris dotibus gratiam ac fidem meruerunt summi Pontificis, qui cum integerrimae vitae laudem etiam primae dignitati anteponendam semper censuerit, ad Ecclesiae aut Curiae suae dignitates nonnisi probatissimos viros adsciscit«.

[174] Giornale de'Letterati d'Italia, t. XXIII, 1716, p. 438–439.

[175] Ibid., p. 437–438.

triomphé quand Clément XI avait accepté la dédicace des *Vindiciae* de Fontanini.[176]

Avouons-le, le recours des critiques, pour faire garantir leur travail, à une
autorité institutionnelle que leurs propres principes épistémologiques menaient à
déclarer incompétente dans cet ordre, a quelque chose de déconcertant. Le pro-
cédé s'éclaire, pourtant, si l'on songe à la manière dont l'origine aristocratique et
l'autorité sociale de certains adeptes ou curieux de la *new science* paraissent bien
avoir contribué, au dix-septième siècle, à la crédibilité des expériences qu'ils
rapportaient ou auxquelles ils assistaient.[177] La campagne de Germon contre les
mauristes ne saurait se réduire à une réaction jalouse de la Compagnie de Jésus
devant l'éclat d'études auxquelles elle participait de moins en moins, ni même à
la crispation d'un anti-jansénisme de combat qui ne voulait voir, dans
l'affirmation orgueilleuse d'une théologie positive forte des faits de l'histoire et
de la lettre des textes, que ses implications subversives pour l'Eglise romaine et
son autorité hiérarchique. Ce que visait le pyrrhonisme anti-philologique de
Germon, dans son refus d'admettre que la compétence technique pût conférer
une légitimité pour rétablir un texte patristique et le faire recevoir comme authentique, c'était la crédibilité de la philologie, dont on ne pouvait séparer, dans
les faits, celle du philologue lui-même. L'historiographie de jadis ou de naguère
aurait conclu que l'enjeu était la constitution de la philologie en savoir autonome, émancipé de la théologie, et, à ce niveau-là de généralité, bien sûr, on ne
peut y contredire. Reste qu'il ne s'agissait pas seulement pour la philologie de se
soustraire à une autorité étrangère, mais, aussi bien, de faire reconnaître la sienne
propre. Le critique pouvait bien trouver dans un manuscrit une leçon que sa
longue pratique lui rendait certaine voire évidente; encore fallait-il que le simple
lecteur d'Augustin, à qui l'expérience et l'autopsie manqueraient toujours, vou-
lût bien recevoir la correction en confiance. Il n'est pas sûr, en ce sens, que
l'institution ecclésiastique, en venant cautionner les choix textuels de Dom
Coustant de son immense autorité symbolique, n'ait pas fait davantage pour
légitimer le travail philologique que toutes les justifications érudites et toutes les
explications de méthode. Les difficultés particulières que la charge dogmatique
des textes patristiques impliquait pour le travail philologique, comme, à
l'inverse, le rôle de stimulant qu'elle put jouer, sont trop évidents pour qu'il y ait
lieu d'y insister. On mesure peut-être moins combien la portée de ces textes, et la
particulière vigilance qui les accompagnait, aboutirent aussi à porter à un
exceptionnel degré de précision et de clarté une réflexion épistémologique sur la
philologie et son statut. La polémique de Germon et des mauristes invite à
s'interroger sur le rôle très profond que, non seulement *ad extra* mais dans la

---

[176] Lettre de Mabillon à Fontanini, 31 octobre 1705, dans Dom Ursmer Berlière: »Lettres
inédites de Mabillon«, Revue Bénédictine, t. XVII, 1900, p. 139.
[177] Steven Shapin: A Social History of Truth. Civility and Science in Seventeenth-Century
England, Chicago-Londres, 1994; Christian Licoppe: La formation de la pratique scientifique. Le discours de l'expérience en France et en Angleterre (1630–1820), Paris, 1996.

construction même et la validation d'un discours et d'une procédure disciplinai-
res, la théologie joua historiquement pour la critique textuelle à l'âge classique.

Martin Mulsow

Gegen die Fälschung der Vergangenheit

Philologie bei Mathurin Veyssière La Croze

In der hugenottischen Gelehrsamkeit des frühen 18. Jahrhunderts steht die Philologie in einer komplexen Konstellation: einerseits bestimmt sich die Forschung in Absetzung vom konfessionellen Gegner, vor allem von den Jesuiten, andererseits entwickelt sie im Gegenzug gegen die durch den historischen Pyrrhonismus ausgelöste Krise der Geschichtsschreibung neue Formen historischer Vergewisserung, die bereits auf eine Unparteilichkeit jenseits der Konfessionen vorausdeuten. Mathurin Veyssière La Croze (1661–1739), nach Berlin geflohener Mauriner des Klosters St. Germain und Bibliothekar des preußischen Königs, ist ein wesentlicher Exponent in diesem mehrschichtigen Prozeß.[1] Diese Studie möchte La Crozes Philologiebegriff anhand zweier Schwerpunkte herausarbeiten – der Kritik an Jean Hardouin und der Beschäftigung mit den Thomaschristen in Indien – und dabei versuchen, etwas von der Dynamik aufzudecken, die der Konfessionalismus für die Methodik philologisch-historischer Forschung bewirkt hat.

---

[1] Dieser Aufsatz ist zum Teil identisch mit Teilen aus den Kap. IV und V meines Buches über La Croze, das 2001 in der Reihe »Hallesche Beiträge zur Europäischen Aufklärung« im Max Niemeyer Verlag erscheinen wird: Die drei Ringe. Toleranz, Gelehrsamkeit und clandestine Kommunikation bei Mathurin Veyssière La Croze (1661–1739). Eine Lebens- und Werkbeschreibung La Crozes (1661–1739) gibt sein Schüler Ch. E. Jordan: Histoire de la vie et des ouvrages de mr La Croze, avec des remarques de cet auteur sur divers sujets, Amsterdam 1741. Die Biographie umfaßt etwa 250 Oktavseiten und zitiert viele Briefe und Dokumente; ihr ist ein Anhang mit Auszügen aus Exzerpten La Crozes angefügt. Auf Jordan aufbauend: J. H. S. Formey: »Eloge de La Croze«, in ders.: Eloges des académiens de Berlin et de divers autres savants, Berlin 1757, Bd. 2, S. 63–79; J. G. de Chauffepié: Nouveau Dictionnaire historique et critique, pour servir de Supplément ou de continuation au Dictionnaire historique et critique de Mr. Pierre Bayle, Amsterdam und Den Haag 1750, Bd. II. Vgl. aber auch E. und E. Haag: La France protestante, Paris 1846–1859, s. v. »Veyssière de la Croze«; Hoefer: Nouvelle biographie générale; P. J. Levot: Biographie brétonne, 2 Bde., 1852–1857, s. v. »Veyssière de la Croze«; F. Mauthner: Der Atheismus und seine Geschichte im Abendlande, Bd. 3, Berlin 1922, S. 317–332. Zu La Croze als Bibliothekar vgl. F. C. Hoffmann: »Der Bibliothekar M. V. LaCroze und der Oberbibliothekar Fr. August Hackemann in Berlin 1718–1719«, in: Serapeum 20 (1859), S. 182–184. Vgl. auch Fr. Wilken: Geschichte der königlichen Bibliothek zu Berlin, Berlin 1828. Zu La Croze als Orientalisten und Missionsgeschichtler vgl. noch die in Anm. 27 und 30 genannten Titel. Einen Einblick in das Milieu, in dem La Croze lebte, geben J. Häseler: Ein Wanderer zwischen den Welten. Charles Etienne Jordan (1700–1745), Sigmaringen 1993, sowie A. Goldgar: Impolite Learning. Conduct and Community in the Republic of Letters 1680–1750, New Haven und London 1995. Immer noch unübertroffen in der Schilderung der Debatten innerhalb des Refuge: E. Haase: Einführung in die Literatur des Refuge, Berlin 1959.

I.

La Croze war ein wütender Kritiker der Jesuiten. Motive für diese Kritik gibt es genug. Als militanter Orden des Papstes waren es die Jesuiten gewesen, die auch in Frankreich die Politik gegen Andersgläubige, gegen Jansenisten und Hugenotten forciert hatten. Schon als La Croze noch in Paris war – vor 1696 – mag dort mancher der Benediktiner diesen Orden gehaßt haben. So hat La Croze sich als seinen Erzgegner einen Mann ausgesucht, der, ihm an Bildung ebenbürtig, zu dieser Partei der ›Verfolger‹ gehört hat: den Professor und Bibliothekar am Pariser Collège Louis le Grand, Jesuitenpater Jean Hardouin.[2] Hardouin ist um 1700 ein berühmter Mann gewesen. Seine Bedeutung hat er über seine ausgezeichnete Kenntnis der Numismatik erlangt, jener Forschung zu alten Münzen, mit denen die in die Krise geratene Geschichtswissenschaft der Zeit versuchen wollte, wieder Boden unter die Füße zu bekommen. Denn man versprach sich von solchen antiquarischen ›Hilfsdisziplinen‹, die nicht auf Texte angewiesen waren, eine unabhängige Kontrolle der alten Überlieferungen, die sich nur allzu oft als Fabeln herausgestellt hatten.[3] Aber weit davon entfernt, neuen festen Grund zu etablieren, entzog Hardouin der Geschichte nun endgültig jeden Boden. Hardouin ist bekannt und berüchtigt für seine These, alle antiken Texte, mit Ausnahme von Cicero, den Satiren und Briefen des Horaz, den *Georgica* Vergils und Plinius dem Älteren, seien Fälschungen. Alles: von den griechischen und lateinischen Schriftstellern und Historiographen über die Kirchenväter bis zu den griechischen und hebräischen Bibeltexten. Hardouin meinte auch die Fälscher identifiziert zu haben. Es sei, sagt er, eine Bande von italienischen atheistischen Mönchen um Severus Archontius im 13. Jahrhundert gewesen, die alles selbst fabriziert hätten.[4]

Man mag nun meinen, Hardouin sei verrückt, und in dieser These nur eine wahrhaft pathologische Extremform des historischen Pyrrhonismus sehen. Doch

---

[2] Zu Hardouin fehlt die große Monographie, derer sein Werk und seine Persönlichkeit bedarf. Die Monographie müßte sowohl psychologisch und psychohistorisch, aber eben auch ideengeschichtlich und institutionengeschichtlich ausgerichtet sein. Vgl. zur Bibliographie Sommervogel: Bibliographie de la Compagnie de Jesus, IV, S. 84–110; zum Werk E. Galletier: »Un Breton du XVIIe siècle à l'avant-garde de la critique. Le P. J. Hardouin de Quimper«, in: Annales de Bretagne 36 (1924–25), S. 461–483; G. Martini: »Le stravaganze critiche di Padre J. Hardouin«, in: Scritti in onore di V. Federici, Firenze 1944, S. 349–363; sowie A. Ch. Kors: Atheism in France 1650–1729. Volume I: The Orthodox Sources of Disbelief, Princeton 1990, S. 343f, 366ff. Vor allem ist ein Aufsatz zu nennen, der auf vorzügliche Weise eine Darstellung der wesentlichen Prinzipien von Hardouins Denken bietet: J. Sgard: »Et si les anciens étaient modernes... Le *Système* du P. Hardouin«, in: D'un siècle à l'autre: anciens et modernes (Centre Méridional de Rencontres sur le XVIIe siècle: XVIe colloque), hg. von L. Godard de Donville, Marseille 1987, S. 209–220. Vgl. auch den Artikel »Hardouin« in Chauffepiés *Dictionnaire*. Für weitere Literatur vgl. M. Mulsow: Art. »Hardouin, Jean« in: Religion in Geschichte und Gegenwart, 4. Auflage (im Druck).

[3] Eine unübertreffliche Einführung in diese Krise hat A. Momigliano verfaßt: »Ancient History and the Antiquarian«, dt. Übers. in ders.: Wege in die alte Welt, Berlin 1991, S. 79–106, 220–231. Vgl. aber auch C. Borghero: La certezza e la storia. Cartesianesimo, pirronismo e conoscenza storica, Milano 1983.

[4] Und diese Mönche waren auch noch, wie später die ungeliebten Mauriner, Benediktiner gewesen.

das wäre zu kurz gegriffen. Um die Bedeutung Hardouins zu erkennen, ihn also nicht einfach zu verlachen, wie es manche Zeitgenossen und noch mehr die Nachwelt getan haben, tut man gut daran, die unterschiedlichen Aktivitäten und Zielrichtungen zusammenzuhalten, die diesen Jesuiten charakterisieren. Dann erst ist man in der Lage zu verstehen, warum La Croze diesen Mann für so ungemein gefährlich halten konnte, daß er in seinem Werk eine Verschwörung der Jesuiten überhaupt gegen die gesamte alte Geschichte gesehen hat.

Hardouins Lehren sind von großer Wirksamkeit gewesen, innerhalb seines Ordens wie in der gelehrten Welt. Er hat anerkannte Editionen geliefert, war eine Kapazität innerhalb der Münzkunde, die, wie erläutert, eben angefangen hatte, als nichttextliche Evidenz für historische Forschungen einzutreten.[5] Verfolgt man seine mündliche Lehre am Collège und seine Schriften zu zeitgenössischen Kontroversen, dann findet man, daß ihn neben seinen radikalen historischen Thesen auch noch etwas anderes auszeichnet: Hardouin war, wie auch La Croze sagt, ein ausgesprochener Ketzermacher. Eifrig in der Sucht der Zeit mitspielend, scheinbar atheistische Konsequenzen aus den Lehren gegnerischer Philosophen und Theologen nachzuweisen[6], hatte er Jansenius, Thomassin, Régis, Descartes, Malebranche, Arnauld, Nicole und Pascal als Atheisten bezeichnet.[7] Warum gerade sie?

Ein Schlüssel liegt vielleicht darin, daß es die damals so populären Mischungen von Cartesianismus und Augustinismus waren, die, weil sie zur aristotelisch-scholastischen Linie, wie sie die Jesuiten zumeist vertraten, konträr lagen, diesen ein Dorn im Auge sein mußten.[8] Diesen vielfältigen Mischungen, wie sie

---

5   Die Konjunktur der Numismatik steht auch in engem Zusammenhang mit der Krise der Chronologie im späten 17. Jahrhundert (vgl. P. Hazard: Die Krise des europäischen Geistes 1685–1715, Hamburg 1939, S. 67ff.). So gab Hardouin 1703 eine Neuedition von Petaus *Rationarium temporum* heraus und schrieb selbst eine ganze Reihe chronologischer Werke: Chronologiae ex nummis antiquis restitutae specimen primum. Numismata saeculi Constantiniani, Paris 1697; Chronologia Veteris Testamenti ad Vulgatam versionem exacta et nummis antiquis illustrata, Paris 1697. Auch mit Newtons Chronologie setzte sich Hardouin auseinander: »Le fondement de la chronologie de M. Newton«, in: Mémoires de Trevoux (1729), S. 1567–1586. La Croze hat seinen Freund Alphonse Des Vignoles, der ein Spezialist in der Disziplin der Chronologie war, gebeten, im Anhang seiner Vindiciae veterum scriptorum contra J. Harduinum, Rotterdam 1708, eine chronologische Gegenrechnung gegen Hardouin aufzumachen. Das hat dieser getan. Siehe dort, S. 225–292. La Crozes Antwort: S. 293ff.

6   Dazu ausführlich A. Ch. Kors: Atheism in France 1650–1729. Volume I: The Orthodox Sources of Disbelief, Princeton 1990.

7   J. Hardouin: Athei detecti, in: Opera varia posthuma, Amsterdam 1733, S. 1–258.

8   Aber auch dieser Aspekt ist zu differenzieren. Denn immerhin fiel für Hardouin auch Aristoteles unter die gefälschten Autoren. Statt dessen ist es der Ciceronianismus, der als gültig bewahrt wird. Hier deutet sich eine bestimmte Linie an, die dann auch von anderen jesuitischen Autoren übernommen und fortgeführt worden ist. So hat der Abbé P. J. Olivet, Mitglied der *Académie française*, 1721 Ciceros *De natura deorum* ins Französische übersetzt und dieser Übersetzung eine Abhandlung La *théologie des payans* beigefügt, der jesuitischen Linie folgend, den consensus gentium zu stützen, also die Ansicht, es habe nirgends echte Atheisten geben können. Dabei hat Olivet Hardouin benutzt, um die aristotelische Linie abzuschwächen: »Dans cette foule de Livres, qui portent le nom d'Aristote, et qui passent communément pour être de lui, peut-être n'y en a-t-il point dont la supposition n'ait paru assez vraisemblable à quelque Savant.« (S. 105) Dagegen ist Jean Baptiste

auf eine Weise die Jansenisten, auf andere die Oratorianer wie Pater Malebranche entwickelt hatten[9], war auf eine philologische Weise der Boden unter den
Füßen wegzuziehen: wenn Augustinus nicht mehr als Autorität gelten konnte,
weil sein Werk nichts als eine Fälschung war, dann konnte es auch keine augu-
stinisierende Gegenwartsphilosophie mehr geben. Eigentlich war es in einem
weiteren Horizont die platonisch-christliche Tradition überhaupt, die das An-
griffsziel bot.

Hardouin hatte also, wenn diese Interpretation richtig ist, den historischen
Pyrrhonismus[10] zur Waffe vor allem gegen den französischen Augustinismus
gemacht. Der Pyrrhonismus hatte damals schon eine längere Tradition. Hier ist
es angebracht, etwas weiter auszuholen und einen Augenblick von La Croze und
seinem Gegner abzuschweifen. Die historische Kritik hatte nämlich ein neues
Feld im Bereich der für das 17. Jahrhundert so ungemein präsenten Patristik
gefunden. Von epochemachender Bedeutung ist in diesem Zusammenhang das
Werk des französischen Protestanten Jean Daillé gewesen, besonders sein Buch
Traicté de l'Employ des Saincts Peres von 1632, später als *De usu patrum* ins
Lateinische übersetzt.[11] Im frühen 17. Jahrhundert war der radikale Zweifel – sei
er erkenntnistheoretischer oder historischer Art – längst zu einem Instrument des
Krieges zwischen den Konfessionen, und selbst den Fraktionen innerhalb der
Konfessionen, geworden. So hatte Daillé den pyrrhonistischen Angriff der
Katholiken auf die Calvinisten, denen sie vorwarfen, kein Kriterium für die
Richtigkeit der für sie nach dem *sola scriptura*-Prinzip so wichtigen Bibelinter-
pretation angeben zu können, in seiner Stoßrichtung umgedreht und nun seiner-
seits die Tradition der Kirchenväter in Frage gestellt: war es denn immer klar,

---

Boyer, der Marquis d'Argens in seinem »Examen critique des remarques de Mr. l'Abbé
Olivet ... sur la théologie des philosophes Grecs«, in ders.: La Philosophie du Bon-Sens,
2. Aufl. Den Haag 1740, Bd. 2, S. 166–393, angegangen. Boyer macht detektivisch den
Punkt aus, an dem die Benutzung des jesuitischen Skeptikers Hardouin mit Olivets allgemeiner Linie gegen Bayle zusammengeht (vgl. bes. S. 331ff.). La Croze hat also nicht unrecht, wenn er die Kohärenz der jesuitischen Unternehmungen betont. Ob man andererseits
nicht auch eine gewisse Kohärenz in den protestantischen Unternehmungen eines Bayle, La
Croze und d'Argens sehen könnte, bleibt zu diskutieren.

[9] Vgl. H. Gouhier: Cartésianisme et Augustinisme au XVIIᵉ siècle, Paris 1978; vgl. aber auch
die weisen Bemerkungen dazu von Kors: Atheism (Anm. 6), S. 343f.

[10] Zu Hardouin im Kontext der historischen Kritik vgl. neben A. Momigliano: »Ancient
History« (Anm. 3), bes. S. 95f, sowie C. Borghero: La certezza e la storia (Anm. 3),
M. Mulsow: »Cartesianismus, Pyrrhonismus und historische Kritik. Neuere Forschungen
zur Formation der Moderne um 1700«, in: Philosophische Rundschau 42 (1995), S. 297–
314.

[11] J. Daillé: Traicté de l'Employ des Saincts Pères, Paris 1635; zu Daillé vgl. M. Turchetti:
»Jean Daillé et son *Traicté de l'Employ des Saincts Pères* (1632). Aperçu sur les change-
ments des critères d'appréciation des Pères de l'Église entre le XVIᵉ et le XVIIᵉ siècles«, in
E. Bury und B. Meunier (Hg.): Les Pères de l'Eglise au XVIIᵉ siècle, Paris 1993, S. 69–85.
Zu Daillé im Kontext des neuen Pyrrhonismus und in Auseinandersetzung mit François
Veron vgl. R. H. Popkin: The History of Scepticism from Erasmus to Spinoza, Berkeley
1979, S. 74–76; die Vielschichtigkeit der Diskussionen um die Patristik im Anschluß an
Daillé wird deutlich bei R. Häfner: »Johann Lorenz Mosheim und die Origenes-Rezeption
in der ersten Hälfte des 18. Jahrhunderts«, in: M. Mulsow, R. Häfner, H. Zedelmaier und
F. Neumann (Hrsg.): Johann Lorenz Mosheim (1693–1755). Theologie im Spannungsfeld
von Philosophie, Philologie und Historie, Wiesbaden 1997, S. 229–260.

wann ein Text verfaßt wurde, ob er wirklich echt war, ob er wirklich als heilig und autoritativ gelten konnte? Unter die Demontage der Kirchenväter fiel auch bald das Mißtrauen gegenüber ihrer Moral. Man begann, fanatische Züge oder unwahrhaftige Taktiken in ihrem Umgang mit Heiden und Abweichlern zu erkennen. Für die Kultur der Frühaufklärung, gerade auch der deutschen, die sensibel war für die Verketzerungen, die fanatisch Orthodoxe zu praktizieren pflegten, ist dieser Habitus des Mißtrauens später essentiell geworden.[12] Er ist essentiell geworden als ein Moment der allgemeinen Autoritätskritik und positiv gewendet als ein Ferment, das die Überlieferung verflüssigt, die verfestigten Positionen der frühen Kirchengeschichte aufgelöst und so zu einer Neubestimmung von Sakralgeschichte im Rahmen der profanen genötigt hat. Deshalb geht La Croze – der sich explizit auf Daillé beruft[13] – mit Thomasius wie Barbeyrac oder Le Clerc einig, wenn er die Patristiker mit äußerster Distanz liest und ihre Konflikte, wie die des Kyrillos gegen Nestorios, gegen den Strich der üblichen, offiziellen Überlieferung interpretiert. Ich komme darauf noch zurück.

Daillé hatte auch bemängelt, daß die Werküberlieferung von unbequemen Autoren der Kirche wie Origenes durch eben diese Kirche behindert und verstümmelt worden ist. Man hat sich nichts daraus gemacht, verdächtige Passagen einfach wegzulassen. Erst die editorischen Projekte von Erasmus hätten mit dieser Praxis gebrochen und eine Rekonstruktion der wahren Lehren ins Werk gesetzt. In diesem Punkt spielen im 17. und 18. Jahrhundert die Benediktiner der Maurinerkongregation deutlich die Rolle der Erben von Erasmus, indem sie akribisch in humanistischem Geist die Kirchenväter ediert haben, während die Jesuiten fortfuhren, an der Textunterdrückungspraxis festzuhalten. La Croze konnte, über die Flucht aus Paris und den konfessionellen Wechsel hinweg, an das Erbe und das Bemühen seines Benediktinerordens anknüpfen. Die Frontstellung gegen Antihumanismus und jesuitische Umgangsformen blieb identisch. Das ist wichtig zu sehen, um die Möglichkeiten der Konsistenz und Kontinuität in der Persönlichkeit von La Croze vor Augen zu haben. Er mußte sich nicht verleugnen.

Bei den Jesuiten und ihrem Protagonisten Hardouin ließ sich aus dieser Perspektive erneut das perfide Bemühen erahnen, radikale Skepsis gegen die protestantischen Belange zu mobilisieren. Hardouin war dann eine späte, historische, Variante von Polemikern wie François Veron. Seine abstrusen Thesen waren nicht als Dummheit zu unterschätzen, sondern als boshafte Strategie zu erkennen. »Kluge und verständige Leute«, so La Croze,

---

[12] Vgl. Jean Barbeyracs Vorwort zu seiner Übersetzung von S. Pufendorf. Le droit de la nature et des gens, Amsterdam 1706; Ch. Thomasius: Vorrede zu J. Le Clerc: Unpartheyische Lebens-Beschreibung einiger Kirchen-Väter und Ketzer [...] aus dessen Bibliothèque universelle ins Teutsche übersetzt, Halle 1721. Vgl. zu Barbeyrac S. Zurbuchen: Naturrecht und natürliche Religion. Zur Geschichte des Toleranzbegriffs von Samuel Pufendorf bis Jean-Jacques Rousseau, Würzburg 1991.

[13] Histoire du Christianisme des Indes, La Haye 1724, Préface. Vgl. auch Jordan (Anm. 1), S. 9f.

haben vor gut angesehen, sie nur zu verlachen [die Anhänger von Hardouin], und ihre An-
schläge und Schrifften als Thorheiten zu betrachten. Dieses ist nun wohl gar gut; allein es
machet die Sache noch nicht aus.[14]

So beginnt La Croze eines seiner Bücher mit der Bemerkung, in ihm werde man
Beweise gegen die Meinung finden,

welche ein Ketzermacher unserer Zeit, zu Austilgung aller Alterthümer in der Profan- und
Kirchen-Historie auf die Bahn gebracht hat [...]. [Gemeint ist Hardouin.] So sehr man sich
auch derselben widersetzet hat, so unterlässet sie dennoch nicht, festen Fuß zu fassen und
immer weiter um sich zu greiffen. Die Emissarien des Ketzermachers breiten sich täglich ie
mehr und mehr aus, und setzen ihre Frechheit auf eine so unverschämte Weise fort, daß sie
alle Grentzen, so ihnen die Vernunfft vorschreiben sollte, dabey überschreiten. Da sie so
ungestrafft hingehen, so machet sie solches immer verwegener [...].[15]

Da schlägt jemand Alarm. Man mag durchaus unterschiedlicher Ansicht darüber
sein, welche Gefahr denn nun wirklich von dem historischen Kahlschlag Hardouins ausging; vielleicht hat La Crozes traumatische Abneigung gegen die
Jesuiten ihn zuweilen deren Aktivitäten überschätzen lassen. Doch immerhin
spricht Augustin Irailh noch 1761 von einem *Hardouinisme*, der von anderen
Jesuiten, wie dem Pater Berruyer, fortgesetzt worden sei.[16] La Croze jedenfalls
zieht die Konsequenz: »[...] sie werden auch nicht eher nachlassen, als bis man
ihren Gewalttätigkeiten eine noch höhere Gewalt entgegen setzet.« Er fordert
deshalb: »man muß [...] dem Baum die Axt an die Wurzel setzen« – eine wissenschaftliche Axt, wohlgemerkt. Es gelte, Hardouin philologisch zu widerlegen,
indem man seine maligne Strategie herausarbeite: »man muß die Boßheit des
Unternehmens dieses babylonischen Thurmbaus an den Tag legen.«[17]
    La Croze nämlich hegt gegen Hardouin, der behauptet, eine Verschwörung
italienischer Fälscher aufgedeckt zu haben, selbst den Verdacht einer Verschwörung, die mindestens so groß wäre wie die der Fälscher: einer Verschwörung des
Jesuitenordens gegen die Zeugnisse der Vergangenheit mit den Mitteln, ja unter
Mißbrauch der neuesten historisch-antiquarischen Kritikmethoden.[18] Er ist der

---

14   Ich zitiere aus der deutschen Übersetzung. La Croze: Historische Beschreibung des Zu-
      stands der christlichen Religion in Ethiopien und Armenien, Danzig 1740 (Übers. von
      »Aldinor« – wohl ein unvollständiges Anagramm für Jordan), Vorbetrachtung (unpaginiert,
      S. 4*).
15   Ebd., S. 3*f. Vgl. auch La Croze an Wolf, 4. 11. 1726, H, 658: »Secta tamen
      Harduinianorum in Gallia invalescit, ut audio, non modo apud inconsultam et segnem
      juventutem, sed etiam apud Episcopos quosdam«. La Croze betont, daß er diese Sekte für
      gefährlicher halte als die manichäische Häresie (gegen die Wolf in seinem Buch: De Ma-
      nicheismo ante Manichaeos, Hamburg 1710, geschrieben hatte).
16   A. S. Irailh: »L'hardouinisme«, in ders.: Querelles littéraires, Bd. III, Paris 1761, S. 19–40.
      Vgl. vor allem I. A. Berruyer: Histoire du Peuple de Dieu, 7 Bde. Paris 1728.
17   Historische Beschreibung (Anm. 14), S. 4*.
18   Zu Verschwörungstheorien allg. vgl. D. Groh: »Die verschwörungstheoretische Versu-
      chung, oder: Why do bad things happen to good people?«, in ders.: Anthropologische Di-
      mensionen der Geschichte, Frankfurt 1992, S. 267–304; C. F. Graumann und S. Moscovici
      (Hrsg.): Changing Conceptions of Conspiracy, New York 1987; umgekehrt zu Vortäu-
      schungen und Lügen in der frühen Neuzeit vgl. P. Zagorin: Ways of Lying. Dissimulation,
      Persecution and Conformity in Early Modern Europe, Cambridge, Mass. 1990 und
      A. Grafton: Forgers and Critics, dt. Übers. Fälscher und Kritiker. Der Betrug in der Wis-
      senschaft, Berlin 1991.

Meinung, daß alle Distanzierungen des Jesuitenordens von ihrem extravaganten Pater – sie hat es seit 1708 mehrfach gegeben – nur vorgeschoben waren und der insgeheimen Strategie folgten, einen Strohmann ins Feuer zu schicken, um sich selbst bedeckt halten zu können.

> Die Autores, welche diesen Possen spielen, halten sich hinter dem Vorhange verborgen [...] Sie begnügen sich damit, daß sie einen Menschen dazu listig unterschieben, und ans Theatrum stellen, von dem sie, so oft es noth tut, läugnen können, daß es ihre Creatur oder Sprachrohr sey.[19]

Es sei also die ganze Gesellschaft Jesu mit ihren grauen Eminenzen, die sich Intellektuelle wie Hardouin nur als ihre *Creaturen* hielten. Ihnen – im Plural – ruft La Croze zu:

> Sie werden vergeblich angezogen kommen mit ihren erdichteten Societäten des 13ten Seculi, welche, ihrem Vorgeben nach, die griechischen und lateinischen Monumenta, die heutigen Tages den größten Zierrath unserer Bibliotheken ausmachen, sollen geschmiedet, und der Welt damit etwas aufgebunden haben.[20]

Sollte der Welt wirklich etwas aufgebunden werden? Die Frage ist heute schwer zu entscheiden. Es fällt auf, daß La Crozes Mißtrauen gegen den Jesuitenorden, sicherlich begründet auch durch eigene Erfahrung, zu extremen Hypothesen bereit ist. Gibt es Querelen innerhalb der Jesuiten, so unterstellt er ihnen, diese nur als Ablenkungsmanöver zu veranstalten, um sich vordergründig von ihren Protagonisten distanzieren zu können. Sein Überzeugtsein vom Haß und der Bosheit des Ordens geht so weit, daß er ihnen alles zu unterstellen bereit ist. Man mag darin Züge von Verfolgungswahn sehen; es gingen in Berlin auch einige kleine Satiren um, die sich in Pose warfen, Hardouin gegen La Croze zu verteidigen.[21] Nicht zu leugnen ist immerhin, wie wir gesehen haben, daß der ›Hardouinisme‹ tatsächlich seine ideologischen Hintergründe gehabt hat.

Wie man weiß, galt es bei Jesuiten schon deshalb stets vorsichtig zu sein, weil ihre Morallehre in gewissen Grenzen die Lüge zuließ.[22] Die jesuitischen Kasuistiker stellten keine kategorischen Verbote auf, sondern waren immer

---

[19] Ich zitiere aus der Übersetzung: Abbildung des Indianischen Christen-Staats, Leipzig, 2. Aufl. 1739, S. 13. La Croze fährt fort: »Inzwischen behalten sie den Faden das Theatrum zu regieren in den Händen, und zur Förderung ihrer Intriguen bedienen sie sich des Vortheils, daß sie allerhand Streitigkeiten und Spaltungen unterhalten, welche dann dem Publico oder dem grossen Hauffen so viel zu thun machen, daß sie jener Vorhaben nicht mercken. Wenn über kurtz oder lang einige Leute aufwachen, und ihnen den Kopf bieten werden, so mögen sie ja gar leicht Constitutiones oder Bullen wieder solche Personen erschleichen, und damit dergestalt unter sie rücken, daß sie selbst einander in die Haare gerathen, da sie sonst jenen hätten können Wiederstand thun, wenn sie einig blieben wären.«

[20] Ebd., S. 16f.

[21] Zu diesen Chartequen, die wahrscheinlich von Christoph Heinrich Oelven verfaßt worden sind, vgl. die *Entretiens* und Gundlings Rezension des Buches in der *Neuen Bibliothec* (1711), S. 242ff. Vgl. auch Jordan (Anm. 1), S. 98, A. Goldgar (Anm. 1), S. 168f, M. Mulsow (Anm. 1), Kap. VI.

[22] Vgl. zum ›Laxismus‹ der Jesuiten und ihrer Kasuistik der Lüge vgl. den Artikel ›Probabilisme‹ im Dictionnaire de théologie catholique 13 (1936), S. 417–619; E. Leites (Hrsg.): Conscience and Casuistry in Early Modern Europe, Cambridge 1988.

bereit, im Einzelfall den Nutzen und den Verstoß gegeneinander abzuwägen. Die kriminellen Verflechtungen, die La Croze hier sieht, beziehen sich weniger auf den Augustinismus, sondern mehr auf andere Dinge, die den Jesuiten nicht genehm waren. So war die Vulgata vom Trienter Konzil als verbindlicher Bibeltext sanktioniert worden, und alle früheren Fassungen mit differenten Stellen und anderen Überlieferungen waren *ex definitione* davon ausgeschlossen, als Belege für theologische Fragen heranziehbar zu sein. Hardouins Pyrrhonismus traf die Septuaginta ebenso wie den hebräischen Text; es war in der Tat ein Schachzug, der die Dokumente der Zeit vor den Trienter Festlegungen für die Exegese und Dogmatik irrelevant machte.[23]

Vor allem aber sieht La Croze, und darin tritt der Kenner zutage, Kontinuitäten zu anderen jesuitischen Unternehmungen jenseits der historischen Wahrhaftigkeit. So kann er auf Fälschungen verweisen, die die spanischen Jesuiten im späten 16. und frühen 17. Jahrhundert fabriziert hatten. Romano de la Higuera aus Toledo, so erzählt er, hatte 1594 dem Bischof Dexter des 4. Jahrhunderts, von dem man aus Hieronymus weiß, daß er eine Universalgeschichte geschrieben hat, einfach eine gefälschte Chronik untergeschoben, und in dieser Chronik war alles enthalten und historisch ›verbürgt‹, was die Jesuiten sich schon immer gewünscht hatten: der Primat des Papstes, der Monarchismus, Petrus in Rom, Jacobus in Spanien und Dionysius Areopagita in Paris. Legitimierungen also für all die Reliquienkulte, die man so pflegte, und für vieles andere mehr.[24] Speziell für spanische Belange war diese Chronik, die man 1599 auch tatsächlich druckte, von großen Vorteilen. So wurde sie denn auch fortgesetzt: der nächste Fälscher hieß Francisco Bivar. Er führte die fiktive Chronik weiter, für die Jahre 430 bis 612, untergeschoben einem gewissen Marcus Maximus. Auch dieses Buch erschien, wie La Croze ironisch vermerkt, »avec [...] une aprobation magnifique de l'Inquisition«. Schließlich lancierten die Jesuiten sogar noch eine *Chronica*, die bis ins 12. Jahrhundert reichte, fabriziert von Raminez de Prado,

---

[23] Vgl. den Beitrag von J.-L. Quantin in diesem Band über die Fixierungen bei Barthélémy Germon. Auch Germon wollte die relevanten Texte – in seinem Fall die der Kirchenväter – ein für allemal in ihrer Gültigkeit festschreiben, so daß neuere philologische Emendation sinnlos wäre.

[24] Dissertations historiques sur divers sujets, Rotterdam 1707, S. 248f: »Les Jesuites n'ont rien à desirer après cette Histoire. Toute les Traditions fabuleuses de leur Eglise y sont établies, la Messie, le culte des Reliques & des Images, l'invocation des Saints, la Primauté du Pape, la venuë de Saint Pierre à Rome, celle de Saint Jacques en Espagne, la priere pour les morts, le Monarchisme, en un mot, tout ce qu'il y a dans leur Religion de plus contraire à la parole de Dieu. On n'y a pas oublié la venuë de Saint Denis Areopagite en France, & autres fables, il y est parlé de la lettre de la sainte Vierge aux citoiens de Messine.« Vgl. [Ps.-] Flavius Lucius Dexter: Chronicon omnimodae historiae, studio Fr. Bivarii illustratum, Lugduni 1627. Zur Fälschungspraxis vgl.: Fälschungen im Mittelalter, Kongreß der Monumenta Germaniae Historica, Hrsg. von H. Fuhrmann, Hannover 1988; I. Haywood: The Making of History, Rutherford 1986. Für die Hintergründe der Forcierung von Heiligenlegenden und Reliquienkulten durch die Jesuiten vgl. J. Delumeau: Rassurer et proteger. Le sentiment de sécurié dans l'occident d'autrefois, Paris 1989.

einem Wissenschaftler eigentlich von gutem Ruf in der gelehrten Welt, der zudem spanischer Botschafter am französischen Hof gewesen ist.[25]

Was La Croze stutzig macht, ist der Umstand, daß diese Fälschungen mit dem Unternehmen Hardouins zusammenpassen wie die zwei Seiten einer Medaille. Hatten die früheren Unternehmungen die Vergangenheit bis zum 12. Jahrhundert teilweise neu erfunden, so setzte Hardouin mit seiner angenommenen Fälschergruppe im 13. Jahrhundert ein und ließ gewissermaßen alles, was noch an authentischen Zeugnissen der Vergangenheit vor diesem Jahrhundert vorhanden war, unter dem Verdacht der Pseudoepigrahie verschwinden. Der eine reißt ab, die anderen bauen auf. Sie bauen eine nach ihren Nutzenerwägungen zurechtgeschmiedete fiktive Vorzeit auf.[26]

La Croze erblickt hier – ob zu recht oder zu unrecht – ein großangelegtes und aufeinander abgestimmtes Unternehmen gegen die Vergangenheit. Man kann – mit dem Wort von Adorno – geradezu von einem Verblendungszusammenhang sprechen, den La Croze aufzudecken bemüht ist. Philologie – zumal auf einem so hohen Niveau wie bei Hardouin – erscheint hier in einer korrumpierenden Indienstnahme für die Interessen der Kirche. Dagegen hat La Croze eine Philologie aufzubieten, die dem Verblendungszusammenhang durch noch bessere Kenntnisse (und vor allem Sprachkenntnisse alter Sprachen) Paroli bieten und ihn sukzessive aufdecken möchte. In seinen *Dissertations historiques sur divers sujets* von 1707 hat er damit begonnen, und in seinen *Vindiciae scriptorum veterum*, veröffentlicht 1708 in Holland, führt er seine Verteidigungslinie der *Dissertations* in großer Detailliertheit fort.[27] Ich muß es mir aber versagen, die Einzelheiten der Argumente, mit denen La Croze die Thesen Hardouins widerlegt, aufzuführen. Allerdings scheinen mir, und das ist der Grund, hier ausführlich gewesen zu sein, die Hintergründe dieses Themas immerhin zentral für den Versuch, La Crozes Motive zu verstehen. Denn noch die späteren großen kirchengeschichtlichen Werke, sowohl die umfassende *Histoire du Christianisme des Indes* von 1724[28] – La Croze hat sie wohl als sein Hauptwerk betrachtet – als auch die etwas medioker gearbeitete *Histoire du Christianisme d'Éthiopie et d'Armenie* von 1739 nehmen das Skandalon Hardouin zum Anlaß, gegen den

---

25 [Ps.-] Marcus Maximus Caesaraugustanus: Continuatio chronici omnimodae historiae, studio Franc. Bivarii, Madrid 1651; vgl. La Croze: *Dissertations* (Anm. 24), S. 250ff.

26 Dissertations (Anm. 24), S. 254: »Voilà donc quelle est la Tradition que les Jesuites ont forgée, & qu'ils veulent substituer à la vraie antiquité Chretienne. Ils l'ont conduite jusqu'au douzième siècle, c'est-à-dire, à peu près jusqu'au tems de leur Severus Archontius. Les Moines Mendians, qui sont venus dans le treizième siècle, ont trop bien joué leur rôle. Les Jesuites ne le desavouëront point. Ils se contenteront d'amener peu-à-peu les Thomistes au Molinisme, & alors tous les mysteres de la Société seront conduits à leur perfection.«

27 Vgl. auch Jordan (Anm. 1), S. 91ff.

28 Histoire du Christianisme des Indes, La Haye 1724; vgl. S. Murr: »Indianisme et militarisme protestant. Veyssière La Croze et son *Histoire du Christianisme des Indes*«, in: Dixhuitième siècle 18, Paris 1986, S. 303–323. Weiter F. Wiegand: »M. Veyssière de La Croze als Verfasser der ersten Missionsgeschichte«, in: Beiträge zur Förderung der christlichen Theologie 6 (1902), S. 267–290, sowie Th. Schoell: »La Croze, bénédictin français, premier historien des missions protestantes«, in: Bulletin de la Société d'Histoire du Protestantisme 1903, S. 471–475.

Versuch der Zerstörung der Vergangenheit anzugehen. Auch dort, im Fall der
Missionstätigkeiten der Jesuiten, meint La Croze die fatale Praxis des Ordens zu
sehen, alte Urkunden, die nicht zu dem Bild paßten, das dieser von der Entwicklung der Christenheit geben mochte, einfach zu vernichten.

II.

La Croze und seine Freunde Louis Piques und Jean Gagnier haben in Paris alle
als begeisterte Orientalisten begonnen. Die Wissenschaft war in einer Pionier-
phase, es gab über die neuerschlossene Kenntnis alter Sprachen völlig neue
Perspektiven auf die alte Geschichte und Kirchengeschichte. Das macht die
Geschichte der Orientalistik so wichtig für unser Verständnis von Philologie als
einer Leitwissenschaft des 17. und frühen 18. Jahrhunderts, die in einige der
zentralen geistesgeschichtlichen Auseinandersetzungen der Epoche verwickelt
war. So war vor allem das Koptische, die gesprochene Sprache des alten Ägypten, wiederentdeckt worden. 1630 hatte ein Agent des großen Wissenschafts-
organisators Nicolas Fabri de Peiresc aus dem nahen Osten einen ganzen Schatz
von samaritanischen, syrischen, arabischen und eben auch koptischen Manuskripten mit nach Frankreich gebracht. Peiresc hatte über Pietro della Valle
schließlich Athanasius Kircher die koptischen Texte zukommen lassen, und seit
Kirchers *Prodromus Coptus* von 1636 und der *Lingua Aegyptiaca Restituta* von
1643 konnte die Erforschung des alten Ägypten und damit des ganzen alten
Orients auf neuer, wenn auch immer noch unsicherer, Grundlage vorangehen.[29]
Das koptisch-lateinische Wörterbuch, das La Croze in seiner Berliner Zeit er-
stellt hat und das trotz der Bemühungen Marchands um den Text nicht zu seinen
Lebzeiten erschienen ist, war noch 1775, als es schließlich herauskam, ein Mei-
lenstein in der orientalischen Philologie.[30]

Die Beschäftigung mit dem Koptischen und anderen entlegenen Sprachen
hatte aber auch brisante historische Begleiterscheinungen. In seinem *Prodromus
Coptus* hatte Kircher unter anderem eine Inschrift diskutiert, die von einem
Monument aus dem 9. Jahrhundert stammte, das 1626 auf einem Friedhof in
Sian in China gefunden worden war. Auf diesem Monument war in Chinesisch
und Syrisch die Geschichte der Nestorianer niedergeschrieben.[31] Die Nestorianer

---

[29]   A. Kircher: Prodromus coptus sive Aegyptiacus, Roma 1636; ders.: Lingua aegyptiaca
       restituta, Roma 1643; zu Kircher als Orientalist vgl. D. Pastine: La nascità dell'idolatria.
       L'oriente religioso di Athanasius Kircher, Firenze 1978.
[30]   La Croze: Lexikon Aegyptiaco-Latinum, Hrsg. von Ch. Scholtz und C. G. Woide, Oxford
       1775; das Original liegt als Leihgabe der Konijklike Akademie von Wetenschappen
       (Ms. CCCX) in der Kon. Bibl. Den Haag. Zur Veröffentlichungsgeschichte vgl.
       Ch. Berkvens-Stevelink: »Une aventure mouvmentée: Les dictionnaires slave, cope et
       égyptien de Mathurin Veyssière La Croze«, in: Lias 11 (1984), S. 137–145.
[31]   Vgl. M. Pope: The Story of Decipherment. From Egyptian Hieroglyphic to Linear B,
       London 1975, dt. Übers. Herrsching 1990, S. 42ff; A. Grafton: Die tragischen Ursprünge
       der deutschen Fußnote, Berlin 1995, S. 157ff.; zu den anschließenden Kontroversen:

aber waren Christen, die sich im 5. Jahrhundert in Asien niedergelassen hatten, nachdem sie aus Europa als Ketzer vertrieben worden waren, und von deren Existenz man bis zu Kirchers Veröffentlichung nichts gewußt hatte. Das war eine Sensation, und sofort gab es auch wieder das Mißtrauen, ob das ganze nicht eine Erfindung der Jesuiten sei.

Aber eigentlich war die Geschichte der Nestorianer viel brisanter für die katholische Kirche. Denn Nestorius, Prediger im Konstantinopel um 430, hatte sowohl die Form der Zweinaturenlehre für Christus abgelehnt, nach der seine Göttlichkeit in jeder seiner menschlichen Handlungen vorhanden sei, als auch die Realpräsenz Christi im Abendmahl.[32] Also war es für einen Orientalisten von protestantischer – besser: von reformierter – Seite aus leichter, die Geschichte dieser Sekte zu schreiben, die noch auf ihren Autor wartete.[33] Dieses Unternehmen – ausgeführt für die nestorianischen ›Thomas-Christen‹ an der malabarischen Küste Indiens – nahm La Croze auf sich. Doch er ging es nicht nur mit seinen philologischen Mitteln an, sondern hebelte die ganzen gelehrten Kontroversen über den Nestorianismus zugleich mit einer neuen, gewissermaßen empirischen Methode aus: er verließ sich in erster Linie auf die Augenzeugenberichte, die die dänischen Missionare aus Malabar nach Europa übermittelten.[34] Kronzeuge war dabei Batholomäus Ziegenbalg, ein Lutheraner, der im Auftrag des dänischen Königs von 1706 bis zu seinem Tod 1719 die Kolonie in Tranquebar missioniert hatte. Eine ganz aktuelle Quelle also. La Croze hat viel Aufwand betrieben, sich in Kenntnis der handschriftlichen Aufzeichnungen Ziegenbalgs zu setzen, und er hat dafür auch Kontakt mit August Hermann Francke und seinem *Collegium orientale* in Halle aufgenommen.[35] Als es ihm gelungen war, hatte er das Grundmaterial für seine Geschichte. Das Thema war ideal:

> Wir finden hier eine sehr alte Kirche vor, bei der fast alle Dogmen mit denen der reformierten Kirche übereinstimmen. Die orientalischen Christen sind unter dem Namen Nestorianer bekannt und seit dem fünften Jahrhundert von allen anderen Gemeinden getrennt, zurückgezogen unter der Obhut eines Patriarchen, der vom römischen Reich unabhängig war, und in keinerlei Austausch mit diesem. Sie kannten nicht einmal dessen Sprache oder Autoren, und haben trotzdem dieselben Sakramente wie wir, sie verneinen formell die Transsubstantiation und die Realpräsenz, haben Abscheu vor einem Bilderkult, kennen

---

D. Mungello: »Curious Land«, in: Studia leibnitiana, Suppl. 25, Wiesbaden 1985, S. 164–172.

[32] Für eine konzise Darstellung vgl. H. Chadwick: Die Kirche in der antiken Welt, Berlin 1972, S. 226–234.

[33] Vgl. aber schon den Artikel »Nestorius« von P. Bayle im Dictionnaire historique et critique, 2. Aufl. Rotterdam 1701, für eine Neubewertung des Nestorismus. Für den heutigen Stand der Erforschung des Christentums in Indien vgl. St. Neill: A History of Christianity in India. The Beginnings to AD 1707, Cambridge 1984.

[34] Zunächst basiert La Croze seine Untersuchung auf A. Govea: Histoire des Progrès de l'Eglise Catholique en la reduction des anciens Chretiens de S. Thomas, trad. franç. Bruxelles 1609. Er schätzt auch das 8. Kapitel in R. Simons Histoire critique de la Creance & des Coûtumes des Nations du Levant, Frankfurt 1684. In seinem Buch von 1724 dann sind es die Missonsberichte Ziegenbalgs, welche die Hauptquelle bilden.

[35] Vgl. die Briefe im Thesaurus epistolicus Lacrozianus, hg. von L. Uhl, 3 Bde. Leipzig 1742–1746; auch Jordan (Anm. 3). Ziegenbalgs Manuskripte sind betitelt: »Genealogie der Malabarischen Götter« und »Malabarisches Heidentum«.

nicht den Begriff des Fegefeuers und auch sonst praktisch alle römischen Traditionen, die von den Protestanten abgelehnt worden sind. Das sind Fakten, gegen die es kein Mittel gibt, sie für gefälscht zu erklären.[36]

Genau das ist es: ein fälschungssicherer, ›empirischer‹ Beweis, besser als alle Zeugnisse alter Chroniken, bei denen man nie sicher sein konnte, ob sie von übereifrigen Glaubensfanatikern gefälscht worden seien – Missionsgeschichte als Antwort auf die Krise der philologischen Historie. Dieser methodische Grund macht die Neuheit und das Gewicht der Darstellung von La Croze aus. So wie Hardouin seinen Einsatz für die Jesuiten und ihr tridentinisches Weltbild mit den neuesten Mitteln der Diplomatik und vor allem der Numismatik geführt hatte, so überholt ihn jetzt La Croze, indem er die Sache der Reformierten mit noch moderneren Mitteln der nichtphilologischen Apologetik vertritt. Ob dies bei aller Berufung auf die ›Fakten‹ allerdings ›Unpartheylichkeit‹ zur Folge gehabt hat, darf man bezweifeln. Fast La Crozes ganzes Werk ist *Reaktion*: Reaktion auf die Aktionen der Katholiken. Deshalb kann es kaum tolerant in einem simplen Sinne genannt werden. Es beruft sich auf die Fakten aus Parteilichkeit. Man kann statt dessen, wie Sylvia Murr es andeutet, von zwei ›Diskursen‹ über Indien sprechen – aber Indien ist da auch austauschbar für andere Themen –, der eine jesuitisch, der andere protestantisch, die gewissermaßen symmetrisch zueinander standen.[37] Die Häresieanklagen und die mißtrauischen Nachfragen wurden jeweils an die andere Seite gerichtet.

Der Nestorius bei La Croze ist bei weitem in besserem Licht dargestellt als sein Gegner, der Kirchenführer Kyrillos von Alexandrien, der ihn verketzert hat. Kyrillos gilt La Croze nicht nur als schlechter Theologe und Ketzermacher, sondern – wieder einmal – als Anstifter von Fälschungen. Er soll den Synesios dazu gebracht haben, unter dem falschen Namen Dionysius Areopagita jene Schriften zu verfassen, die dann im Mittelalter solche Furore gemacht haben und den Protestanten als der Ausbund schädlicher katholischer Allegorese galten.[38]

Die Frage, inwieweit man bei dieser Art ›Rettung‹ von Toleranz sprechen kann, rührt durchaus an eine tiefsitzende Problematik der protestantischen Kirchengeschichtsschreibung. Vor allem im Anschluß an Pierre Bayle haben viele Protestanten die Losung gewählt, die Perversion des Glaubens im Aberglauben, der Idolatrie, sei schlimmer als die Perversion im Atheismus. Denn hinter dem

---

[36]   Histoire du Christianisme des Indes (Anm. 28), II, S. 90: »Nous trouvons ici une Église très ancienne, dont presque tous les dogmes conviennent avec ceux de la réligion réformée. Les chrétiens orientaux connus sous le nom de nestoriens, séparés depuis le cinquième siècle de toutes les autres communions, réduites sous l'obéissance d'un patriarche indépendant de l'Empire romain, et n'ayant aucun commerce avec lui, n'en connaissant même ni la langue ni les auteurs, admettent les mêmes sacrements que nous, nient formellement la transsubstantiation et la présence réelle, ont en horreur le culte des images, ignorent la doctrine du purgatoire, et presque toutes les traditions romaines qui sont rejetées par les Protestants. Ce sont des faits contre lesquels il n'y a pas moyen de s'inscrire en faux.«

[37]   Vgl. S. Murr: »Indianisme« (Anm. 28), S. 307.

[38]   Histoire du Christianisme d'Éthiopie et d'Armenie, La Haye 1739; vgl. Mauthner (Anm. 1), S. 326. Zu Kyrillos vgl. C. Andresen (Hrsg.): Handbuch der Dogmen- und Theologiegeschichte, Bd. 1, Göttingen 1988, S. 241ff. Dort auch weitere Literatur. Zu Dionysius vgl. J. Thomasius: Schediasma historicum, Leipzig 1665.

Idolatrievorwurf stand die Kritik an der katholischen Kirche, sie stärke mit ihren Sakramenten, Heiligenbildern oder Prozessionen den Aberglauben der einfachen Leute. Das war der direkte Gegner. Ihm warf man vor, mit diesem Instrument nur um so besser herrschen zu wollen. So hat sich die Idolatrieforschung von Vossius über Van Dale bis zu Bekker denn vor allem in den protestantischen Ländern entwickelt, gestützt von der ikonoklastischen Mentalität des Calvinismus.[39] Diese im europäisch-konfessionellen Gegensatz vielleicht sinnvolle Prioritätsentscheidung über das, was man als gefährlichste Abweichung vom wahren Glauben und vom rechten Leben ansehen sollte, hat aber für die Anthropologie der überseeischen Kontakte ihre zweifelhaften Folgen gehabt. La Croze schaltet zum Beispiel in seine *Histoire du Christianisme des Indes* ein Kapitel über die abergläubischen Bräuche und Kulte der Inder ein, bei denen ihm Buddhismus und Konfuzianismus einerlei sind. Er unterlegt seinem Buch zudem eine Ursprungsthese, nach der die indische Zivilisation ägyptischen Ursprungs sei – und damit schließt sich der Kreis zu den koptischen Studien, den Studien auch zu einer Kultur, deren ›Orientalismus‹ den Europäern der Zeit um 1700 meist als Synonym schlechthin für Aberglaube und Fanatismus galt.

Das sind, wie Sylvia Murr zu recht betont hat, durchaus problematische Elemente.[40] Sie gehen davon aus, daß alle nichtchristliche Kultur einfach Aberglaube sei. Man kann nämlich die Akkomodationspolitik der Jesuiten, die nach der Maxime verfuhr, die Bräuche der fremden Völker zu akzeptieren und allenfalls mit verwandten Elementen der christlichen Religion zu unterwandern, von einem kulturellen Standpunkt für toleranter halten als das protestantische Vorgehen eines La Croze, der in dieser Politik nur Betrug und Preisgabe des Christentums an den Aberglauben sehen wollte. Man erkennt erneut, wie schon in der überzogenen Verschwörungsthese gegen Hardouin, die blinden Flecken auf der protestantischen Netzhaut La Crozes.

Was das Monument angeht, das in Sian gefunden worden war, so sah La Croze auch in ihm eine Fälschung der Jesuiten. Er gibt zwar zu, daß der Orden

---

[39] Vgl. zu Bayle R. Whelan: The Anatomy of Superstition: a study of the historical theory and practice of Pierre Bayle, Oxford 1989; die Lutheraner haben mit Johann Franz Budde versucht, eine Mittelposition zwischen den radikalen Ansichten der Calvinisten und der Tradition einzunehmen. Vgl. J. F. Buddeus: Theses theologicae de atheismo et superstitione, Jena 1716; vgl. allg. M. Pott: Aufklärung und Aberglaube. Die deutsche Frühaufklärung im Spiegel ihrer Aberglaubenskritik, Tübingen 1992.

[40] S. Murr: »Indianisme« (Anm. 28), S. 320: »Une des raisons de cette utilitation polémique de l'Inde pourrait être, en dépit des protestations d'intérêt des uns et des autres pour son antique et célèbre philosophie, une certaine impuissance à la penser comme existant réellement et comme étant *autre*. A cet égard l'anthropologie protestante de La Croze, si elle pose le même postulat que celle des jésuites en ce qui concerne l'unicité de l'humanité sur le plan génétique (monogénisme noachique) et sur le plan religieux (universalité du christianisme, donc légitimité de l'entreprise missionaire en Inde), paraît en revanche victime d'une plus grande cécité théorique en ce qui concerne la légitimité de la difference culturelle des Indiens; cette intransigeance, que d'une certaine façon (au nom de l'universalité de la raison) partageront les Philosophes, triomphera aussi dans l'Eglise catholique [...]. L'anthropologie jésuite était certes la plus fine parce qu'elle procédait d'hommes de terrain, pour lesquels l'Inde était *la* réalité matérielle, mais elle aboutissait nécessairement à la tolerance réligieuse, ce qui était en contradiction avec les raisons mêmes de sa propre existence.«

sich hier zurückgehalten habe und einmal nicht vom Papst oder der Transsubstantiation reden ließ, aber er meint trotzdem aus dem erstaunlich gut erhaltenen
Zustand der Stele und einigen Details wie der Rede von den drei Weisen aus
dem Osten und dem Fegefeuer, also eigentlich späteren Traditionen, zeigen zu
können, daß auch hier wieder einmal das jesuitische Projekt der Verfälschung
der Vergangenheit am Zuge gewesen war.[41] Das Thema verläßt ihn nicht.

Für La Crozes Buch über Äthiopien und Armenien, das will ich hier nur am
Rande sagen, gilt ähnliches wie für das Buch über Indien. Auch in diesem Fall
schafft die Arbeit an einem Wörterbuch – armenisch-lateinisch, 1712 abge-
schlossen – die philologische Grundlage, und die Lehre einer unterdrückten
Sekte den Hintergrund: es ist die Sekte der Monophysiten, die ebenfalls im Streit
um die Naturenlehre Christi entstanden ist, aber in eine andere Richtung als die
der Nestorianer tendiert hat.[42] Die Leser von den Werken La Crozes haben
schnell begriffen, daß in ihnen ein Historiker am Werk war, dessen Aufmerksamkeit ganz der Verteidigung der verfolgten Sekten gegen gewaltsame Missio-
nierungen galt, und der überhaupt keine Anstalten machte, die Lehren dieser
Sekten von irgendeiner offiziellen Position her zu problematisieren. La Croze, so
sein Leser Mosheim,

> will von keinen Ketzern zu den Zeiten wissen, und meint, der eintzige Apollinaris habe
> nicht eben allzu ernstgläubig gedacht. Die andern wären alle die ehrlichsten Leute gewesen
> und Cyrillus hingegen und die andern Heil. Väter lauter ungeschliffene Bengel. Voilà,
> Monsieur, une belle carriere pour Messieurs les Theologiens![43]

Man sieht, Mosheim entdeckt bei La Croze dieselbe revanchistische Überzogen-
heit, wie er sie beispielsweise Gottfried Arnold ankreidet, nämlich im Gegenzug
gegen die traditionelle Kirchengeschichte nun die Ketzer allzu hochzuhalten und
tatsächlich prekäre Abweichungen in der Tradition allein schon deshalb für gut
zu achten, weil sie unterdrückt worden waren.[44] Umgekehrt haben heterodoxe
Schriftsteller wie der Marquis d'Argens die Bücher von La Croze, wohl auch aus
diesem Grunde, und besonders seine Geschichte des Christentums in Indien,
schlichtweg verschlungen.[45]

---

[41]   Dissertations (Anm. 24), S. 321f.: »On a évité d'y parler du Pape, de la Transsubstantiation,
         & des autres dogmes qui auroient pû faire naitre des soupçons. Mais on ne s'est pas assez
         precautionné en tout. On fait venir des Missionaires de Judée à la Chine, dans un tems, où
         la Judée étoit desolé par les incursions du Mohametans, & on leur donne des characteres
         Syriaques, quoiqu'il y eût déjà long-tems que toutes les Eglises de la Palestine avoient reçu
         l'usage de la langue Greque.« La Croze hat auch eine Hypothese, wie die Supposition
         zustande gekommen sein könnte. Ebd.: »[...] on peut conjecturer que les Jesuites du College
         de Vaipicota ont fourni à leurs Confreres de la Chine tous les mots Syriaques qui se
         trouvent dans cette Inscription.« Vgl. entsprechend die Histoire du Christianisme des Indes.

[42]   Vgl. S. J. Baumgarten: Geschichte der Religionspartheyen, Halle 1766, S. 481ff.

[43]   Mosheim an Lorenz Hertel, 2. 11. 1723, Herzog August Bibliothek Wolfenbüttel, Ms. 135.
         8 Extravagantes, fol 36ʳ. Zit. nach Häfner, »Mosheim und die Origenes-Rezeption«
         (Anm. 11), S. 259.

[44]   J. L. Mosheim: Versuch einer unpartheyischen und gründlichen Ketzergeschichte, Helm-
         stedt 1746 (Reprint hg. von M. Mulsow, Hildesheim 1998), Vorrede.

[45]   Vgl. die Briefe von d'Argens an Marchand – von dem er sich die Bücher besorgt –, etwa
         vom Februar 1737 und öfter. St. Larkin (Hrsg.): Correspondance entre Prosper Marchand et
         le marquis d'Argens, Oxford 1984. Vgl. auch die Rezeption La Crozes durch Levesque de

III.

Ich komme zum Schluß. Wir können bei La Croze eine Bewegung mit der Philologie aus der Philologie heraus beobachten. Zum einen war dieser Franzose
einer der besten Sprachenkenner seiner Zeit. Schon als zwölfjähriger mit seinem
Vater, einem Überseehändler aus Nantes, auf Fahrten nach Guadeloupe und
Amerika dabei, hat er nahezu alle gängigen europäischen Sprachen beherrscht,
dazu dann eine Vielzahl von alten Idiomen, neben Latein, Griechisch und Hebräisch etwa Altslavisch, Koptisch, Armenisch und Syrisch. Dennoch hat La
Croze diese Sprachkenntnisse vor allem als kritisches Korrektiv eingesetzt, als
Korrektiv eben gegen die für ihn immer wieder sichtbaren Fälschungszusam-
menhänge der Vergangenheit aus kirchenpolitischen Gründen mit philologischen
Mitteln. Und in diesem Kontext hat ihm seine philologische Kenntnis nicht nur
dazu gedient, noch besser als die Fälscher zu sein, sondern auch den Punkt zu
erreichen, an dem die Leiter des philologischen Rüstzeugs überhaupt über Bord
geworfen werden konnte: nämlich im Auffinden lebendiger Relikte der
Vergangenheit, bei den ethnologischen Beschreibungen der Missionare, die in
den Randregionen der Welt die Persistenz des Unterdrückten nachweisen
konnten. Philologie verblaßt dann gegen diese fälschungssichere Evidenz –
ebenso übrigens wie das Beharren auf Dogmatik bei La Croze gegenüber der
toleranten Vorstellung von einem einfachen authentischen christlichen Leben
verblaßt. Die Rekonstruktion der Patristik im Sinne einer ›Rettung‹ der Verlierer
– wie des Nestorios – ist nur noch Ausgangspunkt und Komplement für eine
Beschreibung der lebendigen, wenn auch exotischen, Gegenwart, eine Beschreibung, die sich allein auf Missionsberichte stützt, um die korrumpierte Philologie
der Jesuiten ins Leere laufen zu lassen.

Burigny mit seiner *Théologie payenne* in der zweiten Auflage von 1754 oder von Voltaire
in seinen Schriften zu Indien.

Ralph Häfner

Philologische Festkultur in Hamburg im ersten Drittel des 18. Jahrhunderts: Fabricius, Brockes, Telemann

Die Geschlossenheit und Monumentalität des Werkes, das der Hamburger Philologe Johann Albert Fabricius seit den 1690er Jahren publizierte, steht in einem merkwürdigen Kontrast zu den tiefgreifenden Spannungen und Konflikten innerhalb der religionspolitischen Auseinandersetzungen seiner Zeit. Der Kampf der lutherischen Orthodoxie, wie sie vor allem in dem Kieler Theologen und Hamburger Pastor Johann Friedrich Mayer in Erscheinung trat, ein Kampf, der sich sowohl gegen eine bedeutende pietistische Glaubenskultur als auch gegen die wiederholten Versuche einer Vereinigung der lutherischen und reformierten Konfession richtete, mußte Fabricius aus mehreren Gründen tangieren. Zum einen war er als persönlicher Bibliothekar im Hause Mayers in den Jahren 1694 bis 1699, als er den immensen Bücherschatz des Theologen zu verwalten hatte, zumindest äußerlich unmittelbar mit einer Konfliktlage konfrontiert, die das Hamburger Gemeinwesen an den Rand des Bürgerkriegs zu bringen drohte; zum anderen befanden sich auf pietistischer Seite so prominente Gelehrte wie Johann Heinrich Horb oder Abraham Hinckelmann, in dessen Haus Fabricius – offenbar mit Duldung Mayers – regelmäßig verkehrte.[1]

Der Nachdruck, mit dem Fabricius die gelehrten Studien von den dogmatischen Streitigkeiten seiner Zeit fernzuhalten suchte, ist umso bemerkenswerter, als er sich selbst über den unmittelbaren Einfluß, den die philologische Textkritik auf die Formulierung einer theologischen Dogmatik ausübte, sehr wohl Rechenschaft zu geben vermochte. Das Bewußtsein dieses Zusammenhangs war, ganz abgesehen von der Philologie in der Nachfolge des Erasmus, Melanchthon oder Guillaume Budé, seit den kritischen Rezensionen der Patristik in Abraham Scultetus' *Medulla theologiae patrum* (1598) über Jean Daillés *Traité de l'employ des saints pères* (1631) bis hin zu Jean Leclercs Edition der ›apostoli-

---

[1] Vgl. Kurt Detlev Möller: »Johann Albert Fabricius. 1668–1736«, in: Zeitschrift des Vereins für Hamburgische Geschichte 36 (1937), S. 1–64, hier: S. 8. Zu Fabricius vgl. außerdem: Franklin Kopitzsch: Grundzüge einer Sozialgeschichte der Aufklärung in Hamburg und Altona, 2., ergänzte Auflage, Hamburg 1990, S. 260ff. Eine erschöpfende bio-bibliographische Darstellung bietet jetzt Erik Petersen: Johann Albert Fabricius en humanist i Europa, (Danish Humanist Texts and Studies. Bd. 18), 2 Bde., Kopenhagen 1998. Zu Mayer vgl. Dietrich Blaufuß: »Der Theologe Johann Friedrich Mayer (1650–1712). Fromme Orthodoxie und Gelehrsamkeit im Luthertum«, in: Pommern in der Frühen Neuzeit. Literatur und Kultur in Stadt und Region, hg. von Wilhelm Kühlmann, Horst Langer, (Frühe Neuzeit. Bd. 19.), Tübingen 1994, S. 319–347; Johannes Geffcken, »Dr. Johann Friedrich Mayer als Prediger«, in: Zeitschrift des Vereins für hamburgische Geschichte 1 (1841), S. 567–588.

schen Väter‹ (1698) erheblich geschärft worden.[2] Der gerade zwanzigjährige Leipziger Magister Fabricius wußte also, was er tat, wenn er in seiner Erstlingsschrift, der 1688 publizierten *Scriptorum recentt. decas*, einige der berühmtesten Gelehrten seiner Zeit einer kritischen Würdigung unterzog.

In demselben Jahr 1688 ließ Christian Thomasius seine *Introductio ad philosophiam aulicam* erscheinen. Diese Publikation nahm Fabricius zum Anlaß, in einer scharfsinnigen Auslassung gegen deren Autor in einer Weise zu polemisieren,[3] die bereits sein Ideal kritisch-philologischer *argutia* zu erkennen gibt. Fabricius machte dem Leipziger Gelehrten den starken Vorwurf der Scheingelehrsamkeit und nahm insbesondere dessen Autoritätskritik ins Visier. Thomasius, so gab er zu bedenken, nehme sich die Freiheit, über andere nach Belieben zu urteilen, unterstelle damit aber seinen Kritikern implizit einen immer schon korrumpierten dogmatischen Standpunkt, indem er ihnen verwehre, seine – Thomasius' eigene – Maximen mit derselben Freiheit und Unvoreingenommenheit zu prüfen.[4] Denn Thomasius stellte mit der Lehre vom Vorurteil, als welches dem gegründeten und mit dem »unparteiischen Verstand« übereinstimmenden Urteil vorausliege, von diesem also überwunden werden müsse,[5] eine Maxime auf, die sich insbesondere auch gegen das durch Gelehrte oder in Büchern (*praeceptores vivi vel muti*) autoritativ überlieferte Wissen und folglich gegen den Kernbestand aller philologischen Bemühungen richtete.[6] Fabricius, der seit frühester Jugend mit wachem Geist die akribische Textkritik eines Caspar Barth und die kritische Bibliographik eines Daniel Georg Morhof nacheifernd bewunderte, hatte allen Grund, dem allgemeinen Vorwurf einer blinden Autoritätsgläubigkeit mit spitzer Feder zu begegnen.

---

[2]   Zum Problemkontext verweise ich auf die einschlägigen Aufsätze in den beiden Sammelbänden: Les Pères de l'Eglise au XVIIe siècle, hg. von Emmanuel Bury und Bernard Meunier, Paris 1993; The Reception of the Church Fathers in the West. From the Carolingians to the Maurists, hg. von Irena Backus, 2 Bde, Leiden, New York, Köln 1997.

[3]   Zu Christian Thomasius vgl. insbesondere die Abhandlungen in den beiden Sammelbänden: Christian Thomasius 1655–1728. Interpretationen zu Werk und Wirkung, hg. von Werner Schneiders, (Studien zum achtzehnten Jahrhundert. Bd. 11.), Hamburg 1989; Christian Thomasius (1655–1728). Neue Forschungen im Kontext der Frühaufklärung, hg. von Friedrich Vollhardt, (Frühe Neuzeit. Bd. 37.), Tübingen 1997.

[4]   Vgl. Johann Albert Fabricius: Scriptorum recentt. decas, Hamburg 1688, fol. 2ᵛ.

[5]   Vgl. Christian Thomasius: Introductio ad philosophiam aulicam, seu lineae primae libri de prudentia cogitandi et ratiocinandi [...], Leipzig 1688. Neudruck: Gesammelte Werke, hg. von Werner Schneiders, Bd. 1, Hildesheim u. a. 1993, S. 120f. (= Cap. VI, § 1): »Quamvis igitur mens humana verum à falso discernere maximè appetat, quoniam tamen corpori est affixa, & homines in tenera aetate non statim apti sunt verum à falso discernendi & dijudicandi, inde *necesse* est, ut iidem in primâ aetate attrahant *erroneas opiniones*, quae, quoniam communiter praecedunt judicium firmum & rectae rationi congruens, appellantur *praejudicia*.« – Zum Problem: Werner Schneiders: Aufklärung und Vorurteilskritik. Studien zur Geschichte der Vorurteilstheorie, Stuttgart-Bad Cannstatt 1983.

[6]   Ebd., S. 121f. (§ 6): »*Praeceptores* sunt vel *vivi* vel *muti* i.e. libri. De utrisque varia sunt praejudicia autoritatis hausta ex *personarum* aetate, pietate, sapientia, moderatione, nobilitate, divitiis, dignitate & statu, existimatione, titulis, vitae genere, natione, genio, promptitudine aut lentitudine, nomine, ex *sententiae* antiquitate aut novitate, ex dogmatis nobilitate & usu, item profanitate, ex *librorum* magnitudine, multitudine, titulis, raritate, pretio, ex *autoris praemio vel poenâ* &c.«

Handelte es sich hier ganz grundsätzlich um die Frage nach dem Status von *auctoritas* innerhalb des gelehrten Horizontes der *artes liberales*, den Thomasius selbst in der dogmengeschichtlichen Betrachtung der »Schulen der Philosophen« am Beginn seiner Abhandlung eröffnet hatte,[7] so trieb Fabricius seine wohlkalkulierten Schlußfolgerungen auf die Spitze, indem er den Vorwurf des Plagiats erhob: Thomasius, so legte er dar, erfreue sich

> eines vornehmen und ziemlich freien Geistes, eines nicht unreifen, wenn auch bisweilen bestechlichen Urteils, auch weil es oft eine [gründliche] Gelehrsamkeit (*doctrina*) vermissen läßt. Derjenige aber, der sich zum Zensor über alles ausruft, muß eine mehr als gewöhnliche Gelehrsamkeit besitzen. Bei Christian aber müßten wir diese Gelehrsamkeit noch um vieles mehr vermissen, wenn er nicht den [ererbten] Manuskriptvorrat [seines Vaters] Jacob besäße.[8]

Mit einem für das spätere Werk ungewöhnlichen Maß an Spott wies Fabricius unter anderem nach, daß Thomasius aufgrund einer unzureichenden Kenntnis der Literaturgeschichte den *heidnischen* Philosophen und Rhetor *Themistios* (ca. 317–388 n. Chr.), der am Hof des und in enger Verbindung mit Kaiser Konstantios dem II. wirkte, gar zum Kirchenvater erhoben habe,[9] und Thomasius' Darstellung der Philosophiegeschichte ist in der Tat ein ziemlich blasser, wohl vor allem aus den Philosophiegeschichten Gerhard Johann Vossius' und Georg Horns gezogener chronologischer Abriß des ›dogmatischen‹ Denkens. Worin bestand aber die Pikanterie dieser philologischen Ungenauigkeit, die Thomasius hier unterlief? Thomasius verfolgte hauptsächlich die Strategie, die Vermischung der heidnischen Philosophie mit der christlichen Lehre als die eigentliche Quelle der Häresien namhaft zu machen. Diese Intention entsprach völlig dem häresiekritischen Anliegen, das Jacob Thomasius in einer seinem Sohn bestens vertrauten Abhandlung über die Entstehung des Irrglaubens entwickelt hatte.[10] Christian schrieb: »Aus dem Gesagten erhellt, daß, da unvorsichtige Leute die heidnische Philosophie mit dem Christentum, das Licht mit der Finsternis vermischten, daraus zahlreiche widersinnige Lehren entstehen

---

[7]   Vgl. ebd., S. 1–46 (= Cap. I: »De Philosophorum Sectis«).

[8]   Johann Albert Fabricius: Scriptorum recentt. decas (wie Anm. 4), fol. 2ᵛ: »[...] Ingenio gaudet [Christianus Thomasius] eleganti & liberiore paulo, judicio non immaturo, sed, venali interdum & quod â doctrinâ saepius destituatur. Minime autem vulgarem habeat oportet, qui omnium censorem profitetur. Sed amplius eam in Christiano desideraturi essemus, absque Jacobi MStis si foret.«

[9]   Vgl. ebd.: »Miratus sum illum unica fere pagina aulicae introductionis circa unum Themistii nomen, quod toties in cogitationibus vernaculis inducit, dupliciter errare, Primùm quidem, quod inter Patres refert qui est Philosophus paganus. Deinde, quod Philosophum hunc putat praeivisse sectae Agnoetarum. Illud quidem in se satis imperitum est, hoc vero jamdudum in Nicephoro explosum fuit, neque latere debebat eum, qui Historiam Ecclesiasticam immane quantum sibi debituram esse existimat.« – Vgl. Christian Thomasius: Introductio ad philosophiam aulicam (wie Anm. 5), S. 27 (cap. I, § 56).

[10] Vgl. Jacob Thomasius: Schediasma historicum, Leipzig 1665. Vgl. hierzu: Ralph Häfner: »Jacob Thomasius und die Geschichte der Häresien«, in: Christian Thomasius (1655–1728). Neue Forschungen im Kontext der Frühaufklärung (wie Anm. 3), S. 141–164.

konnten.«[11] Hierbei unterlief ihm ein zweiter Lapsus, wie Fabricius mahnend feststellte, indem er denselben Themistios infolge seines ersten Fehlers zum Urheber der häretischen Sekte der Agnoeten machte.[12] Die tolerante und vermittelnde Haltung, die der Heide Themistios zwischen den streitenden Religionsparteien der Kirche des frühen vierten Jahrhunderts (insbesondere zwischen Orthodoxie und Arianismus) eingenommen hatte, rückte aufgrund einer mangelhaften Kenntnis der Literaturgeschichte gänzlich aus Thomasius' Blick zugunsten der – normativen – Supposition einer Unvereinbarkeit von Philosophie und Christentum, zu deren Erhärtung sich die Person des Themistios, nach Fabricius' kritischer Destruktion, als völlig ungeeignet herausstellte. Derart also waren die Früchte eines vorgeblich »unparteiischen Verstandes« (*recta ratio*), der die Erkenntnis des überlieferten Wissens unbesehen in das Reich blinder *auctoritas* verbannte.

Die Einsicht in die historische Differenz und die situative Gebundenheit des Wissens aber setzte eine Präzision im Einsatz kritisch-hermeneutischer Prinzipien im Sinne von Isaac Casaubon und Jean Leclerc voraus, durch die die realen und verbalen Zeugnisse des Altertums erst angemessen beurteilt zu werden vermochten. Darin offenbart sich zugleich eine gewisse Zurückhaltung im Blick auf die ›populäre‹, ›höfische‹ oder ›weltmännische‹ Vermittlung von schwierigen dogmatischen Sachverhalten, zu deren Klärung neben einer genauen Sachkenntnis ein hohes Maß an kritisch-philologischer *argutia* bei der Arbeit am überlieferten Text erfordert war. Was Fabricius an Thomasius rügte, war also die Vernachlässigung einer gegründeten Kenntnis jenes *orbis disciplinarum*, den dieser allzu rasch mit dem Verdikt des autoritätshörigen Pedantismus belegte. Die von Thomasius entwickelte Hofphilosophie stand in Fabricius' Augen auf tönernen Füßen, weil sie den Leitgedanken gesellschaftlicher Nützlichkeit im Sinne Samuel Pufendorfs[13] von der gesellschaftlichen Funktion gründlicher Gelehrsamkeit (»doctrina«) für ein christliches Gemeinwesen vollständig ablöste.

Diese frühe Polemik gegen Thomasius läßt bereits in Umrissen erkennen, in welche Richtung Fabricius seine künftigen philologischen Arbeiten zu lenken beabsichtigte, und sein lebhaftes Interesse an der ›natürlichen Theologie‹ gründet gerade auch in dieser gesellschaftlichen Funktion einer Naturkunde, die Thomasius explizit als für den Philosophen bei Hofe unerheblich eskamotierte. Ich unterscheide zunächst drei wie es scheint maßgebliche Bereiche von Fabricius' philologischen Unternehmungen, um mich dann vorwiegend auf den dritten Aspekt, die Arbeiten zur Physikotheologie, zu konzentrieren.

---

[11]   Christian Thomasius: Introductio ad philosophiam aulicam (wie Anm. 5), S. 27 (cap. I, §
       57): »Simul verò ex dictis patet, cùm homines incauti Philosophiam gentilem Christianismo, lucem tenebris miscerent, non potuisse non multas perversas sententias oriri.«
[12]   Vgl. ebd., S. 29 (cap. I, § 58).
[13]   Vgl. Johann Albert Fabricius: Scriptorum recentt. decas (wie Anm. 4), fol. 2^v: »Multa fecit
       Pufendorfii gratiâ, quem putat se promacho indigere. Pro ejus doctrinâ quidvis sustinere vel
       martyrium subire paratus est, si occasio ita ferat.«

(1) Fabricius' Ruhm als Philologe gründet sich zuvörderst auf die kritische Verzeichnung der griechischen, lateinischen und mittellateinischen Literatur in ihrem gesamten Umfang. Die im Laufe der Jahre zum Teil mehrmals überarbeiteten Sammlungen der *Bibliotheca latina* (1697), der *Bibliotheca graeca* (seit 1705) und der *Bibliotheca latina mediae et infimae aetatis* (1734–36) zeichnen sich vor allem dadurch aus, daß sie in einem zuvor nicht gekannten Ausmaß die Frage nach der *Authentizität* literarischer Zuschreibungen problematisieren. Die texthermeneutischen Fragestellungen, wie sie sich zumal seit der folgenreichen Kontroverse zwischen Cesare Baronio und Isaac Casaubon am Beginn des 17. Jahrhunderts ergeben hatten,[14] wurden in Fabricius' bio-bibliographischen Verzeichnissen mit einem Reichtum literarischer Details konfrontiert, der ihm zudem eine scharfe Präzision in der Datierung der literarischen Zeugnisse des Altertums gestattete. Diese Bibliographien wurden durch eine Reihe von Neudrucken älterer einschägiger Werke begleitet und ergänzt: man denke an die *Bibliotheca ecclesiastica* (1718),[15] an die biographischen Verzeichnisse des römischen Bibliothekars und Philologen Leone Allacci oder an die kritische Rezension des Porphyrios durch Lucas Holstenius, die Fabricius von neuem herausgab.

(2) Unter den von Fabricius unternommenen *textkritischen Editionen* ragen die Ausgaben des Sextus Empiricus, des Hippolytos von Rom und die durch seinen Schwiegersohn Hermann Samuel Reimarus vollendete Edition des Dio Cassius hervor.[16] Als Fabricius das Werk des Sextus Empiricus 1718 in Leipzig publizierte, lagen die ersten Vorarbeiten zu dieser Edition mehr als fünfzehn Jahre zurück.[17] Es sind diese entscheidenden Jahre, in denen, im Ausgang von Johann Christoph Sturm, dem Helmstedter Gelehrten Johannes Fabricius, dem Pietismus-Renegaten Christian Thomasius und anderen, die Frage nach einer den Umfang der menschlichen Erkenntnis maßgeblich bestimmenden philoso-

---

14 Vgl. Anthony Grafton: Forgers and Critics. Creativity and Duplicity in Western Scholarship, Princeton 1990, S. 87–94.

15 Diese Sammlung enthält zahlreiche bio-bibliographische Verzeichnisse zur Kirchengeschichte von Hieronymus (*De scriptoribus ecclesiasticis*) bis zu Johannes Trithemius (1462–1516) und Aubert Le Mire (Miraeus, 1573–1640).

16 Zu diesen drei Editionen vgl. Hermann Samuel Reimarus: De vita et scriptis Joannis Alberti Fabricii commentarius, Hamburg 1737; zur Ausgabe des Sextus Empiricus und des Hippolytos vgl. Ralph Häfner: Laudes deorum. Poesie im Spannungsfeld prophetischen Wissens und philologischer Kritik am Ende des christlichen Humanismus (ca. 1600–1736), Habil.-Schrift Berlin 1998, (erscheint in der Reihe »Frühe Neuzeit«, Tübingen: Niemeyer, voraussichtlich 2001); zur Edition des Dio Cassius vgl. Wilhelm Schmidt-Biggemann: »Einleitung«, in: Hermann Samuel Reimarus. Kleine gelehrte Schriften. Vorstufen zur Apologie oder Schutzschrift für die vernünftigen Verehrer Gottes, hg. von Wilhelm Schmidt-Biggemann, (Veröffentlichungen der Joachim Jungius-Gesellschaft der Wissenschaften. Nr. 79), Göttingen 1994, S. 9–65, hier: S. 21.

17 Zu Fabricius' Auseinandersetzung mit Sextus Empiricus vgl. meinen Aufsatz »Das Erkenntnisproblem in der Philologie um 1700. Zum Verhältnis von Polymathie und Aporetik bei Jacob Friedrich Reimmann, Christian Thomasius und Johann Albert Fabricius«, in diesem Band.

phischen Eklektik im einzelnen diskutiert wurde.[18] Mit der textkritisch vorzüglichen Präsentation des Sextus und einer sorgfältigen literaturgeschichtlichen Kommentierung markierte Fabricius einen intellektuellen Standpunkt, durch den er implizit sein Verhältnis zu den verschiedensten eklektischen Ansätzen zu klären vermochte. Denn gerade die neuerliche Rettung der skeptischen Denkform des Sextus vor dem Atheismus-Verdikt schränkte die eklektische Selbstermächtigung des menschlichen Verstandes im Blick auf das schlechthin gültige Offenbarungswissen entscheidend ein.

Ziehen wir daher kurz die Stellung der Philologie, die ihr Fabricius für die Begründung des Wissens einräumte, in Betracht. Gegenüber der thomasianischen Vorurteilskritik gab er zu verstehen, daß die _Zurückhaltung im Urteil_, wie sie von Sextus beständig geübt wurde, der Einsicht in die Grenzen des menschlichen Verstandes um vieles gemäßer sei, solange diese Zurückhaltung nicht in eine vermeintliche Gleichwertigkeit sich widerstreitender Argumente führe. Insbesondere im Blick auf die Möglichkeit der Erkenntnis Gottes erwies sich der Grundsatz des Sextus von blendender Evidenz, weil er die dem Christen mitgegebene Gewißheit des Offenbarungswissens – im Gegensatz zur thomasianischen Eklektik – zumindest negativ zu umgreifen vermochte.

Darüber hinaus eröffnete das Werk des Sextus eine Enzyklopädie des Wissens, die den gesamten antiken _orbis disciplinarum_ umschloß. In ihr erfüllte sich auch für Fabricius noch einmal ein Erkenntnismodus der »Philologie«, wie ihn Martianus Capella im Rahmen der _artes liberales_ im fünften Jahrhundert kodifiziert hatte. Nach einer bekanntermaßen reichen Rezeptionsgeschichte durch Mittelalter und Frühe Neuzeit hindurch war Martians Lehrbuch der freien Künste insbesondere durch die Edition, die Hugo Grotius als sein Erstlingswerk noch unter der Ägide Joseph Justus Scaligers 1599 in Leiden publizierte,[19] dem 17. und frühen 18. Jahrhundert gegenwärtig.

Halten wir uns bereits im Blick auf Fabricius' Beschäftigung mit der Physikotheologie gegenwärtig: Grotius akzentuierte in seiner Ausgabe ausdrücklich die Kohärenz einer auf sinnlicher Anschauung beruhenden »Naturwissenschaft« und einer textgebundenen doxographischen Überlieferung des Wissens, denn beiden Aspekten inhäriert derselbe Erkenntnismodus, durch den der menschliche Verstand von einer gleichsam unendlichen Zahl einzelner Kenntnisse zu einer topischen Sammlung memorativer Sachverhalte fortschreitet. Damit wurde deutlich, daß die Reichweite der Erkenntnis, die die Philologie dem menschlichen Verstande eröffnete, noch immer ein methodisch inzwischen mannigfaltig differenziertes _enzyklopädisches_ Wissen zu umspannen vermochte. Die Arbeit des Philologen, so wie Fabricius sie verstand und als Professor am Hamburgischen Akademischen Gymnasium ausübte, richtete sich also grundsätzlich auf _alles_ dem menschlichen Verstande Wißbare im Sinne der spätantiken und früh-

---

[18] Zur Eklektik vgl. Michael Albrecht: Eklektik. Eine Begriffsgeschichte mit Hinweisen auf die Philosophie- und Wissenschaftsgeschichte, (Quaestiones. Bd. 5.), Stuttgart-Bad Cannstatt 1994.

[19] Vgl. Martianus Capella: Satyricon, in quo de nuptiis Philologiae & Mercurij libri duo, & de septem artibus liberalibus libri singulares, hg. von Hugo Grotius, Leiden 1599.

christlichen (insbesondere auch alexandrinischen) »vielfältigen Gelehrsamkeit« (ποικίλη παιδεία, *varia eruditio*). Aber in welcher Weise war dieses Wissen methodisch reglementiert?

Fabricius legte dar, daß des Sextus Gebot einer Zurückhaltung im Urteil nur in jene trostlose Gleichgültigkeit der Meinungen mündete, durch die der doxographisch-›artistische‹ Reichtum des Werkes nicht eigentlich angewandt werden konnte. In der Vorrede zu den *Attischen Nächten* zitierte Aulus Gellius (2. Jh. n. Chr.) den Satz des Heraklit, daß »Vielwisserei den Geist nicht klug macht« (πολυμαθίη νόον οὐ διδάσκει), gerade weil sie sich »ohne Wahl und Unterschied« in der »Menge« des Wißbaren zerstreut.[20] Das Wissen, das die Philologie zu gewähren imstande ist und unter dem Aulus Gellius Grammatik, Dialektik und Geometrie im Rahmen der *artes liberales* eigens nennt,[21] sollte sich auf den Erwerb einer »angemessenen Bildung« und auf eine allgemeine Geschmackskultur richten, die der verwerflichen »Unwissenheit« des auf seine »Berufsgeschäfte« beschränkten Menschen entgegenwirke. Dieser »wissenschaftliche Zeitvertreib« (*ludus musicus*), diese »Feier des geistigen Ergötzens« (ὄργια Μουσῶν) und dieser »heilige Reigen« (μύσται χοροί), wie er – Aristophanes zitierend[22] – die Beschäftigung des Philologen charakterisierte, stelle sich allerdings stets nur in einem zur höheren Geschmackskultur disponierten Menschen ein; denn »die Krähe weiß nichts vom Klang der Laute, das Schwein weiß nichts von Majoranpomade«.[23] Gellius machte auf diese Weise deutlich, daß sich die Aneignung artistischen Wissens nicht auf eine *bloß memorative* Sammlung autoritativ überkommener Einzeltatsachen beschränken darf, sondern daß die Auswahl des Stoffes vielmehr ganz bewußt auf eine Entwicklung und Verfeinerung der geselligen Geschmackskultur gerichtet sein muß.[24]

Mit dem beliebten Gleichnis von den Bienen präzisierte Macrobius in den *Saturnalien* diese methodischen Überlegungen des Gellius, indem er darlegte, daß die Bienen »verschiedene Säfte durch eine gewisse Mischung und durch die Eigenart ihres Geistes (*proprietate spiritus sui*) in einen einheitlichen Ge-

---

[20] Heraklit: frg. B 40 ed. Diels, bei Aulus Gellius: Noct. att., praef. § 13. – Bruno Snell (in seiner Heraklit-Ausgabe, Sammlung Tusculum, München, Zürich 1965) übersetzt: »Vielwisserei lehrt keine Vernunft«, Fritz Weiß (in seiner Übersetzung des Aulus Gellius, Leipzig 1875, Neudruck: Darmstadt 1992): »Vielwisserei lehrt (erzeugt) nicht Vernunft (höchste Intelligenz)«, Ulrich von Wilamowitz-Moellendorff (in seiner Geschichte der Philologie, 1921, Neudruck: Stuttgart, Leipzig 1998): »Polymathie schafft keinen Verstand«, Friedrich Schlegel (in den Athenäums-Fragmenten, 1798): »Heraklit sagte, man lerne die Vernunft nicht durch Vielwisserei«.

[21] Vgl. Aulus Gellius: Noct. att., praef. § 13.

[22] Vgl. Ran. 354–359.

[23] Aulus Gellius: Noct. att., praef. § 19: »Nil cum fidibus graculos, nihil cum amaricino sui.«

[24] Vgl. ebd.: Noct. att., praef. § 16: »Quae porro noua sibi ignotaque offenderint, aequum esse puto ut sine uano obtrectatu considerent an minutae istae admonitiones et pauxillulae nequaquam tamen sint uel ad alendum studium uescae uel ad oblectandum fouendumque animum frigidae, sed eius seminis generisque sint ex quo facile adolescant aut ingenia hominum uegetiora aut memoria adminiculatior aut oratio sollertior aut sermo incorruptior aut delectatio in otio atque in ludo liberalior.«

schmack verwandeln«.[25] Damit war der im Grunde platonische Gedanke[26] verknüpft, daß es stets »unser Geist« (*noster animus*) ist, der aus dem zerstreuten
Einzelnen und aus vielem Eines macht und daß gerade dieses In-Ordnung-Brin-
gen (*digeries*) der Kenntnisse über das das Wissen wahllos aufhäufende Gedächtnis (*memoria*) weit hinausreicht. In einem musikalischen Vergleich führte
er über diese geisterfüllte Tätigkeit des Gelehrten aus:

> Du siehst, wie der Chor aus den Stimmen vieler besteht: gleichwohl erscheint er als eine
> (einheitliche) aus allen (anderen zusammengesetzte Stimme). Irgendwie ist sie dort hoch,
> irgendwie tief, irgendwie eine mittlere; zu den Männerstimmen treten die Frauenstimmen
> hinzu, dazwischen schiebt sich die Flöte ein: auf diese Weise sind darin die Stimmen aller
> einzelnen verborgen, erscheinen (die Stimmen) aller, und es entsteht ein Zusammenklang
> aus verschiedenen Tönen. Ebendies beabsichtige ich bei dem gegenwärtigen Werk: es
> sollen darin viele Künste enthalten sein, viele Lehren, die Vorbilder vieler Zeitalter; sie
> sollen aber immer in Eines zusammengefügt sein.[27]

Macrobius hatte auf diese Weise eine literarische Grundkonzeption umrissen,
die über vielfältige Vermittlungen auch noch in der ›philologischen‹ Festkultur
in Hamburg in den ersten drei Dezennien des 18. Jahrhunderts bestimmend
fortwirkte. Der Lebensbezug der Philologie im Sinne der Formung einer geselligen Geschmackskultur kam in den wechselnden gelehrten Gesellschaften zum
Ausdruck, die sich um Fabricius und den Dichter und Ratsherrn Barthold Heinrich Brockes im Laufe der Jahre versammelten und deren Organisationsform
unmittelbar auf die reich differenzierte Akademiekultur in Italien vor allem seit
dem Ende des 16. Jahrhunderts zurückgeht. Stärker als die auf Dichtung und
deutsche Sprachpflege konzentrierte, höfisch organisierte ›Fruchtbringende
Gesellschaft‹ wurde in Hamburg die Philologie in dem von Martian umschriebe-
nen breiten Kanon der *artes liberales* gepflegt, so daß insbesondere auch qua-
driviale Fragen der Arithmetik und Geometrie, der Astronomie und Musik nicht
ausgespart wurden. Durch Brockes, der auf seiner Italienreise ohne Zweifel mit
den späten Blüten dieser akademischen Kultur in Berührung gekommen war und
der zu einem frühen Zeitpunkt seines Schaffens Giambattista Marinos *Bethlehe-
mitischen Kindermord* ins Deutsche übersetzt hatte, waren die italienischen
Vorbilder, nach Georg Philipp Harsdörffers nachdrücklichen Vermittlungsversu-
chen, in Deutschland noch immer präsent.

Worauf, so ist zu fragen, beruht aber die Gemeinsamkeit zwischen so unterschiedlichen Sammlungen wie des Römers Alessandro Tassoni *De'pensieri
diversi* und des Venezianers Giovanni Francesco Loredano *Bizzarrie accademi-
che*, Marin Mersennes *Questions inouyes* oder Harsdörffers *Deliciae physico-*

---

[25]   Macrobius: Sat. I, praef. 5 ed. Willis: »apes enim quodammodo debemus imitari, quae
vagantur et flores carpunt, deinde quicquid attulere disponunt ac per favos dividunt, et su-
cum varium in unum saporem mixtura quadam et proprietate spiritus sui mutant.«
[26]   Vgl. Platon: Phaedr. 249 b 6–c 1; 265 d 3–5; 273 e 1–3.
[27]   Macrobius: Sat. I, praef. 9–10 ed. Willis: »vides quam multorum vocibus chorus constet:
una tamen ex omnibus redditur. aliqua est illic acuta, aliqua gravis, aliqua media; accedunt
viris feminae, interponitur fistula: ita singulorum illic latent voces, omnium apparent, et fit
concentus ex dissonis. tale hoc praesens opus volo: multae in illo artes, multa praecepta
sint, multarum aetatium exempla, sed in unum conspirata«. – Macrobius nimmt diese Stelle
fast wörtlich aus Seneca: ep. mor. 84,9–11.

mathematicae oder *Mathematische und philosophische Erquickstunden*, um nur diese wenigen Beispiele exemplarisch zu nennen? Sieht man für einen Augenblick von allen akzidentellen Besonderheiten ab, so zeigt sich diese Gemeinsamkeit in einem Organisationsprinzip, dessen Urbild Aulus Gellius in den »quaestiunculae symposiacae« des Atheners Taurus vorgeprägt hat.[28] Diese akademische Festkultur, die sich in der argutesken Problematisierung verschiedenster Fragestellungen aus dem gesamten Bereich der *artes liberales* darstellte, blieb noch für den Akademiegedanken der ›Teutsch-übenden Gesellschaft‹ und der nachfolgenden ›Patriotischen Gesellschaft‹ in Hamburg bestimmend, auch wenn die Akten der Sitzungen niemals publiziert worden sind.[29] Fragen von der Art, »warum das Öl zwar oft und leicht gerinnt, Weine (aber nur) selten gefrieren?«, oder »warum das Wasser in den Flüssen und Quellen zufriere, das Meer aber überhaupt ungefrierbar sei?«,[30] bildeten den »heiligen Reigen« dieser »Feier geistigen Ergötzens«, die Gellius bekanntlich zusammen mit Aristophanes pries, und es kann als nahezu gewiß gelten, daß auch Fabricius derartige »Enthymematia«[31] seinem Gesellschaftskreis zur Erörterung vorlegte, bevor er sie für die Sammlung der *Hydrotheologie*, zu der wir uns sogleich wenden werden, bearbeitete.

Unter den Gedichten, die Fabricius in dem akademischen Ambiente Hamburgs vortrug, findet sich eine 1715 der ›Teutsch-übenden Gesellschaft‹ präsentierte Dichtung, die er »beim Anblick eines blinden und lahmen Kanarienvogels«[32] entwarf:

An beiden Augen blind, verlähmet und gefangen
Bist du, o armes Thier, ohn alle deine Schuld.
Doch gleich als wärst du frey und allem Leid entgangen,
singst du, lobst Gott, und trägst dies alles mit Gedult.
Was will uns Menschen doch dies dein Exempel weisen?
Wir sollen unsern Gott auch in dem Creutze preisen.

Unter den bei Gellius überlieferten Vorschriften für gesellige Abendunterhaltungen empfahl Varro insbesondere solche Gegenstände, die zugleich ergötzlich sind und einen für die Lebenspraxis gewinnenden Zug aufweisen; er legte dar: »Bei gesellschaftlichen Mahlen eignet sich durchaus nicht alles zum Vortrag, und man soll vor allem das auswählen, was zugleich für das Leben von Nutzen ist und noch lieber das, was ergötzlich ist, so daß es dabei immer das Ansehen gewinnt, es habe an Vergnügen nicht gefehlt, vielmehr es sei Überfluß daran

---

28 Vgl. hierzu Marie-Luise Lakmann: Der Platoniker Tauros in der Darstellung des Aulus Gellius, Leiden u. a. 1994.

29 Freilich ist das Themenspektrum der ›Patriotischen Gesellschaft‹ durch das Gesellschaftsorgan *Der Patriot* gut dokumentiert; vgl.: Der Patriot nach der Originalausgabe Hamburg 1724–26 in drei Textbänden und einem Kommentarband kritisch herausgegeben von Wolfgang Martens, (Ausgaben deutscher Literatur des XV. bis XVIII. Jahrhunderts), 4 Bde., Berlin 1969–1984.

30 Vgl. Aulus Gellius: Noct. att., XVII,8,8 und 15 (Übers. Weiss).

31 Vgl. ebd., VII,13,4.

32 So nach Kurt Detlev Möller: »Johann Albert Fabricius« (wie Anm. 1), 28; Abdruck des Gedichts ebendort.

gewesen.«[33] Der hohe Reiz dieser convivialen Vorschrift besteht nun zunächst darin, daß Gellius sich den Anschein gab, sie allein aus dem Grunde vorzubringen, um das *grammatische* Problem der genauen Bedeutung und Verwendungsweise des Wortes »superesse« (in unserem Fall: »im Überfluß vorhanden sein«) zu erörtern. Zugleich aber gab er damit eine Anzeige, in welchem gesellschaftlichen Rahmen derartige Fragen am schicklichsten aufzuwerfen waren. Genau diese Forderung des Varro erfüllte die arguteske Struktur von Fabricius' Gedicht, indem der ›natürliche‹ Vorwurf des blinden und lahmen Kanarienvogels eine emblematisch-proportionale Entsprechung in dem geistlich-moralischen Vergnügen des Lobpreises Gottes »in dem Creutze« findet. Das bloße Ergötzen an einem sinnreichen Gegenstand wurde also durch eine Andacht zur christlichen Lebenspraxis supplementiert. Die Sammlung des *Irdischen Vergnügens in Gott, bestehend in Physicalisch- und Moralischen Gedichten*, die Brockes seit 1721 publizierte, bietet nichts anderes als derartige Übertragungen ›naturwissenschaftlicher‹ Vorwürfe in dem umfassenden Sinne Martians in den Bereich geistlicher Andacht, und Georg Philipp Telemanns ›Cantate oder Trauer-Music eines Kunsterfahrenen Canarien-Vogels, als derselbe zum größten Leidwesen seines Herrn Possessoris verstorben‹ (erschienen 1737) für zwei Flöten, Bratsche und Generalbaß muß als eine umgekehrte Kontrafaktur dieses argutesken Verfahrens verstanden werden.[34]

(3) In seinem letzten Lebensjahrzehnt wandte sich Fabricius in erstaunlich intensiver Weise dem Problem der natürlichen Theologie zu, dem er in der literarischen Form physikotheologischer Werke eine Reihe von Publikationen widmete und solche anregte. Das angelsächsische Vorbild William Derhams (*Physico-Theology*, 1713; *Astro-Theology*, 1715) sollte allerdings nicht darüber hinwegtäuschen, daß die Hamburgische Variante einer Erkenntnis Gottes aus seinen Werken einen entschieden *textgebundenen* Charakter aufweist, der bei Derham in dieser Stringenz nicht erkennbar ist.[35] Ich möchte die Eigenart der Hamburgischen Philologie anhand von Fabricius' *Hydrotheologie* im einzelnen erläutern, weil dieses Werk wohl als eines der letzten die integrale Gestalt philologischer Praxis in der Verbindung der bereits entwickelten literarischen Organisationsform, des Wissensumfangs der *artes liberales* im Sinne Martians und einer seit

---

[33] Varro, bei Aulus Gellius: Noct. att., I,22,5: »In conuiuio legi nec omnia debent et ea potissimum, quae simul sint βιωφελῆ et delectent, potius ut id quoque uideatur non defuisse *quam superfuisse*.«

[34] Vgl. die neue Edition: Georg Philipp Telemann: Kanarienvogel Kantate, hg. von Werner Menke, Kassel, Basel s. a. [1952].

[35] Fabricius' *Hydrotheologie* untersucht im Zusammenhang mit den englischen Vorbildern kenntnisreich Udo Krolzik: Säkularisierung der Natur. Providentia-Dei-Lehre und Naturverständnis der Frühaufklärung, Neukirchen-Vluyn 1988, S. 133ff. Mir geht es demgegenüber mehr um die strukturellen *Differenzen*, die zwischen Fabricius' Schrift und der englischen Physikotheologie merkbar werden. Die umfangreichen Ausführungen Krolziks über die Gattungszugehörigkeit der physikotheologischen Schriften bleiben zumindest für Fabricius wenig ergebnisreich, solange der spezifisch *philologische* Kontext, aus dem die *Hydrotheologie* hervorgegangen ist, nicht in den Blick kommt.

Joseph Justus Scaliger[36] intensivierten Textkritik und -hermeneutik zur Darstellung bringt. Es geht mir also nicht sowohl um das Zukunftspotential, das sich aus Fabricius' philologisch-kritischem Verfahren für die akademische Philologie der folgenden Jahrzehnte ergibt und das sich deutlicher anhand seiner bis ins 19. Jahrhundert hinein gültigen Edition des Sextus Empiricus oder einzelner Stücke aus der bis heute mit Erfolg benutzten *Bibliotheca graeca* nachweisen ließe; das vordringliche Interesse meiner Überlegungen ist vielmehr ein *Strukturproblem philologischer Praxis*, wie es sich Fabricius selbst in den 1720er Jahren stellte.

Seit dem Römerbrief des Apostels Paulus (Rom. 1,19–20) formte der Gedanke einer natürlichen Theologie, einer »an den Werken« und »an der Schöpfung der Welt« orientierten Erkenntnis von Gottes »unsichtbarem Wesen«, einen die Schriftoffenbarung supplementierenden, insbesondere auch den ›Heiden‹ eröffneten Aufschluß über das Dasein eines Schöpfergottes. Auch das bei Cicero überlieferte aristotelische Höhlengleichnis, auf das sich Fabricius gerne bezog, beruht auf der Denkfigur eines Rückgangs des Geistes aus der mannigfaltigen Gestalt der augenscheinlichen Weltverhältnisse auf den gründenden und zugleich erhaltenden Grund des Vorhandenen insgesamt. Seneca hatte diese Theodizee in den *Quaestiones naturales* mit einem anthropologischen Denkmuster verschmolzen, indem er die Verwirklichung wahrhafter »humanitas« in die Einsicht in die das Menschliche überragende Begründungsstruktur des Seins setzte. Die unterschiedlich akzentuierten Spielarten natürlicher Theologie formten durch den Aufweis Gottes aus dem *geschaffenen* Sein seit der frühchristlichen Apologetik bis hin zu Hugo Grotius ein ganz wesentliches, mit Paulus auch biblisch abgesichertes Argumentationsmuster zur Konversion Irr- oder Nichtgläubiger zum Christentum. Im Kontext jüdisch-christlichen Schöpfungsdenkens kam der natürlichen Theologie eine beglaubigende Stellung innerhalb der dogmatischen Begründung des Offenbarungswissens zu, indem sie durch die ›Geschichten‹ natürlicher und wunderbarer oder quasi-natürlicher Ereignisse, wie sie insbesondere der mosaische Pentateuch, aber auch etwa die Psalmen und das Buch Hiob bargen, von der Wirkungskraft Gottes aufgrund eines rational begründenden Verfahrens Rechenschaft gab. Dieses spannungsreiche Verhältnis zwischen natürlicher Theologie und Schriftoffenbarung war bereits für die frühen patristischen *Genesis*-Kommentare charakteristisch, und es gewann eine neue Brisanz insbesondere seit der konfessionellen Spaltung des 16. Jahrhunderts. Es ist kein Zufall, daß im Gefolge der glanzvollen, von Montaigne rezensierten natürlichen Theologie des Raymundus Sabundus (1436) eine Fülle ähnlicher, in ihrer konfessionspolitischen Intention aber stark divergierender Werke hervorgingen. Fabricius hatte die gesamte einschlägige Literatur in den entsprechenden Kapiteln des 1725 erschienenen *Delectus argumentorum et syllabus*

---

[36] Zu Scaliger vgl. die monumentale Untersuchung von Anthony Grafton: Joseph Scaliger. A Study in the History of Classical Scholarship, Bd. 1: »Textual Criticism and Exegesis«, Bd. 2: »Historical Chronology«, Oxford 1983, 1993.

scriptorum verzeichnet und zum Teil auch kommentiert.[37] Vor allem die kompendiösen Adaptionen des Raymundus Sabundus durch derart umstrittene Denker wie Johann Arndt, Johann Amos Comenius und Johann Heinrich Alsted schienen ihm damals für eine Denkform von Gewicht, die er bis zu dem Werk seines Freundes Brockes, dem genannten *Irdischen Vergnügen in Gott*, verfolgte.

Fabricius war bereits als Übersetzer von Fénelons *Démonstration de l'existence de Dieu* (1713, deutsch 1714)[38] und Derhams *Astro-Theology* (1715, deutsch 1728) hervorgetreten, als er sich an die Ausarbeitung eines Werkes machte, dem er in Analogie zu den Wortschöpfungen Derhams folgenden Titel gab:

Hydrotheologie oder Versuch, durch aufmerksame Betrachtung der Eigenschaften, reichen Austheilung und Bewegung der Wasser, die Menschen zur Liebe und Bewunderung Jhres Gütigsten, Weisesten, Mächtigsten Schöpfers zu ermuntern [...] Nebst einem Verzeichniß von alten und neuen See- und Wasser-Rechten, wie auch Materien und Schriften, die dahin gehören, unter XL. Titul gebracht.

Diesem 1734 erschienen Buch ging ein 32-seitiges Specimen vorauf, das Fabricius 1730 separat publizierte, »Jndessen, daß des belobten Herrn Derhams Werk von dergleichen Jnhalt erwartet wird«.[39]

Blicken wir zunächst auf dieses Specimen, das den Charakter einer detaillierten Inhaltsübersicht trägt, so ist zu beobachten, daß Fabricius von hier ur-

---

[37] Vgl. Johann Albert Fabricius: Delectus argumentorum et syllabus scriptorum qui veritatem religionis christianae adversus atheos, epicureos, deistas seu naturalistas, idololatras, judaeos et muhammedanos lucubrationibus suis asseruerunt [...], Hamburg 1725, bes. S. 275ff, 454ff.

[38] Vgl. François de Salignac de La Mothe Fénelon: Démonstration de l'existence de Dieu, tirée de la connoissance de la nature et proportionnée de la faible intelligence des plus simples, Paris 1713; ders.: Augenscheinlicher Beweiß, daß ein Gott sey, hergenommen aus der Erkäntniß der Natur, und also eingerichtet, daß es auch die Einfältigen begreiffen können, Hamburg 1714.

[39] Das Handexemplar von Fabricius mit durchschossenen Seiten findet sich im Nachlaß, Königliche Bibliothek, Kopenhagen, Ms. Fabr. 154, 4°. Fabricius trug hier handschriftlich zahlreiche Literaturverweise und einschlägige Zitate ein (ein weiteres, nicht annotiertes Exemplar in Ms. Fabr. 163, 4°). Die Beilage (Tillaeg) desselben Manuskriptes enthält ein handschriftliches Konzept »Hydrotheologiae Sciagraphia Einleitung, über die Worte Mosis bey der Schöpfung, und der Geist Gottes schwebete auf den Wassern.« – Ms. Fabr. 155, 4° enthält eine topische Sammlung zur Hydrologie, geordnet unter *loci* wie zum Beispiel »Aquae natura« (S. 2), »Aquae vires medicinales« (S. 4), »De nubibus« (S. 6), »De pluvia« (S. 11), »De fabulis & commentis marium aquarumque« (S. 29), »Res nautica« (S. 35), »De fontibus et puteis« (S. 67), »Campana urinatoria« (S. 85), »Mors in undis« (S. 87), »De balneis thermis & aquis mineralibus« (S. 91), »Pisces marini«, »Pisces volantes« (S. 131), »Arca Noae« (S. 149), »Lustrationes gentilium« (S. 161), »Plantae marinae« (S. 174), »Deae, Nymphae« (S. 179) etc. – Zwischen den Seiten 120 und 121 ist eingelegt 1 Bogen der Dissertation: »Q.F.F.Q.S. Deum ex pluvia indagabant, Actuum XIV comma XVII. illustraturi, praeses, Gerhardus Mejer, Lic. & Pr.Publ. nec non Joh. Mothes [...]«, Hamburg: Conrad Neumann, 1697. – Ab S. 181 folgt das Druckexemplar von Johann Matthias Groß (1676–1748): Bibliotheca hydrographica, cum lexico hydrologico. Das ist: Vollständige Verzeichniß aller bekandten Schrifften, welche von denen Heil- Gesund- und Sauer-Bronnen, warmen und wilden Bädern, mineralischen und metallischen Wassern, so wohl in- als ausserhalb Teutschland handeln; sammt einem beygefügten Bad- und Bronnen-Lexico [...], Nürnberg, Altdorf, Leipzig 1729.

sprünglich zehn in Aussicht genommenen ›Büchern‹ nur drei ›Bücher‹ in der Druckfassung von 1734 ausgeführt hat. Reichte das Specimen von einer Auslegung des Psalms 69 (68),35: »Es lobe ihn Himmel, Erden und Meer, und alles, das sich darin reget«, in reicher Differenzierung der Erscheinungsweisen des Wassers über rechtswissenschaftliche Fragestellungen des Seerechts und der »Straffe der Ersäufung« anläßlich von Moses' Auszug aus Ägytpen bis zu den ›poetischen‹ (Nektar, Ambrosia etc.), alkoholischen und koffeinhaltigen Getränken, um sich schließlich in einer »Notice von tausend Scriptis Hydrologicis« zu endigen, so schloß Fabricius 1734 mit einer skeptisch-erbaulichen Betrachtung über den »Ausspruch des alten Heracliti: Alles rinnet wie ein Strohm«. Die arguteske Auslegung dieser Sentenz wird uns im Zusammenhang mit Brockes' Dichtungen noch beschäftigen.

Neben ausgreifenden Erörterungen und Auslegungen heidnischer und biblischer Literatur enthält der Band der ausgearbeiteten *Hydrotheologie* dann so unterschiedliche Stücke wie eine Sprichwortsammlung »Ein hundert Sprüch-Wörter oder Gleichnisse, vom Wasser hergenommen«, sowie mehrere Spezialbibliographien zu ausgewählten hydrologischen Themenbereichen, so unter anderem ein »Verzeichniß einiger Scribenten, Von dem Gebäude des Kastens Noä, wie er von Mose Genes. VI. beschrieben wird«, das im Titel bereits genannte umfangreiche »Verzeichniß von alten und neuen See- und Wasser-Rechten und denen Materien und Schriften, die dahin gehören, unter XL. Titul gebracht«, ein »Verzeichniß einiger Scribenten vom Nil-Strohm, und dessen wunderbarer Ergiessung« und ein »Verzeichniß unterschiedlicher Schriften von Hydraulischen Machinen, Spring-Brunnen, Wasserkünsten etc.«[40] Der Festcharakter dieses durchaus ›nützlichen‹ Werkes im Sinne der varronischen Differenzierung wird noch dadurch unterstrichen, daß Fabricius sowohl dem Specimen als auch der ausgeführten Fassung Auszüge aus Brockes' Sing-Gedicht für zwei Stimmen »Das Wasser im Frühlinge« anhängte, einer poetisch-musikalischen Andacht über den Psalm 94,10: »Du lässest Brunnen quellen in den Gründen, daß die Wasser zwischen den Bergen hinfliessen«. Diese bukolische Kantate mit ihrem Wechsel von Rezitativen und Arien wurde in Telemanns Vertonung 1721 wiederholt in Brockes' Haus aufgeführt.[41]

---

[40] Vgl. Johann Albert Fabricius: Hydrotheologie oder Versuch, durch aufmerksame Betrachtung der Eigenschaften, reichen Austheilung und Bewegung der Wasser, die Menschen zur Liebe und Bewunderung Jhres Gütigsten, Weisesten, Mächtigsten Schöpfers zu ermuntern [...] Nebst einem Verzeichniß von alten und neuen See- und Wasser-Rechten, wie auch Materien und Schriften, die dahin gehören, unter XL. Titul gebracht, Hamburg 1734, S. 97–106, 216–218, 239–318, 358–361, 400–404.

[41] Vgl. Barthold Heinrich Brockes: Jrdisches Vergnügen in Gott, Bd. 1, 2. Aufl., Hamburg 1724, S. 26–35. – Vgl. Harold P. Fry: »Barthold Heinrich Brockes und die Musik«, in: Barthold Heinrich Brockes (1680–1747). Dichter und Ratsherr in Hamburg. Neue Forschungen zu Persönlichkeit und Wirkung, hg. von Hans-Dieter Loose, (Beiträge zur Geschichte Hamburgs. Bd. 16.), Hamburg 1980, S. 71–104; zu Telemanns Zusammenarbeit mit Brockes vgl. auch Eckart Kleßmann: Telemann in Hamburg 1721–1767, Hamburg 1980, S. 99–109.

Greifen wir aus der Fülle der angeschnittenen Probleme drei Themenkomplexe aus Fabricius' Werk von 1734 heraus, um die integrale Problemgestalt dieser philologischen Studien noch etwas schärfer zu bestimmen.

(a) Auch das Kapitel »Daß Menschen und Fische unter Wasser Schall und Gethöne vernehmen können« entspricht wie so viele andere ›physikalische‹ Abschnitte der *Hydrotheologie* dem traditionsbildenden Typus der »quaestiunculae symposiacae« der atheniensischen Akademie des Taurus.[42] Neben einigen Erörterungen über die Eigenschaft des Delphins, der nach Pindar und Plutarch »durch eine gewisse Melodey oder eine angenehme Music sich an das Ufer locken lasse«,[43] führte Fabricius aus:

> Plinius und Martialis berichten, daß der Kayser Domitianus in seinem Bajanischen Teiche habe Fische von allerley Arten gehabt, die man mit Nahmen hat ruffen können, und darauf die verlangte Art, oder auch die Fische einzeln, hervorgekommen sind. Eines dergleichen Hechtes gedencket Fed. Morellus[,] der in dem Teich am Louvre zu Zeit des Königs Caroli des IX. sich hat sehen und Brodt vorwerffen lassen, wenn man ihn gerufen, Lupule, Lupule. Nun werden die Hechte absonderlich unter den Fischen, die ein scharff Gehör haben, gezehlet von Aristotele[,] Plinio und Aeliano.[44]

Bemerkenswert ist an dieser Überlegung zunächst, daß die Beobachtung der Wirkungen des Schalles unter Wasser allein durch eine *textuelle* Überlieferung Evidenz erlangt. Darüber hinaus erhält Fabricius' Verfahren der philologischen Sacherläuterung durch eine Kommentierung ihre volle Signifikanz, in der er die alegierten Stellen der genannten Literatoren nach dem Muster der ›expositio auctorum‹ durch ›moderne‹ Auslegungen ergänzt. In den Anmerkungen zitierte er dann, den topischen Sinnzusammenhang erweiternd, aus den Epigrammen Martials:

> Sacris piscibus hae notantur undae,
> Qui norunt dominum, manumque lambunt
> Illam qua nihil est in orbe majus.
> Quid quod nomen habent, et ad magistri
> Vocem quisque sui venit citatus.[45]

Fabricius erläuterte die Beobachtungen Martials an dem Fischteich zu Baiae durch einen Verweis auf die offenbar noch immer unentbehrliche glanzvollste Enzyklopädie des christlichen Humanismus, auf Gerhard Johann Vossius' monumentalen Traktat *De theologia gentili et physiologia christiana* (zuerst 1642), in der dieser weitere Nachweise über das Gehör der Fische nach Cicero und Lukian zusammengetragen hatte. Diese Zitationsstrategie offenbart bereits ein sehr komplexes Beziehungsnetz christlicher Apologetik, in das Fabricius das Projekt der *Hydrotheologie* gestellt wissen wollte. Es war dieser textgebundene Typus natürlicher Theologie, den Fabricius sich offenbar zum Vorbild nahm, als er an die Ausarbeitung der ›Naturleitung zu Gott‹ aus den Erscheinungsweisen des Wassers ging. Die *arguteske* Struktur der Darlegungen über die Wirkung des

---

[42] Vgl. oben S. 357
[43] Johann Albert Fabricius: Hydrotheologie, S. 17. – Vgl. Pindar: frg. 140 b, 15.
[44] Ebd., S. 18. – Fabricius gibt in den Fußnoten wie immer genaue Stellennachweise.
[45] Ebd., *nota* (f). – Vgl. Martialis: Epigr. IV,30,3–7.

Schalls unter Wasser wird noch dadurch verstärkt, daß Fabricius neben dem bekannten Plinius-Kommentar Jean Hardouins die in Rücksicht auf Martial proportionalen Beobachtungen des berühmten Philologen Fédéric Morel über den »Teich am Louvre« heranzog, die dieser in seiner Ausgabe Basileios' des Großen anläßlich der Homilien über das Sechstagewerk gegeben hatte. Das Ideal philologischer Sachkommentierung, wie es Fabricius zur Anschauung brachte, gründete hier in der scharfsinnigen, argutesk-proportionalen Durchdringung eines möglichst heterogenen Stoffes und reichte so durch die bewußte (›inge-nieuse‹) Erzeugung eines mannigfaltigen literarisch-topischen Beziehungs-geflechts weit über eine bloß memorative Stoffsammlung hinaus.

(b) Fabricius wandte sich mit seinem Werk an ein städtisches, meist kauf-männisch gebildetes Publikum, das in dem inneren Aufbau eine topische Struk-tur sachorientierenden Wissens[46] vorfand. Die sinnreiche Form der Darbietung wurde durch die Nützlichkeit eines merkwürdigen Stoffes komplementiert. Schon die Verwendung des Deutschen macht deutlich, daß Fabricius nicht pri-mär das gelehrte Fachpublikum im Sinne hatte, für welches er die großen biblio-graphischen Werke und die kritischen Texteditionen konzipierte. Der konviviale Charakter, der uns in der Folge der hydrologischen Problemata begegnet, gibt ein Beispiel für die erstaunliche Spannbreite philologischer Praxis, die Fabricius durch sein Gesamtwerk ausmaß. Dennoch kann die *Hydrotheologie* nicht in der Weise als ›populär‹ charakterisiert werden, wenn man darunter eine schlichte Vermittlung von zum Teil sehr komplexen Sinnzusammenhängen begreift, wie sie sich etwa das Gesellschaftsorgan ›Der Patriot‹ oder andere moralische Wo-chenschriften zum Ziel gesetzt hatten. Die Voraussetzungen, die Fabricius an die Bildung des Lesers stellte, waren im Verhältnis zu derartigen Unternehmungen sogar ausgesprochen hoch, wenn man bedenkt, daß er auch längere lateinische, griechische und hebräische Zitate stets im Original, freilich gefolgt von einer deutschen Übersetzung, einrückte. Die Arbeit am überlieferten Text schloß hierbei die beiläufige Mitteilung textkritischer Bemerkungen, Konjekturen und Emendationen ebenso ein wie die Verwendung von erst kürzlich publiziertem, sogar entlegenem Handschriftenmaterial. Die sach- und sprachphilologische Erörterung von zahlreichen Problemen aus der Heiligen Schrift gibt zudem eine Anzeige dafür, in welchem Umfang Fabricius die Einsicht seiner Leser in die überlieferungsgeschichtlichen Fragestellungen des Bibeltextes, wie sie sich seit der Bibelkritik durch Grotius, Spinoza, Richard Simon und andere ergeben hatten, zu schärfen beabsichtigte. So eröffnete er das dritte Buch der *Hydro-theologie* mit folgendem Problem: »Auch die Bewegung der Wasser, ein Werck der grossen Güte, Allmacht und Weisheit GOTTES. Betrachtung über die Worte Mosis, Genes. I.2. *Der Geist GOTTES schwebet auf den Wassern.*«[47]

Was den Leser in diesem Kapitel erwartete, war nichts geringeres als eine aus den verschiedensten Schrifttraditionen erarbeitete Auslegung des zitierten Bi-

---

[46]   Zur Tradition vgl. Helmut Zedelmaier: Bibliotheca universalis und Bibliotheca selecta. Das Problem der Ordnung des gelehrten Wissens in der frühen Neuzeit, (Beihefte zum Archiv für Kulturgeschichte. Heft 33.), Köln, Weimar, Wien 1992.

[47]   Vgl. Johann Albert Fabricius: Hydrotheologie, S. 319–324.

beltextes, die die besten Ergebnisse der komparatistischen Philologie in der Tradition von Vossius und Grotius, von Samuel Bochart und Pierre Daniel Huet mit den Überlieferungen des orientalischen Christentums und des Islam verband, ohne jedoch am Ende eine exklusive Entscheidung über die seit langem umstrittene Übersetzung des hebräischen ›Ruach‹, »Wind« oder »Geist«, zu treffen. Folgen wir daher diesem Musterbeispiel vergleichender Philologie in den von Fabricius allegierten Filiationen, damit sich uns der Zusammenhang zwischen grammatischer Textkritik und Wissenschaftsanspruch im Kontext der *artes liberales* erschließe.

Luther hatte in der ersten Fassung seiner Übersetzung der *Genesis* (1523) von dem »Wind Gottes« gesprochen, der im Anfang der Weltschöpfung über den Wassern schwebte, und erst in der revidierten Ausgabe von 1545 setzte er an dessen Stelle das Wort »Geist« ein.[48] Fabricius zog als Belege für die zuerst genannte, dann aber verworfene Übersetzung Luthers neben jüdischen und patristischen auch zeitgenössische Zeugnisse heran, unter denen sich derart umstrittene Denker wie Thomas Hobbes und Richard Simon finden.[49] Wie im Falle von Simon verfolgte Fabricius offenbar eine Vorurteilskritik, die ihre Stärke gegenüber einer theologischen Dogmatik gerade aus den besseren grammatischen oder textkritischen Argumenten gewann, einer Grundlage, die er in jugendlichem Alter an der thomasianischen Vorurteilskritik vermissen zu müssen glaubte.

In seiner *Histoire critique du Vieux Testament* legte Richard Simon dar, daß die »Gründe« (*raisons*), die die »Grammatiker« anläßlich der Exegese des biblischen Textes in Anschlag bringen, nicht selten von der Auffassung der Theologen »sehr entfernt« seien. Er wies auf die Äquivokation des hebräischen »Ruach« hin und schlug mit der ›chaldäischen‹ Bibelparaphrase des »Onkelos«[50] eine explikative Übersetzung vor, die dem »grammatikalischen Sinn« des Textes ein Genüge tue: »Ein Wind Gottes, das heißt, ein sehr starker Wind blies über den Wassern«.[51] Die interpretatorische Leistung, die Simon aufgrund des »grammatischen Sinnes« vollbrachte, lief also darauf hinaus, daß er mit der Ersetzung der Phrase »un vent de Dieu« durch die erläuternde Umschreibung »un tres-grand vent souffloit sur les eaux« dem dogmatischen »Vorurteil«, die Rede sei von dem »Heiligen Geist«, vollständig den Boden entzog, auch wenn er

---

[48] Vgl. ebd., S. 320f. – Vgl. Luther: Werke. Kritische Gesamtausgabe, Die Deutsche Bibel, Bd. 8, Weimar 1954, S. 36 (Fassung von 1523): »Am anfang schuff Gott hymel vnd erden, vnd die erde war wust vnd leer, vnd es war finster auff der tieffe, vnd der wind Gottis schwebet auff dem wasser.« Allerdings findet sich auch hier schon die Marginalie: »(odder der geyst)«; 1545 spricht Luther dann unmißverständlich von dem »heiligen Geist«. Vorüberlegungen hierzu finden sich 1539: vgl. ders.: Werke, Die Deutsche Bibel, Bd. 3, Weimar 1911, S. 169 (Protocoll 1539–41 und handschriftliche Einträge ins Alte Testament 1539).

[49] Vgl. ebd., S. 321, *nota* (d). – Vgl. Thomas Hobbes: Leviathan, cap. XXXIV: »Of the Signification of Spirit, Angel, and Inspiration in the Books of Holy Scripture«.

[50] Gemeint ist das sogenannte Targum (= Übersetzung) Onkelos: Vgl. Lexikon für Theologie und Kirche, Bd. 2, Freiburg im Br. 1931, Sp. 307–308; Dictionnaire de la Bible, hg. von F. Vigouroux, Bd. 4, Paris 1908, Sp. 1819–20.

[51] Vgl. Richard Simon: Histoire critique du Vieux Testament, Nouvelle Edition, Rotterdam 1685, S. 365.

anmerkte, daß beide Auslegungen »gleicherweise wahrscheinlich zu sein scheinen«.[52]

Fabricius ging allerdings noch einen Schritt weiter, indem er die durch den angesehenen Utrechter Philologen Adriaan Reland erst neuerdings bekannt gemachte ›Heilige Geschichte‹ (*Historia sacra*) des Mohammedaners Kessaeus heranzog. Kessaeus wollte den problematischen Sachverhalt unserer Stelle ausdrücklich so verstanden wissen, daß Gott den »Geist (oder Wind) *schuf*«,[53] eine Auslegung, die auch Tertullian, Severianos, Theodoretos und Diodor, der Bischof von Tarsos, vertreten hatten. Nach des letzteren Deutung wäre der Geist Gottes ein Wind, »der durch seine Bewegung das Wesen des Wassers verändert, von woher es seinen Ursprung nimmt. Der Wind Gottes aber, so fügt er [sc. Moses] hinzu, damit er die Ursache dieses Werkes Gott zuschriebe.«[54]

Das Grundproblem, das sich in dieser prä-nestorianischen Tradition Diodors stellte, war also, ob ›Ruach‹ selbst ein *Geschöpf* Gottes sei, aus dessen Verbindung mit dem Wasser alle abgeleiteten Schöpfungen erst hervorgingen, oder ob Moses nicht vielmehr mit der Nennung der Person des Heiligen »Geistes« schon eine Anzeige für die *trinitarische* Verfaßtheit Gottes zu geben beabsichtigte. Die Annahme einer Trinitätsspekulation am Beginn der *Genesis*, so gab Richard Simon seinerseits zu bedenken, berge allerdings die Gefahr, den »Juden und Sozinianern« Argumente gegen eine durch den »grammatischen Sinn« nicht hinreichend versicherte *interpretatio christiana* zu liefern, da der im Hebräischen *pluralisch* gebrauchte Nominativ zusammen mit einem *im Singular* verwendeten Verbum in dem Satz »Gott schuf« bei den Arabern und Hebräern sehr gewöhnlich sei. Auch Hieronymus habe sich aufgrund der grammatischen Eigentümlichkeiten der Landessprache nicht dazu veranlaßt gesehen, derart weitreichende Konsequenzen, wie sie der Gedanke der göttlichen Trinität impliziere, zu ziehen.[55]

---

52 Vgl. ebd.: »Je sçai que la plus-part des Theologiens entendent par ces paroles, le Saint Esprit: mais peut-être favorisent-ils trop leurs préjugés, & il est certain qu'on ne peut rien conclurre de semblable précisément du sens Grammatical. Quoi qu'il en soit, ces deux sens paroissent également probables.«

53 Vgl. ebd., S. 321, *nota* (b) (meine Hervorhebung). – Vgl. Adriaan Reland: De religione Mohammedica libri duo. Quorum prior exhibet Compendium theologiae mohammedicae, ex codice manuscripto arabice editum, latine versum, & notis illustratum. Posterior examinat nonulla, quae falso Mohammedanis tribuuntur, Utrecht 1705, S. 42, *nota* (d). Relands Übersetzung aus des Kessaeus Historia sacra lautet: »Deinde creavit Deus O. M. Spiritum (sive ventum) & addidit ei alas, quarum numerum nullus novit excepto Deo, jussitque Spiritum ut portaret istas aquas (scripserat [sc. Kessaeus] ante, aquas creatas quidem sed sine spuma, fluctu aut motu, inertes jacuisse) quod praestitit. Tunc volavit thronus super aquas, & aquae super Spiritum.«

54 Vgl. Johann Albert Fabricius: Hydrotheologie, S. 321, *nota* (c): »Spiritum DEI, ventum intellige, qui motu suo aquarum naturam alterat, unde & ortum ducit. DEI vero addidit, ut hujusce operis causam DEO adscriberet.« Fabricius zitiert ziemlich wörtlich aus: Diodorus Tarsensis: »Fragmenta in Genesin«, in: Patrologia Graeca (Migne) Bd. 33, Sp. 1561–1580, hier: Sp. 1563: »Εἰ δέ τις ἄνεμον βούλοιτο λέγειν τὸ πνεῦμα, οὐχ ἁμαρτήσει. Συγγενὴς γὰρ τῶν ὑδάτων ὁ ἄνεμος, ἐκεῖθέν τε τὴν γένεσιν ἔχων τῇ φορᾷ κινῶν, καὶ διαμείβων τῶν ὑδάτων τὴν φύσιν. Θεοῦ δὲ λέγοιτο, ὡς ἔργον Θεοῦ.«

55 Vgl. Richard Simon: Histoire critique du Vieux Testament (wie Anm. 51), S. 364.

Ein Zeitgenosse von Fabricius, der syrische Gelehrte und ›Scriptor‹ der vatikanischen Bibliothek Giuseppe Simone Assemani, veröffentlichte seit 1719 eine umfangreiche Sammlung und detaillierte Interpretation der im Besitz der vatikanischen Archive befindlichen Handschriften des orientalischen Christentums unter dem Titel einer *Bibliotheca orientalis clementino-vaticana* (1719–1728). Der hier erörterte Fall des syrischen Kirchenlehrers Ephraim war für Fabricius deshalb so interessant, weil sich bei ihm beide Übersetzungsvarianten fanden. Da Abulfaradj (Barhebraeus) die Übersetzung »Geist Gottes« in dem Sinne des »Heiligen Geistes« dem Kirchenlehrer Basileios dem Großen zuschrieb, die Übersetzung »Wind« aber ausschließlich für Ephraim in Anspruch nahm, stellte sich für Assemani die überlieferungsgeschichtliche »Schwierigkeit«, daß der Ephraim zugeschriebene *Genesis*-Kommentar nur pseudonym sein könne.[56]

Fabricius, ursprünglich wohl von der schwankenden Übersetzung Luthers angeregt, zitierte den »weisen und frommen Ephraim«[57] für beide Übersetzungsvarianten, ohne auf die von Assemani aufgeworfene Problematik der Zuschreibung einzugehen. Offenbar besaß für ihn die *interpretationskritische* Überlegung des überlieferten syrischen Textes Vorrang gegenüber der *Authentizität* desselben, da das hohe Alter der Handschrift des *Genesis*-Kommentars auch für Assemani außer Frage stand. Wenn also Ephraim »aus seiner syrischen Sprache gefunden« habe, daß im Zusammenhang mit dem Attribut ›schwebend‹ »ein wärmendes und Lebens-Krafft mittheilendes Wesen, wie eine Henne, die ihre Eyer auszubrüten beschäftiget ist«,[58] bezeichnet sei, so komme darin eine Auffassung zum Ausdruck, die auch unter den Heiden, bei Porphyrios und Numenios, Aufnahme gefunden habe. Fabricius ließ die Frage unentschieden, ob man die Rede von dem »Heiligen Geist« der über den Wassern schwebt, nach Origenes »im geistlichen Verstande« (*secundum intelligentiam spiritalem*)[59] oder mit Augustinus, Kyrillos von Alexandrien und anderen »wörtlich« (*literali sensu*) verstehen müsse; wie im Falle der Herbeiziehung einer islamischen Vergleichsquelle blieb auch hier die Frage nach der ›Orthodoxie‹ der Exegese also auf feinsinnige Weise völlig unberührt. Worum es Fabricius ging, war allein die textkritische Genauigkeit, nicht aber normativ-präjudizierende Rechtsetzungen autoritärer Dogmatik. *Ausschlaggebend* für den rechten Verstand der biblischen Stelle, so Fabricius in einem weiteren Schritt der philologischen Exegese, sei

---

[56] Vgl. Giuseppe Simone Assemani: Bibliotheca orientalis clementino-vaticana [...], Bd. 1, Rom 1719, S. 63ff., hier: S. 67f.

[57] Johann Albert Fabricius: Hydrotheologie, S. 322.

[58] Ebd., – Denselben Vergleich benutzt auch Diodor von Tarsos: vgl. das Fragment seiner *Genesis*-Auslegung, unmittelbar vor dem oben (Anm. 54) zitierten Satz, Patrologia graeca (Migne) Bd. 33, Sp. 1563: »Βούλεται γὰρ ἡ Ἑβραϊκὴ λέξις, ἡ τοῦ ἐπεφέρετο, σημαίνειν, ὅτι καθάπερ ὄρνις ᾠὰ θάλπει ταῖς πτέρυξιν ἁπαλῶς ἐφαπτομένη εἰς τὸ ζωογονεῖν, οὕτω καὶ τὸ πνεῦμα ἐπεφέρετο τοῖς ὕδασι ζωοθαλποῦν.«

[59] Vgl. ebd., S. 323, *nota* (h). Fabricius zitiert Origenes: De principiis I,3 (p. 52 ed. Koetschau): »Spiritus igitur Dei qui super aquas ferebatur, sicut scriptum est in principio facturae Mundi, puto quod non sit alius quam Spiritus sanctus, secundum quod ego intelligere possum, sicut & cum ipsa loca exponerem [exponeremus, ed. Görgemanns-Karpp], ostendimus, non tamen secundum historiam, sed secundum intelligentiam spiritalem.«

vielmehr die Sacherläuterung, die der »heydnische Weise Thales« gegeben habe und von der Huet in einem Brief an den im niederländischen Deventer lehrenden Philologen Gijsbert Cuper spreche. Thales habe demnach »dem Mosi gemäß gelehret, διήκειν διὰ τοῦ στοιχειώδους ὑγροῦ ΔΥΝΑΜΙΝ ΘΕΙΑΝ ΚΙΝΗΤΙΚΗΝ αὐτοῦ. Daß durch das elementarische Wasser gehe eine Göttliche Kraft, die selbiges bewege.«[60] Mit dieser Sacherklärung stimme doxographisch überein, daß Cicero von dem griechischen Denker schreibe: »Thales aus Mileto, der erste unter den Griechen, welcher dergleichen Dinge untersuchet hat, hat gelehret, das Wasser wäre der Urstoff aller Dinge: GOTT aber wäre der Geist, der aus Wasser alle Dinge bereitete.«[61]

In der besten irenischen Tradition der vergleichenden Bibelphilologie, wie sie vor allem der Arminianer Hugo Grotius 1644 begründet hatte, gab Fabricius seinem Publikum die Probe für eine Textkritik, die sich völlig unabhängig von dogmatischen und konfessionellen Vorentscheidungen um die wahre Bedeutung alter Texte bemühte. Diese uns heute selbstverständlich gewordene Einsicht barg zu Beginn des 18. Jahrhunderts immer noch erhebliche Risiken, wie zum Beispiel Relands Verteidigung seiner Orthodoxie in der Untersuchung über die islamische Religion zeigt.[62] Leibniz berichtet 1697 in einem Brief an den Abbé Nicaise, daß der römische Orientalist und Beichtvater des Papstes, Lodovico Maracci, von Innozenz dem XI. gerügt worden sei, weil seine gelehrten Anmerkungen zum Koran eine »Art von Apologie« darstellten, »indem sie deutlich machten, daß die [alten] Kommentare dem Koran sehr oft einen vernünftigen Sinn beilegten«. Und Leibniz fügte hinzu: »Die Araber hatten Philosophen, deren Ansichten über die Gottheit ebenso löblich waren wie diejenigen der erhabensten christlichen Denker.«[63] Der Kontext der Auseinandersetzungen um

---

[60] Vgl. ebd., S. 323. – Vgl. Brief von Pierre Daniel Huet an Gijsbert Cuper, in: Jean-Marie de Tilladet: Dissertations sur diverses matières de religion et de philologie [...], 2 Bde, Den Haag 1714, Bd. II, S. 222.

[61] Ebd., S. 323f. – Vgl. Cicero: De natura deorum I,25: »Thales Milesius, qui primus de talibus rebus quaesivit, aquam dixit esse initium rerum, deum autem eam mentem, quae ex aqua cuncta fingeret«.

[62] Vgl. Adriaan Reland: De religione Mohammedica libri duo, »Praefatio«, fol. ****2[r/v]: »Restat ut de me aliquid addam, & Lectorem rogem ne in malam partem interpretatur laborem qualemcunque meum duobus hisce libris impensum. Non fuit mihi propositum religionem Mohammedicam palliare aut fucare, nedum propugnare aut defendere. Qui hoc de me judicium feret, nae ille gravem mihi injuriam faceret, & a vero aberraret. Debui patrocinium causae Mohammedicae suscipere, si vera scribere vellem, in multis quae falso iis tribuuntur [...].«

[63] Vgl. Brief von Leibniz an den Abbé Nicaise, Hannover, 20./30. Februar 1697: »On m'assure que le pape Innocent XI a empêché l'édition [de l'Alcoran] du bon Père Maracci, quoiqu'il fût son confesseur, parce qu'il regardoit les remarques comme une espèce d'apologie de l'Alcoran, en ce qu'elles faisoient voir que les commentateurs lui donnoient très-souvent un sens raisonnable. Les Arabes ont eu des philosophes dont les sentiments sur la Divinité ont été aussi élevés que pourroient être ceux des plus sublimes philosophes chrétiens.« – Maraccis Edition des Koran erschien jedoch bald in Padua 1698 unter dem Titel: Alcorani textus universus. (Leibniz' Brief in: Lettres inédites de Leibniz à l'abbé Nicaise (1693–1699), et de Galileo Galilei au P. Clavius et à Cassiano dal Pozzo, hg. von F.-Z. Collombet, Lyon 1850, S. 37–43, hier: S. 39f.).

Sozinianismus, Deismus und Antitrinitarismus[64] gab diesen philologischen
Bemühungen um die Wiederherstellung alter, mit der biblischen Tradition eng
verknüpfter Texte in jenen Jahren zusätzliche Brisanz.

Die komparatistische Arbeit am überlieferten Text, die Erläuterung des biblischen Textes durch heidnische, jüdisch-orientalische, mohammedanische oder
christlich-häretische Paralleltraditionen, sollte umgekehrt nicht zu der Annahme
verleiten, daß die Vertreter dieser kritisch-vergleichenden Philologie sich ohne
weiteres libertinistischen Tendenzen öffneten, auch wenn von anderer Seite, bei
Toland oder dem Marquis d'Argens etwa, freidenkerische Konsequenzen aus ihr
gezogen wurden. Reland und Fabricius stehen durchaus für eine tadellose calvi-
nistisch-reformierte beziehungsweise lutherische Orthodoxie. Die Unentschlossenheit Luthers im Blick auf die ›richtige‹ Übersetzung unserer Bibelstelle si-
cherte Fabricius allerdings gegenüber der Hamburgischen Orthodoxie von vorn
herein einen Freiraum der Interpretation, innerhalb der die Erklärung gewisser
›natürlicher‹ Vorgänge durch den Milesier Thales eine ziemlich beherrschende
Bedeutung erlangte. Fabricius beließ es bei einer strengen textkritischen Überprüfung des Wortes ›Ruach‹, aber er deutete damit zumindest implizit den Problemhorizont einer *physica mosaica* an, wie sie in unterschiedlichen Spielarten
vor allem in England, von Edmund Dickinson, Thomas Burnet, William Whi-
ston und gerade auch von dem Physikotheologen Derham in jenen Jahrzehnten
entwickelt worden war.

(c) Von verwandter, wenngleich theologisch weniger verfänglicher Art waren
die philologischen Probleme, die Fabricius in dem Kapitel »Von den Bewegungen der Wasser, die durch Kunst verursachet werden, von Anziehung, Heben,
Drücken und in die Höhe treiben der Wasser: Von Spring-Brunnen etc.«[65] und in
den folgenden Abschnitten aufwarf. Was er hier über künstliche Wasserspiele
vorzubringen wußte, erwies sich als eine Andacht über die Worte, die der Apostel Paulus an die Gemeinde zu Korinth richtete, indem er sprach: »Was hast du,
o Mensch, das du nicht empfangen hast?« (1 Cor. 4,7). Es sei ein großer Irrtum,
so Fabricius, »wenn man, wie viele pflegen, das, was die Natur, und was«[66] die
Kunst macht, einander so starck und eigentlich entgegen setzen will.«[66] Die
handwerklichen Arbeiten in der Stiftshütte wurden von Moses ausdrücklich
jener »Weisheit« zugeschrieben, die Gott »gegeben«,[67] und in den »hydraulischen Maschinen«, »Spring-Brunnen« und »Wasser-Künsten« offenbarte sich
derselbe »Geist Gottes«, den wir in den ›natürlichen‹ »Wellen und Wasserwo-
gen, Cascaden, Cataracten, Catadupa, Wasser-Fällen etc.« als deren Urheber
anerkennen.[68]

Von einer bewundernswürdigen Komplexität erwiesen sich hierbei die
»Wasser-Orgeln« der Alten, denen Fabricius seine besondere Aufmerksamkeit

---

[64] Vgl. hierzu mit reichen bibliographischen Hinweisen Martin Mulsow: »Orientalistik im
Kontext der sozinianischen und deistischen Debatten um 1700. Spencer, Crell, Locke und
Newton«, in: Scientia Poetica 2 (1998), S. 27–57.
[65] Vgl. Johann Albert Fabricius: Hydrotheologie, S. 397–404.
[66] Ebd., S. 398.
[67] Vgl. ebd. – Fabricius verweist auf *Exod.* 31,2 und 35,30.
[68] Vgl. ebd., S. 366–373.

schenkte. Ktesibios, der Sohn eines alexandrinischen Barbiers, galt als der mutmaßliche Erfinder dieser Wasserkünste,[69] mit denen er und seine Nachfolger darauf bedacht waren,

> daß sie zur Ergötzung des Gehöres sich des Wassers bedienet haben auf solche Weise, daß die Luft in den Pfeiffen nicht anders gelassen wird, als in gehöriger Gleichheit, und gantz, so wie sie von Drückung und Pressung des Wassers zu denselbigen muß gebracht werden, welches eben dadurch den Schall starck und angenehmer machet, daß auch Plinius angemercket die Delphine, welche Fische sonderliche Liebhaber der Music sind, hören nichts liebers, als solche Wasser-Orgeln.[70]

Isaac Vossius, auf den sich Fabricius vor allem bezog, weil er am ausführlichsten von den hydraulischen Orgeln der Alten gehandelt hatte, veröffentlichte 1673 in Oxford ohne Nennung seines Namens eine Abhandlung *De poematum cantu et viribus r[h]ythmi*. Er gab darin eine detaillierte Beschreibung dieser Musikinstrumente, wie sie sich nach den Testimonien Herons von Alexandrien, des Vitruv und Athenaios rekonstruieren ließen.

Blicken wir zunächst auf den Anlaß dieser Schrift. Vossius lieferte darin eine leidenschaftliche und im einzelnen wohl begründete Verteidigung der durch Gesang begleiteten Musik *der Alten*, indem er auf dem Vorrang der Sprache, nach der sich Rhythmik und Melos auszurichten haben, beharrte. Diese Auffassung von der Dominanz des Wortes, dessen Verständlichkeit der Komponist allezeit gewährleisten müsse, entsprach der Funktion, die auch Platon der Musik im Gemeinwesen zugewiesen hatte,[71] und sie mußte zugleich als polemische Kritik an der Entwicklung der neueren Polyphonie des 14. und 15. Jahrhunderts verstanden werden.

Vossius nahm darüber hinaus in einem Streit unmißverständlich Stellung, der sich seit den 1660er Jahren über den Vorrang der französischen gegenüber den alten Sprachen entzündet hatte. Dieser Streit war politisch wie konfessionell höchst brisant, da die Verteidiger des Französischen, unter denen bekanntlich vor allem Louis Le Laboureur und Jean Desmarets de Saint-Sorlin auftraten,[72] mit dem Vorzug der Volkssprache zugleich die innenpolitisch bedeutende Macht der Jesuiten mit ihrer Tendenz zur lateinischen Sprache und Poesie in dem Reich des »allerchristlichsten Königs« einzudämmen bestrebt waren. Darin kam eine markante (konfessions-)politische Dimension in dem Streit der ›Alten‹ und ›Modernen‹ zum Vorschein. Indem Desmarets dem weiblichen Publikum ein besseres Urteilsvermögen gegenüber den »gelehrtesten Herrschern der Universität« (*les plus doctes régents de l'université*) zubilligte,[73] fanden sich die avan-

---

[69] Vgl. Vitruvius: De arch. 237,5–9: Ctesibius Alexandrinus »natus patre tonsore«, »qui et vim spiritus naturalis pneumaticasque res invenit.«

[70] Johann Albert Fabricius: Hydrotheologie, S. 404. – Vgl. Plinius: Nat. hist. IX,24: »Delphinus non homini tantum amicum animal, verum et musicae arti, mulcetur symphoniae cantu et praecipue hydrauli sono.«

[71] Vgl. Platon: Resp. 400 d 1–5.

[72] Vgl. hierzu Hans Kortum: Charles Perrault und Nicolas Boileau. Der Antike-Streit im Zeitalter der klassischen französischen Literatur, (Neue Beiträge zur Literaturwissenschaft. Bd. 2.), S. 141.

[73] Vgl. Jean Desmarets de Saint-Sorlin: Comparaison de la langue et de la poésie française avec la grecque et la latine et des poètes grecs, latins et français, Paris 1670 (zitiert nach

ciertesten protestantischen und reformierten Philologen unversehens in eine Allianz mit den Jesuiten gestellt, und die Schärfe, mit der Vossius in seinem Traktat aus seinem Refugium zu Windsor reagierte, ist unter diesem ideenpolitisch prekären Verhältnis nur allzu verständlich. Nur gut zehn Jahre später, im Jahr 1685, fand man sich mit der Aufhebung des Ediktes von Nantes in den schlimmsten Befürchtungen bestätigt. Die Stellung der Philologie im Blick auf die ›Querelle des anciens et des modernes‹ ist bisher noch nicht mit der nötigen Aufmerksamkeit untersucht worden, und Vossius' Traktat bietet von dieser Seite ergiebiges Material. Der Wert der Abhandlung liegt nämlich gerade in einer Verknüpfung textphilologischer und literaturgeschichtlicher Beobachtungen, wie Vossius' Vergleich einer Horazischen Ode mit ihrer französischen Übersetzung zeigen könnte.[74] Denn ein wichtiges Argument der ›Modernes‹ in dem Literaturstreit lag ja in der Behauptung, daß die antike Dichtung durch ihre Übertragung ins Französische weit übertroffen worden sei.

Wenden wir uns jedoch auf unser Ausgangsproblem der hydraulischen Orgeln zurück. Vossius führte aus, daß sich die Kunst des Wasserorgelbaus seit der Zeit Cassiodors merklich verloren, im Osten aber noch bis ins 9. Jahrhundert gehalten habe.[75] Mit dem polemischen Potential, das die ›Querelle‹ bereitgestellt hatte, legte er dar, daß die alten Wasserorgeln, wie sie Vitruv beschrieben hatte,[76] die modernen Luftorgeln an Reinheit und Stärke des Klangs weit übertroffen hätten. Man könne sich nicht genug darüber verwundern, daß selbst Johannes Kepler und viele andere Musikologen die alten Orgelspieler mit den heutigen Sackpfeifern vergleichen, da doch vielmehr die »Organisten unseres Jahrhunderts [...] die wahren Sackpfeifer« seien.[77]

Vossius brachte auf diese Weise eine rhetorisch eindrucksvolle Kunst der Herabsetzung der ›Modernen‹ in Anschlag, die sich auf eine präzise textuelle Überlieferung stützen konnte. Tertullian erörterte in seiner Schrift über die Seele die Frage der Einheit der Seele in der Differenz verschiedener Vermögen und verglich diese Einheit mit der in ihrem Wesen (*substantia*) festgefügten, in den Wirkungen (*opera*) ihres mechanischen Baues und ihres Klangbildes aber mannigfaltigen Struktur der Wasserorgeln und führte aus:

> So viele Glieder, so viele Teile, so viele Verbindungen, so viele Wege für die Töne, so viele Verstärkungen des Schalles, so viele Verbindungen der Tonarten, so viele Reihen von

---

Hans Kortum: Charles Perrault und Nicolas Boileau, S. 141). – Vgl. auch den Neudruck folgender Schriften Desmarets': La comparaison de la langue et de la poësie françoise (1670). La defense du poëme heroïque (1674). La defense de la poësie (1675), Genf: Slatkine Reprints, 1972.

[74] Vgl. [Isaac Vossius]: De poematum cantu et viribus r[h]ythmi, Oxford 1673, S. 37f.
[75] Vgl. ebd., S. 105f.
[76] Vgl. Vitruvius: De arch. X,8, 261,1–263,8. – Vgl. die Abbildung in Vossius' Traktat, S. 100.
[77] Vgl. [Isaac Vossius]: De poematum cantu et viribus r[h]ythmi (wie Anm. 74), S. 106: »Ut ut sit, non possum satis mirari, quod & Keplerus, & plerique fere alii, qui hac nostra aetate musicam tradidere, non dubitant affirmare, organarios antiquos nihilo meliores fuisse hodiernis utriculariis, iis nempe mendicabulis, qui cum cornamusa, ut vulgo loquuntur, stipis colligendae gratia in triviis passim vagantur. Profecto nostri seculi organarii, ut paulo ante monuimus, veri sunt utricularii seu ascaulae.«

Giovanni Battista Falda: Le fontane del giardino Estense in Tivoli con li loro prospetti, Parte quarta, Rom s.a., Tafel 13.

Pfeifen: und das alles kann doch nur *ein* Bau sein! So ist es auch mit dem Lufthauch (*spiritus*), der da durch den Wasserdruck dröhnt: er wird nicht deshalb in Teile zerlegt, weil er in Teilen angewandt wird, sondern er ist der Substanz nach ungeteilt, aber der Wirkung nach geteilt.[78]

Tertullian pries in der Wasserorgel ein Gleichnis der menschlichen Seele, indem beider Einheit durch die zugleich vereinheitlichende und belebende Tätigkeit des »spiritus« (»Geist«, »Lufthauch«) hervorgebracht und erhalten wird. Die *argutezza* dieses Gleichnisses beruht also im wesentlichen auf einer reizvollen Homonymie, und wir begreifen nun, in welch tiefsinniger Weise Fabricius die Betrachtung der Wasserorgeln als eine geistliche Andacht konzipierte, auch wenn er den Leser hier nicht einmal eigens darauf hinwies. Entgegen der Auffassung von Vossius äußerte Fabricius sogar die Ansicht, daß der Bau der Wasserorgeln aus einer ganz praktischen Erwägung aufgegeben worden sei, »weil sie mehr Mühe gebraucht, verdrießlicher und schwerer zu halten sind gewesen, zumahl mit warmen Wasser, wovon Wilhelmus Malmesburiensis gedencket.«[79]

Unter den modernen Nachbauten verwies er den Leser mit Vossius auf die Wasserorgel in dem Lustgarten der Villa d'Este in Tivoli, wie sie in dem schönen Kupferstichwerk des Giovanni Battista Falda zur Anschauung gekommen war.[80] Mit einem wahren Feuerwerk von Testimonien zitierte Fabricius Beobachtungen über die Wasserorgeln von Claudian, Seneca, dem vermeintlichen Verfasser des Aetna-Gedichtes Cornelius Severus, Optatian, Sidonius, Ammianus Marcellinus, Martianus Capella und Isidor von Sevilla[81] und nahm beiläufig eine Emendation an dem *Sechstagewerk* des Eustathios, des Bischofs von Antiocheia, vor, indem er die Moses zugeschriebene Erfindung der ὄργανα ὑδρευτικά (»instrumenta ad hauriendas aquas«, »Wasserschöpfwerke«) nach

---

[78] Tertullianus: De anima 14,4: »Specta portentosam [portentosissimam, ed. Waszink] Archimedis munificentiam, organum hydraulicum dico, tot membra, tot partes, tot compagines, tot itinera vocum, tot compendia sonorum, tot commercia modorum, tot acies tibiarum, & una moles erunt omnia. Spiritus ille qui de tormento aquae anhelat, per partes administratur substantia solidus, opera divisus.« – Zitat nach Johann Albert Fabricius: Hydrotheologie, S. 406f. Die kritische Edition von Jan Hendrik Waszink (CCSL, Bd. II, Turnhout 1954) weicht am Ende hiervon stärker ab: »[...] Sic et spiritus, qui illic ut tormento aquae anhelat, non ideo separabitur in partes, quia per partes administratur, substantia quidem solidus, opera uero diuisus.« (Hiernach die deutsche Übersetzung von Waszink in seiner Ausgabe von Tertullian: Über die Seele, Zürich, München 1980, S. 76).

[79] Johann Albert Fabricius: Hydrotheologie, S. 405. – Vgl. Wilhelmus Malmesburiensis: »De gestis regum anglorum libri quinque«, in: ders.: Opera omnia, Patrologia latina (Migne) Bd. 179, Paris 1855, Sp. 959–1392, hier: Sp. 1140 (= p. 275sq. ed. Hardy): »Robertus, postea rex Franciae, magistro vicem reddidit [Gerbertus], et archiepiscopum Remensem fecit. Extant apud illam ecclesiam doctrinae ipsius documenta: horologium arte mechanica compositum; organa hydraulica, ubi mirum in modum, per aquae calefactae violentiam, ventus emergens implet concavitatem barbiti, et per multiforatiles tractus aereae fistulae modulatos clamores emittunt.«

[80] Vgl. Giovanni Battista Falda: Le fontane del giardino Estense in Tivoli con li loro prospetti, e vedute della cascata del fiume Aniene [...] Parte quarta, Rom s. a., Abb. 13 (»Fontana dell'organo dal lato nel piano del vialone delle fontanelle«) und Abb. 21 (»Veduta della cascata sotto l'organo nel piano del giardino«). (Die drei ersten Bände dieses Werks tragen jeweils unterschiedliche Titel.) Vgl. die Abb. auf vorhergehender Seite. – Vgl. [Isaac Vossius]: De poematum cantu et viribus r[h]ythmi, S. 99.

[81] Vgl. Johann Albert Fabricius: Hydrotheologie, S. 407–409.

Leone Allaccis Lesart durch die *lectio* ἱδρευτικά (»instrumenta fabrilia«, »Handwerkzeuge«) verbesserte.[82]

Diesen scharfsinnigen Beobachtungen folgten noch entlegenere Zeugnisse aus mittelalterlichen Quellen wie den Annalen der Franken und der von Leibniz edierten Chronik des Alberich von Trois Fontaines (gest. nach 1252),[83] der unter dem Jahr 840 von Kaiser Ludwig dem Frommen berichtet, daß er den Vorschlag eines Geistlichen namens Gregorius, »welcher versprach, daß er nach Art der Griechen eine Orgel verfertigen werde, mit größtem Vergnügen unterstützte.«[84] So ergab sich das Bild einer literaturgeschichtlich sorgfältig abgesicherten fortwirkenden Tradition des Wasserorgelbaus, die von des Ktesibios Erfindung in nahezu ungebrochener Folge bis zu dem tönenden Springbrunnen im Garten der Villa d'Este reichte. In der Weise einer musikalischen Coda folgten nun noch »Zeugnisse der alten Scribenten, von solchen Orgeln, wie unsere sind, die ohne Wasser, allein durch Blase-Bälge mit Luft belebet werden«, eine Sammlung, die von Kaiser Julian über Prudentius, Augustinus, Cassiodor, Isidor und Venantius Fortunatus bis zu einer von Du Cange in seinen *Glossaria medii aevi* (1678–88) übersehenen Bemerkung in Hrabanus' Maurus umfassender Enzyklopädie *De universo* führte und sich mit dem ausgesuchten Hinweis auf das »alte Bild einer durch Blasebälge belebten Orgel« (»vetus icon organi animati follibus«) schloß, wie sie der Musikologe der Barberini, Giovanni Battista Doni, in der Pindar-Ausgabe des Alessandro Adimari (Pisa 1631)[85] mitgeteilt hatte.[86]

Die *Hydrotheologie* mit ihren drei ›Büchern‹ blieb Bruchstück, aber auch darin zeigt sich zur Genüge, in welcher Weise sich dieses feinsinnig durchkomponierte Werk in die gesellige Festkultur in Hamburg im ersten Drittel des 18. Jahrhunderts einfügte. Wie die Kapitel über das Gehör der Fische, über Moses' erste Erwähnung des Wassers in seiner ›Weltschöpfung‹ und über die Wasserorgeln verdeutlichen, war die philologische Durcharbeitung eines Stoffes »vielfältiger Gelehrsamkeit« im Sinne der Tradition der »quaestiunculae symposiacae« von dem titelgebenden Vorbild William Derhams ziemlich weit unterschieden. Auch Derham zitierte selbstverständlich oft aus der ›alten‹ Literatur,

---

[82] Vgl. ebd., S. 408f. – Vgl. Eustathius Antiochenus: »Commentarius in Hexaemeron. Leone Allatio interprete«, Patrologia graeca (Migne) Bd. 18, Paris 1857, Sp. 707–1066, hier: Sp. 783B/784B, in Allaccis Übersetzung: »Erat [Moyses] et apud Aethiopas propter admirabilem sapientiam in summo honore. Usum enim navium, machinas ad lapides excidendos, armaturas Aegyptias, instrumenta ad hauriendas aquas, ac bellica, primus omnium illis excogitavit.«

[83] Vgl. den Brief von Leibniz an den Abbé Nicaise, Hannover, 24. Juni 1698, in: Lettres inédites de Leibniz à l'abbé Nicaise (1693–1699), et de Galileo Galilei au P. Clavius et à Cassiano dal Pozzo, hg. von F.-Z. Collombet, Lyon 1850, S. 61–63.

[84] Vgl. Johann Albert Fabricius: Hydrotheologie, S. 409. – Vgl. Alberich von Trois Fontaines: »Chronica«, MGH, Scriptorum tomus XXIII, Hannover 1874, S. 631–950, hier: S. 733 (A. D. 840): Ludovicus Imperator »Gregorium presb. qui se promittebat more Graecorum facturum Organum, summo susceperat gaudio.«

[85] Vgl.: Ode di Pindaro antichissimo poeta, e principe de'greci lirici, hg. von Alessandro Adimari, Pisa 1631, S. 343f., 551f.

[86] Vgl. Johann Albert Fabricius: Hydrotheologie, S. 410.

aber diese Zitationen standen stets im Dienst einer Naturerkenntnis, die sich nicht mehr primär an eine *literarische* Überlieferung gebunden wußte.

Insofern ist das *mittelbare* Erkenntnisziel, zu dem zu führen Derham und Fabricius anleiteten, grundsätzlich verschieden. Denn die innere Spannung der *Hydrotheologie* ergibt sich weniger aus einem durch Beobachtung und Experiment gewonnenen naturkundlichen Wissen einerseits und autoritativem (überliefertem) Wissen auf der anderen Seite; diese Spannung liegt vielmehr in dem autoritativen Wissen selbst begründet, dessen textkritische Traktation, wie wir sehen konnten, überraschende Sinnebenen freilegt. Sowohl Derham als auch Fabricius spiegelten so je auf ihre Weise ein sehr komplexes Ergebnis der ›Querelle des anciens et des modernes‹ wieder. Als Fabricius Derhams *Astrotheologie* ins Deutsche übersetzte und seinem Freunde Brockes widmete, stellte er diesem Werk ein detailliertes »Verzeichniß der Alten und Neuen Scribenten, die sich haben angelegen seyn lassen, durch Betrachtung der Natur und der Geschöpfe die Menschen zu Gott zu führen«, voran,[87] mit dem er die Bibliographie seines *Delectus argumentorum* von 1725 komplementierte. In der Präsentation des Werkes schmolz er mit dieser *bibliographie raisonnée* Derhams Werk zu einem Typus philologischer Forschung um, wie er ihn selbst mit der *Hydrotheologie* vorgelegt hatte.

Das Arioso aus Brockes' Sing-Gedicht »Das Wasser im Frühlinge«, mit dem diese Naturleitung zu Gott ausklang, unterstrich den festlichen Charakter einer geistlichen Andacht, durch den Fabricius' philologisches Werk geformt ist:[88]

> Jhr Sterblichen, erweg't, bey jedem Wasser-Guß
> Daß euer Leben auch ein Fluß,
> Der stetig vor- nie rück-wärts fliesset,
> Und daß der Menschen schnelle Zeit
> Jns tiefe Meer der Ewigkeit
> Unwiederbringlich sich ergiesset.

Brockes leistete mit diesen Versen eine aemulative ›expositio auctorum‹, indem er in der Form eines poetischen Kommentars den eingangs zitierten »Ausspruch des alten Heracliti: Alles rinnet wie ein Strohm« im Verfolg seiner Dichtung ins Christliche überhöhte. Freilich kommen in dem Lob, das Fabricius diesem Gedicht zollte, merkwürdige intellektuelle Spannungen zum Vorschein, die die literarische Kultur in Hamburg über die Jahrzehnte hinweg geprägt haben. Indem Fabricius mit drei Epigrammen dem Autor dankte, ließ er eine deutlich vernehmbare Kritik an *Telemanns* Vertonung anklingen. In den ersten beiden Epigrammen formulierte er scharfsinnig:[89]

---

[87]   Vgl. William Derham: Astrotheologie, oder Anweisung zu der Erkenntniß Gottes aus Betrachtung der Himmlischen Körper, aus der fünften Engl. Ausgabe übersetzet [...], Hamburg ⁴1745, S. XIII–XCVIII.

[88]   Barthold Heinrich Brockes: »Das Wasser im Frühlinge. Sing-Gedicht à 2«, in: Johann Albert Fabricius: Hydrotheologie, S. 435f. – Vgl. Barthold Heinrich Brockes: Jrdisches Vergnügen in Gott, Bd. 1, 2. Aufl., Hamburg 1724, S. 34.

[89]   Abgedruckt im Anschluß an Brockes' Gedicht, in: Barthold Heinrich Brockes: Jrdisches Vergnügen in Gott, Bd. 1, 2. Aufl., S. 35.

Musica divinis Brokesi carminibus nil
Addere, nec quicquam demere demta potest.

(Die Musik kann den himmlischen Brockesschen Liedern nichts hinzufügen, noch kann sie, nachdem sie verschwunden, ihnen etwas nehmen.)

Nam quae mirabar mediis concentibus heri,
Haec hodie, solus cum lego, laudo magis.

(Denn was ich gestern mitten im Konzert bewunderte, das lobe ich heute in höherem Maße, da ich es für mich alleine lese.)

Die Gründe, die Fabricius zu dieser argutesken Kritik bewogen, sind mit den Nachwirkungen der ›Querelle des anciens et des modernes‹ unmittelbar verknüpft. Die Rekonstruktion der ›alten‹ Musik, die Isaac Vossius in dem genannten Traktat unternahm, führte zu dem Ergebnis, daß der musikalische Rhythmus stets dem regelmäßigen Vers der Dichtung untergeordnet sein muß. Darin fand Platons Bestimmung des Verhältnisses von Musik und Sprache einen unmittelbaren Reflex. Andernfalls, so Vossius, würden die »Dichtungen dem Gesang angepaßt, was immer nicht allein für fehlerhaft, sondern sogar für lächerlich gehalten wurde. Und dennoch werden heute keine Gesänge auf andere Weise verfertigt.«[90] So geschmackvoll und kunstsinnig (*elegantissimae*) etwa die Oden Fulvio Testis auch seien, so eigneten sie sich wegen des Wechsels im Versmaß jedoch nicht für den Gesang.[91] Vossius beobachtete im Gesang der ›Alten‹ eine genaue Entsprechung der einzelnen Töne und Silben zu den Versfüßen, »so daß keine Verzögerung statthat«.[92] Die ›moderne‹ Musik, bei der er offensichtlich vor allem an madrigaleske Formen denkt, sei demgegenüber durch eine unendliche Dehnung der Vokale oder aber durch eine sich überstürzende Eile gekennzeichnet, durch die gleichermaßen der Sinn und die Verständlichkeit der Dichtungen verloren gehen.[93] In der musikalischen Form des Rezitativs[94] erfüllten sich ihm demnach am ehesten die Forderungen der ›Alten‹, auch wenn Vossius am Ende eingestehen mußte, »daß die Bemühungen derjenigen, die bis jetzt unter Franzosen und Italienern die alten Versmaße der Gesänge wiederherzustellen versuchten, nicht allzu glücklich gewesen sind.«[95]

---

[90] [Isaac Vossius:] De poematum cantu et viribus r[h]ythmi, S. 35: »[...] non jam cantus poëmatis, sed poëmata cantui aptantur, quod non vitiosum tantum, sed & imprimis ridiculum semper fuit habitum. Et tamen aliter hodie nulla fiunt carmina.«

[91] Ebd.: »Apud Italos itaque ea sola cantantur poëmatia, quae ipsi materialia appellant, in quibus nulla sit strophe, sive reditus ad idem versuum genus. Nam siquis ad odas se conferat, quales Fulvius Testius & innumeri alii scripserunt, illae elegantissimae licet, cantari tamen nequeunt, propter diversitatem numerorum. Eadem est ratio eorum carminum, quae ipsi vocant rimas octavas, quae nec ipsa uno eodemque cantus genere animari possunt.«

[92] Vgl. ebd., S. 35f.

[93] Vgl. ebd., S. 83f.

[94] Vgl. ebd., »Praefatio«, fol. [A 3]ʳ: »Siquis hujus seculi audiat cantores, vix decimam partem eorum quae canuntur intelliget. Producendo breves, & longas contra naturam sermonis corripiendo syllabas, ac decies saepe eadem repetendo vocabula, adeo deformant & mutilant veram & legitimam pronuntiationis rationem, ut sensum carminis penitus deleant. Solum si exciperis scenicum & recitativum, ut Itali vocant, cantum, vix aliam hoc tempore audias musicam, in qua verborum habeatur ratio.«

[95] Vgl. ebd., S. 131: »Scio quidem non admodum felices fuisse labores eorum, qui hactenus inter Gallos & Italos antiquas carminum instaurare conati fuere mensuras [...].«

Brockes' Dichtung entzog sich gemäß dieser Grundlegung der ›alten‹ Musik
schon aufgrund des zumeist unregelmäßigen Versbaus einer jeden Vertonung in
dem Vossiusschen Sinne, und die Kritik, die Fabricius implizit an Telemanns
Musik übte, fand ihre Motivation daher vor allem in dieser neuerlichen Wertschätzung der Musik der ›Alten‹. Man weiß, daß der Hamburger Musikologe
Johann Mattheson Zweifel daran äußerte, ob Brockes' Gedichte überhaupt einer
Vertonung fähig seien, da deren lautmalerische Elemente in der Vergegenwärti-
gung eines Gewitters oder in dem Summsen der Bienen und anderen Insekten in
der Musik, diesem »Kind des Himmels«, schlechterdings nichts verloren haben.[96] Darin spiegelt sich fünfzig Jahre nach der Publikation von Vossius' Traktat noch einmal dessen Zurückhaltung gegenüber der Vertonbarkeit der Dichtungen Fulvio Testis wieder.

Mattheson nahm eine im Vergleich zu Vossius grundsätzlich andere Bewertung des Verhältnisses von Dichtkunst und Musik vor,[97] aber die Bewunderung,
die er den ›Alten‹ entgegenbrachte, kannte auch in seinem Fall keine Grenzen.
Wenn Telemann 1724 in einem Brief an Uffenbach in Frankfurt am Main seinen
Kollegen Mattheson als »unseren hiesigen musikalischen Bellarminus« charakterisierte,[98] so wird darin eine tiefgreifende Disparität in der Auffassung der
Musik als schöner Wissenschaft kenntlich. Die Wertschätzung, die Mattheson in
seiner Zeitschrift *Critica musica* (Hamburg 1722–1725) den Opern Jean-Baptiste Lullys entgegenbrachte,[99] entsprang unter anderem der Forderung nach
durchgängiger Verständlichkeit der Textdichtung, und die anerkennende Weise,
in der er sich auf Vossius' Traktat sowie insbesondere auf die Abhandlung *De
praestantia musicae veteris* (Florenz 1647) von Giovanni Baptista Doni bezog,
gab einer Erneuerung der freilich nur literarisch greifbaren antiken musikalischen Prinzipien Raum, die Fabricius' eigenen Studien zur Musiktheorie der
›Alten‹ zweifellos näher kam, als die irritierend ›modernen‹ Kompositionsprin-
zipien Telemanns. Diese Modernität kam unter anderem darin zum Ausdruck,
daß dieser auch mundartliche Texte in Musik zu setzen nicht für unwürdig fand.
Dieser Umgang von Text und Musik hatte ja in der Hamburger Oper am Gänse-
markt durchaus einige Tradition. Die Grabinschrift, mit der sich die Kantate über

---

[96] Vgl. Johann Mattheson: Critica musica. d. i. Grundrichtige Untersuch- und Beurtheilung,
     vieler theils vorgefaßten, theils einfältigen Meinungen, Argumenten und Einwürffe, so in
     alten und neuen, gedruckten und ungedruckten, musicalischen Schrifften zu finden, Ham-
     burg 1722–1725, Bd. I, S. 93–95. – Vgl. auch Eckart Kleßmann: Telemann in Hamburg
     1721–1767, S. 104f. Zu Matheson vgl. Beekman C. Cannon: Johann Mattheson. Spectator
     in Music [1947], Archon Books 1968; zu den gelehrten Beziehungen vgl. Jürgen Rathje:
     »Zur hamburgischen Gelehrtenrepublik im Zeitalter Mathesons«, in: New Mattheson
     Studies, hg. von George J. Buelow, Hans Joachim Marx, Cambridge, London, New York
     u. a. 1983, S. 101–122.
[97] Vgl. Johann Mattheson: Critica musica, S. 99.
[98] Vgl. Telemanns Brief an Johann Friedrich Armand von Uffenbach, vom 4. Oktober 1724,
     in: Georg Philipp Telemann: Briefwechsel. Sämtliche erreichbare Briefe von und an Tele-
     mann, hg. von Hans Grosse und Rudolf Jung, Leipzig 1972, S. 214–218, hier: S. 216.
[99] Vgl. Johann Mattheson: Critica musica, Bd. I, S. 178–184 (»Leben und Tod des weltbe-
     rühmten Jean Baptiste de Lully«), S. 187ff. (»Dritter Theil, Genannt: Der Französische
     Anwald [sic!]. Oder Die Vertheidigung der Französischen Music und Opern, wie sie, nach
     ihrer Art, zu loben sind: dabey die Jtaliänischen Fehler nicht verschwiegen werden.«)

den von einer Katze gefressenen Kanarienvogel von 1737 schloß, beugte sich
daher durchaus dem Zeitgeschmack, wenn es darin hieß: »Dat de Hagel! Hie ligt
en Vagel, de kunn mann neerteck quinqueleeren, und alle Minschen konten
teren. Du Strekkebeen! als du wollst düssen Vagel freten, so wull ick, dat du wär
wat an den Hals geschmeten!«[100]

Fabricius steht mit der bemerkenswert stringenten Komposition der *Hydrotheologie*, an deren Schluß Brockes' geistliche Auslegung der Erscheinungen
des Wassers figurierte, zweifellos am Ende einer philologischen Tradition, die
den argutesken »ludus musicus« im Sinne des Aristophanes in einer »Feier
geistigen Ergötzens« für das gesellige Leben in Hamburg aktualisierte. Dieses
Spiel präsentierte sich durchaus auf der Höhe der textkritischen und überlieferungsgeschichtlichen Prinzipien seiner Zeit. Man muß es bedauern, daß er dieses
Werk nicht zuende führen konnte, und die 115 Seiten umfassende Inhaltsübersicht zur nie ausgeführten *Pyrotheologie*[101] läßt erahnen, welch leuchtendes
philologisches Feuerwerk Fabricius hier zu entfachen gedachte. Die darin ent-
haltenen convivialen Problemata hätten so unterschiedliche Stücke umfaßt wie
eine bibelkritische Exegese der »Herabfahrung Gottes auf den Berg Sinai mit
Feuer, Exod. XIX. 18. das Gesetz mit Donner und Blitz gegeben. XX.19.«, eine
»Betrachtung über die Worte Esaiae V.11. Wehe denen, die da sitzen bis in die
Nacht, daß sie der Wein erhitzt«, eine irenische Aufforderung »Von dem wilden
Feuer, das der Vernunft, und noch mehr dem Christentum, so sehr zuwider ist,
und ungeschi[c]kt die Wahrheit zu verteidigen«, oder eine Untersuchung über
die heidnischen und christlichen Zeugnisse über die dogmatisch und heilsge-
schichtlich wiederum folgenreiche Vermutung, der »Ort der Belohnung und
Bestrafung der Seelen« sei »unter der Erden« gelegen.

Aufs ganze gesehen ergibt sich auch hier der Eindruck einer weitestgehend
differenzierten topischen Ordnung, die die Enzyklopädie des Wissens, den Kreis
der *artes liberales*, mit Scharfsinn und Kritik durchdrang. Das Ziel eines derartigen philologischen Bemühens war der Aufweis eines Sinnzusammenhangs
überlieferter Zeugnisse, dessen Wahrheitsgehalt nur in beständiger Annäherung
an den göttlichen, in seinem An-sich aber verborgenen Grund eruiert werden
konnte. Die komparatistische Textkritik, die alle verfügbaren verbalen und realen Denkmäler des Altertums in Anschlag brachte, bildete das Fundament für

---

[100] Vgl. Georg Philipp Telemann: Kanarienvogel Kantate (wie Anm. 34). Telemann gibt eine
hochdeutsche Übersetzung: »Daß dich der Teufel! Hier liegt ein Vogel! Wie konnt er doch
so lieblich singen, und jedem Menschen Freude bringen. Du Katzenvieh! Weil du konnt'est
dieses Tierchen speisen, so wünscht ich, man würd nach dir mit Steinen schmeißen!«

[101] Vgl. Johann Albert Fabricius: Pyrotheologie, oder Versuch durch nähere Betrachtung des
Feuers, die Menschen zur Liebe und Bewunderung ihres Gütigsten, Weisesten, Mächtigsten
Schöpfers anzuflammen, Hamburg 1732; gedruckt auch als Beigabe zu: William Derham:
Astrotheologie (wie Anm. 87), S. 263–380. Fabricius' Handexemplar im Kopenhagener
Nachlaß (Königliche Bibliothek, Ms. Fabr. 163, 4°) enthält auf alternierend einge-
schossenen Blättern zahlreiche Literaturverweise. Auf dem Titel fügte er als Motto handschriftlich hinzu: »Sta & considera mirabilia DEI. Job. XXXVII.14.« – Im selben Konvolut
befindet sich die Handschrift der »Aërotheologie«, bestehend aus 14 Blättern von anfangs
durch Kapitelunterteilungen gegliederten Literaturhinweisen.

eine arguteske Philologie,[102] die über die Texttradition im besten Falle Einsichten in die Gleichnishaftigkeit des Schöpfungs-›Textes‹ selbst eröffnete.

---

[102] Vgl. hierzu: Ralph Häfner: »Tempelritus und Textkommentar. Hermann von der Hardts *Morgenröte über die Stad Chebron* und die Eigenart des literaturkritischen Kommentars im frühen 18. Jahrhundert«, in: Scientia poetica 3 (1999), S. 47–71, hier: S. 66–71.

V. INDICES

Namen

Abraham 214
Abulfaradj (Barhebraeus) 366
Achillini, Alessandro 37, 54
Adam 132, 133[8], 209, 212, 214–216, 218, 222
Adimari, Alessandro 373
Agricola, Rudolph 48, 274
Agrippa von Nettesheim, Johannes Cornelius 97, 114, 158, 169
Agustín, Antonio 20
Ailly, Pierre d' 46, 53
Aisopos 14
Albergati, Fabio 37
Albcrich von Trois Fontaines 373
Alberti, Leon Battista 37, 230
Alberti, Michael 159[17], 160[21], 165
Albertus Magnus 53, 136, 147[72]
Albumasar 53
Alcuin 316, 328
Aldrovandi, Ulisse 71
Aleandro, Girolamo, d.J. 57f., 60, 84f., 88f., 91f.
Alembert, Jean Lerond d' 49
Alexander von Aphrodisias 37f.
Allacci, Leone 179, 188, 353, 373
Alsted, Johann Heinrich 360
Amalrich von Bène 118
Ambrosius von Mailand 186[46], 319, 325
Ambrosius Autpertus 325
Ambrosius, Theseus 219[57]
Amerbach, Johann 315
Ammann, Paul 168[40]
Ammianus Marcellinus 372
Anaxagoras 184
Andreae, Johann Valentin 114
Antoninus Augustus (d. i. Caracalla) 18
Apostolios, Michael 12
Apuleius von Madaura 146, 194
Arcos, Thomas d' 61
Argens, Jean-Baptiste de Boyer, marquis d' 336[8], 346, 368
Aristarchos 5[10]
Aristophanes von Byzanz 5[10]
Aristophanes 14, 355, 357, 377
Aristoteles 37f., 46f., 53, 101, 103, 125–128, 131f., 135f., 138, 140, 142f., 146, 148, 154f., 158, 184, 198, 256, 259, 292, 335[8], 359, 362
Arius 254, 284f., 290

Arnauld, Antoine 317, 324, 327[154], 335
Arndt, Johann 165, 360
Arnobius 300
Arnold, Christoph 221[63]
Arnold, Gottfried 346
Arnoldus von Villanova 148
Asklepiades von Myrlea 17, 19, 21, 25
Assemani, Giuseppe Simone 366
Athanasios 251–254, 258–261, 276, 291
Athenagoras 300
Athenaios 4, 369
Aubry, John 58
Auctor ad Herennium 15
Augustinus, Aurelius 140f., 143, 146, 186[46], 207, 250, 253, 255–259, 262, 265, 273, 277, 309–318, 321–326, 331, 336, 366, 373
Augustus 190, 201
Aventinus, Johannes 114
Averroes 25[94], 37f., 53, 132, 140, 141[44]
Avicenna 37

Bacon, Francis 16, 22, 25, 27, 29f., 37, 145, 162, 164, 210, 236[53]
Bacon, Roger 46
Bade, Josse 327[151]
Bagarris, Pierre-Antoine Rascas de 63–65, 71, 78
Baier, Johann Jacob 158[16]
Balde, Jacob 169f.
Baldi, Baldo 50, 54
Bang, Thomas 217[48]
Barbaro, Ermolao 48, 232[26]
Barberini, Lucrezia 51
Barbeyrac, Jean 113f., 337
Barnabas 288, 299
Baronio, Cesare 71, 74f., 92, 147, 193, 353
Barth, Caspar 350
Bartholinus, Caspar und Thomas 157, 161
Basedow, Johann Bernhard 229
Basileides 70, 75, 89
Basileios der Große 6, 276, 363, 366
Basson, Sébastien 37
Bathe 198
Baudelot de Dairval 76[80]
Baudouin, François 120[97]
Baumgarten, Siegmund Jacob 346[42]

Sachen